U0527312

[美] 吉姆·鲍威尔 著 岳玉庆 译

普罗米修斯的火种

The
Triumph
of
Liberty

Jim Powell

光明日报出版社

本书推荐

吉姆·鲍威尔撰写的这本关于自由斗士的历史著作情节紧凑，充满热情，涉及从西塞罗到梭罗、从拉伯雷到安·兰德等众多人物。

——詹姆斯·博瓦德

（《失去的权利》和《锁链里的自由》作者）

《普罗米修斯的火种》一书令人爱不释手，涉及的人物都充满智慧和魅力。

——加里·S. 贝克尔

（芝加哥大学经济学和社会学教授，诺贝尔奖得主，《生活中的经济学》作者）

吉姆·鲍威尔笔耕不辍，把世界上最伟大的自由思想家的思想和观点汇编成册。《普罗米修斯的火种》对教授和认识美国历史至关重要，对了解美国的价值观和起源也举足轻重。本书的写作手法非常高超。

——沃尔特·E. 威廉斯

（乔治梅森大学经济学系主任，《国家反对黑人》作者）

这本鼓舞人心的历史著作让全世界热爱自由的人的精神都为之振奋。正如吉姆·鲍威尔所言，自由并非唾手可得。这本书很棒！

——乔治·B. N. 阿耶提

（美利坚大学经济学教授，《遭背叛的非洲》作者）

作者为所有热爱自由的人都提供了一本有益的参考书。每晚读一个故事，能提升你的精神。我打算给我的子女每人都赠送一册。

——兰迪·E. 巴奈特

（波士顿大学法学院奥斯汀·B. 弗莱彻教授，《自由的结构》作者）

献给

玛德琳、弗兰克、马丽莎、贾斯汀、克里斯汀和罗莎琳德哪里有自由,哪里就是我的国家。
　　　　　——本杰明·富兰克林(1783)

上帝只把自由赐予那些热爱自由,
时刻准备保护自由捍卫自由之人。
　　　　　——丹尼尔·韦伯斯特(1830)

目　录

序 / 保罗·约翰逊 ………………………………………… 1
引　言 …………………………………………………… 3

第一部　自然权利
1. 高级法：西塞罗 …………………………………… 9
2. 绿绶带的抗争：李尔本 …………………………… 19
3. 生命、自由和财产：约翰·洛克 …………………… 28
4. 反抗的权利：托马斯·潘恩 ……………………… 35
5. 一种深奥、激进的观点：托马斯·杰斐逊 ……… 43
6. 平等的权利：沃斯通克拉夫特 …………………… 51
7. 奴隶制的罪恶：威廉·劳埃德·加里森 ………… 59
8. 自我所有权：莱桑德·斯普纳 …………………… 69
9. 作家和制片人：安·兰德 ………………………… 76

第二部　宽　容
1. 宽容之心：伊拉斯谟 ……………………………… 89
2. 一个开放的社会：罗杰·威廉斯 ………………… 98
3. 兄弟之爱：威廉·佩恩 …………………………… 106
4. 私人生活的神圣性：贡斯当 ……………………… 114
5. 探索真理：约翰·斯图亚特·密尔 ……………… 122

第三部　和　平
1. 自然法与和平：格劳秀斯 ………………………… 129
2. 战争的恐怖：弗朗西斯科·戈雅 ………………… 137
3. 和谐的利益：理查德·科布登 …………………… 145
4. 和平的道德需要：格莱斯顿 ……………………… 154

5. 领土扩张的谬误：威廉·萨姆纳 …… 164
6. "信任但需核实"：罗纳德·里根 …… 173

第四部　自　助
1. 多才多艺，拼搏进取：富兰克林 …… 185
2. 培养品格：塞缪尔·斯迈尔斯 …… 196
3. 超越奴役：布克·华盛顿 …… 204
4. 培养儿童获得独立性：蒙台梭利 …… 213

第五部　个人主义
1. "随心所欲"：拉伯雷 …… 223
2. 个人主义精神：梭罗 …… 230
3. 良知与智慧：马克·吐温 …… 239
4. 优雅风格：艾尔伯特·杰伊·诺克 …… 249
5. 活跃的精神：亨利·路易斯·门肯 …… 258
6. 越来越被看好的乐观主义：罗斯·怀尔德·莱恩 …… 266

第六部　经济自由
1. 自由放任主义：雅克·杜尔哥 …… 279
2. 看不见的手：亚当·斯密 …… 288
3. 摆脱掠夺：巴斯夏 …… 296
4. 自由的文明：托马斯·巴宾顿·麦考利 …… 305
5. 自发的进步：斯宾塞 …… 314
6. 市场没有界限：罗斯巴德 …… 321

第七部　精神自由
1. 英雄的远见：弗里德里希·席勒 …… 333
2. 对欢乐的肯定：贝多芬 …… 343
3. 崇高的同情：维克多·雨果 …… 350
4. 歌与舞：威廉·吉尔伯特 …… 359
5. 白帽子，黑帽子：路易斯·拉穆尔 …… 369
6. 梦幻世界：罗伯特·海因莱因 …… 378

第八部　对自由的诸威胁

1. 中央集权：托克维尔 …………………………… 391
2. 权力腐败：阿克顿勋爵 …………………………… 400
3. 计划导致的混乱：米塞斯 ………………………… 408
4. 崛起的邪恶：哈耶克 ……………………………… 418
5. 管制适得其反：斯蒂格勒 ………………………… 428
6. 通货膨胀与经济萧条：弗里德曼 ………………… 437
7. 强制收容：托马斯·萨斯 ………………………… 447

第九部　保护自由

1. 司法独立：爱德华·科克 ………………………… 459
2. 人民主权：阿尔杰农·西德尼 …………………… 468
3. 三权分立：孟德斯鸠 ……………………………… 476
4. 成文宪法：詹姆斯·麦迪逊 ……………………… 484
5. 税收限制、开支限制和任期限制：布坎南 ……… 493
6. 私有化：玛格丽特·撒切尔 ……………………… 501
7. 教育民众：里德、费希尔与克兰 ………………… 510

第十部　自由的勇气

1. 革命的星火：塞缪尔·亚当斯 …………………… 525
2. 勇敢的声音：查尔斯·詹姆斯·福克斯 ………… 534
3. 宽容之心：拉法耶特 ……………………………… 543
4. 激情澎湃的雄辩家：丹尼尔·奥康奈尔 ………… 553
5. 见证者的证词：弗雷德里克·道格拉斯 ………… 562
6. 坚定的奉献：伊丽莎白·卡迪·斯坦顿 ………… 572
7. 巨大的勇气：瓦伦贝格 …………………………… 582
8. 激进非暴力：马丁·路德·金 …………………… 594
9. 新千年的自由 ……………………………………… 604

参考文献 ……………………………………………… 608
致　谢 ………………………………………………… 630
译名对照表 …………………………………………… 632

序

保罗·约翰逊[1]

多年来,我著书立说、发表文章、参加广播节目、举办讲座,竭尽绵薄之力推进自由事业。有鉴于此,我向美国人民推荐本书。吉姆·鲍威尔是一位坚定捍卫自由的勇士。他精力充沛、意志坚决、不屈不折、奋勇向前,为了自由事业,他把这些优秀品质都注入自己的作品之中。

吉姆跟我一样都相信,弘扬有意义的抽象思想的最好方法就是研究这些思想者的生平。这也正是他在书中所做的,但是我并不完全赞同。他在书中介绍的一些捍卫自由的男女英雄,其性格和判断力都暴露出了严重缺点,所以研究他们的生平、作品和言论要持慎重态度。当然,这也是研究所有历史所应持有的态度,不过研究生平传记更应该如此。

我坚信,凡是阅读《普罗米修斯的火种》者,都会从中受益,做这样的事情很有价值,而吉姆·鲍威尔所做的就是这样一件有价值的事情。

---

[1] 保罗·约翰逊出版的著作包括《摩登时代》《犹太人史》《基督教史》《美国人的历史》等。——此条注脚为作者所加,本书其余注脚均为译者所加。

引　言

　　人类是怎么想出自由这一概念的？
　　这是多么伟大的思想啊！
　　　　——G. C. 利希滕贝格（1799）

　　自由是一种罕见而宝贵的东西。在过去，曾经有数千年时间，从没有人听说过个人权利这个概念。在历史学家费尔南德·布罗代尔看来，奴隶制就是准则——"一种普遍现象，影响到所有原始社会。"

　　在古代美索不达米亚，受到处罚的战俘和罪犯是奴隶。赤贫父母的子女也是奴隶，因为父母把他们卖身为奴。政府官员和牧师拥有奴隶，充当他们的家仆、工匠和小妾。埃及在很大程度上就是建立在强迫劳动之上的。几乎所有农田都由农奴耕种，他们通常终生为奴。政府征募成千上万的劳工修建大型工程，对外征战大获全胜后也会带回大量奴隶从事各种卑贱的工作。政府官员的家里豢养着大批奴隶，负责烹饪、缝纫和酿酒。在中国，奴隶制至少可以追溯到公元前2000年的商朝，当时奴隶制已经司空见惯。奴隶主要来自战俘，他们脖子上套着绳索干农活。古代克里特和希腊城邦也有奴隶。据学者估计，公元前5世纪和公元前4世纪，雅典生活着8万多名奴隶。罗马不断发动战争，致使数十万战俘沦为奴隶。在加普亚和提洛岛的市场，每天都有大约2万名奴隶被交易。有人估计，生活在意大利半岛的人四分之三都是奴隶。

　　奴隶并非古代世界所独有。到公元3世纪，越来越多的农民放弃了农田前往城市。由于城市里免费发放粮食，结果农田无人照看，失去了价值，也无法带来税收。公元332年，君士坦丁大帝宣布，农民必须待在土地上，他将这条法令当作维持税收的"临时"措施。这些农民被称为"隶农"(coloni)。君士坦丁还发布命令:"如果隶农试图逃跑,就给他们戴上锁链,像奴隶那样。"39 年后,这一政策成为永久政策。

在中世纪的欧洲,大多数人都是农奴,被束缚在土地上。他们为贵族地主耕种农田、干其他事情,而这些地主自己也要向国王缴纳钱财、替国王打仗。农奴不能被地主卖掉,也不能合法地离开土地。这就是封建主义时代。强迫劳动,有时是为了防御野蛮人的入侵,有时是为了掠夺更加富裕的邻居。

天主教会助长了农奴制和奴隶制。1452—1453 年,教皇尼古拉斯四世正式同意葡萄牙把异教徒转为奴隶;1493 年,教皇亚历山大六世批准西班牙在美洲实行奴隶制。中世纪的修道士成功说服了贵族把地产传给天主教会,于是教会成为欧洲最大的土地所有者,且拥有的农奴数量也最多。教会法规有具体的规定反对把奴隶变成自由人,无教籍地主的农奴死后也可让教会获益:贵族有权夺走已故农奴的最好耕畜,牧师则可以获得次等的耕畜。

封建贵族可以为所欲为,几无限制。研究中世纪的学者布莱恩·蒂尔尼说:"11 世纪和 12 世纪的骑士阶层绝非温和与优雅的典范。他们经常喝得酩酊大醉,在城堡里豢养妓女。如果下棋时被对手惹恼,就会抓起当时流行的大棋子朝对手头上打去。如果仆人拿酒迟缓,他们就会把标枪掷过去,让他加快步伐。妻子惹恼了他们,也会遭到暴打……尽管他们肯定不敢伤害自己的贵族主人及其直系亲属、他们的封臣及其家人,但是封建制度让他们对其他人可以随心所欲、胡作非为。"

在世界上的许多地方,奴隶制一直存续到 21 世纪。在《奴隶制:一部世界史》中,米尔顿·梅尔策提到奴隶制在有些国家仍然存在,其中包括孟加拉国、巴西、加纳、印度、毛里塔尼亚、莫桑比克、巴基斯坦、沙特阿拉伯、斯里兰卡和泰国。

比奴隶制更为残忍的是政府实施的规模大得让人难以想象的屠杀。1221 年,蒙古人拖雷在波斯北部的呼罗珊杀害了大约 70 万人。据说,13 世纪德里的苏丹库特布丁杀害了数十万印度人。14 世纪的蒙古征服者帖木儿在德里附近杀害了大约 10 万名囚犯。阿兹特克人用活人献祭,一位西班牙征服者声称发现过12.5万颗头盖骨；但是，西班牙人继续屠杀阿兹特克人。15世纪末，由于西班牙宗教法庭的迫害，估计有12.5万人被杀害或死于狱中。1572年，法国国王查理九世政府同意"圣巴托罗缪节"大屠杀，致使约3.6万名新教徒被杀。"三十年战争"（1618—1648年）期间，欧洲各国互相倾轧，争夺霸权，大约有750万人丧生。在美洲，至少有200万印第安人惨遭屠杀。从1740年到1897年，欧洲爆发了230次战争和革命，导致2000多万人死亡。19世纪中期，中国的太平天国起义持续了15年之久，清朝皇帝的军队把所有潜在的对手都斩草除根，据说死亡人数高达4000万。

20世纪是一个被鲜血浸泡的世纪。阿道夫·希特勒害死了大约2100万犹太人、波罗的海地区居民、捷克人、法国人、吉卜赛人、同性恋者和斯洛伐克人。

政治科学教授R. J. 拉梅尔声称，总之，"在本世纪前88年，差不多有1.7亿男人、女人和儿童被枪杀、打死、折磨死、捅死、烧死、饿死、冻死、碾死或者累死；他们要么被活埋、淹死、吊死、炸死，要么被政府用处死手无寸铁的无助市民或外国人的其他众多方法杀害。死亡人数可能接近3.6亿。几乎可以说，我们人类遭到了一种现代黑死病的摧残。事实确实如此，不过这种瘟疫是由争权夺利引起的，而非细菌"。

尽管恐怖事件层出不穷，但仍有些人化险为夷，他们是怎样做到的呢？思想在自由发展的历史上起到了什么作用？一个自由社会的主要制度是什么？为什么有时候人们努力建设自由社会，却会误入歧途？人们是如何与自由失之交臂的？我们怎样才能让自由蓬勃发展？单个人怎样凭一己之力产生影响？这些都是我在本书中要探讨的问题。

《普罗米修斯的火种》一书，通过研究过去两千年间对自由做出过重要贡献者的生平寻求问题的答案。其中，有些人是贵族，但大部分都是平民百姓——失败的胸衣制造商、曾经的制革工人、幻想破灭的牧师、一贫如洗的作曲家、印刷工的助手、医生、工程绘图员、教授、家庭主妇、铅笔制造商的儿子、手帕织工的女儿、无业流浪汉，甚至还有奴隶。他们成为出人头地的作家、编辑、教育家、政治领袖，也有几位军事领袖。

他们并不总是能够实现自己的理想，但他们的贡献是巨大的，而且我相信，正是因为他们存在过，所以我们今天才有了更多的自由。

本书讲述的故事以人物生平为基础，除了描写他们时代所发生的相关事件之外，还辅以信件、日记和演讲。有时，我也参考了未发表的资料。我还在哈佛大学、加州大学（伯克利分校）、芝加哥大学、康奈尔大学、斯坦福大学、耶鲁大学和美国国会图书馆等大型图书馆查阅过资料。我得到过大西洋两岸绝版书书商的帮助。为了追踪故事主人公的持续影响，我采访过数十位北美的专家学者，参观过英国、德国、瑞士、日本和美国的历史古迹。

本书的故事按照主题分类，以时间顺序编排。这些分类在时间上有重叠之处，这有助于强调自由并非沿着单一路线发展这一事实。有些社会先信奉宗教宽容，然后才提倡经济自由。在许多地方，尽管没有政治自由，但人们享有充分的经济自由。

本书无法涵盖人们使用"自由"（liberty or freedom）一词的所有不同方式。我在此只探讨一种传统：免遭欺骗和胁迫的自由。在自由的历史上，这是最初的传统、最悠久的传统，也是激发数百万人反抗暴政的传统。

本书所涉人物是些讲起来就令人兴奋的故事中的关键人物。他们凭借自己的远见卓识、本领、勇气和爱改变了历史。由于他们，我们千千万万的人才能够做很久以前无法想象的事情：享受生活、享受自由，并追求幸福。

第一部

自然权利

> 自由是个人的主权。
> ——乔舒亚·沃伦（1852）

压迫自古就有。最早有记载的文明社会都由残酷无情的国王和教士统治，政府掠夺、奴隶制和谋杀都是合法的。后来，古代犹太人提出了包括统治者在内的所有人都应该服从他们的神耶和华制定的法律的想法，这种统治者也要服从的法律后来被称为"高级法"。在支持高级法的希腊戏剧家中，就有索福克勒斯（大约公元前496—前406年）。譬如，在《安提戈涅》中，女主角这样解释自己不服从国王的原因：

> 国王，你的命令过去很强大。
> 但是，面对天神未曾记载的不朽法律，
> 你的所有力量都无法与之相提并论。
> 它们不仅现在存在，过去和将来也存在，
> 永远都在发挥作用，丝毫不受人左右。

高级法的概念，希腊和罗马的斯多葛哲学家做了详细阐述。在英国革命期间，许多思想家把这一概念发展成了一种现代原则，即每个人都拥有自己，具有不可剥夺的生命、自由和财产权利，以及反抗剥夺这些权利的统治者的权力。

1. 高级法：西塞罗

马库斯·图留斯·西塞罗阐发的原则成了现代自由的基石。他坚持认为，基于他所说的自然法，只有当法律与自由和正义的标准一致时，法律才是合理的。他宣布，政府有责任保护人的生命和私有财产，他尊敬那些为推翻暴君而努力的勇敢者。有见识的历史学家默里·N. 罗斯巴德赞扬西塞罗是"把斯多葛思想从古希腊传播到古罗马的伟大人物……斯多葛派的自然法学说对公元2世纪和3世纪的罗马法学家产生了深远影响，因此对渗透到西方文明中的罗马法的宏大结构的形成起到了一定作用"。

西塞罗把拉丁语从一种为将军、商人和律师服务的实用语言转变成了一种诗歌语言，这让他闻名于世。公元1世纪的罗马作家昆体良说西塞罗"不是一个人的名字，而是雄辩的代名词"。托马斯·杰斐逊把西塞罗称为"全世界第一个大师"。用优雅文字讲述了罗马衰亡过程的历史学家爱德华·吉本回忆说，阅读西塞罗，"我体会到了语言的种种美妙，我呼吸到了自由的精神，我从他的箴言和范例中感受到了一个人的公共意识和私有意识"。

西塞罗是罗马最著名的雄辩家，他揭发奸诈的政客，保护公民免遭贪婪官员的侵害。学者H. 格罗斯·霍奇评价说，鼎盛时期的西塞罗展示的是"一种持续的兴趣，一种永恒的变化，一种幽默与感伤、记叙与论证、描述与雄辩的完美结合；每个部分都服从于整体的目标，尽管细节纷繁芜杂，但仍然组成了一个有力而连贯的单位"。

尽管西塞罗生活在一个暴力的年代，但他是个平和之人。他没有效仿其他主要政客，建立一支私人军队，而是公然反对暴力。他宣称："说来惭愧，但是我们罗马人在国外惹人讨厌，因为我们的将军和官员造成了破坏……现在已经挑不出几个富足的城市可供我们宣战和劫掠……在被我们征服的国家中，你听说哪一个仍然是富足的？"同时，他还为读书等文明追求进行辩护。他写道："没有其他乐趣适合于每个场合、每个年龄段和每个地方。但是，研究文学是青年人的食粮、老年人的快乐、繁荣的装饰、逆境的逃避和安慰、居家和出国时的乐趣；它在夜里与我们相伴，旅行也不离左右，无论远近。"

在历史上，罗马奴隶制位居最残暴之列，尽管西塞罗从未质疑过，但他喜欢用佃农耕种自己的农场，而不是奴隶。有一次，他说："如果有奴隶死了，我会感到不应有的难过。"他让自己的秘书提洛成为自由民，他的弟弟回信说："你认为他在生活中不应该是那种身份，希望他成为我们的朋友，而不是奴隶，对此我对你充满感激。"我们之所以对西塞罗的了解要多于古代任何一位人物，那是因为他写了最早的思想自述之一《布鲁图斯》（公元前46年），因为他写的数百封信被信使送到了整个地中海地区，而且很多都保存了下来。西塞罗给人的印象依次是虚荣、犹豫、富有感情、充满魅力和慷慨大方。古典学者J. A. K. 汤姆森说："西塞罗可能是最善于写书信之人，其主题之重要、公共利益与个人利益之界定、情态之多变、细微意义和情感表达之灵巧、引证之得当，尤其是抒发之自然，总体而言无人能出其右，更遑论超越其上。"他生活在一个雕塑兴盛的时代，但是只有一尊半身雕像标明是他的，人们一直利用它来辨认其他雕像。这些雕像往往把他塑造成高额头、大鼻子、小嘴巴的样子，而且满脸焦虑，仿佛在为罗马共和国的命运感到忧虑。

西塞罗显示了坚守信念的勇气。他反对尤利乌斯·恺撒的独裁统治，在恺撒被刺杀后，他谴责马克·安东尼想成为独裁者的野心，结果被砍了脑袋。

公元前 106 年 1 月 6 日，马库斯·图留斯·西塞罗出生在祖父位于阿尔皮诺的乡村庄园，那里处在罗马东南部约 70 英里[1]的地方。他父亲跟他的三个名字完全相同，是一位身体虚弱的贵族，喜欢文学，在阿尔皮诺有房产，在罗马还有一栋房子。他的母亲赫尔维亚来自罗马一个与权贵有关联的家庭。不过，西塞罗这个姓氏并不是很体面，因为它在拉丁语中的意思是"鹰嘴豆"。

西塞罗立志成为一名辩护律师，因为那是获得政治成功的最佳途径；而且，当时的确有很多事情让辩护律师忙得团团转。至少从公元前 133 年开始，罗马政治领域的谋杀便司空见惯。这一年，一位名叫提比略·森普罗尼厄斯·格拉古的改革者被他批评的元老院议员用乱棒打死。传记作家普鲁塔克在公元 1 世纪写道："城里充斥着谋杀，被处决者不计其数，但情势仍然无法控制。"

西塞罗 30 岁时第一次谋求公职——度支官，这是主要公职里的级别最低者，负责一个行省的行政工作。选举在每年收获后的 7 月进行，投票人把自己想选的候选人的名字或者首字母画在涂蜡的木制票上，然后扔到篮子里计数。当选之后，西塞罗被派往西西里岛西部，其中一项任务是把谷物安全运送到罗马。他还加入了元老院，元老院在政府中享有声望，扮演着顾问角色，但是几乎没有实权。西塞罗开始沿着政治阶梯往上攀登，最后成为执政官，这是罗马的最高官职。在竞选中，西塞罗击败了卢修斯·瑟吉厄斯·喀提林，后者招募外国军队，试图暗杀西塞罗，夺回政权。西塞罗发表了铿锵有力的演说，反对喀提林，后来喀提林在战斗中丧命。

尽管罗马的共和腐败无能且只局限于少数人，但它还是提供了避免独裁的最佳机会。然而，罗马的征服仍在继续，战场上获胜的将军们使得元老院和其他机构的权力都黯然失色。西塞罗发现自己处境尴尬，因为他必须从坏人中挑选不那么坏的人。他认为，危险最小的是格涅乌斯·庞贝；他是一位卓越的军事指挥官、出色的行政官员和政治机会主

---

[1] 1 英里 ≈ 1.6 千米。

义者。早年，他被称为"少年刽子手"。他打败了罗马在中东的对手，消灭了地中海东部破坏罗马粮食供应的主要海盗，征服了大约1500座城镇和堡垒，组建了4个罗马新行省，把疆域扩展到了高加索山脉和红海，还建设或者重建了39座城市。在此过程中，庞贝建立了一个代理总督网，帮助罗马镇守东部边疆，使罗马在该地区的收入增加了70%，这也使得他成了当时罗马最富有的人。

公元前62年12月，庞贝返回罗马，解散了军队。他渴望荣誉胜过政治权力。他的全部要求就是元老院通过提案，让他的士兵在不同的行省分到土地，因为士兵凯旋通常都会得到嘉奖。然而，元老院拒绝了这一要求，反而劝说庞贝跟自己的对手合作。

庞贝的最大对手是马库斯·克拉苏，他继承了一小笔财富，低价购买被判处死刑者的土地，然后高价卖出，使财富翻了21倍还不止。庞贝在中东取得胜利、大发横财之前，克拉苏一直是罗马最有钱的人。他建立了自己的军队，挫败了斯巴达克斯领导的奴隶起义，把6000名奴隶钉死在亚壁古道上。

为了巩固自己的地位并跟庞贝竞争，克拉苏用金钱收买尤利乌斯·恺撒支持自己。恺撒是位野心勃勃、挥霍无度的煽动家，公元前68年当选度支官，被派去管理远西斯班尼亚，并在这里发现了自己担任军事指挥官的天赋。同样重要的是，他也利用得到的战利品来扩大自己的势力，通过组织奢华的"免费"游戏和宴会赢得了一批追随者；这些游戏和宴会费用惊人，几乎是政府收入的十分之一，全部由克拉苏负责支付。

公元前60年，庞贝、克拉苏和恺撒的野心被元老院挫败，于是他们组成了一个独裁集团，史称"前三头同盟"。在接下来的10年中，他们控制了官职候选人，对从行省掠来的战利品进行了瓜分。克拉苏得到的是东方，庞贝得到的是西班牙，恺撒得到的是山南高卢（意大利北部）和伊利里库姆（位于亚得里亚海东岸）。西塞罗拒绝加入他们的阵营。

公元前58年，流氓元老院议员普布利乌斯·克洛狄乌斯·普尔喀（恺撒的盟友）提出了一项新的法律，把西塞罗从罗马驱逐了出去，并且抄了他的三个住所。结果，西塞罗惨遭流放18个月，住在希腊东北部萨洛尼卡一位朋友的家中。西塞罗的银行家和出版商提图斯·波尼乌斯·阿提库斯帮助他支付了流放期间的开支。后来，庞贝决定找一位盟友反对克洛狄乌斯。但是，三头同盟不允许西塞罗自由表达自己的观点。

同时，克拉苏继续追逐更多的财富和军事荣耀，率领军队攻打帕提亚人。这是一个位于波斯西部的游牧部落，其领土横跨连接中国与地中海的伟大的丝绸之路。但是，克拉苏的军队被帕提亚人的弓箭手击溃，克拉苏也于公元前53年5月被杀。

在此期间，恺撒也在高卢建立了自己的帝国，其领土包括现在的法国、比利时、荷兰和瑞士的一部分、莱茵河以西的德国。在此期间，据说他把内尔维部落的5.3万人卖为奴隶，还吹嘘说屠杀了25.8万赫尔维西亚男人、女人和儿童，屠杀了43万日耳曼人。他把自己的战术才华，尤其是突袭，跟有效的宣传结合起来，而高傲的庞贝却忽视了这一点。恺撒把自己打扮成和平的勇士，寻求公众支持，并屡次三番求教于西塞罗，因为他需要合法性。尽管恺撒一直对西塞罗十分友好，但西塞罗却不情愿地站到了庞贝一边。

公元前49年1月，元老院命令恺撒从高卢回来，但是不能带军队。凯撒拒绝了元老院的要求，因为那会意味着他自身在政治上的毁灭。1月10日晚上，他率领一个军团的士兵横跨卢比孔河，这是意大利半岛西北部的一条小河，把高卢与罗马隔开。他这样做违反了军队不得离开行省的律法，于是又一场内战打响了。庞贝在意大利无法自我防御，便在3月17日逃往东方。

4月1日，恺撒进入罗马，夺取了罗马国库，为自己的军事行动获得了资金。就在这个月，他让自己的副将马克·安东尼镇守意大利，自己前往西班牙，意图阻止庞贝重建军队。他摧毁了曾经支持过庞贝的马赛，然后回到意大利，公元前48年8月9日在法萨卢斯打败了庞贝。庞贝逃往埃及，结果刚一上岸就被厌倦了战争的当地人杀害。

恺撒到达埃及后，有人把庞贝的人头献给他。之后，他成为年轻的克娄巴特拉女王的情人。回到罗马后，克娄巴特拉便前去与他相会。恺撒摧毁了残余敌对势力，大约 1 万人惨遭屠戮，他们的领袖加图拔剑剖腹自杀。

此时西塞罗快 60 岁了，虽然有人提出让他接管庞贝的残余部队，但他不想参与暴力。于是，他开始撰写哲学著作，这奠定了他的不朽声名。罗马当时没有公共图书馆，他便利用自己图书馆的资料，用芦苇笔和墨水在纸莎草纸上写作，墨水是用油烟和树胶制作的。由于拉丁语没有多少比喻或者复合词，他便致力于扩充拉丁语；他还从希腊语中改造词汇，而在过去四百多年间，希腊语一直是种哲学语言。他把 essentia、qualitas 和 moralis 引入拉丁语，因此他也是英语单词 essence（本质）、quality（品质）和 moral（道德）的引进者。阿提库斯让奴隶制作了 1000 册西塞罗的作品。

虽然西塞罗并没有构建全新的哲学体系，但他复述了他最喜欢的希腊思想家，让他们的思想得以迅速传播。他把希腊斯多葛派的高级法道德准则传播到了现代世界。在他的对话录《论法律》（公元前 52 年）中，他讨论了"长期以来存在的最高法律要早于任何成文法和任何建立过的国家……其他任何法律都不能推翻它，它不能全部或者部分被废除，我们无法从元老院或者人民那里得到不受它约束的权力……它并非在罗马是一个东西，在雅典又是另一个东西，今天是一回事儿，明天又是另一回事儿，而是一条永恒不变的法则，上帝是它的创造者、发布者和执行者……无论是谁，只要无视这条法律，不管是成文的还是不成文的，都是非正义的"。

他也提出了一些属于自己的核心思想。希腊哲学家曾认为社会和政府实际上是同一个东西，两者在城邦中得到统一。西塞罗则宣称，社会就像托管人，政府有责任服务社会，这意味着社会大于政府，且与政府分离。直到 18 世纪，人们才开始了解公民社会的种种奇妙，在这种社会里，人们开始发展语言、市场、法律惯例及其他机构，但是率先有所领悟的却是西塞罗。

西塞罗最早提出，政府理所应当是保护私有财产的一种手段。柏拉图和亚里士多德都曾想到政府可以提升道德，但是都没有想到私有财产，即对某种东西的绝对所有权,任何人都不能侵犯。西塞罗在《论责任》(公元前44年)中写道:"建立国家和宪法秩序的主要目的是确保个人的财产权利……向每个人保证自由并让其不受限制地控制自己的财产是国家和城市的独特职能。"

恺撒着手让别人称他为终身独裁官。正如历史学家约翰·迪金森所说,他"一生都在说些模棱两可的骗人话,一方面喊着民主口号,另一方面却贬低或破坏选民的权利;一方面坚持宪法的条款,另一方面却在不断破坏宪法。最终,他对政府的规定变得异常简单:把政府机制简化为所有机构形式中最简单和最原始的,即个人专制政体,并利用它达到最简单、最原始的目的——对外征服"。

盖乌斯·卡西乌斯傲慢暴躁,憎恨恺撒,正在酝酿发动叛乱。他有个热情的内兄马库斯·布鲁图,后者认为自己遭到恺撒的背叛;恺撒曾经承诺带来新秩序,结果却是一人独裁。于是他俩串通起来,招募了大约60个同谋者,于3月15日将恺撒刺死。

不久,恺撒酗酒成性、喜欢闹事的副将马克·安东尼宣布接替恺撒成为独裁者。恺撒本来打算把自己的书信文件和个人财产留给18岁的养子屋大维,结果却被安东尼窃取;安东尼还强行通过了一项法律,授权自己控制山南高卢的北部和中部。

公元前44年9月2日,西塞罗发表演讲,声称安东尼的行为违宪,不受欢迎,违背了恺撒的意愿。9月19日,安东尼发表了一篇措辞严厉的演讲予以回击,这说明西塞罗成了他的死敌。于是,西塞罗撰写了第二篇措辞激烈的演讲稿。虽然这篇演讲实际上从未发表,但它却成了历史上最著名的政治小册子。他猛烈地抨击安东尼,把他描述为寡廉鲜耻的机会主义者,指责他引发了暴力和内战。西塞罗宣称:"我年轻时为共和国奋斗。现在我老了,但是我不会放弃它。过去,我曾经蔑视喀提林的利剑;今天,面对你的利剑,我照样不会发抖。相反,我更愿意把身体暴露在利剑之前,但求我的死亡能重新换来国家的自由,罗马人民能够苦尽甘来,最终实现长期奋斗的目标。"

截至公元前43年4月21日,西塞罗共发表了十多次演讲抨击安东尼。他敦促元老院把发动内战的安东尼定为公敌，并承认屋大维的合法性，因为屋大维的危害比安东尼小。这些演讲被称为"抨击安东尼演说"，是受三个世纪之前狄摩西尼演讲影响的产物，狄摩西尼的演讲是为了鼓舞雅典人反对入侵马其顿的腓力。西塞罗隐身在自己的阿尔皮诺庄园，远离了动荡的罗马，并在此完成了最后一本著作《论友谊》（公元前44年）。

互相敌对着的安东尼、屋大维和马尔库斯·埃米利乌斯·李必达最后断定，他们无法打败彼此，也得不到元老院的合作，因此确立了三雄执政，目的是恢复共和国，并瓜分西部行省的战利品。他们还宣布，凡是能献上敌人头颅者，均可获得奖赏。西塞罗的名字就在这份黑名单上。

西塞罗逃跑了。他乘船前往希腊，原因是他听说布鲁图在此部署军队。但是很快，冬天的恶劣天气迫使他不得不弃船登岸，躲在意大利西海岸福尔米亚附近自己的房子里。公元前43年12月7日，刺客抓住了他。一个名叫赫伦尼乌斯的士兵把他的头颅和双手砍下来献给了安东尼。安东尼的妻子富尔维亚把一根簪子穿在西塞罗的舌头上，他的头和手则被钉在元老院的演讲台上。

这只是暴力卷土重来的开始。安东尼下令杀害了大约300名元老院议员和几千名有影响力的市民。公元前43年10月，安东尼和屋大维在希腊东北部的腓力比打败了布鲁图和卡西乌斯率领的共和国军队。布鲁图和卡西乌斯双双自杀。随后，安东尼与屋大维又发生了激战。安东尼在希腊西部的亚克兴损失了四分之三的舰队，然后跟克娄巴特拉女王逃往埃及。他们于公元前30年在埃及自杀。屋大维后来被称为奥古斯都，开创了罗马帝国。

在罗马帝国时期，西塞罗的作品普遍不受欢迎。到了公元5世纪，信奉天主教的哲学家圣奥古斯丁坦言："在日常的研读过程中，我接触到了一个叫西塞罗的人的一部作品，他的风格几乎受到每个人的欢迎，但是他的思想却不是如此。"到了中世纪早期，西塞罗的许多作品失传了。

研究文艺复兴的学者彼特拉克找到了西塞罗的一些演讲（最终找到

了大约58篇）；1345年，人们又在维罗那教堂图书馆发现了一部出版于公元1世纪的西塞罗书信集，共864封信（其中90封是他人写给西塞罗的，其余的是西塞罗写给别人的）。半数是写给他的朋友阿提库斯的，其中大多数都写于希腊。彼特拉克兴奋地说："你就是我们的领袖，你的建议我们言听计从，你的欢呼就是我们的快乐，你的名字就是我们的荣耀。"此外，西塞罗还受到了生于荷兰、主张宽容的伊拉斯谟的高度重视。

有位观察者说，在17世纪的英国，"学校普遍流行"把西塞罗的《论责任》作为伦理道德读本。哲学家约翰·洛克也推荐西塞罗的作品。西塞罗对自然法的看法影响了自然法思想家，如洛克、塞缪尔·普芬多夫、《加图信札》的作者约翰·特伦查德和托马斯·戈登，他们的思想对美国革命产生了最直接的影响。

西塞罗极力捍卫罗马共和国，因此成了许多人心目中的英雄。在德国，他赢得了戏剧家弗里德里希·席勒的赞赏。法国的孟德斯鸠男爵主张分割政府权力，认为西塞罗是"最伟大的人物之一"。伏尔泰写道，西塞罗"教会了我们如何思考"。在法国大革命期间，受西塞罗的激励，新闻记者让–巴蒂斯特·卢韦·德·库夫雷大胆攻击马克西米利安·德·罗伯斯庇尔，指责他推动了恐怖统治。

西塞罗的演讲术影响了年轻的（自由论者）埃德蒙·伯克、查尔斯·詹姆斯·福克斯、威廉·尤尔特·格莱斯顿和温斯顿·丘吉尔等人激动人心的演讲风格。西塞罗还激发了19世纪历史学家托马斯·巴宾顿·麦考利的自由论思想。

19世纪末期，德意志帝国壮大后，西塞罗的观点受到冷落。比如，获得诺贝尔奖的历史学家特奥多尔·蒙森就狂热崇拜恺撒，蔑视西塞罗的共和主义。尽管希特勒的统治使得凯撒主义变得不受欢迎，但西塞罗仍然受到了亲恺撒派古典学者的贬低；D. R. 沙克尔顿·贝利就是其中之一，他说西塞罗"是个自我主义者，夸夸其谈，自以为是，谎话连篇，心怀恶意，爱慕虚荣"。

尽管如此，历史学家迈克尔·格兰特认为西塞罗仍然是"西方文明绝对重要的缔造者"。西塞罗鼓励人们互相辩论，拥护宽容和和平，给现代世界提供了有关自由的最基本思想。在他所处的时代，随意讲话会招致危险，但他仍然勇敢地谴责暴政。自由的火炬能够熊熊燃烧两千多年，西塞罗功不可没。

2. 绿缎带的抗争：李尔本

在历史上，暴政多次引发了人们对自由思考的突破。毫无疑问，17世纪中期的英国就是如此，因为这是一个充斥着镇压、叛乱和内战的时代。政治小册子和传单铺天盖地，其中最有影响力的文字就出自约翰·李尔本笔下。在80多本小册子中，他抨击宗教狭隘、税赋、审查、贸易限制和征兵制度。他拥护私有财产、自由贸易、自由结社、宗教自由、言论自由、出版自由、法治、权力分割以及限制政府权力的成文宪法。李尔本有史以来第一次把这些强有力的思想集中在一起。

此外，他还冒着生命危险把它们付诸实施。他是第一个敢于质疑星室法庭（Star Chamber）合法性的人，这个皇室法庭因镇压异议而臭名昭著。他第一个质疑议会充当法庭监禁政治对手的特权，质疑刑讯逼供。他质疑不经正式指控就监禁人的通常做法，质疑试图恐吓陪审团的法官。成年后他在大多数年月里都身陷囹圄，忍受了野蛮的毒打，曾四次面对死刑。

李尔本曾对一位朋友说："我行动或做事并非借助偶然因素，而是基于原则；在灵魂深处，我完全相信这些原则是合理的、正确的、诚实的，因此，即使我在维护它们时需要付出生命代价，也决不会背弃它们。"

李尔本的对手称他为"平等派"（Leveller），为此他赢得民众的爱戴，使袒护压迫行为的刑事司法程序失去了民心。历史学家伦纳德·W. 利维说：''其他人拥护公民自由，目的是获得自己的个人自由，但不让对手获得自由；而李尔本则在奉行自由的基本原则方面日趋一致，并且他是热情的倡导者……他牺牲了一切，就是为了自由地全方位抨击非正义……他的整个生涯就是为了自由而奋斗。''

李尔本看上去就是一个普通人。传记作家 M. A. 吉布这样描述 20 多岁的李尔本：''身材瘦小，外表羸弱，身体的耐力更让人担心。他衣着普通，打扮得像清教徒，头发垂到肩上，没有胡子；一张椭圆形长脸，额头很高，眼睛明亮而真诚，经常挂着忧郁的表情，这表明他内心非常狂热，能够激发他的精神，而那张坚毅的嘴则表明他意志坚强，有实现目标的勇气。''

利维承认：''像李尔本这样的人，把不合作主义当成一种生活方式，他们虽然让人钦佩，却非常难缠。他的要求太过苛刻，毫不妥协，对自己的理想绝不退让。他桀骜不驯、无所畏惧、不屈不挠、难以相处，是全世界最冷酷无情、最具争议性的人之一……英国没有谁比他更能讲话，没有谁比他更善于撰写政治小册子……如果李尔本是某个作家想象力的产物，人们或许会嘲笑这个牵强附会的人。在宗教、政治、经济学、社会改革、刑事司法等一切方面，他都是一个激进者。''

1614 年或 1615 年，约翰·李尔本出生于英国的格林尼治。他的父母名叫理查德·李尔本和玛格丽特·李尔本，都是宫廷小官。

1625 年，国王查理一世宣布：未经伦敦主教许可，出版或进口图书都是非法的。这位主教名叫威廉·劳德，是牛津或者剑桥大学的副校长。隶属于皇家特许出版行会的拥有许可证的印刷商协助其对无证竞争对手进行执法。年轻的李尔本与许多无证印刷商结为朋友，他参观了城楼监狱，长老会的约翰·巴斯特维克博士就因为批评英国国教官员而被囚禁于此，耳朵被割掉。通过巴斯特维克，李尔本结识了长老会律师威廉·普林，此人曾多次发表言论抨击英国国教，并因此而被处以罚金；他还被取消了律师资格，被判处无期徒刑，关在伦敦塔内，耳朵也被割掉，面颊上烙着两个大写首字母 SL（意思是煽动性诽谤者）。

政府认为李尔本跟这些人交往，很可能会制造麻烦，因此他于1637年前往享有出版自由的荷兰。为了印刷和散发未经许可的小册子，他大概动用了自己的积蓄。他首先印刷了巴斯特维克博士的《连祷》。他于1637年12月返回英国，当即被同事出卖，遭到逮捕，囚禁在城楼监狱。他的案子被提交到星室法庭，这里与普通法庭不一样，诉讼不以审问被告为基础。那些被暗示有罪的人会被宣布有罪，然后判处监禁。宪法史学家F. W. 梅特兰说："这是一个由执行政策的政客组成的法庭，而不是由执行法律的法官组成的法庭。"

李尔本因荷兰之行和清教徒非法小册子而被严刑拷问，于是他开始抨击星室法庭。之前，他从未接到过传票，也从未被指控过任何罪名。他不愿为法庭书记员支付任何费用，拒绝回答一切问题。尽管如此，星室法庭还是对李尔本处以500英镑的罚款，并把他拴在马车上游街两英里，即从弗利特监狱一直到威斯敏斯特宫。中途，有人朝他裸露的背部抽打了约两百鞭，治疗他的医生说他的伤口"比烟斗还大"。他戴着颈手枷，竟然还面对听众慷慨激昂地抨击政府和国教。在炙热的阳光下暴晒了几个小时之后，李尔本被带回弗利特监狱，在一间寒冷、潮湿、阴暗的单人牢房里被铁链拴了4个月。后来，代表剑桥的议员奥利弗·克伦威尔发表演讲，宣布星室法庭对李尔本的判决"是非法的，违反了臣民的自由"，李尔本获释了。1641年7月5日，国王查理一世不得不勉强同意，议会通过了废除星室法庭的提案。

李尔本设法恢复了自己的个人生活。他娶了伊丽莎白·杜尔为妻；后来，妻子凭借微薄的收入养育了4个孩子，在丈夫坐牢期间不断为他提供支持，当然这是后话。李尔本在叔叔的酿酒厂找了份工作，业余时间研究哲学和法律。1642年，他弄到了一本法学家爱德华·科克写的《法学总论》。科克曾经支持普通法，反对武断的圣谕。有了普通法，地方法官就可以逐一断案，由此形成一般性判例。在使用时，这些判例往往比法规更具可预见性。

国王与议会的斗争日益激烈，李尔本也卷入这场纷争，并在议会军担任上尉。他于1642年被俘，被囚禁在牛津城堡。他拒绝了以放弃自己原则为条件的赦免，结果被判处死刑。李尔本的妻子伊丽莎白与下议院交涉，劝说议员们：如果像李尔本这样效忠议会的人也要被处决的话，那么他们更应该处决被抓的保皇党人。于是，李尔本被释放了，但是他退出了议会军，因为此时已经晋升中将的奥利弗·克伦威尔下令，每个人都要订阅呼吁镇压宗教异见的《苏格兰长老会誓约》。李尔本宣称，他宁愿"去挖胡萝卜和芜菁"，也不会拥护强制性的宗教。

李尔本受到过约翰·弥尔顿的影响，弥尔顿曾被指控违反了议会1643年6月的一项法律，该法律规定：在出版之前，文字作品必须经政府检查员批准，还需在掌管出版业的伦敦皇家特许出版行会注册。弥尔顿获准在议会面前为自己辩护，他发表的演说后来编为一本著名的小册子《论出版自由》（1644）。他认为，只有开放市场，出版才能自由，真理才会胜利。

1645年1月，李尔本撰写了《一封信》，陈述了自己的冤情。他批评了清教徒威廉·普林，后者虽然领教过查理一世和劳德主教的狭隘，却无法容忍其他人持不同意见。议会官员发现了一台据说是印刷李尔本肇事小册子的印刷机，便用长矛挖出了他的一只眼睛。

7月19日，李尔本因为批评下议院议长而被监禁。他拒绝回答问题，并要求知晓对自己的指控，他坚持说："跟英国最伟大的人一样，我有权享有属于自由人的所有特权。"被送回纽盖特监狱之后，他撰写了《英国的天赋权利》（1645），再次阐述了自己的信仰：应该用英语制定法律，以方便每个人阅读；只有进行正式起诉，只有参照已知法律，只有被告能面对原告并有机会进行辩护，审判才是合情合理的。他谴责政府完全控制布道，攻击政府许可商业垄断，支持贸易自由和出版自由。他指出，政客在议会任职越久，就越容易腐败，因此他呼吁每年进行一次议会竞选，提倡普选权。他督促人们尽可能多地通过宪法诉讼纠正冤假错案，并暗示如果无法做到这一点，人们就有权起来造反。

1645年10月获释后，李尔本写了《正义者的辩护》一书，阐发他对上议院的不满。1646年6月11日，他被传唤至上议院，当局质问他是否知道这本最新出版的煽动性小册子。结果他反问对方，如果要控告他，将给他安个什么罪名。然后，他开始猛烈抨击议员："你们让我们打仗，目的就是把骑在我们身上的老骑士和暴君赶下来，然后你们自己再骑在我们身上。"上议院把他送进了纽盖特监狱，他在这里写出了另一本小册子《维护自由民的自由》。

李尔本的朋友再次赶去为他辩护。伊丽莎白·李尔本一次次组织妇女团体前往下议院，请求为她的丈夫伸张正义。印刷商理查德·奥弗顿也撰写小册子为李尔本辩护，结果他也被关进了纽盖特监狱。

10月，奥弗顿完成了一本出色的小册子《射向所有暴君和暴政的箭：从纽盖特监狱射进武断专制、享有特权的上议院的内脏》。他写道："世界上每个人都天生获得了一份个人财产，任何人都不能侵犯或者侵占。对于每个人而言，他就是他自己，就是一种自我拥有，否则他就不是他自己……没有谁有权力支配我的权利和自由，反之亦然……所有人生来就平等地享有财产和自由。"

历史学家 G. P. 古奇提到："议会如此不明智地对待英国最受欢迎之人，这显然是在为自己树敌。这一股新兴力量正在伺机而动，准备一举将议会摧毁。"李尔本的思想激发军队激进分子起草了《人民公约：以共同权利为基础，谋求稳固和目前的和平》，这是现代宪法的前身，它说明主权属于人民。它呼吁每两年举行一次议会选举，规定代表和人口应该保持一定比例，并提出宗教自由，禁止征兵制，同时设想了一种法治："在所有已经制定或者将要制定的法律中，每个人都应该受到同等的约束；在普通法律程序中，职位、财产、特权、学位、出身或者地位都不能成为任何人免受制约的理由。"

1647年10月28日和29日，《人民公约》成为帕特尼"军队辩论"的议题，普通人都参与到讨论国家的未来中来。然而，这些激进的思想威胁有可能破坏克伦威尔取得军事成功所依赖的严厉纪律，因此他终止了辩论会。尽管如此，《人民公约》仍然是一项历史性的成就。此前，人们从未尝试通过讨论去认真地解决根本性的问题。

尽管还在监狱服刑，但李尔本却获准离开监狱一段时间，于是他开始组织第一个政党。李尔本的支持者佩戴海绿色的缎带，公开表明自己的身份。下议院线人乔治·马斯特森汇报说，李尔本的密探"不仅手握请愿书，而且还进入王国各个郡的城镇、教区（如果可能的话），让人们了解自己的自由和特权"。1648年1月，马斯特森向议院告密，议院命令李尔本接受审判，罪名是煽动罪和叛国罪，他再次入狱。李尔本说，伊丽莎白勇敢地挡在他与挥舞利剑的士兵之间，这才救了他一命。在监狱中，他撰写了一些小册子，比如《挑战暴君》（1月28日）、《人民的特权》（2月6日）、《鞭笞现行上议院》（2月27日）、《受压迫民众的呐喊》（与理查德·奥弗顿合作，2月28日）、《囚犯呼吁人身保护权》（4月4日）、《受压迫者强烈而悲切地请求上法庭》（4月7日）。

平等派提交了一份请愿书，8000多人联名上书请求释放李尔本。当时，内战之火可能重燃，下议院需要平等派的支持，因此在4月18日投票放弃了对李尔本的指控。议院投票决定给他3000英镑作为冤狱补偿，但是李尔本拒绝了纳税人的钱。

1648年11月，克伦威尔击败了国王的军队，军中很多人士都希望处死国王。然而，李尔本却宣称，自由取决于制约和平衡，因为他观察到，国王、议会和军队都以牺牲他人的利益为代价追求自身利益。不过，约翰·弥尔顿却赞同绞死国王。国王于1649年1月30日被执行了绞刑，弥尔顿立刻赶印了一本小册子捍卫他的立场；彼时，他正在克伦威尔的军事独裁政权中担任秘书。

3月28日，议会军派遣了约100名士兵前去捉拿李尔本和奥弗顿，理由是怀疑他们撰写激进小册子。据说，克伦威尔大发雷霆："我告诉你，先生，对付这些人没有任何办法，只能把他们碎尸万段。"在他被关进伦敦塔监狱之后，当局发布了一个新版的《人民公约》。

平等派为"伦敦塔诚实的约翰"散发请愿书，大约有4万人签名。他们举行集会，戴着海绿色缎带，高唱"身穿海绿色连衣裙的漂亮贝丝"。克伦威尔怒诉："只要李尔本还活着，王国就永无宁日。"1649年5月，他在伯福德打垮了平等派，但他并没有处决李尔本，显然是害怕会引起强烈的危险反应。

不久，克伦威尔动身前去镇压爱尔兰叛乱，他们从1641年起就在反抗英国的统治。在爱尔兰东部海岸的德罗赫达和韦克斯福德，他下令发动了一场针对爱尔兰叛军的恐怖大屠杀，并把爱尔兰的大片土地转到英国人名下。历史学家乔治·麦考利·特里维廉说："在被克伦威尔征服的爱尔兰，长期以来，遭受迫害的牧师是人民的唯一领袖，因为英国人已经毁掉了爱尔兰的绅士阶层。克伦威尔的殖民使得爱尔兰人数百年来一直是欧洲最典型的由牧师领导的民众。"

李尔本仍被关在伦敦塔中，他发表了另一本小册子《自由的法律基础》（1649年6月），抨击军政府"随心所欲地统治我们，把我们当成被征服的民族，没有任何法律依据"。在被保释出狱看望家人（两个儿子因患天花而奄奄一息）期间，他又发表了小册子《控告克伦威尔犯有叛国罪》（1649年7月），攻击更加严厉，并警告说，只要克伦威尔还活着，英国就"将一无所有……只有战争，年复一年，到处是割喉流血"。

9月14日，首席检察官埃德蒙·普里多想了解李尔本是否写过《伦敦年轻学徒的大声疾呼》一书。李尔本否认政府有质问他的权力，结果又被逮捕，被控犯有叛国罪。传记作家波林·格雷格说："乍一看，没有任何迹象表明他经历过斗争。然而，显而易见，多年的斗争已经让他的面貌显得粗犷，年轻人脸上的清秀已经杳无踪影。多年前眼睛受的伤害导致毁容，因此他的脸在安静时看起来略显阴沉。他的头发不再像年轻时那样从耳边卷起，而是垂到肩膀上，变得有点儿灰白，有点儿蓬乱……可能最大的变化出现在眼睛和嘴巴上。23岁时，李尔本曾简单地认为，一件不公正的事如果被证实为不公正，就可以将其废除。7年后，幻灭和痛苦的挣扎在他嘴巴的形状和眼里的质疑中都留下了印记。"

李尔本一如既往为自己辩护。他不顾法官的反对，再三告诉陪审团，他们有权对本案的案情和所依法律做出裁决。这一原则被称为陪审团否决权，意思是说如果一条法律不公正，那么独立陪审团就有权宣布违反该法律的人无罪。1649年10月26日，李尔本出人意料地被无罪释放。但是，1651年12月，议会再次命令李尔本缴纳7000英镑罚款并离开英国，还威胁说如果他敢回国，就会被处以死刑。李尔本在1653年6月14日试图穿过英吉利海峡潜回英国，结果被治安官抓获，押送至纽盖特监狱。

在等待审判之际，他撰写了一本小册子《法律抗辩》，滔滔不绝地向法庭陈述自己应该有阅读起诉书的权利，并质疑其法律基础的合法性。陪审团的裁决是"约翰·李尔本没有触犯任何死罪条款"。他被送回伦敦塔，然后又被送到泽西岛的奥格尔山城堡，最后到了多佛城堡。在多佛城堡，他与贵格会教徒谈话，获得内心的些许安宁。这些教徒都是乔治·福克斯的追随者，福克斯是个制鞋学徒，相信即使没有牧师、祷告书或者仪式，神圣的启示（"内心之光"）也会出现。

1657年8月，李尔本获得假释前往埃尔特姆探望妻子，结果健康状况恶化。8月29日，他在伊丽莎白的怀抱中与世长辞，卒年大概是43岁。他曾经这样评价自己："我将留下这句证言：我献出自己的生命，是为了这个国家的法律和自由。"有400多人跟随他的朴素木棺材，他被安葬在伯利恒教门附近的教堂墓地里。

斯图亚特君主政体于1660年复辟，但国王查理二世并未收回父王曾经拥有的所有权力。像星室法庭之类的皇室特权法庭再也没有出现过。控制税收的是议会，而不是国王。这些都是约翰·李尔本永恒遗产的一部分。他针对刑事司法改革的许多大胆要求也实现了。历史学家乔治·麦考利·特里维廉说："对约翰·李尔本的审判表明，清教徒革命为遭政府控告的人争取到了更多的自由……现在，有关事实和法律的问题都交给了陪审团，他们可以自由地宣布嫌犯无罪，而不用考虑后果；原告方的证人可以进入法庭，在被告面前当面陈述；被告方的证人也可以经传唤出庭；被控告者再也不用受国王王室法律顾问的质问，再也不用遭到严厉审讯，不用被迫为自己提供证据。慢慢地，经过这场血与泪的洗礼，正义与自由携手前行。"历史学家H. N. 布雷斯福德补充说："由于这个小伙子的勇敢，英国法律自始至终都没有以逼供为目标。对于美国人而言，这一权利似乎必不可少，因此他们把它体现在了宪法的第五条修正案中。"但是，李尔本却被人遗忘了。由于他的小册子没有署名，很快就散佚了；他的许多激动人心的句子都隐藏在大量关于具体法律案件的文章中，而后世之人对此并不关心。第二个大胆提出有关自由见解的人是哲学家约翰·洛克。牛津大学学者彼得·拉斯利特断言："洛克明显继承了内战时期激进作品的成果，不过是从谈话和随意的接触中了解到的，而不是通过熟读书面材料。"

1679年，李尔本已经去世20多年，沙夫茨伯里伯爵（安东尼·阿什利·库珀）、阿尔杰农·西德尼、理查德·朗博尔德和他们在伦敦绿缎带俱乐部（Green Ribbon Club，这个名字让人想起平等派时期）的同仁们酝酿了一场全面暴动，反对国王查理二世。事后沙夫茨伯里逃往波兰，但是其他反叛者都被逮捕，面临死刑。曾经是平等派成员的朗博尔德在绞刑架下发表演讲，再次肯定了平等派的原则。他宣称："我相信，没有任何一个人生来就是被上帝所选中去骑在别人头上的，因为没有谁来到世上背上就有一副马鞍，也没有谁生来就穿着马靴、佩着马刺骑在别人背上。"托马斯·杰斐逊把朗博尔德的话稍加改编，写进了他在1826年6月24日的一封信中："所有人都已经意识到或者正在意识到人权。科学之光普照大地，人们看清了这一事实：芸芸众生，降临世间，背上并无马鞍，也没有少数受宠之人，托上帝鸿福，穿马靴，佩马刺，合法地骑在他人身上。"

英国历史学家约翰·理查德·格林是19世纪为数不多的认识到了平等派的重要意义的作家之一。他写道："在过去两百年里，英国仅仅是在缓慢地、尝试性地推行内战末期军政府提出的政治和宗教改革计划。"

我们今天享有的许多最基本的公民自由，约翰·李尔本都曾经为之奋斗过；他只不过是个学徒，却敢于提出关于自由的新见解，并坚持原则立场，不顾生命危险，反抗暴君，传播真理。

3. 生命、自由和财产：约翰·洛克

17世纪的政治局势动荡不安，最初的自由论者开始提出一个个议题，其中对天赋人权最有影响力的主张来自学者约翰·洛克的笔下。他表达了这样一种激进的观点，即政府理应通过保护生命、自由和财产为民众服务，政府权力应该受到限制和制衡，政府形式应为代议制并实行法治。他谴责暴政，认为如果政府侵犯了个人权利，人们就可以合法反抗。这些观点在著名的《政府论（第二篇）》中得到了充分阐述，但由于太过激进，他不敢署名。（他在遗嘱里才承认自己是作者。）洛克的作品大大激发了美国革命的自由理想，同时也激励了整个欧洲、拉丁美洲和亚洲的人民。

托马斯·杰斐逊把洛克及其同仁阿尔杰农·西德尼列为最重要的自由思想家。洛克启发了托马斯·潘恩关于革命的激进思想，还启迪了乔治·梅森。从洛克出发，詹姆斯·麦迪逊得出了关于自由和执政的最基本原则。洛克的作品在本杰明·富兰克林自学成才的过程中也发挥过作用，约翰·亚当斯认为男孩和女孩都应该了解洛克。法国哲学家伏尔泰认为洛克是"具有最高智慧之人。他没有看明白的东西，我也无能为力"。

然而，洛克开始阐发自己思想的时候，还是一位默默无闻的牛津大学学者。他曾经有过短暂的外交生涯，但是以任务失败而告终；他还当过医生，但是缺乏传统的资质，因此只接待过一个病人。他的第一部作品直到57岁才出版。他还遭受过哮喘和其他慢性疾病的困扰。

洛克貌不惊人，很难跟伟人搭上边。他个子高挑，身材瘦削。为他立传的莫里斯·克兰斯顿说，他长着"长脸，大鼻子，厚嘴唇，一双温和的眼睛透着忧郁"。他曾有过一次"为之失去理智的"风流韵事，但是直到去世都没有结婚。

然而，一些跟洛克同时代的名人都对他评价很高。数学家和物理学家艾萨克·牛顿非常喜欢跟他相处。贵格会的威廉·佩恩成为政治逃犯时，洛克帮助他恢复了名誉，正如他过去是政治逃犯时佩恩从中斡旋才让他得以赦免一样。英国著名医学家托马斯·西德纳姆认为："就其敏锐的智慧、稳定的判断力和单纯的天性，以及非凡的举止而言，我可以有信心地宣布，在我们同时代的人中，几乎没谁可以跟他相提并论，更不用说能出其右者。"

1632年8月29日，约翰·洛克出生在英格兰的萨默塞特郡。他是家中的长子，母亲阿格尼丝·基恩是镇上一位制革工人的女儿；老约翰·洛克是位贫穷的清教徒律师，在治安法官手下当职员。

洛克17岁时，议会绞死国王查理一世，迎来了奥利弗·克伦威尔的军事独裁。1652年，洛克从大名鼎鼎的威斯敏斯特中学毕业，进入牛津大学基督教堂学院，并获得了奖学金。这个学院的主要任务是培养神职人员。1665年11月，凭借在牛津大学的关系，洛克接受了一项外交任务，前往德国的勃兰登堡。这次经历让他颇感意外，因为勃兰登堡有一项包容天主教徒、加尔文教徒和路德会教徒的政策，因此这里一片安宁祥和。

1666年夏天，富裕而深具影响力的沙夫茨伯里伯爵安东尼·阿什利·库珀造访牛津。他在这里遇到了洛克，此时洛克正在攻读医学。库珀主张宗教宽容（天主教徒除外），当时正罹患肝囊肿，患部很可能因感染而肿大，于是他请洛克做他的私人医生。就这样，洛克搬到了库珀位于伦敦威斯敏斯特区埃克塞特府邸的一个房间，在伯爵的感染加重之前，洛克成功实施了手术。

沙夫茨伯里伯爵挽留洛克住了下来，探讨宽容、教育、贸易和其他相关问题，洛克还反对政府限制利率。伯爵做的每件事，洛克几乎都参与其中。伯爵组建了辉格党，洛克便与他通信联系，力求对议会选举施加影响。伯爵在伦敦塔被囚禁了一年，于1679年促成通过了《人身保护法》。它声明：政府未经正式指控就随意逮捕人是非法的，不能因有两次同一指控而对任何人进行审判。伯爵还推出了"排除法案"，目的是阻止国王的天主教兄弟继承王位。

1681年3月，查理二世解散了议会，而且人们很快就得知，他根本无意重新召集议会。因此，终结斯图亚特专制政体的唯一途径就是反抗。沙夫茨伯里是国王最危险的对手，洛克就在他身边。他准备抨击罗伯特·菲尔默的《父权制或者国王的自然权力》（1680），书中宣称国王的绝对权力是由上帝批准的。这次攻击非常冒险，很容易被视为攻击国王而被起诉。詹姆斯·蒂勒尔也曾在牛津见过洛克，他撰写的抨击菲尔默的小册子没有署名，但是内容充实，题为《父权制并非君主制》，里面只是隐约提到了民众拥有反对暴君的权利。

洛克利用参与政治行动的经验，在沙夫茨伯里埃克塞特府邸摆满书架的房间里工作。他写了一篇论文抨击菲尔默的学说，否认了《圣经》支持暴君、父母对子女拥有绝对权威的说法。接着，他写了第二篇论文，提出了关于自由和人们拥有反抗暴君的权利的伟大主张。他的原则主要来自蒂勒尔，然后在此基础之上，得出了更为彻底的结论：明确攻击奴隶制，坚决维护革命。

随着查理二世加强对反对派的斗争，沙夫茨伯里于1682年11月逃往荷兰，两个月后弃世。1683年7月21日，洛克可能目睹了牛津大学在博德莱安图书馆院落焚烧危险书籍的一幕。这是英国最后一次焚书。洛克也有这类不法书籍，他担心自己的房间会被搜查，于是便把两篇论文的草稿交给了蒂勒尔。他搬离牛津，核实了从父亲那里继承下来的乡下资产，于9月7日逃往鹿特丹。英国政府极力想引渡他回国受审，很可能会判处绞刑。他化名范·德尔·林登医生，在信件上的签名是"拉米"或者"林内医生"。因为料到政府会拦截信件，所以他便用数字或假名指代朋友，以便保护他们。

查理二世于1685年2月驾崩，他的弟弟成为詹姆斯二世。新国王开始在英国推行天主教。他用天主教徒替代了英国国教官僚,给军队配备了天主教军官。所有这一切都对英国民众构成了威胁,他们很期望从天主教国王和教皇那里获得的独立。

与此同时,仍然身处荷兰的洛克开始撰写他的哲学名著《人类理解论》,这本著作敦促人们把信仰建立在观察和理性之上。他还写了一封信,宣扬宗教宽容原则(但无神论者和天主教徒除外,因为前者不愿做出具有法律约束力的誓约,后者则忠实于外国势力)。

1688年6月,詹姆斯二世宣布有了男性继承人——突然之间,天主教将继续统治国家的恐怖笼罩全国。维护绝对王权的托利党人现在也开始支持辉格党人发动叛乱的想法。荷兰奥兰治的威廉亲王同意承认议院的最高权力,于1688年11月5日渡过英吉利海峡,不到一个月,詹姆斯二世便逃往法国。这次光荣革命没有动用暴力就确保了新教派的继任权和议院的最高权力。

洛克回到了英国。在接下来的一年里,他的主要作品出版了。突然间,他声名鹊起。出版于1689年10月的《论宽容》反对迫害,呼吁宽容对待再洗礼派教徒、独立派、长老会和贵格会教徒。洛克宣称:"治安官不应该禁止在任何教堂里宣讲或者表达探索性的见解,因为这些见解跟公民权利毫不相干。即使一个罗马天主教徒真的认为那是耶稣的身体(他化身为圣饼),也不会对自己的邻居造成伤害。即使一个犹太人坚持认为《新约》不是上帝之道,也不会对公民权利产生丝毫影响。即使一个异教徒全盘否定《新约》和《旧约》,也不能把他当作有害公民进行惩罚。"洛克的这本书引起了强烈反响,于是他在1690年和1692年又分别写了两篇。

洛克论政府的两篇论文于1689年10月出版(标题页上标的是1690年)。由于洛克的观点是建立在有关自然状态的陈旧观念之上的,因此后来的哲学家都没有把这两篇论文当回事儿,但是他的基本原理流传到了今天。洛克关注的是独断专权,"不管行使这种权力者是一人还是多人,都是暴政"。他维护自然法传统,其源头可以追溯到古代犹太人:由于道德法则适用于任何人,所以统治者不能合法地为所欲为。洛克宣称:"理性就是这一法则，它教导全人类，所有人都是平等和独立的，没有谁能够伤害他人的生命、健康、自由或者财产。"洛克设想了这样一种法治："有一种长期遵守的法则，由这个社会的立法机构制定，适用于全社会的人；在所有事务上，都有一种可以遵从自己意志的自由，而上述法则在这类事务上不做规定；不受他人多变、不定、未知、武断意志的约束。"

洛克表明，对于自由而言，私有财产绝不可少："每个人都有属于自己的财产。没有任何外人有权拥有这些财产，除了他自己。我们可以说，他身体的辛劳，他双手的劳动，都完全属于他自己……因此，人们组成国家和政府的最大和最主要目标就是保护自己的财产。"洛克认为，只要人们把劳动投入公共财产中去，改进了公共财产，就能合法地把公共财产变为自己的私有财产。

洛克坚持认为，拥有最高权力的不是统治者，而是人民。他这样写道，政府"不征得国民同意，就永远无权把他们的全部或部分财产据为己有。这样做的后果就是会使他们丧失全部财产"。他甚至把自己的观点阐述得更加清楚：统治者"未得人民的亲自同意或其代理人的同意，就不得提高征税"。然后，他申明了革命的明确权利："无论何时，只要立法者试图夺走或毁掉人民的财产，或通过独断专权把人民沦为奴隶，他们就与人民进入了战争状态，于是人民便可以不再服从，他们可以寻求由上帝提供给所有人的用以避免武力和暴力的共同避难所。无论何时，只要立法机构违反了这一社会的基本法则——不管是由于野心、恐惧、愚蠢还是腐败，试图自己攫取或者交给他人一种凌驾于人民生命、自由和财产之上的绝对权力，或者违反信托，用于截然相反的目的——他们就丧失了人民交给他们的权力，人民将有权收回这一权力，他们有权恢复最初的自由。"

为了达到匿名目的，洛克通过一位朋友跟印刷商打交道。这位朋友名叫爱德华·克拉克，他可能是唯一知道作者身份的人。洛克否认自己就是作者，请求朋友们不要妄加猜测。詹姆斯·蒂勒尔等人对他是否是作者刨根问底，于是洛克便跟这些人断绝了联系。洛克毁掉了最初的手稿，对其他作品中所有提到这部作品之处也进行了处理。他只在离世前几个星期签署的遗嘱附件中才唯一一次通过文字承认自己是该书的作者。具有讽刺意味的是，这两篇论文在他生前几乎都没怎么引起反响。没有人对此展开抨击，就像洛克关于宗教的署名作品一样。

洛克在《人类理解论》上署了名，这本书出版于1689年12月，奠定了他英国重要哲学家的地位。他并不赞同学问的全部就是阅读古代文本和吸收宗教教义的传统信条。他认为，了解世界需要观察。他鼓励人们独立思考，主张以理性为指导。这本书成了重印次数最多、影响力最大的哲学著作之一。

1693年，洛克出版了《教育漫话》，其中的许多思想在当时和现在都是革命性的。他宣称，教育就是为了自由。他认为，树立个人榜样是教授道德标准和基本技能的最有效途径，因此他推荐家庭教育。他反对政府开办学校，主张父母亲自培养每个子女的独特天赋。

晚年，洛克的朋友弗朗西斯·马沙姆夫妇邀请他前往北埃塞克斯的奥茨庄园生活，这里距离伦敦大约25英里。他有个底层房间，相邻的书房藏有近5000册图书。他坚持如下支付原则：每周花在用人和自己身上的支出是1英镑，外加花在马身上的1先令。洛克日益虚弱，1704年10月，他已经很难起床穿衣。10月28日，星期六，下午3点左右，他与马沙姆夫人坐在书房里时与世长辞，享年72岁。他被葬在海雷沃教堂墓地。

18世纪20年代，两个激进的英国作家约翰·特伦查德和托马斯·戈登在《加图信札》中普及了洛克的政治思想，一系列文章在伦敦的报纸上发表，对美国思想家产生了直接影响。洛克的影响在《独立宣言》、宪法权力分割和《权利法案》中体现得最为明显。

与此同时，在法国，批评宗教不宽容的伏尔泰在国内推广洛克的思想。孟德斯鸠男爵拓展了洛克关于权力分割的思想。洛克的自然法学说体现在了《人权宣言》之中，但是他的权力分割和私有财产神圣不可侵犯的信仰却从未在法国扎根。

后来，洛克几乎从思想辩论中消失了。随着人们把关于自然权利的谈论跟反叛和拿破仑的战争联系起来，一种保守反应开始笼罩欧洲。在英国，功利主义哲学家杰里米·边沁嘲讽自然权利，并提出公共政策应当根据为最大多数人谋求最大幸福的原则来决定。但是，当政府以做好事为名需要更多的权力来抢劫、监禁甚至谋害人时，保守派和功利派的智慧都被证明束手无策。

在 20 世纪，小说家兼哲学家安·兰德和经济学家默里·罗斯巴德重新提出了一种引人注目的道德理由，主张基于自然权利的自由，并提出了一种决定法律是否公正的有意义的道德标准。他们鼓舞着数百万人发出战斗的呼喊：全世界的人生来就有平等的生命、自由和财产权利。他们都站在约翰·洛克的肩膀上。

4. 反抗的权利：托马斯·潘恩

与前人不同，托马斯·潘恩鼓励普通百姓捍卫自己的自由。18 世纪销量排名前三的三部文学作品均出自他的笔下。这些作品引发了美国独立战争，发出了争取个人权利的战斗口号，并向政府和教会的腐败权力发起了挑战。他的激进观点、生动而直白的写作风格受到了工匠、仆人、士兵、商人、农民和工人的喜欢。时至今日，他的作品仍然影响深远。

潘恩对暴政发起的攻击之犀利，可与伏尔泰和乔纳森·斯威夫特之猛烈相提并论。但是，与这两位作家不同，潘恩丝毫不愤世嫉俗。他一心一意追求自由，相信自由的人会掌握自己的命运。这些观点引发了激烈争论。英国君主将他流放，并声明如果他敢回国，就会被处以极刑。法国大革命的平等主义领袖下令把他关进监狱，他差点儿命丧断头台。由于他的作品批判宗教，所以晚年在美国遭到冷落和嘲弄。

然而，对潘恩的罕见才华，美国的开国元勋却极为赏识。本杰明·富兰克林帮助他在费城立足，认为他是"政治的养子"。他给乔治·华盛顿做过助手，曾与塞缪尔·亚当斯[1]共事。詹姆斯·麦迪逊是他的支持者，詹姆斯·门罗[2]将他从法国监狱中解救出来，托马斯·杰斐逊则是他最

---

[1] 塞缪尔·亚当斯是后来成为第二任总统的约翰·亚当斯的堂兄，是波士顿倾茶事件的主要发起人，也是《独立宣言》的签署人之一。
[2] 詹姆斯·麦迪逊和詹姆斯·门罗后来均当选为美国总统。

忠实的朋友。甚至刻薄的联邦党政敌也承认潘恩的贡献。詹姆斯·托马森·卡伦德写道:"作为政治斗士,他的优势无与伦比。他知道何时攻击、攻击何处,这些都是大多数人所不具备的。他的攻击有力、冷静而机敏。"

潘恩傲慢自负,不够老练,邋里邋遢,但是却很有魅力。崇尚个人自由的女权主义先驱玛丽·沃斯通克拉夫特写道:"他在许多方面都令人惊奇和佩服,譬如他的记忆力,他对人及其举止的的敏锐观察,他记载了关于美国印第安人、美国战争、富兰克林、华盛顿,甚至是英国国王的无数奇闻轶事。其中,关于这位国王,他讲了几个令人好奇的幽默故事和行善事迹。"

潘恩的有些想法尚未成熟。为了改变英国君主制的不公平现象,他谈到了"累进"税、"普及"教育、"暂时"济贫和养老金。他天真地认为这些政策会实现其目的。然而,也正是在这部作品——《人权论》第二部分中,潘恩提出了自由主义原则,比如:"在很大程度上,在人类社会中起支配作用的秩序并非源自政府的管理。它来源于人类社会和人类的天性。它先于政府而存在,即使废除了政府这一既定形式,它也会继续存在。"

托马斯·潘恩衣着朴素,身高5英尺10英寸[1],体格健壮。他鼻子很长,眼睛呈深蓝色。他的朋友托马斯·克莱奥·里克曼这样写道:"画家也无法传递他眼中的微妙意蕴,充满激情,炯炯有神,犀利无比,燃烧着'缪斯之火'。"

托马斯·潘恩于1737年1月29日出生于英国的塞特福德。母亲名叫弗朗西斯·科克,来自当地一个有一定名望、信奉国教的家庭。父亲名叫约瑟夫·潘恩,是一个信奉贵格会的农民和鞋匠。托马斯·潘恩并不信奉贵格会,但他还是遭遇了一些针对贵格会教徒的不宽容。

潘恩经过了一段时间才找到工作。他12岁离开学校,跟着塞特福德的一个胸衣制造商当学徒,但是他不喜欢这份工作,曾两次离家出走。

---

[1] 1英尺=12英寸=30.48厘米。

他曾尝试当英语教师和卫理会传教士,后来令人费解地决定做了个消费税税收员。在做税收员期间,他目睹了走私者的诡计多端、人们对税吏的怨恨和政府的普遍腐败。

尽管发生了这些小插曲,但潘恩仍然是孤独的。他相信婚姻的基础是爱情,而不是社会地位和财富,因此于1759年9月迎娶了女仆玛丽·兰伯特;不到一年,玛丽死于难产。1771年3月,他跟20岁的教师伊丽莎白·奥利芙结婚。1774年,潘恩想以卖杂货和烟草为生,结果破产,只好卖掉了大部分家产。两个月后,潘恩便与妻子分道扬镳了。

潘恩对知识充满好奇,喜欢逛书店、听科技讲座、结识有思想的人。他认识了伦敦的一位天文学家,此人把他介绍给了在英国代表北美殖民者利益的本杰明·富兰克林。富兰克林似乎让潘恩相信,他到美国会生活得更好,还给他写了一封介绍信,去找自己在费城的女婿。

1774年11月30日,潘恩到达美国,租了一间房子,正好可以看到外面的奴隶市场。空闲时间,他就在罗伯特·艾肯的书店度过,他给这位店主留下的印象肯定是个活跃的文学青年,因为他得到了一份编辑艾肯的出版物《宾夕法尼亚杂志》的工作。潘恩发表了至少17篇文章,其中一些猛烈抨击奴隶制,呼吁立即解放这些奴隶。

1775年4月19日,一个英国陆军上校命令军队朝聚集在议会厅前面的美国民兵开火,愤怒的潘恩下定决心捍卫美国的自由。9月初,他开始记笔记,准备编写一本小册子,12月初便完成了初稿。天文学家戴维·里滕豪斯、啤酒制造商塞缪尔·亚当斯和本杰明·富林克林(已经从伦敦回到美国)审读了潘恩的作品。起初,潘恩想把它命名为"简单的真理",但是拉什医生建议改为"常识"。1776年1月10日,署名"一个英国人"的《常识》匿名出版。潘恩签字把版税转交给了大陆会议。

潘恩使用简单、大胆和鼓舞人心的文字,对暴政发起了猛烈攻击。他谴责国王已不可避免地因政治权力而腐败。他把政府强制与公民社会加以区分,在公民社会中个人追求富有成效的生活,由此他与从前的政治思想家扬镳分路。他设想了一种建立在个人权利之上的"大陆团结"。对那些害怕与英国绝交的人提出的反对意见,他一一做了回应,并号召起草一份宣言，鼓励人们采取行动。

《常识》一书充满铿锵有力、令人难忘的句子，比如："社会源于我们的欲求，政府源于我们的邪恶。""太阳从未照耀过一种更有价值的事业。""现在是北美大陆团结起来的播种时期。""我们完全有机会和勇气在地球上建立一种最高尚、最纯洁的体制。""啊！你们这些热爱人类的人！你们那些不仅敢于反抗暴政，而且敢于反对暴君的人们，勇敢地站出来吧！""我们有能力让这个世界重新开始。""新世界的诞生指日可待。"

第一版在几周之内就销售一空。很快，其他竞争版本便出现了。波士顿、塞勒姆、纽伯里波特、纽波特、普罗维登斯、哈特福德、诺维奇、兰卡斯特、奥尔巴尼和纽约的出版商都发行了自己的版本。据估计，不到三个月该书便印刷了12万册。拉什医生回忆说："它对美国人思想的影响既突然又广泛。公职人员奉读，俱乐部里的人反复阅读，学校里也高声诵读，更有甚者，在康涅狄格州，一位牧师在圣坛上也在宣读而没有布道。"乔治·华盛顿宣称，《常识》给予我们的是"合理的学说和无可争辩的推论"。

潘恩的煽动性思想跨越了边界。其中，有个版本出现在讲法语的魁北克。约翰·亚当斯说："在法国和整个欧洲，《常识》都受到了热烈欢迎。"伦敦、纽卡斯尔和爱丁堡出现了不同版本，而且被翻译成了德语和丹麦语。这本书甚至还传到了俄罗斯，共卖出了50万册左右。

"托马斯·潘恩的《常识》，"历史学家伯纳德·贝林评论道，"不仅是美国独立战争时期最杰出的小册子，也是用英文写成的最杰出的小册子之一。作者曾经是破产的贵格会内衣制造商，做过教师、牧师、杂货店店员，干过消费税税收官，却两度遭到解雇，在英国偶然引起了本杰明·富兰克林的注意，到美国后仅仅才过14个月，他就出版了《常识》一书。他是怎么做到的？没有天才的解释能力，谁也无法解释其中的缘由。"

在《常识》出版之前，大多数殖民者就希望对英国的不满能够得到解决，但是这本小册子却激发了越来越多的人为独立而大声疾呼。于是，第二届大陆会议要求托马斯·杰斐逊在一个五人委员会任职，起草潘恩在《常识》中建议的那种宣言。

独立战争爆发后，潘恩担任军队秘书一职，1776年年底开始在乔治·华盛顿将军身边工作。利用晚上的时间，潘恩着手写一本新的小册子。回到费城后，他把手稿送到了《费城日报》，文章于12月19日发表，共有8页，标题是《美国的危机》。1776年圣诞节这一天，乔治·华盛顿把文章读给士兵听。这些美国士兵没受过训练，津贴微薄，大都服役了一年，之前被训练有素的英国士兵和残酷无情的德国黑森雇佣兵击败。潘恩在不朽的开篇这样写道："这是考验人类灵魂的时刻。那些夏季入伍的士兵和无法忍受逆境的爱国者们，值此危难之际，可能会临阵退缩，不再报效国家；但是，此时此刻，经受住了考验之人，将得到众人的爱戴和感激。暴政，如同地狱，要将其推翻绝非易事；但是，战争愈艰苦，胜利愈光荣，我们为此感到欣慰。"几个小时后，士气高昂的华盛顿军队在特伦顿战役中取得了一场急需的胜利。

潘恩又写了十多篇《美国的危机》系列文章，讲的都是军事和外交问题，目的是鼓舞士气。第二篇发表于1777年1月13日，他创造了"美利坚合众国"这个名称。

英国军队在约克镇投降后，潘恩破产了，他要求政府为他在美国争取独立期间所做的贡献进行奖励。纽约州把新罗谢尔一个300英亩[1]的农场送给了他，那里距离纽约大约30英里；国会也通过投票，同意支付他在战争时期垫付的3000美元费用。

在法国，潘恩重新开始了与拉法耶特侯爵的友谊，他曾帮助美国在约克镇战役中取得胜利。拉法耶特遂把潘恩介绍给了孔多塞侯爵，他是一位法国数学家和有影响力的自由论者。在英国，潘恩结识了查尔斯·詹姆斯·福克斯和埃德蒙·伯克，两人都曾反对英国与美国开战。

1789年7月，法国大革命爆发，伯克极为震惊，开始撰写捍卫君主制和贵族特权的反革命宣言《反思法国大革命》，并于1790年11月1日

---

[1] 1英亩 ≈ 0.004平方千米。

出版。潘恩则一直忙于撰写一本有关自由的普遍原则的新书，当他清楚了伯克宣言的主旨后，便决定修改新书予以反驳。为了能专心工作，他搬进了伊斯灵顿天使酒店的一间客房。从 11 月 4 日开始，他经常借着昏暗的烛光按部就班地修改，用了大约三个月时间。1791 年 1 月 29 日，恰逢潘恩 54 岁生日，他完成了《人权论》的第一部分。随后，他饱含深情地将它献给了乔治·华盛顿，并于 2 月 22 日华盛顿生日当天出版发行。

伯克善写辞藻华丽的散文，而潘恩则用朴素的话语予以回应。他抨击暴政，谴责税收，否认英国君主和贵族的道义合法性，并宣称任何法律都不能剥夺个人的权利。他拥护《人权和公民权宣言》，该宣言申明："财产权是神圣不可侵犯的权利，任何人的财产权都不能被剥夺，除非经法律认定对它的公共需求显而易见，同时要以公正赔偿为条件。"该宣言首版面市三天便销售一空，第二版则仅用了几个小时。1791 年 3 月推出了第三版，4 月是第四版。在英格兰、威尔士和苏格兰总销量约 20 万册，在美国则卖出了 10 万册。

《人权论》说服了很多人去支持法国大革命和英国的重大变革。1792 年 5 月 17 日，英国政府指控潘恩犯下了煽动性诽谤罪，若罪名成立，将被处以绞刑。潘恩便逃到多佛，并于 1792 年 9 月乘船前往法国加莱。他刚离开 20 分钟，逮捕令便到达港口。

到了法国，潘恩被推选为加莱代表参加国民公会，这次会议的目的是推行改革。潘恩是所谓的吉伦特派的思想同盟，因为他们赞成权力受限制的共和政府。他的对手则是冷酷无情、内心排外的雅各宾派。令人难以置信的是，由于出生在英国，潘恩被视为犯罪嫌疑人，即使回国也不能撤销绞刑判决。1793 年圣诞节前夕，雅各宾派的警察未经审判就把潘恩送进了卢森堡监狱，关押在一个 10 英尺长、8 英尺宽的单人牢房里。1794 年 7 月 24 日，潘恩被列入即将斩首的囚犯名单，但是在集合死囚准备行刑的当晚，监狱看守却意外漏掉了他的牢房。三天后，马克西米利安 – 弗朗索瓦 – 马里 – 伊西多·德·罗伯斯庇尔——这个雅各宾派暴力行为的最狂热倡导者被造反者砍掉了脑袋，法国的恐怖时期终于结束。

入狱前，潘恩就已经开始创作最具争议性的作品《理性时代》，即使后来身陷囹圄，他也仍然坚持写作。虽然他赞扬基督教伦理，相信耶稣是有德之人，反对镇压宗教的雅各宾运动，但他仍然抨击了许多圣经故事中的暴力和矛盾。他谴责教会与国家的关系过于亲密，坚持认为真正的宗教启示只会降临到个人身上，反对英国国教。他拥护一个上帝的自然神论观点和基于理性的宗教，并敦促实施宗教宽容政策。

《理性时代》以生动直率的写作风格激发了强烈的情感，产生了巨大的影响。它在英国成为畅销书，政府千方百计想要压制，结果却刺激了更多的人去购买。同样，该书在德国、匈牙利、葡萄牙也炙手可热；而在美国，1794年印刷了四次，1795年印刷了七次，1796年又印刷了两次。人们纷纷成立组织，弘扬潘恩的宗教原则。

美国驻法公使詹姆斯·门罗要求法国官员要么审判潘恩，要么把他释放。1794年11月6日，胡须灰白、身体虚弱的潘恩最终获释。法国第一执政官拿破仑·波拿巴邀请潘恩共进晚餐，想听听他对征服英国的看法。潘恩主张议和，而这是拿破仑最不希望听到的，所以他们后来再也没有见过面。1802年9月1日，他回到美国，时年65岁。马萨诸塞州一家报纸的通讯员说："岁月在他身上留下的印记多于在他的思想上留下的痕迹。他走路时有点儿驼背，两只手交叉在背后。他的衣着像农民一样朴素，看上去干净得体……他的谈吐非常有趣；他快乐、幽默、满腹奇闻轶事——他的记忆力丝毫没有减退，他的思想令人无法抗拒。"

1800年拿破仑控制路易斯安那后，不再允许美国船只在密西西比河上航行，于是潘恩鼓励杰斐逊总统买下路易斯安那。亚历山大·汉密尔顿认为拿破仑绝对不会同意，但潘恩知道拿破仑急需资金。于是，1803年5月，拿破仑以1500万美金的价格将路易斯安那转手给美国。

托马斯·杰斐逊总统因维护潘恩而遭到联邦党批评家的粗暴批评，但他仍然勇敢地将潘恩这位朋友请进白宫。杰斐逊的女儿玛丽和玛莎明确表示不愿跟潘恩来往，杰斐逊回答说，潘恩"有权得到每个美国人的热情接待，因为他太受欢迎了，所以反而无法高兴地得到我的款待"。

潘恩晚年穷困潦倒，最后搬到了他的朋友马格里特·德·博纳维尔位于纽约的家中，于1809年6月8日在这里去世。马格里特做出安排，将他葬在他的农场，因为没有墓地愿意接受他。但是，他死后并没有得到安宁。10年后，英国记者威廉·科贝特偷偷挖出了他的棺材，用船运到英国。根据一些记载，这个记者认为，如果把潘恩的棺材放入一个圣陵，就可以激发众人推动政府和国教改革。但是，人们对潘恩的骨骸并不怎么感兴趣。1835年科贝特去世后，潘恩的骨骸连同科贝特的个人财物都被弄得七零八落，最后不知所终。

在此后几十年里，潘恩这个自由的缔造者被人遗忘了。后来，西奥多·罗斯福在提到潘恩时，说他是个"肮脏的小无神论者"，这也总结了当时的普遍看法。直到1892年，才出版了关于潘恩的第一部大型传记，但是仍然没有潘恩全部著作的权威版本。美国建国两百周年纪念日重新唤起了人们对他的兴趣。自此，他的主要作品集的平装本才第一次随处可买，自20世纪70年代末以来至少出版了他的八本传记。

可能新一代人正在重新发现他的非同凡响。他没有万贯家财，没有政治权力，然而他表明，一个目标专一的人，通过阐明自然权利的道德基础，仍然可以激励数百万人去摆脱压迫自己的人。

5. 一种深奥、激进的观点：托马斯·杰斐逊

弗吉尼亚人在反思美国革命时，经常将乔治·华盛顿形容为革命之剑，将帕特里克·亨利形容为革命之舌，而将托马斯·杰斐逊形容为革命之笔。杰斐逊用优美雄辩的语言阐述了一种关于自由的深奥、激进的观点。他断言，不论法律如何规定，所有人都有权享有自由。他声称，如果法律不能保护自由，那么它就是不合理的，人们就应该反抗。尽管这一观点并非杰斐逊首创，但他的阐述还是激发了世人的想象。他进一步提出，政府权力是对全世界所有地方的自由的最大威胁，因此应当受到严格制约。

杰斐逊是当时最有学识的人之一。他深刻理解人们为争取自由所进行的具有历史意义的斗争。他不仅曾在弗吉尼亚下议院、弗吉尼亚大会、大陆会议和联邦大会出任过代表，还担任过弗吉尼亚州州长、驻法公使、国务卿、副总统和总统，具有丰富的实践经验。

由于杰斐逊书写认真，妙笔生花，因此他起草的报告、决议、法律和相关公文比任何开国元勋都多。最重要的是，他还写了大量信件，可能也比同时代的任何伟人都多，这些信件大约有1.8万封，大部分都保存了下来。他与很多为自由而奋斗的名人都有过书信往来，其中包括托马斯·潘恩、约翰·亚当斯、本杰明·富兰克林、帕特里克·亨利、拉法耶特侯爵、詹姆斯·麦迪逊、乔治·梅森、让－巴蒂斯特·赛、德·斯

塔尔夫人和乔治·华盛顿。他的名言大都出自这些信件。

同其他开国元勋一样，人们一眼就可以认出杰斐逊。他身高大约 6 英尺 2 英寸，体形偏瘦，头发略带红色，眼睛呈淡褐色，脸上有雀斑。年轻时，他打扮得很时髦，但到了晚年，便不再注意外表。据说，在担任总统期间，他曾穿着破旧的外套和拖鞋迎接上午来访的客人。

他十分内敛，就算对子女也是如此，但是他对朋友非常忠诚，詹姆斯·麦迪逊、托马斯·潘恩、约翰·亚当斯都是他的朋友。在一封充满深情的信中，亚当斯称赞杰斐逊"能让人感到一种自然的、习惯性的友谊和温暖"。

杰斐逊制定了一种与众不同的美德新标准。旧标准来自古希腊和古罗马，认为美德取决于一个人作为公民的角色，比如投票选举、竞选公职、参与公事等。尽管杰斐逊是杰出的公职人员，但他对美德标准的看法却截然不同，他认为：最重要的是如何安排自己的私生活，即对公民社会的贡献，而不是政治。他勤劳能干、诚实善良，小心谨慎，很少发表意见或批评他人。他抛弃政治分歧，与他爱戴的人和睦相处。他亲自设计了位于蒙蒂塞洛的房屋和花园，以表达他对美的追求；他还收集图书，探索科学发现，不断积累知识。他创建了弗吉尼亚大学，帮助他人改善生活。

在杰斐逊离开白宫后的 40 年里，他的思想依然主导着美国政府的政策，人们尊称他为"蒙蒂塞洛的圣人"。（在近 100 年后的）内战期间，由于他拥护分裂和独立的权利，因此公众舆论曾反对过他。（在近 150 年后的）"进步"年代，他更加不受欢迎，因为改革派认为只需给联邦政府更多权力，问题都会一一得到解决。西奥多·罗斯福总统讽刺杰斐逊是"老学究、胆小鬼、狡诈的教条主义者"。后来，崇尚政府权力的汉密尔顿取代了杰斐逊，成为最受人们尊敬的（共和国理念）缔造者。

1943 年，人们纪念杰斐逊诞辰两百周年。许多美国人开始回顾杰斐逊的一生，他的声誉逐渐恢复，其标志就是华盛顿特区修建了一座杰斐逊纪念堂，里面镌刻着他激动人心的誓言："我已经在神坛上发过誓，永远反对任何形式的压制人类思想的暴政。"历史学家梅里尔·D. 彼得森解释说:"被这座纪念堂赞美的这个人已经超越了政治,成为人类文明的英雄。他代表着美、科学、知识和行为的理想,代表着一种生活方式,这种生活方式因悠久的传统而丰富多彩,但总体上仍然是美国式的。随着他无所不能的种种天赋被人们所了解,即使他的吸引强度仍然未得提升,至少也有更多的人开始对他感兴趣。"

但是,在1960年前后,杰斐逊再次遭到攻击。譬如,宪法史学家伦纳德·利维就讲过一些杰斐逊压制公民自由的事情,尤其是在他担任弗吉尼亚州州长和美国总统期间。历史学家 J. G. A. 波科克把他描述成一个保守的乡村贵族,害怕城市和商业,对现代世界缺乏了解。历史学家伯纳德·贝林声称杰斐逊是不会思考的"典型"。人们指责杰斐逊与他年轻漂亮的奴隶萨利·海明斯生育了几个孩子,DNA检测似乎也证实了这一点。很多历史学家都反感杰斐逊拥有并豢养奴隶,还把他们当作新婚礼物赠给他人,而且从未解放过奴隶。据说,杰斐逊在撰写《独立宣言》时拥有180个奴隶,去世时则多达260个。历史学家佩吉·史密斯声称,由于杰斐逊没有践行自己所表达的理念,所以他是个骗子,他的那些理念毫无价值。

尽管杰斐逊存在个人过失——比如在奴隶制方面,他的错误就很严重——但是这并不能说明他所捍卫的自由哲学没有价值(就像爱因斯坦的个人过失并不能证明他的相对论无效一样)。杰斐逊的成就和他的自由哲学具有重要意义,必须予以认可。

1743年4月13日,托马斯·杰斐逊出生于弗吉尼亚州里瓦那河河畔的一个种植园。他排行老三,父亲彼得·杰斐逊似乎自学成才,很有事业心——他是测量员、种植园经营者、法官,还是弗吉尼亚下议院议员。杰斐逊的母亲名叫简·伦道夫,从弗吉尼亚一个富裕家庭带来了贵族血统。彼得·杰斐逊在49岁去世时,儿子杰斐逊才14岁。他留下的遗产包括7500英亩地产、53个奴隶、21匹马以及其他家畜,但是儿子此时的任务是学习,所以他直到21岁时才开始管理这些财产。

杰斐逊的家庭教师是位英国国教牧师,杰斐逊向他学习拉丁语、希腊语、科学和自然历史。他在威廉和玛丽学院读了两年，该学院坐落在弗吉尼亚州的威廉斯堡，是美国第二古老的学院（仅次于哈佛）。然后，他开始学习英国普通法。他研究总结了英国的法律经典著作，如17世纪的学者爱德华·科克的《英国法总论》，并在1767年开始执业当律师。他受理的案件一年年增多。他的案情陈述全都以成文法和自然法为基础，比如在记述1770年的一个案件时，他这样写道："根据自然法则，所有人生来都是自由的，因此每个人在世时都对自己的身体拥有支配权，包括按照自己的意志移动和使用身体的自由。"他还受到了约翰·洛克的《政府论》、亚当·弗格森的《公民社会史论》和孟德斯鸠男爵全集的影响。

威廉斯堡是弗吉尼亚州的首府，也是最大、最富裕的殖民地，因此杰斐逊对政治很感兴趣。他的政治生涯始于1768年12月，也就是他25岁那年。当选弗吉尼亚下议院议员之后，他帮助筹建了一个通讯委员会，协调对英国税收的抵制行为。早些时候，他便显示出了过人的表达能力。他在公开场合的第一次出色表现是回应傲慢的弗吉尼亚总督约翰·邓莫尔的一篇演讲。邓莫尔对存在争议的诉讼程序感到愤怒，于1774年5月26日宣布下议院休会。第二天，立法者们在罗利酒馆碰面，组成了广为人知的"威廉斯堡大会"继续审议。

1774年，杰斐逊出版了第一部作品。这是一本23页篇幅的小册子，书名《英属美洲权利概观》。这是一本诉讼案情的概述，文中大胆宣称英国议会无权统治殖民地。他反问道："这个机构，他们从未见过，从不信任，即使它对北美公众犯下的罪行再大，他们也无权惩罚或将其成员免职，那么凭借这个机构的一句专横命令，这些（殖民地）政府就该被解散吗？它们的财产就该被毁灭吗？它们的人民就该退回到原始状态吗？"

第一次大陆会议于1774年9月5日到10月26日召开，威廉斯堡大会认为杰斐逊资历尚浅，不能加入大陆会议代表团，但是代表们读了他的《概观》，肯定产生了影响。他们承认每个人都有"生命、自由和财产"的权利，并且坚持认为，只有北美立法部门才能对美国人民征税，同时要求停止1763年对法战争之后英国强制实施的提高税收和限制贸易政策。

1775 年 3 月，杰斐逊被任命为在费城召开的第二届大陆会议的代表，不久便开始着手起草文件。杰斐逊与约翰·迪金森一起起草了《拿起武器的原因和必要性宣言》，交由乔治·华盛顿发布。杰斐逊与本杰明·富兰克林、理查德·亨利·李、约翰·亚当斯一起撰写了一份回应议会最近提案的报告。这两份文件都发表在殖民地报纸上，但是杰斐逊并未署名，不过在他到费城后还不到一个半月，大陆会议的成员们都意识到了他是一位重要人物。

1776 年 6 月 7 日，理查德·亨利·李敦促大陆会议采纳他关于独立的决议。与此同时，杰斐逊、富兰克林、约翰·亚当斯、罗杰·谢尔曼、罗伯特·K. 利文斯顿受委派准备一份声明，目的是宣布独立并证明其合法性。在接下来的 17 天里，33 岁的杰斐逊便在费城一处出租房的二楼起草这份声明，房子的主人是砖匠雅各布·格拉夫。杰斐逊在这里租的几间房子都靠近市场街和第七大街。他把扶手椅拉到餐桌旁边，就在这里埋头写作。他用的可能是鹅毛笔，这种笔写起来很费事。按照习惯，他的大部分工作都是从晚上 6 点左右到半夜这段时间进行。他花了 17 天时间完成写作任务。

像《概观》一样，《独立宣言》在很大程度上是一部法律案情陈述，列举了对英国的一系列不满。杰斐逊反对的是乔治三世，而非英国议会，而且他从哲学角度论证了革命的正当性。他仅用了 111 个英语单词便阐明了激励世界各地人民的思想："我们认为这些真理不言而喻：人人生而平等，造物主赋予了他们某些不可剥夺的权利，其中包括生命权、自由权和追求幸福的权利。为了保障这些权利，人们成立了政府，政府的正当权力来自被统治者的同意。假如任何形式的政府会破坏这些目标，人民便有权改变它或者废除它，以建立新政府，并将其建立在这些原则之上，用他们觉得最可能实现自己安全和幸福的形式组织权力。"这些思想相当激进——对于杰斐逊的时代而言非常激进，而且后来他与联邦党人的斗争也表明，这对于亚伯拉罕·林肯而言也太激进了，后者竭力阻止南方各州分裂出去；在今天看来也很激进，因为几乎没有美国人谈论武装反抗政府的权利。

后来，杰斐逊解释了自己的目标："用简单和坚定的语言把这个常识问题摆在全人类面前，目的是得到他们的赞成，并证明我们被迫采取的独立立场是正确的。它既不致力于原则或者观点的创新，也非抄袭自以前的某部作品，而是为了表达美国人的思想，并赋予这种表达以适合具体情况的语气和精神。"

7月2日，除了最初弃权的纽约州代表，所有殖民地代表都表决赞成亨利·李的独立决议。在接下来的三天里，他们讨论了《独立宣言》草案，大陆会议投票决定删除了文本的四分之一左右，坚持进行多处小改动。会议采纳了佐治亚州和南卡罗莱纳州代表的意见，可能还有从事奴隶贸易的南方殖民地代表的意见，删除了杰斐逊对乔治三世禁止奴隶贸易的长篇抨击。7月4日，代表们通过了《独立宣言》；8月2日，50人正式签署了《独立宣言》，它将成为美国历史上最重要的文件。（后来，又有5个人签上了名字。）《独立宣言》宣布了一个国家的诞生，用极具说服力的文字表达了对自由的强烈渴望。

在独立战争时期，杰斐逊担任弗吉尼亚州州长，他筹集资金，调集人员，防御英军。此外，由于他的不懈努力，弗吉尼亚州还成了第一个政教完全分离的州。

国难当头之际，家里发生的事也让杰斐逊倍受打击。他与妻子玛莎所生的三个孩子都在婴儿时期就相继离世。1782年9月6日，玛莎死于分娩并发症，时年33岁——这时，他们结婚才刚过10年。杰斐逊无比沮丧，在自己的房间里待了三个星期。接下来的几个星期，他每天都不怎么跟人交往，骑着马在蒙蒂塞洛附近的森林中游荡。最后，经来自弗吉尼亚的同乡詹姆斯·麦迪逊的多次劝说，他才重新抛头露面。

杰斐逊继续为自由事业而奋斗，成就了辉煌的职业生涯。他代表美国利益远赴巴黎，与此同时美国制宪会议正在进行激烈的辩论，他写信劝说宪法的制定者詹姆斯·麦迪逊支持通过权利法案。在担任乔治·华盛顿的内阁国务卿时，他对亚历山大·汉密尔顿企图推翻宪法、扩大联邦权力的阴谋感到震惊。就在那时，杰斐逊暗下决心，一定要竞选总统。经过与约翰·亚当斯总统激烈竞争之后，杰斐逊于1800年如愿以偿。他减免税收和开支，偿还了三分之一的国债。西班牙禁止美国船只进入密西西比河，并把它割让给了正在征服欧洲的拿破仑，杰斐逊便采取行动，购买了路易斯安那地区，不过他无法根据宪法捍卫这一政策。他的总统生涯以一个令人不快的事件而告终：由于英国人扣押美国水手和货物，他一气之下宣布贸易禁运，结果事与愿违。

在第二个总统任期结束后，杰斐逊回到弗吉尼亚州夏洛茨维尔附近的蒙蒂塞洛，那里有他钟爱的山顶庄园。在此，他计划创办弗吉尼亚大学，整日与13个孙辈小孩玩耍，应对家产的亏损，写出了许多出色的信件。他解释了自己对自由的令人兴奋的见解，这或许是他留给世人的最宝贵遗产。他坚持认为，没有私有财产的安全，便没有自由："财产权建立在我们的自然欲求之中，建立在我们满足这些欲求的途径之中，是我们在不侵犯他人类似权利的前提下通过这些途径获取所需之物的权利。"他巧妙地拒绝了忌妒者妄图夺取他人财富的呼吁："如果看到某人通过自己的勤劳和他父辈的勤劳所获取的成果太多，便要求他与别人分享，而后者或者他的父辈并没有付出同等的勤劳和技术，这便肆意违反了结盟的原则（指由多个人结成国家的原则），即保证每个人都能够自由地劳作并享有劳动果实的权利。"他敦促美国人通过自由贸易追求和平。他写道："我们应当致力于促成与每个国家的和平和友谊……我们的兴趣在于推开商业大门，打破各种束缚。"

就个人而言，杰斐逊晚年最令人振奋的经历是与约翰·亚当斯的和解。这是费城医生兼《独立宣言》的共同签署人本杰明·拉什的想法。1811年1月，拉什给杰斐逊写了一封信，追忆了革命岁月和亚当斯的贡献。尽管杰斐逊和亚当斯在竞选总统时成为死敌，但是亚当斯后来保护了杰斐逊免遭疯狂的联邦党人的攻击。杰斐逊此时年近69岁，他告诉拉什，尽管自己对时年76岁、满腹狐疑、心怀忌妒的亚当斯很警惕，但也清楚他为美国自由事业所做的贡献。不久，杰斐逊的几个弗吉尼亚朋友拜访了亚当斯，亚当斯对他们说："我过去一直爱着杰斐逊，现在也是如此。"这番话传到杰斐逊耳朵里后，他深受感动。

1812年1月1日，亚当斯终于写了第一封信，杰斐逊回复说："我怀着不变的深情和尊重向您致敬。"很快，书信便在亚当斯的家乡马萨诸塞的昆西与杰斐逊的家乡蒙蒂塞洛之间传递开来。两人谈论健康、书籍、历史和时事，讨论过去的政治分歧、亚当斯驱之不散的悲观主义和杰斐逊持久不变的乐观主义。最重要的是，他们探讨了两人都为之倍感骄傲的独立革命。1823年10月，杰斐逊在信中透露说："手腕和手指不听使唤，书写很慢，相当费力，但是当我提笔给你写信时，却对这些不便恍然不觉，因为我沉醉在过去的时光里，青春和健康让我们觉得当时每件事都其乐无穷。"

  1826年7月3日，杰斐逊问道："今天是4号吗？"之后便陷入昏迷，并于7月4日午夜12时20分左右与世长辞，此时距离伟大的《独立宣言》诞生刚好过了半个世纪。与此同时，在大约500英里之外的昆西，约翰·亚当斯也奄奄一息。7月4日中午，在亚当斯去世前几个小时，他挣扎着说了一句话："杰斐逊还活着。"的确，他还活着，他永远活在世界各地千千万万珍爱自由的人们心中。

6. 平等的权利：沃斯通克拉夫特

在 18 世纪末的西欧，单身女性几乎得不到法律的保护，而已婚妇女则失去了自己的身份。妇女不能雇律师，不能签合同，不能继承遗产，不能投票，无权监管子女。牛津大学的法学教授威廉·布莱克斯通在他颇具影响的著作《英国法释义》(1758)中说："丈夫和妻子在法律上是一个人；也就是说，在婚姻期间，女人的存在或者法律存在是暂停的，或者至少说是融入或者并入到了丈夫的存在之中：她在丈夫的羽翼、保护和掩护下做每一件事。"

于是，热情、大胆的玛丽·沃斯通克拉夫特出场了，她写的《为女权辩护》(1792)引起了轰动。她宣称，男人和女人都被赋予生命权利、自由权利和追求幸福的权利。她呼吁女人接受教育，坚持认为女人应该自由进入商界，追求事业，如果愿意的话也可以参加投票。"我说的是让所有女性都得到改善和解放。"她宣称，"让女人分享权利，她们就会效仿男人的美德；因为，获得解放之后，她们就会变得更加完美。"

沃斯通克拉夫特发出的是肺腑之言。她虽然博览群书，但是更多的东西却来自她动荡不安的经历。她坦承说："我的思想中肯定存在一种原始缺陷，因为最残酷的经历也不会根除我那种珍惜和寻觅浪漫温柔的愚蠢倾向。"

她敢于做其他女人不敢做的事：即使没有贵族赞助，她也能成为全职作家，写作严肃的主题。"我要成为新人类中的第一个。"她在心里对自己说。这是一场艰苦的斗争，因为根据传统伦理，女人的价值仅体现在家务方面，而不是思想上。她依靠微薄的收入拓展自己的技能。她衣着朴素，很少吃肉，喝酒也是用茶杯，因为她实在买不起葡萄酒杯。

同时代人记录了沃斯通克拉夫特吸引人的外表：体形瘦削，中等身材，头发和眼睛都呈棕色，声音很柔和。一位钦佩她的德国人说："玛丽并非令人炫目的美女，但是自有一种迷人的优雅。她脸上的表情非常丰富，是一种超越端庄的美。她的眼神、声音和动作无一不在散发一种魅力。"

1759 年 4 月 27 日，玛丽·沃斯通克拉夫特出生于伦敦，是伊丽莎白·狄克逊的第二个孩子和长女。伊丽莎白来自爱尔兰的巴利香农。玛丽的父亲爱德华·约翰·沃斯通克拉夫特是手帕编织工。他们家的经济状况每况愈下，加上爱德华嗜酒如命，所以在 10 年内就搬了七次家。

玛丽接受的正规教育十分有限，但是在伦敦城外的霍克斯顿，她有位朋友，那位朋友家里藏书颇丰，因此玛丽把大量时间都用于埋头读书。通过这位朋友，玛丽认识了比自己大两岁的范妮·布拉德。范妮擅长缝纫、素描、水彩和钢琴，激励玛丽主动去培养心智。

迫于家中的经济困境，玛丽打算无论如何也要自食其力。因此，她在 19 岁时找了一份工作：住在一个寡妇家当帮手。后来，她尝试在北伦敦的伊斯灵顿创办学校，但是没有成功。接下来，她和妹妹伊莱扎和埃弗里娜，加上范妮·布拉德，在纽因顿格林附近创办了一所学校，但是最终也以失败而告终。

真是屋漏偏逢连夜雨，学校停办本已让沃斯通克拉夫特心灰意冷，结果母亲和范妮·布拉德又先后去世。因此，照顾酒鬼父亲的责任就主要由她来承担。然而，通过在纽因顿办学，沃斯通克拉夫特结识了当地许多新教徒，这些人因为宗教信仰不同而置身于靠税收支撑的英国国教之外。其中就有理查德·普莱斯，他是牧师和道德哲学家，跟托马斯·杰斐逊、本杰明·富兰克林、孔多塞侯爵和其他激进思想家都有联系。

沃斯通克拉夫特现在处于一种绝望状态。传记作家克莱尔·托玛琳解释说："玛丽再次无家可归，没有工作，也没有推荐信；她无以为生，还欠了几个人的债。她也没有结婚的打算。"

最终，沃斯通克拉夫特撰写了一本关于教育的小册子，交给约瑟夫·约翰逊出版。约翰逊是一位思想激进的出版商和书商，在圣保罗教堂墓园开了一家书店。他49岁，为人谦虚，但是仍然单身，身体很单薄，还患有哮喘。他告诉沃斯通克拉夫特，说她很有才华，如果努力就会获得成功。1786年，约翰逊出版了沃斯通克拉夫特的小册子《女教论》。销量几乎可以忽略不计，但是这部作品却让沃斯通克拉夫特走上了文学之路。她把稿费送给了已经陷入贫困的布拉德家人，自己从此也加倍勤奋。

约翰逊帮助沃斯通克拉夫特找到了住处，必要时会预付她稿费，跟她的债主打交道，帮她应对父亲的混乱状况，在她抑郁时安抚她的情绪。1788年，约翰逊还给她找了一份稳定的工作，把法语和德语书籍翻译成英语，并让她担任助理编辑，为自己新创办的杂志《分析评论》撰稿。她一直为这份杂志写稿，直到去世，可能总共撰写了多达两百篇关于小说、教育、布道、游记和童书的文章。在为约翰逊撰稿期间，她结识了更多前来拜访约翰逊的激进人士，包括威廉·布莱克、瑞士画家亨利·福塞利、约翰逊的出版合伙人托马斯·克里斯蒂、哲学家威廉·戈德温和充满激情的小册子作家托马斯·潘恩。沃斯通克拉夫特主导了会话。戈德温回忆说："我本来希望听听潘恩怎么讲，结果却经常听到她在讲。"

1789年7月法国大革命爆发，引发了巨大的争议。11月，激进的政治哲学家理查德·普莱斯当着"纪念1688年光荣革命学社"的面发表了一次演讲，捍卫法国人民的反抗权利，建议英国人选择自己的统治者——这显然是对世袭君主制的挑战。他警告议会议员埃德蒙·伯克，后者因维护美国大革命而著称。彼时，伯克正在撰写《反思法国大革命》（1790年11月），这本书修辞华丽，攻击自然权利，维护君主制和贵族统治。

伯克的思想和普莱斯的抨击让沃斯通克拉夫特义愤填膺。她吸收了约翰·洛克和普莱斯的观点,迅速出版了《为男权辩护》一书,这是大约30部回应伯克思想的最早出版物之一。尽管这部论战之作内容重复、组织欠佳,尽管她对伯克的攻击有些过头,让人觉得太过自负、缺乏原则、不够敏感,但她还是产生了一些影响。她批评伯克无视贫穷:"我感觉,要让灾难抵达你的内心深处,就必须戴着尖顶圆帽,上面系着铃铛。"她谴责英国体制的不公正,说这种体制形成于"无知的黑暗时代,当时人们的思想全被最严重的偏见和最邪恶的迷信所束缚"。她还抨击政府的独断专权:"财产安全!瞧,寥寥数语,英国对自由的定义……但是且慢——安全的只是富人的财产;靠自己汗水谋生者却处处遭受压迫;强大的人也许会出现——但是,穷人的城堡何时神圣过?——卑鄙的告密者无须勤劳就能供养家人……你建议把我们的政府形式当作典范,但是却没有警告法国人,不要习惯于逼迫男人去海上服务,这不由得让我感到惊讶。"后来,沃斯通克拉夫特的作品(当然也包括其他人的作品)在托马斯·潘恩的《人权论》面前相形见绌,因为潘恩对伯克的回应要有力得多,不过沃斯通克拉夫特也通过此举证明了自己是位不容小觑的作家。

沃斯通克拉夫特曾多次指出,革命者在提到"人"时,指的是整个人类。但是,1791年9月10日,欧坦的前主教塔列朗主张,在政府办的学校,女生上到八年级为止,男生则继续读下去。这件事让沃斯通克拉夫特明白了,尽管人们在大谈权利平等,但法国大革命并不会给女性带来多少帮助。于是,她开始计划自己最著名的作品《为女权辩护》,这本书大大超越了之前探讨女性问题的作家。约翰逊于1792年1月3日出版了此书(三卷本)。不到一年,就销售一空,接着约翰逊又发行了第二版。此后,美国版发行,还被翻译成了法语和德语。她写道:"对生活必需品所征收的税,让一大帮游手好闲的王子和公主得以带着愚蠢的炫耀从张大嘴的人群面前经过,这群人对让他们付出高昂代价的游行队伍却表现得近乎崇拜。"她专门援引法律,这些法律"使男人和女人成为荒唐的一对;然后,通过简单的转变,只认为男人负有责任,女人则无足轻重……一个人一无所有,怎么可能慷慨?又或者,如果没有自由,怎么会有美德"？

沃斯通克拉夫特第一次呼吁女性的选举权："我真的认为妇女应该有代表，而不是被专横地统治，不能直接参与政府的审议。"她还抨击让－雅克·卢梭等极力压制妇女的激进主义分子。她认为，教育能拯救妇女："锻炼她们的理解力是必要的，没有其他东西可以成为性格独立的基础；我想明确地说，她们只会向理性的权威低头，而不能成为他人见解的谦卑奴隶。"她坚持认为，应该教授妇女一些严肃的科目，譬如阅读、写作、算术、植物、自然史和道德哲学；她还建议妇女积极从事体育锻炼，这有助于激发她们的心智。在呼吁扫除妇女进步的障碍时，她指出："自由是美德之母；如果妇女因其体质而成为奴隶，无法呼吸到强烈而令人振奋的自由空气，那么她们肯定会像外来植物一样憔悴枯萎，只能被当成大自然的美丽错误。"

沃斯通克拉夫特憧憬着未来妇女能有机会从事几乎所有职业："我认为，虽然普通阶层的妇女受宗教和理性的召唤，只能履行妻子和母亲的责任，但我不禁悲叹，即使上层妇女也没有更广泛的计划去做有用的事情，追求自身的独立……有多少妇女就这样郁郁寡欢，虚度一生；而她们本来可以成为医生，或者管理农场、开设商店，凭借自己的勤劳而独立，昂首挺胸，而不会多愁善感，伤心流泪，垂头丧气。"

沃斯通克拉夫特横渡英吉利海峡，前往法国亲自查看法国大革命，受到了托马斯·潘恩的欢迎。她跟包括孔多塞在内的支持自由的吉伦特派站在一边，他们赞同受宪法制约的政府和妇女拥有平等权利。但是，奉行极权主义的雅各宾派实行恐怖统治的速度之快让她感到十分恐惧。

沃斯通克拉夫特在把自己的解放思想运用于自己的生活之中时，遇到了不少困难。她先是迷上了怪才亨利·福塞利，但是这个男人已经结婚，跟她逢场作戏了很长一段时间后就抛弃了她。在法国期间，她又爱上了美国冒险家吉尔伯特·伊姆利，这个阴谋家总是想着大发横财。他们生了一个女儿，取名范妮。后来伊姆利对她们母女失去了兴趣，离家出走。这导致沃斯通克拉夫特两次自杀未遂。

为了摆脱伊姆利给自己带来的绝望情绪，沃斯通克拉夫特带着女儿范妮去了斯堪的纳维亚度假3个月。在此期间，她撰写了一部思想极为深邃的作品《漫长的旅行：瑞典、挪威和丹麦短居书简》。这些书信全都写给孩子的美国父亲，不过没有说出他的名字。书信主要是游记见闻，同时还穿插着对政治、哲学和个人生活的评论。譬如，在恐怖统治后，她对社会变革的希望有所缓和："对人类的满腔深情促使充满激情之人在条件未成熟之时就急于改革法律和政府。但真正有益而持久的改革必须根植于特定的土壤，在对国家的认识臻于成熟时才会慢慢结出果实，果实的成熟靠的是时间，而非不自然的发酵。"威廉·戈德温评价说："如果曾经有一本书能让一个男人爱上它的作者的话，那么我觉得似乎这本书就是了。"

沃斯通克拉夫特决定去结识一下戈德温，因此于1796年4月前去拜访他。他脑袋很大，眼睛深陷，说话柔声细语。戈德温的传记作家乔治·伍德科克说："他似乎具备一种魅力，他的敌人无法察觉，他的朋友也无法解释，但是这种魅力会真切地影响到与他交往密切之人。"像沃斯通克拉夫特一样，戈德温也办过一所学校，但是他的思想太过激进，因此办学失败。他的文学生涯始于一本沉闷的政治传记、一本布道书和一些粗制滥造的小说。后来，伦敦出版商乔治·罗宾逊给他提供了足够多的预付款，让他研究自己的哲学，结果就是他出版了《政治正义论》（1793），书中描述了他对没有法律和战争的和谐社会的见解，这让他一举成为英国最激进的思想家。他勇敢地公开反对英国政府对通讯会——一个对革命思想感兴趣的辩论俱乐部——的压制；他公开写信支持被告者，指责政府行为非法，因为这些被告没有谁有过革命暴力行为。他的作品为被告赢得了广泛的同情，让他们免受了进一步的迫害。

当沃斯通克拉夫特拜访他时，戈德温已经42岁，尚未结婚，正在追求一个医生的女儿艾米莉亚·奥尔德森。尽管他对沃斯通克拉夫特的第一印象是说话太多，但他还是对她很感兴趣，第二周便邀请她共进晚餐。赴宴的还有詹姆斯·麦金托什和塞缪尔·帕尔博士，两人都曾发文反驳过伯克的《反思法国大革命》。

戈德温在遭到奥尔德森的拒绝之后，就对沃斯通克拉夫特更热情了，这个女人的激情确实让他把持不住。他回忆说："这是友谊上升到了爱情。"沃斯通克拉夫特仍很警惕，担心再次遭到背叛，但是戈德温安慰她说，自己渴望一种平等的关系，于是沃斯通克拉夫特的热情被再次点燃。她给戈德温写信说："这是一种美妙的宁静，我在你的怀抱中感受到了这一点。"及至12月，她已经有孕在身。两人都曾批评婚姻是利用他人的工具，但他们还是于1797年3月29日结了婚。沃斯通克拉夫特终于找到了真爱，内心充满了喜悦。

8月30日是个星期三，这天清晨她准备分娩。为她接生的是一个名叫布伦金索普太太的接生婆，经验非常丰富。那天夜里11点之后，女儿出生了，取名玛丽——她长大后嫁给了诗人雪莱，改名玛丽·雪莱，著有小说《弗兰肯斯坦》。玛丽出生后，当时似乎一切正常，但是三个小时后，布伦金索普太太告诉戈德温，胎盘还没有从子宫里取出来。胎盘在体内时间越长，感染的风险就越大。戈德温叫来一个叫普瓦尼昂的医生，他把手伸进子宫，取出了大部分胎盘。沃斯通克拉夫特说，医生的这个动作让她感到实在疼痛难忍。

那个星期天，沃斯通克拉夫特感到浑身发冷，这是感染的不祥之兆。医生们用酒帮助她缓解痛苦，还让小狗从她的两个乳房往外吸奶水，这样做可能是为了刺激她的身体排出剩下的胎盘。但沃斯通克拉夫特的状况越来越差，于9月10日星期天上午快8点时不幸去世。戈德温伤心欲绝，没有参加在圣潘克拉斯教堂举行的葬礼，而就在5个月前，他们正是在这里完婚的。她被葬在这个教堂的墓地。

不久，一直热心帮忙的出版商约瑟夫·约翰逊发行了戈德温整理的《〈为女权辩护〉作者的遗作》，还附上了一篇坦诚的关于她的回忆录。戈德温原本以为和盘托出会提高亡妻的声誉，不料却引发了一场轩然大波，她的放荡私生活成了人们轻视她的思想观点的简单借口。

几十年后，维吉妮亚·伍尔芙这样评价沃斯通克拉夫特："甚至在今天的人们身上，我们还可以听到她的声音，察觉到她的影响。"美国争取平等权利的斗士，譬如玛格丽特·富勒、柳克丽霞·莫特和伊丽莎白·卡迪·斯坦顿都受到了《为女权辩护》一书的激励。

沃斯通克拉夫特确立了平等权利的个体性根基。她为自己的生活负责，积极接受教育，告诉妇女们如何获得成功。她鼓励每个人挖掘自己的潜力。她呼吁至关重要的经济自由，要求伸张正义，拥护以互尊互爱为基础的婚恋关系。

7. 奴隶制的罪恶：威廉·劳埃德·加里森

威廉·劳埃德·加里森是美国奴隶解放运动中最伟大的鼓动者。在将奴隶制推向争论焦点的过程中，他厥功至伟。

早在加里森出生之前，安东尼·贝尼泽特和托马斯·潘恩等人就曾明确反对奴隶制，但是之前美国从未出现过废奴运动。的确，在18世纪末期，美国奴隶制似乎已经消失了。1777年，从佛蒙特州开始，北方各州一个个地废除了奴隶制。随后，对廉价棉花的需求大幅增长，伊莱·惠特尼的轧棉机（1793）提供了一种更为有效的加工方法，购买路易斯安那（1803）后棉花种植面积大大增加——而事实是，美国奴隶也在相应增加，从独立战争时期的50万左右飙升到了内战时的400万左右。

当加里森决心与奴隶制抗争时，主要存在两种反对奴隶制的观点：一种是逐步废除奴隶制，另一种是把奴隶运回非洲建立殖民地。加里森主张直接解放奴隶，而且不用补偿奴隶主，几年后他的观点成了美国废奴者的战斗口号。他宣布了运动纲领，制订了方法，召集了力量，点燃了热情，引发了争论，最终引领全国人民加入这场拥护还是反对奴隶制的运动中来。

加里森是个敢想敢干的人，凭借兜里仅有的几美元，就创办并在随后的35年间一直编辑着最负盛名的废奴报纸《解放者》。《汤姆叔叔的小屋》一书的作者哈丽雅特·比彻·斯托称赞这份报纸"坦率、无畏、真诚、独立"。加里森组织起了新英格兰反对奴隶制协会，发起了废奴运动；创建了美国反对奴隶制协会；他还前往各地，讲述奴隶制的惨无人道。他把伟大的英国反奴隶制演说家乔治·汤姆森请到美国，还招募了温德尔·菲利普斯和弗雷德里克·道格拉斯，这两个人后来都成了著名的反奴隶制演说家。

　　加里森需要巨大的勇气，因为大多数北方人都不愿听到奴隶制问题。反奴隶制言论可能会干扰商业，分裂联邦；此外，甚至反对奴隶制的人自己通常也不喜欢黑人。后来，加里森在巴尔的摩入狱；北卡罗莱纳控告他挑起了奴隶叛乱；佐治亚州立法机构悬赏 5000 美元，奖给凡是能将加里森带回佐治亚州进行审判并可能将他判以绞刑者。6 个密西西比州的奴隶主悬赏两万美元，奖给任何能够捉住加里森者；拥护奴隶制的人在加里森的房前搭起了一座 9 英尺高的绞架；波士顿的一伙暴徒试图用私刑处死加里森。

　　从没有人像加里森这样猛烈抨击奴隶制。他写道："是什么让我们的国家处于崩溃的边缘？就是该死的奴隶制！为了维持奴隶制，人们普遍愿意抹杀言论自由和新闻自由，围攻或者谋害所有反对奴隶制的人。对提倡同情仁慈者，众人怒不可遏；在这片愤怒声中，每条正义的法则、每条自由的原则、每种人类的情感——所有这些都是共和政府的根本原则——都因致命的社会发展而遭到嘲笑和背叛。"然而，加里森这种极具挑衅性的语言却让许多人感到惊慌，有人甚至指控他阻碍了废奴运动。逐步解放奴隶的提议在南方各州全被否决。历史学家威廉·E. 盖恩说："没有证据表明加里森延缓了奴隶主对奴隶制的改革……支持奴隶制的人所关心的不是加里森所引发的那种关于奴隶制的讨论，而是一切讨论。"

　　加里森憧憬的一样东西让人振奋：自然权利。他经常引用《独立宣言》，并且宣称："黑人儿童与我们的孩子一样，拥有天生的、不可剥夺的权利。"他还为争取妇女权利、和平、解放奴隶而奋斗。他保护受迫害的中国移民。他这样写道："我承认自己是激进的自由贸易主义者，甚至希望废除全世界已经建成的海关。毫无疑问，这个目标遥遥无期，但是我相信，随着人类的自由和启蒙，它一定会实现。"

加里森肯定了自由社会中社会合作的和谐："有一种普遍观点认为……穷人和俗人要学会把富人当作天敌。可是，哪里有证据表明作为一个整体的富裕公民会仇视劳动阶级的利益呢？在他们开办的商业企业中找不到证据，因为这些企业让帆船漂洋过海，让众多有用之人找到了工作。在他们的制造业企业中找不到证据，因为这些企业增加了劳动力，降低了穷人购买生活必需品的价格。在他们桌子上的奢侈品和住所的装饰品中也找不到证据，因为他们必须根据自己的奢侈程度来购买这些物品。"

自由是加里森个人生活的主旋律。1834 年，他娶海伦为妻，海伦是康涅狄格州一名废奴主义者的女儿。婚后，他们搬到波士顿附近一个叫罗克斯伯里的小地方，他们将其称为"自由小屋"。他们给大多数子女起的名字都源自废奴主义者，其中包括温德尔·菲利普斯、乔治·汤普森、查尔斯·福林、弗朗西斯·杰克逊、伊丽莎白·皮斯。儿子随加里森姓，女儿随海伦姓。他们相濡以沫，直到 1876 年妻子去世。

加里森脑袋很大，秃顶，蓝眼睛，戴一副钢架眼镜。散文家拉夫尔·沃尔多·爱默生说他是个"雄健浑厚的演说家"。匹兹堡一家宗教报纸的编辑约瑟夫·科普利在回忆加里森时说："他安静温和，甚至可以说很帅气——的确是位十足的绅士。"英国废奴主义者哈丽雅特·马蒂诺认为："他身上带着许多贵格会信徒的气质；他演讲起来从容不迫，像贵格会信徒，但是又像女人一样温文尔雅……每次与他交谈，都会证明我的看法：睿智是他最显著的特点。"温德尔·菲利普斯宣称："我确信他的判断非常准确，他对我们事业各个方面的见解都非常独特，如果我的结论跟他的结论不一样，我就会怀疑自己深思熟虑后的判断是不是出错了。"

威廉·劳埃德·加里森于 1805 年 12 月 10 日出生于马萨诸塞州的纽伯里波特，母亲叫弗朗西斯·玛利亚·劳埃德，父亲叫阿拜贾思·加里森。弗朗西斯是爱尔兰移民，阿拜贾思是船长，留着红胡子，嗜酒如命，很少回家。1807 年实施《禁运法案》后，阿拜贾思丢了工作，离家出走后就再也没有回来。弗朗西斯是护士，含辛茹苦，勉强养家糊口。工作之余，她还教给孩子们道德价值观。

1818年，加里森开始在《纽伯里波特先驱报》做学徒。他似乎对奴隶主在报纸上发布的广告感到恐惧，这些广告教人如何识别逃跑的奴隶。其中有一则广告这样写道："遭受过鞭打，后背、胳膊、大腿有伤痕……胸部带着N. E.两个字母，两个小脚趾被切掉……有严重枪击……左脸有一个烙印R……左脚套着铁环……脖子上套着大铁项圈。"

南方各州借助《黑人法典》强制推行奴隶制，历史学家米尔顿·梅尔策这样评价这部法典："它规定了种种禁止奴隶做的事情。（奴隶）没有通行证，禁止离开农场；禁止携带武器；禁止赌博；禁止吹号击鼓；禁止在公共场合吸烟或者骂人；禁止在没有白人在场的情况下与其他奴隶集会；禁止拄拐杖走路或进行'快乐游行'；除了给主人充当奴仆之外，禁止乘坐马车；除了替主人办事之外，禁止买卖东西；禁止饲养狗、马、羊、牛；禁止拜访白人或自由黑人的住所，禁止后者在自家招待他们；禁止与主人分开单独居住；禁止学习读书或者写字的行为；禁止获得、持有或者传播任何具有'煽动性'内容的书籍。"伊利诺伊州支持奴隶制的参议员斯蒂芬·A.道格拉斯坦言："若不是得到了当地警察条例的支持，否则无论在任何地方，奴隶制一天甚至一个小时都无法存续。"

1826年，加里森担任《纽伯里波特自由报》的编辑，6月8日他出版了一首诗，作者是来自马萨诸塞州黑弗里尔的约翰·格林里夫·惠蒂埃。惠蒂埃是个害羞的18岁男孩，对贵格会的传统感到自豪：1688年，来自美国费城的德国贵格会教徒组织了第一次抗议奴隶制的活动；自1777年起，所有贵格会教徒均不再拥有奴隶。约翰·弥尔顿的《论出版自由》（1643）是一部宣扬出版自由的早期作品，对惠蒂埃产生了激励作用。拜伦勋爵在争取希腊独立的战争中牺牲，他的诗歌也让惠蒂埃深受鼓舞。

1828年3月，加里森结识了贵格会教徒本杰明·伦迪，这是一位马鞍生产商，有些驼背，长着一头红发。他积极推进反殖民运动，用船把黑人送回海地和非洲，并在报纸《普遍解放的天才》搬到巴尔的摩后，邀请加里森担任该报编辑。

由于巴尔的摩是个运输奴隶的港口，所以加里森会不断看到这样的告示："现运来94名健壮黑人出售，包括39名成年男性、15名男孩、24名成年女性和16名女孩。"一名奴隶被抽了37鞭，因为他装载马车速度太慢，加里森便把他藏了起来。他获悉，如果把黑人送到殖民地，这会违背他们的意愿，所以他放弃了殖民的想法，转而支持立即解放奴隶，让他们获得"合同权、薪酬权、积累财产权、学习知识权、选择住处权、保护妻儿家庭权"。加里森指责两个奴隶贩子是"拦路强盗"，结果因诽谤罪而被处以100美元罚款。他无力支付这笔罚金，只能入狱。在被关了49天之后，来自纽约的贵格会教徒和商人亚瑟·塔潘支付了罚金，将加里森救了出来。

与此同时，北方迅速壮大，在众议院获得了更多的席位，许多南方人觉得自己必须扩大奴隶制的范围，这与托马斯·杰斐逊、詹姆斯·麦迪逊、帕特里克·亨利、乔治·华盛顿等缔造者的理念截然不同，他们虽然都拥有奴隶，但都承认奴隶制是罪恶的。弗吉尼亚州的参议员约翰·伦道夫嘲笑《独立宣言》，南卡罗莱纳州的参议员约翰·C.卡尔霍恩认为奴隶制是"世界上自由制度的最安全、最稳固的基础"。

加里森决定，必须创办一份反对奴隶制的报纸。在亚瑟·塔潘和波士顿律师埃利斯·格雷·洛林的资助下，加里森在商会大厅租了一间18平方英尺的办公室。里面仅能放置一张书桌、一张饭桌、两把椅子和一个床垫。加里森买了一台便宜的印刷机，并向另一个出版商借了夜间不用的铅字。1831年1月1日，《解放者》第一期正式出版。该报纸是周报，每逢周五发行，每期4版。报头引用了托马斯·潘恩的一句话："我们的国家就是全世界——我们的同胞就是全人类。"加里森在社论中发表了他的观点："我像真理一样残酷无情；我像正义一样毫不妥协。在这个问题上，我的思考、话语和文章都没有温和可言。没有！绝对没有！一个人房子起火了，你可以让他慢悠悠地发出警报；一个人的妻子落入了强奸犯之手，你可以让他慢慢救人；一个母亲的婴儿陷入了火海，你可以让她不急不慢地营救——但是，面对今天这种情况，不要劝我采取温和的做法。我是严肃认真的——我不会模棱两可——我不会寻找托词——我将寸步不让——我要让人们听见我的声音。"

但《解放者》终归是家小本经营的报纸。直到一年后，也只有50个白人订阅者。第二年，仅有400个订阅者。在这些订阅者中，四分之三都是自由的黑人。总发行量从未超过3000份。尽管《解放者》亏损，差点儿让加里森破产，但是在35年中该报总共发行了1820期，从未漏过一个星期。

1831年8月，奴隶纳特·特纳在弗吉尼亚州南安普敦县领导黑人奴隶反抗奴隶主，导致大约60名白人死亡。有人指责加里森煽动了这起叛乱。于是，南方各州禁止人们谈论或书写有关废除奴隶制度的事情。在密西西比州，被怀疑为废奴分子的人都会被处以绞刑。

1832年1月1日，在波士顿欢乐街非洲浸信会教堂的地下室，加里森成立了"新英格兰反对奴隶制协会"。后来，随着其他州也成立了废奴协会，新英格兰反对奴隶制协会改名为"马萨诸塞州反对奴隶制协会"。

加里森相信，只要殖民行为仍被视为一项可敬的事业，它就会瓦解反对奴隶制的运动。他写了一本小册子《对非洲殖民的思考》(1832)，坚持认为黑人有权利选择在哪里生活。加里森去了英国，美国殖民协会的特工正在那里积极筹备资金。于是，他劝说英国废奴主义英雄威廉·威尔柏福斯和托马斯·克拉克森拒绝殖民活动。他还见到了为爱尔兰自由奋斗的勇士丹尼尔·奥康奈尔。加里森不再把殖民作为废除奴隶运动的一个要素。

加里森还面临着整个北方的坚决反对。具有影响力的一位论派（Unitarians）认为奴隶制与北方人无关。与大多数浸礼会牧师一样，长老会教徒也拒绝反对奴隶制。1836年，卫理公会传教大会命令会员不得参与废奴活动。康涅狄格州、缅因州、新罕布什尔州和罗得岛州的立法机构通过提案限制废奴文学，伊利诺伊州、爱荷华州、印第安纳州和俄勒冈州则禁止自由的黑人进入。有时，这种反对行为会非常暴力。在马萨诸塞州的马布尔黑德，一名暴徒对出版商阿莫斯·德雷瑟的印刷机和住所进行了破坏，因为阿莫斯此前曾在纳什维尔煽动废奴活动并受到过公开鞭笞。在新罕布什尔州的新迦南地区，一个学校的老师教授黑人学生，当地人便用牛将学校建筑拉进了附近的沼泽。在费城，一伙支持奴隶制的暴徒纵火烧了废奴主义者的聚集地宾夕法尼亚会堂和一所黑人孤儿院。1835年，波士顿妇女反对奴隶制协会成员在会堂碰头，当加里森出现时，一伙滥用私刑的暴徒把套索套在他的脖子上将他拖走。幸运的是，几个勇敢的朋友救下了他。

除了遭到反对，加里森也赢得了一批支持者。24岁的哈佛毕业生温德尔·菲利普斯便是其中之一，他的律师事务所位于法院街，他从这里目睹了那场未遂的私刑。传记作家拉尔夫·科恩戈尔德描述，菲利普斯"身高6英尺，厚胸膛，宽肩膀，颇有军人风范"。他参与了废奴运动，并成为其中最优秀的演说家，也是加里森最得力的助手之一。西奥多·韦尔德是加里森的又一个坚定拥护者，他曾在俄亥俄州组织了上百个反对奴隶制的协会。他娶了安杰利娜·格里姆克为妻——她和姐姐萨拉都参与了反对奴隶制的巡回演说。看到女性在公众面前演讲，许多牧师都感到不安，而加里森却欢欣鼓舞地说道："我们就是要劈波斩浪，就是要与教会和政府的联合势力做斗争。"

逃跑的奴隶弗雷德里克·道格拉斯也是加里森的追随者。1838年他逃出马里兰后，发现了《解放者》，它让"我心头一颤，欣喜不已，这种感觉以前从未有过"。道格拉斯是奴隶制压迫的亲历者，后来成了最具影响力的反对奴隶制的演说家之一。

加里森的观点更加激进。他撰写了《不抵抗协会的感伤宣言》（1838）一书，书中宣称："每个人类政府都是靠武力维持的，实际上其法律也是在刺刀的威逼下实施的……我们无法承认效忠于任何一个人类政府，但我们也不会通过武力反对任何一个这样的政府……人类历史有许多证据表明武力胁迫并不适合道德再生……我们在此声明，我们不仅反对一切战争，而且反对一切战争准备。"

截至19世纪40年代，据估计有20万人加入了废奴组织，但是这场运动还是失去了动力。后来当局出台了《1850年妥协案》和《逃亡奴隶法案》，要求送回逃跑的奴隶。任何北方人都有可能遭到猎奴者的控告，指控他们帮助所谓的逃亡奴隶，后者会被带到联邦长官面前，然后在南方监禁起来。所谓的逃亡奴隶将被剥夺由陪审团审判的资格，不能为自己作证辩护。负责断案的联邦长官如果释放被告，将获得5美元；如果下令把奴隶送到南方，将获得10美元。《逃亡奴隶法案》刺激了辛辛那提的家庭主妇哈丽雅特·比彻·斯托写了一部小说《汤姆叔叔的小屋》，此书于1852年3月出版，记录了黑人奴隶的苦难与尊严。本书的英文版销量高达200万册，被翻译成了22种文字。

此时，加里森谴责宪法是奴隶制的保障。1854年7月4日，在马萨诸塞州反对奴隶制协会的一次户外会议上，包括亨利·戴维·梭罗在内的几个发言者都抨击了奴隶制。随后，加里森点燃一根蜡烛，烧掉了一份《逃亡奴隶法案》和《宪法》。

后来发生的事件将美国推向了内战。1857年，最高法院首席大法官罗杰·B. 托尼在德雷德·斯科特案件中裁决，黑人不是公民，也不能成为公民，国会不能在美国任何一片新领土上禁止奴隶制。1859年10月，约翰·布朗突袭哈珀斯渡口的联邦军火库，试图挑起奴隶叛乱，结果引发了一场针对黑人和废奴主义者的强烈反击。1860年林肯当选总统六周后，南卡罗莱纳州宣布脱离联邦，加里森极力主张允许该州和平地离开。他写道："试图拯救联邦的所有努力都是极其愚蠢的。"然而，1861年4月16日，南部邦联进攻查尔斯顿的萨姆特堡，这也使得加里森相信奴隶不可能和平获释。

林肯不是废奴主义者，他的主张是逐步解放奴隶，对他们实行殖民。但是，1863年1月1日，他（迫于形势）发布了《解放宣言》，宣布南方的奴隶是自由的，旨在鼓励南方的黑人发动叛乱。它并不适用于（北方）联邦边境各州的奴隶，但它却使得解放奴隶成为战争的目标。

1865年4月内战结束之后，加里森遍游美国。他告诉查尔斯顿的黑人："我并不是因为你们的肤色或者种族才支持你们的事业，而是因为你们都是同一个天父的孩子，源于同一个神圣的形象，拥有同样不可剥夺的权利，而且与世界上那些最傲慢的奴隶主一样，有权享有同样的自由。"

1867年，加里森和他的女儿范妮（海伦）、儿子哈里一起乘船来到欧洲。他们结识了英国自由贸易改革者约翰·布莱特、经济学家约翰·斯图亚特·密尔、哲学家赫伯特·斯宾塞，以及议会自由党议员威廉·尤尔特·格莱斯顿。

这时，加里森的肾脏出现了问题，这令他痛苦不堪。于是，他去了纽约找女儿范妮·加里森·维拉德，她的威斯特摩兰公寓楼位于联合广场附近第五大道东 17 街 100 号。他陷入昏迷状态，于 1879 年 5 月 24 日夜里 11 点后与世长辞，享年 73 岁。

人们把加里森的遗体运到了马萨诸塞州的罗克斯伯里，5 月 28 日在第一宗教协会教堂举行了葬礼。约翰·格林里夫·惠蒂埃在用诗写的悼词中称加里森是"释放俘虏的一只手"。温德尔·菲利普斯、西奥多·韦尔德和女权主义者露西·斯通也致了悼词，后者回忆说："对于不承认平等权利者，他绝对不会跟他们同流合污。"人们把加里森安葬在了罗克斯伯里森林山公墓他妻子身旁。

加里森的朋友们著书立说，赞扬他的道德观点，他在几十年间一直深受人们的尊敬。但是，在 20 世纪，出现了一种忽视他的倾向。譬如，吉尔伯特·H. 巴恩斯的《反对奴隶制的冲动》(1933)就指出，最关键的废奴主义者是腼腆的政治组织者西奥多·韦尔德，而非引人注目的宣传家加里森。德怀特·L. 杜蒙德在《反对奴隶制：争取自由的运动》(1961)中也支持这一看法。历史学家约翰·L. 托马斯在《解放者》(1963)上指责加里森引发了内战，英国教授沃尔特·M. 梅里尔在《劈波斩浪：非裔美国人反对殖民运动的斗争》(1963)中贬低加里森的思想观点，认为那些都是他的悲惨童年生活的产物。然而，历史学家艾琳·S. 克雷迪特却说："我开始研究加里森的作品……读得越多，就越相信我是第一次认识这个人……首先，他对所有主题的思考始终都符合逻辑，给我的印象越来越深刻。"

亨利·迈耶在《烧掉一切》(1998)中指出："威廉·劳埃德·加里森是一位真正的美国英雄，拥有圣经先知般的预言能力和宣传者的本领，迫使国家面对历史上最关键的道德问题。"

在加里森之前，没有多少人讨论美国的奴隶制，是好是坏都是奴隶主说了算。对这些问题,加里森比任何人都阐述得更清楚透彻,他重点指出了奴隶制的道德罪恶,凭借自己的雄辩才华为众人的自然权利进行了勇敢的斗争。为了让千千万万的人活得自由自在,他迈出了巨大的步伐。

8. 自我所有权：莱桑德·斯普纳

19纪最伟大的自然权利思想家是美国律师兼特立独行的个人主义者莱桑德·斯普纳。他用小册子的形式回应了发生在那个时代的种种动荡事件，包括1837年的金融大恐慌和（后来的）内战。这些小册子涉及自然权利、奴隶制、金钱、陪审团审判和当时的其他重要主题。法学教授兰迪·E.巴奈特宣称："莱桑德·斯普纳之所以值得人们尊敬，一是因为他与众不同的原则，二是因为他为捍卫这些原则而做出的卓越贡献。"思想史学家乔治·H.史密斯宣称斯普纳是"最伟大的自由主义理论家之一"。

斯普纳相当勇敢，曾经明确说道："制定和执行不公正的法律，是人对人犯下的最严重罪行。由个人犯下的罪行仅仅是对其他个人权利的侵犯。而由不公正的法律犯下的罪行却是对大部分人权利的侵犯——常常是对整个社会中的绝大多数人；通常，社会中的这部分人因为愚昧和贫穷，最无力承担这种过错的后果。"随着年龄的增长，斯普纳逐渐变得激进。1885年，也就是他去世前两年，他写道："为了维持政府，未经个人同意而征收的所有财产税都是抢劫；侵犯了他的自然财产所有权……对金钱的垄断是对人类自己制定的自然权利契约的最为明显的践踏方式之一，而且是让几个人抢劫其他所有人的最有效方式之一……就像无权宣称占有阳光、水或者大气一样，政府也无权宣称拥有荒地……通过政府的征兵制度，一个人要么被杀死，要么充当杀死他人的武器，因此被剥夺了行使自己意志、做出选择、判断或者按良心行事的权利。"

传记作家查尔斯·夏夫利说，斯普纳是个"粗暴直率、厌恶虚伪的人。他的书信记录了他与不能理解自己的朋友间发生的争议，这些争议虽然不可全信，但是可以看出他的坏脾气"。他认为浪漫是件棘手的事，因此终生未婚。他的朋友、《自由》杂志的编辑本杰明·塔克称赞他"智慧超群、目标专一、真诚坦率、充满爱心，将会受到世人的喜爱……据笔者回忆，在过去多年间，除了周日，每天上午9点到下午3点，去波士顿雅典娜图书馆的人都可能会注意到，甚至几乎所有人都会注意到，在其中一间凹室里……一位老人佝偻着背，桌上堆着布满灰尘的书——涵盖历史、法学、政治科学和宪法——他把身体伏在桌子上，全神贯注地研究和写作。如果他碰巧抬起头，人们就会看到长长的白发和胡须衬托着一张令人赏心悦目的面庞，是那么和蔼慈祥，那么英俊坚毅，那么气度不凡"。

1808年1月19日，莱桑德·斯普纳出生在马萨诸塞州阿瑟尔附近父亲的农场上。他的父亲阿萨·斯普纳和母亲多莉·布朗共生育了9个孩子，莱桑德排行老二。为了寻找适合自己的工作，他费了不少周折：在家庭农场工作过，做过文书工作，当过律师，还在俄亥俄州做过投机买卖（并未成功）。

1837年，金融恐慌爆发，引发了斯普纳对繁荣与萧条的思考。在《贷款、货币和银行宪法》（1843）一书中，他解释了政府干预对银行业务的破坏，阐述了废除法定货币法的理由（这要求政府发行的纸币可用于偿还债务），要求建立银行需获得政府特许。

斯普纳创办的下一个企业是邮政。他决定挑战联邦法律授予美国邮政局的垄断特权，因此于1844年1月创办了在波士顿与巴尔的摩之间运送邮件的美国邮政信件公司。1845年，国会强迫斯普纳和其他私营邮政商退出运营。于是，他写了《国会立法禁止私营邮政的行为违宪》。

由此，斯普纳开始卷入针对美国奴隶制的大论战。虽然南方律师声称奴隶制得到了宪法的支持，而且废奴主义者威廉·劳埃德·加里森也同意（这也是他为什么谴责宪法是"死亡契约"的原因），但是斯普纳认为宪法争论可以用来反对奴隶制。纽约慈善家格里特·史密斯是废奴运动的主要支持者，他为斯普纳提供了一些经济援助，帮助他完成了《奴隶制的违宪》（1845）一书，作者认为美国殖民地宪章、《独立宣言》、《邦联条例》或宪法都不支持奴隶制。虽然他没有说服加里森或他的同事温德尔·菲利普斯，但他争取到了逃亡奴隶和废奴主义演说家弗雷德里克·道格拉斯的支持，在这个过程中，他造成了支持和反对政治法案的双方在废奴运动中的分裂。

斯普纳肯定自然法，因此《奴隶制的违宪》一书显得相当有趣："人们拥有不可剥夺的个人自由权利，在行使该权利时不得侵犯他人的权利。这种自由是由他的天性和才能所带来的一种与生俱来的权利。他的天性和才能可以自由地发展，不受他人的天性和才能的限制，这也是其天性和才能的固有权利，而且他人的天性和才能对他自己的天性和才能并不存在特权。对这项权利只存在一种限制，即他在行使自己的自由权利时，不能限制或破坏他人的天性和才能的同样自由的发展。每个人的平等自由的分界线绝不能被彼此侵犯。这一原则是法律和公民权利的基础和本质。"

回到父亲的家庭农场，他写了《贫穷的非法起因与合法解决方法》（1846）。同样，其中最有趣的段落也是关于自然权利的："在这个国家，无论是在联邦政府还是州政府，涉及人们的劳动权利以及享受劳动成果的权利的法律……几乎都试图用武断的法条取代自然法；它们试图废除人们的劳动权、财产权和契约权，并确立垄断和特权……试图抢劫一部分人的劳动或劳动成果，然后把劫掠的东西送给另一部分人。"

1852年，斯普纳撰写了《陪审团审判》一书，这是一本学术著作，同时也是一本政治小册子。在这本书中，他追溯了英国从中世纪开始的陪审团参与审案的历史，论证了陪审团在避免暴政方面所发挥的重要作用。他援引从《大宪章》到自己时代的法律文件和法律权威，主张陪审团必须自由地听取案件的所有事实，不受反复无常的证据规则的限制。陪审团必须自由地裁决，尊重案件事实，另外，用于指控被告违法的法律也必须是合法的；陪审团必须能够否决不公正的法律。

斯普纳认为，陪审团对否决权的行使正在美国奴隶解放运动中发挥着越发重要的作用。之前的《逃亡奴隶法》（1793）要求把逃跑的奴隶归还他们的"主人"，但陪审员们越来越频繁地拒绝实施此项法律，于是迫于政治压力，《逃亡奴隶法案》（1850）[1]诞生了，目的是避免陪审团参与审案。该法案允许（原告）只需在联邦法官面前进行简单的诉讼，猎奴者只需提供拥有奴隶的"令人满意的证据"，就可以将逃亡奴隶带走，并且禁止这些奴隶为自己作证。

莫里斯诉讼案（1851）是陪审团参与审判的案件之一，其中涉及帮助逃亡奴隶的人。一个名叫谢德拉克的奴隶从弗吉尼亚的诺福克逃到波士顿，化名弗雷德里克·詹金斯，并找了份侍者的工作。1851年2月，一个猎奴者发现了他，把他带到联邦法官面前。猎奴者根据《逃亡奴隶法案》进行了简单诉讼，中途一伙人冲进法庭，将谢德拉克救出，并护送他去了坎布里奇（Cambridge）[2]。他在那里销声匿迹，最终去了加拿大。8个人，包括4个白人和4个黑人，均被指控为谢德拉克提供了救助，因此触犯了《逃亡奴隶法》。这场有陪审团参与的审判从1851年5月开始。

在这个案件中，辩护律师不仅质疑事实，而且宣称："陪审团不仅是案件事实的评判者，也是法律正当性的评判者；如果他们中的任何一个真的相信1850年的法案是违宪的，那么他们就会出于自己誓言的原因而无视法庭可能给出的截然相反的指示。"本杰明·柯蒂斯法官在听到这样的论证后感到非常震惊，因此打断辩护律师，告诉陪审员们"没有权利决定任何法律问题……（他们必须）把法庭提供的法律运用到他们可能发现的案件事实中去"。然后，他表明立场，并警告陪审员们，如果他们拒绝法律的合法性，就会导致混乱。然而，陪审团仍然无视法官的意见，宣布被告无罪。

斯普纳警告说，如果没有陪审团的否则权，"政府就会我行我素；虽

---

[1] 1793年的《逃亡奴隶法》原文Fugitive Slave Law，1850年的《逃亡奴隶法案》原文Fugitive Slave Act，请读者注意两者区别。
[2] 指位于马萨诸塞州波士顿哈佛大学（最早叫剑桥学院）周边的那片区域，为了与英国的剑桥大学及剑桥郡相区别，故音译为坎布里奇。

然陪审团可能成为政府的傀儡，但事实上，审判也可能成为政府的审判……如果政府可以命令陪审团执行哪些法律……那么陪审团就将不再按照自己的标准（不是根据对自由权利的判断）审判被告，而是按照政府强加的标准。如此一来，由政府规定的标准就会成为人们衡量自由的标杆……政府支配人民，而不是人民拥有反对政府的自由。总之，如果陪审团无权评判政府法律的公正性，那么他们就无法保护自己免遭政府的压迫；因为，没有任何压迫不是政府通过法律授权的"。

他拒绝接受人们因为拥有投票权而得到充分保护的观点。他指出，投票"只能定期举行——在拥有投票权之前的历史时期，人们还得忍受暴政。此外，在行使投票权时，人们并不能保证能废除现有的压迫性法律，也不能确保不实施同样具有压迫性的新法律。后来的立法者可能与之前的立法者一样专横。如果说现在的立法者是因为正直才被选中，那么同样可以推论，之前的立法者被选中也是出于同一原因，但是他们却被证明是暴君"。

针对陪审团的否决权是否会带来不确定性、破坏法治等问题，斯普纳反驳说，法律制度不确定性的主要来源是"无数不断变化的法令和无数自相矛盾的司法判决没有统一的理性原则或者贯穿其中的正义……这种不确定性相当大，导致几乎所有人——不管是没有学问的还是有学问的——都像躲避敌人一样躲避法律，而不是去寻求法律的保护。通常，他们只在别无选择的情况下才会进入所谓的法庭，就像被迫上战场一样。即使他们进了法庭，也会像进入黑暗的迷宫和洞穴一样茫然不知所措，只能完全依靠向导"。

斯普纳对内战期间联邦权力的大幅膨胀感到吃惊，其触角无处不在：军队征兵；纸币膨胀（"美钞"）；贸易壁垒高达100%；消费、销售、继承和收入税；邮件、电报和报纸审查；不经正式指控就把人投入大牢——采取的许多措施并没有经过国会的同意。内战之后，联邦政府维持的常备军力竟然比战前多了50%；作为国民经济的一部分，联邦开支比战前多了一倍；内战之前国债大约是6500万美元，而战后飙升到了28亿美元，在整个19世纪70年代中期，国债的利息大约占了联邦预算的 40%。

斯普纳的观点日益激进，越来越像美国发明家和社会哲学家乔舒亚·沃伦（1798—1874）。在斯普纳也许是最重要的作品《并非叛国第六号：缺乏权威性的宪法》（1870）中，他抨击了政府的不诚实，政府就"像一个拦路强盗，对一个人说：要钱还是要命。许多税收——即使不是绝大部分税收——都是在这种胁迫之下被迫缴纳的。政府确实没有在偏僻之地拦路抢劫，像劫匪那样在路边将人扑倒，用手枪顶住他的脑袋，洗劫他的口袋。但是，抢劫就是抢劫；它要卑鄙得多，无耻得多。拦路强盗必须对自己的行为承担责任和风险，承受犯罪的后果。他不会假装抢你的钱是正当的，或者借口为了你的利益而使用这笔钱。他没有假装自己不是强盗。他还没有学会厚颜无耻地宣称自己只是'保护者'，声称强行拿了人的钱只是为了能够保护那些迷路的旅人，而这些旅人却认为自己完全能够保护自己，并不欣赏他那套古怪的保护方法。他非常明智，不会说那样的话。而且，一旦他拿了你的钱，就会如你所愿地那样离开你。他不会在路上一直跟着你，他不会因为要保护你就称你为合法的'君主'"。

斯普纳结识了能言善辩的记者兼编辑本杰明·塔克；塔克认为政府无能、奸诈、暴力，因此没有政府，人们会活得更好。1854年4月17日，塔克出生在马萨诸塞州的南达特茅斯。他把父母描述为"激进的一位论派"。在麻省理工学院待了三年之后，他发现自己对政治比对科学更感兴趣，便全身心地投入到禁酒和妇女选举权运动中去。他提倡自由银行制度，认为市场竞争比政府监管更能保持银行业的良好运行。他认识了激进的自由主义作家兼企业家乔舒亚·沃伦，他的观点影响了斯普纳的思想。

塔克在他新出版的《自由》杂志中坚持自己的独立性，其中收录了各种激进观点。个人主义者乔舒亚·沃伦的观点、德国作家马克斯·施蒂纳的利己主义道德和挪威戏剧家亨里克·易卜生的解放观点，通过塔克都得到了进一步的传播。凡此种种，肯定都帮助塔克理清了自己的思想，因为几年之后，他便坚决主张安全的私有财产对自由至关重要，所以他还攻击财产公有。塔克编辑《自由》的时间长达27年。正如独立学者詹姆斯·J.马丁所说："《自由》保持了强大的生命力,成为这个国家历史上最激进的经济或政治期刊中寿命最长者之一,而且可以肯定,它也是过去两百年间世界上最有趣的杂志之一。"

斯普纳投给《自由》的主要稿件是《致格罗弗·克利夫兰的一封信》,这篇稿子还添加了一个带有挑剔性的副标题:他那虚伪的就职演说、立法者和法官的篡权和罪行,以及由此引发的人民的贫困、愚昧和奴役。这篇文章从1885年6月20日开始,分19期连载,并于7月结集成书出版。斯普纳言辞激烈地抨击征兵制度。他愤懑地说:"政府甚至都没有意识到一个人具有生命权。如果政府需要个人维护它的权力,就会把他强行带走(让他服兵役),让他充当炮灰,仿佛他只不过是个无意识的东西,就像炮弹一样毫无权利。"

在波士顿比肯山默特尔街109号的一间公寓里,斯普纳静静地走完了学者的一生。塔克说:"他身边全是箱子和柜子,装满了书、手稿和小册子,这些都是他在半个多世纪前在那场火热的小册子运动中收集的关于自己的东西。"

1887年年初,斯普纳身患重病,但他不信任医生,耽搁了治疗,于1887年5月14日星期六下午1点左右去世。当时塔克显然陪在他身边。追悼会在波士顿威尔斯纪念堂举行,塔克和废奴主义者西奥多·韦尔德都致了悼词。塔克表示,斯普纳思想"敏锐清晰,洞察力强,眼光锐利,逻辑清晰,有条不紊,仔细缜密,令人信服,不容置疑,并能以非凡的力量、纯粹的风格和独特的个性阐发自己的观点"。斯普纳的遗体被安葬在波士顿森林山公墓。

斯普纳似乎曾一度被人们遗忘,但是随着越来越多的思想家探索自由的道德基础,他的作品被人们重新发掘出来。1971年,他的六卷本作品集出版;1992年,《莱桑德·斯普纳读本》出版。现在,人们还建了一个斯普纳网站,网址是http://www.lysanderspooner.org,提供了斯普纳本人及其作品的信息。他关于自由的观点将穿越网络空间,奔向新的千禧年。

9. 作家和制片人：安·兰德

安·兰德最著名的作品是两本精彩的哲学小说：《源泉》（1943）和《阿特拉斯耸耸肩》（1957）。在宣扬个人主义、自由和自由市场方面，她比任何人提出的道德理由都更令人信服；她赢得了数百万人对自然权利哲学的支持，尽管这种哲学思想在一个多世纪之前就已经不再流行了。她逐渐形成了一种明确的关于道德、经济和政治的观点。根据美国国会图书馆和每月一书俱乐部的调查，在对人们的生活最具影响力的图书中，《阿特拉斯耸耸肩》位列第二，仅次于《圣经》。兰德写的作品还远不止这些——除了小说之外，还有非小说。她的作品总共售出了2000万册左右，她的新文集和关于她本人的新书也在陆续出版之中。

兰德出生在俄罗斯，说话带有浓重的口音，出现在公众的聚光灯下时似乎有些不自在。但是，她却充分利用了这种效果。她与迈克·华莱士、菲尔·多纳休等名人同时出现在电视上，《花花公子》杂志也出版了对她的专访。

兰德阐述问题清晰明了，让人耳目一新。例如，她写道："区分自由与奴役，基本的、根本的与关键的原则是什么？就是到底是自愿行动还是身体被强迫或被强制的原则……这不是出于'正当'理由的奴役和'非正当'理由的奴役的问题；这不是一帮'好'人实施独裁或一帮'坏'人实施独裁的问题。这是自由还是独裁的问题……如果要维护自由，就必须维护人的个人权利；如果要维护人的个人权利，就必须维护人的生命权利、自由权利和追求幸福的权利……没有财产权利，就没有其他权利可言。因为人必须依靠自己的努力维持生命，如果没有权利享有自己的劳动成果，就无法维持自己的生命。"她不同意她的那些信仰自由的朋友们的观点，后者迷信自由市场经济学的作用："大多数人模糊、不安地认识到马克思主义经济学是古怪的。然而，这并不能阻止他们宣扬另一种马克思主义经济学。整个现代灾难的根源是哲学的和道德的。人们不是因为接受了糟糕的经济学才去拥护集体主义，而是因为他们接受了集体主义，所以才去拥护糟糕的经济学。"

的确，对那些不理解自己的人和背离自己观点的同胞，兰德曾失去耐心。在某种程度上，这可能是因为此前多年间她经历了太多事情：极力逃离俄罗斯、在好莱坞艰难立足、克服出版商退稿的失落、忍受苛刻的评论，等等。

传记作家芭芭拉·布兰登这样描述兰德在21岁初到美国时的情形："头发短直，下巴紧绷，脸呈方形，性感的宽嘴紧抿着，眼睛又大又黑，因此整张脸看起来就像殉道者、审讯者或者圣人。她的双眼燃烧着情感和智慧的激情——仿佛要烤焦旁观者，用黑光在他的身体上燃起火焰。"在此后的生活中，烟不离手和伏案久坐让她付出了生命的代价，但她依然令人难以忘记。

兰德原名艾丽莎·罗森鲍姆，1905年2月2日出生于圣彼得堡。她的父亲弗朗茨·罗森鲍姆原先很穷，后来成为药剂师，跻身中产阶层。她的母亲安娜性格外向，热衷于剧烈运动和繁忙的社交生活。不过，艾丽莎对母亲的这两种爱好毫无兴趣。放学后，她待在家里学习法语和德语。因受一本杂志的连载鼓舞，她开始写小说，9岁时便决心当作家。

沙皇参加第一次世界大战后，罗森鲍姆一家的舒适生活结束了。战争破坏了国家经济，不到一年，就有100多万俄罗斯人死亡或受伤。布尔什维克开始执掌政权。

俄国革命促使艾丽莎·罗森鲍姆去创作有关个人英雄的故事，这些英雄与国王或极权主义者进行勇敢的斗争。也就是在这段时间，她发现了小说家维克多·雨果，雨果的戏剧化风格和所塑造的杰出人物形象让她如痴如醉。她回忆说：“我被雨果的生命意识所吸引，这是有人在写重要的东西。我觉得我就是要成为这样的作家，但是我不知道要花多长时间。"

在彼得格勒大学求学期间，她师从严厉的亚里士多德学派学者尼古拉·洛斯基。学者克里斯·夏布拉指出，洛斯基对兰德的思想产生了巨大影响。她读弗里德里希·席勒（她喜欢他）和威廉·莎士比亚（她讨厌他）的戏剧，读弗里德里希·尼采（极具争议性的思想家）的哲学和费奥多尔·陀思妥耶夫斯基（善于设计情节）的小说。此外，她还彻底迷上了外国电影。她第一次迷上了一个叫利奥的小伙子，这个人曾冒着生命危险隐藏保皇党的地下组织成员。

1925 年，罗森鲍姆一家收到了一封亲戚的信。这些亲戚 30 多年前为了逃避俄罗斯的反犹太主义而移居到了芝加哥。艾丽莎非常渴望去美国，她的亲戚同意资助她旅费，并对她承担责任。真是奇迹，苏联政府竟然给她签了 6 个月的探亲护照。1926 年 2 月 10 日，她登上了"德·格拉斯"号轮船，花了 50 美元到达纽约。

不久，艾丽莎就住进了她亲戚家位于芝加哥的一幢狭窄公寓。她看了很多电影，通常在午夜左右开始用打字机工作（这令其他人难以入睡）。她给自己起了一个新的名字安·兰德。（安来自一个芬兰作家的名字，她从未读过其作品，但是喜欢这个名字的发音。兰德来自她使用的兰德·雷明顿牌打印机。）传记作家布兰登说，兰德之所以采用这个新名字，可能是为了保护她的家人免遭苏联政府的指控。

她决定创作电影剧本，于是搬到了洛杉矶，成为塞西尔·B. 德米尔工作室的临时演员。在这里，她爱上了一名又高又帅、长着蓝眼睛的龙套演员。他们于 1929 年 4 月 15 日结婚。兰德不再担心回到苏联，因为她申请了美国国籍。

塞西尔·德米尔工作室关闭后，兰德找了一些零活。最终，在 1935 年，她尝到了成功的滋味：她的戏剧《一月十六日夜》在百老汇上映了

283场，这是一部关于一个无情的实业家与一个被指控谋杀了他的强势女人的戏剧。1936年，她的小说《我们活着的人》出版，讲的是在苏联争取自由的故事。麦克米伦公司只印刷了3000册，这本书似乎并不成功。大约一年后，此书口碑有所上升，但是麦克米伦已经毁坏了印版，无法再次印刷。兰德仅仅得到了100美元的版税。

1937年，在努力构思《源泉》的情节时，兰德写了一部短小、诗意的未来主义作品《颂歌》，讲的是个人与极权主义暴政的故事。《颂歌》大胆地肯定了自由，远超那些更著名的反极权主义小说，如奥尔德斯·赫胥黎的《美丽新世界》（1932）、亚瑟·库斯勒的《中午的黑暗》（1941）、乔治·奥威尔的《动物庄园》（1945）和《1984》（1949）。在《颂歌》中，一个人重新发现了"我"这个词。他解释道："我的幸福不是达到任何目的的手段。它就是目的。它是自己的目标，它是自己的目的。我不是其他人可能想实现目标的手段。我不是他们的工具。我不是他们满足需要的奴仆。"兰德的出版经纪人把这本书卖给了英国出版商，但在美国却一时找不到出版社。7年后，洛杉矶商会总干事伦纳德·里德拜访了居住在纽约的兰德和奥康纳，说应该有人写一本捍卫个人主义的书，于是兰德跟他谈起了《颂歌》。里德的小型出版公司于1946年出版了此书的美国版本，销量竟达250万册左右。

同时，在经过近四年的准备之后，兰德于1938年完成了《源泉》一书的情节设计，开始动笔写作。男主人公建筑师霍华德·洛克表达了自己对理想男人的看法。他与周围的集权主义者做斗争，捍卫自己观点的完整性，哪怕这意味着要炸毁一幢大楼，因为该大楼的设计方案被篡改，这违反了他所签的合同。他在为自己的行动辩护时说："那些伟大的创作者——思想家、艺术家、科学家以及发明家——都与他们那个时代的人格格不入。每种伟大的新思想都曾遭到反对，每项伟大的新发明都曾遭到抨击。第一辆汽车被认为是愚蠢的，飞机被认为是不可能的，动力织机被认为是恶毒的，麻醉被认为是罪恶的。但是，这些独辟蹊径者依然继续前行。他们斗争了，他们受苦了，他们付出了。但是，他们胜利了。"

但事实证明，《源泉》销量非常黯淡。之前兰德在麦克米伦公司的编辑表示对此书很感兴趣，并提出另外支付 250 美元的预付款，可兰德坚持要求公司至少花费 1200 美元进行宣传，因此麦克米伦公司放弃了。截至 1940 年，有十多家出版社看过已完成章节，但都拒绝出版此书。一位有影响力的编辑声称，这本书根本卖不出去，甚至就连兰德的经纪人也持悲观态度。她的积蓄仅剩 700 美元了。

兰德建议把部分手稿交给位于印第安纳波利斯的鲍勃斯—梅里尔出版社。该出版社出版过尤金·莱昂斯的《红色十年》。鲍勃斯—梅里尔出版社的印第安纳波利斯编辑拒绝了《源泉》，但这家出版社的纽约编辑阿奇博尔德·奥格登却很喜欢，威胁说如果出版社不同意出版，他就会辞职。他们于 1941 年 12 月签署了出版合同，给了兰德 1000 美元的预付款。由于小说还有三分之二没有完成，所以现在兰德的工作重点就是在 1943 年 1 月 1 日之前完成书稿。

她发现自己正与朋友伊莎贝尔·帕特森进行一场友谊的比赛，后者是个脾气火爆、有时没轻没重的记者。她当时即将完成《机器之神》。她不仅写小说，还写了大约 1200 篇报纸专栏，但让她一举成名的还是《机器之神》。这本书猛烈抨击政府管制，解释了自由市场的超级动力。伊莎贝尔比兰德大 19 岁，在关键的几年里一度成为她的导师。加州大学（圣迭戈分校）的英语教授斯蒂芬·考克斯相信，兰德与帕特森的关系"可能是她一生中最亲密的知识分子关系"。帕特森在给《纽约先驱论坛报》写书评，当兰德去校对排好版的稿子时，她们相遇了。她给兰德介绍了很多关于历史、经济和政治哲学的书，让兰德的世界观更加成熟。

《源泉》于 1943 年 5 月出版，而《机器之神》也在同月出版。这本书从构思到出版花了兰德大约 9 年时间。帕特森在《纽约先驱论坛报》上写了许多专栏文章对它进行宣传。《源泉》引发的评论超过了《我们活着的人》，但是大多数评论家要么谴责它，要么歪曲它，说它是关于建筑的书。所幸的是，有一篇令人极其惊讶的评论来自《纽约时报》，作者洛林·普鲁厄特写道："兰德小姐表明了自己反对集权主义的立场……她写了一首歌颂个人的赞歌。"[1]

令兰德激动不已的是，她竟然收到了著名建筑师弗兰克·劳埃德·莱特的一封信。他在信中写道："我一字不落地读了《源泉》，你的论点非常了不起……个人才是一切有意义的社会的源泉。个人自由才是政府的唯一合法目标；个人良知才是伟大而不可侵犯的东西。"尽管主人公洛克并不是以莱特为原型，但是据说，他在自己位于亚利桑那州西塔里埃森的家中床头放着一本《源泉》。（他为兰德设计了一座房子，但是一直没有建造，因为兰德和丈夫决定留在纽约。图纸一直保存在莱特的作品集中。）

有一段时间，书销售得很慢。但是，它的良好口碑仍然让人们兴趣高涨，出版社接二连三地重印，不过印量很少，部分原因在于战争期间纸张短缺。不过书的销售势头越来越好，最后竟然冲上了畅销书榜。出版两年后，已经卖出10万册。截至1948年，达到40万册。然后出版了新美国图书馆平装版，竟然卖出了600万册。

华纳兄弟影业公司看中了《源泉》，打算将其改编成电影，并同意支付兰德5万美元的改编费。当天，她和奥康纳在当地一家餐馆挥霍了一番，每人花费65美分吃了一顿晚餐以示庆祝。兰德竭力维护脚本的完整性，并且取得了较大成功，不过她最喜欢的一些台词还是被删掉了。由加里·库珀、帕德里夏·妮尔和雷蒙兹·马西主演的电影在1949年7月首映，把小说《源泉》再一次推上了畅销书榜。

早些时候，《源泉》刚出版时，曾遭读者冷遇，兰德对自己的朋友伊莎贝尔·帕特森也难掩对此的失望情绪。帕特森劝她写一部非虚构作品，还说她有责任让自己的观点广为人知。但是，兰德反对这种自己欠了别人东西的观点。"如果我罢工了，会怎样呢？"她问道，"如果世界上所有具有创造力的头脑都罢工了，会怎样呢？"这成了她最后一部主要作品的思想来源，这部作品的名字暂时就叫"罢工"。

兰德花了大约14年时间来写这本书，大部分时间都在纽约的公寓

---

[1] 在不影响原文意思的前提下对个别措辞进行了修改，下文也有类似处理，若非整句删除或较大改动，不再指明。

中度过。关于这个故事的一切都非同寻常，它塑造了兰德笔下最著名的主人公——神秘的约翰·高尔特。高尔特是物理学家和发明家，他把最富有成效的人组织起来，进行了一场罢工，反对税务员和其他剥削者。书中出现的达格妮·塔格特是兰德笔下的第一个理想女性，她发现高尔特正是自己心目中的男人。一个朋友告诉兰德，她的暂定书名会让很多人认为这本书是讲工会的，因此兰德放弃了。奥康纳劝兰德用书中的一个章节题目做书名，这就是《阿特拉斯耸耸肩》。

这本书充满发人深省的观点。例如，经营铜的企业家弗朗西斯科·德安孔尼亚与钢铁企业家汉克·里尔登的对话就体现了兰德对性的看法："男人的性选择是他基本信仰的结果和概括。告诉我一个人觉得什么东西具有性吸引力，我就会告诉你他的全部人生哲学。给我看看与他一起睡觉的女人，我就告诉你他对自己的评价。"德安孔尼亚提到了金钱道德："金钱依赖这样的准则，即每个人都是自己思想和努力的主人……金钱要求你认识到，人们必须为了自己的利益而工作，而不是为了自己受伤害；是为了得到，而不是失去……人们之间的共同纽带，不是痛苦的交换，而是商品的交换。"里尔登是用这种方式来捍卫成就的："我挣钱是通过自己的努力，是通过自由交换，是通过与我打交道的人的自愿同意……我拒绝为我的能力道歉……我拒绝为我的成功道歉。"从约翰·高尔特的无线电气象广播中发出了这样一句引人注目的话，向压迫者声明："我们之所以罢工，就是为了反对一种视追求个人幸福为邪恶的教条。"

兰德的观点一如既往地充满争议，但是《源泉》一书的销售情况已经给出版社留下了深刻印象，因此几个大出版社都希望出版《阿特拉斯耸耸肩》。其中，兰登书屋的共同拥有者贝内特·瑟夫是最积极的，同意给兰德15%的版税和5万美元的预付款，第一次印刷至少7.5万册，广告预算2.5万美元。《阿特拉斯耸耸肩》于1957年10月10日出版。

大部分评论家都言辞激烈。保守的社会主义者格兰维尔·希克斯在《纽约时报》上率先开炮，其他人也因为兰德抨击集权主义而大为恼火。其中，最歇斯底里的评论要算保守的《国民评论》，惠特克·钱伯斯可能对兰德批判宗教感到生气，所以他在杂志中把兰德比作一个"命令：'送到毒气室——去！'"的纳粹。然而，口头宣传势头太猛了，这些反对派实属螳臂当车，销量反而开始猛增，最后突破了450万册。

兰德通过《阿特拉斯耸耸肩》实现了自己的梦想，但是意志却消沉起来。她没有了庞大的计划填充自己的充沛精力，而是日益依赖出生于加拿大的门生纳撒尼尔·布兰登，两人的关系变得十分亲密。为了满足人们对兰德逐渐浓厚的兴趣，让兰德重新振作精神，他创立了纳撒尼尔·布兰登研究所，举行研讨会，销售磁带录音演讲，发行兰德的客观主义哲学出版物。有时候，布兰登会无情地实施客观主义的正统信仰，不过，在推行个人主义理想和自由市场方面，他也展示出了非凡的技能。据估计，有2.5万人参加了布兰登研究所的课程。

1968年8月23日，布兰登告诉兰德自己跟另一个女人出轨了，他们的好日子结束了。兰德公然谴责了他，于是他们分道扬镳，其中的原因直到18年后布兰登的前妻写了一本传记之后才真相大白。纳撒尼尔·布兰登后来成为以自尊为主题的畅销书作家。

与此同时，兰德则转向非虚构创作。《致新知识分子》(1961)一书是她的哲学文选，主要来自《我们活着的人》《颂歌》《源泉》《阿特拉斯耸耸肩》。她编辑并出版了《客观主义者通讯》(1962—1966)、《客观主义者》(1966—1971)和《安·兰德的信》(1971—1976)。《资本主义：未知的理想》(1962)一书重印了兰德的多篇文章，也包括纳撒尼尔·布兰登、艾伦·格林斯潘和罗伯特·黑森的文章。她将一部散文集命名为《自私的德性》(1964)，引起争议在所难免。她谈论文化的文章被收录在《浪漫宣言》(1969)中。兰德对年轻人反对资本主义的现象感到十分愤慨，于是发行了另一部文集《新左派：反工业革命》(1971)。

1979年11月，弗兰克·奥康纳去世后，兰德更加自我封闭，几乎不再关注自己的观点如何鼓舞了数百万大众。她两次出席由菲尔·多纳休主持的全国性脱口秀节目。翌年，贵金属企业家詹姆斯·U.布兰查德三世了解到兰德喜欢火车，便为她安排了一次旅行，乘坐私人轨道车从纽约前往新奥尔良。1981年11月21日，在新奥尔良，兰德发表了题为"对受害者的制裁"的演讲，4000人为之欢呼。她谈到了商人所起的重要作用，是他们利用新知识改进了产品和服务。然而，他们却被当成贪婪的资本家而普遍遭受轻视。更糟糕的是，他们资助了大学、好莱坞制片厂和其他一些机构，但是这些机构却反过来宣传自由遭到了压制。因此，兰德呼吁商人捍卫自由的品德。

同年 12 月，兰德开始感到心力交瘁。1982 年 3 月 6 日，兰德在位于东 34 街 120 号的曼哈顿公寓中去世，享年 77 岁。她被安葬在纽约瓦尔哈拉的奥康纳坟墓旁边；在此过程中，大约有两百名送葬者往她的棺材上抛撒鲜花。

兰德去世后，出版商们就忙着为她编辑新书。她最亲密的同事伦纳德·佩卡夫曾经创立了安·兰德研究所，出版了《谁需要哲学》（1982）一书。这本书的大部分素材都来自《安·兰德的信》、《早期安·兰德：未出版小说选集》（1984）和《理性的声音：客观主义思想文集》（1988）。安·兰德研究所的执行所长迈克尔·S.伯利纳编辑了《安·兰德书信集》（1995），学者戴维·哈里曼编辑了《安·兰德的日记》（1997）。随后，又出版了《旁注》（1998）、《安·兰德专栏》（1998）和《小说的艺术》（2000）。

在《源泉》出版 15 周年的一次庆典上，英国教授斯蒂芬·考克斯说："兰德乐于用最清晰的语言阐明自己的个人主义假设，捍卫从这些假设中引申出的最为激进的结果；由此，兰德对公认观点的勇敢挑战变得更加勇敢。"

为庆祝《阿特拉斯耸耸肩》一书发表 14 周年，加图研究所和客观主义研究所于 1997 年 10 月组织了一次为期一天的活动。客观主义研究所的执行所长戴维·凯利说："《阿特拉斯耸耸肩》一书所传递的信息就是理想的资本主义……允许、奖励并赞美人性中最美好的东西……"

兰德的书每年继续销售 30 万册左右。她不仅在美国影响力巨大，世界各地也不乏她的读者。《阿特拉斯耸耸肩》有了德语版。《源泉》有了法语、德语、希腊语、挪威语、瑞典语和俄语译本。《我们活着的人》有法语、德语、希腊语、意大利语和俄语译本。《颂歌》一书的法语和瑞典语版本正在翻译当中。

另外，关于兰德的书也在源源不断地出版。芭芭拉·布兰登的传记《安·兰德的激情》一书于 1986 年面市。纳撒尼尔·布兰登在《审判日：我与安·兰德度过的岁月》（1989）一书中讲述了她的故事。佩卡夫撰写了《客观主义：安·兰德的哲学》1991）一书。同年，洛杉矶企业家罗纳德·E. 梅里尔的书《安·兰德的思想》面市。学者克里斯·马修·夏布拉的《安·兰德：俄罗斯的激进分子》于 1995 年出版，这本书将兰德的思想置于俄罗斯哲学的语境中。就像《新闻周刊》所报道的那样，"她无处不在"。

1997 年，由迈克尔·帕克斯顿制作的纪录片《安·兰德：一种生命感》上映，被提名为奥斯卡金像奖参选电影。1999 年 5 月，娱乐时间电视网播出了影片《安·兰德的激情》，海伦·米伦饰演兰德，彼得·方达饰演弗兰克·奥康纳，埃里克·斯托尔茨饰演纳撒尼尔·布兰登，朱莉·德尔佩饰演芭芭拉·布兰登。

安·兰德横空出世，挑战腐朽的世界观。她单枪匹马夺取制高点，肯定人们对自由的道德需求，表明一切皆有可能。

第二部
宽　容

> 自己活，也让别人活。
> ——苏格兰谚语

数千年间，曾经有种观点认为，统治者必须向民众强制灌输宗教正统思想，只有这样才能让他们拥有高尚的品德，才能维持社会秩序。若让人们自由选择宗教，就似乎有导致混乱的风险。圣·奥古斯丁（354—430）就是最早提出要对背离基督教教义者实施惩罚的人之一。在中世纪鼎盛时期，天主教把目标对准了犹太人，于是他们遭到驱逐，离开了维也纳、林茨、科隆、米兰、佛罗伦萨等欧洲城市。1480年，斐迪南国王和伊莎贝拉女王开设西班牙宗教裁判所；截至1808年裁判所关闭，估计有超过3.19万人丧生，还有12.5万名受害者死于监狱。在西半球还有成千上万人被烧死。面对重重迫害，不断传来呼吁宽容的声音。

1. 宽容之心：伊拉斯谟

16世纪早期，宗教迫害盛行，战争频频爆发，德西迪里厄斯·伊拉斯谟挺身而出，成为宽容与和平的第一个现代拥护者。他用自己唯一的武器鹅毛笔写道："我是自由的热爱者。"他谴责天主教徒和新教徒实施的迫害，是最早提出不同宗教应该和平共融的人之一。他敦促结束烧死异端分子、巫师和焚烧书籍的行为。当马丁·路德宣称人类不能选择自己的命运时，伊拉斯谟却捍卫自由意志。西班牙在美洲建立起第一个殖民地仅仅过去20年后，伊拉斯谟便站出来反对殖民主义，称殖民主义"不过是打着传播基督教的幌子实施的抢劫"。

伊拉斯谟的《战争对于没有亲历者而言是甜蜜的》（1515）是欧洲历史上第一本主张和平的书，和平主题贯穿他所有作品的始终。他抨击"复仇女神释放毒蛇、用战争欲望侵扰人们的内心"的观点。

他直言不讳地批评君主制。伊拉斯谟写道，国王"食肉且贪婪；是强盗，是破坏者；孤立无友，祸害众人，遭众人憎恨"。他超越了自己的时代，敦促实行"有限君主制，它应受到贵族和民主的制约和限制"。

个人主义者艾尔伯特·杰伊·诺克称赞伊拉斯谟是"世界公民和所有国家的土生子"。阿克顿勋爵称他为"文艺复兴时期最伟大的人物……他先后在法国和比利时、英国和意大利、瑞士和德国生活，每个国家都促进了他的发展，但每个国家都没有在他身上留下印记。他是一位杰出的国际人士；是第一个不仅跟自己时代，还跟其他时代密切联系的欧洲人，他能够领略思想的逐渐成熟和拓展"。法国文学天才弗朗索瓦·拉伯雷写道，伊拉斯谟是他的精神之父，瑞士宗教改革家乌尔里希·茨温利说："不爱伊拉斯谟是不可能的。"

历史学家保罗·约翰逊说："伊拉斯谟很用功，是一名高水平学者，也是一位懂得交流的重要性的普及者和记者。他希望自己的书小巧、方便、廉价，同时也是第一个认识到印刷业具有丰富发展潜力的作家。他工作起来全力以赴，常常就在印刷车间里现场写作、校勘。印刷机的油墨和宗教改革的馨香让他感到兴奋。"伊拉斯谟自己也说："我的家就是我的图书室。"

历史学家威尔·杜兰特说，伊拉斯谟的"法语很糟糕，能讲一点儿荷兰语和英语，'对希伯来语则浅尝辄止'，对希腊语的掌握也不够完美；但是，他精通拉丁语，能够用它灵活描述他所处时代的非拉丁语国家的细微差异和各种琐事。他的风格活泼鲜明，他的小品文充满新颖魅力，他的讽刺如利剑般犀利，在一个刚刚迷上古典作品的世纪，他的大多数缺点理应得到人们的谅解。他的书信——就优雅和礼貌而言——可与西塞罗相提并论；在生动活泼和睿智方面，则胜其一筹"。

传记作家乔治·法鲁迪说："伊拉斯谟写起来速度飞快，毫不费力，偶尔一天能完成30到40页，发起猛烈抨击时甚至写得更快。他写作时站在书桌后面，以保持清醒；他似乎很享受写作，从那时起直到生命结束都在写作中追赶印刷机的速度。有人问他要写多少书，他回答说这些书都要归功于自己的失眠症。"

伊拉斯谟是位多产的作家，他的著作在他有生之年共销售了大约75万册，但他只因其中的一本而名垂不朽，这本书就是《愚人颂》（1511）。历史学家约翰·赫伊津哈说："正是这种愚蠢产生了国家，而通过它，则产生了帝国、宗教和法庭。国家及各种要职、爱国主义和民族自豪感……庄严的仪式，还有社会地位和贵族的错觉——这不是愚蠢是什么？而战争，则是一切之中最愚蠢者。"

杜兰特这样描述伊拉斯谟："又矮又瘦，面色苍白，声音无力，体质虚弱。他给人的印象是双手灵敏，鼻子长而尖，蓝灰色的眼睛闪烁着智慧，而他的言谈则是他那个辉煌时代最丰富、最敏锐的头脑所发出的言语。在北方，与他同时代的最杰出画家都渴望为他画像，他竟然同意摆好姿势配合他们，这些画像都是馈赠佳品，因此深受朋友们的欢迎。"

杜兰特继续写道："但他的缺点也显而易见。他既可以不顾廉耻地去乞讨，也可以慷慨地给予，许多后起之秀都在他的热情赞扬下不断发展。……他不够谦虚，也不会感恩，因为任何一个受到教皇和国王追捧的人都很难做到这一点。他缺乏耐心，憎恨人们的批评，有时他会使用那个喜欢争论的时代的谩骂方式回应批评。他表现出了文艺复兴时期的学者所特有的那种反犹太主义。……他喜欢听恭维话，尽管再三否认，但他的确乐此不疲。"

传记作家科内利斯·奥古斯蒂欣这样评论他："面对种种困难，伊拉斯谟无所畏惧，不屈不挠，坚守目标，毫不动摇。他没有因贫穷而退缩不前。他疾病缠身，健康极差，但是这并不妨碍他的工作。"

很多历史学家，特别是德国历史学家，主张伊拉斯谟的对手马丁·路德才是自由的伟大捍卫者，尽管他拥护迫害、暴政、奴隶制和大屠杀。多伦多大学出版社正在推出第一版伊拉斯谟的英文全集，该出版社编辑罗恩·舍费尔说："伊拉斯谟也许是现代思想建筑师中名气最小的……他的思想遗产和精神遗产只是到了我们这个时代才开始充分展露。"

1466 年或者 1469 年 10 月 27 日，德西迪里厄斯（意思是"被选中的那个人"）·伊拉斯谟出生在荷兰鹿特丹东北的豪达。他是家中次子，父亲是牧师，名叫杰拉德。母亲是个洗衣妇，名叫玛格丽特。整个一生，他都为自己的出身感到尴尬。他是在教区长管区长大的，可能正是为了远离令人反感的教区长，所以玛格丽特才把伊拉斯谟和长子彼得带到东部小镇代芬特尔上学。这个地方当时在打仗，伊拉斯谟 8 岁时，便目睹了当地主教下令把大约两百名战俘在酷刑架上扯得七零八落。

1484 年前后，伊拉斯谟的父母感染了黑死病，双双撒手人寰。他的主要监护人是个小学校长，为了摆脱兄弟两人，他把他们送进了修道院，然后侵吞了他们的家庭财产。最终，伊拉斯谟去了一个位于斯泰恩的奥古斯丁修道院。他在此生活了6年，大多数时间都待在图书馆里，阅读了马库斯·图留斯·西塞罗和其他罗马作家的著作。1492年4月，在获得牧师资格后，他离开修道院，前往索邦神学院。时任院长效法吃树根、从不洗澡的苦行者圣方济各保拉的生活，及至1496年，伊拉斯谟已经受够了这里的生活。

1500年，他出版了一本小书《格言集》，收录了818条格言和一些注释。就像伊拉斯谟的其他许多作品一样，本书也贯穿着共和国的自由和和平主题，比如："宏伟的城市，由人民建设，却被王子破坏；一个国家，因公民的勤劳而富足，却被统治者贪婪劫掠；好的法律，由人民代表制定，却被国王践踏；普通人热爱和平，帝王却挑起战争。凡此种种，难道我们能视而不见吗？"

伊拉斯谟的下一本书是《基督战士手册》，这是一本实用的基督教指南。他在书中坚持认为，人们要拯救自己的灵魂，靠的不是举行宗教仪式，而是培养信念和善良。这本书为宗教改革搭好了舞台，先后被译为英语（1518年之后）、捷克语（1519）和德语（1520），后来还被译为法语、意大利语、波兰语、葡萄牙语和西班牙语。

1509年5月，伊拉斯谟应邀前往英国，住在托马斯·莫尔位于伦敦的家中。他创作了《愚人颂》，这是一部讽刺作品，里面的主角愚人讲述了当时生活中的种种愚蠢。伊拉斯谟嘲笑"商人、士兵和法官，他们都认为……自己的所有伪证、欲望、酗酒、争吵、杀戮、欺诈、不忠和背叛，都可以通过某种办法一笔勾销……于是，他们现在又开始了新一轮的罪孽"。伊拉斯谟还讽刺这样的人："他们非常信仰共有共享，碰到任何没人看守的东西都会顺手牵羊，良心丝毫不会感到不安，仿佛这些东西都来得合理合法。"

伊拉斯谟最充满激情的一些段落都是有关战争的，譬如："基督教会建立在血泊之上，它用血巩固自身，并在血中得到增强，所以他们继续用利剑管理自己的事务，仿佛基督已经死亡，无法用自己的方式保护自己的人民。战争令人恐惧，只适合于野兽，不适合于人类；战争丧心病狂，诗人们甚至想象它是由复仇女神释放出来的；战争荼毒生灵，如同瘟疫横扫世界；战争缺乏正义，发动战争的通常都是最恶毒的匪徒；战争缺乏虔诚，与基督格格不入；然而，他们却放弃一切，投身战争。"根据伊拉斯谟的安排，《愚人颂》于 1511 年在巴黎出版，在他在世时共重印了 39 次，并被翻译成丹麦语、荷兰语、英语、法语、德语、冰岛语、意大利语和瑞典语，激励了许多作家，其中就包括大名鼎鼎的法国讽刺作家弗朗索瓦·拉伯雷。

1513 年，"战神教皇"尤利乌斯二世去世，伊拉斯谟创作了讽刺作品《尤利乌斯被拒于天堂之外》。在书中，教皇发现天堂之门已经关闭，圣彼得告诉他："你是从地狱归来的尤利乌斯皇帝……你不停地谈判，签署协议，统率大军，赢得胜利，你无暇阅读《福音书》……欺骗、高利贷和奸诈让你成为教皇……人民应该起来斗争，搬起铺路石，把你这卑鄙之人砸个脑浆迸裂。"

伊拉斯谟的下一部作品是《常见对话的形式》（1514），通常称为"对话集"，对宗教和生活提供了一种有趣的指南。伊拉斯谟讽刺贪婪的牧师、伪造的奇迹、毫无意义的仪式，并宣称婚姻之爱胜过独身。法国当局下令烧毁《对话集》。查理五世，这位集西班牙、荷兰、奥地利、匈牙利、意大利大部分地区和南美洲统治者于一身的皇帝，则下令处死任何持有该书的人。尽管如此，伊拉斯谟生前仍然售出了大约 2.4 万册，根据阿克顿勋爵的说法，这是"他那个时代最受欢迎的书"。乔治·法鲁迪说："无论是莫尔的《乌托邦》、蒙田的《随笔集》，还是拉伯雷的《巨人传》，影响力都没有那么广泛，都没有留下如此不可磨灭的印记。"

由于官方拉丁文通俗版《圣经》存在诸多错误，伊拉斯谟便回头查阅了 14 世纪的希腊文手稿版本，出版了一本新的拉丁文《新约》，并附有注释和评论。他的这本译著在巴塞尔面市后，其他人也步其后尘开始翻译《新约》，先后出现了马丁·路德的德语译本（1522）、威廉·廷代尔的英语译本（1525）、拜奈代克·科姆亚蒂的匈牙利语译本（1533）和弗朗西斯科·德·恩姆兹娜的西班牙语译本（1543）。

尼科洛·马基雅维利的《君主论》主张，国家的要务是扩大权力和发动战争。针对本书，伊拉斯谟用《基督教君主的教育》予以反击，与《君主论》形成鲜明对照。在书中，伊拉斯谟力主和平稳定的政策。他肯定对自己的朋友托马斯·莫尔写于1515年或1516年的《乌托邦》感到担忧，因为这本书描绘了一种"国家控制一切"的理想社会。

与此同时，查理五世和弗朗索瓦一世正在为战争做准备，伊拉斯谟便写了《和平之控诉》一书。他问道："还有哪条河没有被人类的鲜血染红？所有（战争）都是由君主任性所为，跟人民并无任何关系，但是却对他们造成了巨大损害。"在接下来的一个半世纪中，《和平之控诉》出现了32个拉丁文版本，被翻译成了7种文字。传记作家法鲁迪说："宗教改革和反宗教改革之后，当冷酷的宗教狭隘逐渐在整个欧洲占据上风之时，伊拉斯谟的这本书注定会遭到猛烈抨击，其程度之烈是他的其他著作所未遭遇的。1525年，它遭到索邦神学院的谴责，并被公开烧毁。1559年，西班牙语译本被首席裁判官胡安·巴尔德斯禁止，并在西属尼德兰焚毁。"

1517年3月15日，教皇利奥十世，也就是佛罗伦萨商人和政治家洛伦佐·德·美第奇的儿子，宣布发售最大规模的赎罪券，这意味着只要信徒愿意付款，就能被教会宽恕尽可能多的罪恶。这种做法的目的是筹集资金，让官员享受奢华的生活，并建造教堂纪念碑。路德在《关于赎罪券效能的辩论》中攻击了赎罪券——著名的"九十五条"从1517年10月31日开始在维腾贝格流传。1520年，教皇认为路德的对抗行为导致了他的赎罪券销量下降，其审判官希罗尼莫·阿莱安德罗便让人烧死了宣扬路德教义的人。伊拉斯谟抗议他的杀戮行为，于是阿莱安德罗发誓要除掉这个"讨厌的文人"。

路德清楚地表明了自己是自由的死对头。他这样写道："坐在治安法官办公室的人就是坐在上帝位置的人，他们的裁决就如同上帝在天堂里的裁决……"他认为奴隶没有权利反抗自己的主人。伊拉斯谟的《论自由意志》（1524）提出，上帝的恩宠毫无意义，除非个人有选择的权利；针对此观点，路德猛烈反击，写了《论意志的束缚》一书，谴责伊拉斯谟是个"下流胚子"。1525年，德国农民起来反抗君主，希望能得到路德的支持，因为他蔑视教会，但是他却仰仗君主的支持，反而主张把这些农民处死。大约有10万农民被绞死或刺死。伊拉斯谟抗议说："君主除了残忍暴虐，丝毫不懂得解决问题。"历史学家威廉·曼彻斯特评论道："在欧洲舞台上，还没有谁能把宗教危机看得如此清楚；如果认为利用他的办法（宽容）解决这一危机是徒劳的，那么实际情况就一定是其他办法也完全行不通。"

因为遭到天主教徒和路德会教徒的鄙视，伊拉斯谟感到沮丧，但是他继续显示出了惊人的勤勉。在三部作品《反对巴黎神学院》、《驳斥贝达审判官的错误》和《反对宗教裁判所》中，伊拉斯谟重新开始攻击宗教法庭以及焚书和烧死宗教异端的做法。在《给巴塞尔元老院的忠告》中，他警告宗教战争即将爆发，并奉劝他们采取宽容态度。他的最后几部著作中有一部是《论教会的和谐》，他在书中强烈希望天主教徒与新教徒寻求办法和平共处。他致信萨克森公爵："对于您而言，宽容这些教派看起来似乎罪大恶极，但这仍然胜过一场宗教战争；如果神职人员能成功地让统治者卷入其中，这对于德国和教会而言都无疑是一场巨大的灾难。"

伊拉斯谟搬到了瑞士的巴塞尔，希望能摆脱宗教冲突。他生前患有严重的肾结石、痛风、溃疡、胰腺炎和风湿病，在与痢疾进行了为期三周的斗争后，于1536年7月11日午夜前去世，享年大约67岁，被安葬在巴塞尔大教堂。

威廉·曼彻斯特指出："伊拉斯谟为抗争他一生鄙视的恐惧、怨恨、暴行、无知、野蛮等献出了自己的生命。"西班牙宗教法庭为此把他视为异教徒逐出了教会，曼彻斯特继续说，"伊拉斯谟所出版的所有著作都被列入教廷禁书目录，这意味着任何阅读过曾经让教皇愉悦的文章的天主教徒都会把自己的灵魂置于危险的境地。"1546年，特伦特宗教会议谴责伊拉斯谟翻译的《新约》。教皇保罗四世称伊拉斯谟是"所有异教徒的领袖"，并敦促人们烧掉他的作品。

然而，可怕的宗教迫害和战争还是到来了。在神学家约翰·加尔文统治的日内瓦，如果谁去教堂不积极，就会被烧死。1567年，西班牙阿尔瓦公爵把成千上万名荷兰新教徒判处死刑，而新教徒则以毁掉400座天主教堂作为报复。英国女王伊丽莎白一世处决了约800名叛逆的天主教徒。1572年，法国天主教徒抓捕并屠杀了成千上万的新教徒，引发了持续25年之久的宗教冲突。在德国，宗教流血杀戮在"三十年战争"（1618—1648）期间达到高潮，消灭了大约三分之一的人口。

所有这些屠杀的发生都让人们重新认识了伊拉斯谟。18世纪的法国剧作家和百科全书编纂人德尼·狄德罗写道："我们对他满怀感激，各门科学、批评和古典品味的重生都得归功于他。"为伏尔泰立传的阿尔弗雷德·诺伊斯则说，伊拉斯谟的影响在这位法国作家的讽刺诗中显而易见。

在美国，人们开始实现伊拉斯谟关于宽容的憧憬。历史学家保罗·约翰逊写道："因此，自中世纪以来第一次出现了这样一个社会：历史悠久的基督教跟进步和自由联系起来，而不是反对进步和自由。就宽容而言，美国是符合伊拉斯谟的构想的；就反原教旨主义宗教仇恨而言，美国也是符合伊拉斯谟的构想的；在基督教背景下，就渴望探索人类种种可能性的最大极限而言，美国仍然是最符合伊拉斯谟的构想的。"

在可怕的战争期间，有人想起了伊拉斯谟。例如，在1813年拿破仑战争期间，他的一本言论选集出版了，即《理性、宗教和人性对反对战争的呼吁》。《和平之控诉》在1917年第一次世界大战期间得以重印。写于第一次世界大战之后的传记，譬如约翰·赫伊津哈和普里泽夫德·史密斯的作品，都强调了伊拉斯谟为和平做出的努力。广受欢迎的荷兰裔历史学家亨德里克·威廉·房龙回忆过一件事：在第二次世界大战期间，纳粹军队入侵荷兰，毁掉了鹿特丹的一座伊拉斯谟雕像。房龙呼吁道："把我放到根据伊拉斯谟的原则重塑的世界中吧，他的原则是宽容、智慧、才智和文雅的举止；除此，我别无所求。"

克拉伦登出版社出版了12卷本的拉丁文版伊拉斯谟《书信全集》（1906—1958），历史学家迈伦·吉尔摩称这批书为"文艺复兴和宗教改革思想史的唯一最重要来源"。1969年，阿姆斯特丹的北荷兰出版公司开始发行拉丁文版的《伊拉斯谟作品全集》，目前已经出版了25卷。同样是在20世纪60年代，多伦多大学出版社的编辑罗恩·舍费尔在暑假期间想阅读伊拉斯谟的一些信件，结果发现竟然没有任何英文标准版。于是，他安排融资，组织了大约 100 名伊拉斯谟学者，并于 1974 年出版了《伊拉斯谟全集》的第一卷（预计全套为 89 卷），这套全集将包括 22 卷书信。到目前为止，全集已经出版了 44 卷。

伊拉斯谟深受人们的尊崇，虽然他从来没有腰缠万贯，也没有担任过一官半职，但是他却勇敢地挑战了统治欧洲一千多年的强权机构。他倡导理性，反对迷信；支持宽容，反对迫害；拥护和平，反对战争。这个抱怨劣质葡萄酒和肾结石的脆弱男人挥舞着强大的鹅毛笔，为现代世界奠定了自由的思想基础。

2. 一个开放的社会：罗杰·威廉斯

当遭受迫害的人们逃离英国之后，争取宗教自由的最佳时机在新世界出现了。罗杰·威廉斯便是其中最伟大的先驱。他不仅宽容，而且坚持认为人们可以根据良知自由选择信仰。他写道："无论是谁，要想通过武力维持自己的基督都是不可能的。"

威廉斯在美洲建立了罗德岛殖民地，这是宗教自由的第一个庇护所。历史学家保罗·约翰逊写道："罗德岛殖民地的建立，是美洲发展过程中的一个重要转折点。他不仅引入了完全的宗教自由原则，实行政教分离，还开启了宗教竞争的先河。"此外，威廉斯跟印第安人相处融洽。他没有抢夺他们的土地，而是花钱购买。他一生的大部分时间都在印第安人与白人之间充当可信任的和事佬。传记作家佩里·米勒说："威廉斯尊重印第安人的文化，他是同时代人中唯一能做到这一点的英国人。"

然而，威廉斯却招来了许多人的批评。其中一个是苏格兰的长老会成员罗伯特·贝利，他嘲笑威廉斯关于英国政府应该服从"一群乌合之众的自由意志"的看法。马萨诸塞牧师威廉·哈伯德称威廉斯是个"自负、骚动、暴躁、刻薄之人"。其他批评家则抨击威廉斯"极度疯狂"。马萨诸塞殖民地的官员甚至嘲笑罗德岛是"新英格兰的下水道"。

几十年来，缺乏宽容心的马萨诸塞和康涅狄格的邻居都在密谋夺取罗德岛的领土，但威廉斯一直是最有效的守护者。1652年，罗德岛人告诉他："我们不会忽视任何向您致敬的机会……（是您）让我们感到脚下的土地更加踏实。"

威廉斯的画像没有保存下来，对他的长相，我们只有一个模糊的概念。传记作家塞克隆·科维这样描述："最迟在1664年，他就满头白发了。几乎可以肯定，他会将胡子刮得精光。胡子、山羊胡和浓须在清教徒地方长官中司空见惯，但是清教徒牧师……并非如此，他们只是留着小胡子……无论现代评论家多么希望把他塑造成清教信仰的世俗攻击者，他仍然是虔诚的清教徒牧师，保持着牧师的心理习惯。他在根本上仍然是牧师，记住这一点最有利于廓清他那复杂的职业生涯。"

威廉斯深受最了解自己的人的尊重，包括他的敌人。马萨诸塞殖民地首任总督威廉·布拉德福德称他是"一个虔诚和热情之人，具备许多宝贵的品质"。在威廉斯被驱逐出马萨诸塞后，某个同伴致信马萨诸塞继任总督约翰·温思罗普："我很遗憾地听说威廉斯先生跟您不在同一个地方了……他充满激情，性格急躁，这可能会让他犯错，但是我希望他的正直和善意最终会帮助他走上真理之路。"在威廉斯被从马萨诸塞驱逐之后的许多年间，温思罗普发挥了重要作用，两人一直保持着友好的通信联系。威廉斯与温思罗普的儿子约翰相处甚好，后者后来成了康涅狄格殖民地的总督。

威廉斯从未腰缠万贯，去世时可谓一贫如洗，他这样讲述自己的最大成就："能够买下罗德岛，我靠的不是高价或者金钱，而是一颗爱心。"

罗杰·威廉斯于1603年前后出生在伦敦的一间出租房。他在家中排行老三，父亲詹姆斯·威廉斯可能是个布料进口商。母亲爱丽丝·彭伯顿来自一个地主、商人和金匠家庭。罗杰能够安然度过婴儿期的确值得一提，因为那年，伦敦大约六分之一的儿童都死于黑死病。传记作家奥拉·伊丽莎白·温斯洛声称："伦敦成了一座鬼城。"

罗杰·威廉斯慢慢养成了对宗教的热情，同时也意识到了宗教迫害。例如，大约在他8岁那年，年轻的伦敦布料商巴塞洛缪·莱盖特被判为异教徒，被"烧成了灰烬"。罗杰的家位于奥古斯丁托钵修士会教堂附近，来这座教堂的都是荷兰和法国难民，他们遭到了伦敦人的蔑视，因此拒绝接受英国国教仪式。威廉斯也借机精通了荷兰语和法语。

大概是在做礼拜的教堂，威廉斯结识了爱德华·科克爵士。科克是王座法庭的首席大法官，直言不讳地拥护普通法，限制国王詹姆斯一世和查理一世。显然，科克注意到了威廉斯在用速记法记录布道词，便于1617年聘请他担任秘书。科克赞助威廉斯进入切特豪斯公学学习了三年；1623年6月，又赞助他进入剑桥大学彭布罗克学院。当时，在英格兰只有剑桥大学和牛津大学提供高等教育。威廉斯反对政府对大学施加影响。他写道，大学"为了迎合王子的味觉和色觉，改变了自己的味道和颜色"。

1629年12月15日，在海莱弗教堂（自然权利哲学家约翰·洛克后来就葬在这里），威廉斯跟一位贵族的侍伴玛丽·巴纳德结婚。

不久，政府开始加强对宗教异端的镇压。1629年7月，国王查理一世任命威廉·劳德担任伦敦主教，这是一个明显的信号。持异议的亚历山大·莱顿鼻子被撕裂，面部被打上烙印，双耳被割掉。托马斯·胡克则逃往荷兰。

美洲逐渐成了理想的避难所，罗杰·威廉斯夫妇于1630年12月登上"里昂"号前往马萨诸塞的塞勒姆。57天之后，他们在波士顿港抛锚停靠。很快，威廉斯便得到了一份令人尊敬的波士顿教堂教职，这所教堂恪守英国国教仪式，但是此时他显然相信政府强制人们接受宗教信仰是错误的，因此拒绝了这份工作。"行政的权力，"他写道，"只适用于肉体和财产，只适用于人的外在状态。"

他熟悉印第安人，所以便跟他们做交易，学习他们的语言。有一段时间，他的主要目标是让印第安人皈依基督教。他倾听印第安人的心声，聆听他们诉说自己的不满——特别是定居者夺取他们的土地。威廉斯做出决定：只要印第安人不出售，新英格兰的土地就属于他们。英国定居者以他们没有产权为由，认为自己夺取印第安人的土地合理合法，遭到了威廉斯的反对。他反驳说："当地人对自己的土地范围划定得非常清楚，有的属于这个或那个王子，有的属于这个或那个部落。"这些观点让英国人感到非常震惊，他们都是像约翰·卡伯特一样傲慢的探险家，都在新世界为自己的国王攫取土地。

1635年7月5日，马萨诸塞立法机关指控威廉斯持有"危险观点"。他被告知限九周内"对法院给出满意答复，否则将等待判决"。10月9日，立法机关限令他六周内离开殖民地。在1636年1月一个寒冷的冬天，他向南跋涉，进入茫茫荒野。他跟途中遇到的十几个朋友一起，到达了纳拉甘西特湾的源头，在锡康克河的东岸开始建立殖民地，种植作物。但是，普利茅斯殖民地总督爱德华·温斯洛告诉他，他所在的土地仍然属于普利茅斯，他必须到河对岸重建一个殖民地。

威廉斯几乎没有时间为严冬做准备，但是正如传记作家埃德温·S.高斯泰德所言，"主要是由于威廉斯跟纳拉甘西特印第安人建立起了信任关系，那一年的困难才得到了缓解。他跟他们做交易，与他们一起生活，尊重他们，获得了他们的信赖。现在，他们向他伸出了援手"。他们同意向他出售土地、种子和食物。1637年或1638年的3月24日，在佩塔夸姆斯卡特岩举行了一个仪式，正式确认威廉斯通过正当手段从纳拉甘西特人手中购买了土地。订立的契据被称为"城镇证据"，它表明普罗维登斯最初是威廉斯私人购买的土地。他把土地送给镇联谊会，其中包括他的13个同伴。普罗维登斯于8月20日正式创建。追随他的定居者们随后又建立了朴茨茅斯、纽波特和沃里克。[1]

显然，威廉斯想保留对这片土地的所有权，但是他的一些同伴要求保有他们耕种土地的权利。于是，他便要求他们为改善聚居地做些贡献，譬如修建道路、桥梁和学校，似乎没有人反对。威廉斯的谋生手段是种地和跟印第安人做生意。

这片殖民地成了宗教宽容的圣地，吸引着各种各样的移民，但是威廉斯对其中许多人都感到不安，比如臭名昭著的塞缪尔·戈顿，还有安·哈钦森及其追随者，最令威廉斯感到烦恼的是那些贵格会教徒。约翰·温思罗普指出，值得赞许的是，"威廉斯先生和其他人曾经颁布过命令：任何人的良知都不应该受到干扰"。

---

[1] 请与英国考文垂附近的华威（Warwick）相区别。

尽管与纳拉甘西特人签署了协议，但普罗维登斯仍然容易受到攻击。马萨诸塞和康涅狄格随时都可能派遣军队夺取威廉斯的殖民地。如果他以马萨诸塞新近流亡者的身份回到英国，就不会获得能使殖民地合法化的皇家特许证。所以，他留了下来，捍卫自己新开垦土地定居者的地位。

马萨诸塞需要威廉斯跟印第安人打交道的专长，因此官员曾多次拜访他。传记作家温斯洛说，除了纳拉甘西特人，"他还认识万帕诺亚格人的酋长马萨索伊特，对家族宿怨、部落忌妒和佩科特人之间潜在的猛烈复仇也有所了解；而佩科特人的复仇在该地区所有印第安人中最凶狠、最不择手段。对于他而言，印第安人不仅仅是印第安人；他们是佩科特人、康塞特人、莫霍克人、奈安蒂克人、万帕诺亚格人、尼普姆穆克人、沙沃梅特人。他沿着海角和内陆从事贸易活动，截至当时，已经接触了这些部落的所有平民百姓，对于将来要发生的事情，有一点儿比较幸运：他是通过酋长而认识这些部落的权力上层的。之前的了解和直接相识为他在印第安人之间以及印第安人与白人之间充当和平大使打下了良好的基础。……为了当好大使，他储备了一些条件，其中最重要的就是能熟练使用印第安人的语言。……酋长们很快便发现他们无法欺骗这个人，更不希望因为翻译错误而被他欺骗。……他表现得非常友好，这也正是他们所需要的。因此，无论何时，不管是英国人还是印第安人，都会满怀信心地找上他的家门"。

随着越来越多的人在普罗维登斯定居，内部纠纷也逐渐产生。这些纠纷又引发了普罗维登斯与马萨诸塞和康涅狄格的争端。1643 年，几名男子要求马萨诸塞维护他们在普罗维登斯的土地权利；显而易见，普罗维登斯必须拿到皇家特许证才能确保其独立性。于是，在 1642 年或 1643 年的 3 月，威廉斯乘船从新尼德兰前往伦敦。他利用乘船时间写了一本书《开启美洲的语言钥匙》，提供了大约 2500 个印第安语短语，涉及问候、食物、住所、土地、天气、贸易、宗教等话题。他还在书中分享了对印第安人的许多见解。该书于 1643 年在伦敦出版，后来被证明非常受欢迎，因为人们对美洲印第安人抱有浓厚兴趣，特别是如何把他们改造成基督徒。

但是，当时想对普罗维登斯采取行动困难重重，因为英国正忙于内战，国王查理一世为保住王座正在垂死挣扎。他担心信仰自由会导致混乱——也就是一位小册子作者所说的"异端的疯狂泛滥"。不过，威廉斯在英国还有一些朋友。一个是32岁的亨利·文，他曾在马萨诸塞担任总督，之后回到议会，支持宗教宽容。威廉斯还结识了约翰·弥尔顿，弥尔顿的《论出版自由》（1644）是部演说集，要求取消印刷作品出版之前必须得到许可的做法。（当时，任何一本没有获得政府出版许可的书都可能会被付之一炬。）威廉斯帮助弥尔顿学习荷兰语，而弥尔顿则帮助威廉斯学习希腊语。

1643年12月10日，马萨诸塞殖民地的两个代理人拿到了所谓的纳拉甘西特人土地转让证，专门针对威廉斯从印第安人手中购买的那片领土。这个证书是假冒的，没有正规的签名或盖章，但是如果威廉斯拿不到真正的转让证书，这个假冒的文件就可能会获得认可，那么他将失去一切。1644年3月14日，在回到英国后不到10个月，威廉斯就被授予"新英格兰纳拉甘西特湾普罗维登斯种植园合并和管理自由特许状"[1]。这个特许状把四个城镇——普罗维登斯、朴茨茅斯、纽波特和沃里克连接起来，组成了一个新的殖民地。特许状还进一步授权普罗维登斯种植园的人充分自治。威廉斯写道："普罗维登斯种植园建立的政体是民主的，也就是说，这个政府是由全部或绝大多数自由居民自由、自愿同意组建的政府。"在纽波特，选举法院决定采用罗德岛作为殖民地的名称。

与此同时，威廉斯却陷入宗教辩论之中。1644年2月，他撰写了《最近印刷、通过了审查且已经回复的致科顿先生的信》，发泄了对约翰·科顿的怒火，因为当年驱逐自己离开马萨诸塞的人中就有科顿。随后，他又撰写了《值得高度关注的质疑》，向议会呼吁说："记住，宗教并非你们所要考虑的。国民的肉体和财产才由你们负责，把他们的灵魂交给来自天堂的信使和代理人吧。"7月15日，威廉斯的著作《宗教迫害的血腥信条：为了良知》在伦敦出版，这本书的标题挑衅性十足，书中提出仅

---

[1] 这个特许状还不是皇家特许证，见后文。

有宗教宽容还远远不够，必须有不受限制的宗教自由，这样才能容纳"多样和对立的良知，不管是犹太人的还是非犹太人的。……上帝不需要在公民国家规定和实行统一的宗教"。议会投票"同意公开焚毁威廉斯的另一本著作《宽容所有宗教》"。所幸威廉斯在议会的一些朋友也有这本书，他才得以把其中一些带回美洲。

威廉斯当然不是第一个呼吁宗教自由的人。早些时候的小册子，如《富有同情心的撒玛利亚人与信仰自由》就提倡宗教自由，但威廉斯却是第一个捍卫这一观点的人。一个叫罗伯特·贝利的人谴责宗教自由是"极大的不敬"。理查德·巴克斯特称宗教自由是"灵魂谋杀"。托马斯·爱德华兹攻击宗教自由是"魔鬼的伟大设计，是他的杰作，是他此时此刻维持摇摇欲坠的王国的主要工具"。纳撒尼尔·沃德无法想象一种"比人应该拥有信仰自由更糟糕的主张"。

1644年9月17日，威廉斯回到波士顿，随后便动身前往普罗维登斯，他现在已经成了这里的"首长"。三年后的1647年5月，朴茨茅斯和纽波特同意与普罗维登斯合并，他们将会达成一个基于"全部或绝大多数自由居民自由、自愿同意"的"民主"协议。

在接下来的20年里，有人屡次三番想破坏作为宗教宽容避难所的罗德岛，威廉斯花了大量精力来阻止他们的阴谋。他写了更多的小册子，其中包括《做出辩护的审查官》，捍卫了他的"灵魂自由"立场。直到1663年7月18日，国王查理二世才最终授予罗德岛皇家特许状，所有对罗德岛的挑战才宣告结束。特许状明确规定："任何在殖民地生活的人，在此后的任何时间，都不能因为在宗教问题上有任何意见分歧而受到干扰、惩罚、妨碍或质疑。"引发了众多受迫害的人纷纷赶往罗德岛。

17世纪70年代末，威廉斯的健康开始恶化。此时，他已经穷困潦倒，为了帮助殖民地，他很早以前就卖掉了自己的生意和财产。他于1683年1月16日（那天，他签署了一份契约）至4月25日（那天，威廉·卡彭特签订了一份契约，称自己是帕塔克塞特最初十三个领主中最后的在世者）之间的某一天去世了，被葬在自家房子后面，不过房子后来毁于大火。

然而，不宽容的清教徒仍然视威廉斯为不共戴天的死敌。譬如马萨诸塞的科顿·马瑟在 1702 年写道："有一个美洲殖民地，似乎曾被一个人脑袋中飞速转动的风车煽动得群情激昂，那个人名叫罗杰·威廉斯。"马瑟警告说，他的想法威胁到了"国家的教会和政治体制"。

在 19 世纪，历史学家乔治·班克罗夫特认为威廉斯是个杰斐逊式的人物，这种观点在 20 世纪 20 年代盛行一时。例如，弗农·L. 帕林顿写道："罗杰·威廉斯的声誉被教会历史学家掩盖了很久……他更多是个政治哲学家，而不是神学家——他是他那代英国人中最敏锐、最能探索的人之一，是亨利·文、克伦威尔和弥尔顿的老师，是洛克和自然权利学派的先驱，是诞生于英国的最卓著的民主思想家之一。"其他历史学家则反驳说，威廉斯主要关注宗教原则，而非政治原则。

传记作家佩里·米勒等现代评论家对威廉斯的个人缺点吹毛求疵。米勒写道："罗杰·威廉斯之所以被流放，不仅因为他是个危险分子，还因为他令人讨厌。"不过，他也承认，"美国人的性格不可避免地受到了如下事实的影响：在殖民地进程的最初几年中，出现了这个主张宗教自由的先知……他的形象和声望总是提醒美国人，在这个社会里，没有其他任何方案比绝对的宗教自由更可行。"

罗杰·威廉斯不仅倡导宗教宽容，他还表明，政教分离能带来和平。他在这个脆弱的殖民地践行的想法最终在美国流行了起来，极大地鼓舞了世界各地的人们。

3. 兄弟之爱：威廉·佩恩

17世纪晚期，新教徒迫害天主教徒，天主教徒迫害新教徒，但两派都迫害犹太人。这时，威廉·佩恩在美洲建立了一个保护信仰自由的避难所。[1] 在除了罗德岛之外的几乎任何地方，殖民者都在偷窃印第安人的土地，唯有佩恩手无寸铁地在印第安人中间活动，洽谈和平购买土地事宜。他为宾夕法尼亚提供了一部成文宪法，要求限制政府的权力；还提供了一部人道的刑事法典，保障了诸多基本自由。

这是现代史上第一次，一个大社区为不同种族、性别和宗教的人提供了平等权利。佩恩这个引人注目的先例在欧洲引起了不小的震动。支持宗教宽容的法国哲学家伏尔泰不吝赞美之词："威廉·佩恩有理由自夸为地球带来了黄金时代，但除了在他自己的领土上，这个黄金时代很可能根本就从未存在过。"

佩恩是唯一一个不仅在新世界，而且在旧世界也为自由事业做出过重大贡献的人。在宾夕法尼亚的设想出笼之前，他在英国就是宗教宽容的主要捍卫者，曾因勇敢地吐露心声而六次入狱。在监狱里，他写了一

---

[1] 威廉·佩恩父子同名。老威廉·佩恩是声名显赫的海军上将、斯图亚特王朝复辟前后能左右时局的重臣；本书说的是小威廉·佩恩，他是宾夕法尼亚殖民地的创立者和首任总督。两人均为位高权重之人，但父亲对儿子参加贵格会极度失望，导致父子反目。此外，国王也想甩掉贵格会这个包袱，所以爽快地答应了把小威廉·佩恩派往宾夕法尼亚，这给了他实施宗教自由的空间。

本又一本小册子，攻击宗教狭隘，这也成了贵格会教徒的宣传册。他用行动证明了自己完全有能力孤身一人在法庭上挑战压迫人的政府政策，甚至还通过一个案件帮助陪审团争取到了审判权。此外，他还曾利用外交手腕和家庭关系帮助大批贵格会教徒从狱中获释，帮助过许多贵格会教徒免遭绞刑。不过，他关于奴隶制却有一个令人费解的盲点：尽管他对自由的看法非常清晰，可自己也拥有一些奴隶（可能是为了帮助他清扫费城的房产）。直到1758年佩恩去世之后40年，反对奴隶制才成为贵格会广泛支持的立场。

他在一生中只画过两幅肖像，在第一幅中，他还是个英俊少年，但在第二幅中，已经成为矮胖老人。一位传记作家这样描述年轻的佩恩："一张瓜子脸，几乎跟姑娘一样漂亮，面部特征非常鲜明：短直的鼻子、近乎性感的嘴。脸上最突出的特征是眼睛，黑亮中透露着一种坚毅。……从他人的口头描述可知，佩恩个头高挑，体格健壮。总之，这个年轻人相貌堂堂，令人印象深刻。"

威廉·佩恩于1644年10月14日出生在伦敦。他的父亲老威廉·佩恩是位颇受欢迎的海军指挥官，因为他熟悉英格兰周围的水域，能够在恶劣的天气中驾驶船只，最大限度地发挥船员的作用。他与斯图亚特王朝国王私人关系很好，不过有一段时间他也为他们最著名的对手兼清教徒奥利弗·克伦威尔效力。小威廉·佩恩的母亲据说是个荷兰人。

年轻的威廉大多数时间都一个人独处，便对宗教产生了兴趣。他听了托马斯·洛的一次谈话，深受感动。洛是公谊会传教士，这个教派也被戏称为贵格会。贵格会于1647年由英国牧师乔治·福克斯创立，是个神秘的新教教派，强调个人与上帝的直接关系，个人的良知才是道德的最终权威，而非《圣经》。贵格会没有专职牧师和教堂，他们只举行集会，参加者只需静静冥思即可，受到神灵"感召"时便大声说话。他们喜欢穿朴素的衣服，过简单的生活，不喜欢贵族的矫揉造作。

因为抗议必须去教堂做礼拜的规定，佩恩被逐出了牛津大学。之后，他去了伦敦最著名的法律学校林肯律师学院，学习有关法律论据和法庭策略的重要课程。接着，他给父亲担任私人助手。海军上将老佩恩重建英国海军，准备与荷兰开战。年轻的威廉肯定从最高统帅层内部获得了宝贵信息，因为他父亲让他充当情报员，给国王查理二世递送军事情报，由此他也跟国王及国王的弟弟约克公爵建立起了密切关系，而约克公爵就是未来的詹姆斯二世国王。

当时，政府认为贵格会集会是一种罪行，但是佩恩追求心灵的宁静，仍然参加了这类聚会。1667 年 9 月，警察突然闯入会场，逮捕了所有人。在监狱中，佩恩利用自己所受的法律培训为自己辩护，并开始撰写有关信仰自由的文章。

在这之后，他父亲发表声明，跟他断绝了关系，于是他只好寄居在几个贵格会信徒家中。1668 年，他住在白金汉郡富人伊萨克·佩宁顿家里，结识了后者的继女古列尔玛·斯普林格特。一位朋友这样描述："她生性和蔼可亲，彬彬有礼，谈话坦荡率真，无拘无束，十分亲切。"佩恩与古列尔玛于 1672 年 4 月 4 日在一栋小房子里结婚。他们共生育了 7 个子女，其中 4 个在婴儿期就夭折了。

与此同时，佩恩抨击了天主教 – 英国国教的三位一体学说。结果，国教主教把他关进了臭名昭著的伦敦塔。他被命令公开忏悔，可他却在冰冷的单人牢房里宣布："我宁愿让监狱变成坟墓，也决不会改变自己的立场；因为我的信仰并非来自凡夫俗子。"待到 7 个月后获释的时候，他已经完成了几本小册子，阐明了贵格会教义的基本要素。他在这一时期最著名的作品是《没有十字架，就没有王冠》(1669)，为宗教宽容提出了一种具有历史开创性的观点。

但他获得自由的时间并没有持续多久。为了压制天主教徒的潜在力量，特别是斯图亚特王室，议会通过了《非国教教徒秘密聚会法案》，目的是便于以煽动叛乱的罪名对异端执行镇压。但是，这一法案的主要目标却是贵格会教徒，原因可能在于他们中几乎没有谁有政治背景。数千人因信仰而遭到监禁，财产也被政府没收。佩恩于 1670 年 8 月 14 日召开会议，公开挑战法案。伦敦市长逮捕了他和贵格会教徒。在这次历史性的审判中，佩恩坚称，既然政府拒绝提起正式诉讼——因为官员们担心《非国教教徒秘密聚会法案》会被推翻——那么陪审团就无权做出有罪判决。他求助于英国的普通法传统:"如果这些古老的基本法律——它们跟自由和财产相关,但并不涉及特定的宗教派别——未被绝对维护和遵守,那么谁能说自己背上的外套是属于他自己的?毋庸置疑,(放弃这些基本法律将导致)我们的自由被公开践踏,我们的妻子被强奸,我们的子女沦为奴隶,我们的家庭遭到毁灭,我们的财产被任何一个强壮的乞丐或恶毒的告密者得意扬扬地掠走——如果仅仅因为信仰问题(就放弃基本法律),那么我们的上述损失就将成为他们的战利品。"

陪审团释放了所有被告,但是伦敦市长拒绝这个判决结果。他对陪审团成员处以罚款,并下令将他们关进纽盖特监狱。但是,陪审团仍然坚持自己的判决,在被囚禁了约两个月后,普通诉讼法院签署了一份人身保护状,这才让他们获释。事后,他们以非法拘留为名起诉伦敦市长。首席大法官和他的11名同事一致裁定,不得强迫陪审团,也不能因为他们的裁决而惩罚他们。这是一个重要的先例,它保护了陪审团参与审判的权利。

佩恩已经成为著名的自由捍卫者,能够吸引数千人聆听他的公开演讲。在去国外考察贵格会的发展情况时,荷兰给他留下了深刻印象,因为这里的人们基本上都是自由的。对利润的追逐会导致人们轻视宗教差异,因此遭到迫害的犹太人和新教徒纷纷涌向荷兰。佩恩开始憧憬一种建立在自由基础之上的社会。

在议会拒绝支持宗教自由后,佩恩便请求国王颁发特许状,让他建立一个美洲殖民地。大概这个想法听起来像是一种摆脱棘手的贵格会教徒的简单途径,于是,1681年3月4日,查理二世签署了一份特许状,将特拉华河以西和马里兰以北的地区囊括其中,它差不多就是现在的宾夕法尼亚州的区域,大约一千名德国人、荷兰人和印第安人在这里生活,但是尚未成立任何政府。国王建议取名"宾夕法尼亚",意思是"佩恩的森林"——以纪念佩恩已故的父亲。佩恩将是这片土地的主人,他拥有整片土地,直接向国王负责。根据历史记载,佩恩同意将政府欠他父亲的1.6万英镑工资一笔勾销,不过现在已经找不到任何有关这次交易的相关文件了。每年年初，佩恩必须向国王上缴两张海狸皮，以及在这片土地上开采的金银的五分之一。

佩恩乘坐"欢迎"号轮船前往美洲，于1682年11月8日抵达，随后召集贵格会教友一起创立了费城，这个名字在希腊语中的意思是"兄弟之爱的城市"。他把这座城市定在特拉华河与斯古吉尔河之间，规划面积1万英亩，不过他的那些头脑更为清醒的教友认为这过于乐观了，他们能够接受的规划是1200英亩。

佩恩非常关心如何为新的自由社会奠定一个法律基础。1682年4月25日，在与最初的土地购买者制定的《政府的最初框架》中，佩恩预言了未来的《独立宣言》："人们生来有权利拥有充分自由，不受控制地享受自然法则赋予他的权利和特权……未经同意，任何人的财产都不应被剥夺，也不能被迫接受他人的政治观点。"

佩恩规定，这个区域将设立一名总督——最初由他自己担任——其权力将受到限制。他将与一个委员会（由72名委员组成）一起工作，该委员会负责订立法案；同时将设立一个全体大会（由500名代表组成），负责批准或否决法案。委员经选举产生，每年选出总数的三分之一，每位委员任期三年。作为总督，佩恩保有对所提法案的否决权。

《政府的最初框架》是第一个规定可通过修正案进行和平变革的宪法。提出的修正案需经总督和85%的代表同意方可生效。它还对安全的私有财产、几乎不受限制的自由企业制度、新闻自由、陪审团审判以及宗教宽容做出了规定。英国刑事法典规定了约两百种罪行可以被判处死刑，但佩恩只保留了两种——谋杀和叛国。身为贵格会教徒，佩恩鼓励妇女像男人那样接受教育，大胆发表自己的见解。他坚持低税收，甚至有一年分文未取。他说宾夕法尼亚是他的"神圣实验"。

虽然佩恩相当仁慈，但宾夕法尼亚人仍对他作为土地所有者和总督的行政权力心怀不满，他们寻求更加具体的权力限制，要求为（立法委员会）立法特权提供更强有力的保障。宪法几经修改，于1701年10月28日通过的版本延续了四分之三个世纪，成为后来的宾夕法尼亚州州宪法的基础，并于1776年通过。

征收拖欠的租金总是让佩恩感到头痛。这块殖民地从来都没有为他带来足够的收入,甚至无法弥补他事先垫付的管理成本。据他估算,自己在宾夕法尼亚的全部损失超过3万英镑。

佩恩还与印第安人建立起了和平关系——萨斯奎汉诺克人、肖尼人和勒纳佩人。他们敬仰他的勇气,因为他不带保镖和武器就敢在他们中间冒险。他短跑速度奇快,就连印第安勇士都甘拜下风,这一点也为他赢得了尊重。他不辞辛劳地学习印第安方言,不带翻译也可以开展谈判。最初,他通过自愿交换的和平方式获得印第安人的土地。据说,他就是在现今费城肯辛顿区附近的沙克麦克逊与印第安人签署《大条约》的。伏尔泰称赞这是"这些人(印第安人与基督徒)之间唯一不需誓言就达成的协议,而且从来没有违反过"。佩恩的和平政策盛行了大约70年。

他的做法与其他早期殖民地形成鲜明对比,特别是清教徒居住的新英格兰,后者是个邪恶的神权政体。清教徒鄙视自由,把政治分歧定为犯罪。他们鞭打贵格会教徒,在他们脸上涂焦油,甚至绞死他们,还疯狂地偷窃印第安人的东西。

返回英国后,佩恩面临着捍卫宾夕法尼亚的严峻挑战。形势在很多方面都岌岌可危,因为宾夕法尼亚已经成为英国、法国和德国受迫害者的最大希望。查理二世试图效仿法国国王路易十四,建立一种狭隘的专制主义。佩恩担心宾夕法尼亚州的特许状可能会被撤销,于是开始施展自己的外交魅力,说服国王宣布《特赦法案》,释放了1000多名贵格会教徒,其中很多人已经被监禁了10年以上。佩恩还是一名出色的宗教宽容调停人。每天多达两百名请愿者在他的伦敦住所外等待,希望他能出来会见他们并提供帮助。他亲自跟国王斡旋,救出了几十个被判处死刑的贵格会教徒,还把公谊会的创始人乔治·福克斯救出了牢狱。

詹姆斯二世的儿子出生了,这意味着继承王位的将是一个天主教徒。在这种情况下,佩恩的境况急转直下。英国人发动叛乱,欢迎荷兰的奥兰治亲王威廉出任国王,他不费一枪一弹就推翻了斯图亚特王室。突然之间,佩恩跟斯图亚特王室的关系又成了可怕的不利因素。他被逮捕,罪名是叛国罪,政府查封了他的财产。1690年11月他被证明无罪,但随即又被定为卖国贼,他逃亡了4年,躲在肮脏的伦敦贫民窟里。后来,他的朋友约翰·洛克帮助他恢复了名誉,刚到家,又碰上妻子古列于1694年2月23日撒手人寰,享年48岁。

艰苦的磨难对佩恩造成了伤害。传记作家汉斯·范特尔这样描述:"他面色发黄,大腹便便。由于逃难的岁月缺乏活动,他从前的体力不见了,风度也消失了。现在,他有点儿弓腰驼背;古列的去世更是让他长时间悲恸欲绝,无精打采,满脸迷茫。"直到两年后,他跟30岁的汉娜·卡洛希尔结婚,精神才有所恢复,汉娜是布里斯托尔一个亚麻制造商的女儿,普通但务实。

不幸的是,佩恩不重视管理细节,他的业务经理、贵格会教徒菲利普·福特从他的资产中挪用了一笔巨款。更糟糕的是,佩恩签署文件时看都不看。其中一份文件是份契约,要求把宾夕法尼亚转让给福特,而且福特索要的租金远超佩恩的支付能力。1702年福特去世后,他的妻子就把佩恩送进了债务人监狱。不过她的粗暴适得其反,1708年,大法官把宾夕法尼亚的所有权归还给了佩恩和他的继承人。

1712年10月,佩恩在写一封展望宾夕法尼亚的未来前景的书信时突然中风。4个月后,他第二次中风,说话和写作都受到了影响,便赶忙召集子女(先前他忙于奔波而没有跟他们生活在一起)。他于1718年7月30日去世,被安葬在乔丹斯,身旁与他长眠的是妻子古列。

在佩恩去世前很久,宾夕法尼亚就已经不再是只有贵格会教徒才能主宰的精神家园了。由于佩恩实行宗教宽容和和平政策,也不强制服兵役,因此吸引了众多厌倦战争的欧洲移民前往。有英国人、爱尔兰人、德国人,有天主教徒、犹太人以及其他各种新教教徒,包括德国浸理会教徒、胡格诺派教徒、信义会教徒、门诺派教徒、摩拉维亚教徒、虔信派教徒和史文克斐派教徒。自由吸引了大量移民,到美国独立战争时期,宾夕法尼亚已经拥有30万人口,成为北美最大的殖民地之一,它成了美国的第一大熔炉。

费城是北美最大的城市,有近1.8万名居民,是最主要的商业中心,有时一天就有100多艘贸易船只在此停泊。费城人可以享受到英国的任何商品。商业公司、造船厂和银行蓬勃发展。作为欧洲与北美边境的贸易中心，费城日益兴隆；同时，由于自由氛围，它还成了一个知识中心。从1740年到1776年，费城出版了大约1.1万部作品，包括小册子、年历和书籍。1776年，费城拥有七家报纸，它们广泛反映民众意见。也难怪佩恩的"兄弟之爱的城市"会成为美式自由最神圣的地方，托马斯·杰斐逊在此撰写了《独立宣言》，代表们在此起草了宪法。

通过创建宾夕法尼亚，佩恩为自由树立了一个极其重要的榜样。他表明，只要具备足够的勇气并且坚持不懈，发挥聪明才智，人们就可以自由地生活。他还表明，不同种族、不同宗教的人，只要专注于自己的事务，就可以和平共处。他肯定了自由人民百折不挠的乐观精神。

4. 私人生活的神圣性：贡斯当

牛津大学令人尊敬的学者以赛亚·伯林认为，法国思想家邦雅曼·贡斯当是"自由和隐私的最雄辩捍卫者"。贡斯当坚持认为个人自由是个道德原则。他写道："告诉一个人，你有权利不被处死或者被掠夺，这会给他一种完全不同的安全感和保障感。但是，如果你告诉他，你被随意处死或者被掠夺并无益处，他就不会有那种感觉了。"

在法国大革命之前，君主制通常被认为是自由的大敌。自从法国大革命演变成极权主义的恐怖、拿破仑开创了现代警察国家之后，贡斯当也许是第一个意识到自由的最严重威胁就来自政治权力本身的人。他明白，问题的关键不在于是谁在行使权力或者如何获得权力，而是他们运用了多少权力去控制人们的生活。他说："40年来，我一直在捍卫同样的原则：一切方面都要自由：无论是宗教、哲学、文学、产业还是政治——我所说的自由包括两点，一是个人对希望通过专制手段进行统治的当局的胜利，二是个人对声称有权让少数服从多数的大众的胜利。……多数人有权迫使少数人尊重公共秩序；但是，不扰乱公共秩序的一切行为、我们所持有的观点等一切纯粹个人的事务、在表达观点时可能引发暴力冲突或因持反对观点而伤害他人的一切情形、在产业中允许竞争的有关产业自由繁荣的一切观点——所有这一切都是不能合理合法地向国家力量表示屈服的个人的事务。"

贡斯当是个四海为家的人，他不断在法国、德国、荷兰、比利时、英国以及他的祖国瑞士跟知识分子交流。他吸收了孟德斯鸠男爵关于法律的想法以及亚当·斯密和让-巴蒂斯特·赛关于市场的见解。他是德国政治思想家威廉·冯·洪堡、德国文学天才约翰·沃尔夫冈·冯·歌德和弗里德里希·席勒的朋友。在法国下议院，贡斯当与传奇人物拉法耶特均拥护公民自由。小说家兼剧作家维克多·雨果认为，贡斯当属于"非常罕见的一类人物，他们能不断更新、提升、深化自己时代的普遍见解"。在拉法耶特的记忆中，贡斯当"拥有前所未有的最广泛和最具多样性的才智……精通欧洲的所有语言和文献，他最高程度地把睿智……与特别是受益于法国学派的使抽象观点明晰化的能力结合了起来"。

贡斯当非常引人注目。传记作家 J. 克里斯托弗·埃罗尔德指出："他的外貌令人印象深刻，身材高瘦，年近 30 岁；面色苍白，带有雀斑，一头火焰似的红发在颈部编成辫子，用一把小梳子箍着；患有神经性痉挛；（蓝色的）眼睛近视，眼圈发红；嘴巴流露着讽刺意味；长长的鼻子呈优美的弧形；躯干很长，但是姿势并不美观，肚子有些大，双腿很长，身穿飘扬的骑马长外套——这个人显然有些笨拙，不够英俊，但是却非常有趣，很有吸引力，肯定完全异于常人。"

到 50 多岁时，贡斯当作为下议院议员已经广为人知，该机构在法国是经选举产生的立法机构。他在下议院大力维护自由，尤其是言论自由和新闻自由。历史学家保罗·蒂罗-丹然说："他展示了精湛的辩论技巧，异常沉着镇定，尽管受制于法律，但他总有办法把一切都说清楚，因此，即使是最无耐心的听众也能理解他的意图；他非常机智，可以巧妙化解对手的刁难，即使陷入绝境也能为自己辩护。"

谈到自己的生平，贡斯当这样写道："我于 1767 年 10 月 25 日出生在瑞士洛桑。我的母亲名叫亨里特·德·尚迪厄，她的法国家人因为宗教原因来到瑞士沃州地区避难。我的父亲名叫朱斯特·贡斯当·德·勒贝克，他是在荷兰服役的一个瑞士军团的上校。我出生后一个星期，母亲就因分娩后遗症而离世了。"

在跟着一连串家庭教师学习之后，贡斯当去了（巴伐利亚）埃朗根大学学习德语（同时也迷上了赌博）。然后，他转到爱丁堡大学，这里的教师包括亚当·斯密、亚当·弗格森、杜格尔·斯图尔特等著名拥护自由者。贡斯当主要研究历史和希腊语。两年后，他去了巴黎，跟知识分子让–巴蒂斯特–安托万·叙阿尔一起研究学习；后者的朋友包括哲学家孔多塞侯爵和自由斗士拉法耶特。

1794 年 9 月 18 日，贡斯当认识了 28 岁的热尔曼·德·斯塔尔，她后来成了欧洲最具影响力的女性——聪明、大胆、虚荣又性感。传记作家 J. 克里斯托弗·埃罗尔德指出："她对展示自己不可否认的身体优势并无抵触：她胳膊丰腴，总是裸露着；胸部很丰满，即使外出旅行时也不用衣物遮挡；双腿肉感十足，似乎不容人们怀疑她只是智力超群。"

她发起了一个充满传奇色彩的沙龙，吸引了众多公众生活中的重要人物，包括孔多塞和拉法耶特（他在大革命期间放弃了侯爵头衔）。贡斯当非常钦佩德·斯塔尔夫人，因为她掌管着一个出色的关系网络，曾帮助朋友摆脱法国的恐怖统治。德·斯塔尔夫人的一个朋友让–兰波·塔里恩对马克西米利安·罗伯斯庇尔发起了政治攻击，最终把他推翻，并于 1794 年 7 月 27 日将其处死，结束了恐怖统治。第二年，贡斯当和斯塔尔冒险前往巴黎，目睹了笼罩在疯狂的通货膨胀中的大革命发源地。因为高税收、强迫贷款、强制征兵、抢夺金银和艺术品，到处都动荡不安。穷人憎恨贪婪的政府官员，他们没收了自己的庄稼，带走了自己的儿子。价格实行管制，物资长期短缺，人们排成长队领取面包等最简单的生活资料。在曾经繁华的里昂，据估计 1.5 万名店主中有 1.3 万名被迫歇业。政府做出回应，下令逮捕持不同政见者，围剿报纸，驱逐编辑。1799 年 11 月 9 日，大胆且足智多谋的拿破仑·波拿巴将军夺取了政权，建立了一个警察国家。

为了给人留下这是一个代议制政府的印象，拿破仑设立了保民官，给他们发放俸禄，希望他们支持自己的政策。贡斯当也被任命为保民官，但他在 1800 年 1 月 5 日的第一次演说中竟然提出了言论自由的观点，并谴责拿破仑的绝对权力，结果被除名。他跟德·斯塔尔夫人一起逃往日内瓦附近的科佩，那里有她的家族地产。然后，他们前往德国魏玛，结识了歌德和席勒。歌德在回忆录中说："我与邦雅曼·贡斯当在一起，进行了长时间的最愉快和最有益的交流……他努力使我的思想与他的观念合拍，仿佛是要把这些思想转化成他自己的语言——所有这一切对于我而言都是莫大的帮助。"

贡斯当的自传体小说《阿道尔夫》记录了阿道夫与波兰女人爱蕾诺尔的风流韵事。据推测，这本书就是以贡斯当与斯塔尔结束于1808年的婚外恋为原型的。小说出版于1816年，在这之前，贡斯当已经娶了夏洛特·冯·哈登贝格为妻，夏洛特让他最真切地体会到了家庭的和谐。

与此同时，拿破仑成了世界级的怪物。正如历史学家保罗·约翰逊所言，拿破仑"创建了第一个现代警察国家，并将其输出到了国外。奥地利、普鲁士和俄国都在学习1799—1814年间波拿巴的警察部长约瑟夫·富歇的方法。……200多万人直接死于波拿巴发动的战役，更多的人则因为贫穷、疾病和营养不良而丧生。在军队推进和撤退的路线上，无数村庄被烧毁。欧洲的首都几乎都被占领过，其中的维也纳、德累斯顿、柏林和马德里还不止被占领过一次。莫斯科也曾被付之一炬。……战争让欧洲大部分地区的经济生活倒退了三十年。战争把人变成了疯狂的野兽，甚至更糟。……在西班牙，法国流浪汉被剥光衣服活活烤死；在俄国，农奴用泥和冰把法国流民从脚一直埋到脖子，等着饿狼来吞噬"。

1813年11月末，贡斯当开始撰写一本小册子《论征服精神》，讲述警察国家如何毁掉私人生活。汉诺威版于1814年1月30日出版，紧随其后的是伦敦版（3月）和两个巴黎版（4月和7月）。

英国及其盟友于1814年3月31日进入巴黎。元老院的成员都是由拿破仑提名的，但是在4月6日，他们集体投票废黜了拿破仑。拿破仑在科西嘉岛与意大利西部之间的厄尔巴岛找到了避难所。英国支持复辟波旁君主政体，认为这是恢复和平的最佳选择，于是波旁继承人成了路易十八。他颁布了"宪章"，这是又一部法国宪法，它承诺宗教宽容、法律面前人人平等、新闻自由和两院制立法机构。但是，以国王的弟弟阿图瓦伯爵为首的极端保皇派被激怒了，因为国王竟然接受了上述自由思想。

那些维护极端观点的人中就有费利西泰·罗贝尔·德·拉梅内,他在《论宗教问题中的冷漠》(1817)一书中抨击了个人主义和自由主义,肯定了绝对无误的教皇的最高权威。伯纳尔子爵(即路易·加布里埃尔·安布鲁瓦兹)认为,主权不属于人民,而属于一个专制君主。欧洲最主要的保守派思想家是约瑟夫·德·迈斯特,他谴责理性、自由和民主,坚持认为取代混乱的唯一选择就是信奉天主教的国王。

贡斯当撰写小册子回应这些极端分子,这些小册子强调了限制政府权力的重要性。例如,在《对宪法和必要保障的思考》一书中,他坚持把公民自由放在首位。当审查员取缔这本小册子时,贡斯当便撰写了另一本小册子《小册子和报纸的自由》予以反击。

1815年3月1日,拿破仑从厄尔巴岛出逃,从戛纳附近的昂蒂布角登陆,他带着大约80万金法郎和1100名士兵向巴黎进军。在他们北上的过程中,更多的士兵加入他们的行列。贡斯当本来厌恶波旁国王,但鉴于路易十八也承认某些自由原则,所以便撰文抨击拿破仑,文章于3月11日发表在《巴黎日报》上。3月19日他又在《辩论日报》上第二次撰文抨击。3月20日,拿破仑进入巴黎,贡斯当便在巴黎西南方向约150英里的昂热躲藏起来。拿破仑宣布大赦后,两人于4月14日见面,拿破仑告诉他:"我需要国家的支持。作为回报,国家会要求自由;我一定会让国家得到自由。"

贡斯当修改了由路易十八通过的宪法,4月24日拿破仑接受了这个宪法的修订版:设立两院制立法机构,由文官控制军队,实行独立司法制度,保障新闻自由、结社自由、贸易自由和陪审团审判制度。《帝国宪法补充法案》于6月1日由公民投票通过并宣布。

在这期间,贡斯当一直在撰写《政治原则》一书,并于5月出版,书中对宪法原则进行了分析。他写道:"公民拥有独立于所有社会和政治权威之外的个人权利,践踏这些权利的任何权威都是非法的……任何权威都不能质疑这些权利,否则它就会摧毁自己的信誉。"贡斯当解释说,不受制约的权力是危险的,无论这种权力是以国王的名义还是以人民的名义行使的,"肆意的权力破坏道德,因为没有安全就没有道德;如果温柔情感的对象在单纯的保护下无法获得确定的安全，那么温柔的情感就不会存在。……如果君主不受制约，就无法确保个人不会遭到政府的迫害"。在提到极权主义思想家让-雅克·卢梭时，贡斯当补充道："让政府服从普遍意志……是徒劳的。因为这一意志的内容总是由政府规定的，所以你的任何防范措施都是空洞的……对于我们而言，真正重要的并非我们的权利不应被未经授权的权力所侵犯，而在于一切侵犯都应该被权力所禁止。"

新宪法还没来得及产生任何效果就被扼杀，普鲁士将军布卢彻元帅和英国的威灵顿公爵（即亚瑟·韦尔斯利）召集了21.3万名英国、普鲁士、荷兰和比利时士兵于6月18日在布鲁塞尔附近的滑铁卢将拿破仑击溃。拿破仑试图继续掌权，但下议院议员拉法耶特要求他退位。他被驱逐到了圣赫勒拿岛上，那是一座被英国控制的火山岛，位于南大西洋中，地处南非以东约1140英里处，他跟他的高级军官及其家人共处一栋破旧的房子，6年后他死在那里。1815年7月7日，盟军进入巴黎，第二天，路易十八重新掌权。

1817年，具有自由主义倾向的埃利·德卡泽部长扩大了投票选举权范围，每个年龄超过30岁，且缴税超过300法郎的法国人都具有投票资格；换言之，3000万人中有大约8.8万人具有选举资格。贡斯当和拉法耶特从法国中部的萨尔特地区入选下议院，他们成了新自由党的领袖。贡斯当还编辑了报纸《法国密涅瓦》。

贡斯当（在担任议员期间）蔑视禁止煽动性演讲和写作的法律，经常驳回法庭的上诉，并要求其在24小时之内做出判决。他创作了数十篇报纸文章和小册子，发表了数百次演讲。没有人像他那样如此坚定地拥护言论自由和新闻自由。接下来他又发起了反对非洲奴隶贸易的运动。多年来，他通过文章和演讲不断攻击奴隶制。

1819年，贡斯当在巴黎皇家雅典娜中学发表演讲，题目是"论古代人与现代人的自由"。他讨论了在英国和美国出现的针对自由的看法："每个人都有权利表达自己的观点，选择和从事自己选择的职业，处理甚至滥用自己的财产，未经许可、不必说明动机或手段就可以自由迁移。每个人都有权与其他个人结社，讨论自己的兴趣，实践自己所偏爱的宗教崇拜形式，甚至仅仅只是以一种最符合自己意愿和想象力的方式消磨时光。"贡斯当拥护商业，因为商业"能激发人们对个人独立的热爱。在没有政府干预的情况下，商业能满足他们的需要、他们的欲望……每一次当集体力量试图干涉私人投机时，它便骚扰了投机者；每一次当政府自称要为我们谋福利时，它们事实上比我们更力不从心，且花费更高"。

1822年，贡斯当写了一本引人注目的著作《菲兰杰里作品评论》。加埃塔诺·菲兰杰里是18世纪那不勒斯的律师和经济学家，出版了《立法的科学》一书；他认为，如果政治权力由合适的人掌控，也许能带来好处。像孟德斯鸠一样，贡斯当也认为，法律应该仅限于保护自由和和平。因此，他强烈建议政府的政策"放任、放行且自由"。

1824年9月16日，路易十八驾崩，继位的是他的弟弟阿图瓦伯爵，阿图瓦是个极端保皇分子，登基后称查理十世。他的政策是把因冒犯天主教神职人员而被定罪的人投入监狱，让天主教神职人员任命所有小学的教师，禁止任何人公开质疑国王的合法性。当时，从巴黎一个区选入下议院的贡斯当正领导着反对派。5年后的1830年，他的健康状况严重恶化，双腿肿胀，双脚、舌头和身体的其他部位麻痹无力。他只能待在巴黎昂儒大街17号自己的房子里。他告诉一位朋友："我已经无法维持哪怕一个小时的谈话。"

法国人已经受够了查理十世，于1830年7月发起了一场革命。拉法耶特致信贡斯当："这里正在玩一场游戏，我们的脑袋都岌岌可危。把你的脑袋也带来吧！"他前往下议院，下议院随后废黜了国王，任命奥尔良公爵为继任人。贡斯当帮助签署协议，保护了早在1814年"宪章"中就规定了的自由。

1830年12月8日，贡斯当去世，享年63岁。当他的棺材被带到拉雪兹神父墓地时，人们纷纷挥舞着自由党的三色旗向他致敬。拉法耶特面对人群致悼词："热爱自由、为自由奋斗一直主导着他的一言一行。"

下议院的一位领袖德·布罗伊公爵写道，贡斯当"是第一个让全国人民懂得共和政体的人"。《民族报》编辑阿尔曼·卡雷尔称赞贡斯当是

"这15年中为法国宪法教育贡献最大者。他把政府的理念传授给了每一个人,此前一切普通人都无缘窥其端倪"。贡斯当的妻子夏洛特还收到一封信,上面附有法属马提尼克和瓜德罗普殖民地13个人的签名,他们悲恸欲绝,因为他们"失去了一个一直以来最坚定支持我们权利的人"。

贡斯当思想最具影响力的继承者是亚历克西·德·托克维尔。托克维尔写道:"法国的上一代人表明,在挫败贵族权威和勇敢直面国王权力之际,一个民族也许会在全社会里组织起一种惊人的暴政。……当我感到权力之手沉重地搁在我的额头上时,我很少想知道是谁在压迫我;而且,我不会因为100万人把轭门抬向我,就更愿意从轭门下经过,俯首认输。……不受制约的权力是个糟糕且危险的事物。"

尽管法国开明记者爱德华·拉布莱耶在1861年出版了贡斯当的作品,但当集体主义开始盛行之后,他在人们的记忆中就逐渐淡化成了法国浪漫主义文学作家之一(主要是因为《阿道尔夫》)。这一观点至今仍在一些地区流行,比如法国文学教授德尼·伍德于1993年出版的贡斯当传记就仍未重视他的政治哲学。综上,伊丽莎白·舍默霍恩于1924年出版的作品仍然是最好的贡斯当英文传记。

所幸,20世纪的政体研究让人们重新认识到了贡斯当的真知灼见。政治理论家F. A. 哈耶克和以赛亚·伯林在20世纪50年代重新激发了人们对贡斯当政治作品的兴趣,巴黎于1957年重新出版了他的作品。1980年,邦雅曼·贡斯当研究所在瑞士洛桑成立,第一本评价贡斯当政治贡献的英文著作出版——《邦雅曼·贡斯当的自由主义哲学》,作者盖伊·H. 道奇是布朗大学政治科学教授。剑桥大学出版社于1988年出版了贡斯当主要政治作品的第一个英文译本。新的资料不断出现,德国著名的马克斯·尼迈耶出版社计划出版40卷贡斯当的著作、回忆录和信件,自1993年以来,已经出版了前三卷。希望有越来越多的人能够发现这个主张自由的伟大思想家的才华。

5. 探索真理：约翰·斯图亚特·密尔

约翰·斯图亚特·密尔的《论自由》(1859) 清晰简洁、逻辑紧凑、充满热情，是关于宽容的最著名的英文作品。它维护思想、言论和个性宽容，认为宽容是促进最大多数人幸福的最有效手段。这本书鼓舞过一代又一代的古典自由主义思想家，直到今天，它可能仍然是大多数人读过的唯一一本关于宽容的历史著作。然而，从自由的角度来看，总体而言，《论自由》背后的哲学——功利主义——是个可怕的失败（理论）。密尔和其他功利主义者无情地抨击自然权利的原则，而这一自由的道德基础是已知唯一可以阻止暴政的思想途径。自然权利，正如思想家托马斯·杰斐逊和托马斯·潘恩等人所解释的，界定了政府不能理所当然去做的事情。无论是密尔还是其他功利主义者，都没有提出取代自然权利的确定原则。

密尔是19世纪英国最具影响力的哲学家，出版了关于经济学、逻辑学和政治哲学的最令人尊敬的著作，他还是一个多产的记者、一份广受关注的民情杂志的编辑，是欧洲和美国主要知识分子的朋友。他讲话时，人们都会洗耳恭听。

密尔之所以具有如此影响力，不仅因为他拥有强大的思想火力，还因为他富有人格魅力。他是一个理性、积极、慷慨的人，由衷地热爱自由。虽然他无法证明自由的道德基础，但是《论自由》中仍然蕴含着道德热情。他的观点超越了自己的时代，认为妇女应该跟男人享有平等的权利——与他的其他作品相比，《妇女的屈从地位》（1869）经受了更多的恶意批评。

古典自由主义作家约翰·莫利在《论自由》出版之后几年才有了与密尔的第一次相遇，他回忆说："他看上去并不威严，虽然年届六旬，但仍然很有魅力。他身材略瘦，声音不高但很悦耳，眼睛充满同情，反应灵敏。他质朴正直，友善严肃，总是充满兴趣和好奇心，内心总是追求真理、正义和改良——这让他散发着一种启迪他人的崇高气质，加上成名后的神奇光环，让他显得格外令人印象深刻。"

密尔出生于1806年5月20日，家境贫寒。关于他的母亲哈丽雅特·巴罗，人们知之甚少。他的父亲詹姆斯·密尔获得过苏格兰教会储备神职人员奖学金，曾在爱丁堡大学就读。但毕业后詹姆斯违背教会教义，只身搬到了伦敦，彼时他母亲去世，父亲那间可怜的制鞋厂也不幸破产。尽管詹姆斯·密尔并非特别擅长某种工作，但他头脑灵活，先后干过一系列编辑小型出版物的工作。

约翰出生两年后，詹姆斯·密尔35岁，结识了60岁的哲学家和法律改革家杰里米·边沁。这个古怪的单身汉身穿简朴的贵格会裁剪样式的外套、齐膝短裤和白色羊毛长袜，特别招惹眼球。边沁建立了功利主义学说，认为政府的政策应该帮助尽可能多的人获得最大的幸福。他促进了选举权，还抨击英国法律的非理性和自相矛盾的特性。边沁的热情激发了詹姆斯·密尔想成为一名充满激情的政治改革家的理想，于是决定把长子培养成理性主义哲学家，能够指导下一代的政治改革家。这就需要进行一个雄心勃勃的实验，在家里实施速成教育。课程包括众多伟大的著作。约翰·斯图亚特·密尔3岁时开始学习希腊语。十几岁时，他就学习了拉丁语、算术、代数、几何和政治经济。1823年5月他17岁时，生活有了保障——父亲在东印度公司已经工作了4年，便给他在那里安排了一份每天6个小时的行政工作。他在那里工作超过35年，不断得到晋升，并且有足够的时间进行知识探索。

密尔第一次试图改善世界就被人指控言辞污秽，为此还蹲了几天监狱；他担心人口过剩，于是在伦敦公园散布节育信息。虽然他自认为并无出格之处，却激怒了他的家人和朋友。

接下来，他开始了自己的学术生涯，在《威斯敏斯特评论》上发表文章。这是一份宣扬功利主义的杂志，于1824年创刊，由边沁资助。他们针对托利党的《季度评论》和辉格党的《爱丁堡评论》就有关问题展开辩论。

最初，密尔似乎顺风顺水。但是，他却于1826年精神崩溃（当时20岁），因为一直以来，他都在吸收知识，进行逻辑思考和判断，这导致他身边没有几个关系密切的人。严重的抑郁困扰了他6个月。之后，他开始阅读诗歌，玩味法国社会党人圣西门伯爵和奥古斯特·孔德的思想。

1830年夏，24岁的密尔在伦敦家里与商人约翰·泰勒和他22岁的妻子哈丽雅特·泰勒共进晚餐。结果他意外地发现，自己跟哈丽雅特有着共同的知识兴趣。一位熟人说，她"拥有一种独特的美丽和优雅。身材高挑细长，稍微塌肩，动作像波浪一样优美。头部小巧，颈部像天鹅，肤色像珍珠。大大的黑眼睛既不柔和，也不倦怠，但是安静中透着一种威严。声音甜美，说起话来非常独特，凸显了她富有魅力的个性"。密尔一下子就迷上了她。他们偷偷坠入爱河，连约翰·泰勒也无可奈何，只好默认。他们先是在伦敦共度了一段时间，然后就在欧洲各处旅游，这让他们的朋友目瞪口呆。在大约两年时间里，密尔成了哈丽雅特的良师益友，而哈丽雅特也完全赞同密尔的西欧思想。不过，渐渐地，哈丽雅特开始反过来影响密尔，对他的手稿提出修改建议，他也开始反思哈丽雅特对妇女权利和社会改革的热情。

他与人合著的《政治经济学原理》（1848）是19世纪最具影响力的经济学著作。该书内容庞杂、思想成熟，足以让最严格的思想家都感到满意；其语言通俗易懂，几乎人人可读。密尔撰写草稿，哈丽雅特提出批评意见，然后密尔认真修改，这些修改在后来的版本中非常重要（她去世前有4个版本，该书总共有8个版本）。密尔把最强烈反社会主义的内容都删掉了。

1849年7月，约翰·泰勒去世。两年后，密尔与哈丽雅特·泰勒结婚，他给她出具了一份书面协议，放弃了自己作为丈夫的一切法律特权。但是，哈丽雅特的健康每况愈下，1858年11月死于肺结核。

密尔早在1855年就开始筹备与妻子合著《论自由》的相关事宜，妻子去世后，他独力完成了后续工作。该书于1859年2月出版，献给已故的哈丽雅特。像其他大多数知识分子一样，密尔的主要兴趣在于思想自由，而较少关心行动自由，因为这需要稳定的契约和私人财产。《论自由》并非普遍认为的那样全面捍卫自由，而是大声疾呼宽容。尽管如此，但密尔充满活力的语言仍然清楚地表明，他的确很看重自由，而不是仅仅把它视为实现功利主义幸福观念的众多可能途径之一。

他写道："这本著作的目的在于维护一个非常简单的原则……对于文明社会的任何成员而言，在违背他意愿的情况下，正当行使权力的唯一目的在于防止伤害到别人……对他自己，对他的身体和心灵，个体本身都拥有至高无上的权力。"这句"一个非常简单的原则"富有争议。反对者宣称，个人可能做的一切事情都会影响到他人，因此可能会受到政府的干预。

密尔把自己的论点建基于"功利"之上，拒绝自然权利，并为宽容非正统观点提供了实际理由："首先，据我们所知，遭到压制的意见也有可能是对的。否认这一点，就是假定我们自己是绝对无误的。其次，即使遭到压制的观点是错误的，但它也可能包含部分真理，而且这种情况相当普遍；一般来说，对任何主题的普遍意见很少或从来都不全是真理，所以只有通过负面观点的碰撞，剩下的真理才有机会得到补充。再次，即使人们接受的观点不仅是真理，而且是全部真理，但实际上，它也会遭到强烈而严肃的质疑——除非明确接受它——大多数接受它的人都会用一种偏见的方式持有这种观点，几乎无法理解或者感受其理性的基础。不仅如此，最后还有一点，这一学说的意义本身也有失去或弱化的危险，有被剥夺它对品格和行为产生重要影响的危险。"

密尔坚持认为，即使怪癖打扰了他人，个体性也应该得到宽容。他说，培养个性对培养健全的人类至关重要。他还提醒读者，你永远不会知道哪些个体将会贡献有价值的创新。

密尔认识到，如果由政府接管经济，自由就无法幸存："如果公路、铁路、银行、保险公司、股份制大公司、大学和公众慈善机构都是政府的分支机构，如果我们把一切事务都转交给市政当局和地方委员会，让它们成为中央行政性质的主管部门，如果所有不同企业的员工都由政府聘用且支付薪水，他们靠政府改善生活，那么，就不会有任何拥有自由的出版机构和受欢迎的立法体制能够使这个或其他任何国家成为名副其实的自由国度。"

然而，令人费解的是，密尔并未认识到政府控制与彻底的政府所有制具有同样的危险。例如，尽管他反对政府办学，却衷心地敦促政府强制所有儿童上学，并制定教育标准，定期考核是否达到标准；如有必要，政府也可以提供部分教育。同样令人惊讶的是，传说中的功利主义——尽管它十分看重理性——竟然未能说明政府控制的合理理由。虽然他贬低自然权利哲学家们，认为他们把观点建立在"不证自明"的真理之上，但他自己也声称由政府控制教育是个"几乎不言自明的公理"。此外，密尔的立场也令人费解：无法用他的自由原则证明自由贸易的正当性。

自由权利清楚地界定了人类自由，对政府权力设定了明确可行的限制，但是密尔并未提出新东西来取而代之。他看重的功利原则均以失败而告终。抛开自然权利，密尔竟然提倡高额遗产税、土地国有化、地方政府接管天然气公司和最令人震惊的普遍兵役制。功利主义者詹姆斯·菲茨詹姆斯·斯蒂芬甚至走得更远，他提倡大规模利用边沁的苦乐原则，通过独裁政府强行改进人类行为。

《论社会主义》是他在1869年开始写作的一本书的部分草稿，本书在他去世后由其继女于1879年帮助出版。他针对自由提出了许多令人信服的实用性观点，却没有从道德的角度去维护自由。

尽管密尔的著作存在重大局限性，但它大大激发了关于自由的持续争论。他比任何人都更强烈地表达了自己的实用性观点，他还特意声明：存在一个个人行动的重要领域，这个领域绝对不应受到政府的限制。密尔的作品在他去世后并没有被埋没，而是渗进了主流舆论，之前和之后关于自由的著作都很难与之比肩。为此，他获得了永生。

第三部

和　平

和平，是呵护艺术、富足和快乐诞生的亲爱保姆。

——莎士比亚：《亨利五世》(1599)

自历史诞生以来，人类就试图通过战争和征服获取财富。《旧约》记载了一连串的恐怖战争。罗马帝国就建立在征服之上。在中世纪早期，地方暴力贯穿始终。在中世纪的欧洲，暴力随处可见。已建立的教会往往成为和平的障碍；最糟糕的是，这些教会还推动了战争的爆发。在现代欧洲早期，战争几乎就没有中断过。在14—15世纪，百年战争摧毁了欧洲大部分地区。16世纪，哈布斯堡王朝与荷兰进行了80年的战争。接下来，"三十年战争"毁掉了德国，英国与荷兰共和国爆发三次战争。战争使得强大的西班牙四次破产。1689—1815年间，英国与法国之间爆发了七次战争。在漫长的岁月里，和平似乎是一种令人吃惊，甚至是不爱国的想法。

1. 自然法与和平：格劳秀斯

一切统治者都试图证明战争是正当的，并借机传播宗教、夺取领土、掠夺资产，或者以其他方式扩大权力。佛罗伦萨政治思想家尼科洛·马基雅维利曾把战争描述为一个完全合法的政府政策。后来，17世纪早期荷兰法学者、哲学家胡果·格劳秀斯声称战争是不幸的，伤害了所有参与者。如果战争在所难免，他恳求至少一定要限制杀戮和破坏，"战争是愚蠢的，比愚蠢更糟糕，肆意伤害他人。……战争意义重大，因为诸多灾害通常会接踵而来，甚至降临到许多无辜者头上。所以，当意见冲突时，我们应该倾向于和平……避免诉诸武力，这常常是一种责任，是我们对国家和自己的责任。……被征服者应得到仁慈处理，这样各自的利益才有可能成为双方共同的利益"。

历史学家约翰·内维尔·菲吉斯评论说："马基雅维利的危险之处并不在于他剖析了政治家们的动机，并将他们的虚伪面纱撕下，而在于他竟然明说或暗示这些事实是行动的唯一理念；格劳秀斯及其先驱和后辈的功劳是……他们成功地对'国家理性'的无限主导地位施加了一些限制。"

格劳秀斯首创了众所周知的国际法，完善了有关原则，旨在帮助和改善和平前景。他宣称："无论以什么样的条件达成和平，人们都必须基于协议中承诺的神圣性绝对地维护和平；不仅仅是背叛，任何可能唤起和煽动仇恨的事情都必须谨慎地予以避免。"传记作家利斯杰·范·索梅伦解释说:"他的伟大目标是发展并坚持国家之间的正义观念。怀着这样的想法,他认为即使不是通过当事人本身,而是依靠调解人、仲裁员或国际会议,最大的国际差异也能得到弥合。如果全世界都遵循格劳秀斯所倡导的规则和原则,那么战争就不会那么频繁,不会那么可怕。"

格劳秀斯倡导的自然法哲学源自西塞罗和其他古罗马以及古希腊哲学家的"高级法"原则:判断政府法律的合法性必须通过正义的标准——自然法。他捍卫自然法,但并未求助于圣经或有组织的宗教,而是坚持它来自事物的本质,并由人类的理性所发现。他写道:"现在,自然法是不可改变的,即使上帝也不能改变。虽然上帝的能力是无限的,但有些事他也无能为力。"

格劳秀斯认为,自然法是自然权利的基础:"民法专家把法定权利称为每个人都拥有自己的权利。……这种权利包括我们掌控自我的权力,即自由。……它同样还包括财产。……现在任何事都是不公平的,这与由理性的人们所建立的社会的性质相矛盾。因此,举个例子来说,仅仅为了自身利益就剥夺他人财物的行为就是违反自然法则的。"在形成这些思想的过程中,思想史学家默里·N. 罗斯巴德指出,格劳秀斯"把自然法和自然权利的概念带到了北欧一些信奉新教的国家"。

格劳秀斯的一生都表现出了对知识的狂热。他曾被当作神童,年轻时就成就非凡。即使在监狱里,他也想方设法继续学习。正是在沦为贫困的难民期间,他创作了最著名的作品《战争与和平法》,书里引用了大约120个古代作家(其中西塞罗是他最喜欢的作家)的文字。尽管当时天主教徒正与新教徒互相残杀,但格劳秀斯的学识还是帮助他结交到了一些天主教和新教朋友。

格劳秀斯是新教徒,但是由于他支持人类拥有自由意志的观点,所以还是不可避免地遭到了其他新教徒的迫害。对此,范·索梅伦曾透露说:"他的朋友发现他经常喜怒无常,脾气暴躁,缺少了原有的机智和圆滑,但是他们仍然喜欢他。在家里,他有时候不够体谅,喜欢争吵,不过他家人仍然爱着他。"

格劳秀斯高大帅气，气宇轩昂。"他五官清秀，"传记作家汉密尔顿·弗里兰写道，"鼻子略呈鹰钩状，眼睛湛蓝，炯炯有神，一头棕色头发。他高大健硕，思想活跃，身体矫健。"

格劳秀斯还影响了英国自然权利哲学家约翰·洛克。苏格兰经济学家亚当·斯密指出："格劳秀斯似乎是第一个试图给世界带来一套正规自然法体系的人，尽管他的著作《战争与和平法》存在各种缺陷，但它也许是现今关于这一主题的最完善作品。"托马斯·杰斐逊和詹姆斯·麦迪逊认为，格劳秀斯是解决国际争端的重要人物。阿克顿勋爵说："显而易见……格劳秀斯的一句话要比50个议会所提出的法案更具影响力。"

历史学家约翰·U.内夫写道："在他关于战争与和平的著作中，对后来的历史最具意义的是他坚持认为法律原则存在于人类理性之中，并独立于任何实际的世俗权力——无论是政治权力还是宗教权力——并且具有普遍约束力；这些原则对主权国家之间因破坏和平而引发的所有意外事件都应该起到支配作用。在诉诸武力之前，一个国家应该对敌国的不满做出正式声明，只有在通过外交谈判无法获得满意结果后才能开战。战争应该按照普遍接受的规则进行，根据这些规则，伤员和战俘都应受到人道对待，结束战争的条约也应按照既定规则来缔结，这样才能有效阻止一国对敌国及其人口的征服和镇压。"

胡果·格劳秀斯是赫伊赫·范·赫罗特的拉丁文名字。1583年4月10日，他出生于荷兰代尔夫特，父亲名叫扬·德·赫罗特，母亲名叫阿莉达·范·厄尔斯奇，他是家里4个孩子中的长子。他父亲是律师，并兼任莱顿大学的法律托管人。

这是一段危险的时期。1568年，荷兰北部七省爆发了新教徒脱离西班牙的独立斗争，因为西班牙天主教国王腓力二世奉行宗教偏执和高税收政策。幸运的是，荷兰的领导人都具备卓越的能力，起初是奥兰治亲王威廉（绰号"沉默者威廉"），然后是他的次子拿骚的莫里斯，还有他的政治伙伴——律师约翰·范·奥尔登巴内费尔特。拿骚的莫里斯被证明是位足智多谋的军事指挥官，而奥尔登巴内费尔特则从政治上把各个省份团结到了一起。

11岁时，格劳秀斯考进莱顿大学，学习希腊和罗马历史、哲学、数学、天文学、法律和宗教。学生时期，他住在弗朗西斯库斯·尤尼乌斯家里，后者笃信宗教宽容和和平。格劳秀斯在法国学习一年，获得了奥尔良大学的法律学士学位。回到荷兰后，他于1599年12月1日宣誓就任律师，并跟着一位政府官员实习。他的写作生涯是从一本关于逻辑的书开始的，还翻译了一本关于如何使用指南针的书。1601年，尼德兰邦联请18岁的格劳秀斯撰写他们英勇抗击西班牙的斗争历史。

荷兰成立东印度公司的目的在于处理荷兰在印度洋的贸易。1604年前后，它请求格劳秀斯为其写作辩护词说明为什么他们有权在葡萄牙人掌控的区域做生意。格劳秀斯提出，不管是谁发现或探索了一片海洋，每个人都有权使用这片海域。荷兰东印度公司决定不出版这份辩词，即《捕获法》。直到两个半世纪过后，该书才在海牙被发现并得以出版。

跟律师朋友尼古拉斯·范·赖格尔斯伯根参观泽兰的弗尔时，格劳秀斯住在赖格尔斯伯根父母家里，由此认识了后者漂亮又自信的妹妹玛利亚。当时她18岁。玛利亚对格劳秀斯一见倾心。她父亲意识到他俩可能会缔结婚姻，便开始与格劳秀斯的父亲协商。1608年7月中旬，他们举行了婚礼，后来生育了6个子女，分别是科尼利厄斯、彼得、迪德里克、弗朗西斯、玛丽和科妮莉亚。

后来荷兰东印度公司又要求格劳秀斯写一本关于海洋自由的书，他便递交了《捕获法》的第十二章，以《海洋自由论》为名出版。英国国王詹姆斯一世禁止外国人在英国及爱尔兰附近海域捕鱼，因此他在撰写诉书反对詹姆斯一世时也引用了本书的内容。格劳秀斯写道："任何国君都不能挑战比他用大炮可以控制的更远的海域，本国领土内从一点到另一点的海湾除外。"由此，大炮的射程——大约3英里——成为定义领海的国际标准。

格劳秀斯成了雅各布斯·阿明尼乌的好朋友，他是莱顿大学的神学教授，相信个人拥有自由意志。阿明尼乌驳斥了流行的加尔文预定论——上帝决定每个人的命运是什么样的，无论他们多么善良正直。

相反，阿明尼乌相信每个人都可以通过信仰实现永恒的幸福。

1609年10月19日，阿明尼乌去世，享年49岁。这时，宗教派别的争议越来越大，格劳秀斯试图用和平方式解决问题。政界元老约翰·范·奥尔登巴内费尔特提议，城市官员应该建立武装组织以便维持秩序。1618年8月29日，格劳秀斯、奥尔登巴内费尔特和他们的同派人士希利斯·范·莱登贝格被捕，不过并未说明罪名是什么。当局专门成立了一个由24名法官组成的特别审判庭审判这些案件。有罪判决是预料之中的结果。莱登贝格害怕被折磨，主动刺腹割喉自尽。奥尔登巴内费尔特是尼德兰邦联的建立者之一，他被判犯有叛国罪，被砍掉了脑袋。格劳秀斯也差点儿遭遇同样的命运；1618年11月19日，他被判处终身监禁，剥夺了所有财产。士兵们把他送到霍林赫姆附近卢费斯坦的一个巨大堡垒。那里有两条护城河，城墙大约6英尺厚。格劳秀斯被关在一个有两个房间的单人牢房。

入狱9个月后，他的妻子玛利亚获准探监，他还获准可以从朋友阿德里安·达特塞拉尔的图书馆借书。阿德里安是个经营缎带和棉麻毛线的商人。这些书是用一个约4英尺长的箱子从他家运到监狱里来的。格劳秀斯看完后，会让人把箱子送回去，再取来别的书籍。他还把一些希腊语和拉丁语悲剧翻译成了荷兰语，撰写了《基督教的真理》一书。后来这本书被翻译成了阿拉伯语、中文、丹麦语、英语、法语、德语、希腊语、波斯语和瑞典语。具有讽刺意味的是，正是因为对他的审判触犯了荷兰的法律原则，所以他才撰写了《荷兰法理学导论》一书。

监狱里的安检程序不是很严格，因此当箱子被来回运送时，士兵们并没有费心去检查。1621年3月22日，格劳秀斯躲在箱子里逃跑了，20岁的女仆埃莱杰·范·豪文宁陪伴着他。有好几次，士兵们都对这个异常沉重的箱子表示怀疑，但是埃莱杰坚称里面装的都是书，让他们放心。到了阿德里安家里后，格劳秀斯穿上石匠的衣服逃往法国。随后，阿德里安、玛利亚和埃莱杰遭到审问，但是当局没有发现罪证。一些欧洲著名诗人纷纷庆祝格劳秀斯越狱获得自由，并赞扬帮他逃跑的勇敢的妻子和朋友。玛利亚于9月份赶到他身边。

格劳秀斯的资产已被全部没收，几乎没有直接的收入来源。面对贫穷和债务，他创作了《对荷兰和西弗里斯兰合法政府的辩护》一书，抨击了针对他的那些诉讼。他写道，他被剥夺了为自己辩护的机会，官员们声称他已认罪，但事实并非如此；他说，自己从来都没有被审问过，因此实在不知道那些所谓的罪行是什么。他肯定自己的信念：宽容胜过迫害。这本书于1622年11月在阿姆斯特丹出版，结果激怒了整个荷兰议会。他们谴责他，声称这是"一次臭名昭著、充满煽动性的可耻诽谤"，并宣称任何人只要被抓到拥有或阅读本书都将受到惩罚。

鼠疫暴发，格劳秀斯搬到法国乡下，接受邀请住在桑利斯附近朋友的家里。1623年，他继续编写《战争与和平法》（标题来自西塞罗的《为巴尔博辩护》中的一个短语），进一步阐述了他在20多年前未出版的《捕获法》中所运用的思想和结构。格劳秀斯之所以能够迅速展开工作，是因为一个朋友给他提供了一个大图书馆。他只用了大约一年时间就把书写完了，并于1625年6月在巴黎出版。印刷商没有付给他稿费，而是给了他两百册书。

"我确信，"格劳秀斯写道，"有某种法律适用于所有国家，它限定了开战以及战争进行的方式。有很多重要因素促使我写了一部关于法律这个主题的作品。我注意到，在信仰基督教的世界，到处都在进行违法的战争，即使野蛮国家也会为之感到羞愧。一旦拿起武器，无论是人还是神，所有对法律的尊重都将荡然无存，仿佛狂暴出笼，并下达普遍命令，纵容各种形式的犯罪。"

格劳秀斯受到过托马斯·阿奎那、弗朗西斯科·苏亚雷斯及其他学术思想家的影响，进一步发展了独立于有组织的宗教或《圣经》的公正原则。他认为国家应遵循自然法，这意味着"正当理性的规则表明任何合乎自然本性、与人类理性一致的行为就是道义上正义的行为，反之即不正义"。他并未一直遵循自然法则的逻辑。他接受奴隶制，这显然违反了个人支配自己的自然原则，而且也没有弄明白自然权利的所有根本性影响。

格劳秀斯承认自我辩护的权利以及被对手伤害可获得补偿的权利，

但他鼓励克制。他认为，应该想方设法和平地解决争端，因为各方都会从战争中遭受严重损失。他建议限制可能从对手那里夺取的东西。他写道："自然法确实授权我们在一场正义的战争中这样获取财物，因为这可能会被看作对债务的对等补偿，而且这笔债务无法通过其他方式免除；或者因为这样可以给侵略者造成损失，但前提是在合理惩罚的范围之内。"同样，他还坚持认为，报复"必须直接施加在犯罪者身上"。

《战争与和平法》惹来了争议。天主教徒备感震惊，因为格劳秀斯在书中提及教皇时并未使用他的天主教头衔。因此，1626 年 3 月，《战争与和平法》被教皇列为禁书，禁止天主教徒阅读。直到 1901 年，禁令才得以解除。

格劳秀斯本以为《战争与和平法》一书给他带来的名望能让荷兰官员原谅他的越狱行为，于是他去了鹿特丹——他参观了伊拉斯谟的雕像，这尊雕像是在他离开荷兰期间建造的——但是官员们还是发出了逮捕令，他不得不在 1632 年 3 月 17 日再次出逃。这次，他前往德国的汉堡，因为那里距离瑞典非常近。瑞典国王古斯塔夫·阿道尔弗斯日益成为新教的主要拥护者，也许会让格劳秀斯为自己效劳。

格劳秀斯在汉堡的日子非常悲惨。他身无分文，没有遇到任何在学术方面令人感兴趣的人，也找不到可以从事研究的图书馆。雪上加霜的是，古斯塔夫·阿道尔弗斯在 1632 年 11 月的吕岑之战中丧生。他 6 岁的女儿玛丽亚·克里斯蒂娜继承王位，摄政者阿克塞尔·乌克森谢尔纳忙于治国理政，无暇顾及格劳秀斯。接着，格劳秀斯又遭受了另一次打击：儿子科尼利厄斯命丧疆场。

1634 年，主要是凭借《战争与和平法》所展现的知识和智慧，格劳秀斯应邀成为瑞典驻法国大使。任职期间，他有效促进了瑞典与法国之间的和平。

1645 年退休后，他抱病前往巴黎，乘船途中突遇风暴，只好在丹麦以东德国北部的波美拉尼亚海岸上岸。他乘坐农用马车，走了大约 60 英里到达罗斯托克。他于 1645 年 8 月 26 日住进一栋出租房，这时他的身体已经非常虚弱，于是要求找牧师。唯一能找到的牧师名叫约翰·奎施托皮厄斯，属于路德教会。这位牧师一直守在格劳秀斯身边，听到了他在绝望中喊出的最后一句话："我做了很多事情，但是一无所获。"

他于 8 月 28 日半夜与世长辞，享年 62 岁。据传记作家查尔斯·爱德华兹记载："人们取出格劳秀斯的重要器官，密封在铜制容器里，埋在罗斯托克的大教堂里。他的遗体被送往代尔夫特，安葬在位于公共广场的新教堂里。具有讽刺意味的是，格劳秀斯就长眠于奥兰治亲王们的陵墓之间，其中一个亲王曾迫使他流亡多年。"

传记作家 W. S. M. 奈特说："在《战争与和平法》第一次出版之后的一个世纪，本书以每三年一次的速度发行了一版又一版，地点几乎都在德国或者荷兰。"不过，人们开始渐渐地更多依赖于近期的作品。到了 20 世纪，史蒂文·福德在《美国政治科学评论》中的一篇文章中说，格劳秀斯"由于国际法中实证主义的崛起和道德哲学中的自然法思想而遭冷遇，声誉大不如从前"。实证主义思想家坚持认为，只要是合法的，政府做什么都是可以接受的。但是，20 世纪的政府合法地谋杀了数百万人，实证主义的观点也由此遭到质疑。现在，人们对格劳秀斯重新产生了兴趣——例如，互联网上出现了很多关于格劳秀斯的网站。

格劳秀斯勇敢地公然反对战争，赞成独立于统治者之外的道德标准，并说明了如何改进和平的前景。最伟大的和平解决协议都能化敌为友，结束二战和冷战的协议即是如此，它们都展示了格劳秀斯的智慧和宽容精神。

2. 战争的恐怖：弗朗西斯科·戈雅

弗朗西斯科·戈雅是西班牙画家，生活在拿破仑战争的暴力时期，之前很少有艺术家能像他那样将战争的恐怖描绘得如此生动逼真。历史学家皮埃尔·加西亚和朱丽叶·威尔逊记载，在戈雅笔下，"除了那些几乎难以辨认的场景之外，还描绘了谋杀、枪杀、囚禁、强奸和火灾等场景。这些场景肯定是最出色的，由光影塑造的人物似乎出于某种未知、怪异的恐怖或翻腾或飞翔。在这些场景中，戈雅超越了油画或版画的传统限制，高声呐喊。……值得注意的是，他没有一幅作品是颂扬西班牙正规军的，更不用说威灵顿的军队了；他眼中唯一的英雄就是普通小老百姓——那些不穿制服、几乎手无寸铁在征服者的铁蹄阴影中战斗的男人和女人们"。

历史学家何塞·洛佩兹－雷伊说：戈雅的油画和版画"向我们展示了他通过创新、正直和单纯的方式所表现出的暴政和狂热给人类带来的痛苦和耻辱。它们也记录了戈雅所处的辉煌时代，那时的人们尽管也许被乐观主义蒙蔽了双眼，但他们也曾看到自由和真理在改变着历史的进程"。就是在戈雅所处的时代和生活的地方，单词"自由主义者"（liberales）进入了现代世界。

如同贝多芬一样，戈雅最重要的作品都创作于他患上最糟糕的心脏病之后。46岁时，他双耳全聋，然后在死寂中度过了36年。随着他的讽刺作品逐渐为人所熟知，他也渐渐从皇室的宠儿变成了警察追捕的目标。据说戈雅曾有过19个子女，但只有一个儿子弗朗西斯科·哈维尔活得比他久。

戈雅是他那个时代最受追捧的画家。他曾受邀为多位皇室成员画像，包括查理三世及其继任者查理四世、推翻查理四世的约瑟夫·波拿巴[1]、把波拿巴赶下台的威灵顿公爵和在波拿巴之后继位的斐迪南七世。不过，戈雅最具影响力的作品——尤其是那些表现反战主题的画作——都创作于他的业余时间。为了避免与当局发生冲突，许多作品都是秘密传播。[2]

传记作家安东尼娜·瓦朗坦描述道，戈雅在18世纪90年代期间其精神层面开始向大师转化："面容更加瘦削。一圈浓密的胡须衬托着凹陷的双颊。……头发乌黑浓密，乱蓬蓬的，一绺绺短发凌乱地覆盖着宽大的额头，更多的短发则堆积在永久失聪的耳朵周围。……椭圆形的长瘦脸上，大鼻子高高矗立在凹陷的两颊之间。宽大的嘴巴带着病后的标记：上唇轻微扭曲，仿佛麻痹导致的僵硬仍然没有消除。嘴唇处深深的皱纹与脸部皱纹连在一起。……一双大大的眼睛，四周布满深深的圆圈，仿佛眼中的悲伤溢出，流进了面颊的阴影。……目光阴沉内敛，但是蕴藏着一股强劲的力量。"

在不幸的贫穷中长大成人，燃起了戈雅的雄心壮志。他特立独行，立志成功——但小心谨慎。批评家理查德·席克尔说："他具有反叛者身上那种活跃易怒的本性，但是对安全和富裕的迫切需求又让他保持缄默。然而，物质上的成功与他个人的谨慎从未妨碍他追求艺术的动力。直到82岁去世那天，他一直都是那个充满激情的西班牙人，能将自己的所见所闻和内心感受用画笔高度真实地描绘出来。"

1746年3月30日，弗朗西斯科·何塞·德·戈雅·伊·卢西恩特斯出生于西班牙北部阿拉贡省的福恩特托多斯村。他的母亲格雷西亚·卢西恩特斯是西班牙最低级别的贵族，父亲何塞·戈雅是公证人之子，做

---

1 指拿破仑的长兄约瑟夫（1768—1844），他于1808—1813年间任西班牙国王，详见后文。
2 因为这类作品多为版画，能够复制印刷，所以便于传播。

过祭坛镀金工，但从未赚过大钱，一家人住在一栋漆黑的小石屋中。戈雅还有两个弟弟，分别是卡米略和托马斯。

当时，西班牙是欧洲的偏僻闭塞之地，乡下土匪猖獗，贵族依靠地产生活，对从事任何有用的事业都持偏见态度。中世纪的行会掌控着手艺技术，阻止了能够创新的企业家出现。梅斯塔绵羊牧场主协会在政界势力强大，会员放任自己的羊群到农田里觅食，这使得农民失去了改进生产的兴趣。宗教裁判所强制推行正统的宗教教义。

关于戈雅的青年时期，人们知之不多。他曾在华金神父的学校里学习，除了伴随他一生的天主教礼节知识，他几乎没学到什么东西，连读写都没怎么学会。后来，他下定决心要成为画家；原因显而易见，他想表达自己的观点。另外，他还看到画家比其他普通人更方便外出旅行。由于在西班牙给裸体者画像属于违法，所以戈雅就临摹雕塑，学会了画人像。

戈雅开始接受委托画宗教画，并决心成为受人尊敬的画家。1773年5月23日，他迎娶了西班牙宫廷画师弗朗西斯科·巴尤的妹妹何塞法·巴尤。人们认为戈雅一幅画作中画的就是他的妻子：大眼睛，薄嘴唇，淡褐色的头发。除了一个夭折的儿子，没有人知道他们生育了几个孩子。

戈雅接到皇家织锦制造商的委托，创作了30幅关于马德里日常生活的富有活力的图案，他的人生迎来了一次重大突破。后来，他又为贵族们画了一系列肖像，广受好评，他也因此而经常能获得报酬。1789年4月，他被任命为查理四世的画师。

当戈雅正在努力成为宫廷画师之时，法国大革命也唤醒了他的正义理想。他尤其同情那些想要推翻西班牙宗教裁判所的人，因为它对异端进行了无情的迫害。被告被带到法官面前，但是并不告诉他们谁是控告者。他们通常都会惨遭折磨，直到承认自己有罪，之后便会被判刑。在他们被烧死之前，法官会当众宣读判决羞辱他们。

1792年，戈雅感染梅毒，双耳失聪，他完全崩溃了，不再与人联系，只能从自身寻找灵感，这使得他画风大变。他开始拥护令人震撼的现实主义，将皇室描绘成一帮普通人。

戈雅不再根据委托进行绘画创作。1799年2月，他完成了《狂想曲》，包括80幅蚀刻版画，讽刺生活中的不理性现象。艺术史学家A.海特·梅厄说："capricho一词的意思是山羊。山羊讽刺冒险在谷底悬崖上吃草的绵羊。戈雅的《狂想曲》表面上讽刺的是西班牙仍受到中世纪愚昧精神的束缚，这些束缚正被英法的新思想一步步揭露出来。"在其他主题中，戈雅还刻画了一个变幻无常的女人、一位严厉的母亲、愚蠢的贵族和一些残忍的审判官。其中一幅作品描绘了沉睡的理性和横行的怪物。但《狂想曲》仅面世两周，戈雅便将它们收回了，显然他对西班牙宗教裁判所心怀恐惧。

除了宗教裁判所，西班牙人很快又有了更多的忧虑。拿破仑·波拿巴在欧洲的势力急剧扩张，他在西班牙宫廷挑起争端，并以此为契机直接控制西班牙。1808年3月，他将查理四世驱逐到意大利，囚禁了他的对手斐迪南，把长兄约瑟夫·波拿巴推上了西班牙国王的宝座。

跟很多厌恶残忍的宗教裁判所和腐败王室的西班牙人一样，戈雅肯定也期待过拿破仑能进行必要的改革。毕竟，拿破仑在法国改革了一团糟的民法，废除了一些中世纪的做法。但是，法国士兵表现得更像征服者，奸淫妇女，四处劫掠。在整个西班牙，牧师、贵族、商人、手艺人和其他各行各业的人都纷纷成立委员会，协助组织后来被称为游击队的抵抗力量。他们经常交流战术，开展破坏和恐怖活动，反抗外来侵略者。这就是半岛战争。

拿破仑派遣了大约30万士兵前来控制西班牙，暴行越演越烈，西班牙人民不断进行复仇。传记作者安东尼娜·瓦朗坦记载："山谷内，法国人横尸遍野……基督的仆人四处鼓动仇恨情绪，激怒了法国士兵，于是他们洗劫教堂，抢夺敬奉物品，亵渎教堂建筑。乡村牧师肆意屠杀向他们寻求庇护的法国人。法国人所经之处，农场都会如火炬一般熊熊燃烧。伤病者在转移途中被残杀。路上随处可见裸露的尸体；压弯的树上挂着被绞死者的尸体；憎恨引发盲目的仇恨，一种莫名的恐惧蔓延在人烟罕见的乡村，死亡在断肢残骸中慢慢逼近……戈雅目睹了战争带来的毁灭性灾难。"

保罗·约翰逊说，拿破仑战争"致使欧洲大部分地区经济生活倒退了整整一代人的时间。战争把人们变成了野兽，甚至比野兽更加野蛮。战争规模更大，更加血腥。旧政权的军队都是由长期服役的职业老兵组成，他们大多是职业军人，痴迷于制服、白陶土、抛光的黄铜，而且训练有素——国王们可舍不得失去他们。可波拿巴剪掉了他们的辫子，摘下了他们扑过粉的假发，代之以批量生产的制服，挥霍应征入伍的年轻生命就如同挥霍零钱一样。他主张他们依靠田地生活，但是在西班牙和俄国这种自给经济中却行不通，一旦士兵偷盗粮食，农民就得挨饿。因此，在西班牙，掉队的法国士兵会被剥光衣服，活活烧死。……在整个欧洲，男女老少都学会了野蛮地生活，人们的道德底线不断下降"。

戈雅沉寂了一段时间。1810年，他开始创作由85幅蚀刻版画组成的《战争的灾难》，用了10年时间才完成（但是直到1863年这些版画才集齐出版）。题目可能参考了法国版画家雅克·卡洛的蚀刻版画《战争的苦难》。卡洛揭示了"三十年战争"（1618—1648）的残忍杀戮。戈雅的校稿在传播，但是将它们出版则会遭到教会和政府官员的报复。这些版画将人们遭受枪杀、阉割、砍头和绞刑的场面暴露无遗，几乎不给观众留下任何想象的空间。妇女惨遭士兵强奸，死人身上值钱的东西都被洗劫一空，成堆的尸体等待秃鹰来啄食。为了避免将矛头指向法国人，戈雅只是大略画出军队制服，穿制服的士兵可以是任何国家的军队。埃利·福尔写道："《战争的灾难》可以算作最可怕的历史记载，因为它最真实地向我们呈现了西班牙独立战争的场面，甚至可以说呈现了过去、现在或者将来任何战争的场面。"

1812年，也就是戈雅的妻子何塞法去世那一年，加的斯议会颁布了一部自由宪法。该宪法规定君主拥有有限的权力，肯定了人民主权原则，建立了一院制立法机关，没有为天主教会和贵族预留席位。加的斯宪法废除了宗教法庭的审判权，规定了不受行政权力干预的独立司法制度，并宣布言论自由。

历史学家罗伯特·R. 帕尔默说："第一批自称自由主义者的人是从

西班牙反对拿破仑侵略的人中出现的。这个词随后传到了法国，指 1814 年波旁王朝复辟后，人们对君主主义的反抗。在英国，越来越多的辉格党成员也成为自由主义者，甚至少数保守党成员也是如此，直到 19 世纪 50 年代伟大的自由党成立。"但是，自由主义在西班牙的火花很快就熄灭了。1813 年，拿破仑在俄国惨遭失败，生于爱尔兰的英国大将军威灵顿公爵将法国人驱逐出了西班牙，后来更是在滑铁卢击溃了拿破仑。斐迪南在西班牙军队和天主教会的支持下于 1814 年 3 月加冕为西班牙国王，他把自由主义者收监入狱，重新设立了宗教法庭，并解散议会，他宣称："我不仅拒绝遵守宪法或被议会认可的任何法令，而且我宣布宪法和法令无效，今天如此，永远如此。"

戈雅将自己火山般的激情投入反对暴政的不朽斗争中，专门针对拿破仑带来的噩梦，而不是刚刚执政的斐迪南。1814 年，他画了《1808 年 5 月 2 日马德里反对马穆鲁克起义》以及《1808 年 5 月 3 日枪杀马德里抵抗者》（以下简称《5 月 3 日》）。虽然戈雅几乎肯定没有见证这些事件，但是他目睹了数年游击战争中的多次刺杀和枪杀。艺术史学家 H. W. 詹森写道："这幅画具有宗教艺术的所有情感强度，但这些殉道者是为了自由而死，并非为了天国；处决他们的刽子手不是撒旦的手下，而是政治暴君。"

历史学家弗雷德·利希特写道："如果有人从整个文明的角度来评论戈雅的全部作品，那么《5 月 3 日》无疑是戈雅最重要的成就。……所有拜访过普拉多博物馆的人都会体会到它与博物馆里其他画作的令人震惊的明显差异，虽然毫无例外，其他所有画作都宣称反映了现实。原始事实都经过深思熟虑、重新安排，然后呈现在我们面前。艺术要么为我们带来乐趣，要么予我们以启迪；有人在牵着我们的手，引导我们。《5 月 3 日》突然使我们毫无引导地进入了谋杀和痛苦的野蛮场景。这幅画的真正力量就在于它强烈得让人震惊的效果。"

1819 年 2 月，戈雅在马德里城外购买了一栋两层土砖房——聋人之家。他在其中两间房的墙上画了十四幅讲述可怕野性的壁画，后来成为有名的"黑色绘画"。其中一幅令人印象极其深刻，画上一个巨型撒旦正在吞食一个小孩。历史学家普里西拉·穆勒写道:"在半岛战争发生期间和结束后,许多人把拿破仑当作一个巨人;他们认为在拿破仑干涉后,由战争、杀戮、饥荒及反宗教所构成的摧毁一切的合力也具有同等威力。然而,另一个毁灭性的'巨人'甚至更加威胁到了西班牙人的幸福,这就是独特的西班牙'怪物'宗教法庭。尽管宗教法庭和拿破仑轮番带来了荼毒生灵的恐怖统治——在戈雅时期的西班牙,一段时间前者会影响后者,另一段时间后者又会影响前者——但西班牙的宗教法庭却是更直接的痛苦回忆。……(它)不可能被完全驱散或遗忘,因为一旦西班牙崇尚自由的政府倒台,宗教法庭就会卷土重来。事实也是如此。"

在新一轮的镇压中,戈雅和很多朋友一起流亡到了波尔多。他的朋友兼剧作家莱安德罗·斐尔南德斯·德·莫兰提称戈雅"又聋又老,身体虚弱,行动缓慢"。在 75 岁时,戈雅学习了平板印刷术,创作了一些令人难忘的作品,但是他开始出现铅中毒症状,这是他长年接触底漆帆布上的白色颜料释放的铅所造成的后果。1828 年 4 月 2 日,他部分瘫痪了,可能是因为中风。他在 4 月 16 日凌晨 2 点左右去世,他的老朋友莱奥卡迪亚·索里利亚、孙子马里亚诺还有西班牙自由主义画家安东尼奥·德·布鲁加达陪伴在他身边。

戈雅的朋友唐·马丁·德·戈伊科切亚进行了安排,次日将戈雅埋葬在波尔多修道院墓地他家族的坟墓里。1899 年,戈雅的遗骸被带回西班牙,埋在圣安东尼奥·德·拉·佛罗里达教堂的圣坛,他曾在这里画过广受赞誉的壁画。

彼时,戈雅的素描风格和虚幻主题早已过时。学者们偏爱那种正式的值得尊敬的主题。当马德里的发展威胁到聋人之家的存在时,法国银行家弗雷德里克−埃米尔·厄兰格买下了它,并把戈雅的"黑色绘画"转移到了帆布上加以保存,之后送往普拉多博物馆。

虽然戈雅已经过时,但仍有一些爱慕者。其中一位是法国伟大的浪漫主义艺术家欧仁·德拉克洛瓦,他曾画过《自由引导人民》(1830),庆祝成功推翻压迫人民的波旁王朝。

20 世纪的大屠杀催生了一些优秀的反战艺术作品。其中最著名的无疑是《格尔尼卡》(1937),这是巴勃罗·毕加索在西班牙内战时期法西斯分子轰炸巴斯克小镇之后创作的。可即便如此,也没有人能够超越戈雅对战争恐怖的描绘。他清楚地表明战争意味着愚蠢的屠杀和破坏。只有人们畏惧战争的野蛮,他们才有可能避免军事冒险,从而珍爱和平。

3. 和谐的利益：理查德·科布登

19世纪是世界近代史上最和平的一段时期。从1815年拿破仑倒台到1914年第一次世界大战爆发，100年间都没有爆发全面战争。这段异乎寻常的和平时期之前是数个世纪无休止的战争，之后是20世纪的疯狂大屠杀。

和平压倒了战争，在很大程度上是因为国家之间的欺侮事件很少发生，而且经济政策也是产生这种局面的重要原因。人类、商品和资本的流动空前自由。通过减少对经济事务的干预，各国政府降低了经济纠纷将可能升级为政治纠纷的风险。几乎不存在军事征服的经济动机，因为在边境一侧的人们很容易就能从边境另一侧的人们那里获得资源。贸易扩大了，强化了一些国家在彼此作为客户和供应商的持续繁荣中的利害关系。虽然自由贸易绝非和平的保障，但它却比任何公共政策都能降低战争的风险。

在这期间，有一个人的重要性远远超过其他人：理查德·科布登，一个直言不讳的英国纺织企业家，在至关重要的30年中，他放弃经商，投身改革运动中去。在为自由贸易寻求最成功的政治策略的过程中，他阐述了后来被证明具有决定性意义的道德观点。他游历了整个欧洲、美国、北非和近东，向国王和平民传播自由贸易的福音，激励了成千上万人。

"他并没有惊人的身体天赋，"传记作家约翰·莫利写道，"年轻时，他身材矮小，并不强壮，后来才越来越魁梧。他脑袋很大，思想活跃，坦然的目光透露出一种不可描摹的魅力。他的面部看上去并不威严，但是睿智、同情、真挚的光芒让他神采奕奕、引人注目。他的嘴表情多变，顽皮好动，令人好奇。他的声音清晰甜美，抑扬顿挫，富有穿透力，但是缺少那种能吸引无数听众的演说家所具备的音域、深沉或机敏。他有足够的精神之火，不过这不是那种在强烈想象力的绚丽色彩中熊熊燃烧的火焰。这是一种令人彻底信服的理智，一种知识创造力，一种雄辩的敏锐光辉。它来自透明的诚实、彻底明朗的观点和非常明确的目的。"

传记作家温迪·欣德说："除了他的个人魅力和知识活力，他给同时代人留下的最深刻印象就是他的专心致志、他的简简单单、他的公正无私，以及他从激烈的政治争论中排除痛苦和仇恨的能力。"

理查德·科布登于 1804 年 6 月 3 日出生在英国苏塞克斯的海肖特附近，在家中 11 个孩子中排行老四。他的父亲威廉·科布登显然是个不称职的农民，他和妻子米莉森特·安布尔破产了。

1819 年，理查德开始在舅舅的纺织品仓库里工作。他成了到处跑的推销员，十几年后他和两名合伙人开始了自己的纺织品仓储业务，主要经营白棉布和平纹细布。到 1831 年，他们的生意已经做得非常好了，于是接管了萨卜登的一家老白棉布工厂，开始自己制作印花布。母亲去世后，家庭重担全都落在理查德身上。他父亲仍然无所事事，一个哥哥和姐姐去世了，另一个弟弟的生意失败了。理查德要照顾身边的每一个人，并协助创建了他们小镇的第一所学校。

科布登认识到自己需要知识才能取得成功，于是便开始自学。他托人购买了关于数学的书籍，并阅读了欧洲历史、英国文学和欧洲文学。1835 年，他写了第一本政治小册子《英国、爱尔兰和美国》。此外，他还主张不要发动战争，也不要卷入其他人的冲突；1836 年，他写了《俄国》，这本小册子攻击了英国人的一种流行观点，即认为俄国对国家安全构成了威胁，因此应该大幅增加军事预算。

在接下来的几年里，科布登游历了法国、瑞士、西班牙和美国。他观察了形形色色的人如何在市场上和平合作。例如，他在直布罗陀观察到"英国人、法国人、西班牙人、意大利人、伊斯兰教徒、基督教徒、犹太教徒都在大喊着叫卖，推推撞撞，有的人在买东西，其他人在卖东西，还有的人在物物交换"。

1836 年或 1837 年，科布登应约翰·布莱特之邀做了一场关于教育的演讲，结果发现彼此非常投缘。布莱特生于 1811 年 11 月 16 日，父亲是洛奇代尔地区的一名纺织工人。据一位传记作家记载，布莱特长着"漂亮、温和、睿智的眼睛，睫毛又黑又长，额头宽阔高贵，头发浓密，呈棕色，自然卷曲"。与科布登一样，布莱特的正规教育只是上完文法学校，但是他仍然坚持着对英国文学的热爱。他是贵格会教徒，祖先曾因不信奉英国国教的观点而坐过牢，因此布莱特表现出了对自由的强烈渴望。他在公众广场、教会聚会及其他场所都锻炼了自己的演讲能力。

科布登和布莱特一起抨击了《谷物法》，即粮食关税，并成功引发了一场全国运动。他们的合作就是从废除《谷物法》这一鼓舞人心的目标开始的。首先，科布登让支持者们相信，每一先令的关税都是强加在人们身上的痛苦，因此，不愿修改关税这一怀有妥协心态的商会人士的立场便不能为人们所接受。其次，自由贸易作为道德问题能够引发人们的想象力。科布登给爱丁堡的一位出版商写信说："在我看来，可以将一种道德甚至宗教精神注入这个主题（自由贸易）之中；如果像煽动奴隶制一样把这个主题煽动起来，自由贸易将势不可当。"最后，要想成功，就需要发动一次全国性的运动来协调全国各个反谷物法协会，这就是 1839 年 3 月发起的反谷物法联盟。由于全国性的运动需要大力筹集资金，经过安排，科布登把自己的印花布和营销业务转让给了合伙人。

科布登对时局的掌控帮助他赢得了支持者。例如，他注意到，虽然切斯特、格洛斯特和威尔特郡的农民想通过高额关税保护自己的奶酪，但是他们同样必须为希望通过关税保护的燕麦、大豆等商品支付不必要的高额费用。同理，洛锡安区的农民支持小麦的高额关税，但是由此带来的好处却被受关税保护的亚麻籽饼和其他喂牛饲料的额外费用所抵消。

科布登抨击了让人们倍感痛苦的《谷物法》。"他知道有一个地方，"

传记作者莫利说,"那里的人典当了 100 只婚戒,只是为了买面包;还有一个地方,人们靠煮荨麻维持生计,为了不被饿死,他们挖出了腐烂的牛尸。"

科布登和布莱特越来越多地出现在同一讲台上,他们两人合力产生的影响力远比单个人大得多。"科布登总是第一个讲,"布莱特的传记作者乔治·麦考利·特里维廉说,"他消除人们的偏见,借助明确的经济观点和通俗的说明,揭示农民、工人、制造商和操作工因关税保护而遭受的不公正待遇。当引领观众进入一种赞同心态后,用布莱特自己的话来说,'我通常就会站起来,打一会儿拳击'[1]。……他那独特的、重要的贡献是他用以强化理性的激情,还有他注入听众心灵的强烈的道德义愤和抗争。这是科布登演说时最薄弱的地方。他们两人正好能弥补彼此的不足。"

科布登和布莱特在这条道路上几乎从未间断。"我们在教堂教区(阿伯丁)为 2000 多人演讲,"他给兄弟写信说,"走了 35 英里,在蒙特罗斯举行了一次集会,然后继续走了 35 英里到达敦提,参加当晚的一场集会。明天我们要去法伊夫的库珀,后天去利思,大后天去杰德堡……我昨天晚上从杰德堡到了这里(泰恩河畔的纽卡斯尔),我们这次集会是最非同寻常的。当我们入场时,街道两边都被村民们围得水泄不通,他们中的一些人是翻山越岭走了 20 多英里赶来的。"

这场自由贸易运动距离高潮还遥遥无期。就在此时,科布登与凯瑟琳·安妮·威廉斯结婚了,她是科布登妹妹的朋友,是个迷人的威尔士姑娘。他们的蜜月旅行去了法国、瑞士、德国——后来证明,这是他们彼此相处最长的一个时期,此后更多的将是聚少散多。

虽然科布登和布莱特为自由贸易赢得了越来越多的支持,但是由保守党主导的议会却行动缓慢。托利党人——就这个问题而言,可能还包括大多数辉格党人——都是代表地主的臭名昭著的贸易保护主义者,他们坚信《谷物法》有助于维护他们的农业用地的价值。拥护自由贸易的历史学家托马斯·巴宾顿·麦考利在 1839 年的日记中这样写道:"谷物

---

[1] 原文如此,这个说法大概有两种意思:其一是用插科打诨的方式做开场白;其二是顺着科布登的言论和思路强化他的观点。第二种的可能性更大。

自由贸易的呼声听起来非常高。如果大臣们处理得当，他们要么大获全胜，要么光荣退休（两个结果都对自己有利）。他们拥有一手好牌，就看如何利用。"

科布登推测，如果他仅仅在外部鼓吹，就不太可能成功；所以他必须在议会内活动。在一次竞选失败之后，科布登于1841年入选议会。他能够得到普遍支持，这在竞选中产生了相当大的影响。

布莱特的妻子伊丽莎白于1841年9月10日死于肺结核。他们结婚还不到两年，这对布莱特打击很大。三天后，他的伙伴来到他身边。布莱特回忆道："科布登先生以朋友的身份来看望我，你们也许可以想象得到，他的话语中充满了悼念之情。过了一会儿，他抬头说道：'现在，就在这一刻，在英国成千上万个家庭中，妻子、母亲和孩子正死于饥饿。当你的悲伤情绪暂时平息后，我建议你和我一起努力，《谷物法》不废除，我们决不罢休。'我凭良心觉得，有一项工作必须有人去做，因此我接受了他的邀请，从那时起我们便一直为自己的决定而努力奋斗，从未停止。"

1845年9月，由于暴雨席卷了整个不列颠群岛，科布登告诉布莱特，他已经筋疲力尽了。他们已经几乎从未停歇地在这条路上走了五年多，夜复一夜地为大批听众演说。科布登很少见到妻子，而且他的生意也很糟糕。他想要放弃。布莱特回答说："你退出就相当于反谷物法联盟的解散，它的主体将不复存在。我可以继续战斗，但我无法取代你的位置；我能力有限，这一点我完全清楚，这会妨碍我在我们为之努力的事业中有更大的作为。"

暴雨还在继续，加速了马铃薯枯萎病的迅速蔓延，最近这种枯萎病已经在美国、荷兰和法国大量毁坏农作物。在英国也出现了类似迹象。因此，消息灵通的人开始担心悲惨的爱尔兰的情况也会不妙，因为这里的每个人几乎都依赖马铃薯生存。除了阿尔斯特东北部，爱尔兰从未经历过工业革命，而且据说爱尔兰农民是欧洲最贫穷的——甚至比美国黑人奴隶都要穷。历史学家塞西尔·伍德汉姆-史密斯说："所有神方秘术都无济于事。无论是通风、干贮，还是腌制、熏蒸，马铃薯都烂成了一摊黏糊糊的东西。"农民开始死于饥荒，伤寒、霍乱等相关疾病开始流行。最终 100 多万爱尔兰人死亡，更多的则移居国外。

科布登和布莱特不断施加压力，在曼彻斯特、伦敦和其他一些城市召开反谷物法联盟会议，每次都能吸引成千上万人。他们开始在每天夜里召开会议，在短短两个小时内就能募集 6 万英镑。

保守党首相罗伯特·皮尔不情愿地推出了将在三年内完全废除《谷物法》的法案，该法将在 1849 年 2 月 1 日正式废除。在下议院中，辉格党人发生了分歧。上议院则大多数人都反对"废除法案"，他们有权暂不考虑皮尔的法案。科布登和布莱特谴责了妄图通过某种妥协维持《谷物法》的提议。

5 月 16 日，科布登回忆自己"有幸在完全废除《谷物法》法案第三次宣读时投了多数票。……麦考利和其他一些人过来跟我握手，祝贺我们事业取得胜利"。下议院以 327 票对 229 票的结果通过了该法案。针对这种坚持废除《谷物法》的呼声，上议院中的反对力量有所减弱，最终以 211 票对 164 票的结果通过了法案。

《谷物法》的废除迎来了一个自由贸易和商业信誉的时代。1849 年，英国废除了延续了两千年之久的《航海条例》，对外国船只开放港口。1853—1879 年间，首相威廉·尤尔特·格莱斯顿把应缴关税的进口商品从 1152 种降到了 48 种。关税——而且是低关税——的主要征收对象是糖、茶、咖啡、烟草、烈酒、葡萄酒和菊苣等奢侈品。其他一切进入英国的东西都免收关税。自由贸易提高了英国企业家适应市场变化的积极性。如果某个企业家不能提供所需物品，消费者就可以自由去往别处寻找替代品，维护自己的利益。问题不会从濒危企业波及数百万买家。

当欧洲国家还在维持抑制性关税时，英国就已经繁荣起来了。廉价食品涌入英国，农民从农业转移到了制造业。接着，当其他国家正在发展工业化时，英国的许多工人又进入服务业。英国成了世界航运、商业、保险和金融的领导者。从 1846 年直到一战爆发，它的工业产值猛增了 290%，进口增长了 701%，出口增长了 673%。英国农业工作者的工资增长了约 59%，工业工人的工资增长了 61%。

哲学家伯特兰·罗素评论说:"如果《谷物法》仍然有效,那么就需要更多的农业劳动去养活日益增长的人口;在英国土地上,用一定量的劳动产出的粮食要少于用同等劳动量产出的工业产品交换国外粮食的数量。"罗素说,科布登"当然希望改善工人阶级的生活条件,事实上也的确明显改善了他们的生活"。

科布登和他的家人去欧洲旅行。传记作者莫利写道:"所到之处,人们都像接待一位伟大的科学发现者一样接待他。他发现的这门科学比其他任何科学都更让人感兴趣,这就是财富的科学。他曾劝说世界上最富有的国家改革其商业政策。人们认为他是个发现了重大秘密的人。"在欧洲,科布登遇到了许多崇尚自由的朋友,像普鲁士的威廉·冯·洪堡、法国的亚历克西·德·托克维尔和弗雷德里克·巴斯夏。

回到英国后不久,科布登便开始对帕默斯顿勋爵等认为英国应该更多卷入全球政治的人感到担忧。科布登于1847年9月致信布莱特:"在旅途中,我一直在反思三件事:英国对外国事务表现出了太多不必要的担心和恐慌;我们去管控他人所关切的事情纯属愚昧无知;我们也许可以更好地把精力用来改善本国的处境。"他继续写道:"要是哪天英国在亚洲大陆上一寸土地都没有了,那才是我们的开心之日。"最后,他还提出警告,"如果我们不及时收手,这个国家就将带着其财富、能源和资源,在帝国不断扩张的重负下衰退没落。"

1854年,英国参加了克里米亚战争,据称是为了通过防止俄罗斯霸占土耳其帝国来维持力量的平衡。科布登和布莱特都主张不干预,反而赞成让英国的殖民地获得自由。1857年议会的下一届选举,两人都遭到失败。这场为期两年的战争后来演变成了无意义的大屠杀,致使大约2.5万名英国士兵丧生。

此后几十年,英国外交政策重拾科布登和布莱特所主张的不干涉政策。英国在法奥战争、美国内战、丹麦战争、普法战争以及之后的土俄战争中都置身事外。1859年,科布登和布莱特重新入选议会。

1859年7月21日,布莱特发表了一篇演讲,建议英国缩减军队开支(因为大多数都用于防卫可能来自法国的攻击),而且两个国家都应该开放市场。这个想法给法国政府贸易顾问米歇尔·舍瓦利耶带来了灵感，他曾通过弗雷德里克·巴斯夏见过科布登。舍瓦利耶希望科布登能尝试改变法国皇帝拿破仑三世的想法，因为科布登曾成功地让英国走上自由贸易之路。"我们得出一个结论，"科布登回忆说，"我们越少尝试说服外国人采纳我们的贸易原则，效果就越好，因为我们发现英国的动机有许多可疑之处，反而给国外的贸易保护主义者们提供了借口，他们煽动民众情绪反对自由贸易者，他们会说：'看看这些人想要做什么，他们是英国人的党羽，正想方设法让我们的工业屈服于那个背信弃义的国家。'……老实说，我们并不关心其他国家是否支持自由贸易，但是为了我们自己，我们应该废除贸易保护，让其他国家走自己最喜欢的道路。"

由此产生的商业条约规定，英国将停止对法国商品收取关税，并且对法国葡萄酒的关税削减85%。法国将把出口禁令改为征收关税，并在未来5年内将其降低到低于25%。条约的最初期限是10年，于1860年1月23日由拿破仑三世签订，并产生了积极影响。1862—1866年间，法国与德国关税同盟、意大利、比利时、荷兰、瑞士、西班牙、葡萄牙、瑞典、挪威、教皇辖地和德国北部商业城市谈判贸易自由化条约，它们中的大多数也开始在彼此之间实行自由贸易。国际水道的贸易限制也相应得到了降低甚至被消除，譬如波罗的海和北海海峡（1857）、多瑙河（1857）、莱茵河（1861）、斯凯尔特河（1863）和易北河（1870）。甚至俄国在1857年和1868年也在一定程度上降低了关税。因为每个条约都接受"最惠国"原则，随后的商业条约将为新来者提供最优惠的条件。在欧洲历史上从未有人可以如此自由地开展贸易。

哈佛大学经济史学家戴维·兰德斯说："令固执的贸易保护主义者大吃一惊的是，所有国家都看到自己的出口在增长。面对英国的竞争，本国工业不仅没有崩溃，反而在这一过程中不断壮大了。效率低下的公司，过去在关税保护的庇护下经营惨淡，现在被迫重组或关门。特别是在法国，人们曾经长期追求、推崇高额关税，这些贸易条约的作用在一次严重的商业危机（1857—1859）之后表现了出来，净化了制造企业，并督促它们理性地重新定位。"

在他生命的最后岁月，曾经有一次，科布登与一位朋友在圣保罗大教堂公墓漫步，这里埋葬着英国许多最著名的英雄。那位朋友建议科布登不妨在此找一个名垂青史之地。科布登回答说："我不希望如此。我的灵魂不能与这些经历过战争的人安详共处。不，不，教堂不会容纳我和布莱特这样的人的遗骸。"

快到 61 岁生日的时候，科布登患上了严重的哮喘，每次呼吸都是致命的挣扎。1865 年 4 月 2 日是个星期天，他去伦敦下议院附近的一栋出租房内休息，结果在此溘然长逝。当时，约翰·布莱特和其他人陪在他身边。布莱特悲痛地说："我只能说，在经历了 20 年亲如兄弟般的友谊之后，直到失去他，我才知道自己有多爱他。"

4. 和平的道德需要：格莱斯顿

威廉·尤尔特·格莱斯顿在古典自由主义如日中天时统领着英国的政治。他 23 岁进入议会，34 岁在内阁首次任职，84 岁作为内阁成员发表了最后一次演说。格莱斯顿先后四次担任英国首相。诺贝尔奖获得者 F. A. 哈耶克将格莱斯顿列为最拥护自由主义者之一，阿克顿勋爵认为格莱斯顿"至高无上的地位毋庸置疑"。历史学家保罗·约翰逊称："在英国历史上，还没有谁可与他的成就相提并论。"

在四次担任财政大臣期间，格莱斯顿跟最强大的利益集团进行斗争。他帮助废除了 1000 多项关税——约占关税总数的 95%，每年都会削减或废除一些税收。（可以参考一下美国的收入所得税，它是按 1.25% 的单一税率缴纳的。这个税率就借鉴了英国的做法，正是当年格莱斯顿努力压低后的收入所得税。）尽管如此，但他仍不满意，想要废除收入所得税。

格莱斯顿认为军备开支能震慑（别国的）军国主义，因此坚持通过税收提供战争经费的政策。但他反对借钱打仗，因为这容易导致冲突，还会让后代承受不公正的负担。

格莱斯顿最辉煌的两次政治斗争都发生在他晚年，一次是阻止英国的帝国主义；另一次是让受压迫的爱尔兰人获得自治。格莱斯顿指出，即使在这些遭受失败的事业中，拥护自由的人也有力量、有勇气去发起一场令人永生难忘的激烈斗争。

格莱斯顿远远胜过自己的对手。他最有名的政敌是本杰明·迪斯雷利,这位托利党领袖主张提高税收,建设更为强大的政府,并进行帝国扩张。格莱斯顿在自由党内部的政敌大都是帕默斯顿子爵的拥护者,这位子爵以欺凌弱小国家著称。[1] 19世纪末,格莱斯顿在党内的最大对手是由社会主义者转变成强硬派帝国主义者的约瑟夫·张伯伦如果没有格莱斯顿,那么自由的成果可能就会少很多,失败也可能会来得更快。

格莱斯顿的不朽贡献是强调了自由的道德需要。英国颇具影响力的哲学家杰里米·边沁和约翰·斯图亚特·密尔几乎把道德从政治讨论中驱逐了出去,因为他们追捧为最大多数人谋求最大利益的原则,但格莱斯顿却指出,税收、贸易及其他事物中都含有道德因素。历史学家A. J. P. 泰勒说:"他所做的一切都是神圣的事业。"格莱斯顿的道德热情是他深受民众欢迎的关键。历史学家J. L. 哈蒙德指出:"可以肯定地说,如果工人阶级的家里有一幅别人的画像,那么就会有十幅格莱斯顿的画像。"

格莱斯顿成就显赫,部分原因得益于他精力充沛。他每天工作14个小时,是当时英国最重要的财政专家之一。正如传记作者理查德·香农所说,"格莱斯顿发表了大量言论。他前后担任议员60多年,据估计,共有366卷《议会议事录》收录了他的文字,收录言论共计1.5万栏。……在'户外',他也撰写了大量文字……38卷的《演讲与小册子》和11卷的《演讲与写作》,大部分都是剪报"。闲暇时间,他会写书,大部分都是有关希腊和罗马文学主题的(他钟爱荷马)。他喜欢骑马。砍树也是他的一种娱乐。他会长距离散步——最远可走25英里——直到70多岁时仍然如此。因此,罗伊·詹金斯说,对于他而言,为格莱斯顿撰写传记就像"度过了平静的中年,在到达人生最后阶段时,突然决定要去攀登马特洪峰那面陡峭的山坡"。

格莱斯顿从他的国教信仰和美满的家庭生活中获取力量。1839年7月25日,他与开朗热情的凯瑟琳·格林结婚。他们共育有四儿四女,共

---

[1] 格莱斯顿早期是托利党(保守党)成员,拥护以罗伯特·皮尔为首的温和托利党人,他们主张在保持大地主和金融家统治的条件下进行若干自由主义改革。1859年,格莱斯顿加入帕默斯顿勋爵的辉格党(自由党),正式与托利党决裂。1868年他第一次当选首相时,身份为自由党。

同生活了 50 多年，直到死亡将他们分离。他们有两个住所，一处是位于伦敦的卡尔顿府联排别墅，另一处位于哈瓦登，那是一座角塔形城堡，也是格林的出生地。城堡坐落于山顶之上，可以俯瞰整个利物浦。格莱斯顿在这里有一座图书馆，藏书量多达 2.7 万册。为了帮助内弟做生意，他将哈瓦登的城堡抵押出去，换回了一大笔资金。生意失败后，格莱斯顿连续多年忙于偿还债务，为家人保全房产。

格莱斯顿热衷慈善事业，有时甚至还为此遭人嘲笑。但他 40 多年如一日，每周大约要抽三个晚上去劝说伦敦妓女从良。他帮助成立了失足妇女教堂教养所协会，为她们募集资金建房过日子。他还筹建了新港难民收容所（索霍广场）和圣玛利亚·抹大拉难民收容所（帕丁顿），亲自在收容被捕妓女的米尔班克教养所从事管理工作。他经常同妻子一起工作，他们共同创办了克卢尔慈善之家。为了改造妓女，他总共花费了 8.35 万英镑。

他威风凛凛的时候看起来就像个巨人，其实他不足 6 英尺，只算中等身材。他肩膀宽厚，皮肤白皙，一双眼睛近乎黑色。50 多岁时，原本浓密的黑发逐渐稀疏，变为灰白。头发在面部周围恣意生长，这也是当时流行的美髯风格。他声音浑厚悦耳，天生就具备成为演说家的有利条件。

无论多长的演讲，格莱斯顿都能做到滔滔不绝，雄辩有力（有一次他的长篇大论讲了 5 个小时）。他擅长用事实引起道德公愤。在一次竞选中，他激动地面对两万名怀有敌意的民众演讲，两个小时后竟然反败为胜，获得了全票支持。

传记作家 H. C. G. 马修总结了格莱斯顿的重要地位："格莱斯顿为民族国家的文明社会这一概念注入了许多新的内容，他提倡自由、代议制政府、通过自由贸易促进经济发展、通过沟通和仲裁进行国际合作，他倡导政府和社会廉洁，并把这些作为公共生活的重要目标；同时，作为一种理想，他认为应该使这些方面有机结合、和谐一致。"

1809 年 12 月 29 日，威廉·尤尔特·格莱斯顿出生于利物浦的罗德尼大街 62 号。父亲约翰·格莱斯顿是苏格兰政治家，还是在西印度洋群岛拥有农场的投资者。母亲安妮·罗伯逊来自苏格兰，身体孱弱。

格莱斯顿受到过良好的教育，最初师从一位当地牧师，11 岁那年进入赫赫有名的伊顿公学，他在那里养成了对希腊文学和拉丁文学的终生爱好。1829 年 10 月，他进入牛津大学基督教会学院。

父亲决定让他成为政治家，于是他们家的朋友纽卡斯尔公爵便提名他担任纽瓦克选区的议会代表候选人。1832 年 12 月，他赢得了选举，次年到林肯律师学院学习法律。

作为英国国教的虔诚支持者，格莱斯顿于 1838 年写出了《国家与教会的关系》一书，表达了这样一种观点：整个社会只能有一种宗教，政府必须强制人们信仰它。现在，这部书之所以被人们牢记，主要是因为托马斯·巴宾顿·麦考利在《爱丁堡评论》（1839 年 4 月）中对其进行了谴责，这篇文章后来被收录在麦考利广受欢迎的文集中。

抛开他的托利党信仰，他还本能地为一切受压迫者辩护。1840 年，为了帮助有官方背景的商人在中国倒卖鸦片，英国政府发动了鸦片战争，格莱斯顿公开反对这一行径。1850 年，他到访那不勒斯，发现两西西里国王斐迪南多二世关押着大约两万名政治犯，当即写了一封公开信表达愤慨情绪，这封信在欧洲广为流传。

身材高大的托利党人罗伯特·皮尔创建了保守党，正是他发现了格莱斯顿的才能，并提名他为内阁初级财政大臣。在他的几次任期中，他都比其他人更熟悉政府财政事务，并担任了多个重要职务，包括战争与殖民地大臣、贸易委员会副主席、贸易委员会主席和造币厂厂长。

与此同时，机敏的保守党政治家本杰明·迪斯雷利也脱颖而出。他是议会议员，身材偏瘦，皮肤黝黑，一头长卷发油黑发亮。多年来，他一直以花花公子的形象示人，穿着镶有宝石的衬衣，手套上还戴着戒指。然而奢华的生活让他捉襟见肘，因此他极力避免由于债务逾期而引发尴尬。1804 年 12 月，迪斯雷利出生在一个犹太文人家庭，但是后来接受洗礼，改信英国国教。他指责亚当·斯密关于自由市场的观点，喜欢倾向贸易保护主义的贵族——尽管这些贵族中很多人都反对犹太人（当然也包括他自己）。迪斯雷利还拒不接受宗教宽容原则。

在 1846 年 6 月关于《谷物法》（粮食关税）的论战中，迪斯雷利声名大噪，他的演讲以操控自如、低调节制、措辞巧妙和疯狂的人身攻击而著称。罗伯特·皮尔曾主张废除《谷物法》，结果他的托利党政府被迪斯雷利带头赶下台。1852 年 2 月，迪斯雷利成为托利党的财政大臣，提出通过加倍征收房产税来平衡预算的方法。格莱斯顿发表了一场引人注目的反预算演说，这加剧了他们的之间的对立情绪，这是自小威廉·皮特与查尔斯·詹姆斯·福克斯针锋相对以来英国政坛最令人难忘的事情。1852 年 12 月 17 日，托利党内阁下台。

随后，格莱斯顿被任命为阿伯丁勋爵的联合政府的财政大臣，他发起了一场大规模的减税运动。1853 年 4 月，他在首次演讲中便呼吁降低税收，取消肥皂税，降低茶叶和广告税。在后来的 1863 年、1864 年和 1865 年（这一年他将火险税降低了一半），他再次削减了收入所得税，最终将其从拿破仑战争时期的 10% 和克里米亚战争（1854—1856）时期的 6.6% 降低到了 1.25%。

1860 年，格莱斯顿担任帕默斯顿勋爵内阁的财政大臣，他赞同理查德·科布登提出的与法国达成贸易自由化协议的方案，这使得整个欧洲都开始朝着更加自由的贸易方向发展。当时领导托利党的迪斯雷利反对削减关税，但就总体而言，自由贸易主张者占据上风。关税在 1845 年有 1163 种，1853 年降为 460 种，到 1859 年更是只剩 48 种——其中重要的只有 15 种。在 1861—1864 年间，格莱斯顿说服议会废除纸张、啤酒花、木材和辣椒的关税，此外还降低了糖、茶、瓶装葡萄酒的关税。他宣布与奥地利、比利时及德意志邦联签订自由贸易协定。

这些政策的实施取得了巨大成功。尽管每次降低所得税、关税和其他税收都必须跟一些受影响的利益集团进行艰苦的斗争，但格莱斯顿坚持不懈。他越是减少政府的运营开支，人民的生活就越富足。经济史学家查尔斯·莫尔说："只要体力劳动者的生活水平得到改善，那么中产阶级和富人的生活水平也会同时得到改善。"

1864 年，格莱斯顿提出的主张让很多人都为之震惊，他宣称："除非个人不适合或因政治风险而丧失资格，从道义上讲每个人都有权根据宪法享有选举权。"迪斯雷利嘲笑格莱斯顿"复活了托马斯·潘恩的学说"，这让格莱斯顿无法扩大选举权。但是两年后迪斯雷利改变立场，通过下议院实施了一个更加野心勃勃的格莱斯顿式提案，结果新增了大约 100 万选民。

现在，格莱斯顿把精力放在了爱尔兰的不公正现象上。那里的形势已经持续恶化了几个世纪，1800 年英国议会宣布直接控制爱尔兰后，事态进一步激化。当时，主张自由的议员查尔斯·詹姆斯·福克斯告诫道："如果不了解一个国家的情感和喜好、欲求和利益、观点和偏见，我们就不能冒昧地为该国立法。"1868 年，格莱斯顿提出一个决议：贫困的天主教农民不应该再为爱尔兰新教教会纳税。时任首相迪斯雷利反对这一提议，认为对爱尔兰教会的攻击会导致对英国国教的攻击。但是下议院采纳了这一决议，迪斯雷利随即辞去首相一职。随后，自由党人赢得了竞选。1868 年 12 月，格莱斯顿当选为英国首相。[1] 次年，议会实施了格莱斯顿的《废除爱尔兰新教法案》，后来他还出台了《爱尔兰土地法案》（1870）：从耕种的土地上遭到驱逐的佃农，如果在土地上修建了房屋和其他设施，他将有权因此而获得补偿。

担任首相 6 年后，格莱斯顿冒犯了一大批强势利益集团；迪斯雷利指控格莱斯顿"攻击全国的每个机构、每个利益集团、每个阶层和每种职业。"[2] 1874 年 2 月，自由党在竞选中遭遇失败，70 岁高龄的迪斯雷利再次当选首相。他在 1874 年和 1878 年通过了《工厂法案》，强化了政府对商业的管理。他颁布的《工会法案》将工会头头的权力置于法律之上。《食物与药品销售法案》让迪斯雷利的政府对人们的健康承担起责任。《工匠住宅法案》授权地方政府夺取私人地产用于住房工程。

更令格莱斯顿苦恼的是，迪斯雷利推行帝国主义。他在军备方面投入了更多经费，介入俄国与土耳其的战争，侵占塞浦路斯，派兵侵犯南非的德兰士瓦和阿富汗的喀布尔。他承诺要保护马来西亚半岛的三个国

---

[1] 这是他第一次当选首相，当时身份是自由党人。
[2] 格莱斯顿的第一个首相任期其实不到 6 年，具体算下来大约是 5 年零两个月。

家,宣称拥有太平洋的两百多个岛屿。随后,他在苏伊士运河获得了控股利益,为通往英属印度开辟了更安全的道路。不过,在侵占埃及八年期间,政府卷入了战争,支付了巨额军费,还出现过政治尴尬。为了取悦女王,迪斯雷利称维多利亚为印度女皇,女王竟然坚信大英帝国是日不落帝国。

但是,帝国麻烦不断。1876年4月至8月,土耳其军队屠杀了大约1.2万名发动叛乱的保加利亚基督徒。对此,迪斯雷利并没有当回事儿,因为他支持土耳其政权削弱俄国的影响力。但格莱斯顿坚持认为,道德规范适用于每一个人,盟友也不例外。他的小册子《保加利亚的恐怖和东方的问题》一经发行便卖出了20万册。迪斯雷利怒骂道:"可能有人(比格莱斯顿)更臭名昭著,但我相信没有人比他更邪恶。"

格莱斯顿警告说,良好的愿望会因对外战争的无谓流血和财产的损失而落空。1877年5月7日,他宣称:"请回顾一下,在指南针指向的各个地方,我们是如何征服、如何殖民、如何吞并、如何掠夺的;在地球表面,几乎到处都有英国统治的某个地区或某个地点。……如果你强烈希望把英国的利益作为挡箭牌,那么我问你:如果存在两个这样的国家,那么它们之间会发生什么样的争端或者什么样的战争呢?"

格莱斯顿的警告变成了现实。迪斯雷利与阿富汗酋长发生了争执,酋长拒绝英国外交官进入阿富汗。在南非,大约800名英国士兵遭到祖鲁人杀害。同时,英国在欧洲也面临压力,迪斯雷利不得不扩大了英国海军在地中海的驻军。为此,他额外征收了高达500万英镑的税收,相应地,财政赤字也迅速攀升,竟然高达600万英镑。与5年前格莱斯顿担任首相时期形成鲜明对照,彼时税收削减了1200万英镑,并且还有1700万英镑的财政盈余。

但是,帝国主义思想十分盛行,格莱斯顿意识到仅仅在议院辩论政治问题是无法遏制这一点的。1879年11月24日,他在托利党长期控制的苏格兰中洛锡安区发起了一场争取议会席位的运动。这是英国历史上第一次在竞选日期确定之前发起的政治运动。格莱斯顿主张对外政策应该基于以下6条原则。第一,精简政府,促进人民富足。第二,发展各国之间的和平关系。第三，保持欧洲各国之间的合作。第四，避免"干涉卷入战争"。第五，尽量平等对待所有国家。第六，"英国的外交政策应该总是以对自由的热爱为出发点……在自由中，为忠诚和秩序打下最牢固的基础"。迪斯雷利称格莱斯顿为"最大的恶人"。在1880年3月的竞选中，托利党落败，自由党的格莱斯顿再次当选。[1] 他一直努力阻止英国进一步卷入海外冲突，虽然明智地选择了从阿富汗撤兵，但并未从整体上扭转迪斯雷利遗留的帝国主义政策。两人的激烈竞争直至1881年4月19日迪斯雷利去世才告终结。

格莱斯顿提出的《1884年改革法案》让投票支持他的人从300万增加到了500万，但爱尔兰问题却成了他政治生涯末期最大的问题。他认为只有彻底结束封建主义，才会迎来爱尔兰的和平，而且农民应该跟自己的劳动密切相关。于是，他把精力投入1881年的《爱尔兰土地法案》[2] 中，强化对交租、守法的佃户的保护。

爱尔兰新教地主查尔斯·斯图尔特·帕内尔是议会里一位具有影响力的议员，他声称新的爱尔兰土地法案是个骗局，要求爱尔兰人继续抗争。他所在的集团投票反对格莱斯顿，迫使后者在1885年6月9日辞去了首相一职。但是，因为托利党在随后的选举中没有获得足够的支持票数，无法组成新内阁，所以，1886年1月，格莱斯顿第三次就任首相。帕内尔的拥护者在议会竞选中仅获得了85个席位，这似乎让格莱斯顿觉得实施重大举措的时机已经成熟。4月8日，他宣布赞成地方自治，这意味着将建立一个（独立于英国议会之外的）爱尔兰议会，负责制定内部政策。但爱尔兰仍隶属于大英帝国，英国议会可代表爱尔兰处理国际关系。爱尔兰仍需纳税，分摊帝国的支出。英国议会将不再设爱尔兰议员代表席位，这有望结束爱尔兰的阻挠议事策略。

自治法案使得自由党四分五裂，许多自由党议员反对向暴力的爱尔兰农民做出让步。1886年6月，自由党的84位成员投票反对格莱斯顿的自治法案，这导致自由党在大选中落败。然而，格莱斯顿却因其"政界

---

[1] 这是他第二次当选首相。
[2] 1870年迪斯雷利政府也曾出台《爱尔兰土地法案》。

元老"的声誉及其显著的政治才能再次当选首相。他仍把推行《爱尔兰自治法案》放在首位,并且该自治法案拉开了爱尔兰、苏格兰、威尔士自治法案的序幕。1892 年 7 月,自由党在大选中获胜,格莱斯顿第四次组阁。

1893 年 2 月 13 日,格莱斯顿发起了自己政治生涯中的最后一战。传记作家沃尔特·费尔普斯·霍尔说:"格莱斯顿针对第二个《地方自治法案》的演讲最为精彩。曾经熟悉的敲击藏宝箱的声音再次出现;具有魔力的声音如此庄重,如此雄辩,抑扬顿挫,如同音乐,劝说着英国人。"1893 年 9 月 1 日,下议院通过了法案。但一个星期后,由托利党掌控的上议院推翻了该法案,格莱斯顿只好辞去首相职务。他对忠实的伙伴和传记作家约翰·莫利说:"我在成长期间曾痛恨、惧怕自由,后来,我逐渐热爱自由,这就是我整个生涯的秘密。"

1898 年 5 月 19 日,格莱斯顿因癌症在哈瓦登去世,享年 88 岁,死时妻子和儿女陪在身边。他的灵柩停放在威斯敏斯特大厅,约有 25 万人前来吊唁。他的遗体被安葬在威斯敏斯特大教堂,靠近他改弦更张支持自由贸易的导师罗伯特·皮尔的坟墓。传记作家罗伊·詹金斯称:"过去 150 年来,唯一可以跟格莱斯顿的葬礼相比的非皇室葬礼,只有威灵顿公爵和丘吉尔公爵[1]的葬礼。"

正如格莱斯顿所预料的,爱尔兰人主宰了自己的命运。1921 年 11 月 6 日,爱尔兰自由邦成立。1937 年,根据宪法成立了爱尔兰共和国。但北爱尔兰仍受英国统治,一直是慢性暴力的源头。

近些年的传记作家都对《格莱斯顿日记,1825—1896》(14 卷本)一书充满兴趣。书中详细讲述了格莱斯顿的坚定信仰和帮助妓女的决心。历史学家理查德·香农(1984 年和 1999 年)、H. C. G. 马修(1986 年和 1995 年)和工党成员詹金斯都为其写过传记。

格莱斯顿为推进自由事业立下了汗马功劳。他为减税做出了世界级的贡献,大幅度削减了政府开支,让纳税人在政府中有了更大的发言权。

---

[1] 指第一代马尔伯勒公爵约翰·丘吉尔(1650—1722)。

他获得了自由贸易的胜利，推动了爱尔兰自由事业的发展。他无所畏惧地公开反对帝国主义，敦促人们支持自由和和平而非权力和威望。他所展现出的道德热情能够促进自由事业的再次蓬勃发展。

5.领土扩张的谬误：威廉·萨姆纳

19世纪末，美国知识分子呼吁更强大的政府和更大规模的战争，而威廉·格雷厄姆·萨姆纳或许是捍卫自由和和平的最重要的美国人。他在耶鲁大学任教37年，是广受欢迎的经济学和社会学教授，在自由遭受严重攻击之时，他大胆发声，反对贸易保护主义者用关税剥削人民、满足自己的特别利益，反对帝国主义者挑起战争。尽管萨姆纳遭到各大报纸的猛烈谴责，甚至有人屡次三番想把他赶出耶鲁，但他仍然坚持表达自己的自由论观点。

借助强大的笔杆子，萨姆纳表达了自己的思想："检验一切制度的标准在于看它是否保障了自由及其程度……国家的历史是一部自私、贪婪的劫掠史……战争绝非便利的补救措施，动辄就拿来使用。对于那些不得不进行战争的人而言，本来可以避免的战争就是不公正的，更不要说对敌人了……如果我们回顾过去，与历史让我们实验过的任何东西进行比较，就会发现现代自由工业制度给每个人都带来了获得幸福的机会，这种幸福远超前辈。"1903年，在《战争》一文中，他曾有过伟大的预言："只有一个东西能对现代欧洲国家的备战构成限制，那就是它所能掌控的最后一个人和最后一美元。如果将感情用事的社会哲学与好战政策混在一起，将会发生什么后果呢？只能理性地去期待一件事，那就是本世纪将因革命和战争而发生恐怖的流血事件。"最畅销的经济学杂志记者亨利·黑兹利特说："很少有人能（像萨姆纳那样）用更多的热情和强大的逻辑揭露国家的家长式作风的谬论。"萨姆纳认为，自由竞争是识别优秀人才和获得更佳做事方案、积累资本和提高生活水平的唯一可靠途径。

萨姆纳把令人钦佩的学识运用到了自己的研究工作中去。他求学于欧洲几所最好的大学，通晓荷兰语、法语、德语、希伯来语、意大利语、波兰语、葡萄牙语、俄语、西班牙语和瑞典语，研究了数千份文件。他出版的作品包括亚历山大·汉密尔顿、安德鲁·杰克逊和罗伯特·莫里斯[1]的传记，还有关于美国金融史和社会学的著作。这些激情昂扬、善于辩论的著作和文章让他名垂青史，例如专著《社会阶级间的负债》和文章《被遗忘的人》、《领土扩张的谬误》、《西班牙对美国的征服》以及《战争》。时至今日，这些作品仍在印刷出版。

萨姆纳为人率真，直言不讳。有一次，在耶鲁大学教职工会议上，校长 A. T. 哈德利不同意他的观点，萨姆纳抗议道："但是，我所说的都是事实。"哈德利回应道："但没有必要总是讲真话。"萨姆纳坚持道："我就是要永远讲真话。"

萨姆纳的外表令人难忘。他的学生艾尔伯特·盖洛韦·凯勒回忆说："当时模仿荷马和苏格拉底已经不再流行，因此萨姆纳没有留胡子。他的胡子茬和鬓角尚未灰白，皮肤依然红润。虽然他的腿脚有点儿不灵便，但身体仍然强健有力。他不戴眼镜，只是看书时会使用夹鼻眼镜，看起来有点儿凶。他穿着打扮得整整齐齐——有时领带套着金箍，看上去有点儿守旧……他对自己的秃顶一点儿也不在意。……有一次，我们要把办公室搬到其他地方，便问他墙上的那面镜子是不是他的。'我要镜子有什么用呢？'他回答道，并随手摸了摸自己的光头。"

威廉·格雷厄姆·萨姆纳于1840年10月30日出生在美国新泽西州帕特森市。家中有三个孩子，他是长子。他的父亲名叫托马斯·萨姆纳，从英国兰开夏郡移居到了美国康涅狄格州的哈特福德，工作是为哈

---

[1] 安德鲁·杰克逊（1767—1845），美国第七任总统。罗伯特·莫里斯（1735—1826），美国独立战争时期最富有的商人，《独立宣言》的签署者之一，为战争贡献了大量军费，创建了战后美国的财政系统。

特福德和纽黑文铁路线修理火车车轮。威廉·萨姆纳的母亲名叫萨拉·格雷厄姆，也来自兰开夏郡，威廉8岁时她就去世了，死因可能是阑尾炎。少年时代，威廉花了大量时间待在哈特福德年轻人研究所图书馆。他阅读了哈丽雅特·马蒂诺的《政治经济阐释》和其他一些强调经济自由的重要书籍。早期，威廉表现出了良好的写作能力，写了一些冒险故事，如《大圣伯纳德修道院历险记》，讲述的是关于营救政治犯的故事。他于1863年毕业于耶鲁大学，在全班122名同学中名列第八。

内战爆发后，萨姆纳本来要参军入伍，但他花钱免除了兵役，朋友们为他筹集了所需资金，还资助他出国攻读研究生。他在日内瓦学习了法语和希伯来语，后来进入德国的哥廷根大学，学习了两年的德语和历史。

1867年12月，萨姆纳被任命为纽黑文圣三一教堂的执事。在之后的5年里，他在另外两个教堂任职。在此期间，他爱上了性格活泼的詹妮·惠特莫尔·艾略特，詹妮是纽约商人亨利·希尔·艾略特和阿尔迈拉·惠特莫尔·艾略特的女儿。1871年4月17日，萨姆纳与詹妮结婚，婚后育有两个儿子，即艾略特和格雷厄姆。

不久，萨姆纳发现，比起布道，他更喜欢教学。1872年，他接受了一份在耶鲁大学担任政治学与社会科学教授的工作。传记作者哈里斯·E.斯塔尔说，萨姆纳的任务是"塑造人类，培养年轻人的批判才能，培养他们痛恨造假、热爱真理的习惯"。

1872年，英国刊物《当代评论》连载了英国哲学家赫伯特·斯宾塞的《社会学研究》。萨姆纳欣然接受了他的观点：自由人可以在没有政府指导的情况下就实现人类的无限进步，正如个人可以通过为他人提供服务赚钱一样。斯宾塞利用大量经验证明了阻止进步的主要障碍是政府干预。萨姆纳布置作业要求学生阅读斯宾塞的书，但是耶鲁校长诺亚·波特反对他的做法，原因是斯宾塞贬低了宗教的作用。萨姆纳拒绝放弃斯宾塞的著作，并提出辞职。但是，随后爆发的一场学生骚乱迫使波特不再干预此事。关于斯宾塞的争论登上了《纽约时报》的头版，让耶鲁大学的官员们感到十分尴尬。

1882年，萨姆纳结识了访问耶鲁大学的斯宾塞。与斯宾塞一样，萨姆纳也认为政府干预是种罪恶。在现代世界，朴素社会主义可以追溯到瑞士理论家让－雅克·卢梭那里。在19世纪，一些自发的公社——主要是夏尔·傅立叶和罗伯特·欧文提出的公社——也实验过社会主义理想。但这些自发的公社都失败了，所以大批知识分子得出结论，认为这类社会实验一定要通过武力强制实施。约1880年，在《社会主义》一文，萨姆纳警告说：只有每个人都有强烈的动机去努力工作、积攒钱财并改善住房，人类才能取得进步。

　　萨姆纳在他《被遗忘的人》（1883）一文中解释了法律是如何事与愿违的："A看到一件对于他来说是错误的事情，并发现X正在遭受这件事的煎熬，于是A就与B谈论此事；接着A和B提议通过一项法律，以便纠正错误并帮助X。他们的法律总是提议决定C为X做点儿什么，或者在更好的情况下，A、B、C都为X做点儿什么。如果A和B制定法律让自己为X做点儿想做的事情，那么我们无话可说；但是如果没有法律，他们也许能做得更好。我想做的是去研究一下C。……我把他称作'被遗忘的人'。……他是质朴、诚实的劳动者，乐意通过劳动生产谋生。……我们在不知不觉中打压了这个自强不息的人。"

　　1883年，萨姆纳撰写了《社会阶级间的负债》一书。他解释道："如果有人认为社会上存在或者应该存在某些保证，这样才能不让任何人都遭受苦难，那么我们就应该让他明白，并不存在这样的保证，除非其他人早于他做出了这样的保证——那就是说，除非我们回到奴隶制，让一个人努力为另一个人谋福利。"萨姆纳解释说，一旦人们获得自由，进步就会自然发生，"现代工业制度是一种伟大的社会合作。……有关各方是通过与个体无关的力量——供给和需求——联系在一起的。他们素未谋面，因分属不同的半球而天各一方。他们在社会活动中的合作通过金融机构得到再次结合或分配，权力和利益在完全没有任何特殊协定或公约的情况下得到衡量和满足。……这一伟大的合作行为是文明的最伟大成果之一"。

　　美国内战期间，联邦政府实施高额关税（进口税）帮助支付军事费用，这些关税实行了很长时间。历史学家弗兰克·W. 陶西格说："许多人认为进口关税高达 40%、50%、60% 甚至 100% 是好事情，而在正常情况下，他们会认为高关税政策荒唐可笑。"萨姆纳坚持认为，贸易自由——按照个人意愿买卖——是一种重要的经济自由。他的这一主张遭到了共和党的报刊尤其是《纽约论坛报》的谴责，共和党的校友们要求耶鲁大学将其开除。

1885 年，萨姆纳出版《贸易保护主义：浪费创造财富的主义》予以反击。他写道："如果一个贸易保护主义者让我参观一家毛纺厂，问我敢不敢否认毛纺厂是一种伟大而有价值的产业，那么，我会问他这是否是因为关税。……如果他回答'是'，那么我就会说毛纺厂根本就不是一种产业。我们光在布匹上就要缴税 60% 的税，而这仅仅是为了让毛纺厂存在而已。工厂并不是让我们得到布料的地方，因为如果我们去销售布料的市场——假设（我们国家）没有毛纺厂——也能得到所需要的所有布料。工厂只是一个让一码布比没有工厂时费用高出 60% 的机构。……现在，贸易保护主义像奴隶制一样正在腐蚀我们的政治机构。……针对贸易保护主义，我们不得不提出一个合理的问题，那就是：如何才能毫不费力地将其废除。"

19 世纪 90 年代，世界各国奉行帝国主义。1896 年，在《领土扩张的野心，或攫取土地的哲学》一文中，萨姆纳爆发了，他写道："扩张领土的欲望是现代国家最野蛮的渴望。为了满足这种欲望，他们不惜抛洒热血。……这种观念认为占有殖民地是一种光荣。但事实上，殖民地也是一种负担——除非它们遭受劫掠，但那样他们就成敌人了。"

越来越多的美国人觉得他们必须拥有某种帝国。夏威夷（当时也叫三明治群岛）与美国签订条约，鼓励美国投资者开发当地的糖料种植园，于是他们便蓬勃发展起来了。夏威夷生产的食糖几乎全部出口到美国。但是，1890 年麦金莱关税威胁要把糖拒之门外，导致那里的一切投资者都面临滞销。[1] 因此，甘蔗种植者到华盛顿对议员进行游说，请求美

---

[1] 指被刺杀的麦金莱总统（1843—1901），他于 1897—1901 年间担任美国总统，在任上被刺杀。提出这个关税政策的时候，他尚未当选总统。

国将夏威夷纳入其领土范围，这样麦金莱的关税政策就将对夏威夷失效。1893年，美国海军陆战队入侵夏威夷，导致夏威夷女王被废黜。1896年，萨姆纳在6月出版的《论坛》上发表了《领土扩张的谬误》一文，抗议这种军事干预。

但是美国帝国主义分子并未善罢甘休。海军上将阿尔弗雷德·塞耶·马汉在《海权对历史的影响，1660—1783》（1890）中宣称，未来属于那些拥有强大海军的国家，亨利·卡伯特·洛奇、艾尔伯特·J.贝弗里奇、西奥多·罗斯福等共和党领袖都积极推动马汉的思想。《华盛顿邮报》报道称："帝国的味道在人民口中堪比鲜血在丛林中的味道。"

1895年，古巴人民反抗西班牙统治者，西班牙对其实施了严厉的报复。《纽约世界报》《纽约新闻报》等报纸都在头版报道了血腥的恐怖事件。1898年2月15日，美国战列舰"缅因"号在古巴哈瓦那港爆炸，260人丧生，据说舰船撞上了一颗西班牙水雷。在"纪念'缅因'号"的呼声中，国会批准新增5000万美元用于国防建设。4月20日，国会通过一项共同决议，批准军事进攻古巴岛上的西班牙势力。不到10周，美国军队便打败了古巴和菲律宾的西班牙人。美国驻英国大使（不久就荣任国务卿）约翰·海告诉西奥多·罗斯福："这是一场辉煌的小规模战争。"

西班牙与美国的战争激怒了萨姆纳。1899年1月16日，他在耶鲁大学拥挤的学院街礼堂发表了一场题为"西班牙对美国的征服"的大胆演说，随后刊登在《耶鲁法学杂志》上。萨姆纳声称："虽然我们在一场军事冲突中打败了西班牙，但我们在思想和政策方面却会屈服于她……军国主义正在吞噬科学和艺术的所有成果，耗尽人类的精力和积蓄。军国主义不允许人们关注自身幸福问题，也不允许人们为子女的教育和舒适投入精力。"萨姆纳猛烈抨击"战争、债务、税收、外交、伟大的政府制度，以及壮观、辉煌、庞大的陆海军和挥金如土、政治舞弊——一言以蔽之，帝国主义"。

萨姆纳抨击帝国主义的虚伪。他写道："美国人无法保障美国黑人的生命、自由和对幸福的追求。在南卡罗莱纳州，黑人邮政局长的房子在夜里遭人放火。在逃命时，他和妻子儿女全被谋杀，这个案件没有经过法律调查或惩处就不了了之。这是不祥之兆，说明美国人仅仅把国旗插在马来人和塔加拉族人的上空，却无法让他们享受到自由。"事后，民主党人和共和党人都要求耶鲁解雇萨姆纳。

萨姆纳重申了美国梦："来到这里的人们摆脱了传统和既定信条的所有束缚。……这是一次重大机遇，可以除掉他们继承自前人的所有愚蠢和错误。……他们的想法是，决不允许旧世界的社会和政治弊端在这里滋长。……这里除了民兵之外不会有任何军队，他们只起警戒作用。这里没有法庭，没有排场；没有命令，没有绶带，没有装饰，没有头衔。……如果在战争中产生了债务，那也应该和平偿还，而不应该让后代承担。……（公民）要想诚实勤勉地劳动，首先就得确保他们的和平和安宁。……这里的公民绝对不会背井离乡，不会让儿子光荣地流血牺牲，也不会留下孤儿寡母痛不欲生。正义和法律简单地发挥着作用，政府几乎无事可做，也不易产生野心。……正是凭着联邦这一理念，美国才在人类历史上代表着一种独特而伟大的东西，美国人民才生活得如此幸福。"

在写作反战文章期间，萨姆纳转向社会学研究，结果就是计划中的《社会的科学》一书的出版。由于有关风俗习惯的部分被扩展到20万字，于是他决定将其单独成册，以《民俗论》（1907）为题出版。他调查了婚姻、性、运动、戏剧、教育等方面的风俗习惯，描述了它们自发又漫长的发展过程。《民俗论》成了他最著名的著作。

1907年，萨姆纳中风，于1909年6月从耶鲁退休，之后大部分时间都待在纽黑文爱德华兹街120号的家里。同年9月，他前往纽约参加美国社会学协会的会议，当时他正担任该协会的主席。他在默里·希尔酒店再次中风，左半身瘫痪了。人们把他送到新泽西的恩格尔伍德医院，之后又转到他儿子位于恩格尔伍德的家中。1910年4月10日，萨姆纳离世，享年69岁。耶鲁大学在学院街的贝特尔小礼拜堂举行了纪念仪式，他的遗体被安葬在康涅狄格州吉尔福德他妻子的家族墓地里。

此时，进步时代正风起云涌，萨姆纳已经过时。"社会丑事揭发派"

的小说家厄普顿·辛克莱谴责他是"财阀教育帝国的首相"。但是，萨姆纳的学生艾尔伯特·盖洛韦·凯勒证明，萨姆纳的知识遗产对后世还是有价值的。他收集了萨姆纳的文章，按类别分为四卷：《〈战争〉及其他文章》（1911）、《〈领土扩张的野心〉及其他文章》（1913）、《〈挑战事实〉及其他文章》（1914）和《〈被遗忘的人〉及其他文章》（1919）。然后，他将萨姆纳的数千页笔记汇编成了四卷本的《社会的科学》（1933），这是一套浩瀚的有关世界各地演变形成的人类制度的大全。一些段落仍会唤起人们对萨姆纳作品的热情。例如，萨姆纳和凯勒写道："为财产奋斗，就是为自由奋斗。一个感到自己的处境受到束缚且想掌控这种处境——也就是获得自由——的人，会发现自己只有通过获得财产才能成功。获取财产的欲望会激发社会公德。……财产如同婚姻一样神圣。……财产能稳定一切，平衡一切。"凯勒接下来写了《威廉·格雷厄姆·萨姆纳回忆录》（1933），第二年他与莫里斯·R. 戴维合编了一套两卷本的萨姆纳文集。他们回应道："在一个迷信集体主义的时代，一个强大的个人主义者所发表的有力声明就是一种不错的矫正方法。"

自由市场因大萧条、法西斯和其他各种邪恶而遭受指责，即使有人记起萨姆纳，也会对他不屑一顾。理查德·霍夫施塔特称他为"现状的维护者"，罗伯特·格林·麦克拉斯基甚至嘲笑说，在萨姆纳"构想的社会中，美、慈善和兄弟情谊无法存在，只有财富和个人利益大行其道"。

反对者们自有一套说辞。在过去30年中，美国政府花费了超过6万亿美元用于70多项扶贫项目，然而效果不佳，贫困率反而超过了1965年。甚至赞同这些项目的人也开始承认捐钱事与愿违，会让贫困人口产生依赖心理。显而易见，正如改造酒鬼和瘾君子一样，对于贫穷者而言，最重要的一步是让他们为自己的生活负责，这正是威廉·格雷厄姆·萨姆纳在文章中所提倡的。

此外，一些批评萨姆纳的人也认可他对和平的坚决拥护。历史学家佩吉·史密斯写道："萨姆纳是帝国主义的公敌。"萨姆纳宣称政治力量是危险的，这种见解是正确的；他警告战争会因沉重的税收、可怕的债务、可憎的审查、征兵制度和残酷死亡而破坏自由制度，这种说法也是正确的；他认为战争会把文明人变成野蛮人，这种观点还是正确的；他认为宪法对政治权力的限制会为保护和平带来最大的希望，这种看法仍然是正确的。

6."信任但需核实":罗纳德·里根

极权主义是20世纪最可怕的诅咒。纳粹主义持续了十多年,意大利法西斯持续了22年。

20世纪70年代,苏联努力扩大其在亚洲、非洲和美洲的影响力。在此期间,美国和其他西方国家似乎处于衰退状态。通货膨胀和利率都达到了两位数,失业率居高不下。知识分子们也认为苏联壮大和西方衰落似乎不可避免。经济学家约翰·肯尼思·加尔布雷思教授在《纽约客》上写道:"与西方的工业经济体相比,俄罗斯体制之所以能获得成功,是因为它能充分利用人力资源。"保罗·A. 萨缪尔森在其影响深远的教科书《经济学》(1985)中声称:"苏联计划体制无疑是经济增长的一个强大引擎。"经济学教授莱斯特·瑟罗在1989年称赞"苏联取得的非凡成就"。历史学家小亚瑟·M. 施莱辛格说:"那些认为苏联正处于经济和社会崩溃边缘的美国人……只是在自欺欺人。"

美国总统罗纳德·里根证明了以上观点都是错误的。他做了许多事情来重振美国精神,改变公共政策辩论的规则。他坚持认为,自由市场要比官僚运作更有效,美国的个人主义和自由应该是让人感到无比骄傲的东西。里根并没有像他的前任吉米·卡特总统那样敦促联邦储备委员会印刷更多纸币,而是转而支持美联储竭力控制货币供应。在短短两年时间内,通货膨胀作为国家问题消失了。里根削减并限制了收入所得税税率，带来了一段经济繁荣期，除了他离任两年后出现过9个月的衰退期，繁荣一直持续到下一个千禧年，长期居高不下的失业率不再是国家问题。里根挫败了苏联的挑衅，对它施加了更大的压力。正如英国首相玛格丽特·撒切尔所说，"罗纳德·里根没费一枪一弹就赢得了冷战的胜利"。

里根是伟大的和平捍卫者。他支持发展防御系统，拦截瞄准美国的核导弹；他愿意分享战略防御倡议技术，这种技术在过去就被证明是有效的，因此有助于减小核战的危险。前几任美国总统组织了限制战略武器会谈（SALT），旨在延缓核导弹的部署速率，里根却组织了削减战略武器谈判（START），旨在减少核武器的部署数量。他的政府就《中程核力量条约》进行了磋商，首次提出要将作为整类的核武器销毁。

美国前国务卿亨利·基辛格说："里根取得了惊人的成功——而且，对于学术观察者而言，这几乎令人无法理解。……"一位没有多少学术背景的总统竟然能够形成一套前后一致、彼此相关的外交政策，这实在令人惊讶。里根或许只拥有一些基本观点，但是这些观点恰好就是当时外交政策的核心问题，这说明拥有明确的目标并坚持信念是领导能力的关键。

政策分析师马丁·安德森在20世纪80年代写道："第一次见到罗纳德·里根时，首先吸引你眼球的是他魁梧的身材。他比大多数人都高半英尺，体重超过200磅[1]，身材偏瘦，但是肌肉发达。他曾在伊利诺伊州罗克河救出过77名落水者，他现在的样子和动作还像20年代当救生员的样子。"

1981年3月30日，华盛顿希尔顿酒店外发生了针对里根的暗杀未遂事件，他的回应赢得了美国人民的爱戴。小约翰·辛克利的子弹击中了离里根心脏不到1英寸的位置，但是里根从乔治·华盛顿大学医院传出的幽默话语让大家都知道他不会有危险。

撒切尔评论道："我们特别清楚罗纳德·里根的勇气，不过他的同时

---

[1] 1磅≈0.45千克。

代人很容易忽视这一点；他看起来总是冷静放松，具有天生的魅力和自信，流露出一种难以掩饰的幽默感。……罗纳德·里根准备挑战美国自由党精英接受和宣传的一切事情。他们认为美国注定会衰落，而里根则相信美国注定会更加强大。他们认为西方自由主义制度与东方社会主义制度迟早会交汇，某种社会民主结果将不可避免。与此相反，里根对西方自由主义充满乐观。他们认为美国的问题在于美国人民，只不过他们没有这样说而已。而里根认为美国的问题就在于美国政府，并且他就是这样说的。"

1911年2月6日，罗纳德·威尔逊·里根出生在伊利诺伊州坦皮科一家银行上面的公寓里。他的父亲约翰·爱德华·里根是鞋子推销员，祖籍爱尔兰，也是镇上有名的醉汉。罗纳德的母亲内尔·威尔逊祖籍苏格兰，正是他母亲赋予他阳光乐观的天性。

早些时候，里根抓住机会学习了公共演讲、无线电广播和表演等技能。他在加州担任比赛转播员期间，与华纳兄弟公司签订了演出合约。他从拍摄二流影片慢慢过渡到演故事片，在《克努特·罗克尼》中扮演垂死的足球英雄乔治·吉普。里根五次当选美国演员工会主席，懂得如何与大电影制片厂进行艰苦的谈判。

里根与简·惠曼离婚后，遇见了与他许多观点都相同的女演员南希·戴维斯。他们于1952年3月4日结婚，生有两个子女：1952年出生的帕特里夏·安和1958年出生的小罗纳德。

20世纪50年代，里根担任通用电气剧场的主持人，这个节目在电视上持续播出了8年。在39个州的通用电气部门，他谈到了政府的困难和自由企业的好处。正如他多年后所做的那样，他会在法定规格的黄色便笺簿上写好自己的演讲稿，然后用大写字母和自己的一套速记法将演讲转写在4×6英寸的卡片上。他只需一眼就能记住每张卡片的内容，并且能够与观众保持良好的眼神交流。

为了帮助共和党总统候选人巴里·戈德华特，里根录制了30分钟的电视讲话，于1964年10月27日播出，后来又在筹募基金活动现场播放，为戈德华特的竞选筹集了 800 万美元。戈德华特在竞选中输给林登·约翰逊之后，里根参加了 1966 年加州州长的竞选，与民主党时任州长帕特·布朗对决。布朗的电视宣传把里根比作暗杀了亚伯拉罕·林肯的演员约翰·威尔克斯·布思，但里根却赢得了 58% 的选票。在任期内，里根提高税收弥补布朗的赤字，当州预算出现盈余时，他曾四次将钱退还纳税人。

里根于 1980 年第二次竞选总统时终于如愿以偿。前任总统吉米·卡特延续了通货膨胀，迫使联邦储备系统增加货币供应，使得通货膨胀更加严重。他还实施价格管制，使得汽油价格低于市场水平，造成了汽油长期短缺，人们排着长队等着加油。卡特指责亲西方的政府侵犯人权，却忽视了非西方国家的压迫更严重。伊朗国王是个亲西方的独裁者，卡特给他的建议并不靠谱，结果导致他的垮台。反西方的伊斯兰暴徒侵入美国驻德黑兰大使馆，致使 52 名美国公民被作为人质扣押了一年。

里根反其道而行之，把重点放在几件事情上。他废除了对石油和汽油价格的控制，终止了天然气输送管道，短期内石油价格的上涨会在促使买家限制消费的同时也刺激市场上出现新的供应。最大的问题仍然是通货膨胀，它已经使利率激增到了 21.5%，据说达到了内战以来的最高水平。里根支持联邦储备委员会主席保罗·沃尔克控制货币供应量的政策，使通货膨胀急剧下降。同时，里根下定决心要振兴经济。他在 1981 年出台的税收改革是一项为期三年的政策：第一年降低个人收入所得税的 10%，第二年再降 10%，第三年降 5%。之后，税率与生活指数挂钩，避免通货膨胀将人们推入高税率的境地。1986 年的里根税收法案废除了所有收入所得税，只保留了两项税收，分别为 15% 和 28%。

然而，里根并没有削减联邦开支。原因在于，民主党控制国会，绰号"擦球"的众议院发言人迪普·奥尼尔拒绝削减开支，因为联邦开支是回报主要选民和赞助者的首要方式。1983 年，里根同意填补 980 亿美元的税收漏洞，条件是民主党人同意削减 2800 亿美元的开支，但是民主党却没有做到。大多数共和党人也反对削减预算，因为他们要回报自己的选民。如果里根能运用自己的强大说服力促成削减开支，那将会是很理想的，但是他缺少政治上的支持。

苏联的强大和侵略威胁依旧是个问题。里根说道："作为外交政策的基础，我们必须向苏联人发出强有力的信息，我们将不再忍受他们为恐怖分子提供资金和武器破坏民主政府的做法。……如果我们没有开始现代化，苏联的谈判者……就会知道我们只是在吓唬人，没有一手好牌，因为他们清楚我们的实力，就像我们清楚他们的实力一样。"里根对美国人民进行了道德呼吁。

里根拒绝流行的确保同归于尽论（MAD），该理论认为只有双方都配备可以致对方于死地的核导弹，才能最大限度维护和平。只有双方都相信在核战中不能取胜，才能阻止对方发射核弹的企图。但是有证据显示，一些苏联将领认为他们可以赢得核战；而且，在任何情况下，确保同归于尽论都不能阻止无意的核弹发射。尽管美国人已经为国防交了数十亿美元的税，但他们对此仍然无能为力。苏联有 6000 枚核弹头，美国有 8000 枚；导弹越多，军官因训练不佳或玩忽职守而发射导弹的风险就越大，从而造成不可挽回的后果。苏联导弹发射后，大约 30 分钟就能到达华盛顿特区。因此，里根力求建立一种防御系统，能够拦截无论有意还是无意发射的导弹。

1983 年 3 月 23 日，里根发表演讲，为他的战略防御计划（SDI）寻求支持。他说："让我们共享一个充满希望的未来。让我们依靠技术的力量吧，是技术孵化了我们伟大的工业基础，是技术保证了我们今天的生活质量。……现有的技术已经非常先进，我们有理由开始朝这方面努力。这需要许多战线花费数年甚至数十年的努力。或许会有失败和挫折，但正如也会有成功和突破一样。……但是为了让全世界免遭核战争的威胁，进行任何必要的投资不都是有价值的吗？"

苏联谴责了里根的提议。曾领导过秘密警察的苏联首脑尤里·安德罗波夫称战略防御计划是"疯狂的"。很多美国人也认为战略防御计划不会成功，并将其戏称为"星球大战"。有些评论家警告说，战略防御计划将会刺激苏联扩大他们的导弹防御系统，甚至先发制人攻击美国，里根便提出与苏联共享导弹防御系统技术。

传记作家迪内什·迪索萨解释说："战略防御计划有两个政治后果是批评里根的人所没有料到的。它破坏了核冻结运动的根基，因为里根表现得比这一运动的领导人更致力于减少苏联核武库对美国造成的威胁。里根似乎找到了一个更富有想象力的方式，可以让美国单方面朝着消除核威胁的目标迈进。战略防御计划是通过技术而非外交裁减军备。此外，让武器控制机构大为震惊的是，仅仅是战略防御计划这一构想就让里根如愿以偿，并让苏联回到了谈判桌上。"——苏联害怕自己无法跟上美国开发导弹防御系统的步伐。

1983年8月31日，形势发生了变化，因为这一天苏联击落了一架误入本国领空的韩国商业飞机，造成269人死亡，其中包括61名美国人。里根总统谴责该事件为"野蛮行径"。后来接替安德罗波夫总书记位置的米哈伊尔·戈尔巴乔夫声称韩国客机是间谍飞机，苏联新闻媒体还把里根比作希特勒。里根回应道："正如有些人所推测的那样，如果苏联飞行员真的会将客机误认为军事飞机，那么我们不难想象一名手指靠近核按钮的苏联军官会不会犯下更悲剧性的错误。……当然，如果有人犯了那样的错误，或者一个疯子控制了一枚核导弹，我们就只能认栽。核导弹一旦发射，就无人能够取消，即使我们拥有战略防御计划，世界对核导弹也无能为力。"同时，里根主张在欧洲部署美国潘兴Ⅱ型（Pershing Ⅱ）中程导弹和战斧巡航导弹，英国、意大利和西德都接受了这种导弹，应对苏联瞄准西欧城市的SS-20型导弹。

里根发誓会帮助人们抗击苏联——波兰和捷克斯洛伐克的民主党人、阿富汗的伊斯兰原教旨主义者、安哥拉的部落独裁者以及尼加拉瓜的右派主义者。他们其中有些人并不真正拥护自由，但不可否认，里根的战略给苏联施加了压力，迫使苏联撤离了他们在20世纪70年代获得的阵地。最成功的案例是里根向阿富汗游击队提供的毒刺防空导弹。前国务卿乔治·P. 舒尔茨解释道："毒刺导弹，即使小心地分配给盟友，也会发挥很大甚至是决定性的作用。苏联人无法继续凭借直升机或低空战机的精确轰炸控制某些区域。高空轰炸机对阿富汗分散的机动部队起不了多少作用。"1989年，苏联撤出阿富汗；1990年，越南撤出柬埔寨。同年，由苏联支持的桑地诺民族解放阵线同意在尼加拉瓜举行大选,但遭到失败。1991 年,古巴部队撤出了安哥拉。

里根政府唯一一次严重的外交失误是伊朗门丑闻——以向伊朗出售价值 3000 万美元的武器为代价,与黎巴嫩的亲伊朗恐怖分子换取美国人质,这违反了禁止为人质支付赎金的一贯政策。这项交易的利润流向尼加拉瓜跟共产主义政权做斗争的反抗军手中,这里的共产主义政权曾收到价值几十亿美元的苏联武器。(无意中间接)帮助反抗军违反了由民主党控制的国会为限制里根的外交政策于 1984 年制定的《伯兰德修正案》。虽然检察官劳伦斯·E. 沃尔什没有找到里根违反法律的任何证据,当事人被指控的罪名也被推翻,但这起事件在一定程度上损害了里根政府遵守审慎的宪法约束原则的声誉。

安德罗波夫的继承者康斯坦丁·契尔年科于 1985 年 3 月去世,苏联的权力掮客们明显意识到他们需要一个更善于对付里根的人。于是,他们选择了 54 岁的米哈伊尔·戈尔巴乔夫。传记作家卢·坎农相信戈尔巴乔夫拥有比里根更好的分析能力,然而戈尔巴乔夫却认为苏联的最大问题是腐败,而不是它的强制性。后来,他认为关键问题是随处可见的酗酒。像斯大林一样,他增加了政府在机床和重工业方面的开支,但这加剧了消费品的短缺。于是,他进行了所谓的改革。历史学家马丁·玛利亚在《苏联的悲剧》中写道:"但是,苏联没有国家市场,没有真正的价格,没有自由的农民;而且,90% 的经济仍然属于国有,直接受由党监管的国家机关的控制。"戈尔巴乔夫通过发行货币来解决预算赤字,结果造成通货膨胀失控。他叹息说:"经济学并没有详细说明如何向有活力的高效率经济体转变。"戈尔巴乔夫似乎不太了解亚当·斯密的《国富论》,这本书在两百多年前就说明了如何进行这一转变。对自由人要比官僚更富成效的大量文献记录,他似乎也一无所知。

里根在 1985 年 12 月日内瓦首脑会议上与戈尔巴乔夫会面了。戈尔巴乔夫为苏联入侵阿富汗辩护,而里根看到过阿富汗儿童因苏联轰炸致残的照片,便谴责苏联的侵略行径。戈尔巴乔夫声称战略防御计划只会增加战争的可能性。对于维持和平的最大希望在于超级大国用致命导弹瞄准对方以确保相互毁灭的说法，里根进行了抨击。戈尔巴乔夫同意出访美国，里根也同意出访苏联。记者罗伯特·G.凯撒报道说戈尔巴乔夫和外交部长爱德华·谢瓦尔德纳泽有点儿"觉得里根不是特别聪明，对具体事情并不是很了解，因此他们能够对付他"。

然后，就像记者彼得·施韦策所报道的那样，里根的顾问敦促沙特阿拉伯加快石油的日产量，结果他们从每天的200万桶提高到了将近900万桶。1986年中期，原油价格从每桶30美元跌至12美元。这对于苏联来说是场灾难，因为苏联80%的硬通货收入都来自石油，而且急需这些货币购买食品和技术。沙特阿拉伯生产了很多石油，他们的收入也比以前高了很多，但是其他石油生产者，像伊朗、伊拉克和利比亚都感受到了沉重的压力，这导致他们减少了购买苏联武器的数量，而出售武器是苏联的主要收入来源。

1986年4月，乌克兰切尔诺贝利核电站的爆炸使得全世界的人都有理由不再信任戈尔巴乔夫。虽然他鼓吹公开化——有限程度的公开——但是他隐瞒了真相。西欧人探测到了来自苏联的放射云，但是戈尔巴乔夫却故意拖延，不做回应。爆炸67个小时之后，苏联才发布了一份模棱两可的公告。5月3日，放射云到达日本。5月14日，面对人们日益严厉的指责，戈尔巴乔夫竟然猛烈抨击这种"无节制的反苏宣传运动"。

1986年10月，里根与戈尔巴乔夫在冰岛首都雷克雅未克举行了一次峰会。在两人均承诺大幅削减武器之后，戈尔巴乔夫要求里根总统放弃战略防御计划，里根退出了谈判。美国媒体谴责里根未能妥协，但里根坚持自己的观点："我无法告诉我们的人民他们的政府不能保护他们免遭核毁灭。"苏联政府感到十分震惊。

戈尔巴乔夫放弃了阻止战略防御计划的努力。1987年12月，戈尔巴乔夫飞往华盛顿签署了《中程核力量条约》，要求两国逐步淘汰中程核导弹。苏联政府同意销毁的核武器数量竟比美国的四倍还要多。里根总统引用了俄罗斯的一句谚语："信任但需核实。"

里根总统继续施加压力。他最富戏剧性的时刻出现在柏林。1961年8月13日是个星期天，东德政府在这一天正式开始修建柏林墙，目的是阻止人们逃往西德。很多想通过毁坏柏林墙、在墙下挖隧道或者翻墙等方法逃走的东德人都被击毙。1987年6月12日，里根总统在勃兰登堡门附近的柏林墙发表了一次演讲。他宣布："戈尔巴乔夫总书记，如果你渴望和平，渴望苏联和东欧繁荣，渴望自由，那么，戈尔巴乔夫先生，请来到这道门前吧！戈尔巴乔夫先生，打开这道门吧！戈尔巴乔夫先生，推倒这堵墙吧！"此后，里根总统赴莫斯科与戈尔巴乔夫进行了多次会谈。1988年5月31日，里根总统在莫斯科国立大学对学生说："关键是自由——思想自由，信息自由，沟通自由。……人民不会发动战争，只有政府才会发动战争。没有哪个母亲愿意为领土扩张、经济优势、意识形态牺牲自己的儿子。一个能自由选择的民族永远会选择和平。"为戈尔巴乔夫写传记的达斯科·多德尔和路易丝·布兰森说，里根对俄罗斯学生的演讲"或许是他最出色的表现，触动了俄罗斯人的灵魂最深处。……连俄罗斯人民都热爱他"。

1988年12月7日，戈尔巴乔夫宣布，由于财政困难，苏联将削减1万辆坦克和50万兵力，并表示不再竭力支持其他国家的共产主义政权。1989年11月9日，东德人开始拆除柏林墙，引发整个东欧共产主义国家的动荡。

然而，戈尔巴乔夫继续坚持自己的集权化绝对领导。他坚持保留五年计划，不喜欢总统大选的想法，因为他很有可能会落选，所以拒绝了俄罗斯[1]提出的主权要求。1991年12月25日，苏联红旗在克里姆林宫缓缓降落，标志着苏维埃社会主义共和国联盟的解体。令人难以置信的是，《时代》杂志竟把戈尔巴乔夫评为年度人物，他还获得了诺贝尔和平奖，不过里根才是最后的胜利者。

在为期10天的东欧旅行期间，里根和南希受到了人们的夹道欢迎：他们参观了柏林墙遗迹，还用凿子在上面敲击。他不仅在华沙的波兰议会发表演讲，在格但斯克[2]对波兰船厂的工人发表演讲，还在莫斯科向热

---

[1] 注意，这里是 Russia，不是 Soviet，前者的领土面积小于后者；且当时的苏联最高领导人是戈尔巴乔夫，俄罗斯总统是叶利钦。
[2] 即但泽，历史上多次在德国、波兰、苏联之间易手。

情的人群挥手致意。

具有讽刺意味的是，后来战略防御计划逐渐淡出了人们的视线，因为国防利益集团都在竭力争夺国会拨款。比尔·克林顿总统认为苏联的解体意味着不再需要战略防御计划了，不过仍有人在研究更小规模的战略防御计划，例如国家导弹防御系统。但是，美国空军战略司令部的李·巴特勒将军提醒说："虽然俄罗斯的指挥部和早期预警系统现在已经处于衰落状态……但他们经常接到假警报。想到他们火箭部队的士气和纪律，我就感到担心。"例如，1995 年 1 月，俄罗斯军官差点儿就要向美国发动核攻击，因为他们误以为一颗美国导弹正朝他们飞来。结果证明，那是挪威火箭发射的一颗气象卫星。此外，据说全世界大约有 20 个国家拥有洲际导弹。1999 年，国会投票决定加快发展导弹防御系统。

因此，经验凸显了里根的智慧。他所表现出的眼光和勇气有助于构建一个更自由、更和平的世界。

第四部

自　助

自助者天助。
　　——英语谚语

如果你能够承担责任帮助自己和邻居，社会就会日益繁荣。没有人比你更了解自己的需要，也没有人比你更有动力去满足这些需要。此外，你还有道德责任处理好自己的事情，尽量不要给他人添麻烦。自助意味着培养在生活中获得成功的必备美德：努力、纪律、节俭、礼貌。能够自立，才能在交往中被互相视为独立的人，才能互相尊重。

1. 多才多艺，拼搏进取：富兰克林

本杰明·富兰克林是美国自助精神的先锋。他只接受过不到三年的正规教育，几乎自学了他所知道的一切知识，包括法语、德语、意大利语、拉丁语和西班牙语。他自学了吉他、小提琴和竖琴。除此之外，他还是一名颇具影响力的作家和编辑，成功开创了自己的印刷业，创办了报纸和杂志，在整个北美殖民地都建立了印刷合作合伙人网络。

在费城，他帮助建立了第一支警察力量、第一家志愿消防公司、第一家火灾保险公司、第一所医院、第一座公共图书馆和一所学校，而这所学校后来成了费城的第一所高等学府（宾夕法尼亚大学）。在担任邮政局长期间，他先是将邮件发送频率提高了一倍，继而提高到了原来的三倍。

据传，富兰克林设立了美洲早期最大的私人图书馆，拓展了科技和发明领域。他创立了美洲第一家科学协会——美洲哲学学会，建立了美洲第一家科学图书馆、第一座博物馆和第一个专利局。这家至今活跃的学会共有90多名会员通过不懈努力获得了诺贝尔奖。他八次横渡大西洋，测量并绘制了墨西哥湾洋流图。他还开启了船体四周的水流研究（流体动力学），并进行气象学研究。他发明了双焦眼镜。他进行的电学实验，尤其是闪电实验，最为著名。

为了推动美利坚共和国的建立，富兰克林的贡献无人能及。作为美洲殖民地驻伦敦代表，他竭力说服英国议会废止了为人所不齿的《印花税法案》，为北美与英国的武装冲突赢得了10年的准备时间。他是任命托马斯·杰斐逊起草《独立宣言》的委员会委员之一。他还前往法国，与之正式结盟，并争取到了军事援助，否则美国将很难赢得独立战争的胜利。他力促与英国举行和谈。他还巧妙地提出了一种折中方案，阻止了制宪会议的解散，还提议通过了联邦宪法。

富兰克林把风起云涌的自由运动串联了起来。詹姆斯·麦迪逊回忆道："跟他在一起待上半个小时，肯定能听到值得铭记的评论和轶事。"他曾跟《国富论》的作者亚当·斯密共同进餐。苏格兰哲学家大卫·休谟告诉富兰克林："美洲为我们提供了许多好东西：金、银、糖、烟草、靛蓝染料，等等。但是，你是第一位哲学家，而且也是我们心怀感激的第一位伟大的学者。"埃德蒙·伯克曾反对英国对美洲发动战争，称富兰克林是"人类的朋友"。法国智者伏尔泰在遇到威廉·坦普尔·富兰克林时曾打趣道："上帝和自由！这是能够送给富兰克林孙子的唯一祝福。"雅克·杜尔哥在法国推行过自由放任主义原则，他评价说富兰克林"从苍穹高处获取了闪电，从暴君手中夺取了权杖"。

富兰克林在晚年成为激进主义者。他在30多岁时曾担任买卖奴隶的中介，算作自己杂货店的一项副业。而且，他和妻子拥有两名奴隶。1758年，他52岁时，提议建立费城第一所黑人学校。70岁时，他放弃支持大英帝国，转而致力于美国革命。费城的贵格派已经组织了宾夕法尼亚废奴协会（1775），发动废奴运动，但是它的活动在北美独立革命期间中断。然而，随着富兰克林在81岁高龄当选该协会会长，这个开拓性的协会在1787年又恢复了活动。两年后，他声明支持法国大革命。

虽然富兰克林对待朋友和收养的家庭成员慷慨大度，但他对自己家人却关心甚少。他曾代表北美殖民地的利益派驻英国，这期间将近有12年时间没有见过妻子。妻子临终前不断恳求他返回家乡，但他置之不理。他也不同意把女儿萨拉嫁给其心仪之人。北美独立革命期间，儿子威廉决定站在英国一边，这造成了父子之间难以愈合的裂痕。

传记作家罗纳德·W. 克拉克写道，富兰克林"身高近6英尺，身材结实，肌肉发达，眼睛淡褐色，亲切和蔼，头发呈深棕色。显而易见，他懂得如何关心自己，这在粗犷的18世纪是种明显的优势……这些体貌特征外加聪敏的头脑，使得他无论是在辩论还是在行动中都比大多数人胜出一筹。最重要的是，在他天生友善的本性背后，隐藏着一种渴望成功的钢铁意志，不容许他人成为自己的绊脚石"。

1706年1月17日，富兰克林出生在波士顿，是家里的第10个儿子。母亲阿比娅·福尔杰是名契约佣工的女儿，父亲乔舒亚·富兰克林是做蜡烛的。8岁时，家人把他送到波士顿一所教授写作和算术的拉丁文学校。之后，他去了父亲的蜡烛店当学徒。因为他喜欢读书，父亲便把他安排到了哥哥詹姆斯那里当学徒，他哥哥21岁，在波士顿当印刷工。富兰克林回忆道："我手里仅有的一点点零钱都花在书上了。"

后来，他去了费城，那里是北美殖民地最令人兴奋的城市，他听说有一家印刷厂正在招工。"我风尘仆仆，浑身脏兮兮的。"他描述了自己刚刚抵达市场街码头时的样子："我的口袋里塞满了衬衣和袜子；我不认识什么人，也不知道去哪里寻找住处。一路奔走、划船、缺少休息，感到疲惫不堪。我饥肠辘辘，浑身只剩下一个荷兰盾和大约一先令铜币。"

富兰克林找了一份工作，由于给人留下了深刻印象，所以被派往伦敦去置办印刷设备。虽然筹措资金的计划落空了，但他于1725—1726年间在伦敦的几家大型印刷厂中积累了宝贵的工作经验。伦敦是欧洲的知识中心，开阔了富兰克林的视野。在枯燥的长达79天的回国航程中，他写下了成功的几大法宝。虽然初稿已经遗失，但据他后来回忆，内容大致如下："第一，必须在一段时间内勤俭节约，直到还清债务。第二，尽力在每种场合讲真话，如果无法兑现，就不要让人怀有期望，一言一行务必真诚——这也是理智的人身上最可敬的美德。第三，无论做什么生意，都要勤勤恳恳，不要受一夜暴富的愚蠢生意的干扰，因为勤劳和耐心才是发财致富的最可靠途径。第四，坚决不要诋毁任何人。"

他在1726年年底回国后的几个月里开始独力经商，签订了一份合同，为宾夕法尼亚州印刷纸币。他还印刷了美洲出版的第一本小说——

塞缪尔·理查森的《帕梅拉》。他出售给其他人印刷的材料，包括《圣经》和各种法律表格。他买下了一家即将倒闭的报社，改名为《宾夕法尼亚公报》，亲自撰写了不少文章。他在1732年12月28日的那期报纸上宣布，他要出一本《穷查理年鉴》[1]，里面有许多关于成功的令人难忘的警句。例如："自助者天助""勤奋是幸运之母""早睡早起才能健康、富有、明智""善待他人，即是善待自己"。截至1758年，《穷查理年鉴》每年出版一次，年销量高达1万册左右，让富兰克林闻名遐迩。

1727年，富兰克林成立了一个叫"团体"（Junto）的组织，他将其描述为"共同进步俱乐部"，每周五晚聚会一次，最初在小酒馆，后来在租来的房间里。参与者里有年轻的学徒，他们各抒己见，互相交流。在接下来的30年里，这个"团体"在费城推动成立了许多机构，包括费城的第一家公共图书馆。为了打击犯罪，提供更好的安全保障，富兰克林成立了城市护卫队，组织人在夜间巡逻。他推动了城市的道路铺设、街道清洁和夜间照明工作，为费城第一家医院的成立给予了莫大的支持。富兰克林认为费城应该提供大学教育，建议重点讲授写作和演讲等基本技能。他推荐的书目选入了17世纪的激进作家阿尔杰农·西德尼的作品。1749年，富兰克林当选为这个学院的第一任校长，这就是后来的宾夕法尼亚大学。

富兰克林有过一些风流韵事，其中一次给他带来了儿子威廉。1739年9月1日，他与木匠的女儿黛博拉·里德产生了事实婚姻。里德似乎没受过多少教育，两人生了一个儿子，取名弗朗西斯，但是4年后死于天花。女儿萨莉（萨拉）生于1743年。富兰克林的长子威廉跟他们生活在一起。在随后的45年中，富兰克林奔波于殖民地与欧洲之间忙生意，离家在外几十年，黛博拉表现出了异常的耐心。

出于强烈的好奇心，富兰克林对科学抱有广泛的兴趣。他研究天气状况，推测山脉起源。他发明了一种更高效的木柴火炉，并把它与暖气片连接起来，1744年，他开始推广这种宾夕法尼亚壁炉。之后，他开始

---

[1] 严格的音译应该叫"穷理查德年鉴"，但鉴于"穷查理年鉴"译法久远，故保留，原因见下文。

做电学实验，1752年6月，他爬到费城的一座山上，在雷雨中放了一只丝绸风筝，当他用指关节去触碰绑在湿漉漉的牵引线上的钥匙时，发生了一种电击感。接着他出版了《电的实验与观察》，后来这本书被译成了法语、德语、意大利语和拉丁语。他发明了避雷针，保护房屋免遭雷击和由此而引发的火灾。避雷针的发明让美洲和欧洲所有人都对富兰克林心怀感激。他被推选为英国皇家学会会员和法兰西科学院院士。

在电学实验让他声名远播之前，他就已经完全投入宾夕法尼亚的政治中去了。他于1751年8月当选为宾夕法尼亚州议会议员。随着英法两国拉开争夺北美控制权的序幕，法国人与许多印第安部落结成联盟，宾夕法尼亚岌岌可危。于是，富兰克林组织了一支民兵力量。1754年，他提议在英国王权下建立一个殖民地联邦。

以《穷查理年鉴》为基础，他又出版了《致富之道》（1758）。这本书大获成功，西班牙语版印刷了9次，德语版印刷了11次，法语版印刷了56次，英语版印刷了70次。不仅如此，它还被译成波希米亚语、加泰罗尼亚语、汉语、丹麦语、荷兰语、盖尔语、希腊语、波兰语、俄语、瑞典语和威尔士语。这一巨大成功让富兰克林蜚声海外，也帮助他在后来当上了北美外交官。

宾夕法尼亚的政治矛盾愈演愈烈。很多人痛恨佩恩家族，因为他们的大片土地无须缴税，这也意味着他们不用支付防御费用。[1]宾夕法尼亚议会派富兰克林前往伦敦，希望他能捍卫他们的利益，抗议佩恩家族的做法。富兰克林获得了成功，佩恩家族也和大家一样纳税了。

接着，马萨诸塞和佐治亚也邀请富兰克林帮忙，抵制英国政府征税。英国议会通过了《印花税法案》，于1765年11月1日成为法律，要求对殖民地的法律文件、报纸和纸牌征税。富兰克林大胆抗议"一种错误的观念……即殖民地是借助英国议会的开支成立的……（北美）人民是自由的"。由于收到殖民地可能进行武装反抗的警告，英国议会废除了《印花税法案》，但仍然宣称对殖民地拥有主权，富兰克林开始为达成妥协而

---

[1] 即前文提到的威廉·佩恩及其家族。

努力。

在英国，他遇到了安东尼·贝尼泽特，一位费城的贵格会教师，也是最早呼吁解放黑奴者之一。贝尼泽特督促富兰克林谴责奴隶贸易，后来富兰克林公开谴责这种"肮脏、害人的贩卖人类身体和灵魂的交易"。他还在布雷协会任职，这个组织的主要宗旨是为纽波特、纽约、费城和威廉斯堡的黑人孩子建立学校。

富兰克林收到6封来自马萨诸塞州州长托马斯·哈钦森的令人震惊的信件，州长在信中写道："必须严格限制人天性中的自由。"塞缪尔·亚当斯读了这些信件，并将其公之于众，结果在殖民地引起轩然大波。英国官员谴责富兰克林，在会议上公开羞辱他。这些经历终结了富兰克林对和解抱有的幻想。

富兰克林获悉妻子离世的消息后不久，便于1775年3月21日乘船返回美洲，此时他已经有11年未曾见过妻子了。他还在海上时，英国士兵就已经开始向莱克星敦、康科德、马萨诸塞的殖民地居民开火，双方爆发了武装冲突。5月6日，即富兰克林抵达费城次日，宾夕法尼亚州议会便指派他作为代表参加第二届大陆会议，随即他被大陆会议派往国外筹备战争物资。由于政府无法凭信用贷款，富兰克林只好从个人资金中垫付了价值353英镑的黄金。

1775年10月，富兰克林与一位在伦敦认识的英国移民交谈，建议这个充满激情的年轻人写"一部当前事务的历史"。这个年轻人就是托马斯·潘恩，他早就有这个计划，并把自己写的小册子的初稿《常识》展示给富兰克林看。1776年，《常识》发表后，北美民众更加坚定了争取独立的决心。

1776年6月21日，富兰克林、约翰·亚当斯、托马斯·杰斐逊、罗伯特·利文斯顿（纽约）和罗杰·谢尔曼（康涅狄格）被任命组成一个委员会，负责起草宣言，宣布美国独立。委员会请杰斐逊起草宣言，富兰克林提出了多处修改意见。8月2日，签署《独立宣言》的日子终于到了，据报道，会议主席约翰·汉考克评论道："我们必须意见一致；绝对不能出现分歧，我们必须齐心协力。"相传，富兰克林补充说："没错，我们必须齐心协力，否则就会被齐刷刷绞死。"

　　法国是最有可能提供援助的国家，因为它在战争中败给了英国，肯定希望看到大英帝国分崩离析。但是，法国人相当警惕谨慎，法国国王路易十六看到了支持北美独立革命的危险。而向一位独断专权的国王寻求帮助，美国人也感到有些担忧。

　　当有人问富兰克林是否会前往法国时，他提到自己身患痛风等疾病，据说是这样回答的："我已经老了，一无是处了。"但是，他还是同意前往法国，然后从自己的银行提出3000多英镑借给大陆会议。因为富兰克林在电学上所做的开创性实验，他受到了法国知识分子的尊敬，连普通民众也知道富兰克林发明了避雷针，能够保护房屋免遭雷击起火。正如约翰·亚当斯所言，"几乎所有农民、市民、贴身男仆、车夫、侍从、夫人的女仆、厨房的帮手都知道富兰克林，都把他视为人类的朋友"。

　　1776年10月26日，富兰克林带着孙子威廉·坦普尔·富兰克林和外孙杰明·富兰克林·贝奇悄悄离开费城。他们于12月22日到达巴黎，并把总部设在帕西，这是一座位于夏约镇的城堡，距离巴黎大约1英里，距离凡尔赛宫7英里，主人是位友好的企业家。富兰克林描述自己"衣着朴素，一顶精致的皮帽下露出稀疏的灰白直发"，他的肖像之前就已经出现在绘画、雕刻、凹版画、勋章、匾额、戒指、项链、鼻烟壶和帽子上。他写信告诉女儿萨莉："这些绘画、半身像和印刷品（还在不停地复制传播）已经让你父亲的脸跟月亮的脸一样出名了。"

　　有一次，富兰克林正在巴黎一家餐馆吃饭，听说爱德华·吉本也在这里，后者是编写《罗马帝国衰亡史》的英国史学家。当吉本婉言谢绝坐在富兰克林这个反叛者身边时，富兰克林回答说，如果吉本想写一部不列颠衰亡史的话，他倒是愿意提供"充足的素材"。

　　尽管富兰克林见解过人，但是如果不能向法国人提供美国能够赢得这场战争的证据的话，他也不太可能大获成功。1776年圣诞节这天，华盛顿率军跨过特拉华河，赢得了特伦敦战役的胜利，俘虏了900多名英国士兵。华盛顿适时地展示了美国有能力赢得战争的良好前景。于是，富兰克林与法国协商签署了两个条约，让美利坚共和国获得了重要的外交承认，法国同时还安排了一系列货船向美国运送物资，其中包括最基本的生活物资，这也展示了北美人民当时是多么绝望。例如，其中一艘船上就装载了 164 门黄铜大炮、3600 条毯子、4000 顶帐篷、4.8 万双袜子、8750 双鞋子、1.1 万颗手榴弹、2 万磅铅、16.1 万磅火药、37.3 万块打火石和 51.4 万发火枪子弹。

富兰克林完成的任务还远不止于此，比如，他曾会见一位出生于苏格兰的海军上校约翰·保罗·琼斯，他鼓励上校沿着英国海岸线发动大胆的突袭，严重打击了英国人的士气。琼斯将其旗舰命名为"博诺姆·理查德"号，这是向富兰克林的《穷查理年鉴》致敬。[1]

富兰克林的外交工作和法国的支持都发挥了积极作用，确保了战争的胜利。勇敢的法国人拉法耶特帮助乔治·华盛顿在弗吉尼亚州的约克镇将英国将军查尔斯·康沃利斯逼入绝境。法国舰队司令弗朗索瓦·约瑟夫·保罗·德·格拉斯率领舰队堵住了康沃利斯的援军。1781 年 10 月 19 日，美国独立战争结束。

英国政府也知道富兰克林当时在干什么，但他还是创造了奇迹。富兰克林在帕西的主要助手是他的朋友爱德华·班克罗夫特博士，此人是个美国人，但身份竟然是英国间谍。《外交家富兰克林》的作者乔纳森·达尔曾评论说："许多肩负使命的美国人都在窃取情报，但让人惊讶的是，他们竟然没有让对方觉得碍手碍脚。"

国会任命富兰克林加入一个委员会，与英国谈判和平条件。这次谈判历时 8 年零 6 个月，富兰克林完成了使命，于 1785 年 7 月 12 日离开巴黎，乘船返回美国，同行的还有雕塑家让-安东尼·乌东，他曾为富兰克林制作过一尊雄伟的半身像，后来他的作品也让杰斐逊、拉法耶特和华盛顿永垂不朽。

回国后不久，富兰克林就宣布："我打算余生不再涉足政治。"然而，80 岁高龄的他又加入了费城代表团，参加了 1787 年 5 月在费城议会大厦召开的制宪会议，当年，国父们正是在这里召开第二届大陆会议，签署

---

[1] 指两个名字里都有 Richard。

《独立宣言》的。这次制宪会议看起来很可能会解散，因为大州与小州之间针对自己在议会中的代表人数问题发生了冲突。之前有人提出建立两个立法机构，富兰克林延续了这一提议，这样一来便找到了一种折中方案：在其中一个立法机构（参议院），每个州都有平等的代表权；而在另一个立法机构（众议院），则按人口比例决定代表人数的多少。这种"伟大的折中方案"保障了小州的利益，它们也乐于在其他问题上做出妥协，由此推动了议程的进行。最终，宪法通过了富兰克林提出的议案。他评论说，新宪法貌似可以持久，但是"在这个世界上，什么都说不准，只有死亡和税收除外"。

1771年，富兰克林当时身处伦敦，他开始动笔写自传。1787年年底，他下台阶去花园时重重摔了一跤，加上患有肾结石，这让他痛苦不堪。完成遗嘱后，他继续写自传。彼时大西洋彼岸爆发了法国大革命，富兰克林在给朋友戴维·哈特利的信中说："上帝给予人的不仅有对自由的热爱，还有对人权的充分认识，这种爱和认识可能会遍及世界的每个角落。到那时，哲学家在踏上任何一片土地时都会说：'这是我的国家。'"

1790年3月，托马斯·杰斐逊在探望他后说道："当时，我看到他在床上——其实他几乎总是卧床。他已经有些时日没有遭受疼痛的折磨了，因此看上去心情不错，精神也很好。……我便督促他把自传写下去。"去世前9天，他写了最后一封信，是写给杰斐逊的。后来，他发起高烧，说右胸疼痛，继而出现了肺脓肿，呼吸更加困难。4月17日夜里11点，富兰克林溘然长逝，享年84岁。4天后，葬礼在州议会大厦举行，他的遗体被安葬在基督教堂墓地，约两万民众前来吊唁。很久之前，他便写下了带有自嘲意味的墓志铭："印刷工本杰明·富兰克林，长眠于此，如旧书封皮，内页撕光，字迹模糊，金粉褪落，沦为蛆虫之食。然著作焉能消失殆尽，笃信经作者纠订，势必会以更无瑕之新版再次面世。"

富兰克林《自传》的第一部分于1791年出版，这是一个法语盗版。之后又出了两个英文版。截至1800年，共重印了14次。威廉·坦普尔·富兰克林继承了祖父的手稿，但是由于他的耽搁，包括《自传》在内的富兰克林选集直到1817年才正式出版。那些手稿被放在一个马厩中，最终由美国哲学学会找到。

由于《自传》中的很多事件都是富兰克林在多年后根据追忆所写，因此书中有许多事实错误。《自传》始于 1760 年发生的事情，他对自己的情感透露得极少。但是，它仍对人们很有吸引力，因为他以朴实无华的笔触记录了自己的成功和失败，提出了塑造坚强性格的原则。正如美国历史学家卡尔·贝克尔所说，富兰克林是"启蒙运动之子……这一运动强烈渴望自由和仁慈的同情心……它坚信常识，坚信理性能够有效地解决人类的问题，提升人类的福祉"。

德国诗人约翰·沃尔夫冈·冯·歌德仿效富兰克林的"团体"组织过一个"星期五俱乐部"。西蒙·玻利瓦尔和何塞·德·圣马丁也受到了富兰克林的鼓舞，领导南美人民获得了独立。日本作家福泽谕吉发展了富兰克林的几大原则，使日本企业家深受鼓舞。意大利佛罗伦萨画家加斯佩罗·巴尔贝拉出版了《自传》的意大利文译本，并解释说："35 岁时，我感到迷茫无助。……我将富兰克林的《自传》读了一遍又一遍，彻底迷上了他的思想和原则，由此我的道德获得了重生。……现在，我 51 岁了，身体健康，快乐富足。"

在美国个人主义鼎盛时期，富兰克林的故事被教育者们编写成书，销量达数千万册。例如，诺亚·韦伯斯特以富兰克林的《自传》为基础，在《学生传记读本》（1830）中用 11 页篇幅讲述了富兰克林的故事。彼得·帕利撰写了《本杰明·富兰克林的一生》（1932）。威廉·霍姆斯·麦加菲的超级畅销书《读本》也收录了富兰克林《自传》的选段。

到 19 世纪 50 年代，《自传》已经重新刊印了近百次。据报道，从 1860 年到 1890 年，富兰克林是美国传记作家最喜欢的人物。在其《自传》的鼓舞下，詹姆斯·哈珀离开自己位于纽约长岛的农场，创立了后来的大型出版公司，即现在的哈珀柯林斯出版集团；托马斯·梅隆放弃务农，成为银行家，自此发家致富。这本《自传》也同样鼓励了钢铁企业家安德鲁·卡内基。哈佛大学校长杰瑞德·斯帕克斯曾说，《自传》"让我明白，环境无法绝对控制人的思想"。美国的储蓄银行也纷纷以富兰克林的名字命名。据美国历史学家克林顿·罗西特说，富兰克林的《自传》"已经被翻译、重译成十几种语言,印刷、重印了几百版,千千万万的人将它反复阅读。……在美国,没有任何一本书的影响力能够与这本区区几百页的传记相提并论"。

随着个人主义渐渐过时,知识分子们开始轻视个人责任和自立精神。例如,1923年,小说家D. H. 劳伦斯就嘲笑富兰克林似乎重理性而轻激情。近几十年来,一些教授宣称《自传》矫揉造作、故作姿态,掩饰了富兰克林"阴暗的一面"。

然而,没有人能否认富兰克林的巨大成就。他拥护个人责任、求知欲、诚实、执着和节俭——这些原则有助于世人自强自立。他还创立了一种创业文化,能够凭借和平合作创造机遇和希望。他肯定,通过自强不息和帮助他人,自由的社会就能获得成功。他最伟大的发明就是美国梦。

2. 培养品格：塞缪尔·斯迈尔斯

塞缪尔·斯迈尔斯激励了全世界的人们改善自己的生活。他写了一系列畅销书，包括《自助》（1859）、《品格的力量》（1871）、《节俭》（1875）、《人生的职责》（1880）和《生活与劳动》（1887），这些书销量达几十万册，版本不仅包括英文，还有阿拉伯语、中文、克罗地亚语、捷克语、丹麦语、荷兰语、德语、古吉拉特语、印度斯坦语、意大利语、日语、马拉地语、葡萄牙语、俄语、瑞典语和泰米尔语。时至今日，这些著作还在印刷销售中。

斯迈尔斯从道德层面强调自助。他说："生命的王冠和荣誉就是品格。它是一个人最宝贵的财富，它本身就是一种社会地位，是整体信誉的重要组成部分；它让每一种身份都显得尊贵，让每一种社会地位都得到提升。它比财富的力量更伟大，能赢得一切荣誉，但是不会遭受名声招来的忌妒。它蕴含一种行之有效的影响力，因为它是经过验证的荣誉、诚实和坚守的产物，这些品质或许比任何东西都更值得人类的普遍信赖和尊重……自助精神是真正的个人发展的源头；它体现在许多人的生命中，因此也是国家活力和力量的真正源泉……日常经验表明，充满活力的个人主义对他人的生活和行为影响最大，是无与伦比的实用教育。"

斯迈尔斯是传记作家，本可以写关于君王、政治家和征服者的故事，但是，他却讲述平凡人的卓越成就，通过这些扣人心弦的故事阐发基本真理。他兴奋地写道:"大凡伟大的科学家、文学家和艺术家……在生活中并不属于独特的阶级或阶层。他们同样来自大学、车间和农场——有的来自穷人的棚屋,有的来自富人的宅邸……有时候,出身最贫寒的人却能占据最显赫的位置。"美国史学家阿萨·布里格斯对斯迈尔斯赞赏有加:"他大力宣传工业革命时期的英雄,宣扬他们的价值观。就此而言,19世纪的任何一位作家都无法与他相提并论。"

他的孙女艾琳说他"身材引人注目,脑袋硕大,眼神敏锐,散发着慈祥的光芒",还评论说"他犯过维多利亚时期的每一种错误,脸上留着毛发,用水彩涂了颜色。他赞同大家庭(规模要适度),认为父母应该养育和教育子女,即使前者本身并不乐意……我只记得祖父是个善良、快乐、和蔼的人"。

塞缪尔·斯迈尔斯于1812年12月23日出生于哈丁顿高街62号的家里,那里是苏格兰一个距离爱丁堡大约18英里的村庄。他在家里11个孩子中排行老三,父亲也叫塞缪尔·斯迈尔斯,经营一家杂货店。母亲珍妮特·威尔逊来自农民和机械工家庭。

小时候的斯迈尔斯就读于哈丁顿文法学校,梦想长大后成为艺术家,但后来他更加务实,决定当医生。1826年11月,他开始为两位医生做兼职学徒。他半天上学读希腊、罗马文学,半天学习医学。后来,他参加了医学考试,于1832年毕业,留在家里照顾兄弟姐妹。他通过行医赚的钱并不多,因为许多患者家境都很贫寒。

1837年,斯迈尔斯开始为位于羊毛业中心的《利兹时报》撰写文章,内容都涉及扩大选民规模。第二年,这家报社需要一位编辑,斯迈尔斯便去了报社上班。他聆听过许多重要演说家的发言,其中包括支持爱尔兰获得自由的丹尼尔·奥康奈尔。他还与曼彻斯特的理查德·科布登结为好友。科布登和约翰·布莱特一起领导了废除关税运动,因为这些关税妨碍了食不果腹的人们购买廉价的进口食品。

斯迈尔斯遇见了萨拉·安·霍姆斯,萨拉可能是一位伯爵的孙女。但是,她父亲并不看好身份低微的斯迈尔斯,于是两人便离家私奔,并于 1843 年 12 月 7 日结婚。婚后，他们住在利兹的威灵顿大街 24 号，生育了 5 个孩子：珍妮特（1844）、威廉（1846）、伊迪丝（1847）、塞缪尔（1852）和莉莲（1854）。

随着英国工业革命的蓬勃发展，出现了一股修建铁路的热潮。1845 年，斯迈尔斯放弃行医，成了利兹和瑟斯克铁路公司的助理秘书。10 年后，随着铁路工业的壮大，他最终加盟了位于纽卡斯尔的东南铁路公司，并一直待到 1866 年。据其孙女说，斯迈尔斯"利用零散时间，间隔很长时间断断续续地"追求文学创作。

纽卡斯尔有一位让斯迈尔斯崇拜的英雄人物：乔治·斯蒂芬森，他在研发火车头方面发挥了关键作用。斯迈尔斯为他写了一本传记。伦敦颇有声望的约翰·默里出版公司对这本传记很感兴趣，斯迈尔斯跟它达成协议，利润共享。该书于 1857 年面世，第一年就印刷了五次。

1845 年 3 月，他受邀去共进会演讲，题目是"工人阶级的教育"。他阐述了自助精神，谈到了积极上进、坚持不懈、摆脱贫困的普通人。他赞扬生命的无限可能性。"能抓住这个时代的精神的伟大思想是什么？"他问道，"是人的伟大思想——人作为人的重要性的伟大思想；每个人都有一项伟大的使命需要完成：培养卓越的才能，维护伟大的权利，实现宏伟的抱负。"听众喜欢听他的演讲，于是他又受邀去其他组织和教堂发表演说。他在演讲里加入了更多的故事，讲述通过自身努力实现梦想的普通人。而他最终也舍弃了医生职业，接受了铁路秘书助理的工作（新建一条铁路），这样他晚上就能空出时间来写作。多年来，他积累的素材已经够一本书稿了。

"我撰写《自助》，先以演讲的形式把内容呈现出来，之后经过改写，再以成书的形式出版面世，"斯迈尔斯解释道，"主要是为了阐明和践行乔治·斯蒂芬森所说的坚持不懈的精神力量。自孩提时代起，我就深深迷恋上了（G.L.）克雷克先生的《身处逆境，渴求知识》，并经常拿来阅读，对其中很多精彩段落几乎熟记于心。我想到写作一本类似的著作，它不强调文学成就和学习知识，而是侧重普通之事和对平凡生活的追求，辅以阅读、观察和对经历中的行为和品格的例子进行阐释，可能会对年轻一代有所裨益。在我看来，要在生活中取得成就，靠的不是异于常人的能力，比如天分和智慧，而是通过积极发挥简单的能力、善于利用简单方法，这些是几乎所有人都或多或少具备的品质。这就是我的目的，我自认为基本上也达到了这一目的。"

的确，斯迈尔斯利用了扣人心弦的故事来阐明坚持不懈这种品质。例如，他曾讲到褐鼠把约翰·詹姆斯·奥杜邦的珍贵鸟类绘画咬成了碎末。但是，奥杜邦决定决不放弃，"仿佛没事儿似的高高兴兴去了树林"。托马斯·卡莱尔的英国女仆以为扔掉的是一摞垃圾，可结果却是卡莱尔的《法国大革命》手稿。卡莱尔将其重新写了一遍，该书也成了传世经典。再如，艾萨克·牛顿取名"钻石"的狗毁坏了他几年来的计算稿纸，但这位英国物理学家和数学家仍然取得了不朽的成就，因为他锲而不舍，进行了重新计算。

斯迈尔斯很清楚，靠施舍穷人钱财并不能消除贫穷。"即使是最好的机构也无法给一个人提供真正有效的帮助。"他宣称，"也许，最好的办法就是让这个人自由地发展自己，改善自身条件。……我们一天天清楚地看到，政府的职能是消极的、有限的；主要在于保护——保护生命、自由和财产。法律，如果能明智地实施，就可以以相对较小的个人牺牲为代价，确保人们享有劳动成果——不管是脑力的还是体力的——但是，无论怎么严厉，都没有任何法律可以让懒怠者勤劳，让浪费者节俭，让酗酒者清醒。这种变革，只有依靠个人行为才能行之有效。"

1859年7月，约翰·默里公司出版了《自助》，最初只印刷了3000册，但是由于反响良好，预订不断，于是出版商又加印了3000册。出版第一年，该书销量就达到了2万册。此后需求量不减反增，在接下来的40年里，销量突破25万册。市面上，尤其是在美国，出现了许多盗版。

在工业革命期间，英国人努力奋斗，一跃成为世界上最富足的人，于是斯迈尔斯便为那些勤奋的劳动者出书立传。从1858年到1861年，斯迈尔斯致力于创作三卷本的《工程师传》(1861)。该书讲述了两个世纪以来的自律之人，特别是自学之人所取得的伟大进步，还讲述了科技、经济的进步和社会的变化。他写道：

从书中我们可以看到，工程师的成就对英国的进步产生了巨大影响。……在艺术、科学、机械、航海和工程方面，我们的起步远远落后于欧陆大多数国家。此前的许多个世纪，意大利、西班牙、法国和荷兰都蔑视贫穷却骄傲的岛国人，他们在海雾中为了生存与大自然进行了艰苦的抗争。尽管四面环海，但是我们却几乎没有任何海军，这种情况一直持续到近300年前。更有甚者，我们的渔业产量也很低，国内市场不得不依赖荷兰人，他们在我们的海边捕捞鲱鱼，然后销售给我们。英国曾一度被视为主要的原材料供应地，这些原材料被运往国外，有一部分经外国工匠加工，又以产品的形式运回英国。我们曾经为佛兰德地区生产粮食，就像现在美国为英国种植棉花一样。甚至，在国内加工的少量产品也需要运到那些低地国家去染色。

我们的绝大多数现代工业分支都是由外国人建立起来的，他们中有许多人受到过宗教迫害，来英国寻求庇护。我们的第一批织布工人、丝织纺织工人和蕾丝工人都是法国和佛兰德难民。荷兰人埃勒斯兄弟创办了陶器制造厂；德国人斯皮尔曼在达特福德建立了第一家造纸厂；荷兰人博门把四轮马车引入了英国。

过去，一旦需要做技术性工作时，我们基本上都得请外国人来做。我们最早的轮船是由丹麦人或者热亚那人制造的。1545年"玛丽·罗斯"号在斯皮特黑德沉没时，我们雇了威尼斯人来打捞沉船。……我们需要一台发动机从泰晤士河抽水供应伦敦，便聘请了荷兰人彼得·莫里斯进行搭建。我们在机械和土木工程方面的启蒙课主要是从荷兰人那里学到的，他们为我们提供了第一批风车、水磨和水泵发动机。……简言之，我们在工程方面对国外的依赖程度甚至要超过绘画和音乐……

一个世纪后，我们却发现，情况完全颠倒了过来。我们不再聘请外国工程师，而是把本国的工程师输送到世界各地。英国制造的蒸汽轮船在各个海域航行；我们向各地出口机械，向荷兰人提供抽水发动机。在此期间，我们的工程师建成了庞大的运输系统，包括运河、收费公路、桥梁和铁路，把国内各地连为一体；工程师在沿海设立了灯塔，当运载各国货物的轮船在黑夜里靠近英国海岸时，可以在灯塔的指引下安全地驶向目的地；他们凿石挖土，兴建码头港口，为庞大的商贸活动提供了场地。同时，他们身上独出心裁的创造力把水和火变成了所有工业部门中最孜孜不倦的工作者，变成了水陆运输中最高效的推动者。

史学家托马斯·帕克·休斯提到，虽然斯迈尔斯"依靠的是印刷资料，尤其是与他的主题同时期的资料，还利用了认识18世纪晚期至19世纪早期工程师的人的回忆材料。……但后来的史学家在很大程度上都依赖他所写的传记；另外，极其罕见的是，即使他们举出过他的错误，修订过他的材料，纠正过历史记载，但仍认为引用斯迈尔斯的资料是有意义的。这都证明了他在研究方面卓有成就"。

《工程师传》销路很好，后来增加到了五卷。曾四次担任英国首相的自由和和平的倡导者威廉·尤尔特·格莱斯顿曾告诉斯迈尔斯："在我看来，你是最早将一个重要事实阐述清楚的人，这个事实就是：英国工程师的品格是英国人品格的最显著、最明确的反映。"在《工业传记》（1863）中，斯迈尔斯讲述了当时最主要的钢铁工人和工具匠人的种种贡献。

斯迈尔斯承认外来移民做出的巨大贡献，而且很欣赏胡格诺派教徒，他们是17世纪后期在法国受到迫害的新教徒，后来移民到了英格兰和爱尔兰。于是，他写了《胡格诺派：他们在英格兰和爱尔兰的定居地、教堂和产业》。这本书的第一卷在1867年出版，第二卷在1873年出版，而且重印了多次。

1871年，他写了《品格的力量》一书。他在书中写道："真诚是出类拔萃的基础，如果大家都认为一个人值得信赖，那就证明他在世界上已经举足轻重；他说知道一件事，那就肯定知道；他说会做一件事，那就肯定能说到做到。……正是这些人和激励着他们的精神决定了国家的道德地位和道德稳定。对于公众的舆论专制——不管是多数人的还是少数人的——唯一真正的遏制手段就是个人自由的启蒙和个人品格的净化。如果没有这些东西，一个国家就不会有强大的人性和真正的自由。"

在《节俭》（1875）一书中，斯迈尔斯坚持认为"工资丰厚的人也可能会成为资本家，他们从世界的进步和福祉中享受到了应得的利益……当今的工业领袖多半从普通阶层脱颖而出，是经验和技能的积累让他们出类拔萃。……储蓄是劳动的结果；只有当劳动者开始储蓄时，文明的结晶才开始积淀。……节俭产生资本，资本就是保存下来的劳动成果。资本家不过是不会把收入全部花光的人而已"。

在《人生的职责》（1880）一书的开篇，斯迈尔斯便探讨了良知，指出它是"个人品格的精华。……每个人都注定会养成自己的个性，努力发现正确的人生之路，并沿着这条路走下去。他愿意这样做；他有能力做真正的自己，不必效仿他人"。职责意味着将合理的原则付诸行动，他解释说："困难磨砺了我们的智慧，我们挺身而出，勇敢面对困难，克服困难……人是奇迹，劳动造就天才。力量终究会征服环境。"

斯迈尔斯频频接到邀请创作传记，尽管在1871年11月中风瘫痪，但他还是创作了6部作品。然而，到了19世纪90年代，知识界开始强烈反对斯迈尔斯。集体主义盛行一时，爱德华·卡朋特和西德尼·韦伯等作家主张：个人没有能力照顾好自己，如果政府控制了经济，便可以把一切事情都处理好。斯迈尔斯的著作销量下滑。1898年，他的出版商约翰·默里甚至拒绝出版他最后一本关于自助的书《行为》。手稿也被销毁。

斯迈尔斯的迟暮之年是和妻子在伦敦彭布罗克花园8号自己建造的房子里度过的。他有一间大书房，据他的孙女艾琳·斯迈尔斯回忆，"里面几乎腾不出空来走路，到处都是书，塞得满满当当"。斯迈尔斯日渐虚弱，于1904年4月16日溘然长逝，享年92岁。他的遗体被安葬在布朗普顿公墓。他的大部分资料，包括大约1000封信，都被收藏在利兹公共图书馆。

生前有一段时间，斯迈尔斯一直在写《自传》。该书于1905年出版，但并没有引起多少人的兴趣。迄今为止，只有一部关于他的传记，作者是他的孙女，于 1956 年出版。斯迈尔斯几乎被人遗忘了。

当前，有越来越多的研究者认为斯迈尔斯的观点是正确的。工业革命期间的企业家所创造的繁荣使得数百万人的生存成为可能，否则等待他们的将可能是死亡。经济学家托马斯·S. 阿什顿写道，英格兰"获得新生，依靠的不是统治者，而无疑是那些有所追求的人，他们凭借自己的智慧和谋略发明了新式生产工具和工业管理方法。今天，在中国和印度的辽阔大地上还充斥着瘟疫和饥荒，那些受苦受难者的生活从表面上看并不比白天与他们一同劳作、夜里与他们同睡一处的牛好多少。亚洲的这种落后状态，这种非机械化的惨状，正是那些数量激增却不进行工业革命的人的命运"。

斯迈尔斯说捐助钱财绝对无法解决社会问题是正确的。在过去 30 年里，美国政府投入了 6 万亿美元用于消除贫困，结果却使下层社会产生了长期的依赖心理。现在，像斯迈尔斯一样谈论通过培养个体行为塑造品格的极端重要性，即使算不上时髦，也是可以再次被接受的。在此背景下，威廉·J. 贝内特的《美德书》（1993）、《道德指南针》（1995）、《儿童美德书》（1995）和《儿童英雄书》（1997）等畅销书的销量已经达到了几百万册。

如今，人们对斯迈尔斯重拾兴趣。《自助》出了新版本，他的所有作品都重新印刷出版，甚至提供了网络版。他所解释的原则对世界各地拼搏向上的人都有帮助。

3. 超越奴役：布克·华盛顿

布克·T. 华盛顿在帮助黑人摆脱奴隶制束缚方面所做的贡献无人能及。他创立了一所伟大的学府——塔斯基吉学院（即现在的塔斯基吉大学），帮助成千上万人学习技能，提升自我。毕业生除了来自美国之外，还包括来自非洲、古巴、牙买加、波多黎各等地的学生。塔斯基吉进行的研究，特别是植物学家乔治·华盛顿·卡弗所做的研究，帮助了南方的贫困农民。

华盛顿作为教育家的影响力并不限于塔斯基吉学院。他发起了一场个人运动，推动建立了数千所黑人小学。作为学校理事，他为霍华德大学和费斯克大学筹集了几十万美元的资金，这也是两所重要的黑人高等学府。

华盛顿那荡气回肠的自传《超越奴役》（1901）被译成各大语种，至今还在印刷出版。他是奴隶出身，但是得到了良好的教育，找到了自己的重要使命。尽管存在歧视黑人的法律，但他仍然坚持帮助他们改善生活。他相信，一个人的责任心和拼搏精神至关重要。他坚持认为："对于黑人而言，智力、财产和品格将解决民权问题。"

他认为，培养道德行为、提高道德能力是促进种族和谐的最佳途径，而不是靠政府的拯救。如果黑人能够生产更多白人需要的东西，白人就更可能放弃种族偏见，表现出更多的尊重。改善种族间关系需要人心的改变，这一点仅仅依靠制定法律是无法做到的。

美国立法、法庭、商业、报刊、大学和其他机构都由占人口多数的白人控制，华盛顿努力争取这些白人的好感，但是他的做法却遭到 W. E. B. 杜波依斯等北方黑人知识分子的严厉批评，指责他没有采取针对种族隔离的对抗策略。历史学家佩吉·史密斯认为："当前许多关于华盛顿的教育和种族哲学的讨论都未能考虑到一点，那就是他除此之外已经别无选择。他主张黑人必须赢得白人的信任和友谊，哪怕只能换取些许进步。就他所处的时间和地点而言，这种观点毋庸置疑是正确的。那些与他的观点相左的人几乎无一例外都没有生活在南方。最起码，那些人不需要保护塔斯基吉学院这样一所学校，而华盛顿却要对塔斯基吉学院承担主要责任，尽管并非全部责任。"

华盛顿曾经针对种族隔离进行过秘密斗争，但是在 1972 年路易斯·R. 哈兰为他撰写的权威性传记第一卷面世之前，这一点却鲜为人知。他在北方和西部到处奔走筹集资金期间，发展了广泛的社会网络。他坚持匿名资助诉讼案件，这些案件对黑人选举权被剥夺、无陪审团参与审判、遭受不合理死刑提出质疑。

华盛顿始终坚守本色。哈兰写道："在公众场合抛头露面时，他总是把自己打扮成一位成功的农民，头戴一顶棕色圆顶高帽，不戴大礼帽。他的演讲总是带有南方乡村口音，朴实直率却不粗俗……他一生都骑马出行，一有机会便打猎钓鱼，种花养草，陶冶心性。"他是那个时代最活跃的公共演说家之一，足迹遍及美国和欧洲，宣扬个人责任感、自助、勤勉、节俭和友善精神。曾经教过他的老师娜塔莉·洛德回忆说："我能看到他那魁梧的身材和坚毅而又富有表现力的面孔，我能听到他的声音，每当他要表达自己的想法时，声音便充满真诚和力量，却又那么温和轻柔……"

大概是在 1856 年 4 月的某天，布克·托利弗·华盛顿出生在弗吉尼亚黑尔福德附近属于詹姆斯·巴勒斯的一个种植园里。几乎可以肯定，他母亲简是在一个小木屋里铺着破布的泥土地板上生下他的。他始终不清楚自己的父亲是谁。他母亲是巴勒斯家的厨师。华盛顿回忆道："她只能在清晨开工之前和晚上收工之后抽点儿时间照顾我们……在整个童年和少年早期，我记得全家人没有一次是一起围在桌前吃饭的……孩子们吃饭跟哑巴牲口差不多，只能在这儿吃一块面包，在那儿吃一片肉。"

内战后，华盛顿举家迁往西弗吉尼亚的小镇麦尔登，因为这里的盐厂和煤矿可以提供工作机会。年轻的华盛顿对读书识字产生了强烈渴望，不过南方法律禁止教授黑人这些技能。他母亲帮他搞到了一本拼写书，他便开始在非洲浸礼会教堂上主日学校，跟着威廉·戴维斯一起学习。威廉是个18岁的俄亥俄男孩，跟牧师生活在一起。后来，廷克维尔附近开办了一所学校，华盛顿开始一边在盐厂干活一边上学。

后来，他从刘易斯·拉夫纳和其妻子维奥拉那里得到了一份侍者的工作，学习打扫卫生，他的表现让苛刻的拉夫纳夫人感到满意。大约一年半后，华盛顿动身前往以前听说的一所学校，这就是弗吉尼亚汉普顿的汉普顿师范农业学院，贫穷的黑人可以通过在校园里工作支付学费。大约500英里的路程，华盛顿要先乘坐火车，再乘坐公共马车，直到花光路费，最后步行走完剩下的路程，偶尔会搭乘过往的马车。在到达里士满之前，他已经身无分文，只好睡在一条高架人行道下面。他依靠给轮船卸生铁来赚钱买食物，一直干到攒够50美分，剩下的路费才得以解决。

华盛顿到达学校时，已经是衣衫褴褛，而且很久没洗过澡了。女校长玛丽·弗莱彻·麦凯让他打扫教室，借此考验他的能力。他打扫得非常干净，因此校长接纳了他。他同意通过做房屋清洁工支付自己的开销。他说："汉普顿的生活不断给我带来新发现。定时用餐，垫着桌布吃饭，使用餐巾，使用浴缸，使用牙刷，在床上铺床单——对于我来说，这一切都是新鲜的。"通过一位老师，华盛顿接触到了公共演讲，这位老师单独教他如何呼吸、如何强调、如何清晰发音。他还参加了每周六晚上碰面的辩论协会。汉普顿学院最杰出的人物莫过于35岁的创始人塞缪尔·查普曼·阿姆斯特朗，他树立了一个正直诚实、勇于担当和奋发图强的光辉榜样。

1875 年毕业后，华盛顿回廷克维尔学校教书，并且展现出了惊人的进取心。除了教阅读、写作和算术之外，他还教学生卫生规范。不久，上课学生超过了 80 人，于是他又在夜校上课，人数也是 80 人左右。他还在宰恩浸礼会教堂和斯诺希尔盐厂的主日学校教课，建立了一所公共图书馆，成立了一个辩论协会，接着在汉普顿开办了一所夜校。

1881 年，阿姆斯特朗收到一封信，请他为亚拉巴马州塔斯基吉的一所新学校推荐一位合适的校长，塔斯基吉是个小镇，距离最近的火车站 5 英里左右。开办这所学校的目的是培养小学教师。阿姆斯特朗向他们推荐了华盛顿，并得到了他们的认可。6 月 24 日，华盛顿到达塔斯基吉后才发现，学校还没有修建，甚至都没有筹集好资金。

政府原本计划划拨一些资金来新建这所学校，但是华盛顿决心让学校获得尽可能多的独立性。新学校起名塔斯基吉学院，1881 年 7 月 4 日在非洲卫理公会教堂正式开学。华盛顿说服一位当地人借给他 200 美元，购置了一个破败的农场，学生可以将其建成校园，这份地契把地皮转给学校而不是州政府。朋友们捐赠了报纸、书籍、地图、刀叉。华盛顿是学校唯一的教师，他管理这里就像管理汉普顿学院一样，每天都要检查学生的衣着、校舍和设备。最初来这里上学的学生大约 37 人，两个月后增加了一倍。华盛顿开始招募教师，其中大多都是汉普顿学院的毕业生。

这些年来，在华盛顿招募的教师中，最著名的莫过于植物学家乔治·华盛顿·卡弗（1861？—1943）。他是密苏里的奴隶，从小就与母亲分离，也从未获悉自己的父亲是谁。为了养活自己，他做过家庭佣工、洗衣工、饭店厨师和农场工人，同时还如饥似渴地学习动植物知识。快 30 岁时，他完成了高中教育。之后，他进入爱荷华州印第安诺拉的辛普森学院，然后转到爱荷华州立农业学院，获得了文学学士学位（1894）和理科硕士学位（1896）。他去了塔斯基吉学院，负责农业系。南方的单一作物制度已经使土壤枯竭，所以卡弗鼓励农民种植大豆、花生和番薯，恢复土壤中的氮素。但由于市场对这些农产品的需求有限，卡弗便为这些作物想出了几百种用途。

商人乔治·马歇尔负责财务，华盛顿和塔斯基吉学院教师奥莉维亚·戴维森（教授数学、天文学和植物学）开始到北方筹集资金，每个月筹集的资金多达3000美元。接着，他们又开始请求北方慈善基金的援助，如斯莱特基金和皮博迪基金。他组织了塔斯基吉学院歌手到北方巡回演唱筹募资金。一位新英格兰地区的寡妇送给华盛顿一只金表，他曾拿它抵押过许多次。

1882年8月2日，华盛顿与范妮·史密斯结婚。范妮是他在廷克维尔的学生，毕业于汉普顿师范农业学院。1883年，他们生了女儿波西娅；第二年范妮去世，年仅26岁。1885年，华盛顿与奥莉维亚·戴维森结婚。他们育有两子，分别是小布克·托利弗·华盛顿和厄内斯特·戴维森·华盛顿。奥莉维亚原本就身体虚弱，生育彻底毁掉了她的健康，于1889年5月8日不幸离世。

华盛顿在费斯克大学演讲期间，认识了一位名叫玛格丽特·詹姆斯·默里的大四学生，她曾致信华盛顿请求在塔斯基吉学院任教。她给华盛顿留下了深刻印象，因此便聘她做英语教师。不久，她便开始监管塔斯基吉学院的女子产业，后来华盛顿干脆请她出任女校校长一职。最终，两人结为夫妻。玛格丽特承担了学校越来越多的责任，为华盛顿腾出时间筹集资金、处理政治事务。

1895年9月18日，华盛顿在产棉州国际展览会上发表演讲。他指出，南方三分之一的人口都是黑人，只有黑人繁荣，南方才能繁荣。他敦促黑人"就地放下你们的水桶"，尽可能利用现有的机会。他鼓励白人"在这些人（黑人）中间，就地放下你们的水桶——他们从不罢工，从不发动工潮，他们替你们耕种农田，开垦森林，修建铁路，建设城市，从地下挖掘宝藏，并且促成了这次展示南方进步的盛会"。接着，他提出了一项种族和平倡议，也就是后来的《亚特兰大妥协》："在所有纯粹的社交活动中，我们可以是五根手指，各行其是；然而，在所有关乎共同进步的问题上，我们应该是一只手，要齐心协力。"

一夜之间，华盛顿成了人们眼中的黑人领袖，成为7个月前去世的弗雷德里克·道格拉斯的接班人。但是，这是一段艰难时期，因为情况继续朝着对黑人不利的方向发展。1890年，密西西比州成为南方第一个否定黑人投票权的州；1895 年，南卡罗莱纳州也步其后尘。三年后，华盛顿试图阻止路易斯安那州剥夺黑人的公民权，但是没有成功，不过成功阻止了佐治亚州。尽管他已经竭尽全力，但 1900 年亚拉巴马州还是剥夺了黑人的公民权。

华盛顿尽其所能地去影响当时的政治观点，有时一天发表三次演讲。1898 年 10 月，在芝加哥和平纪念日那天，他提醒在场的 1.6 万名听众："特别是在我们国家的南方，一种毒瘤正在吞噬共和国的心脏，有朝一日它会证明自己跟一支军队从外部或者内部发动的侵略一样危险。"

由于旅途奔波，华盛顿长期以来备受疲劳的折磨，所以北方的支持者安排他和妻子及时去欧洲度假。在荷兰，华盛顿看到农民们在小块土地上高效经营，过着富足的生活，内心深受触动。华盛顿夫妇在巴黎和伦敦被当作名人接待，维多利亚女王还邀请他们喝茶。他们遇到了美国作家马克·吐温、妇女选举权斗士苏珊·B. 安东尼和亨利·斯坦利（英国的新闻工作者，曾追踪报道过探险家和废奴战士戴维·利文斯通在非洲的活动）。

回到美国后，华盛顿请了一位作家帮他撰写回忆录。《我的生平和工作》（1900）由伊利诺伊州内伯维尔的一家公司出版，回忆录以预订的形式销售。据报道，销量高达 7.5 万册。之后，他又请佛蒙特的作家马克斯·贝内特·思拉舍写了一本更好的自传，双日出版社的沃尔特·海恩斯·佩吉同意出版发行。这本名为"超越奴役"的书于 1901 年面世，被译为阿拉伯语、汉语、丹麦语、荷兰语、芬兰语、法语、德语、印地语、日语、马拉雅拉姆语、挪威语、俄语、西班牙语、瑞典语和祖鲁语。

《超越奴役》的出版对捐赠活动产生了巨大影响。受到鼓舞支持塔斯基吉学院的人包括摄影企业家乔治·伊士曼、标准石油公司合伙人亨利·H. 罗杰斯和钢铁企业家安德鲁·卡内基。意识到犹太人同样遭受了诸多磨难，华盛顿成功吸引到了一些犹太企业家，比如投资银行家雅各布·希夫、保罗·沃伯格、艾萨克·塞利格曼、雷曼家族、高曼家族和萨克斯家族。西尔斯·罗巴克公司董事长朱利叶斯·罗森沃德也成为塔斯基吉学院的慷慨捐赠者。华盛顿身上的节俭和拼搏精神赢得了企业家们的心。洛克菲勒学生宿舍的实际建设费用低于预算，于是华盛顿将剩余的 239 美元退还给了小约翰·D. 洛克菲勒。

每个人都为公立学校纳税，但是这些钱却几乎没有用来帮助黑人，对此华盛顿非常愤怒。费城贵格会教徒安娜·雅娜指定华盛顿为托管人，拿出 100 万美元的费用用以提高南方黑人儿童教师的质量。当朱利叶斯·罗森沃德开始在整个南方为黑人儿童出资建学校时，华盛顿便给他担任顾问。他在霍华德大学和费斯克大学董事会任职期间，推动了黑人高等教育的发展。他还利用自己对卡内基的影响力，为霍华德大学修建了一座图书馆。在华盛顿的鼓动下，卡内基向费斯克大学捐赠了 2.5 万美元。他还与纽约某公司的律师保罗·克拉瓦什组织了一次募捐活动，共为费斯克大学筹集资金 30 万美元。

白人企图阻止黑人公民的自由行动逐渐升级，于是华盛顿在幕后利用法律组织了一次反击。他出资聘请纽约的私人律师威尔弗雷德·史密斯，将两起亚拉巴马州剥夺黑人选举权的案件——吉尔斯诉哈里斯案（Giles v. Harris, 1903）和吉尔斯诉蒂斯利案（Giles v. Teasley, 1904）——提交至最高法院，但他们不幸败诉。1904 年，华盛顿和史密斯向最高法院提交了亚拉巴马州的一个案件，质疑黑人不得成为陪审团成员的做法。最高法院推翻了对一个黑人的判决，他是由一个拒绝黑人加入的陪审团定罪的。华盛顿筹钱聘请律师说服最高法院驳回劳役偿债法令，该法令规定债权人有权让债务人服劳役。

虽然华盛顿的公众形象随和通融，但他主要还是在幕后跟种族隔离进行斗争的，因此受到了北方激进黑人知识分子的猛烈抨击。批评他最执着的人是社会学家 W. E. B. 杜波依斯，他出生于马萨诸塞州，毕业于费斯克大学，在哈佛大学获得哲学博士学位。他的批评作品《黑人的灵魂》（1903）发表在《日晷》杂志及其他地方。他指责道："华盛顿先生代表的是黑人思想中的旧态度，那就是逆来顺受和屈服。"

1915 年 11 月，华盛顿开始出现严重的肾病和高血压症状。他前往纽约的圣卢克医院就诊，但是医生束手无策。于是，他决定返回家乡。他说："我在南方出生，在南方生活，在南方劳动，因此我希望在南方死去，在南方下葬。"11 月 12 日是个星期五，他妻子帮助他在宾夕法尼亚火车站上了车，还安排了救护车于星期六下午 9 点左右在切霍火车站接他们，这里距离塔斯基吉只有 5 英里左右。

华盛顿为自己的成就感到非常自豪。塔斯基吉学院已经有大约 200 名教师正在培训大约 1500 名学生，设有 38 个行业或专业。校园里矗立着 100 栋现代化建筑。塔斯基吉学院面积达 2000 多英亩，获得捐赠资金 200 万美元，并且没有债务。华盛顿说，最有意义的莫过于毕业生们取得的成就，他们"正向黑人同胞展示如何改善他们的物质、教育、道德和宗教生活……（他们正使）南方的白人认识到教育男女黑人的价值"。

华盛顿回到了家乡，在 1915 年 11 月 14 日这个星期日凌晨 4 点 45 分与世长辞，享年 59 岁。星期三在塔斯基吉举行了简单的葬礼，他被安葬在学校墓地，墓前立着一块偌大的花岗岩墓碑。

对于 W. E. B. 杜波依斯等黑人知识分子来说，自助精神已经过时了，他们认为要改善黑人生活就得依靠政治行动和政府干预。尽管从 19 世纪 90 年代到 20 世纪 20 年代，黑人在政治方面并没有取得进展，但是托马斯·索厄尔在他的《种族与经济学》(1975) 一书中说："对于黑人群体来说，这些年是经济迅速发展的时期……甚至可以说，20 世纪 20 年代是黑人文化多姿多彩、蓬勃发展的时期，有人称之为'黑人文艺复兴'，也有人说是'新一代黑人'的崛起。一战期间，大量黑人第一次进入工业行业，出现了大规模迁往北方的移民潮，这也改变了美国黑人的历史。"

华盛顿去世后，杜波依斯又活了近半个世纪，尽管在富兰克林·德拉诺·罗斯福新政期间，黑人收入相对于白人有所下降，但他依靠政府拯救黑人的思想深深影响了黑人知识分子。

黑人继续自我拯救。二战后迁往北方的南方黑人比 20 世纪 20 年代多了四倍。"第二次大迁移大大增加了非裔美国人的工作种类和工作收入。"斯蒂芬·特恩斯托姆和阿比盖尔·特恩斯托姆夫妇在他们的著作《黑白美国》(1997) 中写道，"相对于 20 世纪 60 年代初期民权立法和 60 年代末平权运动政策颁布之前来说，进步的步伐在许多方面都比以往更快。"

关于改善人们的生活水平，尤其是贫苦大众的生活水平，布克·T.华盛顿的见解要比杜波依斯深刻很多。他明白，只要能够自我教育，努力奋斗，生产其他人所需要的产品，即使是在一种充满敌意的政治环境中也能取得长足的进步。他意识到，就个人进步而言，任何东西都无法替代责任心、正直、节俭和善意。品格决定了我们的命运。

4. 培养儿童获得独立性：蒙台梭利

　　发明家亚历山大·格雷厄姆·贝尔、哲学家伯特兰·罗素、演员加里·格兰特、演员瓦妮莎·雷德格雷夫、歌手宾·克罗斯比、喜剧演员鲍勃·霍普、大提琴演奏家马友友和英国王妃戴安娜，这些名人有什么共同点？答曰：他们都将自己的子女或孙子孙女送进了深受玛利亚·蒙台梭利启发的学校，也正是这位颇具胆识的女性告诉了我们自由对创造力和独立性的重要意义。

　　尽管在政治问题上存在显著差异，但是每种主流文化和宗教背景下的人们都欣赏蒙台梭利学校让孩子自由学习的做法。蒙台梭利学校遍布欧洲和美洲，在印度、中国、俄罗斯和日本也迅猛发展。不仅偏远的柬埔寨有一家蒙台梭利学校，以色列和阿拉伯联合酋长国也不例外，甚至据说索马里也有一家蒙台梭利学校。全球共有52个国家设有蒙台梭利学校。

　　这些学校之所以能够蓬勃发展，得益于学生和家长对学校的热爱。例如，美国90%以上的蒙台梭利学校都是私立学校，学校的收入来自家长的自愿捐赠，而非纳税人。与此相反，美国的主要师范院校则想方设法忽视玛利亚·蒙台梭利，将她视为一个与当下毫不相干的历史人物。许多教师协会都对蒙台梭利学校的课堂自由感到担忧。

　　一直以来，蒙台梭利学校就被视为一场特立独行的教育运动。玛利亚·蒙台梭利反对"进步的"教育者按照统一模式塑造孩子，而是主张教育的目的就是帮助每个孩子实现自己的命运。她反对严格管制的学校教育，主张儿童必须拥有成长的自由。她表示，孩子主要是通过自学进行学习，而不是被动地接受老师灌输知识。她认为，孩子实际上从出生就能学习，而正确的教育可以比过去想象的更早带来益处。她写道："根本原则是必须保证学生的自由，这种自由允许孩子发展个性，自然地展示天性。如果一种新的科学教学法将诞生于对个体的研究，那么这种研究就必定起于潜心观察自由的孩子。"

蒙台梭利气度威严，1906年开始对儿童学习有了伟大发现。传记作者丽塔·克莱默写道："她年近40岁，略显丰腴，有些发福，但风姿犹存，自信依旧，这为她平添了一丝高贵。每次走进课堂，她总是身穿一件样式简单却又不失时髦的黑色连衣裙或女式衬衫，黑发干净利落地盘在头顶，笑眯眯地看着孩子们。"她长着一张"光滑的脸，不见一丝皱纹，眼睛清澈明亮……平静安详"。

1870年8月31日，蒙台梭利出生在意大利的基亚拉瓦莱，也就是在这一年，意大利各邦国合并为一个新的国家。父亲亚历山德罗·蒙台梭利是个国营烟草厂的财务官员，母亲雷尼尔德·斯托帕尼是个地主贵族的女儿，酷爱读书。

玛利亚差不多5岁时，亚历山德罗·蒙台梭利在罗马干会计，把全家人都搬到了罗马，因此玛利亚有机会接受更好的教育。教育是女性可以从事的为数不多的行业之一，有人便鼓励玛利亚把目光放在教育上。然而，固执的玛利亚却考虑了一个个不对女性开放的职业：第一个是工程，之后是生物学和医学。1896年，玛利亚成为意大利的第一位女医生，但是她不被允许行医，因为让女医生检查男性身体太匪夷所思了，因此她接受聘请，成为罗马大学精神病诊所的助理医生。这让她有了机会观察"缺陷"儿童——这些儿童智力迟钝，没有学习能力，或者因为其他原因遇到了学习困难。这些儿童被关在拥挤的房间里，没有玩具，几乎无事可做。随着观察逐渐深入，她相信如果他们能得到悉心照料的话，生活就有可能会有所改善。在寻找办法的过程中，她发现了让·伊塔尔和爱德华·塞甘的著作，这两位法国医生都毕生致力于寻找更好的方法来教育智障儿童。

1899年，在一次教师会议上，她阐述了这个主题，引起了轰动。她受邀成为罗马大学讲师和精神纠正学校校长，这所新学校是专门为"缺陷"儿童设立的。从1899年到1901年的两年中，蒙台梭利热衷于寻找帮助这些儿童的教学方法。她每天花12个小时观察这些儿童，跟他们一起学习，试验各种办法。她还去伦敦和巴黎参观"缺陷"儿童机构。令人难以置信的是，她教的儿童居然学会和正常儿童一样读书写字了。

随后，她生活中的痛苦和快乐便结伴而至，由此也开启了她的职业新生涯——去帮助全世界的儿童。在精神纠正学校，她与朱塞佩·蒙特萨诺博士一起共事。他们之间产生了绯闻，生下了儿子马里奥，但是蒙特萨诺拒绝与她结婚，并很快娶了另一个女人。母亲害怕丑闻会毁掉女儿一生，于是便把蒙台梭利送到罗马附近跟乡下人一起生活，整件事就这样掩盖过去了。传记作者克莱默认为，怀孕以及同蒙特萨诺分手一事想必发生在1901年，当时蒙台梭利突然从精神纠正学校辞职，消失了大约一年之久，并且放弃了已经获得成功的事业。

蒙台梭利被迫抛弃自己的亲生骨肉，内心要承受多大的痛苦啊，她的远见卓识可以帮助世界上的其他儿童，可她却无法同自己的孩子分享这些见识所带来的益处。连续15年来，她都定期去看望儿子，却无法向他透露自己的真实身份。儿子将她视为一位神秘的"美丽夫人"。直到1912年蒙台梭利的母亲去世后，马里奥才和她生活在一起。

与此同时，蒙台梭利将悲痛转化为生活的新方向——改进正常儿童的教育。她注册成为罗马大学的学生，学习哲学、人类学、卫生和教学等一切有助于她更好地了解儿童学习的课程。她参观了一些小学，观察教师上课的方式和学生的反应。这些学校采用普鲁士、美国和其他国家推广的军事化教学模式：许多学生一排排地在一名老师面前坐好，聆听老师的讲解。蒙台梭利本能地抵触这种标准化的教学模式、学生的被动接受及奖惩制度。

她在一篇杂志文章中阐明的观点引起了爱德华多·塔拉莫的注意，他是住宅房地产开发商罗马贝尼·斯塔比利研究院的经理人。公司有两栋公寓楼，位于贫穷、脏乱和暴力不断的罗马圣洛伦佐区，遭到一群父母外出工作的孩子的肆意破坏。塔拉莫出于公司自身利益的考虑，决定在每栋公寓大楼里开办一所学校，这样学生既能做一些有意义的事情，又能得到妥善监管。于是，他向蒙台梭利寻求建议。

她提出由自己来负责这个工程，但是朋友们都反对她这样做，认为给小孩子当老师有失医生身份。与普通学校的课桌不同，蒙台梭利置办了五六十套适合3~6岁儿童的桌椅。她采用了能自我纠错的教学材料，这是她为"缺陷"儿童专门设计的，能帮助他们学习东西分类和拼装，以及培养独立性所需的其他技能。通过观察，她发现孩子们需要补充教学材料，于是逐渐扩充了教学内容。她发现如果教学材料能调动孩子的所有感官——视觉、听觉还有触觉的话，那么他们学习抽象概念就会容易得多。1907年1月6日，她的学校"儿童之家"正式设立。

这是一群前途渺茫毫无希望的儿童：消沉、孤僻、叛逆。然而，蒙台梭利跟他们一起学习时观察到了一系列令人惊讶的现象：他们对学习和实现独立有着一种强烈的内在欲望，在有足够的自由时能自发地学习，对自己选择的任务能保持高度注意力，更愿意探索现实存在的事物——成人的世界——而不是平常的玩具，在体面、尊重和自由的氛围中能够有效地学习。孩子们乐在其中，所以无须奖惩就可以维持课堂秩序。

尽管蒙台梭利给了儿童很大的自由空间，但这并不意味着他们可以为所欲为。她主张儿童应该做事得体，尊重他人。她写道："孩子们必须明白的第一点就是分清善恶；教育者的任务是确保不让孩子们把安静当作好事，把好动当作坏事，而旧式的训导却经常如此。这一切都是因为我们的训练目的是提倡活动、工作和善良，而非不动、被动和顺从……在我看来，所有孩子都能有效地、明智地、自愿地在教室里走动，没有任何粗鲁野蛮的行为，这就是训练有效的课堂。"

蒙台梭利说，如果老师（她称之为"导师"）事先给孩子们演示一下该怎么做一件事，然后鼓励孩子去自由摸索，那么孩子们学习起来就会来精神。为了培养孩子们的自信心，让他们更加独立，蒙台梭利非常重视实用生活技能：个人卫生、归置物品、打扫教室、准备食物、照料花草和宠物。

同大多数人一样，蒙台梭利也曾认为孩子 6 岁才能学习读写，但是她课堂的小孩子却要求学习读写，因此她和助手制作了成套的带有标记的手写字母表，让孩子们学会分辨哪个方向是朝上的。她还设计练习帮助孩子们识别字母的形状和发音。不到两个月，她就见证了孩子们的书写能力突飞猛进。到圣诞节时，公立学校的孩子们还在挣扎着学习字母，而蒙台梭利的两个学生——年仅 4 岁——却已经能给大楼的主人爱德华多·塔拉莫写节日问候了。蒙台梭利得意地描述道："这些文字写在边条纸上，没有墨迹或者擦除的痕迹，而且可以断定他们的书写已达到小学三年级的水平。"

与流行的观点相反，蒙台梭利发现让孩子先学写字再学阅读效果会最好。因此，蒙台梭利准备了日常用品的标识卡，并向孩子们展示如何发音；而他们之前已经学会了单个字母的发音。不出几日，他们就能读出街道标识、店铺招牌、包装标签，还有包括书本在内的身边几乎所有东西。

她开始培训教师，创办了更多学校，还著书立说。她的第一本书是《应用于"儿童之家"的早期科学教育法》，1912 年它的英译版本《蒙台梭利教学法》面世，并在美国成为畅销书。与同时代的约翰·杜威相比，蒙台梭利不是一个抽象的哲学家。相反，她是实干家，提供了一种具体模式，可以帮助儿童学习和培养独立性。她的著作被译成了中文、丹麦语、荷兰语、法语、德语、日语、波兰语、罗马尼亚语、俄语和西班牙语。

蒙台梭利引起了轰动。有抱负的教师们纷纷横跨欧洲大陆前来接受她的培训。1913 年 12 月，她访问美国，见到了电话发明者亚历山大·格雷厄姆·贝尔、电器天才托马斯·爱迪生、社会工作者简·亚当斯和失明失聪却很有教养的海伦·凯勒。在接下来的 40 年里，蒙台梭利游遍欧洲和亚洲，仅仅在印度，就培训出了一千多名教师。

尽管全世界都出现了大量蒙台梭利学校，但是蒙台梭利的影响力却在儿童之家初期得到高度关注之后便逐渐衰退。她担心自己的工作过于简单，便坚持全面控制教师培训和使用的教材，但这种做法适得其反，疏远了许多支持者。她遭到了学术界的强烈反对，尤其是在美国。其中最具影响力的对手是威廉·赫德·克伯屈，他是杜威的追随者，是著名的哥伦比亚大学师范学院的教授。蒙台梭利遭遇反对存在其必然性，首先，她是女性，当时学校的管理人员和教育学教授都是男性；其次，她是天主教徒，这让许多美国人对她心生疑虑；再次，她的教育背景是医学，而不是教育学；最后一点，她是意大利人。美国总统伍德罗·威尔逊介入一战，没有做到当初承诺的"让世界确保民主"，美国人对此心灰意冷，于是把目光转向本土，疏远了来自意大利和欧洲的所有事物。

1936年，法西斯独裁者贝尼托·墨索里尼下令政府对学校实行管制，于是蒙台梭利携儿子马里奥和家人离开了意大利。他们在阿姆斯特丹定居下来，二战期间一直待在印度，战后又返回阿姆斯特丹，每到一处她都会推广自己的教育理念。阿姆斯特丹蒙台梭利学校最有名的学生是一名犹太女孩，名叫安妮·弗兰克，她死于希特勒的卑尔根-贝尔森集中营，人们后来整理出版了她令人悲痛的日记。

1952年，蒙台梭利带着儿子马里奥到北海边的村庄诺德维克拜访友人，那里距离海牙不远，闲聊时她突发脑溢血，于5月6日去世，享年近82岁。她要求去世的地方就是自己的长眠之处，所以遗体被安葬在了诺德维克天主教堂墓地。当她的讣告刊登出来时，几乎没有几个美国人知道她是何许人。不过，一些有胆识的人一方面排斥失败的先进教育，同时也在发掘被遗忘的教育观点，因此他们最终还是重新发现了蒙台梭利。

在康涅狄格州的格林尼治，直率执着的教育家南希·麦考密克·兰布什不满当地学校的教学模式，想起曾经读过蒙台梭利通过让孩子自由学习所收到的效果，于是前往伦敦接受蒙台梭利教师培训。朋友请她教育他们的孩子，于是在1958年，她创办了惠特比学校，让蒙台梭利在美国获得了重生。4年后，在（加州）圣塔莫妮卡蒙台梭利学校，前公立学校老师露丝·德雷瑟让蒙台梭利在西海岸重获青睐，吸引了大批名人家长，如罗伯特·米彻姆、尤·伯连纳、迈克尔·道格拉斯、雪儿·博诺和莎拉·沃恩。现在有155所美国学校得到国际蒙台梭利协会（AMI）的认可，该协会是玛利亚·蒙台梭利在1929年创建的，用来推广她的教育规范。另外，还有800所学校得到了美国蒙台梭利协会（AMS）的认可，该协会由兰布什于1960年创立，并适当调整以适应美国文化。现在另有大约3000所学校称自己为蒙台梭利学校。经过戏剧化的转向，已有200所公立学校设立了蒙台梭利教育专业。

在蒙台梭利学校，人们会发现孩子可以自由走动，因此精神十足；他们可以自由地选择任务，因此特别专注和快乐。通过蒙台梭利的教材，他们可以自学一些重要技能；通过蒙台梭利的自由精神，他们能够获得独立。

第五部

个人主义

> 只有当公民在享有秩序和因尊重他人权利而带来的便利的同时还被赋予行动自由和生存自由时,制度才能让他成为真正的自由民,他才有权以自己的方式去谋求幸福。
>
> ——詹姆斯·费尼莫尔·库珀(1838)

几乎总是存在某种巨大的压力迫使个人循规蹈矩。背离主流宗教观点、政治观点、行为规范、着装标准和其他传统的人，常常会遭到排斥。但是在古代西方，个人具有举足轻重的意义的观点已经开始生根。只有个人才能思考或创造，只有个人才会经历痛苦或快乐，只有个人才拥有权利或责任。只要愿意，他们完全可以特立独行，平静地走自己的路，而这也合乎道义。这种个人主义的哲学原则吸引着全世界的人，但是其最盛行的地方却是美国。

1. "随心所欲"：拉伯雷

在近代世界，法国人弗朗索瓦·拉伯雷在激发个人主义方面的贡献不亚于任何人。拉伯雷出生于文艺复兴时期，在宗教改革的动荡之中逐渐成熟，公然反抗天主教和新教教会的狭隘政策。他自由地阐发个人观点，坚定地从事自己所选择的职业，愿意跟特立独行之人交友。他心目中的英雄是提倡宽容的荷兰人德西迪里厄斯·伊拉斯谟。

拉伯雷写出了巨人冈卡都亚和庞大古埃的讽刺故事，展现了一种幽默的自由精神，这一点没有几个作家可以做到。亨利·路易斯·门肯钦佩拉伯雷的"惊人学识……对欺诈的绝不容忍……对愚蠢的满腔热情"。法国学者让·马里耶·古勒莫评论说，拉伯雷的作品"抨击宗教和政治权威，拥护反独裁的社会形式……代表了一种关于个人自由的选择和主张，并以之建立自己的标准，拒绝普遍接受的观念和信仰，专注构建自己的知识体系"。历史学家威尔·杜兰特称拉伯雷是个"个性独特、精力旺盛、喜欢质疑、幽默博学但讨人厌的作家"。历史学家丹尼尔·J. 布尔斯廷说："拉伯雷发挥丰富的想象力，抨击每一种制度和每一种信念。"

挑战既有的制度，尤其是宗教制度，需要极大的勇气。拉伯雷的朋友兼法国人文主义者艾蒂安·多莱因翻译出版了柏拉图的一部作品而被绞死焚尸。内科医师米格尔·塞尔维托被认定为宗教异端，烧死在火刑柱上。拉伯雷开始写作时，为谨慎起见使用了笔名。果然，他的作品遭到了教会掌权人士的谴责，他多次四处躲避教会当权者。尽管他说只是想让读者开怀大笑，但是学者 J. M. 科恩认为，"每个人都清楚，他是在严厉批判法律、习俗和制度，他把自己伪装成寻欢作乐的朋友，醉心于提供纯粹的娱乐，但是这种伪装无济于事。虽然娱乐性可能真的是第一位的，然而，他不仅受到了批评，而且他的娴熟语言更使得批评的破坏性效果加倍"。

拉伯雷向欧洲权力的最大机构发起挑战，其中包括天主教会。例如，他讽刺修道士、国王以及他们无休止的战争。后来，他开始构想一个自由的社会："那些自由、出身好、有教养、善于诚实交往的人拥有一种自然的本能和动力，激励他们崇尚善行，远离恶行，这被称作荣誉。而同样一批人，如果通过卑鄙的镇压和限制从而被制伏和控制，他们就会背离从前敦促自己践行崇尚美德的高贵品性。"

《美丽新世界》的作者奥尔德斯·赫胥黎改编了拉伯雷关于自由的警句，用于自己的散文集《随心所欲》（1929）。美国个人主义者艾尔伯特·杰伊·诺克称拉伯雷的构想是"人文主义者所梦想的处于绝对自由状态的人类社会的一幅迷人画面；其中，经济自由是基础，政治自由和社会自由则自然且必然地建立在经济自由之上"。

尽管拉伯雷挑起了争论，但他还是能轻而易举地跟最具影响力的天主教徒做朋友，跟教皇一起消磨时间。诺克写道："拉伯雷在同他人的交往中似乎总是极具个人特点；他富有交友天赋，特别善于赢得他人的喜爱。"他的一些朋友也愿意支持他、保护他。

"人们对他的个头和外形一无所知。"传记作家 D. B. 温德姆·刘易斯写道，"人们凭想象这样描述他的样子：身高中等以上，面色红润，身强体健，精力充沛；总之，正如他在《巨人传》第四部的序言中所说，自己'身体硬朗，性格活泼，声如洪钟，随时可以陪君满饮几杯'。我们知道他的面部特征引人注目：一双黑色的眼睛精明机警，充满了探求和讥讽的神情；稀疏的眉毛似乎随时都会伴随着开心、讥笑或愤怒而弯成拱形；鼻子看上去咄咄逼人；嘴巴则坚定、傲慢且焦躁。"

英国天主教徒刘易斯宣称："他的每品脱智慧都带有两品脱的废话，

但是谁在乎呢？执笔在手，他就无与伦比。他独特、神奇、崇高、伟岸……一旦着了他的魔法，便无法摆脱。"

法国教授唐纳德·M. 弗雷姆写道："我们不知道他的出生年月和具体年龄。我们不知道他的童年经历，不知道谁为他生了3个非法的孩子，不知道他如何看待性伴侣以及如何与她们相处，不知道他为什么会进入修道院而后来又离开修道院。"我们明确知道的是，他比家里的另一个男孩年龄小，而且很可能比3个兄弟姐妹的年龄都小，他们分别是小安托万、雅梅和弗朗索瓦。弗朗索瓦可能出生在卢瓦尔河南岸的拉德维尼瑞，这是一栋距离希农几英里的石砌农舍。他父亲安托万·拉伯雷是一位颇有影响力的律师和地主。

拉伯雷可能就读于出生地附近的瑟伊利的学校，该学校由本笃会修道士开办，以教学闻名遐迩。在他的成长过程中，人们对希腊语、拉丁语和文学的兴趣日益浓厚，因此他也学习使用拉丁语和希腊语写作。由于约翰内斯·古登堡在1450年前后改进了活字印刷术，一些曾经以珍稀手稿形式存在的作品便开始被印刷成书，于是拉伯雷得以如饥似渴地博览群书。

约在1520年，他选择当一名修士，或许是因为他是家里的幼子，所以没有资格继承父亲的财产成为乡绅，况且他自己也不愿意给当地的一位商人当学徒。而天主教会却能够提供最有前途的事业和各种经济保障，修道院设有大型图书馆，并提供出行的机会。

拉伯雷皈依了由阿西西的圣方济各创立的修道会。方济各会的修士们外出传道化缘，但是他们不教授任何课程。据艾尔伯特·杰伊·诺克和C. R. 威尔森记载："在践行安贫誓言时，他们变得相当污秽和懒惰；在清洁的普遍标准还相当低的时期便更是如此，因而他们强化了两者间的传统关系……大多数人变得非常无知；的确，他们的无知有点儿像个笑柄……修道会并不重视教育。"拉伯雷生活在普瓦图省丰特奈勒孔区的皮伊圣马丁修道院，该修道院的拥有者是方济各会修道士。拉伯雷在那里待了4年，很快便与皮埃尔·艾米成为朋友，皮埃尔是除拉伯雷之外唯一一个酷爱拉丁语和希腊语的修道士。

与此同时，天主教会的高额赋税，尤其是整个教会的腐败，让人们对天主教会日益不满，这种情绪迅速传遍整个北欧地区。许多王储开始鼓励宗教改革，他们想从天主教会那里取得政治独立，企图将所有税收归为己有。天主教派的国王也是如此，不惜以教会为代价获取权力；在法国，弗朗索瓦一世通过谈判获得了不受罗马干预任命法国主教的特权。然而，教会进行了反击：在法国，巴黎大学索邦神学院的神学家们发起了反宗教改革运动。他们禁止进一步研究希腊文学，将其视为危险的颠覆活动。

1524年，拉伯雷从方济各会转到本笃会，加入位于马耶赛的本笃会修道院。由于主教是颇具影响力的若弗鲁瓦·德斯蒂萨克，所以教皇克莱门特七世只好同意了这一变动。这充分展示了他的交友能力。显然，德斯蒂萨克很器重拉伯雷的学识、谈吐和友谊，因为拉伯雷曾陪伴他在其教区旅行。

1527年，拉伯雷从修道院离职，然后似乎在巴黎学过医学，但这在当时并不意味着进行临床实验，而是阅读古老著作。1530年9月，他注册到蒙彼利埃大学医学院学习，3个月后拿到了医学学位。他举办了关于两位古希腊医生的医学讲座，因为与他同时代的人都是通过这两位医生的医学著作获取医学信息的。1532年，他的拉丁文演讲在《希波克拉底与盖伦》[1]上发表。随后，他被委任到里昂的主宫医院行医。他教授人类解剖学，这在当时被视为非常大胆的举动。

1532年8月，里昂一位出版商发行了一套民间故事集，书名叫《庞大古埃的父亲卡冈杜亚的骇人听闻的传记》，描写了一个具有无限食欲的英雄，他总是在农民需要他时伸出援助之手。这本书成为畅销书，于是拉伯雷决定写续集。9月，他出版的《巨人卡冈都亚之子、迪波沙德王、鼎鼎大名的庞大古埃的可怖而骇人听闻的事迹和功业记》，是这个系列的第二部，讲述了卡冈都亚的儿子庞大古埃的故事。第二部中最有名的章

---

[1] 希波克拉底（前460年—前370年）被认为是"西方医学之父"；盖伦（129—199）被认为是仅次于希波克拉底的医学权威。

节是卡冈都亚写给儿子的一封信，里面强调自由式教育：学习语言、历史、数学、生物学、哲学、法律和医学。这部作品不是用教会神父、律师和学者所用的拉丁语写成的，而是以普通百姓的"粗俗"法语写成的。显然，由于担心所使用的语言和书中所讲的故事会引起审查人员的愤怒，并且会葬送自己的医学生涯，所以拉伯雷使用了笔名亚勒戈弗里巴·奈西埃。

接着，他又写了一部《庞大古埃之父、巨人卡冈都亚极为吓人的见闻录》，内容是关于卡冈都亚的故事。这本书可能是在 1543 年出版的。拉伯雷在序言中宣称，他希望每个人都快乐："最尊贵、最著名的酒友们，还有你们这些尊贵的生大疮的人们……尽你们所能，让我笑口常开。现在高兴吧，我的兄弟们，愿你们心情愉悦。"

拉伯雷解释说，卡冈都亚是从母亲左耳生出来的。据说，他出生后的第一声啼哭便喊道："喝酒、喝酒、喝酒。"他体形庞大，需要 17,913 头奶牛才能为他供应足够的牛奶。他的衣服需要大量布料："为他做一件衬衣需要 900 埃尔（ell）沙泰勒罗亚麻布，做衣袖需要 200 埃尔……做马裤需要 1105 又 1/3 埃尔白色绒面布料……他脖子上戴着一条金链子，使用的黄金重达 25,063 马克。"有人可能需要换算一下这些古时的度量单位才能想象他到底有多大，但是卡冈都亚确实庞大无比，他长大成人就是为了吃喝睡觉。有一次，卡冈都亚吃掉了 6 个朝圣者，他们当时正藏在一块长着卷心菜和莴苣的菜地里。

该书第一部的大部分文字就是一本反战小册子。例如，拉伯雷描述了面包师与牧羊人们之间的一次打架。面包师正往市场上运送蛋糕，牧羊人想要一些，但是遭到面包师粗鲁无情的拒绝，并骂他们是"废话篓子、贪婪的舔食者、长满雀斑的麻鸦、肮脏的流氓、粪便满床的无赖和狂妄的酒徒"，还有更多难听的话。面包师对牧羊人大打出手，最后牧羊人用现金购买了几十个蛋糕外加上百个鸡蛋和三篮子桑葚，这才结束了打斗。后来，面包师跑到国王比克克尔面前诉苦，国王派兵把那个村庄洗劫一空。

善良的让修士为保护牧羊人倾尽全力，为此卡冈都亚帮助他修建了泰勒默修道院，这里承载着自由主义者的梦想。修道院奉行的箴言就是"随心所欲"。拉伯雷这样描述修道院："人们不会将生命耗费在律法、条规和命令上，而是按照内心的自由意愿快快乐乐地生活。想吃就吃，想喝酒就喝酒，想劳动就劳动，困乏时随时可以休息。……他们通过这种自由进入了一种值得称赞的竞争状态，完全按照自己的喜好行事。"艾尔伯特·杰伊·诺克评论道："在修道院里，人们不受任何约束，但需要自我约束；每种安排都基于个人责任感。……本书第五十七章详细阐述了泰勒默修道院的纪律；我们相信，被赋予了充分自由的人性潜力在本章节中得到了最高尚、最令人信服、最完善的诠释。"

"巨人传"的第一部和第二部同时再版，据说销量仅次于《圣经》和托马斯·阿·坎贝的《效法基督》（1426）。1543年年初，索邦神学院将《卡冈都亚》和《庞大古埃》列入天主教徒的禁书名单。新教徒约翰·加尔文指控拉伯雷是无神论者，这在当时是相当严重的指控。

1546年，拉伯雷又出版了第三部，并署上了自己的真实姓名。这部书的主人公是庞大古埃挥霍无度的同伴巴汝奇，关于是否要结婚，他一直犹豫不决。他对自己的判断力缺乏自信，因此便向神父、医生、律师和哲学家寻求建议，却无济于事。因此，他踏上旅途去请教神瓶的神谕。第三部表达了更多的反战情绪。

拉伯雷似乎在巴黎定居过，并在此完成了第四部《庞大古埃之英勇言行录》的前十一章，于1547年面世。据猜测，这些内容只是拉伯雷预想的三分之一。这本书收尾太仓促，留下了一些尚未完成的章节。据让·普拉塔尔推测，拉伯雷之所以仓促付梓，是因为他需要筹集前往意大利旅行的资金，并回应那些令他厌烦的批评家。5年后，他将第四部进行了修订和扩充，继续讲述庞大古埃寻找神瓶的故事。拉伯雷沿袭了荷马等史诗家的光辉传统，创作了一部史诗，反映了欧洲人寻找西北通道经美洲到达中国的梦想，里面充满了风暴、怪人，还有食人岛和诡辩岛（居住着递送传令状和传票的法院文书）之类的地方。拉伯雷嘲讽了政治狂热分子，正如奥莫纳斯在这一段中所言："只有灭掉可憎的叛徒和异教徒，才能结束一切战争、掠夺、奴役、抢劫和谋杀。噢，那么，让我们在地球上欢欣雀跃、嬉戏宴乐，尽情享受美妙的乐趣吧。"

我们对拉伯雷晚年的生活知之甚少。1552 年，由于朋友们找不到他，便传出他深陷囹圄的流言。两年后，他怆然离世，引发了人们的深切哀悼。据 18 世纪巴黎圣保罗教堂教区的一份记录复本显示，他去世的时间是 1553 年 4 月 9 日，享年约 59 岁。他极有可能被葬在巴黎的圣保罗教堂墓地。

1562 年，一部署名拉伯雷的作品《第五部·卷末》出版，然而学者们对其真实性表示怀疑。让·普拉塔尔解释说："关于拉伯雷这部死后出版的作品，仅研究其内容和出版情况，我们就从整体上怀疑其真实性。可能出于种种原因，拉伯雷保存了草稿和丢弃的片段，留待以后使用；他去世之后，另一个人——可能是位新教徒——从中挑选了最符合他们教派热情的段落残篇，并将其整理成书。"的确，这部书时常令人想起拉伯雷的精神，比如他呼吁"从地球上消灭一切形式的暴政"的主张。

拉伯雷的作品传阅甚广。"几乎没有哪本法文书能如此频繁地重印。"普拉塔尔说，"16 世纪时就有 98 个版本，17 世纪有 20 个，18 世纪有 26 个，19 世纪大约有 60 个。……它们不仅启发了后来以散文和诗歌形式写作的小说家、小册子作者、滑稽诗人和讽刺诗人，还衍生出了芭蕾剧本和喜剧，为扇子和印花布料提供了装饰性图案。……在文学、艺术、科学和政治领域喜欢阅读拉伯雷的名人不胜枚举。"

拉伯雷的作品备受争议。新教和天主教作家都谴责他是"挥之不去的瘟疫和坏疽"、"当代最邪恶之书"的作者、"浪荡子手册"的制造者。年轻时的伏尔泰就认为拉伯雷是个粗俗之人，但是像许多人一样，他后来也开始欣赏他的作品，并欣赏其中所蕴含的学问、智慧和幽默。传记作家唐纳德·M. 弗雷姆说："对拉伯雷作品的译介起步较晚，但是现在已经非常普及了。"

时至今日，拉伯雷仍然凭借着巨大的能量让读者刮目相看，他的作品抨击我们所处时代的野蛮残暴，如同抨击他所处的那个时代一样。拉伯雷对生活怀有无限热爱，因此得以千古流芳。

2. 个人主义精神：梭罗

如果历史上曾经有过个人主义者的话，那么亨利·戴维·梭罗肯定当仁不让地属于其中之一。作为他的朋友，诗人、散文家和哲学家拉尔夫·沃尔多·爱默生回忆说："他没有接受过职业培训；他从未结过婚；他自己独住；他从不做礼拜；他从未投过票；他拒绝向州里交税；他不生吃东西，不喝酒，不抽烟；尽管亲近自然，但他既不用捕捉器也不用枪。他明智地选择了研究思想和大自然。他没有创造财富的天赋，懂得安于贫穷之道，但是绝不会让人想到肮脏和粗俗。"爱默生可能还会补充说，梭罗谴责战争，帮助过逃亡奴隶。美国诗人沃尔特·惠特曼透露说："梭罗身上有一点拉近了我与他的距离，我指的是他不受法律约束——他倡导异议——他坚持走自己的道路，哪怕地狱之火把一切都烧毁。"

在其短暂的一生中，梭罗只出版过两部作品：《在康科德和梅里马克河上的一周》（1849）和《瓦尔登湖》（1854）。前者卖了大约300册，后者卖了不到2000册。然而，正如历史学家塞缪尔·艾略特·莫里森在评价梭罗的一部遗作时所说："《论公民的不服从》……已经成为争取自由的亚洲和非洲人民最广为熟知的美国文学。……"他的作品被翻译成捷克语、丹麦语、荷兰语、法语、德语、希伯来语、日语、俄语、瑞典语、意第绪语等。在《生活的艺术》中，林语堂曾写道："就他的整个人生观而言，梭罗是所有美国作家中最像中国人的，我可以把他的段落翻译成汉语，让大家以为那是中国诗人的原作，而不会引起任何怀疑。"

长期以来，沃尔特·哈丁一直是研究梭罗的领军人物。他在 1962 年指出："100 年前，亨利·戴维·梭罗还被认为是拉尔夫·沃尔多·爱默生的不起眼的门徒。50 年前，他还被认为是个'庸才'，应该被迅速遗忘。然而，今天他是美国名人堂里公认的巨星，他的名声在节节攀升，而不是逐日下降。大家普遍认为，他的文字更多地是写给我们这个时代的，而非他自己的时代。"

他用超凡的洞察力和激情表达了个人主义的重要原则，拒绝个人必须忠诚于集体权威。他写道："关于我的自由，我非同寻常地忌妒。我感觉自己跟社会的联系和对社会的责任微乎其微，转瞬即逝。"他认为有道德义务管好自己的事情，"虽然行善是一种充实的职业，我还不带偏见地尝试过，也许看起来很奇怪，但是我确信这并不符合我的本性"。他对政府不抱幻想，所以他说："我觉得政府愚蠢透顶，我对它已经丧失一切尊重。"他坚持认为，要获得尊重，就必须对自己的生活负责，必须保持独立性，而这一点会被政府的救助所破坏。尽管有时候他会像小丑一样遭人嘲笑，但他仍然表现出了绝不退让的勇气，依旧坚持自己特立独行的观点。每次写作，他似乎都是在为全世界的个人主义者发声："如果一个人不能与他的伙伴保持同步，那或许是因为他听到了另一个鼓手的声音。他只需跟上他听到的声音即可，无论是什么节奏或者距离多么遥远。"

梭罗身高大约 5 英尺 7 英寸，按照爱默生的说法，他"身体结实，肤色较浅，眼睛刚毅而严肃，面色严峻"。爱默生羡慕梭罗常在户外活动："他戴着一顶草帽，穿着一双结实的鞋子和一条灰色的裤子，穿过矮栎和菝葜，爬树寻找老鹰或松鼠的窝巢。他跋涉水塘，寻找水生植物，粗壮的腿也是他装备的重要部分。"根据传记家卡洛斯·贝克的描述，梭罗"有一头浓密的棕发，发质细密。……（他的）胳膊长满毛发，像动物的皮毛。……（他的鼻子）从鼻梁朝外朝下弯曲，明显呈钩状，有点儿像猛禽的喙。……（他的眼睛）经常闪着冰冷的灰光"。

他于 1817 年 7 月 12 日出生在寡居的外祖母家里，起名戴维·亨利·梭罗。外祖母的家位于马萨诸塞州康科德的弗吉尼亚路。他的父亲名叫约翰·梭罗，经营商店失败后开始做铅笔制造商。他的母亲名叫辛西娅·邓巴，是个公理会牧师的女儿。

尽管时世艰难，但梭罗的父母还是给了他良好的教育。他去了康科德学校，这是一所私立学校，被普遍认为好于当地的公立学校。1833年8月9日，16岁的梭罗进入哈佛学院就读。

毕业后，梭罗改名亨利·戴维·梭罗，并且获得了在中心学校教书的机会，这是康科德的一所小学。当然，他必须遵守一些规章制度；当地的牧师告诉他，他必须鞭打自己的学生，但他不能忍受这种行为，于是辞去了教职。他和哥哥约翰在主街的帕克曼大楼办起了一所学校，后来这里成为康科德公共图书馆。他的学校不实行鞭打，照样也办得很兴旺。

1837年年末，梭罗遇到了34岁的爱默生。传记作家拉尔夫·腊斯克提到，"爱默生身体瘦削，接近6英尺的身高更凸显了这一点……他肩膀窄小，有点儿塌……他的头部给人以刚毅的印象。他留着一头浓密的棕发，短短的络腮胡子并不显眼，在一定程度上勾勒出了一张粗犷的脸，一双蓝色的眼睛颇具穿透力"。1803年5月3日，爱默生出生于波士顿，在哈佛接受过教育，后来创立了神秘主义先验哲学，并在第一本力作《论自然》（1836）中进行了解释。他的不朽之作是《自立》和《论补偿》。爱默生的作品中含有大量警句，譬如："想做人，就不能不墨守成规。……除了你自己，没有什么能给你带来平静。……品格高于智慧。……获得朋友的唯一途径就是做一个朋友。……没有热情，将一事无成。……自立，是人类的最高境界和完美体现。……让你自己成为别人需要的人。……做好一件事的回报就是做完这件事。……没有什么比常识和坦率更让人吃惊。……政府管理得越少越好。……伟人都明白，精神的东西要胜过其他任何东西。"

梭罗给爱默生展示自己所写的日记，他在哈佛的教授威廉·埃勒里·钱宁曾鼓励他写日记。这些日记始于1837年10月，这是他提出见解、练习表达的重要途径。显然，爱默生被梭罗的表达天赋所打动，于是邀请他去自己位于康科德的家中参加文学聚会，即众所周知的"先验主义俱乐部"。

1839年，亨利·梭罗和约翰·梭罗进行了一次为期13天的乘船旅行，他们先是沿着康科德河顺流而下，继而沿着梅里马克河逆流而上。1842年，约翰不幸死于破伤风，因此他们这次体验便有了特殊意义。悲伤之余，亨利决心写一本书讲述自己和哥哥的美好时光，但是待在家里心烦意乱，他觉得写不下去。因此，从1845年7月4日到1847年9月6日，他都住在瓦尔登湖爱默生的家里。瓦尔登湖位于康科德南面，长约四分之三英里，宽约半英里。梭罗借了一把斧头，建了一栋小房子。当然，他并没有像传说中那样让自己与文明隔绝。从他的田野，他能看到康科德至林肯的公路；菲奇堡铁路从瓦尔登湖另一侧经过，他母亲和姐姐妹妹会给他送来馅饼和甜甜圈。他经常去朋友家里吃饭，他的住处也经常有客人造访，而且不止一次，他的小房子成了"地下铁路"上的一站，供逃跑的奴隶避难。为了谋生，梭罗做过木匠、油漆工和测量员。

在森林中生活的第二年，他在写作上投入更多的时间。他完成了第一本书《在康科德和梅里马克河上的一周》，缅怀去世的哥哥。但是，这本书显然无法让出版商感兴趣，直到1849年一个印刷商才同意印刷1000册。他花了几年时间付清账单，没有卖出去的书都被存在父母家的阁楼里。

人们想知道为什么一个哈佛毕业生竟然愿意独自生活在森林里。1847年2月10日，他在康科德演讲厅做了一场题为"我自己的历史"的演说，结果听众非常喜欢。爱默生写信告诉玛格丽特·富勒，人们来"听亨利讲述自己如何在瓦尔登湖料理家务，他像做讲座一样朗读讲稿，结果听众迷上了贯穿其中的幽默智慧"。

在森林里住够了之后，他便去往爱默生的住所。他给《纽约论坛报》的编辑贺拉斯·格里利写了一封长信，讲述自己在瓦尔登湖的经历和思考。格里利将这些内容刊登在1848年5月25日出版的报纸上。在爱默生家住了两年之后，梭罗去帮助父亲经营家里的铅笔厂，并住在父母的房子里。他在这里把那些信件汇编成了《瓦尔登湖》，于1854年由蒂克纳和菲尔兹出版公司出版。

《瓦尔登湖》承续了爱默生的警句风格。这本书中包含着对竞争性事业的谴责，虽然这种企业能使世界上许多人免于饥饿。梭罗所坚持的个人主义产生了许多美丽的文字，他最令人难忘的句子包括："热爱生活""让每个人管好自己的事，努力成为他想成为的人""如果一个人在梦想的指引下自信地前行，努力争取过上他想象的生活，就一定会获得成功""如果我屋里有三把椅子，就会孤独时用一把，交朋友时用两把，社交时用三把""如果我确定有人要来我家，存心要为我做好事，我就会出去逃命"。

与此同时，梭罗还反对税收。1840 年，有人把他的名字加到康科德第一教区的人员名单中，镇上的司库要求他交什一税。被拒绝之后，官员们威胁要把他关进监狱。梭罗要求把他的名字从教会人员的名单上划掉。他写道："我，亨利·梭罗，不希望成为任何我没有加入的社会组织的成员。"

1845 年和接下来的一年，美国吞并了得克萨斯州，詹姆斯·K. 波尔克总统挑起了与墨西哥的战争。这场战争在南方特别受欢迎，因为得克萨斯有种植棉花和糖类作物的土地，这也意味着又多了一块支持奴隶制的领土。

梭罗拒绝支付人头税，这意味着他拒绝与自己认为不道德的政府合作，结果他在 7 月被关进位于厂坝路的康科德监狱。有人（很可能是他的姑姑玛丽亚）替他交了税，所以他只在监狱里待了一夜。他本希望在里面多待些时间，以此抗议战争和奴隶制。为了解释自己对税收的看法，梭罗写了一篇论文，于 1848 年 1 月 26 日在康科德演讲厅宣读。大约一年后，伊丽莎白·皮博迪获准将其在新杂志《美学论文》上发表（第一次也是最后一次），日期是 1849 年 5 月 14 日。梭罗的文章《抵制公民政府》开门见山，直奔主题，开篇这样写道："我衷心接受这句格言——'管事最少的政府才是最好的政府'，我希望能看到官方更快速、更系统地执行这一点。一旦执行起来，我相信它最终会变成'一事不管的政府才是最好的政府'；只有当人们对它有所准备之后，才会得到这样的政府。"他继续说,"我认为我们首先应该是人,然后才是臣民。培养对法律的尊重是不可取的,对权利的尊重也一样。……法律从来都不会使人更加公正;正是由于尊重法律,甚至那些心地善良的人们才会每天都成为不公正的执行者。"他补充说:"我不是生来就被强迫的。我要以自己的方式呼吸。……除非国家逐渐意识到个人是更高级的独立的力量,而且国家的权力和权威正是来自个人,并采取相应措施对待个人,否则就绝对不会有真正的自由、开明的国家。"

马萨诸塞州政府助纣为虐,实施了1850年的《逃亡奴隶法案》。梭罗义愤填膺,于1854年7月4日在马萨诸塞州弗雷明汉的反奴隶制大会上发表演说。演讲稿于1854年7月21日发表在威廉·劳埃德·加里森的《解放者》上,题目为"马萨诸塞州的奴隶制"。他声称:"我们这个州的法律所言并非都是对的;它们有时言不由衷。……重要的是人……人们承认存在某种高于宪法或大多数人的决定的'高级法'。……让这个州解除她与奴隶主之间的联盟。……如果她迟迟不肯履行职责的话,那么就让这个州的每一位居民都解除与她的联盟。"

废奴主义的鼓动者约翰·布朗坚信,只有通过武装叛乱,才能让奴隶获得解放。他在1859年10月16日夺取了弗吉尼亚州哈珀斯渡口的联邦军火库。梭罗就此发表演说。暴力让他不安,但更让他不安的是,废奴主义者中竟然没有人支持布朗解放奴隶的初衷。1859年10月30日,布朗尚在狱中,梭罗便出现在康科德镇政务厅,称布朗是"全国最勇敢、最仁道的人"。

沃尔特·哈丁写道,"梭罗成年后一直患有肺结核,时好时坏。1860年12月,他又患上了支气管炎,肺结核也日趋严重。1862年5月6日晚上9点左右,他溘然长逝,享年44岁。临终之际,他的母亲、姐姐和姨妈路易莎陪着他"。三天后,追悼会在康科德第一教区教堂举行。作家路易莎·梅·奥尔科特评价说:"他在世时未受重视,死后却受到了尊重。"作为作家,尽管梭罗没有出版过什么作品,但他的去世却被广泛报道。《波士顿每日广告报》《康科德箴言报》《波士顿书摘》《基督教周刊》《哈佛杂志》《解放者》《周六晚间邮报》《纽约论坛报》《哈泼斯杂志》《大西洋月刊》等都刊登了讣告。

梭罗死时默默无闻。历史学家佩里·米勒写道："迄今为止，一提到梭罗，世人就会认为他只是文学领域中一个无足轻重的自然主义者，这一领域的巨匠当属欧文、朗费罗、洛厄尔和霍姆斯医生。梭罗的观点并不多，世人认为这些观点都借自爱默生，发表的时候笨拙尴尬地进行了再加工，可能暂时引人入胜，但也只能说明他是个乡巴佬。"

梭罗留下了上千页手稿，他的妹妹索菲娅把这些文章整理成《远足》（1863），又与埃勒里·钱宁合作编辑了《缅因森林》（1864）和《科德角》（1865），爱默生编辑了《致诸君的书信集》（1865）。《一个加拿大的美国佬，以及反奴隶制和改革文集》于1866年出版。虽然这五卷书并不完整，而且有大量错误，但其中至少包含36篇评论，帮助梭罗获得了文学声誉。人们对他的作品需求强烈，因此霍顿·米夫林出版公司在1906年出版了"瓦尔登湖"版的20卷梭罗作品集。

梭罗的文章《抵制公民政府》本身就是一个故事。1866年，梭罗去世后第四年，文章改名为《论公民的不服从》，与《一个加拿大的美国佬，以及反奴隶制和改革文集》结集出版。美国之外几乎没有人能欣赏梭罗回归自然的作品，但是"公民的不服从"却成了一个战斗口号。俄国小说家和哲学家列夫·托尔斯泰深受触动，把梭罗列为"对我产生了特殊影响的"作家之一，他在他选编的文集《阅读天地》中收入了梭罗作品的许多选段。

写过梭罗传记的沃尔特·哈丁发现，"长期以来，犹太人对梭罗一直兴趣不减。1907年，《论公民的不服从》在纽约被翻译成意第绪语；1950年，又在洛杉矶再次被翻译成意第绪语。世界各地的意第绪语报纸经常刊登关于梭罗的文章"。

莫罕达斯·甘地在英国学习法律期间结识了为梭罗立传的亨利·索尔特。1907年前后，甘地在南非活动，反对禁止印度人自由旅行、贸易、居住的法律。他的朋友送给他一本《论公民的不服从》，他在比勒陀利亚坐牢3个月期间便阅读这本书。他承认梭罗的"观点对我影响很大。我接受了其中的一些，并向所有在印度独立事业中帮助过我的朋友推荐研究梭罗。其实，我领导的运动的名字'论公民的不服从义务'就出自梭罗的文章。……在我读到那篇文章之前，尚未为印度语中的'不合作主义'（Satyagraha）一词找到合适的英文翻译。……毫无疑问，梭罗的观点深深影响了我在印度的运动"。哈丁声称，甘地"在多次入狱期间总是带着一本《论公民的不服从》"。新德里出了一本小册子，书名叫《亨利·戴维·梭罗：塑造了圣雄思想的人》。

历史学家佩里·米勒提到，《论公民的不服从》广泛流传于"欧洲纳粹占领地区的反抗者中间，并成了他们的战斗檄文"。根据哈丁所说，"丹麦抵抗运动的领袖把《论公民的不服从》看作武装手册"。

小马丁·路德·金在亚拉巴马州蒙哥马利市帮助发起公民权利运动，以非暴力方式抗议政府实行的种族隔离，这时他"开始思考梭罗的文章《论公民的不服从》。我记得，上大学时第一次读到这篇文章，心中非常感动。这时我才相信，我们正在蒙哥马利市准备做的事情跟梭罗表达的观点有一定的联系。我们就是要对白人社会说：'我们再也不会向邪恶的制度妥协了'"。

1965年，沃尔特·哈丁领导一群学者开始编辑最终版的《亨利·戴维·梭罗文集》。他们在40多座图书馆中寻找原稿，这些资料主要分布在霍顿图书馆（哈佛大学）、亨廷顿图书馆（加利福尼亚州圣马力诺）、J.皮尔庞特·摩根图书馆（纽约）和纽约公共图书馆。然后，他们辛苦地抄写这些原稿。一位编辑说："梭罗写字向右歪得厉害。……他写的一些字母很容易混淆，尤其是r、s和z。更糟糕的是，梭罗经常犯拼写和语法错误。……他还会把一些单词连在一起，很难辨别出一个单词在哪里结束、另一个单词从哪里开始。"1971年，普林斯顿大学出版社发行了第一卷（《瓦尔登湖》）；后来又发行了14卷，直到今天这项工程还在继续。

历史学家米勒说，梭罗"现在已经成为现代文学中的一个神。不论在世界什么地方，只要有人阅读英语或者翻译英语，梭罗都是19世纪一个主要的声音，向20世纪的美国以及印度、日本和西非讲话，引起了越来越多的共鸣。……现在，门徒比老师更为风光：在大众的评判中，梭罗比爱默生更有活力，而朗费罗、洛厄尔或者霍姆斯都已经成为古文物研究者的业余爱好"。

现在的趋势是最看重梭罗关于自然的作品的，这无疑是环保运动的结果。譬如，广受赞扬的"美国书库"系列就发行了一卷1114页篇幅的梭罗作品，里面没有收入任何一篇政治作品。然而，对于那些珍爱自由的人而言，那些政治作品足以让梭罗流芳千古。他声明必须按照道德原则去评判法律，而且必要时必须单独对抗政府。

3. 良知与智慧：马克·吐温

坚定地把美国的个人主义阐释得最好的人非塞缪尔·兰霍恩·克莱门斯莫属，也就是马克·吐温。他写过一系列经典儿童著作，如《汤姆·索亚历险记》《哈克贝利·费恩历险记》《王子与贫儿》《康州美国佬在亚瑟王的朝廷》等。因此，那些认为他只是儿童作家的人可能会对此感到惊讶。但是，如果成年人回头重新阅读这些书，就会发现，它们全都热情地肯定了个人的道德价值。

在马克·吐温的大半生中，他的观点总能轰动一时，因为他是当时最有名的美国人。他是钢铁大王安德鲁·卡内基的朋友。失明、失聪但修养极高的海伦·凯勒也怀念与他相处的时光。马克·吐温在温斯顿·S.丘吉尔成为英国政治家之前，就把他介绍给了美国读者。他出版了大受欢迎的尤利塞斯·S.格兰特将军[1]的自传。英国小说家拉迪亚德·吉卜林曾经到他在纽约州北部的家里拜访他。他还结交了许多杰出人士，例如石油大王约翰·D.洛克菲勒、生物学家查尔斯·达尔文爵士、画家詹姆斯·麦克尼尔·惠斯勒、精神病医生西格蒙德·弗洛伊德、华尔兹之王约翰·施特劳斯、小提琴家弗里茨·克莱斯勒、钢琴家阿图尔·施纳贝尔、雕塑家奥古斯特·罗丹、哲学家拉尔夫·沃尔多·爱默生和赫伯

1　格兰特将军（1822—1885）在美国内战中是北方军总司令，战功赫赫，后来接替林肯之后的安德鲁·约翰逊总统出任美国第十八任总统，但被证明几乎是历史上最差的美国总统。

特·斯宾塞、剧作家乔治·伯纳德·萧、诗人阿尔弗雷德·丁尼生和亨利·沃兹沃斯·朗费罗、小说家亨利·詹姆斯和伊万·屠格涅夫、发明家尼古拉·特斯拉和托马斯·爱迪生（他曾为马克·吐温录音）。

马克·吐温并非系统性的思想家，却坚定地捍卫自由。他抨击奴隶制，支持黑人自立。他站出来为受警察和法官剥削的中国移民劳工说话。他承认美国印第安人遭受的悲惨待遇。他谴责反犹太主义。他支持妇女选举权。他蔑视西奥多·罗斯福等强势政治家，带头反对军国主义。在他人生的最后10年，他担任了反对帝国主义联盟副主席。"我是个伪道德家，"他写道，"这让我在对政治问题举棋不定时总是麻烦不断。"

他怀有资本家的梦想，在矿产股票上投机，还开办印刷公司。他当过风险投资人，每年为发明家提供5万美元的资金——他认为发明是最崇高的事业。但是，他在上述领域均遭失败，只有写作和演讲让他发了财。

马克·吐温是自强不息的典范。从12岁辍学开始，他就一直独力谋生，先后做过印刷厂助手、打字员、蒸汽船领航员、矿工、编辑和出版商。他花了4年时间还清了自己的全部商业债务，没有钻有限责任法律的空子。作为作家，他的成功完全依靠自己的智慧，而不是学术任职和政府资助。他在海外四处游历的昂贵费用全都来自自由写作和演讲所得。他在世时，读者购买他的书超过100万册。

马克·吐温喜欢自己所说的"理性的自私"。正如他所言，"一个人的首要职责是自己的良心和荣誉——国家政党次之，绝不会位居第一。……缔造国家、拯救国家、把国家建设成伟大国家的不是那些政党，而是诚实的人民——诚实的普通公民"。

马克·吐温睿智非凡，留下了许多令人难忘的名句，譬如："动物标本制作师与征税人的区别是什么？答曰：动物标本制作师只是取走你的皮。""公务员就是由美国人民选出的瓜分贿赂的人。""除了国会，没有明显的土著美国犯罪阶级。""首先，上帝创造了傻瓜。这只是试试手。接下来才创造了教育委员会。""就政治家的才干而言，最重要的是正确的礼节，而非道德。"

马克·吐温一搭眼就能被认出来。一位学者曾这样描写他："一个从密苏里来的年轻人，蓄着长髭，留着火红的头发，罕见地裹着一件上浆的棕色亚麻风衣，一直垂到脚踝。他说起话来没完没了，不停地打手势，不认识他的人还以为他总是在耍酒疯。"

马克·吐温还是一位深受欢迎的英雄，因为人们并非只读他的作品。他们在欧洲、亚洲和澳洲的演讲台上都目睹过他的风采。1896年4月，一位记者这样写道："马克·吐温悄无声息地走上讲台，身穿一件常见的晚礼服，裤子口袋开口很高，他偶尔会把双手放进去。面对潮水般的喝彩声，他会安静而优雅地鞠一个躬。……一头蓬松的头发又长又白，罩着一张充满激情又智慧的脸。弯弯的浓眉，讲话时大部分时间眼睛似乎都闭着，时不时会从深深的眼眶中露出光芒，眼神和蔼善良，暗藏忧伤。脸上沟壑纵横，刻着六十年的沧桑。他讲话句子很短，每讲一句都会发出一种奇怪的咂嘴声。他的口头表达跟书面写作一样，充满古雅的美式英语，对大多数演说家的华丽措辞似乎不屑一顾。……他讲话慢腾腾、懒洋洋的，充满倦意，就像一个昏昏欲睡的人；他一直用会话的口吻，很少抬高嗓门；但是，这种声调有一种独特的鼻音，穿透力很强，可以到达大厅的后排。……读马克·吐温的书是一种享受，亲自听他演讲更是一种难以忘怀的快乐。"

1835年11月30日，塞缪尔·兰霍恩·克莱门斯出生于密苏里州的佛罗里达，是家中的第五个孩子。他的母亲名叫简·兰普顿，性格率真，来自肯塔基州。据说，塞缪尔就是从母亲身上学到同情心和幽默感的。他的父亲约翰是个瘦长、忧郁的田纳西人，做过律师，后来转卖杂货。他搞土地和其他风险投机，结果倾家荡产。

塞缪尔4岁的时候，这家不幸的人迁移了大约30英里，来到密苏里州的汉尼拔，这座小镇位于密西西比河畔。他们租了一家药店上面的几间屋子。他在汉尼拔生活了14年，这些丰富的经历后来启发他创作出了最伟大的经典作品，如《汤姆·索亚历险记》《哈克贝利·费恩历险记》《密西西比河上的生活》。尽管他在13岁之前上过几所学校，但他的教育主要还是来自母亲。母亲教他自学，教他尊重他人的人格。

1847年，约翰·克莱门斯去世，不久塞缪尔便去了一家印刷厂当助手。在接下来的十年里，他在圣路易斯、纽约、费城和辛辛那提做印刷工。他跟本杰明·富兰克林一样，依靠印刷商的图书馆阅读自学。他喜欢历史，书读得越多，就越反对狭隘和暴政。

回到汉尼拔后，他找了一份工作，给蒸汽船领航员贺拉斯·比克斯比当助手，学习如何在密西西比河上航行，行程覆盖从新奥尔良到圣路易斯的1200英里左右的河段。在接下来的17个月中，塞缪尔重点熟悉河道，了解在夜里和大雾天气时河水的情况。但是，美国内战破坏了密西西比河上的商业，让他做领航员的梦想化为泡影。1861年，他加入一支名为"玛里恩游骑兵"（Marion Rangers）的密苏里志愿军。但是一天晚上，他们开枪射杀了一位手无寸铁的无辜骑马人，这让他对这一行为感到非常厌恶，于是愤然退出了骑兵队。

后来，塞缪尔向内华达领地进发，希望能够靠找银矿发财。未能如愿后，他索性为内华达的主要报纸《企业报》撰写关于银矿营地的趣文。文章在弗吉尼亚城发表，他因此而得到了一份全职工作。起初，他的文章都是不署名的。随后，他觉得如果想在文学上取得成功，就必须署上自己的名字。当时流行笔名，他回忆起自己在密西西比河上做领航员的经历，就想起了"马克·吐温"这个笔名，这个名字的意思是两英寻，等于12英尺——这是适合蒸汽船航行的深度。他的第一篇署名文章发表于1863年2月2日。

正是在弗吉尼亚城，马克·吐温遇到了红极一时、正在巡回演讲的幽默家阿蒂莫斯·沃德。他在商业上的成功给马克·吐温带来了启示，促使他思考如何利用自己的智慧取得成功。沃德鼓励他挺进纽约大市场。1865年10月，他致信哥哥和姐姐："我一生只有两个雄心壮志，一个是做领航员，另一个是成为福音牧师。我实现了第一个愿望，但是第二个却未能如愿，因为没有从事宗教事务的资质。……我对文学有一种'渴望'——我喜欢幽默，不过这算不上高层次。这虽不值得骄傲，却是最适合我的强项。"

在购买的银矿股票贬得一文不值后，他便决定充分利用自己的幽默天分进行创作，还投了几篇稿子给由幽默家布勒特·哈特编辑的文学周刊《加利福尼亚》。第二年，他写的故事《卡拉维拉斯县驰名的跳蛙》在纽约《星期六周报》上发表，接着其他刊物也进行了转载。突然之间，他就以"太平洋沿岸各州狂放的幽默家"的名号享誉全国。《萨克拉门托联盟日报》邀请他为夏威夷写新闻稿，因此他再次踏上旅途，每个月寄回四篇文章，每篇文章可挣到20美元。他想到了通过公共演讲分享在夏威夷的经历的办法，于是在旧金山租下一个大厅，从1866年10月2日开始演讲。三个星期的演讲共收益1500美元，远远超出了他的写作所得。

马克·吐温敏于捕捉机会，因此他注意到了一则关于首次跨越大西洋在海上游览的广告。这是一次为期7个月的圣地之旅，定于1867年6月启程。他拿出演讲所得的1250美元的一大部分用于购买船票，通过为旧金山《阿尔塔加州日报》写稿报道自己的经历挣稿费——总共撰写了50篇2000个单词的旅游札记，每篇20美元。他还为《纽约论坛报》和《纽约先驱论坛报》撰写旅游札记，讲述自己前往直布罗陀的故事，分享在丹吉尔、巴黎、热那亚、佛罗伦萨、罗马、那不勒斯、君士坦丁堡、黑海和巴勒斯坦的冒险经历。

在"贵格城"号蒸汽船上，他认识了同行的18岁少年查尔斯·兰登，他是纽约埃尔迈拉一个煤炭工业金融家的儿子。兰登给马克·吐温看了他姐姐奥莉维亚的一张小照片，朋友们都称她莉维。马克·吐温顿时为之倾倒，轮船回到纽约后不久，兰登便介绍了两人认识。1867年新年前夜，他和莉维一家去听了狄更斯朗读小说片段。后来提到莉维时，马克·吐温称那天晚上他发现了"自己生命中的幸运女神"。

接下来，马克·吐温开始写作《傻子出国记》，他在书中以诙谐的笔法描写了自己旅途中所见的人和物。例如，他这样描写摩洛哥："这里没有固定的税收制度，但是当皇帝（或者帕夏）需要钱的时候，他们就会对某个富人征税，而这个富人只有两种选择：要么交钱，要么坐牢。因此，摩洛哥很少有人敢于致富。"《傻子出国记》成为畅销书，一年就印刷了十多万册。

1870 年 2 月 2 日，马克·吐温与莉维在她父母位于纽约的地产夸里农场完婚。莉维是他唯一爱过的女人。他们本不可能结为伉俪，因为莉维是个严格的维多利亚时代风格的女性。她反对抽烟酗酒、语言低俗和各种恶习，而这些都是马克·吐温出了名的特征。他答应妻子一次抽烟的数量绝对不能超过一根雪茄。但是妻子爱他火一样的热情和与众不同的坦诚，并称他为"青春"。

妻子成了他最信任的编辑。她对读者可能喜欢的话题提出自己的判断，几乎读了丈夫的每一份手稿并提出修改意见。她还对丈夫的演讲材料提出自己的建议。马克·吐温评价道："克莱门斯太太阻止了我的许多东西印刷出版，因为这些东西出版后可能会破坏我的声誉，对这种后果我并不了解。"

《苦行记》（1872）诙谐地讲述了马克·吐温在内华达州和加利福尼亚州北部旅行的记录，大大提高了他的声望。在书中，他对遭受虐待的中国移民大加赞扬：他们"安静平和、性情温顺、从不酗酒，整天勤奋劳作。……所有中国人都能毫不费力地进行读写和运算"。

1871 年，马克·吐温举家迁往康涅狄格州的哈特福德，这是新英格兰的一个商业文化中心，位于纽约与波士顿之间。他们在这里生活超过 17 年，马克·吐温写出了许多脍炙人口的作品。他与邻居查尔斯·杜德利·沃纳合作，创作了《镀金时代》（1873），这是他的第一部长篇小说。书中有一个鞭辟入里的段落："如果你是国会议员（并无冒犯之意），有个目不识丁的选民不名一文，也不想学习，没有工作，无法谋生，跑来向你求助……那么你可以把他带到……华盛顿这个收容无助者的伟大旧式慈善避难所。"

1874 年，马克·吐温建成了一栋别具一格的三层红色小楼，共有 19 个房间，这也反映了他的成功和个性。房子的一部分看起来像密西西比河上一艘蒸汽船的操舵室。他大多数时间都在里面打台球，与女儿苏西、克拉拉和吉恩（儿子兰登夭折）玩耍。克拉拉回忆道："父亲会看着墙上的图画给我们讲故事，他从一幅画讲到另一幅画，神奇的想象力带领我们走进许多国度，见识到不同的人物，让我们深深着迷。"

当全家人都在夸里农场避暑时，他便全身心地投入创作。显然，《苦行记》的成功表明，他利用其他经历也可以写出好作品，于是他开始回顾自己在密苏里汉尼拔的童年往事。早饭后他就开始写作，一直写到晚饭时间（他很少吃午饭）。晚上，他回到主屋，家人们都会围着他听他朗读写的东西。

1875年，马克·吐温40岁，开始创作第二部小说《汤姆·索亚历险记》。小说讲的是一个贫穷孤儿的故事。这个男孩先是卷入了麻烦，但是凭借自己的智谋、诚实和勇气救赎了自己。书中还提到了汤姆的朋友哈克贝利·费恩，描述了年轻人的美好夏日时光，故事充满魅力，让人久久难忘。

不久，他又开始创作代表作《哈克贝利·费恩历险记》，但是直到1885年才出版。与《汤姆·索亚历险记》不同，该书使用了第一人称讲述故事，让人感觉直观亲切。通过鲜明的口语化语言，他塑造了一个几乎不识字的14岁贫穷少年哈克的形象。哈克的父亲是镇上的酒鬼，因此他逃离家门，遇到了逃跑的奴隶吉姆。他们一起乘坐木筏沿密西西比河顺流而下，遭遇了种种困境。与其他南方人一样，哈克也认为黑人奴隶是下等人，因此打算写信告诉吉姆的主人他逃跑的事情。但是，他想起了吉姆的善良品性，最终决定宁愿下地狱也不出卖吉姆，毅然撕碎了信件。

许多人认为这本书是毫无价值的垃圾。多家图书馆认定它存在种族主义倾向，其中"黑鬼"一词出现了189次，因此把它列为禁书。但是，该书展示了现实中人们为人性和自由而奋斗的精神，因而成了不朽的经典。《哈克贝利·费恩历险记》售出了两千多万册。

马克·吐温尝试过在公共场合朗读自己的作品，但最初的结果不尽如人意。他回忆道："我以为只需像狄更斯那样走到讲台上，直接照着书朗读就行了。我那样做了，但效果却很差。书面的东西不适合朗读。"他继续努力打造属于自己的风趣幽默的口语化演讲风格。

马克·吐温本可以不用为钱的事操心，但他把全部收入和妻子继承的遗产都投到发明和其他商业冒险上，结果血本无归。他投资了一种新型排字机，结果亏损 19 万美元。令人难以置信的是，他投资出版自己的畅销书竟然也惨遭失败。1894 年，他的商行破产，共欠了 96 位债主 9.4 万美元。他没有钻有限责任法律的空子，而是以一己之力承担起了责任。他的粉丝亨利·罗杰斯是洛克菲勒的生意伙伴，给了马克·吐温莫大的帮助。从那时起，直到马克·吐温去世，罗杰斯一直为他处理财务。马克·吐温决定通过演讲赚钱，偿还欠下的债务。于是，他和妻子莉维、女儿克拉拉开始了辛苦的全国巡回演讲。每次演讲，大厅里都座无虚席。接着，一家人又去了澳大利亚、塔斯马尼亚、新西兰、印度、南非和英国，所到之处尽是欢呼和掌声。他回忆说："一连 13 个月，我们都在不停地演讲、'抢劫和掠夺'。"直到 1898 年 1 月，他终于还清了所有债务。

马克·吐温赞扬私人企业，发现不公平现象时总要站出来反对。他说服罗杰斯资助海伦·凯勒，让她能够接受与其非凡的才华相匹配的教育。在他主持的一次大型集会上，他支持布克·T. 华盛顿，支持黑人自强自立。在维也纳生活期间（1897—1900），他不顾反犹太媒体的反对，为法国上尉阿尔弗雷德·德雷福斯[1]辩护——这名上尉因为犹太人身份而被法国军事法庭处以叛国罪。

1894 年，马克·吐温在英国演讲，这期间女儿苏西因脑膜炎离世。1904 年，与他相伴 34 年的妻子死于心脏病。他回忆说："在妻子去世后的这些年里，我忙于宴会和演讲，如同在凄凉的大海上漂流，它们虽然给了我智慧的快乐和愉悦，却只能让我心动一夜，过后只剩下一片干涸，遍地是尘土。"

在这期间，马克·吐温写的政治评论文章大幅增加。他抨击那些"进步"思想家提倡的时髦的集体主义信条，他们要求制定更多的法律，增加政府官员和军事冒险。跟阿克顿勋爵一样，他要求政府阶层应该像普通人一样，遵守相同的道德规范。他极具讽刺意义的《战争祈祷》成为美国反战人士的圣歌。

1909 年，马克·吐温的小女儿吉恩因癫痫发作去世。之后，他去了

---

[1] 这是一个影响深远的著名冤案，左拉写了《我控诉……》，"知识分子"这个词就诞生于这篇文章。

百慕大，希望能从悲伤中解脱出来。但是，去年曾经犯过一次的狭心症再次发作，不仅病情加重，而且发作得更加频繁，医生只能使用吗啡为他减轻痛苦。他登上轮船准备回家，这也是他人生中的最后一次旅行。途中，他通过阅读自由主义者托马斯·巴宾顿·麦考利的《英国史》放松自己。1910年4月21日的早上，马克·吐温在康涅狄格州雷丁的家中去世，生前他把这栋房子命名为斯多姆菲尔德（Stormfield）[1]。马克·吐温身着白色西装，静静地躺在纽约市布里克长老会教堂里，成千上万的人前来瞻仰他的遗容。他葬于纽约埃尔迈拉，靠近妻子身旁。

在去世之前，他就已经与时代格格不入了。进步主义分子和马克思主义者肯定不喜欢他倡导的个人主义。他的女儿克拉拉和他的授权传记作家艾尔伯特·比奇洛·潘恩也封存了他的文稿。唯一为他辩护的是文学批评家H. L.门肯，他认为马克·吐温是"第一位具有高贵血统的真正意义上的美国艺术家"。

1962年，情况开始逐渐发生转变，芝加哥大学的知名英语教授沃尔特·布莱尔出版了专著《马克·吐温与哈克·费恩》，认为马克·吐温的密西西比河史诗是重要的文学著作。在布莱尔的专著之前，《哈克贝利·费恩历险记》很少出现在大学课程当中。现在，几乎全世界都把这本书列入教材。

同一年，克拉拉·克莱门斯·萨莫苏德去世。她收藏的父亲的文稿——信件、演讲稿、手稿原件及未发表的作品——全部成为加州大学伯克利分校的财产。这给其他作家提供了研究材料，此后出版了几十本关于马克·吐温的著作。此外，伯克利大学出版社发起了一项雄心勃勃的学术工程，计划出版马克·吐温的所有著述，包括由其他机构和个人收藏的文献。该项目的主管罗伯特·赫斯特估计，所有文献最终可能会多达75卷。

尽管马克·吐温受到了"政治正确"人群的诟病，但这并不妨碍他作为最受拥戴的美国个人主义支持者而流芳百世。与自己同时代的许多

---

[1] 意为暴风雨之地。

人不同,他认为美国不是欧洲的边远地区。他认为美国是种截然不同的文明;他拥护和平,捍卫自由和公正,认为这两者密不可分。他塑造了坚强机智、崇尚自由的人,他们克服重重磨难去实现自己的梦想。他的个人魅力和诙谐幽默仍然会让今天的人们发出会心的微笑。

4. 优雅风格：艾尔伯特·杰伊·诺克

在1910年马克·吐温入土为安之前，美国的个人主义几近消亡。法学家抨击宪法已经构成阻碍，认为它限制了政府权力的扩张；与此同时，知识分子也在积极倡导集体主义，吹捧它能解决各种社会问题。西奥多·罗斯福崇尚帝国式的征服，伍德罗·威尔逊总统步其后尘，使美国卷进了一场欧洲战争，他把异议分子打入大牢，并把收入所得税写进宪法。即使还有人记得伟大的个人主义者托马斯·潘恩和托马斯·杰斐逊等，但他们的遭遇也只是被讽刺和挖苦而已。

尽管如此，作家艾尔伯特·杰伊·诺克却敢于直言流行观点的弊端。他谴责使用暴力把意志强加于人，认为美国不应卷入对外战争（因为参战不可避免会破坏自由）。他坚持认为，只要不伤害他人，个人就拥有不可剥夺的追求幸福的权利。思想史学家默里·N. 罗斯巴德称诺克是"美国货真价实的激进分子"。

诺克没有在畅销杂志上发表过文章，书的读者群也有限，但他默认个人主义是生活的信条。据说，知名作家H. L. 门肯曾告诉诺克："鬼才在乎你写了什么呢——你怎么写才是吸引人的关键。"保罗·帕尔默是继门肯之后《美国信使》杂志的编辑，出版了诺克的多篇文章。他回忆说："我认为诺克是美国作家中最了不起的文体学家。至少，还没有哪个美国人曾写过如此纯粹的散文。"

诺克之所以能赢得别人的尊重，还因为他见多识广。文学评论家范·威克·布鲁克斯解释说："他是个了不起的学者，还对音乐情有独钟。他对那个年代的歌手如数家珍，能清楚说出歌手来自哪座城市——无论是那不勒斯、圣彼得堡、伦敦、布鲁塞尔，还是维也纳。他认识从都灵到芝加哥的所有伟大的管弦乐队……他参观过包括波恩、波尔多、蒙彼利埃、列日和根特等大学在内的半数欧洲大学。他可以轻松任意地挑选一个观点，然后从柏拉图、斯卡利杰、蒙田或者伊拉斯谟的作品中找到出处。我可以随便引用一个章节或者诗节，证明不管是拉丁文还是希腊文，他都能迅速援引任何作者的话回答任何问题。我相信他还同样熟知希伯来语的《旧约》。"美国史学家梅里尔·D. 彼得森称他是"顶尖学者、优秀编辑、品味与知识的行家"。

诺克工作起来很慢、很仔细。他的朋友露丝·罗宾逊说："他用钢笔写字，手稿很少需要改正或更改。他的书法娟秀但似乎难以辨认，不过只要习惯了，就毫不费劲。"

罗宾逊回忆说："他体格匀称，小个子，小手，小脚。身高 5 英尺 10 英寸，动作轻灵；整个一生，都体形优美，风度翩翩。一张坚毅的脸，一双明亮的蓝眼睛，流露出他瞬息万变的表情：有时令人费解，有时顽皮可爱，有时亲切和善，有时充满仁慈。他肤色白皙红润，从我认识他那时起，他就一直蓄着胡须。……在头发变白之前，他留着一头棕发，发梢处有一圈铁灰色，这也是他的一个突出特征。"

社会哲学家刘易斯·芒福德在职业生涯早期就认识诺克。他这样描述诺克："旧式绅士的典型代表，美国风格：轻声细语，喜欢美食，注意礼节，满肚子好故事，其中很多都是关于西部的故事；他从不谈论自己，从不透露跟自己直接相关的事。"他极其注重隐私，跟他共事多年的人都不知道他曾当过牧师。范·威克·布鲁克斯说："甚至没有人知道他住在哪里，办公室里流传着一个笑话：谁想找他，就到中央公园找一块石头，在底下放一封信即可。"弗兰克·乔多洛夫回忆说："直到我被指定为他的遗产管理人，这才知道他有两个已经成年并受过良好教育的儿子。"他还补充道，"诺克是个个人主义者，这不是学习的结果，而是性情使然。

正如他自己所说,他的大脑'装备'就是如此设置的,其他设置根本不适合。诺克说,一个人如何思考取决于本性,教育再多也枉然。……他彬彬有礼,爱好广泛,知识渊博,却从不卖弄;缄默矜持,但喜欢交际;最重要的是,他是君子,从不伤害他人。"

1870 年 10 月 13 日,艾尔伯特·杰伊·诺克出生于宾夕法尼亚州的斯克兰顿市。母亲埃玛·谢尔登·杰伊是法国新教徒后裔,诺克是其独子;父亲约瑟夫·艾尔伯特·诺克是钢铁工人,脾气火爆,还兼为圣公会牧师。

诺克在纽约半农村化的布鲁克林区长大。据他自己说,他是通过揣摩报纸、不停问问题掌握字母表的。他直到十几岁才上学,不过在这之前家里就有很多书,他一直在钻研。有很长一段时间,《韦氏词典》让他爱不释手。

诺克 10 岁时,父亲在休伦湖北岸找了一份工作。在那里,他观察到了"独立、自重、自立、尊严、勤奋。……我们的生活非常自由;很少意识到专横的限制,因此几乎不知道政府的存在。……总体而言,我们的社会也许为杰斐逊先生的观点做了一种长期宣传——他认为,如果没有政府,典型的美国式美德就最容易得到发扬光大"。

上完私立预备学校后,诺克于 1887 年进入圣·斯蒂芬学院(后来的巴德学院)。他在希腊文和拉丁文文学的殿堂里徜徉。据说,他后来还在康涅狄格州米德尔敦的伯克利神学院学习了一年左右,1897 年被任命为美国新教圣公会的牧师。第二年,他去了宾夕法尼亚州泰特斯维尔的圣詹姆斯教堂,担任助理牧师。就在那里,他认识了阿格尼丝·格拉宾。1900 年 4 月 25 日,他们结为伉俪。此时,他 29 岁,妻子 24 岁。他们育有两个儿子,大儿子塞缪尔生于 1901 年,二儿子弗朗西斯生于 1905 年。之后不久,诺克就离开了妻子。他的两个儿子后来都当了大学教师。

1909 年,诺克经历了一场信任危机,他辞去了牧师职务,搬到纽约,成了《美国杂志》的编辑。这本杂志是激进主义者的乐园,他在这里工作了 4 年。他跟托莱多市前任市长布兰德·惠特洛克成了朋友。布兰德是位志向高远的学者，后来写了一本关于拉法耶特的传记。诺克还与善于揭露丑闻的记者林肯·斯蒂芬斯和约翰·里德交往共处。他曾在玩家俱乐部游荡停留，据说这家俱乐部是艺术爱好者聚会的场所，由演员埃德温·布思和作家马克·吐温（壁炉上方挂着马克·吐温的一幅肖像，还展出了他的一根台球杆）共同创立。玩家俱乐部位于曼哈顿市格拉莫西公园南16号，这是一座五层哥特复兴式建筑，1888年由建筑师斯坦福·怀特改造成了俱乐部。它是全美最大的储藏室之一，珍藏着大量吉尔伯特·斯图尔特、约翰·辛格·萨金特、诺曼·罗克韦尔[1]所作的剧院画像和人物画像。诺克喜欢在俱乐部里取邮件、吃吃喝喝，或者打打台球。他的名片上只是简单写着"艾伯特·杰伊·诺克，纽约玩家俱乐部"。

诺克吸收了德国社会学家弗朗茨·奥本海默的观点，后者的激进著作《论国家》于1908年出版（英译本于1915年出版）。奥本海默认为获取财富只有两种基本方式：工作和抢劫。他认为政府主要是基于抢劫。

1914年诺克加盟《国家》杂志，主编是废奴主义者威廉·劳埃德·加里森的孙子奥斯瓦尔德·加里森·维拉德。诺克不满报纸支持政府干涉经济的做法，但佩服其敢于反对伍德罗·威尔逊总统操纵美国加入第一次世界大战的行为。诺克撰写了一篇关于工会煽动者塞缪尔·冈珀斯的文章，结果《国家》杂志遭到威尔逊当局审查官的查封。

最后，因为《国家》杂志对政府干涉的支持太过露骨，诺克愤然辞职。在海伦·斯威夫特·尼尔森的帮助下，他成为新创办的杂志《自由人》的编辑。海伦是古斯塔夫斯·斯威夫特的女儿，继承了父亲通过肉类加工积累的巨额财富。1920年3月17日，第一期周刊发行问世，包含24页涉及政治、文学、音乐等话题的文章和信件。

诺克的主要合作者是尼尔森的丈夫英国人弗朗西斯，他以前是伦敦皇家歌剧院的舞台监督，也是议会的激进自由党代表，是主要的反战主义者之一。由于厌恶英国参加一战，弗朗西斯迁居美国，成为美国公民。他的《外交官是如何挑起战争的》一书于1915年由本杰明·W. 许布希

---

[1] 这三位都是具有世界性影响的美国天才画家。

出版——此人后来成为《自由人》杂志社的社长——引发了不小的争议。

诺克在杂志社采取了自由放任政策：他雇用有才之士，放手让他们经营。传记作家迈克尔·伦斯津说："员工们压根儿不记得他曾经修改过他们的作品。所有稿件，包括他自己的稿件，凡是涉及版面问题，都是他说了算，因为他是主编——但这也是唯一的限制了。"尽管编辑人员中有强烈反对政府干涉私人生活的苏珊娜·拉福莱特，但《自由人》也并非一贯秉承自由主义。为这份杂志撰稿的人还包括社会主义文学评论家范·威克·布鲁克斯、丑闻揭露家林肯·斯蒂芬斯、笃信技术会消灭人性的刘易斯·芒福德以及抨击竞争性企业的索尔斯坦·维布伦。

然而，在他自己的稿件中，他讨论了很多涉及自由的话题。他在1921年10月26日的《自由人》上这样评价爱尔兰自由："我们只能从一个角度看待自由；也就是说，自由是不能妥协、不能削减的东西。……对于我们而言，自由就是自由，这是绝对的，而且是永恒的。……我们看到爱尔兰要求自由，渴望摆脱外来民族的政治控制；不论在哪里，只要有人要求得到自由，不管是政治自由、社会自由还是经济自由，我们都会毫无保留、毫不犹豫、竭尽所能地给予支持。"在1923年9月19日发行的那期，第一次世界大战引发了人们的如下评论："一战大大加强了人们对暴力的普遍信仰；它触发了无休止的帝国主义冒险，使民族主义野心不断膨胀。每场战争都会产生这样的影响，其程度与战争规模成正比。因此，凡尔赛的最后裁决只不过是在争夺战利品罢了。"

《自由人》的订阅数量从没超过7000份，因此根本无法自给自足，据说每年的亏损超过8万美元。1924年3月5日出版了最后一期，之后停刊。诺克共投稿大约259篇。《大西洋月刊》编辑埃勒里·塞奇威克称赞诺克的《自由人》"字字珠玑，诙谐幽默，原汁原味，奇闻轶事层出不穷"。

诺克成了H.L.门肯的好友，后者曾编辑过杂志《时尚人物》和《美国信使》；在曼哈顿的一次宴会后，诺克说："在这个世界上，门肯就是我最好的伙伴。"他认为门肯"无所不能，自然诚恳，博学多才，心地单纯，善良慷慨"。

不久，诺克开始为《美国信使》《大西洋月刊》《哈泼斯杂志》《星期六文学评论》《斯克里布纳杂志》等期刊写稿。例如，他在发表于《美国信使》上的文章《做正确之事》中写道："自由似乎是培养一切基本道德品质的唯一条件，这也是需要自由的实际理由。……我们尝试过各种形式的法律、强迫和独裁，但是都无济于事。"

费城的埃伦·温莎、丽贝卡·温莎·埃文斯和埃德蒙·C. 埃文斯仰慕诺克，他们为诺克的创作提供资助。于是，诺克开始写作长篇传记。诺克的第一部作品是《杰斐逊传》（1926），书中省略了这位国家缔造者一生中最著名的事件，将重心放在他的心路历程上。H. L. 门肯这样评价诺克的文笔："准确睿智，井然有序，最重要的是充满魅力。在所有杰斐逊传中，只有这本书把杰斐逊刻画得入木三分，直达本质，极具说服力。"历史学家梅里尔·彼得森也夸赞诺克道："在有关杰斐逊的文学作品中，这是最引人入胜的单卷本。"

诺克钟爱16世纪的法国人文主义学者、辛辣的嘲讽者、特立独行的个人主义者弗朗索瓦·拉伯雷。1929年，诺克与学者凯瑟琳·罗斯·威尔森合作，创作了一本关于拉伯雷的书。诺克跟她一起编辑了《弗朗索瓦·拉伯雷文集》（两卷本，1931），然后创作了《探索拉伯雷笔下的法国》（1934）。

诺克拥护亨利·乔治[1]的思想。他解释说："乔治的哲学是关于人类自由的哲学。……他认为所有人都可以无限地自我改进，越自由，就改进得越多。而且，他还意识到，经济独立是获得政治自由和社会自由的前提。"为此，诺克写了一本有关亨利·乔治的书（1939）。

1930年，在彼得·法尔曼博士的支持下，苏珊娜·拉福莱特和希拉·希本创办了《新自由人》，但是只维持了一年左右。在此期间，诺克一共撰写了44篇关于艺术、文学和教育的文章，后来收录在《旅人之书》（1930）中结集出版。

诺克反对任何形式的暴政。早在1932年7月，希特勒还没掌权的时

---

[1] 亨利·乔治（1839—1897），美国社会活动家和经济学家，主张将大部分地租收益分配给全体人民，其代表作《进步与贫困》（*Progress and Poverty*）在19世纪末盛行一时。

候，他就提醒说："德国的事情看起来很糟糕。德国新政府正在利用希特勒，似乎一心想搞拿破仑式的专制主义。"他认识到的所有暴政邪恶要比大多数知识分子早几十年。1933年11月，诺克写道："应该禁止使用各种带有极权性质的'主义'。你们会很容易就接受它们所隐含的一条原则，即国家就是一切，个人利益无足轻重。"

诺克还是富兰克林·德拉诺·罗斯福新政不折不扣的反对者。1934年5月，他写道："也许鲜有人意识到，美国政府的中央集权正在迅速导致一种有组织的贫困。工业大州贡献了大部分的联邦收入，官僚再将这些收入分配给贫困州，认为这些收入会通过政治的方式产生最大效益。……这一切都源于一种不公正的征税理论，而这个国家已经被彻底灌输了这种理论，即应该根据个人的支付能力纳税，而不是根据他从政府得到的特权的价值纳税。"

1934年，诺克应邀去哥伦比亚大学举办了一系列历史讲座，他着重谈论了为争取自由而进行的斗争。后来，他把自己的演讲稿修改成了伟大的激进论著《我们的敌人：国家》。他的思路受到了德国社会主义学家弗朗茨·奥本海默的影响，弗朗茨曾写过国家是罪恶之源的作品。诺克拥护托马斯·潘恩和托马斯·杰斐逊提出的天赋人权观点，支持赫伯特·斯宾塞提出的自由是平等的思想。他高度评价《邦联条例》（1781—1789），因为它规定了一种没有中央政府的国家联盟。

《我们的敌人：国家》出版于1935年。诺克在书中写道："有两种方法或者途径，而且只能通过这两种途径，人类的需求和欲望才能得到满足。第一种是财富的生产和交换，这是经济手段；第二种是对他人生产的财富的无偿分配，这是政治手段。……国家无一例外都源于征服和掠夺。历史上还没有哪个原始国家起源于其他方式。……从起源和基本意图上看，国家都是反社会的。国家并不是基于天赋人权，而是建立在这样一种观念之上，即除了国家可能会暂时授予的权利之外，个人没有任何权利。国家总是让正义代价高昂，难以获得，而且只要有利可图，它就总是凌驾于正义和公共道德之上。"

1936年6月，诺克在《大西洋月刊》发表文章《以赛亚的工作》。

他认为文明的未来取决于他所说的"幸存者"（the Remnant），他是这样解释这一观点的："他们是隐蔽的、无组织且不善言辞的，彼此井水不犯河水。他们需要被鼓励，需要得到支持，因为当一切都分崩离析之后，他们会回来，建立一个新社会。同时，你的劝导能消除疑虑，将他们团结在一起。你的任务就是好好照顾好这些幸存者。"

诺克的最后一本著作是《多余人的回忆》，这也是他最迷人、最著名的作品。他待在康涅狄格州迦南的一所房子里著书立说。他像以前一样有所保留，省略了个人生活的一些细节，但是很好地梳理了自己思想发展的历程。他严厉抨击政府的义务教育，这是他最喜欢的目标之一，他认为这种教育加深了"对国家神圣不可侵犯的迷信般的奴性敬畏"。他悲叹道："美国人民曾经有过自由；他们完全拥有自由；但是，很显然，后来他们夜里无法安睡，直到把自由转交给了一帮善于捕捉机会的职业政客。"《哈泼斯杂志》于1943年出版了诺克的《多余人的回忆》。

晚年，诺克似乎没有几个朋友。他跟《发现自由》的作者罗斯·怀尔德·莱恩和《美国信使》的前编辑保罗·帕尔默有书信往来，还经常与弗兰克·乔多洛夫一起吃午餐，弗兰克在后来回忆起这段美好时光时说："他经常会用历史知识盛情款待你，这些知识往往能恰到好处地解释一个新闻标题；或者从经典作品中引用一个适用于当前情势的段落；或者三言两语说明真相，让一个'名'人褪去光环。他满腹经纶，思如泉涌，只有跟他志趣相投，才可以领略他的知识和智慧。"

特立独行的石油商威廉·F. 巴克利出生于得克萨斯州，是爱尔兰移民的儿子，认为自己就是诺克欣赏的那种"幸存者"。尽管众所周知，诺克喜欢波希米亚式的行事方式，而且敌视天主教，但威廉还是定期邀请诺克去他们家位于康涅狄格州沙伦的大榆树公馆共进午餐。他很欣赏诺克的个人主义和学识，而且其《多余人的回忆》也激励着他的儿子小威廉·F. 巴克利去反对当时的国有化潮流。

因为没有杂志社愿意出版诺克的作品，于是几个朋友便成立了国家经济委员会。从1943年5月15日开始，该委员会开始出版《经济委员会书评》。诺克做了两年编辑，直到健康恶化无法继续。

1945 年，诺克不幸患上了淋巴细胞性白血病，病情逐渐恶化。他对儿子弗朗西斯说："如果你有时想到你老爸很优秀，而且觉得自己或许应该感到一点儿自豪……那么你就应该认识到他其实并没有那么好。"

　　诺克搬到了朋友露丝·罗宾逊位于罗德岛韦克菲尔德的家中。1945 年 8 月 19 日，诺克在罗德岛病逝，享年 74 岁。当地一位圣公会牧师在罗宾逊家中为诺克进行了简单的葬礼，他被葬在附近的河畔墓地里。

　　诺克默默地激励着其他人继续前行。弗兰克·乔多洛夫创作了《一人成群》（1952）、《社会的兴衰》（1959）、《不合拍》（1962）和《收入所得税：万恶之源》（1963），积极拥护诺克倡导的个人主义。他还编辑了每期 4 页的时事通讯月刊《分析》，然后成了时事通讯周刊《人类事件》的编辑，并且创立了大学校际个人主义者协会，目的是在美国大学校园内宣扬个人主义。

　　1950 年，诺克以前的同事苏珊娜·拉福莱特跟《生活》杂志的编辑约翰·张伯伦和《新闻周刊》的专栏作家亨利·黑兹利特共同创办了另一份《自由人》。由于存在编辑方面的分歧，该刊于 1955 年被伦纳德·里德的经济教育基金会收购，并一直出版至今。

　　虽然艾尔伯特·杰伊·诺克说话轻声细语，但是他的影响力远远超过半个世纪前任何人的想象。他向世人表明，知识分子可以拥护激进的个人主义，这对生活在集体主义时代的年轻人至关重要。他用坚定不移的决心、渊博的学识和优雅的文风为后人树立了光辉的榜样，激励着他们前行。他的努力让世人一个个敞开心扉，拥抱自由。

5. 活跃的精神：亨利·路易斯·门肯

在 20 世纪上半叶，亨利·路易斯·门肯是美国最直言不讳的自由捍卫者。为了挑战对新闻自由的限制，他花费了数千美元。他大胆谴责伍德罗·威尔逊总统，称其煽动爱国热情，参与第一次世界大战，这使他丢掉了报纸专栏作家的工作。后来，他又谴责富兰克林·德拉诺·罗斯福，称其聚敛危险的政治权力，耍手腕介入第二次世界大战。他被怨恨包围，最终辞去了报社的工作。甚至总统还指名道姓地嘲笑他。门肯称："在我活跃的一生中，管辖我的政府一直是我的敌人。它要么忙着堵我的嘴，要么忙着打劫我。在我的记忆中，只要是跟政府打交道，它就会侮辱我的尊严，就会攻击我的人身安全。"

虽然门肯这个人颇具争议，但是作为美国最重要的新闻记者和文学评论家之一，他赢得了人们的尊重。他创作了大约 30 本著作，为 20 多本刊物撰稿，写了数千篇新闻专栏文章。此外，他还写了大约 10 万封信，平均每个工作日要写 60~125 封。多年来，他用两根食指在雪茄盒大小的科罗纳打字机上敲着键盘打出每个单词。

门肯对政治、文学、食物、健康、宗教、运动和其他许多方面都津津乐道。对于美国的语言，没有人比他知道得更多。许多过去颇具影响力的专家，像沃尔特·李普曼，大都被人遗忘了，但是人们仍然在读门肯写于一个世纪前的作品。20 世纪 90 年代，出版商出版了十几本有关门肯或者门肯本人的作品,传记作家威廉·诺尔蒂称,门肯是被引用最多的美国作家之一。

当然,门肯也是最机智诙谐的人之一,比如他曾说:"清教主义——挥之不去的恐惧,它担心某些地方的某些人会幸福。""民主就是这样一种揣测:如果某个普通人知道自己想要什么,就能够通过艰苦努力去得到它。""新政刚开始时,就像救世军一样,承诺拯救人类。结束时也像救世军一样,开设监狱,破坏和平。"

门肯身高约 5 英尺 8 英寸,体重约 175 磅。他长着一头光滑的棕色头发,从中间分开,喜欢叼根雪茄,身穿吊带裤和皱巴巴的西装。一位编年史专家称,门肯打扮得最好的时候,"像一个去教堂的管子工"。

出版商阿尔弗雷德·克诺夫与门肯是结交了四十多年的密友,他这样描述门肯:"众所周知,他在公众面前时而不屈不挠,时而愤世嫉俗,时而逗人发笑,时而让人恼火。私下里,对待自己喜欢的人,他又是另一副样子:多愁善感、慷慨大方、坚定不移,有时几近不理智。……他拥有人们能够想象得到的最迷人的风度,我发现他跟女人谈话时总会表现出这样的风度。……他花了大量时间送朋友们去候诊室和医院,然后再接他们回来,一路上安慰他们,陪伴他们。"

门肯鼓舞了追求自由的朋友们。个人主义作家艾尔伯特·杰伊·诺克经常为门肯的杂志《美国信使》撰稿,在他萎靡不振的日子里,门肯鼓励他,让他重新振作起来。门肯有位拥护自由主义的朋友埃玛·戈德曼,她在 1919 年被驱逐出境,门肯请求美国国务院批准她重返美国,但未获成功。埃玛 20 年后在加拿大患了中风,门肯帮她支付了医药费。门肯身上坚定的个人主义令年轻的安·兰德心生敬畏,她在 1934 年宣称,"我钦佩门肯,他是一种哲学的最伟大代表人物,我愿意奉献一生去追求这种哲学"。

1880 年 9 月 12 日,H. L. 门肯出生于巴尔的摩。他的父亲奥古斯特·门肯拥有一个雪茄厂。母亲安娜·阿布豪·门肯同丈夫一样,父母也是德国移民。1883 年,他们一家搬进了一栋三层红砖联排屋,房子的后院向后延伸了大约 100 英尺。门肯一直在这里住到结婚，6 年后妻子去世，他又搬了回来。

门肯从小就嗜书如命。9 岁时，他发现了马克·吐温的《哈克贝利·费恩历险记》，这让他大开眼界，不仅接触到了坚定的个人主义，还体会到了文学的乐趣。正如他自己所说，这"可能是我一生中最重要的事情"。他兴奋地说："马克·吐温多么伟大！他俯瞰芸芸众生，置身尘世之外，如同拉伯雷再世，观察人间趣事，面对无休止的尔虞我诈暗自发笑！他的眼睛是多么锐利，能洞穿宗教、政治、艺术、文学、爱国、美德中的虚假。……面对这一切，他一笑置之，并非常常带有恶意。"

15 岁中学毕业后，门肯到父亲的雪茄厂工作，但他并不喜欢这份工作。1899 年 1 月，父亲去世后几天，他便开始尝试做报社记者。他写的第一篇故事讲的是一匹被盗的马，投给了《巴尔的摩先驱报》。同年 6 月，他成了全职记者。事实证明，门肯不但机智过人，而且勤奋有加，很快便成长为戏剧评论家、周日版的编辑和晨报的本地新闻编辑。

青年时期，门肯就表现出了巨大的生活热情。例如，1904 年，他成立了一支乐队，起名"周六之夜俱乐部"。46 年来，几乎每个星期都会有十几个朋友聚到一起，演奏各种各样的音乐（门肯弹钢琴）。他们在大多数情况下都会在一个小提琴制造者的商店里弹上几个小时，然后去伦纳特旅馆喝啤酒。在实行禁酒令的 13 年间，他们轮流在家里举办欢宴。他们喜爱室内音乐、进行曲、华尔兹舞曲和歌剧音乐。门肯喜爱德国浪漫主义音乐，尤其喜欢贝多芬。

1906 年，《巴尔的摩先驱报》破产，门肯来到另一家报社，他将在这里写作 40 多年。一位观察者评论道："旧版《巴尔的摩太阳报》古板无聊，废话连篇。"1910 年，《巴尔的摩太阳晚报》开始发行，门肯担任编辑。从 1911 年到 1915 年，他一直负责"自由作家"专栏的每日撰文，内容涉及政治、教育、音乐或其他有趣的领域。（他还负责旁边的"给编者的信"专栏。每当有恶意来信抨击他的专栏文章时，他都会把信件刊登出来。）他嘲笑虚伪的政客、牧师和社会改革者。例如，他称原教旨主义改良家威廉·詹宁斯·布莱恩是"美国历史上最勤快的捕蝇器……是吹牛大王、江湖骗子，一个不知羞耻、毫无自尊的小丑"。人们指责他信奉反犹太主义，因为他有时平白无故地称许多人为"犹太人"，虽然他并不像其他人那样痛批犹太人。他曾这样描述盎格鲁－撒克逊人："肮脏无比，不求上进，头脑愚钝，无赖卑鄙……就是一群类人猿。"他批评伍德罗·威尔逊总统操纵美国搅入第一次世界大战。他坚持认为，英国政府对这次可怕的冲突负有责任；他抨击英国官员道德虚伪，因为他们实施海上封锁，不仅惩罚了德国的好战分子，还殃及无辜。一战期间，由于癔症发作，门肯中断了专栏写作。

在此期间，门肯成了文学评论家。从1908年开始，他就一直为文学月刊《时尚人物》撰写书评。他不懈攻击清教徒标准和饱受称赞的作家，比如西奥多·德莱塞、舍伍德·安德森和 F. 斯科特·菲茨杰拉德。这些人的小说都反映了一种现实主义的人生观。

门肯把更多精力用于著书立说。1919年，他出版了最经久不衰的作品，而在那之前，他已经写了8本书，内容涉及音乐、文学和哲学。这源于他对美国语言的热情；经过自然演变，这种语言的活力甚至超过了英国英语。没有相关部门对此进行过规划：在普通老百姓的日常生活中，他们不时增添新单词，从而使得美国语言更富表现力。《美国语言》第一版很快就销售一空，于是门肯着手四个版本中第二版的修订。他给出版商阿尔弗雷德·克诺夫写信说："你把《美国语言》做厚些，这是我的唯一要求。写一本至少5磅重的书是我秘而不宣的愿望。"

1920年，第一次世界大战已经成为人们的痛苦回忆，《巴尔的摩太阳报》邀请门肯再次出任专栏文章的编辑。于是，他开始创作令人难忘的"星期一"专稿，每周一篇，18年间从未间断。其中大约三分之二的文章都与政治有关。

1923年，门肯决定创办一个全国性论坛，用于发表自己的政治观点。于是，他辞去了《时尚人物》的工作，在克诺夫的支持下，他与戏剧评论家乔治·内森创办了《美国信使》月刊。刊物第一期发行于1924年1月，豆绿色的封面独具一格。不久，内森在杂志方向问题上与门肯产生分歧，辞职离开。门肯刊登了当时美国许多著名作家的文章，并附有犀利的评论。这些文章的作者有埃玛·戈德曼、节育的倡导者玛格丽特·桑格、W. E. B. 杜波依斯、兰斯顿·休斯、詹姆斯·威尔顿·约翰逊和乔治·斯凯勒。4 年来，杂志发行量不断上升，在 1928 年达到最高，约 8.4 万册。支持自由主义的新闻记者约翰·张伯伦是《财富》《华尔街日报》和其他出版物的撰稿人，他把门肯的《美国信使》称为"无政府主义的《圣经》"。

虽然门肯不是有影响力的政治哲学家，但他却表明要致力于维护个人自由。他写道："每个政府都是无赖。在与其他政府的关系中，它会诉诸欺诈和野蛮——不过在汉谟拉比统治时期，这种行为尚不能施加在个人身上，因为这是文明的习惯法明文禁止的。同时，每个政府在与本国人民打交道时，不仅盗取、浪费人民的财产，还拿他们的生命做赌注。由于不同国家的黎民百姓彼此之间缺乏了解，无以产生怨气；他们对疆界之外的事漠不关心，不会想到征服。所以他们必定是受到了懂得如何引发恐慌的政客的驱使才参与屠戮的。"

作为公民自由的主要拥护者，门肯公开谴责威尔逊总统囚禁美国社会党领袖尤金·德布斯的行为，抨击威尔逊的司法部长 A. 米切尔·帕尔默，因为他以抓捕布尔什维克分子的名义压制公民自由。

在臭名昭著的"斯科普斯审判案"中，门肯在幕后发挥了重要作用。他认为这是一场科学与迷信的较量。当时，田纳西州颁布法律，禁止在公立学校讲授达尔文的进化论，该州代顿市的生物学教师约翰·斯科普斯决定以身试法。公诉律师是威廉·詹宁斯·布莱恩。门肯劝说足智多谋的刑事诉讼律师克拉伦斯·达罗进行志愿辩护。达罗赞同门肯的想法，认为最好的策略就是将布莱恩对科学的教条式抵制作为关键问题，他还把布莱恩叫到证人席。然而，斯科普斯仍被判定有罪，虽然对他的处罚只是罚款。门肯在南方报纸上发表了针对这次审判的尖刻文章，这让他声名狼藉。

1926 年 4 月，《美国信使》刊载了文章《挂帽架》，内容跟密苏里州法明顿一个信教的妓女有关，这篇文章让门肯变得更具争议性。虽然此文并不涉及性挑逗之类的内容，但冒犯了 J. 富兰克林·蔡斯，他是卫理公会牧师兼波士顿文艺出版审查协会的秘书，负责管制图书出版。协会决定查封《美国信使》，为了挑战当地法律，门肯将刊物卖给了蔡斯一份。他在波士顿广场被捕，然后接受审判，后被无罪释放。案件给《美国信使》造成了两万多美元的损失，但这场争论也让门肯成了自由言论的勇敢捍卫者。

针对黑人的暴力激怒了门肯。例如，他这样评价马里兰州的一次私刑："虽然全镇人都知道正在发生什么，但在这紧急关头，却没有一个大人物挺身而出。他们20个人中的任何一个，只要肯威胁或谴责作恶者，就可能会阻止犯罪，但是没有人吱声。威廉斯就是这样被绞死、焚烧和肢解的。"

希特勒对欧洲构成威胁，门肯抨击罗斯福总统拒绝接纳犹太难民："只有一个方法能帮助逃亡者，那就是在一个国家为他们找到一个真正能活下去的地方。为什么美国不能接纳他们中的几十万人，甚至是全部呢？"同时，他坚持认为美国不应卷入另一场欧洲战争。[1] 他认为，如果不铲除世界上的暴政，国内的公民自由就会遭到破坏，并招致巨额债务。他曾设想，最好还是让美国成为一个和平的自由圣地为妙。他写道："我相信，在一千年以内，自由都是人类发明的唯一有真正价值的东西，至少在政府管辖方面如此。"他还补充道，"只要公民与政府发生争端，我都会本能地站在公民一边。……我反对通过法律让人高尚的所有努力。"

谈及经济自由，门肯宣称："今天，属于文明名下的一切东西几乎都归功于它。自中世纪以来，世界的巨大进步并非仅仅源于人类能量的消耗，甚至也非人类天赋的迸发，因为人类自远古时代以来就在一刻不停地努力工作，而且他们中有些人也具有非凡的智慧。没错，世界的巨大进步正是源于资本积累。资本积累使得劳动力在经济领域中被大规模地组织起来，大大提高了生产率。资本积累造就了机器，逐渐将人类从繁重的工作中解放出来，也解放了工人的灵魂，而在过去，工人与骡子几乎没有什么区别。"

有一段时间，门肯有过一位浪漫伴侣与他共同面对思想的战斗。

---

[1] 之前的"一战"是第一次卷入欧洲战争，所以另一场指的是"二战"，当时美国尚未被波及。

1923 年 5 月，他在巴尔的摩的古彻学院发表了一场如何找丈夫的演讲。在那里，他遇见了萨拉·哈尔特，一位出生于亚拉巴马州的 25 岁英语教师。门肯被她漂亮的容貌、洋溢的才华和对文学的热情所吸引；而她则看上了这位体面、快乐、有教养的人。之前他一直跟母亲住在一起，过着单身生活，直到 1925 年母亲去世。本来，45 岁的门肯对婚姻仍然小心翼翼。不幸的是，萨拉的结核病在逐渐恶化，这促使他最终把萨拉带到了婚姻的圣坛。1935 年 5 月 31 日，萨拉去世后，门肯写信告诉一位朋友："当我与萨拉结婚时，医生说她活不过 3 年。而实际上，她活了 5 年，所以我多过了两年幸福生活，我已经心满意足了。"

萨拉的去世对门肯的打击尤为严重，因为他本来就情绪不佳。这位个人主义者把随处可见的大萧条都归咎于资本主义，他自己看起来也像大萧条的残留物。他很少对经济政策展开分析，因为没有足够的知识解释联邦政府是如何引发、延长大萧条的。《美国信使》的发行量暴跌，门肯于 1933 年 12 月年辞去了编辑工作，由经济记者亨利·黑兹利特继任。萨拉去世三年后，门肯抨击罗斯福总统，称其操纵美国卷入另一场欧洲战争，这让许多人感到不安，于是他决定停止为《巴尔的摩太阳报》撰写专栏文章。显然，门肯对德国传统文化的热爱导致他忽视了希特勒统治下的德国的坏消息，但这无济于事。门肯遭到了排斥。

门肯肯定个人生活的快乐，为公众做了很多事情，鼓励他们展开自我救赎。他对《美国语言》进行了两次大增补，而《美国语言》被誉为流行语言方面颇具知识性、趣味性的杰作。他撰写了引人入胜的回忆录，刚开始是在《纽约客》上以系列文章的形式刊出，后来扩展成三部曲：《幸福年华》（1940）、《报社年华》（1941）和《异趣年华》（1943）。书中体现了一种宽容、热情的人生观。后来，门肯将他的大量新闻文章汇编成书，取名《门肯读本》（1949），目前它仍在印刷出版。

1948 年 11 月 28 日，门肯去秘书的公寓取手稿，结果突发中风。虽然他后来恢复了体力，但丧失了阅读能力，说话也有困难。大多数人都忘记了他。1956 年 1 月 29 日是个星期天，门肯在睡梦中与世长辞。他的骨灰被葬在劳登公园墓地，与父母、妻子相邻。亨利·黑兹利特是门肯以前在《美国信使》的同事和《新闻周刊》的专栏作家,他称门肯是"一种伟大的解放力量。……从一开始,门肯的政治主张和经济观点就既非'激进'也非'保守',而是主张自由。他拥护个人自由和尊严"。

现在,门肯仍然有大量仰慕者。1989年,他的日记出版,由于其中的直言不讳,他被再次戴上了反犹主义的帽子,但是犹太老朋友们却为他辩护。随后,其他手稿也相继出版,信件、报纸专栏文章和其他作品陆续问世。目前,市面上已经有30多本他的著作。

为门肯编写年谱的人大多都反对他的政治观点,尤其是他对新政的敌意,但他们发现这无损门肯的魅力。像其他所有人一样,他们也被门肯惊人的进取心、渊博的学识、坚定的勇气、快乐的情绪和自由的精神所深深吸引。

6. 越来越被看好的乐观主义：罗斯·怀尔德·莱恩

20世纪40年代早期，各大洲的人民都面临着独裁者的压迫或威胁。西方知识分子竟然美化杀人如麻的刽子手，其政府也参照集权模式扩大他们的权力。在欧洲、非洲和亚洲，战争肆虐，导致5000万人丧生。美洲似乎是自由的最后希望，但是也卷入了战争。

捍卫自由的美国知名作家已经消失殆尽。文学评论家H. L. 门肯早已远离恼人的政治，埋头于撰写自己的回忆录。至于其他人，比如作家艾尔伯特·杰伊·诺克和记者加雷·加勒特则深陷悲观情绪之中。就在这个时刻，罗斯·怀尔德·莱恩攻击了集权主义。她捍卫为全世界人民反对暴政提供了道德基础的天赋人权，歌颂过时但仍然坚挺的个人主义。她预见到未来的人们将重获自由，她的一生体现了一种越来越被看好的乐观主义。

莱恩是外来者，来的地方当时尚未被纳入美国领土。在很多女性还未享受到平等权利之前，她就开始了自己的事业，成为那个年代最成功的自由作家之一。她带着任务游历了整个东欧，78岁时还在越南当过战地记者。她的作品刊登在《美国信使》《时尚》《乡绅》《好管家》《哈泼斯杂志》《妇女家庭杂志》《麦考尔》《红宝书》《周六晚间邮报》《日落》《妇女日》等杂志上。她为擅长播送异国旅游探险的电台播音员洛厄尔·托马斯写过广播稿，还给查理·卓别林、亨利·福特、杰克·伦敦写过传记。她的小说《让飓风呼啸》(1933)连续印刷畅销40年,被改编成了电视短剧《年轻的先驱者》。她的书《发现自由》(1943)直到今天还能买到,激励了现代自由主义运动。她把母亲写的故事梗概加工成了"小屋子"丛书,讲述个人的责任、自立、礼貌、勇气和爱。许多人认为这是有史以来最伟大的儿童丛书系列。

谈到莱恩和她的同胞记者伊莎贝尔·帕特森和小说家安·兰德,《财富》杂志编辑约翰·张伯伦都满怀敬意地写道:"她们轻蔑地瞥了一眼男性商业社会,决定重新点燃一种对更古老的美国哲学的信心。她们中间没有经济学家,也没有博士。"艾尔伯特·杰伊·诺克说道:"她们让我们所有男性作家看起来就像南部邦联的钱币。她们从不笨手笨脚,从不吊儿郎当——每一枪都能正中靶心。"

传记作家威廉·霍尔茨说,政治哲学是莱恩"成年后大部分时间的兴趣所在。在我们国家那股持久的自由主义思想的传播中,莱恩是个重要人物。在尊敬和热爱她的人中,很多都是志同道合、反对国家的快乐战士。……她积极自学,嗜书如命,涉猎广泛,生性喜欢独立思考,凡事从不轻信,而是本能地凭借经验去检验各种观点"。

莱恩曾这样描述自己:"来自美国中西部,中产阶级,已经中年,身材丰满,头发灰白,品味简单。喜欢奶油爆米花、盐焗花生、面包和牛奶。"她牙齿不好,婚姻失败,辛苦工作赡养年迈的父母,在20世纪30年代还一度手头拮据,被切断供电。但是,她帮助复兴了美国革命时期的自由主义原则,通过自己的雄辩口才,她声名鹊起,鼓舞了千千万万的人。

她出生于1886年12月5日,取名罗斯·怀尔德,出生地靠近达科塔领地的迪斯梅特。她的父亲阿尔曼佐·怀尔德和母亲劳拉·英戈尔斯都是贫苦农民,先后遭遇了干旱、雷暴等毁灭性灾难。几年来,他们一直住在没有窗户的小屋里,经常吃了上顿没下顿。草原上盛开着许多野玫瑰,于是他们就给女儿取名罗斯。

"我们不喜欢被约束。"罗斯回忆说,"所以,在学会自律之前,我们吃尽了苦头。我们看到许多东西、许多机会，虽然迫切想要，却负担不起，无法得到；或者只能在付出了艰苦卓绝、令人心碎的努力和自我牺牲之后才能得到，因为负债比贫穷更难承受。我们都很诚实，并非因为有罪的人性使然，而是因为不诚实的后果过于痛苦。显然，如果承诺不如契约可靠，那么承诺就毫无益处，你也毫无价值。……我们明白不劳而获是不可能的。"

在她4岁那年，一家人离开达科塔，搬到了密苏里的曼斯菲尔德，开始种植苹果。她进入一家红砖房的学校上学，学校有四个房间和两架子书。在这里，她发现了查尔斯·狄更斯、简·奥斯汀和爱德华·吉本的伟大作品。她读的主要是辛辛那提学院的校长威廉·霍姆斯·麦加菲编的《读本》。麦加菲在教授阅读基础课时进行道德灌输，让这些青少年接触到了西方文明的许多伟大作家。但是，莱恩上完九年级就辍学了，决定离开密苏里农村，去见见世面。她乘火车到了堪萨斯城，在西部联盟电报公司找了份工作，担任夜班发报员。她把大部分闲暇时间都用来读书。1908年，她被调往旧金山，继续为西部联盟电报公司工作。在那里，她与广告销售员吉尔莱特·莱恩相恋，两人于1909年3月结婚。她几次怀孕，但要么流产，要么死胎。这导致她之后无法怀孕。

1915年，她的婚姻宣告破裂，但是通过吉尔莱特在报界的关系，她开始了记者生涯，为激进的劳工报《旧金山布告》编写女性专栏，每天写一篇1500个单词篇幅的人物专访；此外，她还在《日落》杂志上连载她写的自传体小说。

不知什么原因，她成了一名基督教社会主义者，并开始追随社会主义者尤金·德布斯。之后，布尔什维克革命攫取了她的想象力，她开始拥护共产主义。在纽约期间，她打算以自由写作为生，还遇到了共产主义的倡导者约翰·里德和共产党作家马克斯·伊士曼。

1920年3月，红十字会邀请她去欧洲游历，报道他们的救济活动，目的是让那些潜在的捐赠人了解他们所做的善事——因为他们需要这些人的支持。她住在巴黎，先后去了维也纳、柏林、布拉格、华沙、布达佩斯、罗马、萨拉热窝、杜布罗夫尼克、地拉那、的里雅斯特、雅典、开罗、大马士革、巴格达和君士坦丁堡。莱恩本以为欧洲承载着文明的希望，但事实并非如此，她躲避过强盗，目睹过官僚腐败，遭遇过恶性通货膨胀，还见证了内战的恐怖和残暴独裁的暗无天日。

当莱恩拜访苏联时，布尔什维克已经掌权4年。她这样报道："接待我的那个人斩钉截铁地说，自己并不喜欢新政府，这让我十分吃惊。……他抱怨政府干涉乡村事务。他反对日益壮大的官僚主义，这使得越来越多的人离开了生产性岗位。""离开苏联之后，我就不再是共产主义者了。"她说道，"因为我信奉个人自由。像所有美国人一样，我认为自己生来就享有个人自由，它就像呼吸的空气那样不可或缺、自然而然，就像人类生活中的自然元素。我从未想过自己可能会失去个人自由。我无法想象人们愿意没有自由地活着。"

1923年11月返回美国之后，莱恩开始给流行刊物写稿子，并出版了几部关于拓荒者生活的小说，事业开始突飞猛进。知名女演员海伦·海耶斯通过广播播诵了莱恩的小说《让飓风呼啸》。然而，在大萧条期间，莱恩也遭受了财务重创。1931年，她悲叹道："我今年45岁，欠债8000美元，可银行存款仅502.7美元。……我想做的事情都没有成功。"

1936年，莱恩给《周六晚间邮报》写了《信条》一文。三年后，洛杉矶商会总经理伦纳德·里德帮助成立了一家小型出版公司，重印了莱恩的作品《给我自由》。[1] 她写道："我开始慢慢明白，造物主赋予了我不可剥夺的自由，就如同赋予了我生命那样，自由与我的生命是不可分割的。"

1942年，约翰·戴公司的一位编辑找莱恩写一本关于自由的书。她去了西南部旅行，在得克萨斯的一个活动房屋停放场开始写作，后来在康涅狄格州的丹伯里又至少完成了两篇稿子。《发现自由：反对权威的斗争》于1943年1月出版，讲述了公然反抗统治者的普通人的伟大斗争，他们要抚养家庭、生产粮食、发展工业和贸易，用无数种方式改善人类的生活。莱恩讴歌美国革命，因为它帮助人们获得了自由，释放出了惊

---

[1] 根据后文所述，《给我自由》即《信条》，所以这里用了"重印"这个说法。

人的能量，推动了人类的进步。她问道："为什么过去六千年来人们会死于饥饿？为什么这么多年来他们要步行，要用自己的背驮东西或背人，而突然在一个世纪之内，就在世界上六分之一的土地上造出了蒸汽船、铁路、汽车、飞机，甚至现在还能在高空围着地球飞来飞去？为什么数千年来家家户户都住在没有地板、窗户和烟囱的小房子里，而之后美国仅用了80年时间就让人们对地板、烟囱和玻璃窗习以为常，认为电灯、陶瓷马桶和纱窗是最起码的生活必需品？"

莱恩把这些巨大的发展都归功于自由。她颂扬宪法"禁止美国政府不经法律程序就对美国人实施抓捕或者搜身；禁止不经审判就把他人投入监狱；禁止对他们秘密地或在不允许他们请证人为自己辩护的情况下就进行审判；禁止对他们以同一指控审判两次；禁止因他人犯罪而惩罚他们；禁止拒绝他们申请陪审团审判的权利或否决其申诉权；禁止严刑拷打；禁止拒绝他们集会或向政府请愿的权利、携带武器的权利或者个人的财产权"。

莱恩对这本书并不满意，拒绝再版。但她始终未能完成另一个版本。所以，这本书在她活着的时候只印刷了1000册。然而，《发现自由》影响巨大，成为地下经典作品到处传播。由于这本书的启发，在20世纪40年代和50年代，几个自由促进组织相继成立，其中包括伦纳德·里德的经济教育基金会、F. A. 哈珀的人文研究所和罗伯特·M. 勒费弗尔的自由学校。

《发现自由》成了现代自由主义运动的奠基之作，但莱恩或许还有更大的使命。1930年，她的母亲劳拉·英戈尔斯·怀尔德给了她一本记录自己早年在威斯康星、堪萨斯和达科塔生活的手稿。莱恩先将威斯康星州那部分放在一边，以剩下的内容为基础写了两篇稿子，并充实了故事和人物，完成了一部100页篇幅的手稿，暂时取名为《拓荒女孩》，并将其送交文稿代理人卡尔·勃兰特。然后，她又以威斯康星州的那部分材料为基础写了一个20页篇幅的故事《当外婆还是个小女孩时》，这个故事可以改编成一本儿童图画书。一位出版商建议增加内容，写成一本青少年读物。

莱恩把这个消息告诉了母亲，因为原稿已经被改得面目全非，所以母亲便向她解释说："这是关于你父亲的几个故事，如你所见，它们来自你写作《拓荒女孩》的那部长篇手稿，还串在了一起。"莱恩在说明了自己所需的材料后补充道："要是你觉得用第一人称写起来更容易，那就用第一人称写。过后，我再改成第三人称。"并向母亲保证，她们的合作是家庭秘密，"我没有向任何人透露过我用自己的打字机打印手稿一事。"1931年5月27日，书稿完成，莱恩把它送到出版社。哈珀兄弟于1932年出版发行，书名是《大森林里的小房子》。它后来成了儿童文学的一座里程碑。

1933年1月，父亲阿尔曼佐给了莱恩一部起名"农场少年"的手稿，这是他写的童年回忆录，但是出版商拒绝出版，可能是因为它讲述的主要是农场工作。它的命运在莱恩手上发生了转机，她花一个月时间把它改写成了一个鲜活的故事，哈珀兄弟买下了它。第二年，父亲又给了莱恩另一部手稿，内容是有关在堪萨斯的生活。她用五个星期把它改写成了《大草原上的小房子》。

"小房子"系列丛书给怀尔德全家带来了可观的收入，也让莱恩感到欣慰，因为她的目标就是给家人提供经济保障。父亲又把《拓荒女孩》的一部分扩展成另一部手稿，于1936年交给莱恩。他解释说："在写作过程中，我已经交代了故事的原委。但是，你的判断力比我强，所以以你的决定为准。"莱恩花了两个月时间进行改写，并给文稿代理写了一封信，索要更好的条件。这本书便是《梅溪岸边》。1939年的大部分时间，莱恩都在改写手稿。她写成了《银湖岸边》。《漫长的冬季》于1940年问世，《草原小镇》于1941年问世，《快乐的金色年代》于1942年问世。

这些书讲述的都是19世纪70年代和80年代发生在美国边疆的一个亲密家庭的故事：文静勇敢的爸爸（查尔斯·英戈尔斯）干了大量工作，像建房子、种庄稼、饲养农场牲畜、帮助邻居等；妈妈（卡罗琳·英戈尔斯）负责照顾子女，即使在最简陋的条件下也维持着文明的生活；他们的子女分别是玛丽、劳拉、卡丽和格雷斯。他们一家人遭遇了一个个难关：饥饿的野狼、严酷的冬天、心怀敌意的印第安人、被蝗虫毁掉的庄稼、凶猛的草原大火、猩红热、让玛丽失明的疾病。他们从来都没有多少钱，但是一家人其乐融融，幸福美满。

爸爸是这些故事中的大英雄。《梅溪岸边》讲述了蝗虫在吃光了爸爸在明尼苏达种植的小麦和草料后，他穿着打补丁的长筒靴两次徒步200多英里到东部替别人收割庄稼挣钱的故事。有一次，在从镇上步行回家的途中，他突遇暴风雪迷了路，于是在一个洞里待了三天，直到暴风雪结束。回到家里后，爸爸一次次拿起小提琴拉出动听的音乐，让每个人都精神焕发。

读者能够感受到创造性想象力所产生的奇迹，如《银湖岸边》中她写道："起初，不知谁想到了铁路。接下来，测量员来到了这片空荡荡的原野，他们标注并测绘了一条原本不存在的铁路；这只是一些人想象中的铁路。随后，农夫除掉了草原上的草，铲土机司机前来铲土，联畜运输车用马车把土拉走。他们都说在修铁路，但是铁路还是没有出现。这里什么都没有，只有在草原隆起处挖出的道道沟壑，一段段铁路斜坡只不过是狭窄的短土垄，穿过广阔无垠的大草原指向茫茫的西部。"

个人主义在书中体现得清清楚楚，正如《漫长的冬季》中描述的："大家都知道没有任何两个人是完全相同的。你可以用尺子量布，以英里为单位测量距离，但是你无法把人放在一起用任何规则去衡量。脑力和性格不取决于任何东西，只取决于人本身。有些人60岁也不具备其他人16岁就有的理智。"

这些书都展现了自由的精神，如《漫长的冬季》所写："政客已经一拥而入；夫人，如果有比蝈蝈更糟糕的害虫，那么一定是政客。"在《草原小镇》中，罗斯这样描写她母亲的思想："美国人是自由的。这意味着他们必须遵从自己的良知。没有国王可以给爸爸下命令；国王只能指挥他自己。嗨（她想），要是我年龄再大一些，爸爸和妈妈就不能再指挥我干这干那了，其他任何人都无权对我发号施令。我必须自己守规矩。"

莱恩对母亲尽心尽力，因此对"小房子"丛书丝毫不贪功，直到英语教授威廉·霍尔茨写了传记《小房子里的幽灵》（1993），莱恩所发挥的作用才得到证实。他回忆说："1972年，我和妻子开始给女儿们朗读《大森林里的小房子》。这本书立刻就吸引了我们，因此我们继续朗读劳拉·英戈尔斯·怀尔德写的其他书。这些书在儿童文学中的成就实属罕见，不仅儿童喜欢，成年人也同样读得津津有味。书中的一家人彼此忠诚，自律勤劳，面对困难时积极乐观，勇于斗争，我们发现作者不仅描绘得栩栩如生，而且颇有说服力。……作为文学评论家，我发现自己对整个环境的布局越来越感兴趣。……（劳拉）60多岁才完成这些书，此前没有任何文学成就，几乎是一鸣惊人，让人觉得她就是大器晚成的摩西奶奶，就是一个在密苏里州欧扎克山区默默无闻多年后突然焕发生机的未受教育的天才。……故事一直从劳拉·英戈尔斯·怀尔德的童年讲到她结婚，大部分内容的呈现方式都非常完美——无论是节奏、平衡、结构、人物塑造，还是对话和戏剧效果，都符合一种看似简单的风格和观点——由此描绘出了一种具有独特力量的虚构人物和有形世界。作者劳拉·英戈尔斯·怀尔德给人们一种非常强烈的没有经验的天才印象。……"

"要欣赏罗斯·怀尔德·莱恩对母亲著作的贡献，只需简单把她母亲誊好的手稿跟最终版本进行对照阅读即可。罗斯所做的不仅仅是对不自然、不成熟叙述的逐行改写。"霍尔茨说，一种乐观精神始终贯穿于"小房子"丛书，但是劳拉去世后出版的《最初四年》（1971）却不然，"这是劳拉·英戈尔斯·怀尔德唯一一本未经罗斯·怀尔德·莱恩改写的书"。

1974年，美国全国广播公司开始将《大草原上的小房子》改编成电视剧，这部广受欢迎的作品一直持续播放了9年。罗纳德·里根总统说《小房子》是他最喜欢的电视节目。截至目前，这套节目已经在全球100个国家播放，辛迪加协议（syndication agreement）保证它在未来至少25年中还会反复播放。现在，时代生活视频公司正在经营48个最受欢迎的节目，迈克尔·兰登撰写并导演了其中的很多作品，还扮演了劳拉的父亲查尔斯·英戈尔斯。

莱恩所引发的最后一次旋风是《妇女日美国女红书》（1963），她把这本书写成了对自由的赞歌。她写道："美国针线活告诉你，美国人活在唯一一个没有阶级的社会。这个共和国是唯一一个没有农民干针线活的国家。……美国妇女……抛弃了出身背景，她们抛弃了界限和框框。她们通过细节创造整体，把每个细节都置于无限的空间之内，独自、独立、完整。……蕾丝见于每个家庭，没有低级阶层为高级阶层制造蕾丝浪费生命。美国人是自由之人，不但富有想象力和创造力，而且勇往直前；他们喜欢快捷和变革。美国蕾丝告诉你，美国人是将要研制高速帆船、远洋轮船和飞机的人。"

谈到拼缝，她写道："让我们也记住，'在高山之巅，自由面向天空展开她的旗帜'，这面旗帜就是一个由13根红白条纹拼缝而成的图案，那片蓝色上面的星星已经由最初的13颗达到现在的50颗。这面旗帜是由贫穷饥饿的人们树立起来的，他们来自旧世界的四面八方，有的被像牛一样用船运输过来，如果有能力就在这片蛮荒之地生活下去。让我们记住，他们在这里找到了自由，并且勇于捍卫自由、维护自由；他们凭借赤手空拳和不可战胜的精神在自由之地创立了我们的国家。"

莱恩一生都很活跃，1965年，《妇女日》杂志派她以记者身份前去越南，但她更喜欢康涅狄格州丹伯里老家的乡村生活。1966年11月29日，她烘烤了足够几天食量的面包，然后上楼睡觉。但她再也没有醒来，享年79岁。她的好友兼文学继承人罗杰·麦克布莱德——也是电视剧《小房子》的共同制作者——把她的骨灰送到密苏里的曼斯菲尔德，葬在她父母身旁。她的墓碑很简单，上面刻着托马斯·潘恩的名言："原则可以穿越军队所无法穿越的地方。无论是英吉利海峡还是莱茵河，都无法阻止它的前进。它将沿着世界的地平线前进，不断征服。"

麦克布莱德为保护莱恩的遗产做出了很大贡献。他于1972年授权了《发现自由》的一个新版本。翌年，他编辑了《夫人与大亨：罗斯·怀尔德·莱恩与贾斯珀·克兰最佳书信集》。他为青年人编写了《罗斯·怀尔德·莱恩生平》(1977)。1993年，关于莱恩成长经历的第一本故事书《岩石山脊上的小房子》出版，酷似"小房子"的风格和精神。之后是《欧扎克山区的小农场》(1994)和《在大红苹果的土地上》(1995)。1995年3月5日，生活在迈阿密的麦克布莱德死于突发性心脏病，享年65岁。他的女儿阿比盖尔·麦克布莱德接管了父亲未发表手稿的出版事务，先后出版了《在山的那一边》(1995)、《欧扎克山区小镇》(1996)、《岩石山脊的新黎明》(1997)、《在牛轭湖岸上》(1998)、《单身女孩》(1999)。这些书把罗斯的故事写到了17岁，此时她即将踏上征程，追逐自己的梦想。

第六部

经济自由

> 没有政治自由,知识自由便无法存在;没有经济自由,政治自由便无法存在;思想自由和市场自由是必然结果。
>
> ——安·兰德(1961)

几千年来，政府限制人们随意迁移、择业、存钱、花钱和把钱财传给后代。在中世纪的欧洲，行会为人们从事各个行业和职业设置了障碍。行会决定了哪些公司会兴旺，哪些公司会消亡，而非由顾客决定。许多地方设置了道路、桥梁、河流和城镇收费站，扼杀了贸易。支持经济限制的人宣称，如果放任人们自由选择，就会导致混乱。但是，18世纪的法国和苏格兰思想家却意识到，经济限制会带来更多的特殊利益，会让其他人为此付出代价。自由市场会让作为整体的社会迅速发展，因为只有在此条件下，人们才会有足够的动机寻找自愿合作。

1. 自由放任主义：雅克·杜尔哥

18世纪中期，一大批作家表达了有关自由的观点，即后来众所周知的自由放任主义。安·罗贝尔·雅克·杜尔哥将之付诸实践。作为一名地区行政官员、日后的法国总审计长，当整个国家都处于绝对君主政体时，他为争取自由迈出了一大步。他呼吁宗教宽容，承认言论自由，让人们自由选择工作，削减政府开支，反对通货膨胀，提倡金本位制。他废除了令人讨厌的赋税、贸易限制、垄断特权和强制劳动。

提倡自由的主要思想家都非常敬重杜尔哥，其中包括孟德斯鸠男爵、孔多塞侯爵和本杰明·富兰克林。提到杜尔哥，亚当·斯密写道："我非常高兴认识他，能得到他的友谊和尊重，我倍感荣幸。"1760年，伏尔泰认识杜尔哥之后，跟他的一位朋友说："我几乎从没见过这么让人喜欢、这么博学的人。"19世纪激励过许多法国自由主义者的让－巴蒂斯特·赛宣称："杜尔哥的著述向记者和政治家们揭示了大量事实，具有很大的指导意义，就此而言，几乎没有其他作品可以与之相提并论。"皮埃尔－塞缪尔·杜邦·德·内穆尔是法国自由放任主义的拥护者，也是美国一个实业家族的创始人，他称朋友托马斯·杰斐逊是"美国的杜尔哥"，以此向他表达最崇高的敬意。

杜尔哥展示了非凡的远见卓识。比如说，他曾预言美国革命将于1750年爆发，这比乔治·华盛顿和本杰明·富兰克林看到的早了20多年。"殖民地，就像水果，"杜尔哥写道，"它们会牢牢地长在树上，直到有一天它们成熟。成熟之后，就会像迦太基殖民地[1]那样，有朝一日美国也会那样做。"1778年，杜尔哥警告美国人："奴隶制与良好的政治制度水火不容。"他提醒美国人，更应该害怕的是内战，而不是外国敌人。他预言说："美国人注定会变得伟大，但不是通过战争，而是通过文化。"杜尔哥提醒法国国王路易十六，除非削减赋税和政府开支，否则革命将不可避免，这将让国王掉脑袋。杜尔哥还多次警告纸币政策的危险性，这种在法国大革命期间采用的纸币体系导致了毁灭性的通货膨胀和军事政变。杜尔哥还向世人说明了如何从专制主义转型过渡到自治。

虽然杜尔哥几乎一辈子都没怎么出版作品，但他脑子里装满了最重要的思想。思想史学家约瑟夫·A.熊彼特说："杜尔哥才华横溢，从不屑于写下不值一提的小事。"在评价杜尔哥最重要但也最薄的一本书时，熊彼特说书中"包含了一种易货、价格和货币理论。就其本身而言，这一理论几乎完美无瑕……全面洞察到了所有重要事实及其相互关系，而且表述得准确无误"。

虽然杜尔哥勇敢地捍卫了自由，但他在女人面前却非常羞涩。在索邦神学院学习期间，他遇到了魅力四射的贵族小姐米内特·德·利戈尼维尔。他们一起打羽毛球，杜尔哥迅速坠入爱河。据史学家樊尚·克洛宁说，"虽然杜尔哥的社会地位与她相比相差甚远"，但他还是向她求婚了。她拒绝了他，于是杜尔哥终生未娶。

在朋友皮埃尔-塞缪尔·杜邦·德·内穆尔的记忆中，杜尔哥"身材高挑匀称，面容英俊。……眼睛纯棕色，眼神坚定、温和，正如他的性格。他前额饱满、高耸、高贵、祥和；面部特征非常鲜明。……直到生命尽头，一头棕发都茂密雅致；他身穿地方法官的衣服，头发散落在肩上，有一种自然、随意的优雅，令人印象深刻"。

安·罗贝尔·雅克·杜尔哥于1727年5月10日出生在巴黎，是米歇尔·艾蒂安·杜尔哥与马德琳·弗朗索瓦丝·马蒂诺的第三个儿子，

---

[1] 迦太基是腓尼基人建立的殖民地，位于地中海西部，而其母体腓尼基则位于地中海东部。

也是最小的儿子。父亲是政府官员，曾帮助修建巴黎的污水管道系统。

杜尔哥在年少时就表现出了对学习的热爱。他进入普莱西学院学习，接触到了英国物理学家艾萨克·牛顿的理论。按照传统，家中幼子理应成为神父，所以杜尔哥需在索邦神学院获得神职证书。他完成了一篇拉丁语论文《论人类思想的不断进步》，在文中，他表达了对美国的兴奋："这片土地，过去尚未开垦，如今勤劳的双手让它硕果累累。在这块风水宝地，人们遵纪守法，一片安宁。这里对战争的破坏一无所知……到处都是自由、美德和淳朴。"也就是在这时候，杜尔哥慎重考虑了职业问题，在得到父亲同意后选择了法律事务，放弃了神职打算。凭借过人的智慧和学识，他结识了许多重要思想家，包括政治哲学家孟德斯鸠男爵、哲学家克洛德·阿德里安·爱尔维修和数学家让·勒朗·达朗贝尔。

杜尔哥出版的第一部作品《抚慰者》（1754）是本抗议重启宗教迫害计划的小册子。身为天主教徒，他向天主教徒们宣称："人类，在他们看来，只需要自由；如果剥夺了他们的自由，你就把武器放到了他们手中。只有给予他们自由，他们才会默不作声。……此时此刻，如果我们强制宗教团结，不容许意见分歧，就会导致混乱和内战。"

与此同时，杜尔哥成了古尔奈侯爵雅克·克洛德·马里·樊尚的好朋友，后者被思想史学家约瑟夫·A. 熊彼特称为"世界上最伟大的经济学导师之一"。古尔奈出生于圣马洛，后来涉足家族生意，吸收了移居法国后发过大财的爱尔兰人理查德·坎蒂隆的思想，此人著有《商业性质概论》一书（约1734年），这可能也是全世界第一部综合考察自由市场是如何运转的著作。杜尔哥同古尔奈一起游历法国，考察商业公司。他支持古尔奈的自由贸易原则。古尔奈则让著名的格言"自由放任，保证通行"（*laissez-faire, laissez-passer*，通常指"让货物通过"）发扬光大。这句格言源于17世纪的商人勒让德，他反对国王路易十四的政府监管。

古尔奈去世那年，杜尔哥写了《悼念古尔奈》一书，解释了市场竞争通过提供不同选择从而最大限度地保护了消费者的原因。他指出，政府监管在产生不可靠利益的同时还会大大增加消费者的成本。

杜尔哥在《基金》和《交易会与市场》两篇文章中捍卫了经济自由。

这是他为德尼·狄德罗主编的十七卷本《百科全书》（1751—1772）撰写的文章，这套知识大全的编写者包括伏尔泰、孟德斯鸠、魁奈和法国启蒙运动时期几乎全部重要作家，成为一套推动人类进步的图书。在法国大革命之前大约销售了 2.5 万套，其中一半销往法国之外。

后来，杜尔哥熟悉了重农主义者（physiocrats）的观点。重农主义一词是皮埃尔－塞缪尔·杜邦·德·内穆尔用希腊单词 physis（让本性）和 kratein（统治）合成生造的。他的《重农主义》一书于 1768 年出版。傲慢、勇敢的内穆尔成了杜尔哥的亲密朋友，杜尔哥还是他三子的教父，他为这个孩子取名为埃勒泰尔·伊雷内（意为"自由和和平"），这注定了家族巨人埃勒泰尔·伊雷内·杜邦·德·内穆尔领导的公司的崛起。

重农主义指的是由弗朗索瓦·魁奈所普及的思想。魁奈是贵族子弟，自学成为外科医生，曾为国王路易十五及其有影响力的情妇蓬帕杜夫人治病。作为古尔奈的朋友，魁奈相信人类的进步是自发出现的；享有自由，人类才会做得最好。他在为《百科全书》（1756）写的文章、自己的著作《经济表》（1758）中和其他地方都抨击税收和贸易限制。重农主义的政治哲学大概在 1767 年出版的《政治社会的自然基本秩序》一书中得到了最为透彻的表达，作者是皮埃尔－保罗·梅西埃·德·拉·利维埃。"你希望一个社会获得最高程度的财富、人口和权力吗？"他问道，"那么就把它的利益交给自由，并把这一做法推广开来吧。"

1761 年 8 月 8 日，杜尔哥被任命为昂古穆瓦省、巴瑟－马尔什省和利穆赞省的地方行政长官，这一地区位于法国中部，即后来的利摩日。这里有大约 50 万农民，几乎全部以栗子、黑麦、荞麦为生，睡的是泥屋，穿的是破衣烂衫。历史学家伊波利特·泰纳收集了大量有关他们生活条件的资料，说许多农民使用的犁与古罗马没什么差别。

利摩日的农民与其他地区的农民一样，深受沉重的赋税压迫。经济史学家弗洛兰·阿夫达里昂宣称，整个法国大约有 1600 处海关，当货物沿着道路或河流经过不同的地方时，它们就要征收关税。此外，还要征收盐税、封建税和教会什一税。租税是由收税人根据农民的赋税能力征收的一种税，大约 13 万神职人员和 14 万贵族享有豁免权。大体上说，农民只能保留微薄收入的五分之一。

杜尔哥把精力放在最令人讨厌的租税上。作为地方长官，他无权废除租税，但他为此竭尽所能。按照传统，国家政府金融官员通过估算用于战争、官僚、凡尔赛皇宫和其他方面的费用决定所需要的税收金额。杜尔哥把本地区的税收定额削减了19万里弗赫（livre）。在担任利摩日长官的13年间，他年复一年地削减税收。他废除了利摩日的徭役。让－雅克·卢梭在《社会契约论》（1762）里维护徭役，但徭役是对农民征收的最令人痛恨的赋税。它最初是种封建义务，后来便要求农民每年无偿劳动十四天，为国王修路，主要是敲碎石头，运输石块，用铲子铲石头。杜尔哥雇用了一些有能力的承包商为利摩日建造和改善了大约450英里的道路。

杜尔哥认识许多崇尚自由的朋友。1765年，苏格兰道德哲学家亚当·斯密游历巴黎，杜尔哥与他一同用餐。后来，杜尔哥为他提供了一些著作，以便帮助他写作《国富论》。像重农主义者一样，两人都信奉经济自由，但是与重农主义者不同，他们还认识到了商业的重要性。

1766年，杜尔哥为在巴黎的两位中国学生写了一份80页篇幅的材料，概述自己的观点。这就是后来的《关于财富的形成与分配的再思考》。该书详细解释了自由市场的运转情况，阐明了自由放任政策的理由。杜邦·德·内穆尔把这本书编辑后于1769年11月和12月分两期发表在重农主义刊物《公民历书》上。

杜尔哥阐明了自己反对奴隶制的态度："这种可恶的习俗曾经非常普遍，现在仍然遍及地球上的大部分地区。……这种抢劫行为、这种贸易在几内亚海岸仍然随处可见，令人恐怖。欧洲人来这里进行煽动，购买黑奴，发展美国殖民地。贪婪的奴隶主迫使黑奴过度劳作，导致他们许多人死亡。"他还肯定了硬币（金银）的重要性，反对政府干预货币市场。他写道："认为商业中的货币利息应该由国王的法律确定，这是又一个错误。"

1769—1772年发生了饥荒，杜尔哥抵押房产贷款赈灾，并组织抗灾活动，资金几乎全是自愿捐助的。他敦促法国施行自由贸易，让收成不好的农民从有剩余粮食的地区购买食物，避免饥荒。

总审计长阿贝·泰雷制定了一项政策，只允许持有经营许可证的垄断者从政府控制的市场购买粮食。杜尔哥便写了《关于粮食贸易的信件》，用7封信件反对这一政策，进一步捍卫了自由放任政策。在一封相关信件《论铁的标记》中，杜尔哥写道："我知道，要加快商业发展，最好的办法莫过于给它自由，免除税收。"

杜尔哥反对征兵制度。1773年1月，他致信战争部长："人民普遍抵触服兵役。"这引发了"全国范围的最严重骚乱。……死人和小规模暴乱随处可见。随着教化的放弃，许多教区人口灭绝"。杜尔哥敦促人们自愿向那些应征入伍的人捐款，于是很多人为了钱踊跃从军。此外，杜尔哥没有强迫人们为士兵提供食宿，而是租了一些房子作为兵营，让所有纳税人共同承担费用。

1774年5月10日，国王路易十五死于天花，紧张、胆小的19岁皇孙继承王位，成为路易十六。他的王后是19岁的玛丽·安托瓦内特，她漂亮又任性，是傲慢的奥地利女皇玛丽亚·特蕾莎的女儿。在这一时期，法国拥有西欧最大的政府，在与英国打了七年战争（1756—1763）之后产生了巨额债务，因此处于疯狂状态。凡尔赛皇宫却挥霍无度。工资名单上有8名建筑师、47名乐师、56名猎手、295名厨师、886名贵族及其夫人和子女，再加上大臣、信使、医生、专职教士以及大约1万名保卫皇宫的士兵。在凡尔赛皇宫，基本上每个星期都有两场宴会、三场舞会和三场戏剧演出。玛丽·安托瓦内特在牌桌上出手阔绰，将价值不菲的礼物赠送给自己宠信的朝臣。她在服饰和珠宝方面也挥金如土，令人震惊。

1774年8月，为了控制经济局面，国王路易十六任命杜尔哥为总审计长。杜尔哥采取的政策是大幅削减开支、不征收新赋税、不借贷、禁止通过破产方式逃避债务。他最重要的政策之一是消除了政府对法国境内贸易的限制，以此激活经济。他发现，"在鲁昂市，谷物和面粉贸易只能由拥有特权的商人专门经营。……他们的特权，不仅包括对市内市场粮食的独家销售权，还包括对来自国内外的粮食的唯一采购权"。1774

年 9 月 13 日，杜尔哥颁布命令，放开粮食贸易。

杜尔哥从未质疑过君主制的合法性，但是他渐渐相信人们应该做好自治的准备。同杜邦·德·内穆尔一起，杜尔哥制定了教区议会、乡村议会、地区议会、省议会和国家议会计划。但是，这个计划后来不了了之。

杜尔哥的设想即后来著名的六条法令，其中两条具有里程碑式的意义。其一，杜尔哥想废除行业协会，它们垄断了各种贸易。杜尔哥还允许任何人——包括外国人——涉足几乎一切贸易领域。其二，杜尔哥废除了强迫农民无偿修路的徭役。他建议所有业主都要纳税，因为他们是道路修缮的主要受益者，缴纳的税可以用来雇用道路承包商修路。这些计划可能会引发争议，相比之下，废除对粮食贸易的残留限制，解雇限制巴黎市场、港口和码头的官员，废除养牛税，削减板油税，反而更易于接受，因此杜尔哥考虑把这些计划一并推出。他还颁布了另一条法令，废除限制葡萄酒贸易的各种法律。比如，在波尔多，销售和饮用来自其他地区的葡萄酒是违法的。在圣马丁节之前，朗格多克的葡萄酒不能经过加伦河运输。杜尔哥忙得不可开交，不幸痛风发作。当时他 48 岁，大家劝他放慢脚步，他却说："我家族的人都因痛风而活不过 50 岁，可是人民正急需帮助呢。"

不顾兄弟和几乎所有进谏者的反对，路易十六公开支持这些法令，1776 年 2 月 5 日，他把这些法令提交到巴黎最高法院。但是，法院支持各个行会，因为许多成员都是律师，都从行会抽取费用。裁缝行会与旧衣商行会之间发生过一件臭名昭著的案件，一直拖了二百五十多年。律师、贵族、垄断者和神职人员——每个利益集团——都反对杜尔哥。1776 年 5 月 12 日，杜尔哥被解雇。据说，他曾提醒路易十六世："陛下，请您记住，让查理一世（英国国王）走向断头台的是软弱。"

尽管没有组织众人抵制特权，但杜尔哥的成就可与任何人比肩。他的经历说明，依赖统治者的善意所推行的改革是多么脆弱。法令无法代替对人民的教育。

杜尔哥移居巴黎，学习科学、文学和音乐。他为美国利益在巴黎的代表本杰明·富兰克林写了《税收回忆录》，解释自己的自由放任经济政策。在他晚期的遗作里，有一封写给英国激进派大臣理查德·普莱斯博士的饱受争议的信，时间是1778年3月22日，他在信中表达了对美国独立的支持。他敦促美国人"将每个州政府管理的事务减到最少"。他宣称，"美国为所有国家的被压迫者都提供了避难所，这让整个世界都感到安慰"。

1778年之后，杜尔哥的痛风日渐严重，只能靠拐杖走路。1781年年初，他的情况开始恶化，3月18日中午11点左右，他在家中病逝，享年53岁。他的朋友布隆代尔夫人、恩维尔公爵夫人和杜邦·德·内穆尔陪在他身边。

杜尔哥的和平改革终遭弃绝，法国君主制也轰然崩塌。1788年，军费开支竟已占到整个预算的四分之一，一半预算都用于支付国债。这期间赋税还引起了骚乱。国王和王后不得不将银器移交给王室铸币厂，这实在让人同情。由于急需资金，国王同意召开三级会议，这是由贵族、教士、纳税人参加的会议，已经有一个半世纪没有召开了。这个会议后来成为国民议会，杜邦·德·内穆尔被选为议员。这个机构废除了行会和一些最糟糕的赋税，并且没收了教堂财产。正如杜尔哥所预料的那样，所有仇恨都在这时候爆发。1793年1月21日，路易十六被送上了断头台。玛丽·安托瓦内特，这个被世人戏称为"赤字王后"的女人，也在10月16日紧随路易十六之后被推上了断头台。先是通货膨胀失控，继而是恐怖统治，最后拿破仑·波拿巴接管了军事大权，发动了毁灭性的战争，让法国人民吃尽了苦头。

根据日程安排，他最忠诚的朋友杜邦·德·内穆尔应该在法国恐怖统治结束之日被送上断头台，然而他被热尔曼·德·斯塔尔夫人救下，移居到了美国。他编辑了九卷本的《杜尔哥文集》(1808—1811)。杜尔哥作品的另一法语版本于1844年问世。此外，G.谢尔编著了《杜尔哥文集及相关文件》(1913—1923)，附有杜尔哥家人提供的很多资料。19世纪出版了十几种关于杜尔哥的著作。

杜尔哥激励了经济学家让-巴蒂斯特·赛，而赛又激发了欧洲自由主义作品的复苏。莱昂·赛是让－巴蒂斯特的孙子，1887 年写了一部传记，向杜尔哥的成就致敬。近年来，杜尔哥最热心的仰慕者当属默里·N. 罗斯巴德，他断言："如果我们要为经济思想史领域的学者颁一个'优秀'奖，那么安·罗贝尔·雅克·杜尔哥肯定不能漏选。"

杜尔哥拥有远见卓识，敢讲真话，追求正义，勇于挑战掌控政府权力的特殊利益群体。他认为，自由对改善最贫穷的人的生活至关重要，并解释了其中的原因。带着非凡的勇气和强烈的同情心，他为帮助人民获得自由奉献了一生。

2. 看不见的手：亚当·斯密

在亚当·斯密之前，大多数人似乎都认为，经济要运转，政府就必不可少。在英国和欧洲，各国政府都提倡把经济自给自足作为国家安全的保障。政府补贴采矿和丝绸等"战略"工业，帮助保护药剂师、砖瓦工、木材商、扑克牌制造商和其他各种工人避免遭遇他们认为的不正当竞争。他们保护对外贸易公司，并且以积累黄金储备的名义限制进口，这被看作保护财富和权力的秘诀。生活中没有大量的政府干预是难以想象的。亚当·斯密的《国富论》公然挑衅这一切，吹响了经济自由的号角。虽然很多细节并非亚当·斯密首先提出，但他的远见卓识激励了各国人民：要实现和平和繁荣，就要让个人获得自由。他抨击各种形式的政府干预，建议解放英国在美洲的殖民地，谴责奴隶制。亚当·斯密对人们的思想产生了巨大影响，变化悄然进行。

亚当·斯密似乎不太像革命者，他给人的印象是非常严肃，心不在焉，但是人缘很好。他是一位尽心尽力的学者，个人藏书约3000册，经常在思考问题时忘记自己正在干的事。据说，有一次，亚当·斯密参观格拉斯哥的一家皮革厂，恍惚间掉进了厂里的深坑，幸亏朋友及时发现才把他救了出来。无论在哪里，只要有人迷恋扑克牌，喜欢谈论时事政治、历史、文学、哲学或政府政策，他似乎总能交到朋友。伏尔泰是法国著名的支持宗教宽容者，他以赞赏的口吻写道："跟亚当·斯密相比，我们一无是处，我为亲爱的同胞感到尴尬。"法国小说家里科博尼夫人充满感情地写道："责备我吧，殴打我吧，杀了我吧，但是我喜欢斯密先生，非常喜欢他！希望魔鬼夺走所有的学者和哲学家，但是请把斯密先生带给我。优秀的人都在追寻他。"

亚当·斯密从来没有让人给自己画过像，但是1787年他64岁生病时，詹姆斯·塔西给他做过一个圆形雕饰。这种雕饰通常用蜡做成，因此他的这尊塑像应该很精准。皇家经济学会编目员詹姆斯·博纳这样描述："他的头部侧面看上去面对的是右侧的观众。额头特别饱满，鼻子圆润，略呈鹰钩状；上嘴唇又长又细，下嘴唇微凸；下巴和颌部结实匀称。眉毛弯曲，上眼皮沉重下垂，眼球特别突出，下眼皮下面皮肤松弛，布满皱纹。假发已经用旧，用丝带从后面扎起，只留前额几缕卷发，两侧各有一个遮住耳朵的大发卷。"亚当·斯密曾向一位朋友坦诚道："除了书，我别无所爱。"

亚当·斯密写字一直很困难。这位书呆子单身汉的书法是"小学生水平"，写的字母又大又圆，很不流畅地连在一起。对于斯密来说，同写字一样，写作同样困难。他几十年来都在反复推敲几个重要的想法，纠结应该如何表达。《国富论》的酝酿时间至少用了27年。

传记作家伊恩·辛普森·罗斯写道："他声音刺耳，说话磕磕绊绊，严重口吃，谈话风格近乎说教。他的朋友们明白这一点，都体谅他的脾性。……在对他的性格和特点的所有记叙中，有一点非常明显——特别是他在与年轻人交往时——就是他的善良友好。"

没有人知道亚当·斯密的确切出生日期，只知道他于1723年6月5日在珂科迪接受过洗礼，那是位于苏格兰东部海岸的一个小渔村。亚当·斯密的房子已经无迹可循，但是下沉到海里的花园还部分存留。他的父亲是海关人员，也叫亚当，在亚当·斯密出生前几个月就去世了。他是由母亲玛格丽特·道格拉斯抚养长大的，她是地主的女儿。对于亚当·斯密的童年，我们只知道一点，就是他4岁时曾被一群吉卜赛人拐走，但是时间不长。"我担心，他不会成为合格的吉卜赛人。"传记作家约翰·雷打趣道。

按照通常的入学年龄，亚当·斯密14岁考入格拉斯哥大学。格拉斯哥城有人口2.5万人，是美国烟草的中转港，其繁荣也主要归因于此。烟草贸易刺激了知识生活，苏格兰的启蒙运动如火如荼。格拉斯哥大学因教学而闻名于世，因为教授可以直接从学生的学费中获得补贴，所以他们有认真教学的动力。亚当·斯密师从道德哲学家弗朗西斯·哈奇森，这是一个强大的人，他突破传统，用英语代替希腊语教学。他表达了自己对理性、自由和言论自由的热情，深深激励了亚当·斯密。似乎是哈奇森让富有争议的理性主义哲学家大卫·休谟注意到了这个聪明的学生。亚当·斯密和休谟日后成了最好的朋友。当然，他有自己的见解，在一些关键问题上与哈奇森存在分歧。比如，哈奇森认为自爱很糟糕，只有善意的行为才是道德的。亚当·斯密后来写道："在通常情况下，经济、工业、谨慎、关注和思想运用等习惯的形成应该源于自私的动机；与此同时，它们也应被视为可称道的品质，值得每个人的尊敬和赞赏。"

亚当·斯密具有非凡的感知能力，他在繁荣的商业中心待了多年，因此肯定从自己的观察中学到了很多东西。研究亚当·斯密的学者埃德温·迦南认为，荷兰医生伯纳德·曼德维尔的讽刺作品肯定影响了亚当·斯密的思想。这部具有挑衅意味的讽刺作品名叫《蜜蜂的寓言：私人的恶德，公众的利益》（1729，增订版）。曼德维尔在书中暗示利己主义是好的，因为它引导人们互相服务、促进社会繁荣，这种想法让自视清高的人们大为震惊。

亚当·斯密想要在苏格兰的大学任教，谋求教授职位的传统方法是展示自己能做什么，即进行一些公开演讲。如果大学官员被打动，需要填补空缺，求职者或许就会得到聘用。于是，1748年，亚当·斯密开始在爱丁堡进行关于伦理学、经济学和国防政策的演讲。余生他将把这些材料扩充汇编成书。

早在1749年，在法国自由放任经济学家的著述出版之前，亚当·斯密就得出结论，促进繁荣的途径就是政府不干预民众。他的学生杜格尔·斯图尔特说，在同年的一次演讲中，亚当·斯密宣称："把一个国家从最低级的野蛮状态提升到最富足的程度，只需要和平、简单税收和宽容的司法；所有剩下的事情都会自然发生。所有阻碍这一自然进程、强迫事物朝另一方向发展、在特殊时期抑制社会进步的政府……都是压迫和专横的。"

亚当·斯密的授课广受欢迎，一直到1751年，他都在格拉斯哥大学教授逻辑学。一年后，他根据要求在这里教授道德哲学。每周五次，早上7点30分开始，每次演讲一个小时。此外，每周三次，上午11点开始，小班授课。他似乎赢得了师生的一致尊敬，因为在1758年，他被任命为系主任。詹姆斯·博斯维尔是他的学生，后来成为著名的文学传记作家。他回忆说："斯密先生情感强烈、深厚而美好。在他身上丝毫找不到其他教授常见的那种呆板和迂腐。"

晚上，亚当·斯密会玩惠斯特牌（whist），或者跟苏格兰最有思想的人聊天。这些人包括大卫·休谟、蒸汽机改进者詹姆斯·瓦特和化学家约瑟夫·布莱克。他还加入了一个讨论俱乐部，这个俱乐部是由银行家安德鲁·科克伦于18世纪40年代年创办的，会员每周聚会一次，讨论经济和政治问题。不过，亚当·斯密跟女人相处运气不是太好，向别人求婚两三次，均遭到拒绝。

在这期间，亚当·斯密花了四年时间把讲课内容写成自己的第一本书《道德情操论》，这本书讲述了除了私利之外影响人类行为的动机。1759年，该书在英国出版发行，使得他一跃成为文学名人，同各个领域的名人用餐，其中就包括本杰明·富兰克林。

在《道德情操论》一书中，亚当·斯密提出了自己的下一个计划："我将在另一本著作中讲述法律和统治的普遍原则，讲述它们在不同社会时代和时期经历过的不同变革，这些变革不仅发生在涉及司法的领域，也发生在涉及政策收入和武器的领域，还有任何与法律相关的其他领域。"这个计划就是《国富论》。

休谟把一本《道德情操论》送给了英国政要查尔斯·唐森德。他是殖民地大臣，后来剥夺了美洲殖民地的宝贵特权，无意间引发了革命运动，从而臭名昭著。汤森德想找一个杰出人士辅导继子——巴克卢公爵亨利·斯科特，并同意付给亚当·斯密相当于格拉斯哥大学薪水三倍多的报酬，陪伴巴克卢公爵进行一次欧洲大旅行。此外，亚当·斯密每年还能得到一笔不菲的生活津贴。他于1764年1月在伦敦与巴克卢公爵见面，从那里去了图卢兹，这座城市是深受英国人欢迎的度假胜地。在图卢兹，亚当·斯密又接收了另一个学员，即巴克卢公爵的弟弟休·坎贝尔·斯科特。

亚当·斯密忙于旅行和辅导，似乎中断了研究，但是这次经历给他带来了两次意想不到的机会。首先，对于热衷自由的人而言，法国在当时是理想之地。亚当·斯密目睹了法国人民是怎样同政府斗争的，而且法国政府比他经历过的政府更奢侈、更喜欢干预。他拜访了主要的思想反叛者，然后前往日内瓦遇见了伏尔泰，据说伏尔泰宣称："这位亚当·斯密是个了不起的人！"在巴黎，亚当·斯密拜访了宣扬自由放任经济政策的重农学派创始人弗朗索瓦·魁奈，并结识了将自由放任经济政策付诸实践的雅克·杜尔哥。亚当·斯密评价说，法国的自由放任哲学"尽管存在种种缺陷，但大概仍是业已公布的关于政治经济学的最接近真理的说法；有鉴于此，它值得每个希望认真考察这一重要科学的原理的人去思考"。

在图卢兹时，亚当·斯密倍感无聊，焦躁不安，便下决心实现自己五年前在《道德情操论》中描述的计划。1764年7月5日，亚当·斯密给休谟写信说："为了打发时间，我已经开始在写一本书。"《国富论》的初稿就这样开始了。

1766年10月，休·斯科特在巴黎遭谋杀，亚当·斯密的欧洲之旅突然终止。陪公爵返回伦敦后，他开始修订《道德情操论》。然后，他回到珂科迪，跟母亲住在一起，继续创作《国富论》。"我在这里的任务就是研究。"他写道，"我的娱乐，就是一个人沿着海边长时间漫步。……然而，我感觉特别开心、放松、惬意。这可能是我一生中感觉最好的时刻。"

1770年，亚当·斯密投入辛苦的修订工作中。1773年，他在书中添加了有关租金、工资和美国殖民地的重要材料。那年4月，他前往伦敦，以便查阅更多的研究资料。他在大英博物馆钻研文献，在不列颠咖啡馆进行修订工作，这里聚集着许多苏格兰艺术家和知识分子。在咖啡馆里，他每周参加一次餐会，来宾包括肖像画家乔舒亚·雷诺兹和建筑师罗伯特·亚当，大家聚在一起讨论批评他新完成的每一章。他的朋友亚当·弗格森在《公民社会史》第四版中提醒读者注意将要发生的大事："公众可能很快就会得到一种关于国家经济的理论（提出该理论的是《道德情操论》的作者亚当·斯密），它足以与之前出现过的有关任何科学的理论相提并论。"

最终，1776年3月9日，《国富论》由斯特拉恩和卡德尔公司出版。《国富论》分两卷，成品尺寸为9×12英寸，共1000多页，亚当·斯密时年53岁。传记作家罗斯说："这本书的出版……从时间上讲恰好能吸引议会的注意力，对议员施加影响，让他们支持一个针对（美洲）冲突的和平决议。美洲正好是一个可以应用自由市场理论的重要地方，这里的殖民制度涉及经济限制和禁令，因此如果亚当·斯密能够赢得支持者，就有望结束由努力维持这种旧殖民制度所引发的暴力循环。"

亚当·斯密不辞辛劳的修订得到了回报，因为这本书读起来感觉就像他正隔着桌子对你侃侃而谈，简单地解释经济原理。他写道："我们期待的晚餐并非来自屠夫、酿酒师或面包师的仁慈，而是来自他们对自身利益的关注。我们不要说唤起他们的利他之心的话语，而要说唤起他们的利己之心的话语。我们不要说自己有需要，而要说对他们有利。"

亚当·斯密一次次坚定地反对贪婪的政治家，维护个人的利益。比如，他曾说："国王和大臣最无礼和最傲慢的事，就是通过颁布节约法令，禁止从外国进口奢侈品，假装监管自己的经济，限制自己的消费。然而，他们自己却总是社会上最挥霍无度的人，而且无一例外。既然他们能管理好自己的开支，那么也就可以放心地让臣民去处理自己的开支。既然他们的奢侈没有毁掉国家，那么臣民的奢侈也绝对不会。"

《国富论》表达了一种对自由社会最佳运转方式的强烈欣赏。亚当·斯密的名言是："(一个典型的投资者)只想要自己的投资安全；他用产品可能获取最大价值的方式引导该产业，他只想要自己的利润。他在这种情况和其他许多情况下都会受一只看不见的手的指引，去实现一种并不属于自己意图的目的。不属于自己的意图并非总是对社会更糟。通过追求自己的利益，他经常会比真正打算促进社会利益时更有效地促进社会利益。我从未见过那些假装为了公众的利益而进行贸易的人能给社会带来多大益处。"

对该书的最早回应来自见证了该书修订过程的朋友们。比如，大卫·休谟曾在1776年4月1日写道："我对你的作品甚感欣慰。"历史学家爱德华·吉本在给亚当·弗格森的信中写道："我们共同的朋友亚当·斯密先生给公众带来了一部多么优秀的作品啊！这本书阐述了一种博大精深的科学，用最清晰易懂的语言表达了最深刻的思想。"托马斯·杰斐逊充满热情地说，关于货币和贸易这个主题，"亚当·斯密的《国富论》是应该拜读的最佳著作"。

《国富论》首印第一版6个月便被抢购一空，这让亚当·斯密名声大噪。德语版于1776年发行，丹麦语版于1779年发行，意大利语版于1780年发行，法语版于1781年发行。西班牙宗教法庭查禁了这本书，因为政府官员将其认定为"风格低下，道德败坏"。

完成《国富论》之后，亚当·斯密立刻对其进行了修订。英语新版分别于1778年、1784年、1786年和1789年出版发行。亚当·斯密几乎没有时间做其他事情。1780年，有一次，他灵光闪现，用淘气般的幽默调侃自己对出名的心不在焉，他对自己的伦敦出版商说："我差点儿忘了自己就是《国富论》一书的作者。"

巴克卢公爵对亚当·斯密的成功感到非常兴奋，通过幕后操纵，让自己以前的家庭教师得以被任命为海关关长。这个职位要求不高，但是能赚钱，亚当·斯密欣然接受。他收集材料，整理笔记，准备撰写一本哲学史和一本法律和政府史。但是他进展缓慢，跟执行其他计划一样，由于健康逐渐恶化，这一创作计划最终没有完成。1790年7月17日，他在珂科迪的家中安然离世，葬于坎农格特公墓。按照他的要求，他的遗嘱执行人约瑟夫·布莱克和詹姆斯·赫顿烧掉了他的所有文件，这让后世的传记作者无比失望。

亚当·斯密的作品泽被后世，他成了一盏指路明灯。19世纪之所以成为近代史上最和平的时期,就因为他对自由的热爱发挥了一定作用。在亚当·斯密去世后的两百年左右时间里,经济学家指出了他作品中的技术性错误,但即便如此,他的声誉仍然超过引人注目的挑战者,如卡尔·马克思和约翰·梅纳德·凯恩斯。诺贝尔奖得主乔治·施蒂格勒称亚当·斯密为"自由企业的守护神"。H. L. 门肯宣称:"没有一本英语书像亚当·斯密的《国富论》这样吸引人。"21 世纪初期,随着自由主义逐渐获得新生,亚当·斯密再次成为一个重要人物。

3. 摆脱掠夺：巴斯夏

弗雷德里克·巴斯夏是经济自由和世界和平的最坚定捍卫者之一。诺贝尔奖得主F. A. 哈耶克称他是"天才的国际法专家"。伟大的奥地利裔经济学家路德维希·冯·米塞斯称赞他的"不朽贡献"。畅销新闻报道记者亨利·黑兹利特对巴斯夏"不可思议的洞察力"感到惊奇。思想史学家默里·N. 罗斯巴德评价说："巴斯夏的确是位思维清晰的优秀作家。时至今日，他那些出色、诙谐的文章和寓言仍然非同凡响，有力地驳斥了保护主义以及各种形式的政府补贴和控制。"

巴斯夏解释了由繁荣的自由市场带来的显而易见的奇迹："如果各种生活必需品不能进入（巴黎），那么这里几天之内就会有100万人饿死。……如果居民能免遭饥荒、暴乱和抢劫的恐慌，并且明天就必须把物品运进巴黎城门，那么其数量之大、种类之多，就会令人难以想象。然而，此时此刻，所有人都在安详地睡觉，完全不会对这些想象的局面感到片刻不安。……那么，是哪种强大的神秘力量在统摄着如此复杂又有着惊人规律的活动？每个人都绝对相信这种规律性，因为自己的幸福和生活都依赖于此。这种力量叫作'绝对原则'，即自由交换原则。我们把信仰交给上帝赋予所有人的内心之光，我们人类正是依靠它才得以繁衍和无限进化的；这种光，我们称其为'利己之心'，如果清除一切障碍，它就会普照大地，永恒不绝，无处不在。"

这样的真知灼见在巴斯夏的作品中屡见不鲜。"国家是个巨大的虚拟实体，每个人都以他人的利益为代价谋求生存。"他写道，"没有什么东西会为了一位公民或者一个阶级的利益而进入国库，除非其他公民和其他阶级被迫将它放在国库……政府的高额花费与自由互不相容。……能够随心所欲，自由地思考和行动、讲话和写作、劳动和交换、教学和学习——这本身就是自由。"他为天赋人权的远见卓识注入了活力和生机，激励了自己的同胞，获得了新的支持者。他影响了英国的自由贸易斗士理查德·科布登，激励了在德国发起自由贸易行动的约翰·普林斯·史密斯。他的影响还波及比利时、意大利、西班牙和瑞典。

"他留着长发，戴着小帽子，身穿双排扣大礼服，随身携带一把家传的雨伞。"巴斯夏的朋友古斯塔夫·德·莫利纳里在1845年回忆道，"他很容易被当成第一次到巴黎观光的老实巴交的农民。"他的另一位朋友路易·雷博补充说："他举止自然尊贵，闪着智慧之光，人们一打眼就能看出他心地诚实，慷慨大方。他的眼睛炯炯有神，充满激情，特别引人注目。"

传记作家乔治·罗什写道："1848年的巴斯夏阅历已经非常丰富，衣着打扮也极为时尚。更重要的是，他脸颊瘦削，声音嘶哑，这表明他正饱受病痛折磨，但是黑黝黝的眼睛却光彩熠熠，因此朋友们可以清楚地判断，巴斯夏现在不仅具有在巴黎闯荡社会的丰富经验，而且具有强烈的使命感。"

弗雷德里克·巴斯夏于1801年6月30日出生在巴约讷，这是一座位于法国西南部朗德省的港口城市。父亲皮埃尔从事家族的银行和出口业务，公司在西班牙和葡萄牙做生意。母亲玛丽－朱莉·弗雷舒在他7岁时就去世了。在他父亲去世两年后，他就跟随姑姑朱斯蒂娜·巴斯夏和祖父皮埃尔·巴斯夏一起生活。他们送巴斯夏去巴约讷上学，然后到索雷兹的贝内迪克坦学院上大学，这所学院吸引了整个欧洲和美洲的学生，培养了巴斯夏的国际化视野。他在这里学习了英语、意大利语和西班牙语。他17岁时离开索雷兹，投奔姑父亨利·德·蒙克拉尔，跟他一起做家族生意。他从中观察到了商业的开化作用和法律伤害人的多种方式。比如，他认为1816年的法国关税扼杀了贸易，导致仓库清空、码头闲置。

巴斯夏开始研究有关政治经济学的相关书籍——当时，人们称经济学为政治经济学。他在给朋友的信中写道："我拜读了让－巴蒂斯特·赛的《论政治经济学》，这是一部杰出且系统的研究著作。"在巴黎的一家保险公司工作时，赛拜读了亚当·斯密的《国富论》。这本书让他倍感激动，便决心要进一步了解经济工作原理。他的首部文学作品完成于1789年，是本捍卫新闻自由的小册子。后来，他与别人共同创办了一份拥护共和政体的杂志《哲学十年》，发表了多篇自己撰写的关于经济自由的文章。

《论政治经济学》是赛的重磅巨著，于1803年问世，把自由市场的观点重新介绍到了法国和整个欧洲。在法国大革命之前，雅克·杜尔哥和其他重农派学者已经为促进经济自由付出了很多努力，并且使得自由放任经济政策成为战斗口号，但是这些知识分子接受了君主专制政体。此外，他们还认为土地才是财富的主要来源，这似乎也意味着他们支持拥有土地的贵族。这也是法国大革命之后自由市场观点显得过时的主要原因。作为一名共和政体的拥护者，赛有能力说服后人相信经济自由的重要性。历史学家罗伯特·R. 帕尔默在最近关于赛的思想自传中写道："他认为最富有成效的经济必须依赖于私人财产、私人产业和个人积极性。"

赛抛弃了亚当·斯密的劳动力价值理论，坚持认为价值是由顾客决定的，并且认识到了企业的创新作用。他还抛弃了英国经济学家罗伯特·马尔萨斯的悲观主义想法，后者害怕人口增长会超过个人粮食生产的能力。赛认为自由市场能够取得无限的进步。他认为赋税就是盗窃，并谴责政府的疯狂开支、征兵制和奴隶制（"人类从事过的最可耻的交易"）。著作遭审查后，赛开了一家棉纺厂，最终雇用了400多名员工。后来，他成为法兰西学院的教授，据说托马斯·杰斐逊希望他能去弗吉尼亚大学教书。英国哲学家、经济学家约翰·斯图亚特·密尔在巴黎见到赛，称他为"理想的法国共和党人"。正是赛让巴斯夏明白了经济自由比政府干预经济效果更好。赛的经历也让巴斯夏觉得普及基本原则也许会有成效。

1824年，巴斯夏渴望去巴黎干一番事业，但是体弱多病的祖父劝他继续留在小城米格龙，靠附近617英亩的家族地产为生。第二年，祖父去世后，他继承了地产。巴斯夏把大量时间都花在读书上。1827年，他偶然看到了一本《穷查理年鉴》，就给一位朋友写信说："我找到了一个真正的宝藏——这是一本记录富兰克林道德原则和政治原则的小书。我非常喜欢他的风格，打算效仿他的风格。"

1830年前后，巴斯夏决定"我要结婚"。他娶了一位名叫玛丽·亚尔的女子，但是传记作家路易·博丹写道："婚礼结束后，巴斯夏便把新娘丢在教堂一走了之，继续去过自己的单身生活。"儿子出生后，妻子只能同她父母生活在一起。

在翻阅伦敦报纸时，巴斯夏读到了纺织业企业家理查德·科布登和约翰·布莱特领导成立了反谷物法联盟并为自由贸易而斗争的消息。激动之余，他开始收集材料，准备撰写一本关于该联盟的书，并且跟科布登进行通信联系。7月，他跨越英吉利海峡，前去拜访科布登和布莱特。传记作家约翰·莫利写道，巴斯夏"钦佩科布登这位公众领袖，对其感情日益深厚，逐渐成为亲密朋友，这段友谊是巴斯夏后来几年中最大的快乐之一"。

巴斯夏的著作《科布登与联盟》(1845)成了法国所有记者抢先报道的新闻。他是第一位谈论科布登和布莱特的法国人，这两个人说服英国议会单方面废除了粮食关税，没有请求任何国家做出"让步"，其中也包括与英国连年交战的法国。科布登和布莱特提出了令人信服的观点：即使其他国家仍旧保持贸易限制，自由贸易对英国也有益无害，对需要低价购买粮食的穷人就更是如此。此外，他们还认为，单边自由贸易会让政治脱离贸易，从而有利于国家和平，降低经济争端升级为军事冲突的风险。

巴斯夏给《经济学杂志》撰写了一系列文章，抨击保护主义（关税）的谬误，解释自由市场如何提高了生活水平，促进了和平和国家安全。

他把自己撰写的22篇清楚易懂、生动有趣、富有见解的文章编辑成册，以《经济学诡辩》为题于1845年年末出版。他的第二本书收录了17篇文章，于3年后出版。这两本书都被译成了英语和意大利语。

巴斯夏最著名的文章是《请愿书》（1845）。这是一篇讽刺文章，文章中蜡烛制造商向法国下议院寻求保护："我们正在遭受一个外来对手的毁灭性竞争。他生产光的条件显然要比我们好很多，所以他用难以置信的低价格铺满国内市场；他出现后，我们的产品滞销，所有顾客都去找他了。"这个竞争对手就是太阳，请愿书恳求"制定一条法律，要求关闭所有壁窗、老虎窗、天窗、室内外百叶窗、窗帘、窗扉、舷窗、小圆窗和遮帘……阳光就是通过这些地方照到屋里的"。

巴斯夏注意到英国自由贸易运动发轫于区域性城市曼彻斯特，便于1846年2月23日协助成立了波尔多自由贸易协会。在一个区域性自由贸易协会成立之后，科布登便开始向全国发展，巴斯夏也采取了同一策略。他去了巴黎，于1846年5月10日同米歇尔·舍瓦利耶、夏尔·迪努瓦耶、古斯塔夫·德·莫利纳里和让-巴蒂斯特·赛的儿子霍勒斯一起成立了自由贸易协会。8月18日，他们宴请科布登，宣布行动开始，随后在巴黎孟德斯鸠大厅召开了一系列公开会议。

11月29日，巴斯夏开始发行《自由贸易》，这是一份4~8页篇幅的宣扬自由贸易的周报。他写道："我们要求，我们的同胞不仅可以自由地工作，而且可以交换彼此的工作成果。"1847年，法国贸易保护主义者否决了一项废除全国大约一半关税的提案，此后自由贸易者再也没有恢复该提案。《自由贸易》周报于1848年4月16日发行最后一期后停止出版。

尽管如此，巴斯夏已经成功激励了比利时人、意大利人和西班牙人成立自由贸易组织，还对德国知识分子产生了影响。英国人约翰·普林斯·史密斯前往普鲁士成为该地公民，受到巴斯夏的影响之后，发起了德国自由贸易运动。历史学家拉尔夫·雷克声称，普林斯·史密斯致力于"传播巴斯夏著作的优秀译本，为他吸引了一批志同道合的热情支持者"。

这时，改革腐败的法国政府问题被推上了政治的风口浪尖，1848年2月21日，这种局面达到了高潮，起因是国家警卫队在巴黎枪杀了大约20名示威的共和分子。革命在巴黎爆发了，三天后国王退位，下议院宣布法国成为共和国。包括社会主义者路易·勃朗在内的十位共和党领袖组建了一个临时政府，提出工业国有化和其他计划。在动荡之中，巴斯夏出版了十多期《法兰西共和国》。这是一个捍卫自由主义原则的两页期刊，同时还为十几家报纸和杂志撰写揭露资源国有化的谬论的文章。他讽刺政府能富有成效地增加就业机会的说法："国家开辟道路，建设王宫，维修马路，挖掘沟渠；这些工程给某些工人提供了工作。这是表面上能看到的。但是，这也剥夺了其他工人的就业机会。这是表面上看不到的。……数百万法郎是奇迹般地沿着月光光束滑到（政治家的）金库里的吗？为了完善这一过程，国家难道不需要筹集经费、预算开支吗？国家难道不需要派出收税员到处收税、要求纳税者纳税吗？"

针对社会主义者以同情的名义要求更强大的政府的呼声，巴斯夏提出了一连串让他们难以回答的问题："人的心里难道只有立法者制定的东西吗？友爱难道必须通过投票箱才能出现在地球上吗？难道我们要相信，如果法律不再对自我牺牲和同情做出规定，妇女们就将停止自我牺牲，同情也将在她们内心再也找不到一席之地了吗？"他警告说，国有化必定意味着奴隶制，因为国家"将会是所有命运的仲裁者和控制者。它将攫取很多，因此也将为自己留下很多。它将招募更多的代理人，扩大自己的特权范围；它将因过度膨胀而终结"。

新宪法尚未草拟完成，制宪会议就决定法国需要一位强大的总统。1848年12月，他们选择了路易-拿破仑·波拿巴。他之所以能当选，是因为他是征服者拿破仑·波拿巴的侄子。制宪会议于1849年5月完成了自己的使命，取而代之的是立法会议，巴斯夏被推选为代表，他敦促减少政府开支，降低关税，实行自由贸易，并屡次提议维护公民自由。

1850年6月，巴斯夏回到米格龙，创作了最受欢迎的著作《论法律》。这本书肯定了自然权利原则，为自由进行了最有力的理性辩护。"并非因为人类通过了法律，所以人格、自由和财产才存在。"他宣布，"恰恰相反，是因为人格、自由和财产已经存在，所以人类才制定了法律。……我们每个人当然都是从大自然和上帝那里获得保护自己的人身、自由和财产权利的。"巴斯夏继续抨击他所说的"合法掠夺"，即剥削一些人，让强大的利益团体获益的法律。巴斯夏再次表述了自己对国有化的深刻理解："国有化者认为，人类是可以放进各种社会模具中的原材料……是非活性物质，只有在政府权力的管理下才能获得生命、组织、道德和财富。"在《论法律》中，巴斯夏赞美"自由，仅仅这个名字就能够让所有人都怦然心动，让全世界颤抖……信仰自由、教育自由、结社自由、出版自由、运动自由、劳动自由、交换自由；换言之，每个人用和平的方式发挥自己才能的自由"。

巴斯夏投入另一本著作《经济和谐论》的写作中。他详细探讨了一个深受人们重视的主题：自由的人们和平地合作，从自愿交换中获得利益。他写道："人们的利益，如果由他们自己负责，那么就很容易实现和谐相融，因为他们会为了进步和普遍利益而展开合作。"然而，他也感到悲观："我们看到，为了更轻易地剥削公民的财富，掠夺侵占了他们的自由；为了更好地控制他们的自由，掠夺榨干了他们的资产。……一帮愚蠢、令人厌烦的官僚充斥于这片土地。"《经济和谐论》第一卷于1850年年末出版。然而，他未能来得及完成这部作品的第二卷。

1850年8月，巴斯夏的肺结核开始恶化。他致信科布登抱怨道："这不幸的肺，是我任性的仆人。"不久，医生命令巴斯夏去罗马，因为他们听说那里有个人能够治愈肺结核。1850年12月24日，巴斯夏奄奄一息。他最后说了一个词"真理"，下午5点过了几分钟，便永远停止了呼吸，享年49岁。他的表弟欧仁·德·蒙克拉尔神父陪在他身边。两天后，身处罗马的法国人在圣路易教堂举行了葬礼，巴斯夏被葬于该教堂的墓地。

米歇尔·舍瓦利耶在法国政府中的影响越来越大，他便利用自己的影响力推进自由贸易。1859年，他与科布登代表各自的国家展开了一项重要的贸易自由协议谈判，废除了所有进口限制，降低了多种关税。法国继续放松对奥匈帝国、德国、意大利、挪威、葡萄牙、西班牙、瑞典和荷兰的贸易限制。

巴斯夏的《全集》共 7 卷，从 1861 年到 1864 年陆续出版。法国人对古典自由主义抱有兴趣，先后出版了一系列关于巴斯夏的书：A. B. 贝勒的《巴斯夏与自由贸易》(1878)、爱德华·邦杜兰特的《弗雷德里克·巴斯夏》(1879)、阿方斯·库尔图瓦的《经济学杂志》(1888)、A. D. 福维尔的《弗雷德里克·巴斯夏》(1888)、C. H. 布鲁奈尔的《巴斯夏和反对悲观主义的经济学》(1901) 和 G. 德·努维永的《弗雷德里克·巴斯夏：生平、作品和学说》(1905)。1912 年 1 月 28 日，巴斯夏的朋友古斯塔夫·德·莫利纳里去世，辉煌一时的法国经济放任自由传统也成为历史。莫利纳里曾影响过本杰明·塔克等美国个人主义者，而塔克的激进思想则一直延续到了今天。

在严肃讨论中，20 世纪的大多数学者都绝口不提巴斯夏这个名字。比如，历史学家约瑟夫·熊彼特写道："我认为巴斯夏并非糟糕的理论家，因为我认为他根本就不是理论家。"在《经济学说史》中，夏尔·纪德和夏尔·里斯特评论道，"很可笑……也很容易证明人与人之间这种假定的利益和谐并不存在"。

然而，仍有少数学者承认巴斯夏的贡献。经济学家约翰·A. 霍布森称他是"这个国家甚至其他任何国家自由贸易纯粹逻辑的最出色阐释者"。备受尊重的经济史学家约翰·H. 克拉彭称赞巴斯夏"针对广受欢迎的自由贸易观点写出了最佳系列丛书"。第 11 版《大英百科全书》(1913) 有这样一段文字："他单枪匹马反对国有化，展开近身肉搏……研究国有化最受欢迎的代表提出的种种观点，耐心地考虑他们的提议和论点，最后断定他们都是按照错误的原则行事的。……在巴斯夏出版的小册子中，理性将会找到最丰富的反国有化武器。"

伦纳德·E. 里德于 1946 年创建了经济教育基金会，决定进一步推广巴斯夏的作品，并说服学者迪恩·鲁塞尔重译《论法律》。据说，几十年来，新译本已经卖出了几百万册。鲁塞尔在日内瓦大学跟随自由市场经济学家威廉·勒普克攻读博士学位，撰写关于巴斯夏的博士论文。鲁塞尔把博士论文修订加工，出版了专著《弗雷德里克·巴斯夏：思想和影响》(1965) 一书。

与此同时，《纽约时报》社论作家亨利·黑兹利特创作了畅销 100 万册的《一课经济学》（1946）。他承认说："我受益最大的是巴斯夏近一个世纪前写的文章《看得见和看不见的》。其实，不妨将我现在这本书看作是对他的小册子中的方法的更新、拓展和归纳。"

这位身体脆弱的法国人现身公共领域只有短短 6 年，被当作理论普及者和空想家而备受歧视和冷落，结果却预见到了我们的未来。19 世纪的社会哲学呼吁大幅扩大政府权力，以便掌控私有土地、银行、公路和学校，但是巴斯夏发出警告，说政府权力是自由的死敌。他宣称，世界各地的繁荣都是由自由的人民创造的。他说得没错。他认为，实现和平的唯一有意义的途径就是保证人的自由。他是领军人物，但有时只能独自前行。他拥有宽广的胸襟和远见卓识，为思想插上了翅膀，为自由奉献了一生。

4. 自由的文明：托马斯·巴宾顿·麦考利

在所有弘扬自由的作家中，托马斯·巴宾顿·麦考利是最雄辩者之一。就雄辩文字的纯粹数量和涉及范围而言，也许只有托马斯·杰斐逊能达到同等令人赞叹的高度。

麦考利的文章和《英国史》在19世纪销量巨大。英国移民者前往世界遥远的角落时，总是带着代表其文明的三件必需品：《圣经》、莎士比亚的戏剧和麦考利的文集。麦考利的作品在美国比在英国还受欢迎。这些作品被译成了9种文字。诺贝尔奖得主F. A. 哈耶克说："在销量和影响力方面，我们时代是否还有任何一部历史著作可以与麦考利的《英国史》相提并论，这一点非常值得怀疑。"

整个一生，麦考利都在对自由表达一种真诚强烈、矢志不移的爱。他呼吁废除奴隶制，主张废除反对犹太人的法律，保护出版自由，为自由贸易和人民的自由运动大声疾呼，赞扬自由市场取得的成就，拒绝接受政府剥夺公民自由的种种借口。他写道："针对新获得的自由所产生的各种弊端，只有一种解决办法——这种办法就是自由。"麦考利认为妇女应该拥有属于自己的财产，并坚持认为如果没有安全的私人财产，自由就无从谈起——"我们的一切知识、商业、工业和文明都归因于此"。

比起同时代和我们这个时代见多识广的哲学家，麦考利对邪恶有更清晰的认识。他强烈抨击"挥霍浪费、沉重赋税、荒谬的贸易限制、腐败的法院、灾难性的战争、煽动暴乱和种种迫害"。他认识到了那些声称政府干预越多、生活就越美好者的扭曲逻辑："财富集中到少数资本家手里所造成的灾难，却要通过把财富集中到一个大资本家手中的方法进行补救，然而这个大资本家却没有任何动机能比其他资本家更好地管理这些财富，这个大资本家就是吞噬一切的国家。"

当历史学家还在关注政治史（主要是统治者的故事）时，麦考利就已经率先研究经济史和社会史（普通老百姓的故事）。他激励了一代又一代的史学家去撰写为自由而斗争的历史。

长期以来，人们热衷于讽刺他是浅薄的物质主义者，但这种做法只是障眼法而已。社会主义者、马克思主义者和其他批评家肯定不会认为生活水平无关紧要。相反，他们认为自由会导致人们在可怜的工厂里遭受剥削，因此需要政府干预，进行纠正。批评家无法忍受的是麦考利对自由市场的自信，因为他认为自由市场是数百万人的福气，如果没有私人企业，这些人就会在农村的贫困地区饿死。

麦考利一直遭到嘲笑，攻击者说他是辉格党贵族雇用的骗子，然而他出身平民，凭借笔杆子谋生。他一度贫困潦倒，只好卖掉在剑桥获得的一枚金牌。在父亲的生意破产后，他帮着赔偿债务，抚养弟妹，赡养年迈的父母。他在24小时之内就还清了所有账单。"我觉得及时偿还债务是一种道德责任。"他说，"举债之后，拖延不还，内心的痛苦我深有体会。"即使收入捉襟见肘，他也没有在原则方面让步，而是选择了辞去公职。

众多论敌对他提出了最严厉的批评。卡尔·马克思认为麦考利是"苏格兰的献媚者，不值一提"。托马斯·卡莱尔称他是"没有丝毫伟大之处的"作家。就是这个卡莱尔还攻击另一位作家是"肮脏、谄媚的犹太人"，讽刺废奴主义者是"地位低下的慈善家"。历史学家A. J. P.泰勒说："那些批评麦考利的人要么不关心自由，要么认为自由无须关心。麦考利要理性得多。他不仅认为自由是重中之重，而且知道自由需要不断地去捍卫。"

麦考利之所以成为他人攻击的目标，是因为他是精通英语的大师，享有很高的知名度。他思维清晰，叙事引人入胜，塑造的人物令人难忘，从浩瀚的历史和文学知识中援引突出的例证。泰勒评价说："不管是从某页开始，还是从某段开始，总是令人爱不释手……（麦考利）是所有历史学家中文字可读性最强的。"阿克顿勋爵认为他"大概是英国最伟大的作家"。

温斯顿·丘吉尔深受麦考利的影响。13岁时，他就能背诵麦考利1200行的英雄史诗《古罗马之歌》。不久，他的一位朋友给他朗读了麦考利的《英国史》片段，他听后非常激动。23岁时，丘吉尔阅读了麦考利的《英国史》和散文共12卷，宣称"麦考利的文字干净利索，说服力强"。他在自己的作品中承认："我融汇了麦考利与吉本的风格。"

麦考利专心著书立说，照顾家庭，特别是他的妹妹汉娜和玛格丽特。35岁左右时，他曾沮丧地说："我从未认真地喜欢上谁——我说的是可以与之结婚的那种喜欢。"在玛格丽特22岁死于猩红热之后，麦考利的大部分时间都跟汉娜、她的丈夫查尔斯·特里维廉和他们的儿子乔治·奥托·特里维廉生活在一起。1876年，为了表达对舅舅的深切关爱，外甥乔治为麦考利写了一部充满感情的传记。

麦考利讲话声音大，语速快，语调缺少变化，然而他的广博知识和优雅辞藻在议会中引起了不小的反响。传记作家里奇曼·贝蒂写道："几乎从他在议院第一次发表演讲开始，无论什么时候，只要听说麦考利先生要演讲，人们就会从吸烟室涌到长椅上坐定。发生这样的事，丝毫也不奇怪。"

麦考利其貌不扬：身材矮胖，大眼睛呈灰色，头发呈沙色，额头宽阔，嘴巴宽大。查尔斯·富尔克·格雷维尔是托利党的日志作者，他这样回忆自己的惊讶："他外表丑陋不堪，实在看不出一丝一毫的智慧。这具普通到极点的肉体却蕴含着如此强大的思想和如此鲜活的想象力。……这就是麦考利，一个我仰慕已久、渴望一睹其风采的人。长期以来，他的天资、雄辩、学识、才华都让我感到无比好奇和钦佩。"

1800年10月25日，托马斯·巴宾顿·麦考利出生在英国莱斯特郡的罗思利庄园，这是他姑父的宅邸。家中有9个孩子，他是老大。他的母亲塞琳娜·米尔斯是个贵格会信徒兼书商的女儿。他的父亲扎卡里·麦考利是名坚决反对奴隶制的福音派教徒。

麦考利是个早熟的孩子。没有他人鼓励，他3岁左右就开始博览群书。7岁时，他写了一份"世界史纲要"，其中称清教徒独裁者奥利弗·克伦威尔是个"不公正的邪恶之人"。1818年10月，他进入剑桥大学三一学院，深入研究经典著作，据说也学习了法律。他成了剑桥俱乐部的一名激情辩手，辩题涉及自由贸易、天主教解放和希腊独立等，他还为《骑士季刊》撰写文章和诗歌。在1824年11月为威廉·米特福德的《希腊史》所写的评论中，麦考利首次提出了自己的看法：历史学家不仅要把注意力放在统治者身上，也要关注那些普通人的生活以及为"西方世界的强大、智慧、自由和辉煌"做出过贡献的因素。

1824年6月，伦敦反奴隶制协会召开年会，麦考利第一次发表公开演讲，立刻引起轰动。与会者包括领导英国反奴隶制运动近30年的威廉·威尔柏福斯、辉格党的主要改革者亨利·布鲁厄姆和爱尔兰爱国者丹尼尔·奥康奈尔。演讲的部分内容已经遗失，但是后来整理出版的节选足以证明麦考利的标志性雄辩才能："安的列斯群岛上的农民再也不会在种植园里百无聊赖、颤抖沮丧地缓步行走了；曾经，他不能从这里种植的水果那里得到任何好处，这里的小屋也无法为他提供任何防护；但是，如果他的劳作是快乐的、自愿的，他就会迈着英国公民的坚定步伐从田间扬眉吐气地返回农舍，农田就是他的不动产，农舍就是他的城堡。"

与此同时，支持自由斗争的《爱丁堡评论》的编辑弗朗西斯·杰弗里邀请麦考利撰写评论。该杂志是英国表达政见的主要期刊。麦考利的第一篇文章发表于1825年1月，题目是《西印度群岛》。麦考利在文章中抨击奴隶制，讽刺了殖民地可以成为财富来源的观点，因为殖民地管理起来代价很高。一篇鲜为人知的文章后来也被认定出自他的笔下，于1827年发表在《爱丁堡评论》上，题目是《黑人的社交能力和工业能力》。他攻击了一位名叫托马斯·穆迪的少校，此人发布了一篇英国殖民署报告，声称白人优于黑人。麦考利解释说，经济学可以解释黑人表面上的懒惰，而不是遗传学。此外，他还谴责了那位少校认为黑人需要强迫才能工作的观点。

1824年，功利主义者已经创办《威斯敏斯特评论》推广自己的观点，挑战《爱丁堡评论》。弗朗西斯·杰弗里让麦考利发起反攻，他的第一炮在1829年3月那期上打响。另外两篇文章分别于1829年6月和10月发表在《爱丁堡评论》上。他反击詹姆斯·密尔[1]为《大英百科全书》撰写的《论政府》，詹姆斯在文中声称政府管理原则可以从有关人类本性的格言中推断出来。而麦考利表达的是一种实证观点，即人们必须明白什么才是真正行之有效的东西。

《骚塞的谈论》（1830年1月）是麦考利最重要的政治文章之一，通过这篇文章，他大概成了第一个为工业革命辩护的人，而且也是最具雄辩力的辩护者。工业化之所以始于英国，或许是因为跟欧洲大陆国家相比，它给企业家提供了一个更大的自由贸易区、更低的税收和更安全的私人财产权利。工业革命给没有工具的穷人创造了去工厂就业的机会，让数百万人免于饥饿，尤其是儿童。贵族看到为自己种田的百姓从乡村移居城市进入工厂上班，感到惶恐不安，所以托利党首先反对工业革命并不意外。托利党坚持认为工业革命剥削人民，并针对儿童在工厂工作的所谓罪恶喋喋不休——仿佛儿童在农场工作的时间比在工厂短一样。其实，经常有人因为不在工厂工作而被活活饿死。托利党的这种武断看法后来为某些社会批评理论所沿用。

麦考利写道："人们的寿命之所以延长了，是因为他们吃穿好了，住房好了，治病条件好了……这些进步归根结底是因为国家财富增加了，而国家财富的增加又是由制造业体系带来的。……在人类编年史的各个部分，我们几乎都可以看到个人的勤奋在跟战争、赋税、饥荒、大火、有害的禁令和更有害的保护展开对抗，它创造东西的速度超过政府挥霍的速度；此外，它还要修复入侵者造成的一切破坏。我们看到，尽管统治者腐败透顶，挥霍无度，但是国家的财富仍然与日俱增，生活的种种

---

[1] 即约翰·斯图亚特·密尔的父亲。

艺术渐趋完美。"

麦考利坚持认为："迄今为止，英国的文明之所以还在持续推进，并不是因为骚塞先生的偶像——无所不知、无所不能的国家——的干涉，而是因为人民的审慎和活力；现在，我们也依靠同样的审慎和活力获得安慰和希望。我们的统治者要想最大限度地促进国家进步，就应该严格承担法律责任，让资本追求最大利益，让商品卖出最好的价格，让工业和智慧得到应有的回报，让懒惰和愚蠢得到应有的惩罚；就应该维护和平，保护财产，降低法律的代价，在国家各个部门厉行节约。只要政府能做到这一点，人民肯定就能做好剩下的事情。"

麦考利一共为《爱丁堡评论》写了39篇文章，最后一篇出版于1844年。传记作家和散文家约翰·莫利说："麦考利熟悉富有想象力的文学和古希腊史、古罗马史，也熟悉现代意大利、法国和英国的文学和历史。无论研究什么专题，他总能巧妙地旁征博引。历史人物，不论是古代的还是现代的，不论是信教的还是不信教的；戏剧和小说中的人物，不论是出自普劳图斯[1]笔下，还是出自沃尔特·司各特和简·奥斯汀笔下；出自每个时代、每个国家诗词中的各种形象和隐喻。……所有这一切都通过麦考利之笔跃然纸上，如同一场光闪闪的假面舞会，热闹非凡，活力四射，令人眼花缭乱，那些不朽的著作和英雄人物也像透过西洋镜一样令人兴奋地一一呈现。……读他的文章，就仿佛进入了一座图书馆。"评价麦考利的文章，历史学家约翰·克莱夫感受到的是"一种旁观者观看烟花表演的纯粹快乐"。历史学家G. P. 古奇说："即使麦考利未曾发明史论，他也把史论的素材由砖头换成了大理石。"

麦考利发表在《爱丁堡评论》上的文章，尤其是他对功利主义的攻击，帮助他实现了自己的一个抱负：在议会中赢得一个席位。他的文章打动了温和的辉格党成员兰斯多恩勋爵，他把自己在卡恩掌控的一个"口袋选区"让给了麦考利。1830年2月，麦考利接受这个席位，在改进1832年改革法案中起到了主要作用。该法案废除了"口袋选区"，将选

---

[1] 普劳图斯（前254？—前184），古罗马戏剧家，历史上第一个有完整作品传世的喜剧作家。

举权扩大到了中产阶级。

在议会中，麦考利贡献了许多最具雄辩力的文字。比如，1833年4月17日，他为一项废除反对犹太人法律的法案辩护。"让我们公平地对待他们，"他宣布，"让我们给他们提供每一种职业，让他们展示自己的才华和能力。在这么做之前，不要推测说以赛亚的同胞没有天赋……是他们的宗教首先教给人类仁慈天下的伟大道理。"

同时，议会还颁布了一条法律对印度的管理进行改革，麦考利受命担此重任。1834年2月，他带着妹妹汉娜漂洋过海前往印度。当时，《印度刑法典》包含印度法和穆斯林法，在印度不同地区存在不同的解释，与英国的东印度公司条例重叠。麦考利实施"以最小的痛苦打击犯罪的原则以及以最少的时间和费用弄清楚真相的原则"。他为所有人种确立了法律规则，外国人和本国人都得遵守同样的规则。他采取措施废除了印度残存的奴隶制。他废除了关于出版审查的法律，仅保留了叛国罪和谋杀罪两项死刑，并且规定妇女可以拥有财产。他的《印度刑法典》于1837年被采用，他制定的基本原则今天仍然存在于印度的法律中。

1838年1月重返英国之前，麦考利已经决定写一部英国的历史，从古代一直写到1837年威廉四世国王去世为止。他写道："我将努力讲述政府的历史和人民的历史，追溯有用的装饰艺术的发展过程，描述宗教派别的兴起和文学品味的变化，描绘历代人的风俗习惯。"麦考利做了大量调查。他埋头研究英国和荷兰的档案，从法国、西班牙和罗马教廷获得了大量文献抄本，还查阅了由查尔斯·詹姆斯·福克斯收集的法国外交公文抄本，后者曾考虑写一部17世纪晚期的英国历史。麦考利阅读了日记、小册子、大幅报纸、民谣和当时的报纸。小说家威廉·梅克皮斯·萨克雷惊叹道："为了写一句话，他要阅读20本书；为了写一行描述性文字，他要行100英里路。"

1839年3月9日，麦考利在奥尔巴尼公寓大楼三楼的一个堆满书籍的套间里开始了写作，这个地方位于伦敦维哥街与皮卡迪利大街之间。他写了一稿又一稿，力求更加明晰，更加有趣。麦考利在日记里写道："我费尽周折，目的就是要让文字读起来顺畅自然，仿佛从口中娓娓道来，又如同在桌边谈话一般轻松愉快。现在，罕有人研究把文章写得清楚明了的艺术。除了我之外，受欢迎的作家几乎没有谁思考过这个问题。很多作家在追求晦涩难懂。的确，在某种意义上他们这么做可能是正确的，因为许多读者都认为晦涩难懂的文字才有深度，而明白易懂的文字则流于肤浅。"

麦考利对人的判断并不总是恰到好处，但是他在历史文学方面所达到的高度几乎前无古人，后无来者。他解释说："法律权威和财产安全与前所未闻的自由讨论和个人行动并不矛盾；秩序与自由的幸运结合产生了人类历史上前所未有的繁荣。……我们国家在过去160年间的历史主要是在物理、道德和知识进步领域所取得的成就。……我们生活在一个仁慈的时代，残暴遭人痛恨，我们为此感到高兴……毫无疑问，每个阶层都从这一伟大的道德变化中获益匪浅，但是获益最大的当属最贫穷、最依赖它们的人，以及最无防御能力的阶层。"

麦考利的《英国史》前两卷于1848年12月1日出版，立即轰动一时。仅4个月就在国内销售了约1.3万册，在美国销售了约10万册。1855年12月17日又有两卷出版。这部《英国史》被翻译成了波希米亚语、丹麦语、荷兰语、法语、德语、匈牙利语、意大利语、波兰语和西班牙语。仅仅10周，第三卷和第四卷就销售了2.65万册，麦考利的出版商给他开了一张大额支票，这成为文学历史上的里程碑。

麦考利更加专注地写作《英国史》，但是因为受心脏病影响，身体比以前更容易疲劳，他便退出了伦敦上流社会，与一名管家住在霍利旅社。这栋房子位于伦敦坎普登山的王宫花园与福克斯家族的霍兰德庄园之间。1857年，亨利·帕默斯顿首相封他为贵族——罗思利的麦考利男爵。

1859年12月28日，一个星期三的上午，麦考利口授了一封信，向一位贫穷的牧师进行捐赠。晚上7点后，他在书房的安乐椅上读书时突发心脏病，溘然长逝。他的遗体被安葬在威斯敏斯特教堂的诗人角。

麦考利去世后，第五卷才得以出版，只写到了1702年威廉三世去世。假以天年，麦考利写完的话，会是什么面貌呢？这部未完成的杰作只能让读者领略一二，实在令人扼腕叹息。不过，他的未竟之作仍然令人击节赞叹。他讲述的自由、和平和进步鼓舞了一代又一代读者。

随着反个人主义占据欧洲,出现了一股反对麦考利的思潮,他的著作遭到无情攻击。传记作家里奇曼·克鲁姆·贝蒂甚至把第一次世界大战的爆发归咎于麦考利所表达的自由主义哲学。然而,他的影响力还未结束。1931年,赫伯特·巴特菲尔德教授出版了一部著名的攻击性著作:《对历史的辉格式解读》。巴特菲尔德轻视暴政,谴责辉格党"将人类分为善与恶"。

资本主义是否能促进人类进步的争论持续了几十年,但是直到今天,事实证明麦考利依然是正确的。肯定他的观点的著作包括约翰·H. 克拉彭的《现代英国经济史》(1926)、T. S. 阿什顿的《工业革命》(1948)、约翰·U. 内夫的《战争与人类进步》(1950)、F. A. 哈耶克的《资本主义与历史学家》(1954)、威廉·H. 麦克尼尔的《西方的崛起》(1963)、戴维·S. 兰德斯的《解放了的普罗米修斯》(1969)、道格拉斯·诺思和罗伯特·托马斯的《西方世界的崛起》(1973)、费尔南德·布罗代尔的《文明与资本主义》(1979)、朱利安·L. 西蒙的《终极资源》(1981)、阿萨·布里格斯的《英国社会史》(1983)、J. M. 罗伯茨的《西方的胜利》(1985)、内森·罗森伯格和L. E. 伯泽尔的《西方是如何变富的》(1986)、龙多·卡梅伦的《简明世界经济史》(1989)、乔尔·莫基尔的《富裕的杠杆》(1990)和戴维·S. 兰德斯的《国家的财富与贫穷》(1998)。

自由造就兴旺发达——麦考利坚持的这一观点是正确的。在他看来,政府干预会把千千万万的人送入痛苦的深渊,而事实也的确如此。他相信,只要深入浅出地给人们讲一个振奋人心的简单故事,就会赢得他们的心。毫无疑问,这一点他确实做到了。那些风靡一时的专家已被遗忘,但是托马斯·巴宾顿·麦考利为自由所进行的无与伦比的雄辩仍然让读者无比激动。

5. 自发的进步：斯宾塞

充满传奇色彩的钢铁企业家安德鲁·卡内基渴望解开人类进步之谜。19世纪80年代早期，这一愿望在他加入一个曼哈顿的讨论组之后得到了实现。在这里，他听说了在这一领域出版了许多著作的英国哲学家赫伯特·斯宾塞的观点。斯宾塞解释说，不受政府干预的自由市场为人们不断改善生活提供了强大的动力。

意识到自己每日所忙之事具有更大意义之后，卡内基激动万分。他用于自勉的座右铭是："一切向好，则一切皆好。"他研读斯宾塞著作越多，就越想结识这位哲学家。他回忆道："几乎没有人比我更渴望去了解赫伯特·斯宾塞了。"通过他们共同的朋友、英国自由论者约翰·莫利，卡内基收到了一封介绍信，带着这封信与斯宾塞从利物浦乘汽船前往纽约。

当时，斯宾塞年逾花甲，身高约5英尺10英寸，体形较瘦。额头有些秃，头发呈褐色，边上蓬松着。他抱怨自己难以入睡，饱受精神焦虑之苦。他动辄批评他人的著述，对他人对自己的批评十分敏感，但是能够坦率承认自己的错误。对独居生活，他似乎快乐不起来，因为他曾叹息说："一个人，若想献身于严肃的文学，则必须安于独身；除非在娶到一位太太后还有能力处理好两者的关系。……可即便如此，家庭琐事和麻烦也可能对他的事业造成致命影响。"

1891年6月，卡内基给他送去了一份感恩礼物，这让斯宾塞感到十分惊讶。斯宾塞在给卡内基的回信中说："昨晚进入房间，看到靠墙摆放着一架大钢琴，我感到既困惑又惊讶。……关于财富的用途，我一直支持你的观点，但是我从来没有想到把你的观点运用到实践中去竟然可以使我受益。"

卡内基是当时和现在受斯宾塞启发的数百万人之一。他奏响了人们为天赋人权斗争的革命口号，这种权利一直遭到英国哲学家杰里米·边沁及其功利主义追随者的抨击。博物学家查尔斯·达尔文用文献证明了进化论，那为什么只要人们自由、政府不干预，人类的进步就会像遵照进化论一样自然发生呢？斯宾塞对此进行了说明。当时，极权主义和军国主义在欧洲方兴未艾，而他是自由的最具激情的捍卫者。

斯宾塞是个多产的作家，出版的书籍和文章涵盖生物学、教育学、伦理学、心理学、社会学、政府政策等。他有一支天赋神笔，创造了不少术语，譬如"适者生存"。从19世纪60年代直到1903年12月8日去世，据说由斯宾塞授权出版的书籍仅在美国就售出了368,755册，这对于一个严肃的作者来说是个惊人的数字。最高法院法官奥利弗·温德尔·霍姆斯说："除了达尔文，恐怕还没有哪位英语作家对我们之于宇宙的整个思维方式影响如此之大。"

1820年4月27日，赫伯特·斯宾塞出生于英国德比。父亲乔治·斯宾塞为了创业，奋斗了多年。他曾多次尝试制造当时流行的蕾丝，但屡遭失败。后来在学校教学，收入微薄。朋友便建议他去皮革厂上班或者当牧师。斯宾塞的母亲哈丽雅特·霍姆斯也不容易，先后生了5个男孩和4个女孩，但是只有斯宾塞活过了两岁。

斯宾塞的父母都是贵格会教徒，他从他们身上继承了独立思想。他回忆道："家里的每个成员都很有个性，而显著的个性必然或多或少与权威存在差异。自立自信的天性会抵触所有缺乏公平约束的政体。"他受的正规教育很有限，在一所小学上了三年，然后在他叔叔威廉的学校学习了一段时间（可能很短），并时不时地得到身为牧师的另一个叔叔托马斯的辅导。11 岁时，他似乎已经能够独自学习了，据说他曾参加过一次科学讲座。当他父亲教他物理和化学时，他便帮助父亲准备实验。他自学了有关动植物的知识，还擅长素描。父母的朋友来访，谈论政治、宗教、科学、是非，他从他们的对话中学到了很多东西。他的父亲是德比哲学学会成员，该学会设有一个简单的科学图书和期刊图书馆，他浏览了馆内的所有书籍和期刊。

15 岁时，斯宾塞的第一篇文章在一本小杂志上发表，内容跟船有关。"我觉得自己的文章看上去很不错。"他当时说道，"我开始绕着房间欢呼跳跃。……既然已经开始，那就干脆写下去。"

但是，斯宾塞需要稳定的收入。当时正逢修建铁路的高峰期，他于 1837 年 11 月找到了一份工作，为伦敦和伯明翰铁路公司制作工程图纸。他才智过人，发明了一些与铁路相关的测量设备，并撰写了 7 篇文章发表在《土木工程师与建筑师杂志》上。攒了一些钱后，他便决定花时间继续写作。他参加了自由贸易、反奴隶制度、反政府教会团体的会议，并在激进杂志《非主流人士》上写了十多篇关于政治哲学的文章。后来，这些文章以小册子的形式重新出版，定名为《论政府的适当范围》（1843），书中展示了深刻的洞察力。斯宾塞认为用税收支付福利是一种退化，因此抨击福利制度。他还推翻了一种假设，即"公共慈善来自穷人的储备，因为事实证明，大部分慈善资金都来自劳动阶级的辛苦劳动。那些本应从募集资金中受益的人，却因为从事生产性工作，反而成了资金的主要提供者"。由此，他预测到了向富人征收重税的呼吁，20 世纪的福利国家就是这样做的。

然而，如果要依靠写作谋生，斯宾塞还有很长的路要走，所以他选择重新回到铁路工作，做了 3 年绘图员。他继续阅读各类书籍，了解公共事务。1848 年 11 月，他去维护自由贸易的《经济学人》当编辑，干了 5 年。该杂志的另一位编辑托马斯·霍吉斯金是哲学无政府主义者，可能影响了斯宾塞。

斯宾塞用业余时间撰写自己的第一本书《社会静态论》（1851）。书中为个人权利阐明了振奋人心的道德理由和实际理由，他将其称为"平等的自由",他坚持认为,只要不侵犯他人的平等自由,每个人就都能自由地去做自己想做的事情。因此,他提倡废除所有贸易限制、纳税人的教会津贴、海外殖民地、医疗许可、法定货币法(legal tender laws)、中央银行、公立学校、政府福利、政府的邮政垄断、所谓的公共工程。正如亚当·斯密已经解释过的,斯宾塞也论证了利己主义不仅可以引导人们实现繁荣,还能通过多种方法提高生活水平。譬如,关于卫生,斯宾塞是这样说的:"尽管每个人都知道死亡率正在不断下降,英国人的生活品质也高于其他地方;尽管每个人都知道我们城镇的清洁程度要高于以往任何时候,不断改善的卫生条件要远远好于欧洲大陆地区——恶臭的科隆、未覆盖下水道井盖的巴黎、到处是水盆的柏林、满是糟糕的人行道的德国城市都是反映国家管理可以产生什么后果的例子;尽管每个人都知道这些事情,但是只能依靠国家管理才能消除公共卫生的剩余障碍的假设是不恰当的。"

公共选择经济学是20世纪末期发展起来的研究分支,而且让詹姆斯·M. 布坎南获得了诺贝尔奖。在预测公共选择经济学带来的新发现时,斯宾塞清楚地说明了政府是如何以攫取普通人的利益为代价疯狂追求私利的。他探索了希腊、罗马、俄国、奥地利、法国和英国的政府是如何利用对教育的控制来确保自己的权力的。他指出,公立学校"出于特定的利益关系,有一种本能的自我保护"。他补充说,这些学校的自私会抗拒创新,"任何人都不要指望它们在教学艺术方面有所改进"。

最著名的一章是"无视国家的权利"。即使在古典自由主义如日中天时,斯宾塞说出下面的话也是极其大胆的:"如果每个人都有自由去做他想做的一切,只要他不侵犯他人的平等自由,那么他就可以自由地放弃与国家的联系——放弃保护,拒绝为获得国家的支持而付出代价。不言而喻的是,他这样做绝不会侵犯他人的自由,因为他的姿态是被动的,他采取被动姿态,便不可能成为侵犯者。"

《社会静态论》让斯宾塞成为一颗冉冉升起的新星。1853年7月,他从《经济学人》辞职,决心当独立作家。他把文章卖给《威斯敏斯特评论》、《爱丁堡评论》、《双周评论》、《英国季刊》和其他有影响力的出版物。

他把自己的思想运用于伦理学、政府政策和科学。当作家让他认识了那个时代的重要人物：哲学家兼经济学家约翰·斯图亚特·密尔、自由贸易的捍卫者约翰·布莱特、自由主义政治家威廉·尤尔特·格莱斯顿、动物学家托马斯·H.赫胥黎等。1858年11月，当时正在写《物种起源》的查尔斯·达尔文肯定了斯宾塞关于进化论的作品的重要意义："你的观点可能没有改进的余地了，也许我可以方便地直接引用。"

在个人经济方面，斯宾塞仍然处境困难，有一段时间他想找一份轻松的政府工作，这样就可以有时间写作了，不过他并没有变成官僚。他是一个骄傲的人，因此当约翰·斯图亚特·密尔慷慨地提出为他负担开支时，他婉言谢绝，决心到市场谋生。1860年，他突发奇想，打算将伦理学、生物学、心理学和社会学融为一体，写一部多卷本的哲学著作，并冒险地试用了预订付费阅读的方式，这些预订者将一年分几次付款，每次半克朗。他让自己那些有名气的朋友提供证明书，大约450人预订了这套书。早期订户包括一些受人尊敬的美国知识分子，如新闻记者贺拉斯·格里利、历史学家乔治·班克罗夫特、牧师亨利·沃德·比彻、植物学家阿萨·格雷、政治学家弗朗西斯·利伯和废奴主义者查尔斯·萨姆纳。斯宾塞开始写作《第一原则》，这是一本关于生命发展的书。

可惜的是，像其他人一样，斯宾塞也经历了出版业中的订户流失。由于靠出版无法得到足够的收入，他只好宣布不再继续写作。但是在1865年，情况发生转机，《大众科学》杂志的主讲人和创刊人爱德华·尤曼斯博士成了斯宾塞的忠实粉丝，他从美国朋友那里为斯宾塞筹集到了足够的资金来继续写书。19世纪60年代和70年代，他创作了很多不同的作品，很难把它们都记录下来，这期间还出版了一些修订版。他成了重量级的人物。约翰·斯图亚特·密尔致信斯宾塞："你的《生物学》比任何科学论文都更能彻底地打动我；它让我更深刻地认识到了你的整个哲学计划的重要性。"

斯宾塞一次次地强调，一旦人类自由，非凡的人类进步就会自然出现。他在《社会学原理》中写道："清除杂物、围以栅栏、排水、使用农具，把土地变为生产粮食的地方，完成这一工作靠的是追求个人利益的人，而不是经由立法的引导。……村庄、小镇、城市在满足人们自己的需要时，会不知不觉地发展起来……通过公民的自发合作，建成了运河、铁路、电报和其他通信及运输设施。……知识发展成了科学——现在，科学指导着一切生产活动，其内容如此之广，任何人都无法掌握其十分之一——这一发展过程源自个人的劳动，他们的动力并非受统治机构的驱使，而是凭借他们的意愿。……同时，还产生了无数的公司、联盟、社团、俱乐部、有益的企业、慈善、文化、艺术、娱乐；还有每年收到数百万资助和捐款的众多机构——这一切都源自非强迫的公民合作。然而，几乎所有人都习惯性地认为这是大臣和议会的功劳，却没有发现这种非凡的组织。数千年来，这种组织一直在发展，不仅没有得到政府的帮助，反而还在实际上遭到了政府的阻碍。"斯宾塞预见了诺贝尔奖得主 F. A. 哈耶克的研究成果，后者解释了为什么一个自由社会的基本制度是人类自发行动的结果。

斯宾塞的影响在美国最大。1864 年，《大西洋月刊》报道说："赫伯特·斯宾塞先生……代表着时代的科学精神。"至于他的原理，该杂志总结说，"将成为改进社会的公认的基础"。耶鲁大学的社会学家威廉·格雷厄姆·萨姆纳成为斯宾塞观点最著名的拥护者。

尽管斯宾塞豪情满怀，但是 19 世纪末公众舆论却越来越青睐政府干预。这也许是因为政府已经削弱了很多，看起来不再是公共威胁。更多的人认为，政府也许能做好事。斯宾塞写了 4 篇有影响力的文章作为回应，这些文章于 1884 年发表在《当代评论》上，它们肯定了自由放任主义的基本原则，抨击了政府干预。它们"在自由主义刊物上"捅了所谓的"马蜂窝，招来了大量批评"。1884 年 7 月，这些文章以《个人对国家》为题结集出版。这是一部杰作，斯宾塞用铁的事实证明了法律往往会适得其反，沉痛打击了对手，尤其是政府干预论者。他解释说，政府强制规定利率上限，据称是为了帮助人民，实际上却使得借钱越发困难；价格控制把区域性庄稼歉收变成了全面饥荒；善意的伦敦行政官员拆了 2.1 万人的房子，结果却只能给 1.2 万人提供新房，让 9000 人无家可归（一个多世纪之前，美国的城市改造计划也做过同样的事情）。美国记者亨利·黑兹利特称这些论述为"迄今支持有限政府、自由放任政策和个人主义的最有力、最具影响力的论据之一"。

斯宾塞听说有人指责自己肤浅、无情，感到很沮丧。1892年，他同意修订《社会静态论》，删除了原来的第十九章"无视国家的权利"。这一折中做法让批评家不满。斯宾塞去世两年后，奥利弗·温德尔·霍姆斯法官在维护（关于工作时间的）政府条例时，认为有必要指名道姓地谴责斯宾塞："《第十四条修正案》没有赋予赫伯特·斯宾塞先生的《社会静态论》以法律效力。"

斯宾塞的身体状况日渐衰颓。1903年12月8日星期二，凌晨4点40分左右，他在睡梦中于布莱顿市珀西瓦尔大街5号的家中去世，享年83岁。他的骨灰被葬于海格特公墓。

20世纪是人类历史上最血腥的世纪，这也证明了斯宾塞是个能决定历史进程的了不起的先知。在他的一生中，他比任何人都更响亮、更清晰地警告了极权主义一定会导致奴隶制。在欧洲军备竞赛演变成第一次世界大战之前很久，他就谴责军国主义。他预料到了福利国家政策的种种弊端，这种政策会削弱穷人独立谋生的动力。他预料到了公立学校会惨遭失败。他断言个人将承担起人类进步的责任。如能目睹今日全球市场经济的复苏，他肯定会非常激动，而这种复苏也证明了他认为普通人的生活会逐渐体面、会不断改善的看法是正确的。

6. 市场没有界限：罗斯巴德

经济学家默里·N. 罗斯巴德对政府的合法性发起了有史以来最全面的知识挑战。在40多年的职业生涯中，他解释了为什么个人、私人公司和其他自愿团体可以做任何需要去做的事情的原因。他坚持认为，个人应该自由地、安静地去做自己的事情，不应受到任何人的干扰，包括政府的干扰。他反对抢劫，无论是个人罪犯还是税收员。他承认影响私人企业的问题有很多，但是历史地看，政府遏制企业和压迫人民会使事情变得更糟。他指出，政府只会致力于扩大自己的权力，而不是为人民服务。这就是为什么不管是哪个政党执政，政府都会倾向于不断扩大、制定更多法律、增加税收、消耗更多勤劳人民的劳动成果的原因。

罗斯巴德写了十几部专著和几百篇文章，内容涉及伦理学、哲学、经济学、美国历史和思想史。他的作品发表在《纽约时报》、《华尔街日报》、《华盛顿邮报》、《洛杉矶时报》、《基督教科学箴言报》、《财富》和其他主要刊物上。他接受过《阁楼》杂志的采访，还向学术期刊投稿，譬如《美国经济评论》《经济学季刊》《经济史杂志》《哥伦比亚世界商业杂志》《思想史杂志》《自由意志主义研究杂志》[1]。他差不多向自由意志主义运动期间的每个出版物都投过稿，包括《理性》和《自由》。多年来，

---

[1] libertarianism 除了译为"自由意志主义"之外，也有译为"自由至上主义"者，与自由主义（liberalism）相区别。

他发行了自己的时事通讯《左与右》和《自由意志主义论坛》。他的作品已被译成中文、捷克语、法语、德语、意大利语、日语、波兰语、葡萄牙语、罗马尼亚语、俄语和西班牙语。

他曾去美国哈佛大学法学院、耶鲁大学、普林斯顿大学、斯坦福大学及其他地方发表演讲、参加会议。自由党于 1972 年成立后，他与该党在很长一段时间内都保持联系。在加图研究所（创办于 1977 年）成立之初，他在此工作，后来成为路德维希·冯·米塞斯研究所的重要成员，并且余生都为之效力。1994 年，罗斯巴德收到了伊利诺伊英格索尔（Ingersoll）基金会颁发的理查德·M. 韦弗学术书信奖（以往的获奖者包括美国著名历史学家谢尔比·富特和福里斯特·麦克唐纳）。《纽约时报》把罗斯巴德列入当代关于自由的最重要思想家之一。

罗斯巴德身高大约 5 英尺 6 英寸。在纽约的那些年，他的体重有所增加（如果让他跑步减肥，他想想就会感到恐惧）。在内华达大学教书后，他的体重慢慢减了下来。他的卷发留得很短，总是穿着一套保守的西服，打着领结，虽然有点儿皱巴巴的，但是看上去挺精神。

直到快 50 岁时，罗斯巴德仍然害怕旅行，不喜欢隧道、桥梁、铁路、飞机，甚至还有电梯。后来他克服了自己的恐惧症，开始环游世界。一次在曼哈顿 110 层高的世贸中心进餐时，他说这是"来自地球的问候"。

他是个不可救药的夜猫子。企业家罗伯特·D. 凯法特回忆起"每个圣诞季节在罗斯巴德家里举行的汉德尔弥赛亚歌咏会，朋友们通宵达旦地在客厅里一阵接一阵地合唱。罗斯巴德经常同时与五六个人交谈，直到妻子乔伊让他安静。如果不让说话，他便回去合唱，还发出尖叫声，唱得跑调，直到无法控制自己才停止唱歌，转而加入交谈"。

"有天晚上，我向他引介了当时的世界壁球冠军维克托·尼德霍夫。维克托对罗斯巴德仰慕已久，就餐时两个人相处得很融洽。跟一个著名运动员在一起，罗斯巴德满怀敬畏，向他了解了一些壁球的事情。在步行回去的路上，维克托问我们想不想去哈佛俱乐部看看他当初刻苦训练的地方。罗斯巴德脱掉鞋子，我们一起走进球场，他不停地问维克托问题，然后维克托建议他拿起球拍，击几次球试试。在曼哈顿，罗斯巴德大概是最不擅长体育的人，很快就被世界冠军的高球打得落花流水。罗斯巴德哈哈大笑，似乎四周的墙壁都跟着震颤了起来。"

默里·牛顿·罗斯巴德于1926年3月2日出生于纽约布朗克斯。母亲雷·巴布什金·罗斯巴德是俄国移民，据称来自明斯克，他是她唯一的孩子。父亲戴维·罗斯巴德生于波兰华沙附近的一个小村庄，后来成为新泽西州贝永市潮水石油公司的首席化学家。出于对理性和自由的信仰，戴维·罗斯巴德非常敬重伟大的数学家和物理学家艾萨克·牛顿，因此用"牛顿"给儿子做中间名鼓励他。

罗斯巴德于1942年进入哥伦比亚大学，主修经济学和数学，三年后以优等生身份毕业。翌年，他在这里获得了经济学硕士学位，随后跟随经济史学家约瑟夫·多尔夫曼攻读博士学位。后来，罗斯巴德称多尔夫曼为"我在美国历史领域的第一位良师"。1956年，他拿到了博士学位。

根据罗斯巴德的老朋友伦纳德·里焦的说法，1946年罗斯巴德在哥伦比亚大学曾上过乔治·J. 施蒂格勒的课。就在那之前不久，施蒂格勒与米尔顿·弗里德曼合作写了一本名为《屋顶还是天花板》的小册子。这本书抨击租金管制，由位于纽约市以北30英里哈德逊河畔欧文敦的经济教育基金会（FEE）出版。施蒂格勒认为罗斯巴德或许有兴趣去那里看看。

在经济教育基金会，罗斯巴德听说了H. L. 门肯、艾尔伯特·杰伊·诺克、弗兰克·乔多洛夫、加雷·加勒特和约翰·T. 弗林等持自由论观点的记者，他们不仅反对臃肿的政府，还反对军国主义和征兵制度。罗斯巴德回忆说："所有这一切都迅速把我从自由市场经济学家转变成了纯粹的自由意志主义者。"

1949年春天，他大概是从在经济教育基金会工作的"秃子"F. A. 哈珀那里知晓伟大的奥地利经济学家路德维希·冯·米塞斯的。30年前，米塞斯正确地预测到了国有化将使数百万人遭受贫困。他是从纳粹魔爪下逃到美国的，哈珀似乎已经告诉罗斯巴德，米塞斯每周都要在位于特里尼蒂广场100号的纽约大学举行一次研讨会。他参加了第一次研讨会，并且持续参加了多年。

罗斯巴德通过给《分析》写书评开始发表作品。这是由弗兰克·乔多洛夫于1944年11月创办的一份支持自由意志主义的时事通讯。乔多洛夫生于纽约，是个俄裔犹太移民小贩的儿子，他的文章《税收就是抢劫》影响了罗斯巴德的思想。罗斯巴德首先评论了《门肯读本》，这是一本出版于1949年8月的门肯作品选。从1950年3月到1956年12月，罗斯巴德共向自由意志主义月刊《信仰与自由》投了30篇文章，内容涉及通货膨胀、价格控制和托马斯·杰斐逊。

在哥伦比亚大学继续攻读博士学位期间，罗斯巴德认识并迷上了乔安·比阿特丽斯·舒马赫。乔安是长老会教徒，获得了哥伦比亚大学学士学位和纽约大学硕士学位。她出生于芝加哥，在弗吉尼亚州长大。他们于1953年1月16日结婚。那时罗斯巴德27岁，她25岁。他们搬到了纽约市西88街215号2E公寓，他们的余生主要就在那里度过。1954年，乔安让丈夫在"新年计划"上签名，保证每天早上5点睡觉，最晚下午1点30分起床。

大概是在1954年，罗斯巴德认识了出生于俄国的安·兰德，她正在创作哲学小说《阿特拉斯耸耸肩》。之后，安·兰德邀请一些人去她的公寓阅读小说已完成部分，罗斯巴德也在受邀之列。听说罗斯巴德娶了信教的女人，安·兰德感到非常害怕，并在1958年敦促罗斯巴德离婚。不过，罗斯巴德也因此而离开了安·兰德的朋友圈。

罗斯巴德积极从事学术研究，挣取生活费用。自1952年1月起，他的收入主要来源于堪萨斯城一个家具批发商设立的威廉·沃尔克（William Volker）基金会，该基金会每年提供经费，帮助他写一本自由市场经济学的入门指南。经过不断扩充，这本书的手稿达到了1900页，暂时命名为"人、经济与国家"。1956年6月30日，沃尔克基金会的资助用光，终稿于1957年完成，但是几家出版商都拒绝出版。接下来，罗斯巴德想写一本书，说明大萧条的产生并非因为过度自由的市场，而是源于政府的信贷、贸易和税收政策。1956年4月，他得到了埃尔哈特（Earhart）基金会提供的一年资助。

截至当时，沃尔克基金会已经赞助了十几位教授，但是他们撰写的有关自由主义的手稿都没有出版。20世纪50年代末，很可能是沃尔克基金会的赫伯特·科尼埃尔和新泽西州普林斯顿的D.范·诺斯特兰出版公司打算出版这些手稿，其中就包括罗斯巴德的《人、经济与国家：论经济原则》。篇幅减少了700页，结尾进行了重写。然而，到1962年正式出版时，该书仍然是皇皇两大卷。

罗斯巴德解释了市场刺激对形成复杂、成功的社会秩序所起的作用。他强调，最终决定市场和市场价格的不是企业，而是消费者。他说明，只有在得到政府支持的情况下，垄断部门才难以消除。罗斯巴德肯定了米塞斯的观点：政府人为地增加货币、扩大信贷会导致通货膨胀，而大萧条则是以前通货膨胀的结果。他总结道："在纯粹的自由市场里不存在商业周期。"

罗斯巴德坚持认为，政客和官僚无法解决自由市场可能出现的任何问题，因为他们是不完美的人，知识有限，受私利的驱动——而且具有破坏整个经济的能力，即使最强大的企业主管也无法做到这一点。纽约大学研究比较法学的福特基金会研究员曼纽尔·S.克劳斯纳在《纽约大学法律评论》上称，"没有比这更通俗易懂的论述了，也没有比这更直接地支持自由和自由企业的理由了"。

范·诺斯特兰出版公司在1963年出版了罗斯巴德的《美国大萧条》。他认为大萧条是之前政府扩大信贷的结果，而且政府加强对经济的干预也延长了大萧条。他讨论了政府的失误，包括征收斯姆特－霍利关税（Smoot-Hawley tariff）和大幅提高收入税、企业税、消费税和股票转让税。

罗斯巴德影响了历史学家保罗·约翰逊于大萧条时期的观点，后者在自己卖了600万册的畅销书《摩登时代》（1983）中进行了解释。约翰逊称《美国大萧条》是"一部充满智慧的杰作……逻辑严谨，例证详尽，语言流畅"。

1966年9月，罗斯巴德获得了一份稳定的工作，到培养工程师的布鲁克林工业学院任教（这不是他理想的工作，但是能获得一份稳定的收入，他心怀感激）。同时，他也投身于下一个研究项目，准备利用《人、经济与国家：论经济原则》未使用的材料编写一本书。他想充分说明，要是政府不干预人们的生活，人们就能生活得更好。他写道，相互竞争的私人司法部门在西方历史中发挥了重要作用；他还表示，如果没有政府法官，保险公司就会有足够的动力发展出法庭。他还解释了私人保护机构可以运作的道理，但是他对这一概念持反对态度。此时，F. A. 哈珀已经开始在加利福尼亚的伯灵格姆设立人文研究所，并于1970年出版了《权力与市场》一书。

在罗斯巴德撰写学术著作期间，越南战争越演越烈。不论是民主党还是共和党都没有带来多少和平的希望。罗斯巴德极力与新左派建立联盟，反对战争和征兵。他与朋友、历史学家伦纳德·P. 里焦于1965年春创办了《左与右：自由意志主义思想杂志》。为了进一步发展新左派，他还在1968年6月的《壁垒》杂志上发表了一篇文章。

记者兼政治演讲撰稿人卡尔·黑斯读过这篇文章后，同罗斯巴德取得联系，并在自己的纽约公寓与他见了面。"那是一间古典会客厅，"黑斯回忆道，"挤满了十几位聪明风趣的男士和女士，他们因为对自由的热情而聚在一起。只有一个问题，他们从不睡觉，至少夜里不睡。……（在这里）我非常兴奋地了解到这个国家的一个伟大传统……基于自愿协议和绝对个人责任感的自由资本主义和人际交往。"

黑斯为罗斯巴德的时事通讯《自由意志主义》撰写文章，之后他加盟罗斯巴德的《自由意志主义论坛》，也成了这份双月刊的编辑。黑斯在1969年3月号《花花公子》上发表文章《政治的死亡》，表达自己的自由论观点。罗斯巴德、里焦和黑斯为了理想不断奋斗，值得称道，然而他们并没有发展壮大。新左派分裂为不同派系，部分人转向了暴力。

1971年2月9日，《纽约时报》发表了罗斯巴德的专栏文章《新自由意志主义信条》，指出越来越多的年轻人反对越战、征兵、飙升的税收和政府对个人生活的干预。他引起了麦克米伦出版社的编辑汤姆·曼德尔的注意，不久，他得到了人生中第一份商业图书合同，写出了《为了新的自由：自由意志主义者宣言》（1973）一书。这本书从自我所有权和私人财产原则开始，坚决捍卫自由，认为自由是天赋人权。罗斯巴德揭穿了可以指望由政府这一高压政治和暴力的主要机构做好事的传统观点。他批判了福利、公立学校、强制工会、城区改造、农场补贴和其他牺牲他人惠及强大利益集团的政府项目。尼古拉斯·冯·霍夫曼在《华盛顿邮报》上高度赞扬此书。《洛杉矶先驱观察家报》写道："总体而言，《为了新的自由》表达清晰，理由充分，证据充足，阐明了自由意志主义运动成员所倡导的真正根本变革的理由。"

肯尼思·坦普尔顿曾在威廉·沃尔克基金会工作，后来去了人文研究所，他鼓励罗斯巴德写一本书，说明美国革命是为了自由。礼来基金会（Lilly Endowment）向他提供了5年资助，这样他便能安心完成这个项目。堪萨斯州的石油大亨查尔斯·科赫和华盛顿特区的出版商罗伯特·D. 凯法特也提供了经济支持。为了完成任务，学者伦纳德·里焦也参与了这个项目。

《在自由中孕育》第一卷《17世纪的美洲殖民地》和第二卷《"有益的忽视"：18世纪前半叶的美国殖民地》于1975年问世，第三卷《准备革命，1760—1775》于1976年出版，第四卷《革命战争，1775—1784》于1979年出版。罗斯巴德讨论了自由意志主义思想发展的历程，赞美了罗杰·威廉斯、安·哈钦森、托马斯·潘恩和托马斯·杰斐逊等著名自由意志主义者。他为读者讲述了政府官员干预人们生活的可恶，有时还穿插了有趣的故事。罗斯巴德口述了第五卷的大部分内容，该卷本来可以讲到美国立宪，但此时出版商陷入经济危机，录音带被损坏。

《在自由中孕育》出版期间，堪萨斯州的企业家查尔斯·科赫提供了经济帮助，让罗斯巴德暂停教学工作，拿出一年时间专门写一本书，阐述他的政治哲学。结果，他写出了《自由的伦理》一书，于1982年由人文出版社出版。他解释了基于高压的政府本质上不道德的原因，并为基于自然权利的伦理详细阐明了理由。这本书成了他经久不衰的著作之一。

罗斯巴德的下一个计划受到一位仰慕者的启发，这个人名叫马克·斯库森，是佛罗里达的一位投资顾问。1981年11月，他建议罗斯巴德写一本适用作大学教程的通俗经济学概论。他提供了一笔预付款，一半在签订合同时支付，另一半在完成时支付，预计用时一年。项目在罗斯巴德的计划中不断扩大，结果一过就是数年。

1982年，曾在阿灵顿之屋出版社工作过的小卢埃林·H.罗克韦尔成立了路德维希·冯·米塞斯研究所（现隶属于亚拉巴马州的奥本大学），并说服罗斯巴德担任负责学术事务的副所长。他为罗斯巴德提供研究支持，罗斯巴德则主持研究所的研讨会。

罗斯巴德编辑了《奥地利经济评论》，这是第一本聚焦奥地利经济的杂志。此外，还为米塞斯研究所的时事通讯杂志《自由市场》撰写文章。1985年，他被聘为拉斯维加斯内华达大学S. J.霍尔经济学杰出教授（虽然拉斯维加斯图书馆资料有限，但是通宵开门）。他继续在米塞斯研究所工作。1991年4月，时事通讯杂志《罗斯巴德－罗克韦尔报告》发行，每月一期，每期12页，刊登有关自由意志主义运动的信息和对世界新闻的评论。冷战结束后，保守派不再坚持反共产主义，该杂志便敦促自由派与保守派结盟。

1994年夏天，罗斯巴德因肺部积水而难以入睡。1995年1月7日，他和乔安约好黄昏时去一个验光师的办公室。乔安在另一间房间，罗斯巴德请一位技师把他的眼镜拧紧些。突然，他失去知觉，倒在地板上。护理人员将他送往罗斯福医院，结果他死于充血性心力衰竭，享年68岁。他的骨灰被葬在弗吉尼亚州尤宁维尔的奥克伍德墓园乔安家的祖坟。

葬礼在麦迪逊大道基督教长老会教堂举行，乔安曾在这里做过多年礼拜。历史学家拉尔夫·雷克在葬礼上说："默里非常有主见，在各个方面都是如此。他总是受自己价值观的主导，这些价值观是他不可分割的一部分——尤其是他对自由和人类进步的热爱。"历史学家罗纳德·哈姆威说："我不信教，也无权要求进入天堂。但是，我希望，在我死后上帝能让我进入天堂，因为再次遇到默里肯定会很棒。"

罗斯巴德去世后不久，马克·斯库森发起的项目面世——两卷本的《奥地利学派视角下的经济思想史》，第一卷是《亚当·斯密之前的经济思想》，第二卷是《古典经济学》。罗斯巴德追溯了从古代中国到19世纪早期欧洲的自然权利和经济自由的思想史。他最喜欢的思想家有老子、克律西波斯、马库斯·图留斯·西塞罗、弗朗西斯科·苏亚雷斯、雅克·杜尔哥、让–巴蒂斯特·赛和弗雷德里克·巴斯夏。

罗斯巴德留下的资料都被送到了米塞斯研究所，结果在研究所工作的学者杰夫·塔克声称从中发现了一些未出版的手稿。1995年，米塞斯研究所出版了《搞懂经济学》，收录了罗斯巴德发表在《自由市场》上的112篇话题文章。之后又出版了《行动的逻辑》(1997)，收录了罗斯巴德的43篇主要经济类文章。然后出版的是《教育：自由与强制》(1999)。随后是《美国大萧条》的再版(1999)，由保罗·约翰逊撰写了新的前言。

1999年1月，乔安·罗斯巴德罹患中风，搬到了亲戚所居住的弗吉尼亚州。她于10月29日去世。

为了证明即使没有政府干预，社会总体上也能良好运行，默里·罗斯巴德比任何人做的贡献都大。他所做的一切让人们相信自由的人民具有无限的潜能。

第七部

精神自由

不受束缚的心灵的精神永恒,
自由,你在地牢里最灿烂!
——拜伦(1816)

许多最伟大的艺术家、作曲家、诗人、剧作家和小说家都曾赞美自由。在封闭的疆域内，人们曾冒着生命危险走私有关自由的著作，因为这些著作能够激励人们反对暴政。不用任何广告，关于自由的小说就能卖出数千万册，而且长盛不衰。其中很多已被拍成电影，轰动一时。自由也是很多最受欢迎的电视剧的主题。世界上最受人喜爱的音乐剧是《悲惨世界》，大约有4100万人观看：讲述了一个好人与警察的斗争。在柏林墙被推倒之后，贝多芬的《第九交响曲》在柏林奏响，合唱运动成为自由的颂歌，传遍五洲四海。

1. 英雄的远见：弗里德里希·席勒

弗里德里希·席勒是世界上最崇尚自由的伟大诗人和戏剧家之一。诺贝尔奖获得者F. A.哈耶克把他列入"主要政治思想家"行列。席勒的作品饱含关于自由的思想精华。例如，"人必须先有自由，然后才有道德""塑造自己、创造自己之人，才是伟大之人""依靠自己才是最安全的""逼我们就范之人，剥夺了我们的人性""目前建立的国家是罪恶之源""战争是一种极端恐怖""我们高兴地站在暴政的废墟之上"。席勒颂扬"永恒的权利，如星星一般，高悬于天空，不可剥夺，不可毁坏"。

德国哲学家伊曼努尔·康德与席勒是同时代人，传统上被认为是更重要的思想家，但是康德反对用革命推翻暴政的权利，而席勒则肯定了这种权利。席勒最喜爱的戏剧《威廉·退尔》赞颂的是一个传说中为自由而斗争的战士。它给焦阿基诺·罗西尼带来了灵感，于是他创作了歌剧《威廉·退尔》，其著名的序曲成了《独行侠》的主旋律。《独行侠》是20世纪50年代流行的电视剧，主题是追求自由和正义。

席勒认识到，政治权力是对自由最持久、最严重的威胁。"在他的戏剧中，每个掌权者都有重大缺陷，而且在大多数情况下，这些缺陷与其说是崇高的悲剧，倒不如说是令人不齿。"德国文学教授杰弗里·L.萨蒙斯指出，"席勒不受民族主义情绪的影响；对于他而言，侵略者总是错的。"

席勒有一种包容的超民族视野。他写了一部关于解放瑞士人的戏剧《威廉·退尔》、一部关于解放荷兰人的戏剧《唐·卡洛斯》，还有一部关于解放法国人的戏剧《奥尔良姑娘》。他之所以借历史创作史诗，是因为写涉及当时叛乱的故事会遭到审查员查禁。在他未完成的诗《伟大的德国》中，他呼吁同胞们放弃政治和战争。

席勒广受尊崇。美国作家华盛顿·欧文、英国小说家沃尔特·司各特和英国诗人塞缪尔·泰勒·柯勒律治都仰慕他。法国政治思想家本杰明·康斯坦特当时则非常喜欢跟席勒在一起。另一位法国小说家热尔曼·德·斯塔尔在去他家拜访后说："我发现他非常谦虚，对自身的成功毫不在意，为他所认为正确的观点辩护时激情四射，因此从那时起，我就发誓要让他成为我的朋友——那种让我钦佩的朋友。"政治思想家威廉·冯·洪堡称席勒是"我认识的最伟大、最优秀的人"。诗人和剧作家约翰·沃尔夫冈·冯·歌德告诉席勒："你给了我第二次青春，使我再次成为诗人。"当路德维希·范·贝多芬需要为《第九交响曲》第四乐章的高潮部分填写令人振奋的唱词时，他则曾向席勒寻求过帮助。

F. A. 哈耶克评价说，席勒"与在德国传播自由思想的其他人一样，贡献非常大"。奥地利经济学家路德维希·冯·米塞斯称他为"全国最受欢迎的诗人；正是从他对自由的热情奉献中，德国人找到了自己的政治理想"。也正因为这一点，席勒的作品才遭到拿破仑和希特勒的禁止。

席勒能言善辩，语言成就非同凡响。萨蒙斯教授指出："除了马丁·路德，还没有哪个作家能对德国语言的常见用法产生过如此持久的影响。一本著名的……当代版本的常用引语汇编竟然收录了大约 300 句席勒的句子。"

诺贝尔奖获得者托马斯·曼说："他创造了属于自己的戏剧性语言风格，其声调、姿态和旋律都独具特色，显而易见，瞬间可辨；这些是德国也可能是全世界创造出的内容最精彩、修辞最生动的语言。……一旦我开始谈论席勒的特殊和伟大之处，就很难停下来——这是一种慷慨、崇高、激昂、鼓舞人心的伟大，甚至在歌德更具智慧、更自然、更基本的宏伟威严中也无法找到。……席勒的非凡才华……他的自由论者情怀……

他是诗人,懂得如何让泪水涌上我们的眼眶,同时,还能让我们对专制主义愤填膺。"

编剧出身的畅销小说作家和哲学家安·兰德声称:"他是唯一一个令我产生强烈的英雄崇拜的古典戏剧家。"

席勒在个人生活中表现得非常勇敢,尽管他患有严重的哮喘、肺结核、肝病和心脏病,却创作出了最伟大的作品。在生命的最后九年,他几乎沦为残疾人,但这九年却是最高产的。1796 年,一名拜访者写道:"他的大脑已经习惯于永不停歇,身体的痛苦反而刺激他加倍努力。"

传记作者 H. B. 加兰提到,席勒"身材高大挺拔,但是很瘦,胳膊和腿纤细,有点儿八字脚。他的头发总是很长,从前额往后梳,略呈红色。他的眼睛是蓝色的,鼻子瘦长,有点儿鹰钩鼻。他嘴唇饱满,匀称好看。他穿素色衣服,通常是灰色或深蓝色,经常穿开领衬衫。……所有观察者都说,他最突出的特点就是彬彬有礼……热心善良"。萨蒙斯补充道,席勒"结交了一些最好、最值得交往的朋友,还吸引了一些真诚的崇拜者;有时,他们的确救过他的命。他身上那些在现代可能是令人生畏和说教的东西,在 18 世纪末肯定会给人以不同的印象,肯定能满足人们对更高、更安全境界的渴望,去超越那个时代的轻浮、残忍和不公正。在席勒身上,同时代人看到的是一个具有远见卓识和高远目标的人,虽然他在人际关系和商业关系方面不够诚实,但是基本上也能做到廉洁正直,不向邪恶和自私妥协。由于种种原因,这些品质在现代正被逐渐淡化;但是当时它们非常重要,很有吸引力,并在之后一个多世纪里继续激励着对此有所了解的人们"。

1759 年 11 月 10 日,约翰·克里斯托弗·弗里德里希·席勒出生于符腾堡公国的马尔巴赫。他的父亲约翰·卡斯帕·席勒是军官,为符腾堡的小暴君卡尔·欧根公爵效劳。席勒的母亲伊丽莎白·多萝西娅·科德维斯是个旅馆老板的女儿。1776 年 12 月,在符腾堡公爵的宫殿里,年轻的席勒看到了大量意大利歌剧作品,这激起了他对歌剧的热爱。但是,公爵却命令他去公爵军事学校学习法律。从 13 岁到 21 岁,席勒一直受到严格控制，禁止见到父亲、母亲和姐姐。他的第一篇论文因批判政府而被驳回，所以推迟一年，直到1780年才毕业。席勒十分愤怒，写了一首诗《征服者》，讽刺像公爵一样的暴君。

席勒搬到斯图加特后完成了他的第一部戏剧《强盗》，指出暴力徒劳无益。1782年1月13日，这部戏剧在曼海姆上演后，公爵警告说，如果他敢写更多的剧本，那么就将坐牢。于是，席勒带着下一部即将完成的戏剧《斐耶斯科在热那亚的阴谋》的手稿逃往了曼海姆。这部戏剧讲述的是一个怀揣独裁梦想的人所经历的跌宕起伏。该剧于1784年1月11日在曼海姆上演。

有一段时间，席勒待在亨里特·冯·沃尔措根位于鲍尔巴赫的家中，因为沃尔措根的儿子们曾是他的同学。在此，席勒开始创作悲剧《阴谋与爱情》，剧中主人公斐迪南德·冯·沃尔特为了过上自己想要的生活，跟权威展开斗争。此剧在1784年4月15日上演后，轰动一时。

后来，年轻的剧作家席勒前往莱比锡，遇到了仰慕自己的富人克里斯蒂安·戈特弗里德·科尔纳，科尔纳为他提供了两年的经济支持。1785年11月，席勒写了《欢乐颂》，这是他第一首赢得民众喜欢的诗歌。音乐历史学家欧文·科洛丁特别指出，其最初的版本名叫"自由颂"。

在《唐·卡洛斯》中，席勒把强大的西班牙国王腓力二世忧郁的儿子改头换面，塑造成自由的拥护者，勇敢地反对其父王在荷兰的镇压活动。在席勒笔下，波萨侯爵（甚至比王子）更大胆，呼吁言论自由。然而，在真实的腓力二世的统治下，这样的事情永远不可能发生，但是这似乎并不重要。1787年8月29日，这部戏剧在汉堡上演，观众在欣赏了为自由而斗争的震撼故事后，全都为之欢欣鼓舞。

席勒开始创作《荷兰脱离西班牙统治的独立史》。他欣喜地表示："有力的阻击可以击倒暴君抬起的手臂。"尽管他只写了荷兰1560年到1567年的历史，但是在1788年出版后，该书却成为他商业上最成功的著作之一。

席勒在拜访弗劳·冯·沃尔措根的途中，曾在鲁多尔施塔特逗留，沃尔措根的亲戚伦格费尔德一家就住在此地。席勒与年轻的洛特·冯·伦格费尔德互生爱慕，两人于1790年2月22日在温宁根耶拿结婚。他们一共生育了4个子女。

法国大革命的战争阴影引发了人们对"三十年战争"（1618—1648）的恐惧，这次战争摧毁了德国，席勒开始撰写这场战争的历史。《三十年战争史》的第一卷写到1630年，于1790年出版，首印7000册很快售罄。

1791年1月3日，席勒发烧胸痛，咳嗽吐血。他患上了肺结核，需要长时间休息。他和妻子搬到了鲁多尔斯塔特，新鲜的空气也许能缓解他的症状，但不久他又患上了哮喘呼吸痉挛。直到12月，情况才有所改善，这时传来了令人鼓舞的消息：丹麦贵族弗里德里希·克里斯蒂安·冯·奥古斯滕贝格王子和席梅尔曼伯爵赞助他三年的膳食费，这让他在经济上有了一些保障。

席勒写了一系列关于美学的散文，其中包括实现内心自由的评论。最著名的包括《论优雅和尊严》（1793）、《论人类的美学教育》（1794）以及《论朴素的诗和感伤的诗》（1796）。就像杰弗里·L.萨蒙斯所说的那样，"最终，它们的主要目标不是艺术的本质，甚至不是美的定义，而是实现人类自由"。

在耶拿，席勒结识了学者和政治思想家威廉·冯·洪堡。洪堡刚刚完成的《论国家的作用》一书影响了约翰·斯图亚特·密尔的《论自由》（1859）。洪堡的一位朋友说："他每天晚上8点至10点都与席勒在一起……他只是生活在自己的思想中，在持续不断的智力活动中。思考和写作是他的全部；他所尊重或喜欢的一切，都与此、与他的真实生活有关。因此，对于席勒来说，洪堡很重要。席勒把这段时间看作自己的消遣时间，他无所不谈……与洪堡在一起，他没有任何压力，跟从前一样有趣。"

托马斯·曼把席勒与歌德的相识相知称为"最著名的思想联盟"。1788年9月7日，两人在席勒的姻亲家见面，当时席勒28岁、歌德39岁。他们都对文学满怀热情，反对愚昧无知，坚信自己是文明的捍卫者。他们相互之间写了1000多封信。歌德邀请席勒去他在魏玛的家，并且经常去耶拿拜访席勒和他的家人。

席勒这样描述歌德："中等身高，举止呆板……但是他的表情富有表现力，十分活泼，盯着他的眼睛看就会让人愉悦。……他的声音特别悦耳，谈吐流畅、生动有趣。"歌德于1749年8月28日生于法兰克福，是德国文学中的天才，写了很多广为人知的诗歌和戏剧，而1774出版的《少年维特之烦恼》更是让德国读者如醉如痴。在众多主题中，歌德选择继续创作关于让－雅克·卢梭的讽刺作品，还写了一些关于宁静的大自然的诗歌。他拥护关于美的古典理想。他的《埃格蒙特》（1788）讲述的是一个人领导荷兰人民反抗西班牙暴政的故事。一些学者认为歌德之所以能够写出更多作品，尤其是《浮士德》第一卷，都是因为席勒的鼓舞和鞭策。

"如果歌德能使出浑身解数，我认为自己无法与他匹敌。"席勒写道，"他知识更渊博，感觉更敏锐。此外，由于熟悉各种类型的艺术，他的艺术感更加高雅和纯粹。关于这一点，我十分匮乏，甚至可以说是十分无知。如果我没有其他几个方面的才能，如果我愚笨到无法把这些才能应用到戏剧领域，那么在这一行当，有他在，我就没有什么可以拿得出手的。"对此，歌德评论道："德国人总是喜欢争论谁更伟大。有这样两个年轻人吵来吵去，他们应该感到很高兴。"

当拿破仑威胁到欧洲时，席勒说这位将军"让我感到非常讨厌"。1797年，他为诗歌《伟大的德国》撰写批注时提出，个人的改善才是让世界更加美好的关键，而不是政治权力。

因为席勒要集中精力创作更多剧本，因此他必须加入魏玛的戏剧团体，所以于1799年去了魏玛。他创作了《华伦斯坦》，这部十幕悲剧讲述的是在"三十年战争"期间扮演主要角色的那位将军。席勒阐明了权力是如何腐蚀强大者，战争是如何摧垮普通人的。新剧的第一部《华伦斯坦的阵营》于1798年10月12日在魏玛宫廷剧院上演，第二部《皮克洛米尼》于1799年1月30日上演，第三部《华伦斯坦之死》于1799年4月20日上演。

在学习历史的过程中，席勒被圣女贞德的壮举深深打动。在百年战争接近高潮时，她帮助法国人把英国人从奥尔良和兰斯赶了出去。她在巴黎之战中受伤，1431年5月30日被英国人活活烧死。席勒决心从伏尔泰笔下拯救圣女贞德，因为伏尔泰曾取笑她是宗教狂热分子。席勒的《奥尔良姑娘》是一首拥护独立的赞歌。尽管有人反对席勒偏离历史事实（他让贞德在战场上光荣牺牲），但这部戏剧在1801年9月11日上演后轰动一时。

1803年12月，席勒认识了法国小说家和自由的拥护者热尔曼·德·斯塔尔，斯塔尔在法国大革命中逃过一劫，没有被推上断头台。她就像一阵旋风，"想解释一切，理解一切，权衡一切"，席勒这样评论她。他们用法语交流，因为她不懂德语。她用这样的话来描述席勒："这种简单的性格给我留下了深刻印象。"她把他们的对话收入著作《论德国人》中，把德国人的观点呈现在法国读者面前。

在歌德放弃了写作关于威廉·退尔的史诗的想法后，席勒便开始阅读瑞士历史，并郑重宣告："如果神灵对我仁慈，让我把心中所想写出来，那么这将会是一部伟大的作品，会震撼德国的剧院。……我认为，我的《退尔》将再次温暖人心。"他塑造的威廉·退尔是个话语简单的人，但说出了很多个人主义的警句，例如："真正的猎人只能依靠自己。""踏上人生之路，必须有所准备。""强大之人在孤身之时才最强大。""我自由，那是因为我是自身力量的主人。""所有人都会从退尔身上得到安慰。""我做正确之事，因此不惧任何敌人。""弱者都有刺。""自由之屋是上帝亲自创建的。"

一个名叫鲍姆加滕的瑞士乡下人，妻子遭到哈布斯堡皇帝地方长官的恐吓，便杀死了他，戏剧的大幕由此拉开。为了躲避追赶复仇的士兵们，鲍姆加滕不得不穿过卢塞恩湖，威廉·退尔主动帮助了他。退尔拒绝对放在杆上代表残暴统治者盖斯勒的帽子鞠躬，由此得罪了这些权威人士。恼羞成怒的总督强迫退尔朝退尔儿子头顶的苹果射箭。当然，退尔射中了苹果，但是因为盖斯勒差点儿让退尔的儿子丧命，所以退尔并没有原谅他，后来还是杀死了他。这件事鼓励了瑞士爱国者一举击败了压迫自己的人，保障了自己的自由。《威廉·退尔》于1804年3月17日上演，它比席勒的其他作品更受欢迎。

1804 年到 1805 年的冬天是最难熬的，席勒始终无法完成下一部剧作的第二幕。这部剧作是《德米特里乌斯》，讲的是 17 世纪俄国的一场权力之争。他写道："要是我能智力完好地活到 50 岁就好了，那样就可以攒够钱，让子女能够独立于世。"

1805 年 4 月 29 日，席勒开始高烧并且疼痛，这是他最后一次与歌德聊天。他的情况逐渐恶化，妻子把他们 9 个月大的女儿埃米莉带了过来，席勒似乎意识到自己以后再也看不到她了。1805 年 5 月 9 日，是星期一，席勒与世长辞，他的妻子一直握着他的手。他死时年仅 45 岁。生前，他要求只举行最简单的仪式。他的棺材被运到圣·詹姆斯教堂墓地，并于次日举办了追悼会。

1805 年后，拿破仑穿过中欧，把席勒的《奥尔良姑娘》列为禁书，认为这部作品是反对任何外国入侵的爱国战斗口号。总是远离政治的歌德担心法国人的故事可能会对德国人产生教化作用，这让讲德语的人轻视歌德，尊崇席勒。

席勒有个热情的崇拜者，就是作曲家路德维希·范·贝多芬。早在 1793 年，贝多芬就想为诗歌《欢乐颂》（1785）谱曲。虽然贝多芬没有付诸行动，但他继续阅读席勒的作品。在一篇日记中，贝多芬记下了席勒的《唐·卡洛斯》中的一些语句。贝多芬发誓："热爱自由超过一切，即使在王位面前也决不否认真理。"1817 年 5 月，贝多芬给《威廉·退尔》中的几段话配上音乐，以此纪念一位死去的朋友。1823 年中期，贝多芬决定用一个合唱乐章完成《d 小调交响曲》，因此从席勒的《欢乐颂》中寻找词句。就像这位耳聋的作曲家为了与安东·辛德勒交流而在笔记本中所写的，"让我们一起歌颂不朽的席勒吧"。

席勒的自由理想激励了意大利最伟大的歌剧作曲家们。其中，焦阿基诺·罗西尼的最后一部歌剧《威廉·退尔》（1829）就以席勒的最后一部戏剧为基础。这部歌剧首先在巴黎演出，然后在那里继续演了 500 场。后来，又（用英语、法语、德语和意大利语）在布鲁塞尔、法兰克福、伦敦、新奥尔良和纽约多次演出。"在意大利，"为罗西尼立传的弗朗西斯·托伊说，"奥地利的审查制度带来了麻烦，所有涉及爱国主义、自由或是暴政的段落都遭到禁止，出现苹果的场景也被省略了。在罗马，教皇的审查机构……认为最好在剧中虔诚地提及上帝、天堂和圣人。"

受席勒的退尔故事影响，朱塞佩·威尔第参观了"威廉·退尔教堂以及他住过的房子，还有被他杀死的压迫瑞士人的盖斯勒的住址"。威尔第的《圣女贞德》于1845年2月15日演出，借鉴了席勒的《奥尔良姑娘》；他的《强盗》于1847年7月22日演出，借鉴了席勒的《强盗》；他的《露易莎·米勒》于1849年12月8日演出，借鉴了席勒的《阴谋与爱情》；他的《唐·卡洛》于1867年3月11日演出，借鉴了席勒的《唐·卡洛斯》。在萨蒙斯看来，还有20多部歌剧都是根据席勒的戏剧创作的。

1824年，英国作家托马斯·卡莱尔写了一部席勒的传记，让席勒在英语国家声名远扬。歌德把传记翻译成了德语，并写了简介。传记作家约翰·莫利说，哲学家和经济学家约翰·斯图亚特·密尔"在各个方面都偏爱席勒；从歌德转向席勒，就好像从温室走到新鲜空气中"。

1859年11月，席勒诞辰一百周年引发了路德维希·冯·米塞斯所描述的"德国史上最令人印象深刻的政治示威。……德意志民族因坚持席勒的思想和自由的思想而团结在一起"。尽管教堂禁止使用它们的地盘庆祝席勒诞辰，政府和学校也禁止他的作品，但是几乎在德国的每座城市，都有人读他的书，表演他的作品，还有火炬游行活动。（那一年）人们做过大约1600多次关于席勒的演讲，其中300多次后来以纪念文集的形式出版。全世界都在庆祝席勒的百年诞辰。据报道，美国33个州中有23个举行了89次庆祝活动。在纽约，活动持续了4天。同样，在圣彼得堡、莫斯科和其他国家的首都也有庆祝活动。1909年，席勒诞辰150周年之际，人们举行了更多的庆祝活动。在哈佛大学体育馆，大约有1500名演员在舞台上表演了席勒的《奥尔良姑娘》，台下观众则多达1.5万人。

直到第一次世界大战结束，席勒在德国文学史上依然赫赫有名。后来，他遭到了马克思主义作家贝尔托·布莱希特的排斥。布莱希特创作了《屠宰场里的圣女贞德》，这是一部模仿席勒的剧作。不过，托马斯·曼回忆道："第一次世界大战后，我在慕尼黑观看了《阴谋与爱情》……演得不好不坏。但是，这部戏剧的激情让……观众陷入了革命的狂热之中。观众成了席勒的狂热追随者，就像每一批亲眼看过他的戏剧的观众一样。"

阿道夫·希特勒听说席勒的《威廉·退尔》证明了推翻专制的合理性，便查禁了这部作品。在席勒的《唐·卡洛斯》中，纳粹审查员删掉了一句非常有名的话："给我思想的自由！"因为这句话总是能够引发观众的热烈掌声。但是，在后来的演出中，每当表演到剧中这个节骨眼时，观众就会为这句被删掉的台词鼓掌，于是后续演出一直被禁止。1946年，为了庆祝纳粹战败，德国的26个剧团到处巡演《唐·卡洛斯》。

人们渴望重新发现德国文化中体面的东西，尤其是在歌德和席勒的作品中。学者约翰·贝德纳尔评论说："要是没有席勒，德国的书信、诗歌、历史思想和美学思想，尤其是德语国家的戏剧，将会异常匮乏。"1959年，席勒诞辰两百周年，托马斯·曼写道："让分裂的德国以他的名义统一吧……希望德国在普遍同情的标志下，忠实于他那崇高伟大的精神。……通过纪念他的离世和复活，希望我们能够表现出些许他的英雄意志，凭借这些意志获得真善美、高尚的品德、内心的自由、艺术、关爱和和平。"

第一次世界大战后，沙文主义排斥德国文化，所以美国几乎没有演出过席勒的作品。学习德国文学的学生对他作品的了解也非常有限。对于大多数人来说，席勒仍然是需要重新发掘的最大宝藏之一。

2. 对欢乐的肯定：贝多芬

路德维希·范·贝多芬用他伟大的解放精神鼓舞了全世界。批评家 H. L. 门肯说："他那高昂的情绪神圣而庄严，他赋予了音乐一种阿尔卑斯山般的雄壮。"贝多芬，一个大胆而特立独行的人，打破了传统形式，因此他的音乐可以探测绝望的深渊，表现勇敢的斗争，达到惊人的快乐之巅。研究贝多芬的学者罗伯特·黑文·肖夫勒写道："每当精神感动了他，他就会从砖块中挤出血液。他用这些血液制成红宝石，把砖块残渣制成铂金，然后把这些东西组织成设计的奇迹。"

贝多芬把管弦乐从贵族沙龙带到了拥挤的音乐厅。1815 年后，他主要是为出版商作曲，而不是为赞助商。他很自豪自己开辟了一个商业市场，作曲家可以凭借作品版权维持生计。他写道："我现在获得的一切都来自自身的努力。"

在国王统治的大陆上，贝多芬是位直言不讳的共和党人。拿破仑之前一直声称坚持法国大革命的共和制原则，但他自己却加冕称帝，这让贝多芬十分愤怒。贝多芬欣赏英国设立下议院的举措，他时刻关注刊在德语报纸上的有关英国议会辩论的内容。评论家保罗·贝克尔说："他传递的全部信息就是自由：艺术自由、政治自由、个人意志自由、个人艺术自由、个人信仰自由——每个人生活中一切方面的自由。"

贝多芬遭受过种种不幸的折磨。他成长期间受过虐待，罹患慢性疾病，尤其是耳聋；他的个人生活也是一团糟。他邋里邋遢，曾被当成流浪汉被逮了起来。他的公寓（他搬过十多次住所）充斥着不新鲜的食品和脏衣服。他字迹模糊，几乎无法辨认。他对钱财理不清楚。他渴望家庭幸福，向一个又一个女人求爱，但都遭到拒绝，因此终生未婚。大多数人都无法与他相处。他生性多疑，经常责备朋友们欺骗他，以至于到生命的最后时刻，他几乎没有朋友。他脾气反复无常，沉浸在自己的想法中时看起来就像个野人。有一次，他穿过田野，挥舞着胳膊，吓得两头牛沿着陡坡疯狂冲下，后面还拖着一个惊恐万状的农民。他给侄子卡尔充当监护人，其傲慢态度让这个孩子试图自杀。

然而，与他的音乐相比，这些个人缺点全都微不足道，他的音乐用千千万万人都能理解的方式表达了对自由的热爱。他把对人类生活的无限赞美送给了全世界。同时代的人都盛赞贝多芬不可思议的艺术激情。W. 克里斯蒂安·穆勒博士说："他外表的每一处都非同凡响，大部分都很粗犷，面部骨架瘦削，额头高大宽阔，鼻子又短又尖，头发倒竖，呈粗绺状。不过，他的嘴很精致，眼睛美丽传神，每时每刻都传递着多变的想法和丰富的情感。"

1770 年 12 月 16 日，路德维希·范·贝多芬出生于波恩。（他有荷兰-佛兰德祖先，所以用"范"而不是德语中的"冯"。）他是女仆玛丽亚·马格达莱娜存活下来的最大的孩子。他的 6 个兄弟姐妹中有 4 个死于婴儿期。他的父亲约翰·贝多芬是科隆地区选帝侯马克西米利安·弗里德里希唱诗班中的男高音。

贝多芬在早年就展现出了音乐才华。他父亲渴望一夜暴富，对他要求很严。贝多芬从 4 岁起就开始学习弹钢琴，他把醒着的大部分时间都用来弹琴，经常练到半夜，不断提高技法，尝试新的弹法。8 岁时，他举办了一场令人印象深刻的公开演出。6 年后，他在选帝侯的唱诗班中表演大键琴、中提琴、风琴。选帝侯出钱让贝多芬参观了欧洲的音乐之都维也纳。

大约在 1787 年 4 月，16 岁的贝多芬在维也纳遇到了 31 岁的顶级音乐天才沃尔夫冈·阿马德乌斯·莫扎特。在听了这个年轻人的即兴演奏后，莫扎特宣布："时刻关注他吧，有朝一日他会名扬天下。"贝多芬似乎跟随莫扎特上过几次课。但是，当他们的家庭遭遇不幸后，双方的来往就突然中止了。莫扎特的父亲利奥波德于1787年5月28日去世。贝多芬的母亲患有肺结核，他赶回家看望她，结果她于1787年7月17日撒手人寰。"她是一位慈爱的好母亲，是我最好的朋友！"贝多芬写道。

贝多芬虽然从11岁开始就停止接受正规教育，但是他在波恩大学上过一些课，最重要的是反对教会干预政治的共和主义者欧洛吉奥·施耐德教授的文学、伦理学和法律课。贝多芬喜欢去怀旧园，这是一家酒馆兼书店，激进的知识分子经常在这里聚会。像当时的许多德国艺术家和思想家一样，贝多芬特别相信个人自由。

1790年，58岁的著名作曲家弗朗茨·约瑟夫·海顿回维也纳的途中在波恩短暂停留。贝多芬为他演奏了一首自己创作的康塔塔，海顿给了他很大的鼓励。于是选帝侯马克西米利安·弗里德里希提供资金，让贝多芬前往维也纳跟随海顿学习音乐。他于1792年11月10日到达维也纳，水平开始突飞猛进。他不满足于海顿教的音乐规则，坚持走自己的道路。他向伊格纳茨·舒潘齐兹学习小提琴，向维也纳剧院院长安东尼奥·萨列里学习为歌唱者作曲，向约翰·格奥尔格·阿尔布雷希茨贝格学习对位法，约翰是维也纳最著名的作曲家，而且写出了一部享誉世界的对位法著作。

到18世纪90年代中期，贝多芬已经成为维也纳最受欢迎的钢琴家，他的音乐风格雄壮有力，同时擅长即兴演奏。曾拜海顿和贝多芬为师的斐迪南德·里斯回忆说："在我听过的艺术家中，贝多芬钢琴演奏所达到的高度，其他人望尘莫及。他的创意源源不断，他的联想丰富多彩，他的处理手法多姿多样，他的高难之处令人应接不暇。"

法国大革命（恐怖时期之前）让音乐家远离了轻松的娱乐，去追求更严肃的主题。贝多芬的早期作品包括《第一交响曲》（1800）、《c小调第三钢琴协奏曲》（1800）和《升c小调钢琴奏鸣曲"月光"》（1801）。他这样描述自己作曲时的情形："我必须朝四面八方释放旋律；我追逐它，热情地捕捉它；我看到它飞走，消失在焦躁不安中；现在我焕发热情再次将它抓住；我无法与之分离；我被迫匆忙调整，加倍努力，终于我征服了它：瞧，一首交响乐诞生了！"

贝多芬聪慧过人。H. L. 门肯说："很难想象一个作曲家——哪怕是不入流的作曲家——会使用如此缺乏内在价值的素材。不管在什么地方发现曲调，他都信手拈来。他会使用乡村吉格舞曲（jigs）片段编曲；没有完整的曲子，他就会利用简单的乐句或几个老套的乐符。他把所有这一切都视为原材料；他的兴趣在于如何利用它们，并把自己无与伦比的天赋都发挥出来。"

大约 1800 年后，贝多芬开始明显背离了海顿和莫扎特，一些有影响力的评论家开始表示反对。一名来自《大众音乐报》的评论家写道："贝多芬先生追求自己的风格，但是这是多么奇怪独特的风格啊！……一个高难度接着一个高难度，直到人们失去所有耐心和乐趣。"

尽管贝多芬十分赞同法国大革命的共和主义理想，但是他对革命的暴力以及人们对革命的强烈反应感到震惊。奥匈帝国的皇帝把共和主义积极分子投入大牢。贝多芬警告一个朋友说："士兵们正全副武装，你切不可在此大声说话，否则警察会给你提供过夜的地方。"

贝多芬的第一部伟大作品《第三交响曲"英雄"》（1803）似乎受到过反暴政斗争的启发。他使用了以前从未听说过的乐器与和声组合。有种说法认为，贝多芬最初是把这首交响乐献给拿破仑的，但是不管是否为真，当拿破仑厚颜无耻地背叛了共和原则当上了皇帝之后，贝多芬便对他深恶痛绝。

1805 年，拿破仑率领大军如狂怒之火般肆虐欧洲大陆，让贝多芬亲身体会到了暴政。11 月 13 日，1.5 万名法国士兵进入维也纳。他们私闯民宅，抢夺粮食和其他一切有价值的东西。拿破仑命令维也纳人进贡 200 万法郎供城市中几千名法国士兵花费。与其他人一样，贝多芬也饱受通货膨胀、食物短缺和军事统治之苦。此外，身体不适也让他心烦意乱。自 1799 年以来，他就患有慢性胃病和腹泻。有迹象表明他的听力也开始出现问题。他写道："我的耳朵，不管是白天还是黑夜，一直嗡嗡作响。我真的可以说生活很痛苦。两年来，我避开了几乎所有的社交聚会，因为我不可能对人们说'我聋了'。……在剧院中，如果隔开一点儿距离，我就听不到乐器或者歌手的高音。"到1812年，人们必须对他大声喊叫，他才能听到。4年后，他就只能忍受无声的世界了。

显而易见，贝多芬失去了听力，将来只能作曲，无法演奏了。从1803年到1812年，他创作了一首又一首令人震惊的杰作。除了《第三交响曲"英雄"》，贝多芬还创作了《第五交响曲》（1808），音乐评论家欧文·科洛丁说《第五交响曲》是所有管弦乐作品中演奏次数最多的。在此期间，贝多芬还创作了《第五钢琴协奏曲》（1809）。历史学家威尔·杜兰特和阿里尔·杜兰特夫妇评论说："在他的所有作品中，这首曲子最讨人喜欢，最具永恒之美，最让我们百听不厌；不管听过多少次，我们仍被它的轻松活泼、华美创意、丰富情感和无尽快乐感动得无以言表。"贝多芬在这段时间创作的作品空前增多，其中包括《G大调第四号钢琴协奏曲》（1806）、《小提琴协奏曲》（1806）、《f小调钢琴奏鸣曲"热情"》（1806）、《F大调第六号交响曲》（1808）、《A大调第七号交响曲》（1812）和《F大调第八号交响曲》（1812）。

贝多芬经常会对自己的想法反复推敲，直到满意为止。他最艰难的创作是歌剧《费德里奥》。1803年，他受委托创作一部歌剧，要在维也纳剧院演出。他没有迎合时尚，拿贵族的越轨行为进行消遣娱乐，而是选择了一个严肃的话题：普通人的自由。他参考了约瑟夫·索恩莱特纳的建议，采用法国歌剧《莱奥诺拉，或夫妇之爱》为基础的一个剧本。《莱奥诺拉》是由以法国大革命恐怖时期的真实事件为依据讲述的一个故事。为了保护活着的知情人，这个故事的背景被设置在了西班牙。故事讲到了因揭露腐败的暴君皮萨罗而遭监禁的弗洛雷斯坦。皮萨罗决意要杀掉弗洛雷斯坦，但是弗洛雷斯坦的妻子莱奥诺尔却在监狱中找到了一份工作，阻止了这次谋杀行动，帮助揭穿了皮萨罗的阴谋。

贝多芬缺乏创作戏剧的经验，尽管配以很多令人振奋的音乐，但这部作品看起来仍然不伦不类。1805年11月20日的首次演出未获好评。几个月后，贝多芬遇到了自己的主要赞助人卡尔·利赫诺夫斯基王子，后者劝说他做一些删减。于是，贝多芬重写序曲，创作了《第二号莱昂诺尔序曲》，然后是更宏大的《第三号莱昂诺尔序曲》。1806年3月29日进行了第二次演出，但是这场演出仍然差强人意。

1814年，三名威尼斯艺术家提出为贝多芬义务演出《费德里奥》。这刺激了他再次尝试解决作品中的问题。现在，他对戏剧也有了更多经验和看法。他邀请维也纳剧作家格奥尔格·弗里德里希·特赖奇科进行合作，极大地完善了故事内容和对话。贝多芬做了大量重写，光是弗洛雷斯坦的一个咏叹调就进行了18次修订。新版《费德里奥》于1814年7月18日首演，结果轰动一时。法国作曲家埃克托·柏辽兹宣称："这首乐曲会让你内心激情似火，我觉得自己仿佛喝了十五杯白兰地。"音乐评论家科洛丁认为乐曲充满吸引力，部分是因为贝多芬"对人类痛苦强烈同情，对不公现象深恶痛绝，坚信等级仅仅是家庭出身问题，优越感不过是当事人的一种状态"。

贝多芬最著名的作品《第九交响曲》标志着他在探索了更熟悉的主题后对英雄主义风格的回归。他吸取了30多年前的想法。例如，赞美诗部分中的内容最初出现在1790年约瑟夫的康塔塔中。弗里德里希·席勒的《欢乐颂》于1785年出版，贝多芬很早就阅读了这首诗，此后他一直想为之谱曲。1812年，他为一首D小调交响曲的赞美诗乐章记下了一些想法。1822年，贝多芬受伦敦爱乐协会委托创作一首交响曲，于是他开始用D小调创作。大约就在这时候，他开始用合唱团终曲——大概是席勒的《欢乐颂》——创作一首D小调"交响乐阿勒曼德舞曲"。不知何时，这几个项目进行了合并。1823年前半年，贝多芬根据他大约六年前写的旋律努力创作第一乐章。然后，他同时创作第二和第三乐章。大约到8月份，他完成了第二乐章。经过多次修订后，缓慢的第三乐章于10月中旬完成。

同年，大约是在7月，他创作完成了一首乐曲，后来被认定是《器乐终曲》。学者们并不知道他是何时将它放到一边的［后来，他把这首曲子进行了改编，作为《a小调四重奏》（Op.132）的终曲］，但是贝多芬决定用席勒的《欢乐颂》把第四乐章推向赞美诗的高潮。他对这首诗进行编辑，删减诗行，让它听起来有点儿像饮酒歌。结果便是对生命的更简单、更有力的肯定。把赞美诗融入交响乐被证明是最让贝多芬感到棘手的挑战。创作于年底完成，配乐则到 1824 年才完成。

《第九交响曲》的首次演奏于 1824 年 5 月 7 日在卡恩娜霍夫剧院举行，同时还演奏了他的新《庄严弥撒曲》。中午 12 点 30 分左右，贝多芬举起了指挥棒。小提琴手约瑟夫·博姆回忆说，贝多芬"站在指挥台前面，像疯子一样，来回晃动。他有时站得笔直，有时蹲伏在地，双手舞动，仿佛想演奏所有乐器、演唱所有合唱部分一样"。表演多次被掌声打断。之后，贝多芬全神贯注于他的乐谱，女中音卡罗琳·昂格尔便拉了拉他的袖子，暗示他应该答谢听众的喝彩声。欧文·科洛丁说："《第九交响曲》具有其他任何管弦乐作品都不具有的一种魅力、一种气氛、一种特性。没有任何类似作品像它这样站得高、走得远，更加接近无限。"正如历史学家保罗·约翰所说："出现了一种新的信仰，贝多芬就是它的提倡者。此时此刻，新的音乐厅被赋予了一种庙宇般的庄严，提升了交响乐和室内乐的道德地位和文化地位，这一切绝非偶然。"

1826 年 12 月，贝多芬咳嗽得非常厉害。不久，他便浑身疼痛，双脚浮肿。1827 年 3 月 26 日，他陷入昏迷状态。在一场猛烈的暴风雨来临时，贝多芬把眼睛睁开一会儿，他举起右手，攥紧拳头，蔑视地指向天空，然后便将眼睛永久闭上了。三天后，大约有两万人肃立在大街两侧，目送八名音乐家抬着他的灵柩前往小兄弟会的三一教堂。之后，四匹马把灵柩送往韦灵的墓地。他的坟墓上面有一座尖锥形的墓碑，上面刻着一个醒目的名字——"贝多芬"。

150 多年后，在求变的德国人反抗暴政推倒柏林墙后，指挥家伦纳德·伯恩斯坦召集了东德和西德的音乐家，共同演奏了贝多芬的《第九交响曲》。在整个赞美诗中，伯恩斯坦把"欢乐"（Freude，英文 joy，即《欢乐颂》中那个词）一词全部改成了"自由"（Freiheit），因为贝多芬的作品充满自由的精神，这一点早就应该明确下来。伯恩斯坦宣称："此时不做，更待何时？"1989 年圣诞节这一天，《自由颂》从柏林传遍了全世界。不管在哪里奏响贝多芬的作品，都是人们在欢乐地歌颂自由。

3. 崇高的同情：维克多·雨果

大文豪维克多·雨果激发了人们对受政府压迫的悲惨人民的无限同情。他记录了警察权力的罪恶，公开反对死刑，谴责税收和暴政，反对战争。他表达了对自由的人民能取得无限进步的信心。

他是 19 世纪拥护自由的主要人物，这要归因于他数量巨大、饱含深情的作品：9 部小说、10 部戏剧，以及大约 20 卷诗歌、散文和演讲。他摆脱了法国古典文学令人窒息的拘谨传统，创造了直来直往的话语风格。他抱着高尚的道德目的书写戏剧性事件，创造了世界文学作品中的伟大形象。他获得了史无前例的广泛赞誉。

《悲惨世界》是雨果最受人们喜爱的作品，它揭露了政府是长期的压迫者这一事实。他指出穷人得到的帮助并非来自政府，而是来自个人的慈善事业。他阐明了足智多谋的企业家才是推动人类进步的要素。他支持通过革命反对暴政，还明确指出了平均主义政策会适得其反的原因。他笔下的英雄冉·阿让会自愿、平静地做好事。

安·兰德是雨果的粉丝，她关于个人英雄主义的小说销量超过两千万册。她告诉传记作家芭芭拉·布兰登："阅读《悲惨世界》是种非同寻常的体验。凡是与它有关的一切，对于我而言都很重要，很神圣；凡是能让我想起它的一切，都是对我所爱的纪念。它让我第一次了解到了人应该如何看待生活，这要比故事的具体内容更宽泛。我赞同雨果塑造的那些穷人和被剥夺了继承权的人的手法，但是不支持他关于这些人的看法；他们是政府的受害者，是贵族或者既定权威的受害者。它激励我也去创作同样宏伟的作品，塑造同样的英雄主义，设计同样富有创造力的情节，采用同样富有表现力的戏剧性手法。"

雨果勇敢地用行动支持自己的信念。1822 年雨果 20 岁，他为不受政府欢迎的法国著名作家弗朗索瓦－勒内·德·夏多布里昂子爵辩护。童年好友德隆可能因共和政治思想正遭警察搜捕，雨果便让他躲在自己家里。1848 年革命期间，雨果从一个叛乱地点跑到另一个地点，躲避炮火，呼吁结束暴力。

雨果晚年致力于自由事业，可是损失惨重。年轻时，他曾支持法国君主制；之后，听说拿破仑·波拿巴支持自由平等原则，便对他表示钦佩。49 岁时，雨果公开反抗残暴的拿破仑三世皇帝，结果，他失去了豪宅、收藏的大量古董以及上万册精美藏书，他成了一名凭借雄辩口才为全世界人民的自由而战的流亡者。

像《悲惨世界》中的冉·阿让一样，雨果用自己的钱财帮助穷人。他先从自己家开始，赞助跟自己关系疏远、收入微薄的妻子和儿子。他让家里的厨师给来家门口乞讨的乞丐做饭。在 14 年左右的时间里，他每两个周日都会给家附近的大约 50 名饥饿的孩子准备"穷人孩子的晚餐"。他的日记记满了个人做的慈善活动。据传记作家安德烈·莫洛亚记载，在他赚钱最多的时候，他把约占家庭总支出三分之一的钱都用于慈善事业。

雨果是大众偶像，巴黎的每一个书报摊几乎都在出售他的雕像。他体格健壮，身高约 5 英尺 7 英寸。额头宽阔，眼睛呈浅棕色，特点非常明显。在事业早期，他的棕色长发往后梳，如波浪一样；晚年，头发变白后，他把头发剪短，留起了整齐的胡须。

他的一生充满矛盾。传记作家格雷厄姆·罗伯说："雨果不仅是戴着几个面具生活的大活人，而且集多重自我意识于一体，这些意识相互依存，全靠一群评论者维持。……即使跟雨果很熟悉，也无法消除有关他异于常人的种种谣言。譬如，他一次能吃半头牛，然后三天不吃饭，连续工作一周。他会在最恶劣的天气中外出，在没有灯的黑夜里行走，身上只带着家里的钥匙。"

雨果虽然并非具有创见的思想家，但他对自由事业忠心耿耿，给人们带来了信心。文学评论家夏尔-奥古斯汀·圣-伯夫说，当雨果"产生一种想法时，就会把所有精力都集中在上面，你能听到智慧的骑兵和隐喻的火炮从远处逼近"。雨果自己也说："没有什么比一种成熟的想法更强大的了。"

1802年2月26日，维克多·雨果出生于法国贝桑松。他是家里的第三个孩子。母亲索菲·特雷比谢是个船长的女儿。她十分钦佩睿智过人、支持宗教宽容的18世纪法国批评家伏尔泰，因此从未让雨果接受洗礼。他父亲约瑟夫-利奥波德-西日斯贝·雨果辍学后应征入伍，参加法国大革命，展现了非凡的才能，在拿破仑·波拿巴皇帝手下成为一名少将。

雨果梦想走文学之路，但是1821年他母亲去世，留下了大量债务。父亲不支持雨果的梦想，因为这可能会遭遇重重困难。雨果对哥哥阿贝尔说："我要向父亲证明，诗人挣的钱要远远超过帝国的将军。"

雨果每天就靠两法郎艰难度日，他的工作间很简陋，只有简单的地毯和帷帐，墙上没有任何装饰，靠墙放着一张抛光的木桌子，他就站在旁边创作。他从早上8点多开始工作，一直干到下午2点。午餐吃饱后，他又从4点工作到8点，然后花3个多小时阅读与工作有关的书籍。晚上11点，他会准备与妻子和朋友们吃一顿便餐。雨果说："我的同事们白天互相拜访，在咖啡馆闲坐，谈论写作。但是我不像他们那样。我就是写作本身，这是我的秘密。我的成就源自努力，而非奇迹。"

雨果出版了第一本诗集《颂歌集》（1822）。接下来出版的一系列诗歌作品把雨果置于浪漫主义运动的最前列，这些诗歌用夸张的故事和华丽的风格探索情感。1830年，法国革命者推翻了残暴的国王查理十世，雨果写了一首诗歌赞美这些年轻的革命者，由此涉足政坛。

他屡次三番与政府发生冲突。审查员认为他的第一部戏剧《马里翁·德·洛美》是对查理十世的侮辱，因此禁止演出。雨果创作了《欧那尼》作为回应，并把故事发生地小心地设在了16世纪的西班牙，讲述了一位英雄反抗者的故事。该剧于1830年2月25日在法兰西大剧院上映，据说获得了自一百年前伏尔泰广受欢迎的戏剧上演以来最热烈的反响，甚至连政府审查员都害怕禁止演出会引起骚动。但是，两年后，审查员确实终止了雨果的另一部轰动性剧作《国王取乐》的上演，因为它毫无顾忌地描写了法国极其有名的国王弗朗索瓦一世。朱塞佩·威尔第是意大利著名歌剧作曲家，曾把《欧那尼》改编成歌剧《埃尔纳尼》，他宣称《国王取乐》是"现代最伟大的戏剧"，他广受欢迎的歌剧《弄臣》就是以此为基础改编的。

此前，雨果已经开始创作小说。他的第一部小说《布格－雅加尔》（1826）讲的是圣多明各黑人的反抗传奇。尽管评论家认为这部作品非常拙劣，但是民众却非常喜欢。然后，雨果创作了反对君主制的《巴黎圣母院》，这是一部中世纪史诗，讲述了驼背卡西莫多爱上吉卜赛女郎艾丝美拉达的故事。强烈的感情和生动的语言吸引了整个西方世界的读者。

与此同时，雨果的妻子阿黛尔（他们于1822年结婚）感到了厌倦，便与文学评论家圣－伯夫有了婚外情。她拒绝与雨果继续生活，于是雨果便开始跟一个又一个女人有染。大多数时间都很短，但是与女演员朱丽叶·德鲁埃的关系却持续了半个世纪，从1833年2月开始直到朱丽叶去世。朱丽叶比雨果小4岁，长长的黑发，紫罗兰色的眼睛，苗条的身材，而且非常熟悉法国文学。雨果替她还清了债务，她为雨果誊写手稿。

雨果陷入政治争论。在此之前，他已经写完了《一个死囚的末日》一书，阐述了反对死刑的理由。国王路易·菲利普把雨果封为贵族，这意味着他成了法国参议院的议员，能参与政治议事。1848年法国二月革命推翻了路易·菲利普，12月，法国要选举总统。雨果和他编辑的报纸《事件》都支持路易－拿破仑，但后来拿破仑赢得选举后，图谋获得绝对权力。政府雇用暴徒捣毁了出版社和报社。这让雨果认识到了政治权力的邪恶，开始带头反对路易－拿破仑，并用"小拿破仑"这个绰号讽刺他。作为报复，路易－拿破仑囚禁了雨果的两个儿子夏尔和弗朗索瓦－维克多。1851年12月，路易－拿破仑不顾总统任期只有一届的规定，宣称自己是拿破仑三世皇帝。雨果成立了一个抵抗委员会，但是皇家士兵打垮了所有反对力量，并开始四处搜捕他。

朱丽叶·德鲁埃安排了一个安全住处，把雨果伪装成一名衣衫褴褛的劳工，然后用新身份给他办理了护照，于12月11日送他上了前往布鲁塞尔的夜班火车。两天后，她也追随雨果而去。雨果成为政治流亡者后，几乎失去了所有财产。每年，他的版税收入超过6万法郎，但是法国出版商继续给他寄支票是非法的。他到布鲁塞尔后不久，就引起比利时人的争论，因为他们想与拿破仑三世维持友好关系。雨果及其随从只好迁往英吉利海峡的根西岛，在那里一直居住了14年之久。

雨果通过创作政治作品改善了生活条件。6000行的诗歌《惩罚集》给他带来了7.5万法郎的收入，于是他买下了一栋宏伟的四层庄园大宅——高城居。这栋房子阳光充沛，房间里挂着原色亚麻窗帘，铺着简单的地毯，一块木板钉在墙上充作书桌，雨果就在这里继续认真写作。他承袭了拉伯雷和伏尔泰的传统，他们也是文学流亡者。

每天，经过一上午的紧张工作后，雨果会吃一顿"便餐"：肉酱、煎蛋卷，或者鱼、烤牛肉、羊肉、猪肉，或者土豆小牛肉，外加几种蔬菜、沙拉、英国布丁、几种奶酪，每道菜都配有不同的酒。他晚餐吃得非常认真，通常包括12个或24个牡蛎、营养汤和鱼，可能还配有烤鸡、威灵顿牛柳等肉菜，以及沙拉、巧克力慕斯等丰富的甜点，接下来可能还要吃6个橘子。然而，他一直保持着良好的体形，因为不管天气多么恶劣，他每天都会花几个小时沿着根西岛崎岖不平的海岸散步。

在根西岛，他的文学创作捷报频传。1859年，雨果出版了史诗《历代传说》，讲述了人类争取自由和进步的奋斗历程。他谴责法国国王路易十四是暴君，祝贺英国击败西班牙无敌舰队，把拿破仑三世描述成青蛙。

拿破仑三世公开呼吁法国流亡者回归祖国，但是雨果回应说："我发过誓，无论是我死了，还是'小拿破仑'死了，我都会一直流亡下去。"伦敦的《泰晤士报》宣称："我们很自豪，因为雨果选择生活在英国这片土地上，他的到来滋养丰富了这片土地。"《纽约论坛报》说："他的声音是全世界自由人的声音。"

雨果开始更多地为自由辩护。约翰·布朗[1]因在弗尼吉亚煽动奴隶暴动于1859年12月被处死，雨果对此大加谴责。他还鼓励朱塞佩·加里波第在意大利建立自由民主制。雨果对聚集在泽西岛上的一千人说："自由是人类最宝贵的财产。食物和水，皆不重要；衣服和住所，奢侈之物。只有自由的人才能昂首挺立，哪怕饥肠辘辘，一丝不挂，无家可归。我会为自由事业奋斗终生——让天下人都得到自由！"

雨果开始实施一个酝酿已久的创作计划，这是一部暂定名为"悲惨"的小说，他从1840年就已经开始做笔记。从1845年一直到1848年2月21日爆发了另一场革命，他一直在创作，并且把书名改为"让·特雷让"，然后把手稿藏好。1860年4月26日，他从铁皮箱里拿出手稿继续创作。"我开始构思时，花了差不多七个月时间思考整部作品，"他说，"目的是把我12年前写的内容与现在要写的内容融为一体。"他暂停每天两次的大餐，集中精力，奋笔疾书。1861年，他完成了整部书的三分之二左右。1862年5月19日，终于大功告成，定名"悲惨世界"。

《悲惨世界》讲述了冉·阿让的英雄故事。他是农民，19年前因偷窃一块面包入狱，从监狱逃出来后，他换了一个新的身份。他通过和平的商业活动进行自我救赎，成功创办了一个制造厂，带动了整个地区的繁荣。他创办学校，把自己的大部分财产都分给了穷人。他从一名残酷虐待女儿的养父手中救下了贫穷的珂赛特，自己承担起抚养义务。尽管做了大量善事，但无情的警长沙威却一直在追捕他，想把他送回监狱。他带着珂赛特逃跑了，工厂也倒闭了，整个地区陷入一片萧条。冉·阿让本可以杀死沙威警长，但他却放了他一条生路。与此同时，珂赛特爱上了在1832年巴黎起义中身负重伤的共和党革命分子马利尤斯。冉·阿让通过唯一的逃跑路线——危险的巴黎下水道——拯救了他，躲开了警察的追捕。马利尤斯娶了珂赛特，冉·阿让向他坦白自己曾经是罪犯，惊恐万状的马利尤斯把他从家里赶了出去，结果导致他身患重病。但是，就在他去世之前，马利尤斯知道了他的所有高尚行为。

---

[1] 这位约翰·布朗就是前文两次提到的突袭哈珀斯渡口的废奴主义者，后文还会提到他，他在死前发表的演说《我愿为正义付出生命》是历史上最具震撼性的废奴宣言。

尽管《悲惨世界》对我们中间最可怜的人表现出了极大的同情，但雨果却远离了那个时代的社会主义潮流。他曾说："人们曾尝试让资产阶级成为一个特殊的阶级，但这是个错误的尝试。资产阶级只不过是人民中得到满足的那部分人而已。资产阶级指现在有时间坐下来的那部分人，但是椅子并不能代表社会地位。"他似乎是在反击阶级斗争的说法。雨果继续抨击说："公有制和土地法拥护者认为他们已经解决了第二个问题（收入分配）。但他们错了。他们的分配毁掉了生产。平均分配消除了竞争，因此也废除了劳动。这是屠夫创造的分配，屠夫杀掉了自己要分配的东西。因此，这些公开的解决办法是不可能的。消灭财富并非分配财富。"雨果坚信私营企业和和平将有助于摆脱贫穷："一切进步都趋向于这一解决方案。有朝一日，我们将会感到吃惊。人类在发展，底层的人将会摆脱痛苦。痛苦会通过简单的生活水平提升而被消解。"

雨果决定让布鲁塞尔的出版商阿贝尔·拉克鲁瓦出版《悲惨世界》，他认为拉克鲁瓦是个优秀的商人。根据合同，雨果可以得到100万法郎：签署合同后拿到三分之一，6年后再拿三分之一，12年后拿最后的三分之一。这本书可能是第一部在世界范围内出版的作品，同时在阿姆斯特丹、莱比锡、伦敦、马德里、纽约、巴黎、都灵和圣彼得堡销售。不到十年时间，《悲惨世界》在大约40个国家出版。1874年，雨果拥有了完整的版权，便授权出版低价版本。他通过《悲惨世界》挣的钱要超过以往任何一位作家。

雨果继续专注于小说创作。1866年，他写了小说《海上劳工》，讲述一位英勇的渔夫对抗自然的故事。1869年，他创作了历史演义小说《笑面人》，讲述一位英国男孩被诱拐，然后被吉卜赛人抚养成人的故事。他的故事揭露了统治精英们的失败。

当拿破仑三世干涉其他国家的事务时，雨果又一次大胆发表了自己的看法。拿破仑三世在墨西哥的军事冒险活动事与愿违。他对普鲁士开战，结果普鲁士士兵开始进攻巴黎。拿破仑三世于1870年9月4日退位。雨果把家人召集起来，第二天就回到了巴黎。在流亡期间，他体重有所增加，眼睛出现黑圈，蓄起了白胡子，但是他身上的自由精神仍然显而易见。当雨果的马车驶入新住所时，几千人夹道欢迎。他们大喊："共和国万岁！""维克多·雨果万岁！"小贩公开出售他的辩论诗集，莎拉·伯恩哈特等著名女演员举办诗歌朗读会，捐出收入帮助法国抵抗普鲁士的进攻。雨果给德国人写了一封警示信，呼吁他们停战讲和，并且警告说羞辱法国将引发法国人的仇恨，最终导致德国覆灭。德国的"铁血宰相"奥托·冯·俾斯麦无视雨果的呼吁，最终，巴黎于1871年1月29日投降。半个世纪后，愤怒的法国人向在一战中战败的德国索取巨额赔偿，以此报复德国。

此后，雨果继续认真写作。他回法国后最著名的作品是《九三年》，这也是他最后一部小说。这部小说的主人公是自由共和党人高芬，他勇敢反对法国的恐怖统治。安·兰德曾在本书的重印版中写过热情洋溢的简介，因为这本书讲述的是一些努力追求道德价值观的人，并且启发了她的很多作品。

在雨果生命的最后几年，儿子们的先后去世让他悲痛不已，但是除此之外，他的生活还算得上称心如意。他仍然黎明即起，写到中午。感伤诗集《做祖父的艺术》（1877）再次提升了他的知名度。他还有过一些浪漫冒险。他的私人财产超过140万美元，在当时可谓一笔巨额财富。他几乎每天晚上都要宴请30位宾客。1881年2月26日是他80岁大寿，法国举国同庆，盛况空前，此前任何人都未享此殊荣。大约60万仰慕者从香榭丽舍区他的住所旁边列队走过，留下的鲜花堆积如山。

然而，自从爱人朱丽叶于1883年5月11日死于癌症后（朱丽叶享年77岁）雨果的精神便再也没有恢复。1885年5月15日，雨果似乎染上了严重的感冒，后来被证明是肺炎。他高烧不退，呼吸困难，身体受到严重伤害。5月22日下午1点30分左右，雨果与世长辞，享年83岁。按照他的要求，遗体被放入一口穷人才用的棺材，安放在凯旋门下面。之后，大约有200万人目送一辆四轮骡车把他的灵柩送往先贤祠的安息地。他的遗体被葬在伏尔泰墓旁边。

几乎没有传记作家从整体上梳理过雨果复杂、矛盾的性格，他的妻子曾写过一部回忆录。埃德蒙·比雷在19世纪90年代写了三卷抨击雨果的书。最近的一些传记作家开始关注雨果的早年生活。最权威的传记出自格雷厄姆·罗伯之手，于 1997 年出版，不过这本传记在细节方面与《悲惨世界》存在差异。

自雨果所处的时代以来，他凭借一部小说在国外走红，名声不减，（相形之下）其他小说、剧作和诗歌则几乎被人忘得一干二净。这部小说就是《悲惨世界》，它比过去任何一部小说都让更多的读者为之动容。1978 年，法国作曲家克洛德·米歇尔 – 勋伯格和词作者阿兰·鲍伯利开始创作音乐剧《悲惨世界》。这部作品于 1985 年 10 月 8 日在伦敦演出。两年后的 1987 年 3 月 12 日，又在百老汇上演。"这是一次激动人心的音乐剧体验。"《时代》杂志声称。《悲惨世界》在 22 个国家上演，大约 4100 万人看过这个关于自由和正义的激动人心的故事，这是维克多·雨果留给后世的最珍贵的礼物。

4. 歌与舞：威廉·吉尔伯特

几乎没有人像威廉·S.吉尔伯特那样，在挑战权威方面竟能获得如此广泛的称赞，而且他是在能让人保持微笑的前提下做到这一切的。吉尔伯特创作了38部戏剧，在成为英国首席剧作家后的20年中，他与作曲家亚瑟·沙利文创作了多部喜歌剧，开心地讽刺了当权者。特立独行的马克·吐温在接受记者采访时说他"特别喜欢吉尔伯特"。他指出，这个人不仅能够表达最机智的东西，还能采用诗歌的形式，这种才华真是非同凡响。他说自己在阅读吉尔伯特的歌剧时"被惊得目瞪口呆"。

个人主义者H.L.门肯写道："吉尔伯特的幽默之所以伟大，原因在于其永恒的新鲜感，这是一种显而易见、让人油然而生的感觉，即使熟悉也无法让人感到陈旧。……虽然阿里斯托芬可能也能创造出这种智慧，拉伯雷可能会渴望拥有这种幽默并引以为豪……这种幽默甚至让他超越了同时代的快乐使者马克·吐温。"

作家艾萨克·阿西莫夫说过："就音乐而言，许多伟大的作曲家可能跟沙利文做得几乎一样好，但是无论在吉尔伯特之前还是之后，都没有人能够与他对话中的幽默或者最睿智的唱词相媲美。科尔·波特可能排在第二位，他仔细研究过吉尔伯特，但依旧与其相差甚远。"

吉尔伯特能在阐明严肃观点的同时给大众带来很多娱乐。《比纳佛号军舰》（1878）中有这样一句话："我经常应我支持的政党的要求投票，但是从未考虑过自己。"他在《艾达公主》（1884）中写道："我知道每个人的收入，了解每个人赚的钱；我仔细地把它与所得税申报表进行比较。"在《彭赞斯的海盗》（1879）中写道："去吧，英雄们，为光荣而战！即使在血淋淋的战斗中死去，歌曲和故事也会把你们传颂。去获得永生吧！"

1880年5月，评论家克莱门特·斯科特在《戏剧》中评论道："幽默的风格……人们称之为颠倒、畸形、夸大、讽刺、怪诞；其效果可以比作人们在勺子中看到自己的脸。……吉尔伯特先生让自己的良知成为……友好的小丑。"学者艾伦·杰弗逊写道："这些情景都……基于永恒的主题、受挫的爱情、出身高贵与贫贱的转换、被误认的身份和诅咒。剧本没有法国和维也纳歌剧表面上的复杂性，但是通过智慧与混乱之间的取舍，吉尔伯特无疑给人们带来了更有趣的娱乐。"

吉尔伯特在1895年的一次采访中解释说："我没有那么大的野心为了迎合享乐主义者的口味而写作，但是力求写的东西能通俗易懂。例如，我写作时，就会设想读者是个特别愚钝、无法快速领会内容的人，因此我不会写得冗长或解释过多，而是做到简短、简洁、清晰。"吉尔伯特的大多数作品都创作于晚上11点到凌晨3点之间。"这个时间绝对安静，"他回忆说，"邮递员已经结束捣乱，此时只有窃贼才能打扰你。"

在吉尔伯特之前，英国剧院都是由演员和舞台经理操控，他们可以随意处理剧作家的作品。吉尔伯特创作的都是高质量的剧本，并且坚持要求原封不动地演出。一名恼火的演员厉声说："我不允许自己被胁迫，我知道我的台词！"吉尔伯特回答说："或许如此，但是你不知道我的台词！"

吉尔伯特和沙利文两人相当引人注目。1879年，《纽约先驱论坛报》的一名记者写道："吉尔伯特先生人很好，身材匀称，非常健壮，看起来有45岁，身高中等以上。他脸色红润，满面笑容，胡子呈赤褐色，络腮胡很短，眼睛又大又亮，额头高阔，充满智慧。他的声音爽朗深沉，语速很快，起伏较大。……沙利文先生则截然不同。……他个头矮小，体形圆胖，脖子肉鼓鼓的，皮肤黝黑，不像自己的'合作者'那么白皙。

他面部灵活，感情丰富。……戴着单片眼镜，另一只眼睛会高兴地朝你眨眼，留着黑色的络腮胡和头发，给人一种文雅时尚的感觉。"

1836年11月18日，威廉·施文克·吉尔伯特在伦敦河岸区南安普顿街17号的祖父家里出生。母亲安妮·玛丽·比埃·莫里斯是苏格兰人，父亲威廉·吉尔伯特是个退休的海军外科医生，著有《愤世嫉俗者回忆录》一书。

年轻时，吉尔伯特大部分时间都是和父母在欧洲游玩。他两岁时被称为"巴布"，有一次他和家人在那不勒斯度假，结果两个贼把他从保姆手中抢走了，他父亲用钱把他赎了回来。他曾经在伦敦伊灵学校当过演员，扮演过1605年企图炸死国王、炸毁议会的反叛者盖伊·福克斯。传记作家赫斯基思·皮尔森说，可能是因为父母经常吵架，所以吉尔伯特便在生活中自寻开心，"去剧院、搞恶作剧、写诗歌、画漫画、跟喜欢他的姑娘调情"。1853年3月，他进入伦敦大学国王学院，并于三年后毕业。

1861年，吉尔伯特把一篇带漫画插图的讽刺文章卖给了幽默周刊《娱乐》，这家杂志十年来每周都会出版诗歌、谜语、双关语和漫画。他投给《娱乐》杂志最著名的作品就是《巴布民谣》，这部作品多处讽刺当时的制度，包括海军、陆军和英国国教。

吉尔伯特开始创作喜剧。他的第一部喜剧《旧账》于1869年出版。第一部有他署名的作品是《杜尔卡马拉！或小鸭子与大庸医》。吉尔伯特笔下的庸医杜尔卡马拉医生说："我告诉病人他们病得很严重，以此聚敛他们的钱财。"这个剧本于1866年12月29日上演，持续演了三个月左右。在《婚礼进行曲》（1873）中，吉尔伯特想到了一种新的创作方法，并运用到了日后与沙利文共同执笔的作品中。传记作家简·W. 斯特曼曾经说过："这部作品的成功主要在于没有夸张的服饰和'化装'……日常生活中的人，用最认真的方式完成了最不可思议的事情。"

大概31岁的吉尔伯特自认为事业正蒸蒸日上，便于1867年8月6日娶了19岁的露西·阿格尼丝·布卢瓦·特纳。她的家人曾在印度服役过，她与吉尔伯特相识大约已经有三年时间。斯特曼描述说："露西小巧玲珑,当时的人们都认为她非常'秀丽'。即使到了中年,她的胳膊和皮肤看上去也依旧年轻靓丽。……她说话轻柔文静。"他们一生都未生育子女,但是他们的婚姻可谓幸福美满、白头偕老。

1869年11月,吉尔伯特的音乐喜剧《久远》在小摄政街的皇家插画画廊彩排,休息期间,作曲家弗雷德里克·克莱把他介绍给了亚瑟·沙利文。那年吉尔伯特33岁,沙利文27岁,是英国最有名的作曲家。沙利文于1842年5月13日出生在伦敦的朗伯斯区。他出身贫寒,父亲托马斯·沙利文是桑德赫斯特皇家军事学院的乐队指挥。在皇家音乐学院时,亚瑟·沙利文曾获得过门德尔松一等奖学金。然后,他又去了费利克斯·门德尔松创建的莱比锡音乐学院学习。沙利文给喜歌剧《考克斯与博克斯》和《走私犯》作曲,当然也为交响乐、清唱剧、芭蕾舞剧、前奏曲和《基督精兵前进》等赞美诗谱曲。他与查尔斯·狄更斯一起到巴黎游玩过,之后去意大利拜访了作曲家焦阿基诺·罗西尼。

在巴黎,沙利文遇到了范妮·罗纳尔兹,范妮是在美国出生的社会名流,尽管与沙利文分居两地,但他们并未离婚——也许是害怕离婚会惊动他们的朋友们。范妮与沙利文的婚姻一直维持了27年,直到沙利文去世。

吉尔伯特与沙利文合作的第一部作品是《泰斯庇斯,或天神变老了》,这是吉尔伯特的第39部剧本。剧中讲述一群演员爬上奥林匹斯山,遇到了颓废的诸神,他们鼓励后者跟普通百姓打成一片,由此重新获得了影响力。该剧于1871年12月23日上演,连续演了64场。从商业角度看,作品非常失败,连乐谱都没有保留下来,后来沙利文对大部分内容进行了改编,用于小歌剧创作。

31岁的歌剧经理人理查德·多伊利·卡特(原名理查德·道尔·麦卡锡)坚信,吉尔伯特与沙利文再次合作肯定会大获成功。他在索霍区经营皇家歌剧院,靠上演法国作曲家雅克·莱维·奥芬巴赫创作的喜歌剧《佩里绍莱》争取上座率。卡特请求吉尔伯特写个序幕,吉尔伯特回复说他早在七年前就给《娱乐》杂志写过一首民谣《陪审团的审判》,并把它改编成了独幕音乐喜剧。卡特建议他可以跟沙利文合作。沙利文回忆说:"吉尔伯特来到我的房间,他烦躁愤慨地对着我朗读,声音越来越高,仿佛对自己的作品非常失望的样子。读完最后一句话,他愤怒地把原稿合上,显然不知道他已经达到了目的,因为我自始至终一直在捧腹大笑。三周内,台词和音乐就写好了,所有彩排也顺利完成。"

《陪审团的审判》于1875年3月25日开演,共上演了175场。这是自约翰·盖伊的《乞丐的歌剧》(1728)之后,第一部真正意义上的英国新式喜歌剧。这两部歌剧都使用了英国的人物、制度和曲调。《陪审团的审判》讲述的是一位女士提出违反婚约的诉讼,因为她的未婚夫想取消婚礼。最后,法官答应自己迎娶这位女士,纷争由此得到解决。

受这次成功的鼓舞,卡特成立了喜歌剧公司。吉尔伯特和沙利文不仅帮他挑选适合演唱歌剧的声音,还帮他挑选吐词清晰的歌唱家。被选中的人将会在喜歌剧院表演。

1876年,吉尔伯特读了短篇小说《爱情迷药》,然后把它改编成了三幕剧本《魔法师》。剧中主角约翰·威灵顿·威尔斯给村子里的每个人都发了一粒催情药,结果每个人都爱错了人。《魔法师》于1877年11月17日开演,共上演了178场。

吉尔伯特开始创作一部新剧《比纳佛号军舰,或爱上水手的姑娘》,这部歌剧讽刺了政治和英国海军。《比纳佛号军舰》于1878年5月25日上演。由于天气炎热,人们没有前往剧院,而且很多人对作者讽刺海军的行为也十分不满。以推崇帝国主义而闻名的保守党首相本杰明·迪斯雷利说"从来没有看过像《比纳佛号军舰》那样糟糕的作品"。后来,沙利文在柯芬园歌剧院举办了几场逍遥音乐会,借机演奏了《比纳佛号军舰》中的曲调,这部剧被宣传开来。到了9月,喜歌剧公司的戏票每晚都售罄,音乐商店每天都能卖出一万份钢琴乐谱。《比纳佛号军舰》上演了700多场。在此之前,沙利文在蒙特卡洛[1]的赌桌上输光了储蓄,现在他的银行账户再度充实起来。吉尔伯特则购买了平生第一艘游艇——"女祭司"号。

---

[1] 位于摩纳哥公国的赌城,与拉斯维加斯、澳门并称世界三大赌城。

在美国，未经授权的演出吸引了大批观众。仅在纽约就有 8 种盗版。在费城，则全由黑人演员演出。而在波士顿，则是由"来自不同天主教堂的五十种声音"演出。

卡特、吉尔伯特和沙利文组成了伙伴关系，他们一致同意，要阻止自己的作品在美国未经授权就演出，唯一的办法就是把一部轻歌剧《彭赞斯的海盗》放在美国首演，由此获得版权。该剧于 1879 年 12 月 31 日在纽约演出。但是，他们想出的策略并没有奏效。《彭赞斯的海盗》讲的是一群英国海盗依靠自己的职业艰难度日的故事。他们有一个原则——决不伤害孤儿，结果被他们抓住的每个人都声称自己是孤儿。尽管该剧存在很多盗版，但他们也挣了不少钱。仅仅前六周，在纽约的演出每周都能赚 4000 多美元的版税。《彭赞斯的海盗》于 1880 年 4 月 2 日在伦敦上演，连续上演了 363 场。

接下来，吉尔伯特又创作了《佩兴斯，或邦索恩的新娘》，讽刺做作的知识分子和大男子气的军国主义者。这部歌剧于 1881 年 4 月 23 日上演，一共演出了 578 场。演出到后半程，场地搬到了新建的能容纳 1292 人的萨伏伊剧院。这是第一家用电照明的剧院，是专门为多伊利·卡特设计的。从此，吉尔伯特和沙利文的轻歌剧就经常被称为"萨伏伊歌剧"，表演者也被称为"萨伏伊人"。

吉尔伯特又创作了《伊厄兰斯，或贵族与仙女》（仙女是堕落天使的后代）。这部作品改编自一首巴布民谣，讲述了仙女与政客之间的冲突。该剧于 1882 年 11 月 25 日上演，也正是在这一天，沙利文得知自己的股票投资全都化为乌有。但是，在开演之夜，他仍然冷静指挥。《伊厄兰斯》共上演了 398 场。

之后，吉尔伯特把阿尔弗雷德·丁尼生的诗歌《公主》改编成了《艾达公主，或坚固的城堡》。这部作品把讽刺矛头指向了女权主义者、大男人和军国主义者。《艾达公主》于 1884 年 1 月 5 日上演，共演出 256 场。首相威廉·尤尔特·格莱斯顿对该剧钟爱有加。

1883 年 5 月 22 日，维多利亚女王授予沙利文爵位，这是源于对他"严肃"音乐的赏识，而非他与吉尔伯特合作的作品。这看似冷落了吉尔伯特，因为在公众眼里，沙利文是因为与吉尔伯特合作才出名的。

正当吉尔伯特构思新故事之时，一把日本刽子手的剑从墙上掉落，砸到了地板上。这让他想起日本文化已经吸引了人们的想象力。于是，他创作了剧本《日本天皇，或秩父市》，讲述了干涉私人生活的天皇的愚蠢。法律规定，凡是因调情被抓的人，都要依法判处死刑。但是最高刑事总监自己也被证实犯有调情罪，因此他必须先砍下自己的脑袋，然后才能砍掉其他人的脑袋，当然他不可能这样做。《日本天皇》于1885年3月14日上演，共演出了672场。在吉尔伯特和沙利文的全部剧目中，这部小歌剧是最受欢迎的。

吉尔伯特决定把1869年写的《久远》改编成讽刺闹剧《拉迪戈，或巫婆的诅咒》。这部歌剧以19世纪早期为背景，探讨人们对道德的普遍看法。《拉迪戈》于1887年1月22日上演，共演出了288场。吉尔伯特说该剧给他带来了7000英镑的收入。

一次，吉尔伯特步行穿过火车站，注意到了一则广告，上面有一幅卫兵守卫伦敦塔的照片。吉尔伯特认为，尽管有很多人在伦敦塔被处以死刑，但是也不妨写个关于伦敦塔的喜剧故事。沙利文建议把作品命名为《卫队侍从，或梅里曼与他的女仆》。《卫队侍从》于1888年10月3日上演，吉尔伯特的稳健自信在这部剧中从头到尾体现得淋漓尽致。这部作品共演出了423场。

吉尔伯特又写了《威尼斯船夫，或巴拉塔里亚国王》。这部作品把背景设置在威尼斯，辛辣讽刺了平等主义者。《威尼斯船夫》于1889年12月7日上演，共表演了559场。

1890年4月，吉尔伯特从印度度假返回，发现自己的版税收入比预期的要少。他指责卡特把为萨伏伊剧院新买地毯的费用记在了自己和沙利文的账上。然而，在"地毯口角"事件中，疲惫的沙利文却与卡特站在了一起。虽然吉尔伯特起诉并打赢了官司，但是他们的工作关系大不如从前了。

沙利文告诉吉尔伯特他想集中精力创作一部大歌剧，而卡特则计划建造英国皇家歌剧院来上演这部歌剧。吉尔伯特指出："剧本越随意，作品越成功。"沙利文的大歌剧《劫后英雄传》于1891年7月31日上演，但是票房惨败。为了减少损失，卡特只好把歌剧院卖给了一个轻歌舞剧财团。具有讽刺意味的是，维多利亚女王邀请沙利文到温莎城堡进行御前演出，但出乎意料的是，女王选择的不是沙利文的《劫后英雄传》，而是沙利文与遭到她冷落的吉尔伯特合作的《威尼斯船夫》。

吉尔伯特沉迷于奢华，购置了格里姆堤别墅，这套都铎式住宅建造于1875年，位于伦敦以北的哈罗维尔德地区。女演员南希·麦金托什回忆说："他喂养了各种狐猴、鸽子、猫、鹤、狗，它们都有一个共同点——喜欢待在图书馆里。……朝南有一扇宽大的落地窗，动物可以随心所欲地来回走动。鸽子飞进来寻找烟灰，狐猴在喝茶时间踱步过来要水果。有一次，六只半大的火鸡从农场逃出，直奔图书馆，结果吉尔伯特发现了它们……它们仿佛在欢快地讨论桌上的手稿。"

吉尔伯特开始创作《有限乌托邦，或进步中的花朵》。剧中故事发生在一个热带天堂，如果国王触犯法律，那里的两位智者就会予以严厉斥责。《有限乌托邦》于1893年10月7日上演。这部作品有很多闪光点，但只演出了245场。

最后，吉尔伯特写了另一部剧本《大公，或法定决斗》。剧中提出了推翻大公的计划，即不同政党抽取卡片，输的一方死去，赢的一方必须领养死者可怜的亲属。《大公》于1896年3月7日上演，但是只演出了123场，于7月10日停演——这是自25年前《泰斯庇斯》以来演出时间最短的剧目。

1900年11月22日早上6点，沙利文因肺炎在自己的安妮女王官邸式风格的住宅中去世，而吉尔伯特当时却身在外地。沙利文享年58岁，被葬于圣保罗大教堂的墓穴中。人们要给沙利文在河堤公园竖一尊半身像，他的侄子赫伯特·沙利文便请求吉尔伯特想几句话，于是吉尔伯特从《卫队侍从》中选择了几个句子。

吉尔伯特健康也欠佳。"我一生都遭痛风折磨，"他回忆道，"1900年又得了类风湿性关节炎。这两种病抱成团，让我饱受折磨——这是家中唯一无法接受的事情。"吉尔伯特于1907年7月被国王爱德华七世授予爵位。

1911年5月29日，吉尔伯特带着朋友伊莎贝尔·埃默里和鲁比·普里斯去自己庄园的湖中游泳。普里斯的脑袋无法浮出水面，便尖叫着呼救。吉尔伯特马上游过去救她。"把手放到我肩膀上。"他说。然而，突然之间，吉尔伯特心脏病发作，不幸溺水身亡，享年74岁。但这两名女士得救了。吉尔伯特的骨灰被葬在斯坦莫尔圣约翰福音教堂的教区墓地，距离他的住宅不远。

吉尔伯特去世后不久，H. L. 门肯写道："去年《日本天皇》在巴尔的摩上演，一句台词都没改。……25年后，观赏起来仍然令人如此愉悦，它轻松明快。……几天前的晚上，《比纳佛号军舰》在纽约上演，结果大获成功——在33年中，这是第二十次或第三十次。……从莫斯科到布宜诺斯艾利斯，从开普敦到上海，在马德里、渥太华、墨尔本，甚至巴黎、罗马、维也纳和柏林，曾经出演过的其他喜歌剧，包括任何类型的舞台剧，都没有如此受欢迎。"门肯继续写道，吉尔伯特和沙利文"给世人增添了很多欢乐。他们两人的生活充满诚实的奋斗、伟大的成就和有益的奉献"。

近年出版了几十本关于吉尔伯特和沙利文的书，以及几本沙利文的传记和相关的文学评论。但是，只出版了三本关于吉尔伯特的传记。第一本是伊迪丝·布朗通过采访写成的《W. S. 吉尔伯特》（1907）；第二本是西德尼·达克和罗兰·格雷合作完成的《W. S. 吉尔伯特，生平和书信》（1923），收录了许多娱乐性的信件和轶事；第三本是简·W. 斯特曼所著的《威廉·吉尔伯特，一个典型的维多利亚时期的人及其剧作》（1996），这是第一本记载吉尔伯特在与沙利文合作之前就创作出了大量作品的著作。

纽约制片人约瑟夫·帕普展示了如何利用《彭赞斯的海盗》吸引新一代观众：1980年，他在中央公园推出这部歌剧，动用了音乐合成器和摇滚明星，还从吉尔伯特和沙利文的其他轻歌剧中选取了几首歌。"观众们喜欢，甚至像我一样的传统主义者也必须承认，该剧娱乐性很强，而且还通过一种奇特的方式保留了原作的精神。"英国广播公司的评论员伊恩·布拉德利这样写道。

多伊利·卡特歌剧公司于1982年关闭，显然是因为它囿于早期的表演模式，没有进行现代诠释，但是人们对吉尔伯特和沙利文的作品仍有很大兴趣。六年后，多伊利·卡特进行改革，更新表演风格和舞台，结果他们的作品大受欢迎。

《吉尔伯特和沙利文词汇词典》编纂者哈利·本福德称，仅仅在美国，就有大约150家戏剧公司每年至少上演一部吉尔伯特和沙利文的轻歌剧。英国广播公司的布拉德利说，他们的作品"上演的次数仅仅少于披头士乐队。……就业余和专业演出的场次而言，他们远远排在罗杰斯和哈默斯坦、赖斯和劳埃德·韦伯等后来的音乐组合之前"。吉尔伯特和沙利文的录像带很受欢迎，相关网站也吸引了世界各地的爱好者。吉尔伯特的自由精神正追随时代的步伐，进入新的千年。

5. 白帽子，黑帽子：路易斯·拉穆尔

长期以来，西方小说一直是美国个人主义最流行的表达方式。其典型形式是讲述一个善恶斗争的道德故事，主人公不是牛仔，就是一个一路艰辛、克服重重困难、为正义而战的人。

在西方人心目中，路易斯·拉穆尔的地位至高无上。他著有105部书，共销售2.6亿多册，超过其他同类作家。他的作品曾被翻译成汉语、丹麦语、荷兰语、芬兰语、法语、德语、希腊语、意大利语、日语、挪威语、波利尼西亚语、葡萄牙语、塞尔维亚－克罗地亚语、西班牙语及瑞典语。其中有30多本已被改编成电影。

个人主义精神贯穿拉穆尔作品的始终，从以下句子可见一斑："我发现运气和机会都需要自己创造。(《萨基特的土地》)""名字只不过是人创造出来的。"(《孤独在山上》)"独自旅行者必须自己照顾好自己。"(《兰多》)"我认为，是否愿意承担责任是衡量一个人的标准……在美国，我们总是相信只需推出一部法律，一切就会随之改变。"(《本迪戈·沙夫特》)"你是自己最好的老师……一旦失去自由，重获自由之路将很漫长。"(《行走的鼓》)

根据拉穆尔的描述，个人主义具有教化作用。他写道："西部群体的违法行为极富戏剧性，人们对此一直评价甚高。歹徒和坏人的故事令人激动，西部人自己也喜欢讲述这些故事。但是，西部的大多数学校和教

堂都是伴随着第一批定居者而出现的。……持枪歹徒和扑克老千出身贫寒，他们大都不为普通百姓所熟悉。"

拉穆尔创造了惊人的纪录，但他并非最多产的作家。笔名马克斯·布兰德的弗雷德里克·福斯特写了300多本书，大约是拉穆尔的三倍，但他并没有凭借出色的创作能力成为最畅销的作家。多年来一直给拉穆尔担任编辑的欧文·阿普尔鲍姆说："就纯粹的文学质量而言，你可能能找到更优秀的作家，但我认为你不会找到更善于讲故事的人。"

拉穆尔塑造了很多卷入戏剧性冲突的难忘人物，这种冲突从书的第一页第一行就开始了。他以调查研究著称，因此把故事讲得非常生动。他通过阅读历史日志、书信和报纸获取重要细节。他设法了解各种武器和印第安人，努力熟悉事件发生的地点。他把大部分作品都设定在美国西部，时间是19世纪60年代至80年代。

《路易斯·拉穆尔的同伴》（1994）的作者罗伯特·温伯格说："在拉穆尔的书中，我发现了似乎能定义美国旧西部的神秘特质。这种特质在我最喜欢的小说《弗林特》中最为突出，因为它贯穿于拉穆尔的所有故事中，所以他的多部作品——包括大部分'萨基特'系列小说、《本迪戈·沙夫特》和《孤独的神》——突破了类型小说的范畴。"

由于需要赚钱，拉穆尔只好辍学，走上自学之路，并且一生都在博览群书。"显然，按计划读书的优势是通过其他方式无法保证的。"前国会图书馆管理员丹尼尔·J.布尔斯廷回忆说，"由于家境所迫，加上对读书的热情，路易斯找到了其他优势。他乐在其中，并被无数未经计划的东西所打动，如印加人的命运、罗马帝国的兴衰、莎士比亚的十四行诗、杰克·伦敦的故事以及柏拉图的对话。他能同时引用罗伯特·W.瑟维斯、威廉·巴特勒·叶芝、拉迪亚德·吉卜林、珀西·比希·雪莱和奥斯卡·王尔德的作品。"

拉穆尔年轻时到处闯荡，之后的40年工作非常有规律：早晨5点30分左右起床，在打字机前工作6小时（后来使用过两台电动打字机）。然后出去锻炼身体，吃午饭，回来继续工作。"我一直在工作。"他告诉采访者哈罗德·基思，"我喜欢工作，闲不下来。我热爱我的祖国和人民。

即使我能活一千年，也无法把故事全部讲完，甚至都不能把一半想法付诸文字。"

受到成功的激励，拉穆尔搬到了洛杉矶一栋富丽堂皇的房子中，现在他的遗孀仍然居住于此。根据传记作家罗伯特·L.盖尔的描述，这栋房子"是一处布局不规则的西班牙风格的私人土坯大庄园，距离日落大道只有四分之一个街区远。这里有遮阳露台、缤纷的花园、带遮棚的泳池、带壁炉的大客厅、走廊和书房。还有一个工作室，高高的天花板上有一扇圆花窗。房间内部饰有印度地毯、绘画、玩偶、摆好的长牛角、用作拉穆尔许多畅销书封面的原创绘画和作者自画像。另外，还有一个铰链式的双层书架，上面摆放着数千册图书，甚至还有个健身房与这个房间毗连"。

博·拉穆尔说道："父亲的工作室长约25英尺，宽约15英尺，12英尺高的墙壁上排满了带着巨大铰链的书橱，书橱转动会露出更多的书。双人床大小的手工雕刻木桌、咖啡桌、壁炉炉床和大部分地板上都堆满了纸张、杂志、参考书和手工艺品。……简直是一团糟。"

拉穆尔长相出众，身高6英尺1英寸。《史密森学会》杂志的一名记者曾写道："他虽年近八旬，但仍粗犷英俊。宽肩膀，眉毛呈灰棕色，如箭头般竖起。他身穿西式衬衣，戴着蝶形领结，脚穿一双牛仔靴。说话时声音不高不低，稳重自信；举止严肃内敛、自然谦卑。"

路易斯·迪尔伯恩·拉莫尔1908年3月22日出生于北达科他州的詹姆斯敦。母亲埃米莉·迪尔伯恩育有6个孩子，路易斯·拉莫尔年龄最小。父亲路易斯·查尔斯·拉莫尔是兽医、警察局长兼主日学校教师。

小路易斯在学校上了6年学，越来越不安心。15岁时他便辍学，开始了最惊人的探险。他先是在一个马戏团担任大象训练员，在亚利桑那州和得克萨斯州巡回演出。他在西得克萨斯州做过牧场工人。由于需要钱，他便硬着头皮干了些恶臭熏人的工作：每天为900多头死牛剥皮，日薪3美元。他还利用空闲时间做殡仪员，为在战争中死亡的士兵清洗身体。在新墨西哥州，他割过草，晒过草，还摘过水果。在俄勒冈州，他伐过木头。在内华达州，他在一个煤矿推过矿车。他当过职业拳击手。他搭乘货物列车，像流浪汉一样四处寻找工作。他在驶往远东的货轮上做过水手，在印度尼西亚击退过海盗。他曾在新加坡、婆罗洲、爪哇、苏门答腊、横滨、神户和长崎的港口停靠过。他还描述过在中国西部和西藏地区与强盗一起生活的经历。他目睹了中国罪犯被砍头的场景。记者小哈罗德·R. 海因兹说："总之，他什么事都能干，凭借自力更生，在任何边远地区都能生存。"

拉穆尔说："别人在听说了我的职业和以前干过的工作后，常常觉得我这么做是为了积累写作经验。这纯属无稽之谈。我之所以要做这么多工作，是因为工作很难找，只能找到什么就做什么。在经济大萧条时期，甚至就在前几年，工作机会都少得很，必须通过激烈竞争才能获得。一份工作可能只能干两三个小时，或者几天，经常一连几个星期都找不到工作。"

无论拉穆尔去哪里，他都会买书或者阅读自己找到的书，尤其是那些大作家的作品，譬如奥诺雷·德·巴尔扎克、查尔斯·狄更斯、费奥多尔·陀思妥耶夫斯基、亚历山大·仲马、赞恩·格雷、欧·亨利、维克多·雨果、杰克·伦敦、埃德加·爱伦·坡、沃尔特·司各特、威廉·莎士比亚、罗伯特·路易斯·史蒂文森、列夫·托尔斯泰和安东尼·特罗洛普。"我经常听人们说没有时间看书，"拉穆尔说，"有一年，我利用等人的时间读了25本书。在办公室的时候、找工作的时候、排队看牙医的时候、在饭店等人的时候，诸如此类的场合，你都可以用来学习。……如果真想学习，就必须决定什么东西是重要的。去镇上逛逛？去打一场球赛？还是学习终生相伴的知识？"

他写完故事就邮寄给杂志社，但是收到的都是退稿信。他坦言："我的秘密是刚寄出一个故事，就马上写另一个故事，然后再寄出去。每次退稿的失落都被对其他作品的期待所取代。"

他于1935年10月发表了《一切为了朋友》，这篇短篇小说由《真正的黑帮生活》杂志刊登。这是一份低俗杂志，给大众提供廉价娱乐。他得到了6.54美元的稿费。连续几年，他都把故事卖给这种低俗杂志，譬如《刺激的冒险》《故事杂志》《短篇侦探小说》《罗布·瓦格纳的剧本》《新西部小说》《刺激的运动》《空中斗士》《大众体育》《廉价西部小说》《通俗西部小说》《得克萨斯巡警》《刺激的农场故事》《西部小说精选》。这些低俗杂志给的最高报酬是每字一美分，接受稿件后就支付稿酬，不会等到出版后才支付。不知出于什么原因，在出版这些小说的过程中，他把名字改成了"拉穆尔"，听起来像法国人的名字。

1942年，拉穆尔应征入伍，被安排到密歇根的一个训练学校，学习如何在严冬生存。两年后，他被派到法国，在反坦克部队中服役。退伍后，他居住在纽约，前去拜访了标准出版公司的总编利奥·马古利斯，这是他在战前经常发表小说的机构。马古利斯给拉穆尔提了一个建议："你这么了解西部，为什么不写关于西部的故事呢？"当时这种故事是最受欢迎的美国小说类型。

1946年，拉穆尔去了电影制作中心洛杉矶，这里以制作西部片著称。他在20世纪50年代写的短篇小说，包括《战斗小组》（1975）、《强者生存》（1980）、《奔跑吧鹿皮兵》（1980）、《鲍德里》（1983）、《沙漠法则》（1983）等，都被收集成册。

拉穆尔的第一部西部小说《西进潮流》（1950）竟然选择在英国出版，结果并不理想。1950年到1952年间，他用笔名特克斯·伯恩斯创作了四部霍帕朗·卡西迪小说，由双日出版社出版。霍帕朗·卡西迪是电影和电视中广受欢迎的牛仔英雄。尽管拉穆尔否认创作过这个系列的作品，但它却是拉穆尔给主流出版社撰写长篇小说的开始。后来，他又用笔名吉姆·梅奥创作了《黄色的孤峰》（1953）和《尤塔·布莱恩》（1954）。

20世纪50年代初期，低俗杂志逐渐淡出人们的视野，因为看电视成了大家的主要娱乐方式。拉穆尔开始把作品卖给稿酬更高的油光纸杂志，如《周六晚间邮报》和《科利尔》。他在1952年7月5日发行的《科利尔》杂志中发表了《科奇斯的礼物》，取得了重大突破。这个故事很受欢迎，他便把它改编成了以1874年的亚利桑那州为背景的长篇小说《洪多》。侦查员洪多·莱恩救了在农场干活的安吉·洛，安吉和她6岁的儿子约翰尼遭到了丈夫埃德的抛弃。洪多经受了阿帕切族印第安人的折磨，最终与安吉喜结良缘。

对于20世纪50年代的读者而言，低俗杂志的替代物是平装原创小说。福西特图书出版公司的负责人索尔·戴维记得在1953年接到过一个电话："'我是路易斯·拉穆尔。你从没听说过我，但是我想现在就见你。'他过来时拿着一个信封，开始推销，让我读他的样章。他说他会成为下一个伟大的西部小说作家，我们最好能接受他。我开始读他的作品，他则在一旁等待。他让我读的是《洪多》，这部稿子给我留下了深刻印象。我当场就跟他签了合同。"戴维还说，对此持怀疑态度的同事都认为，拉穆尔的署名就像"用口红写的西部人名"。

《洪多》是拉穆尔的第六部长篇小说，也是他用本名在美国出版的第一部长篇小说，很快就售出了30多万册。评论家司各特·A. 卡普写道："在《洪多》中，拉穆尔塑造了基本的西部人物形象，他们始终存在于他的小说中。……男主人公为人正直，公平正义，自力更生；女主人公意志坚强，吃苦耐劳，忠贞不渝，心无旁骛，一直陪伴在爱人身边，从不为自己选择的生活感到后悔。"好莱坞明星约翰·韦恩说，《洪多》是"我看过的最棒的小说"，他与杰拉尔丁·佩吉、沃德·邦德、詹姆斯·阿尼斯一起出演了电影《洪多》。但是，拉穆尔却只收到了4000美元的电影版权费。

在这个时期，出版商有权让某个作家的作品绝版，尤其是西部小说，因为人们认为这种小说是种次要的艺术形式。但是，班坦图书公司提出可以印刷拉穆尔的书。因此，1955年拉穆尔选择了班坦。结果，一本新书的成功引发了读者对他重版书的兴趣。

与此同时，拉穆尔邂逅了浪漫。1956年2月19日，在洛杉矶的比弗利·希尔顿酒店，拉穆尔与女演员凯瑟琳·伊丽莎白·亚当斯喜结良缘。当时拉穆尔48岁，凯瑟琳22岁。他们前往西印度群岛和南美洲北部度蜜月。他们的儿子博·迪尔伯恩·拉穆尔于1961年出生，女儿安琪莉可·加布里埃莱·拉穆尔于1964年出生。

1957年，拉穆尔写了《巴巴哥水井的背水一战》。小说中，洛根·凯茨在巴巴哥水井——亚利桑那州沙漠中的一处水泉——遇到了十几个任性固执的人。阿帕切－雅基族印第安人袭击了白人，凯茨教会了白人如何战胜恐惧，并最终赢得了詹妮弗的芳心。

同年，拉穆尔又写了一部更加野心勃勃的小说《锡特卡》。这部小说讲述了探险家让·拉巴奇在崎岖不平的阿拉斯加领地发生的冒险故事。让·拉巴奇喜欢读荷马的作品和《圣经》，是一艘纵帆船的船长，做过皮毛交易，跟垄断阿拉斯加皮毛交易的俄国男爵保罗·津诺威发生过冲突。拉巴奇被押送到西伯利亚，但是最终他却获得了自由，与俄罗斯美女海伦娜走到了一起。

《破晓者》（1960年2月）讲述了蒂雷尔·萨基特和哥哥奥林于1870年离开田纳西州前往西部的故事。尽管他们害怕印第安人、盗贼和凶犯，但他们还是决心建立一个正派人能够抚养子女的社区。这本书的成功又催生了16本书，记载萨基特家族从1600年到1879年发生的事情。

《弗林特》出版于1960年11月，美国西部作家协会推选该书为25部最佳西部小说之一。枪手弗林特传授孤儿詹姆斯·T.凯特尔曼在新墨西哥州的生存法则。后来，凯特尔曼去了纽约，成为一名成功的商人。在确诊身患癌症之后，他重返新墨西哥州，结果却发现有人在密谋抢夺一个叫南希·克里根的女人的大农场，这个人既是邪恶的骗子，也是声名狼藉的刺客。凯特尔曼通过自己的智慧、金钱和枪保住了农场。

1963年，拉穆尔根据詹姆斯·R.韦伯的脚本写了《西部开拓史》一书。这同时也是一部成功的电影，演员阵容包括詹姆斯·斯图尔特、黛比·雷诺兹、卡尔·麦尔登、乔治·佩帕德和阿格尼丝·莫尔黑德。这部史诗电影讲述了勇敢的男人和女人在冒险前往西部时所忍受的恶劣条件和凶残的敌人。

《本迪戈·沙夫特》（1979）讲述了一位法籍加拿大探险家的故事，他做过很多工作，包括农场主、放牛人、猎人、作家及和事佬。书中出现的人物数量之多令人惊讶，竟然多达80多个，但是故事写得很精彩：在怀俄明州的蛮荒地带，暴风雪肆虐，印第安人充满敌意，盗贼蠢蠢欲动，但是本迪戈依然无所畏惧，努力在这里建立起了一个社区。这是拉穆尔最优秀的作品之一。

截至 1980 年，据说拉穆尔的作品已经销售了 1 亿册。于是，他登上了路易斯·拉穆尔陆路快车，这是一辆于 1972 年定制的银鹰豪华汽车。他花了三周时间，乘坐这辆车在西部和西南部地区采访、签售、推销作品。通常，这是一种乡村和西部歌手才用的宣传方式。

这时，拉穆尔的名气已经如日中天。他的作品开始以精装原创作品的形态出现，进入了国内畅销书排行榜。每本新书的销量都在出版后 8 个月内达到了 100 万册。1983 年 9 月 24 日，拉穆尔被罗纳德·里根总统授予国会荣誉勋章。1984 年，他获得了总统自由勋章。

在《康斯塔克矿》(1981) 中，瓦尔·特里维廉和漂亮的女演员格丽塔·雷德韦在内华达州的银矿营地相遇了。瓦尔过去有暴力行为，但是现在成了成功的矿主。曾经杀害他父母的凶手现在也在计划要他的命，因此他必须勇敢面对他们。

《孤独的神》(1983) 讲述了约翰内斯·韦尔纳的故事，他遭外公唐·伊西德罗抛弃后被暴徒解救，最后由印第安人抚养长大。他学会了驯服野马、战斗和爱别人，最终获得了成功。

拉穆尔通过《行走的鼓》(1984) 尝试了不同的风格。故事发生于 12 世纪，是部讲述马蒂兰·凯布沙德的庞大史诗。马蒂兰的母亲被人杀害，父亲下落不明。他后来成了语言学家、马术师、剑客、弓箭手、杂技演员和探险爱好者。他从布列塔尼一直探险到西班牙、黑海、君士坦丁堡和波斯。最后，他替母亲报仇雪恨，解救了被关押的父亲。

《尤巴尔·萨基特》(1985) 是一部关于 17 世纪萨基特家族的小说。在过去 25 年里，拉穆尔记录了他们的英雄壮举。关于萨基特家族的小说，市面上总共印刷了大约 3000 万册，很多读者认为这一部最令人满意。尤巴尔·萨基特是名闲不住的探险家，他历经千辛万苦，成功穿越美洲大陆。他同印第安人一起生活，跟他们并肩作战，后来爱上了纳齐兹族印第安人的公主。

冒险小说《种族的最后一人》(1986) 把故事背景设置在了 20 世纪。美国空军少校约瑟夫·"乔·麦克"·马科特茨在白令海上空试飞一架飞机，结果被苏联人迫落。他被押送到一个偏远的战俘集中营，后来竟然幸运地逃了出来，跑到西伯利亚的蛮荒地区；他经受了刺骨的寒冷天气，忍饥挨饿，无处居住，也没有枪。然而，他在途中碰到了纳塔利娅，一个具有自由精神的人。

在《闹鬼的平顶山》（1987）中，拉穆尔综合运用了西部小说和科幻小说的元素。侦探迈克·拉格兰一直想知道居住在悬崖上的阿纳萨齐人消失的原因，结果他进入了超自然界。

拉穆尔走到了生命的尽头。他从不抽烟，却被诊断患上了肺癌。在生命的最后时刻，他仍在校对《一个流浪者的教育》，这本书是他对自己流浪岁月的回忆，表达了对读书生活的热爱。1988 年 6 月 13 日，拉穆尔在家中去世，享年 80 岁。人们为他举办了非公开的葬礼。

拉穆尔以前未出版的作品、新版本和作品集依然在源源不断地出版，这种现象似乎还会持续多年。就在他去世后，作品又卖出了差不多 1 亿册。

凭借惊人的勤奋，路易斯·拉穆尔让美国西部故事和小说的读者数量飙升，也振兴了西部电影和电视节目。他已经开始得到主流评论家的尊重。对于珍视个人责任、个人主义和自由正义的人而言，拉穆尔的出现无疑是份绝妙的礼物。

6. 梦幻世界：罗伯特·海因莱因

罗伯特·海因莱因是科幻小说的开拓大师，激发了千千万万拥护自由的人的想象。他有 5 本小说讲述了反抗暴政的故事，其他小说讲述了为争取自由所进行的不同斗争，他的作品充满了关于自由的宣言。

海因莱因是世界上最著名的科幻小说作家。1969 年 6 月，阿波罗 11 号宇航员尼尔·A. 阿姆斯特朗登上月球时，海因莱因作为客座评论员与哥伦比亚广播公司电视台节目主持人沃尔特·克朗凯特一起向全球数百万人发表了评论。艾萨克·阿西莫夫说："1975 年，美国科幻小说作家协会颁发大师奖，大家一致同意把第一名授予海因莱因。"阿西莫夫本人也是一位受人尊敬的作家，写过 300 多本书，许多都是科幻小说。海因莱因是唯一一位四次赢得最佳长篇科幻小说雨果奖的作家，获奖作品分别是《双星》(1956)、《星船伞兵》(1959)、《异乡异客》(1961) 和《严厉的月亮》(1966)。他是第一个登上《纽约时报》畅销书排行榜的科幻小说作家(《异乡异客》)，他写的最后 5 本书也登上了这个排行榜。

海因莱因的作品——56 部短篇小说和 30 部长篇小说——被翻译成了保加利亚语、克罗地亚语、捷克语、荷兰语、波斯语、芬兰语、法语、德语、希腊语、希伯来语、匈牙利语、意大利语、日语、立陶宛语、葡萄牙语、罗马尼亚语、俄语、西班牙语和瑞典语。他的书籍已经在美国卖出了 3000 多万册，在全世界已售出 1 亿册。

艾萨克·阿西莫夫的传奇生涯与海因莱因差不多在同一时间开始，虽然他并不同意海因莱因的许多观点，但是他宣称："从他的第一部作品问世起，科幻小说世界便对他肃然起敬，认为他是在世的最佳科幻小说作家，这一称号一直伴随了他一生。"畅销奇幻小说作家史蒂芬·金写道："二战后，罗伯特·A.海因莱因横空出世，他不仅是美国最重要的科幻小说作家，也是全世界最伟大的科幻小说作家。直到今天，他仍然是一种标志，是美国最出色的幻想小说的代表。"

《纽约时报书评》称赞海因莱因是"对美国文学最具影响力的作家之一"。吉恩·罗登贝里是广受欢迎的《星际迷航》电视系列的作者、编剧和制片人，他认为海因莱因是极少数"让我顶礼膜拜"的作家之一。写过100多本科幻小说的罗伯特·西尔弗伯格解释说，海因莱因"相信故事必须言之有据，他的故事充满不可抗拒的活力，这两点让《新奇科幻》杂志的读者感到愉悦，因此他们渴望阅读他更多的作品。（编辑）约翰·坎贝尔已经发现这位作家最能体现自己的科幻小说理想。在两年内，海因莱因在这本杂志上发表了数量惊人的作品，完全重塑了科幻小说的性质，就像在现代普通小说领域，欧内斯特·海明威在20世纪20年代重新定义了现代小说一样。从1927年左右开始创作小说的作家，都会重视海明威的理论和实践，否则便是迂腐透顶或者极其幼稚；同样，凡是从1941年起开始创作一流科幻小说的作家，没有谁不了解海因莱因开辟的理论和实践范例"。惊悚小说畅销作家汤姆·克兰西补充说："海因莱因先生之所以能成为美国文学传统的一部分，是因为他笔下的人物一直长盛不衰。他的作品反映了美国人根深蒂固的乐观主义，这种乐观主义至今都让全世界的朋友感到惊讶。就像海因莱因先生教给我们的那样，个人能够成功，也一定会成功。个人成功的第一步，就是认识到成功的可能性。让人们懂得什么是可能的，什么是不可能的，这通常是作家的任务，因为写作是想象的产物，人类的所有进步都是如此。"

海因莱因在那些十几岁就接触他的作品的读者心目中占有特殊地位。在他成为成人畅销书作家之前，已经通过十多本经典少儿读物确立了自己的名声：《伽利略号火箭飞船》（1947）、《太空军官候补生》（1948）、

《红色星球》(1949)、《天上农夫》(1950)、《星际归途》(1951)、《滚石家族游太空》(1952)、《星球人琼斯》(1953)、《星球野兽》(1954)、《星际迷航》(1955)、《探星时代》(1956)、《银河系公民》(1957)、《穿上航天服去旅行》(1958)和《星船伞兵》。作家J.尼尔·舒尔曼说出了许多人的心声："如果罗伯特·海因莱因没有写那些小说,如果我没有阅读那些小说,那么我将非常怀疑自己能否凭借由此获得的知识走出15~18岁期间遭遇的困境。他描写的未来,让我看到了活着的意义。他笔下的那些精英,认为无论遇到什么困难,生活都是有意义的,而且他们让生活充满了意义。这些人物从来都不是一帆风顺的,但是他们不屈不挠,坚持到底。"

海因莱因的作品激励了全世界的读者。比如,学者矢野彻说:"在战争期间,我失去了一切书籍,也没钱买书。我想读书,必须读书。我没有正儿八经地学过英语,但是发现科幻杂志很容易阅读。罗伯特·海因莱因和安森·麦克唐纳(海因莱因的笔名之一)写的故事对我特别具有启发性。他写的那些令人开心的故事给我带来了意志、希望和勇气,让我在战后日本的废墟中生活下去。罗伯特·海因莱因是我的老师和恩人。通过读他的故事学习英语,我成了一名翻译。能把海因莱因的多部作品翻译成日语,我倍感荣幸。"

科幻小说评论家阿列克谢·潘西金这样描绘海因莱因:"身高大约5英尺11英寸,棕色的头发和眼睛。他身体结实,挺胸直背,颇有军人风度。他的胡子蓄了很多年,修剪得很整齐。据说他是那种总是穿正装的人,即使身处丛林也是如此。……他声音洪亮、平稳,有点儿像带有鼻音的男中音歌手,带有一点儿密苏里的口音。"艾萨克·阿西莫夫回忆说:"在某种程度上,我最重要的友谊便是与罗伯特·安森·海因莱因的友情……一个非常英俊的男子……笑容儒雅,彬彬有礼,与他相处时,我总是有点儿拘谨。他像贵族,而我像农民。"

据罗伯特·西尔弗伯格回忆,海因莱因"非常讨人喜欢,温文尔雅,气度不凡,带有一种诡秘、出人意料的幽默感。我第一次遇到他……是在1961年的西雅图世界科幻小说大会上,他是这次大会的贵宾。他在自己的套房里举办了一次开放派对，邀请全体与会人员参加，让每个人都很惊讶。这在今天是难以想象的，因为近年参加这些会议的人多达五六千。而 1961 年这一次，参加者只有两百左右，但这仍然是个了不起的举动：海因莱因穿着浴袍，看着瞪大眼睛的粉丝（还有几个瞪大眼睛的作家）鱼贯而入，他向每个人打招呼。……我记得对他说，我已经出版了 700 万单词的小说……他幽默地回答说：'英语可没有这么多单词。有些单词，你肯定是卖了不止一次吧'"。

1907 年 7 月 7 日，罗伯特·安森·海因莱因出生于密苏里州巴特勒市北富尔顿街 805 号的一栋两层木屋中，那里位于堪萨斯城以南约 65 英里处。父亲雷克斯·伊瓦尔是办事员和会计员，他是个以售犁为生的人的儿子。母亲巴姆·莱尔是医生的女儿。

1910 年，他 10 岁的哥哥劳伦斯带他去看哈雷彗星划过天空，这是他永远铭记的场景。他开始对天文学着迷，为自己造了一台小型望远镜。他开始贪婪地阅读冒险故事，尤其是科幻小说。他喜欢的作家包括马克·吐温、拉迪亚德·吉卜林、儒勒·凡尔纳、H. G. 韦尔斯、埃德加·赖斯·巴勒斯和 H. 赖德·哈格德。

他在密苏里大学读了一年后，转到美国海军学院，成了一名优秀的击剑手。1929 年 6 月，他从学校毕业，身份是机械工程师。不久，他便同莱斯琳·麦克唐纳结婚，但是有关她的信息并不多。海因莱因一直在驱逐舰和航空母舰上服役，1934 年感染肺结核后从海军退役，最终军衔是中尉。随后，他进入洛杉矶的加利福尼亚大学，攻读物理和数学硕士学位，但是后来因健康原因不得不退学。

"1939 年年初，我身无分文。"海因莱因回忆说，"大约在那个时候，《惊悚奇事》杂志发布了一则广告（大意是说）：大奖赛——业余作家！！！！！一等奖 $50 五十美元 $50。[1] 在 1939 年，用 50 美元购买的日用商品可以装满三辆旅行汽车。……所以我写了《生命线》。我花了 4

---

[1] 原文如此，大概是广告故意写成这个效果的。

天时间——我打字很慢。但是,我没有寄给《惊悚奇事》,而是寄给了《新奇科幻》,我认为不会有那么多的业余短篇小说会寄到那里。"这篇小说讲述了一个发明家的故事,他发明了一台能预测寿命的机器。编辑小约翰·W. 坎贝尔用 70 美元买下了这篇小说,把它刊登在 1939 年 8 月那期上。"我再也不想老实巴交地去工作了。"海因莱因自嘲道。

20 世纪 30 年代末,科幻小说进入现代时期。海因莱因首次发表作品前一个月,《新奇科幻》发表了新星小说家 A. E. 范·沃格特创作的第一部小说,下个月发表了另一位新星作家西奥多·斯特金的第一篇小说。那年早些时候,《惊悚奇事》还发表了阿尔弗雷德·贝斯特的第一篇小说,《神奇故事》杂志也将艾萨克·阿西莫夫介绍给了全世界。

1939 年 11 月,海因莱因在《新奇科幻》发表第二篇小说《不合群的人》(Misfit)。这是他第一部面向年轻读者的小说,讲述了一个爱捣蛋的少年的故事。这个年轻人被政府迁移到了一颗小行星上,结果拯救了一艘宇宙飞船。

在发表了一篇又一篇小说之后,海因莱因坚定了对自由的信念。1940 年 1 月,《新奇科幻》杂志发表了他的《安魂曲》。主人公德洛斯·D. 哈里曼是企业家,在月球上开辟了一些社区。他反对"该死的难对付的规则",实现了自己的梦想。《如果这样下去》(《新奇科幻》,1940 年 2 月和 3 月)讲述第二次美国革命与 21 世纪暴政抗争的故事。《考文垂》(《新奇科幻》,1940 年 7 月)则说明,一个适度自由的社会可以建立在一种叫作"盟约"的自愿社会契约之上。《第六纵队》(《新奇科幻》,1941 年 1 月、2 月、3 月)讲述足智多谋的科学家发明秘密武器击退征服者的故事,杰弗逊·托马斯是个英雄。《帝国逻辑》(《新奇科幻》,1941 年 3 月)讲述了山姆·休斯顿·琼斯在金星上与奴隶制斗争的故事。《玛士撒拉之子》(《新奇科幻》,1941 年 7 月、8 月、9 月)记录了一些美国人的冒险故事,他们进行异种交配,企图将寿命延长三倍,结果遭到心怀忌妒者的迫害,不过最终找到了一片自由的天地。《超越地平线》(《新奇科幻》,1942 年 4 月、5 月)描绘一个未来的自由社会,在这里每个人都可以做他想做的事情。

海因莱因因为近视，还患过肺结核，只好从海军退役，到了战争年代便在费城的海军航空实验站材料实验室担任工程师。同时，他还在思考如何开拓写作视野。他开始与文学经纪人勒顿·布拉辛格姆合作，勒顿帮他把《地球上的绿色山丘》卖给了《周六晚间邮报》，得到了小说的最高稿费。这份报纸以诺曼·罗克韦尔制作的封面闻名遐迩，是发表连载小说和短篇小说的不二之选。

1946年，海因莱因决定为年轻读者写一本书。于是，《伽利略号火箭飞船》诞生了，书中的三个男孩拼凑了一枚火箭，飞到了月球上，遇到了想要重新赢回地球的一窝纳粹分子。本书由斯克里布纳出版社出版，此前该出版社还出版过欧内斯特·海明威、F.斯科特·菲茨杰拉德和托马斯·沃尔夫等主流作家的作品。

1947年，海因莱因离婚，翌年10月21日，娶了在费城认识的维吉妮亚·多丽丝·格斯滕费尔德。"我妻子蒂基是个奉行政府主义的个人主义者。"他坦言。科幻小说作家波尔·安德森说，她是"海因莱因的全面合作伙伴，在各个方面都像他一样厉害、聪慧。有一次，海因莱因咧着嘴说，在二战期间，他们都在海军服役，那时候她就是他的上司"。海因莱因夫妇在科罗拉多州的洛基山脉度完蜜月后，决定以后就在这里生活。他们在科泉市梅萨大道1700号至1800号间购置了地产，并选择了自己想要的门牌号：1776号。门外有一座黄铜房牌，使人想起阿奇博尔德·威拉德创作的著名画作《76年精神》，这幅画描绘了3个游行者，一个男人吹奏横笛，另一个男人和一个男孩一起打鼓。在接下来的17年间，海因莱因夫妇一直居住在科泉市，并结交了一位朋友——自由学校的创始人罗伯特·M.勒费弗尔。

海因莱因还转向电影。1948年，他把《伽利略号火箭飞船》改编成了电影《奔向月球》。剧本的内容是，个体企业家也许会策划第一次月球旅行，处理可能发生的所有问题。《奔向月球》是第一部由科幻小说改编的现代电影，算得上一部成功之作。

海因莱因继续为年轻读者进行创作。比如，《太空军官候补生》的故事是，一些男孩接受训练，去太阳系完成最重要的任务，"维护和平……

保护各民族的自由"。《红色星球》的故事是，火星人憎恨来自地球的统治者对他们进行剥削。他们模仿《独立宣言》，起草了《自治宣言》，发动了一场革命。在《星际归途》中，少年唐纳德·哈维卷入了一场独立斗争。他在金星着陆，金星是个被地球上的联盟独裁控制的殖民地，他便加入了反抗联盟、争取自由的战斗队伍。《银河系公民》也许是海因莱因最杰出的少儿读物，书中的主人公是个衣衫褴褛的男孩，名叫索比。他戴着镣铐，被带到萨尔贡卖为奴隶。他后来获得了自由，极力阻止奴隶贸易。在《星船伞兵》中，胡安·里科自愿加入地球人联盟机动步兵团，反抗集权主义者，捍卫自由。里科反思了陆军中校让·杜布瓦的教导，杜布瓦是他崇敬的高中导师，曾经谴责"某集权思想家浮夸、痛苦、糊涂、神经质、不科学、缺乏逻辑、盲目自大，是个骗子"。

科幻小说家杰克·威廉森表达了惊叹："青少年科幻小说，作为一个文学类别，发轫于海因莱因。……海因莱因的系列小说具有开拓性意义，迅速被人模仿。……海因莱因从未降低自己的写作品味。他故事中的人物都是年轻人，情节进展迅速，文体清晰可辨。"海因莱因回应说："我对这些青少年读物感到非常自豪。对于我而言，创作健康向上、能与那些耸人听闻的漫画展开竞争的小说，同样是种了不起的成就。"

除了青少年读物，海因莱因还著有《傀儡主人》（1951），讲述怀抱集体主义观念的鼻涕虫乘坐飞碟入侵地球的故事。它们爬上人类的后背，控制他们的身体和思想，抹杀他们的个体性。借反抗鼻涕虫之名，政府滥用权力监视民众。幸运的是，人们找到了方法，重获自由。在《双星》中，洛伦佐·斯迈思发现了天赋人权的原则，帮助金星和火星上的本土居民享受到了与地球人同样的权利。海因莱因回应道："如果存在超越时空的基本道德原则，那么它在任何星球上都是真理。"

《异乡异客》肯定了海因莱因拓展科幻小说边界的能力。这本书讲述了地球人瓦伦丁·迈克尔·史密斯的故事，瓦伦丁由火星人抚养长大，后来回到地球。他创立了一种涉及"神交"（与他人心领神会）和自由恋爱的宗教。《异乡异客》登上了全国畅销书榜单，售出了大约200万册。这本书为海因莱因赢得了第三个雨果奖。

《光荣之路》(1963)是一部"剑与魔法"冒险小说。主人公"奥斯卡"·戈登认为政府没有任何道德理由向人民征税。"'糖果叔叔'(美国政府)为我做过什么?他用两场战争毁掉了我父亲的生活。……生与死的特权取决于交税——不交税者会被永久税收部立即杀死。"

1965年,因科泉市的高海拔对维吉妮亚·海因莱因的健康造成了影响,他们便搬到了邦尼杜恩,这里位于加利福尼亚州圣克鲁兹以北约16英里处,是个风景优美的郊区地带。他向来访的J. 尼尔·舒尔曼描述他们的住所:"房子是圆形的,因为海因莱因夫人想要一栋圆形房子……中间有个宽敞的露天中庭,宽约12英尺,里面有一棵树和各种鲜花。我购置了各种东西,这样处理起家务来就会比较容易些。"

在邦尼杜恩,海因莱因创作了《严厉的月亮》,体现了日臻成熟的自由意志主义见解。月亮被称为月神,是地球的殖民地,用来关押罪犯和持不同政见者。这些人看重个人主动性和进取心,宽容其他人选择的生活方式,不干涉其他人的事情。他们决心掌控自己的命运,于2076年7月4日宣布独立。反叛者雇用迈克罗夫特·福尔摩斯(昵称迈克)——保障月亮运转的计算机——帮助他们进行革命。奉行个人主义的女权主义者怀俄明·诺特说道:"在月神上,我们是富有的。这里有300万勤劳、聪明、有技术的人,有充足的水,一切都应有尽有,有无穷的权利,有无尽的空间。但是……我们没有自由市场。我们必须摆脱权威!"贝尔纳多·德拉帕扎教授(简称"教授")是个具有革命精神的哲学家,他回应道:"你说得对,我们必须摆脱权威。我们最重要的经济领域,居然被一个不负责任的独裁者统治,这真是荒唐透顶——贻害无穷,忍无可忍!这损害了我们最基本的人权,损害了在自由市场议价的权利。"教授还说,"就道德而言,并不存在'国家'。只有人。个人。每个人都应为自己的行为负责。"

《严厉的月亮》宣告了海因莱因最喜欢的哲学主题之一:"世上没有免费的午餐……免费的东西,终究会让人付出双倍的代价,或者最终变得毫无价值。……不管怎样,你要得到什么样的东西,就得付出什么样的代价。"《严厉的月亮》描绘了这样一个自由社会:由个人负责提供教育、保险和保障，负责解决冲突，而不是政府。这本书已经售出了近 100 万册。

《我不怕邪恶》（1970）讲述了亿万富翁约翰·塞巴斯蒂安·巴赫·史密斯的故事。约翰 94 岁，身患绝症，决心战胜充满暴力的独裁，继续活下去。他安排了一项手术，将自己的大脑移植到最先找到的年轻、健康的人体上。结果这具人体恰好是他的黑人女秘书。于是，他仍然保留着自由意志，开始探索性别的意义。

同年，海因莱因差点儿死于腹膜炎，通过输血才捡回了一条性命。他的血型（A2 阴性）很罕见，（很难找到匹配血型）所以他特别感激，鼓励大家去献血。他还在科幻小说大会上提倡大家去献血。

在《时间足够你爱》（1974）中，拉扎勒斯·朗成了他自己的祖先。书中有他的许多至理名言。比如说："从政治上，人类可被分为两类，一类是想要控制他人的人，另一类是没有这种渴望的人……最伟大的生产力是人类的自私……在人类凭空制定出的所有奇怪'罪行'中，'亵渎神明'是最不可思议的……纵观历史，贫穷都是人类的常态。允许这种状态被超越的进步——无论是此地还是彼地，此时还是彼时——都只是极少数人努力的结果，这些人常常遭到鄙视，经常遭到谴责，几乎总是遭到所有头脑健全者的反对。"

多年来，海因莱因夫妇一直到处旅行，直到他们年近七旬也未停止。维吉妮亚回忆说："我们曾经四次环球旅行。"1978 年年末，他们在塔西提岛附近旅行，海因莱因出现了复视，走路困难，这些都是中风的先兆。回到美国后，他做了颈动脉手术，以便缓解血管堵塞。

在《野兽的数量》（1980）中，泽伯、迪蒂、杰克和希尔达与外星人黑帽做斗争，直到把他们赶出地球、蒸发消失。书中提到了一位个人主义者——扎克爷爷，他"痛恨政府，痛恨律师，痛恨公务员……公立学校……支持女性选举权……奔波于欧洲与美国之间，不受通货膨胀和充公法的影响"。

《星期五》（1982）讲述了英雄情报员"星期五"的故事。她穿梭于北美受压迫的各个州之间，执行危险任务。她说："随时随地进行反击是每个自由人的道德义务——我们要保证地铁开放,关上百叶窗,给计算机提供错误信息。"

在《约伯大梦》(1984)中,海因莱因探索了时空穿梭的影响,尤其是关于钱的问题。书中的叙述者说:"我发现,世界换了,纸币就毫无用处,但是金银等硬通货却可以流通。"

《穿墙猫》(1985)里的流氓哲学家科林·坎贝尔上校乘着龙卷风开始探险,去了月球上的自由贸易区。书中有一个沉闷的角色,作者是这样描写他的:"比尔患有最糟糕的反个人主义疾病,认为全世界都亏欠他。"

海因莱因的封笔之作是《驶向落日之外》(1987),书中的叙述者莫琳·约翰逊的父亲酷爱马克·吐温的作品,便与他书信往来。莫琳肯定了个人责任和个人主义原则。

1978年秋天,海因莱因健康欠佳,他和维吉妮亚被迫搬离邦尼杜恩,住到了一家大医院附近。那一年,他两次因大出血被紧急送到旧金山。后来他们就在埃奇菲尔德街3555号买了房子。房子位于卡梅尔小镇附近的山上,可以看到美丽的太平洋海景。尽管身体每况愈下,但海因莱因依然洋溢着乐观精神。他说:"我信赖我们整个种族,不管是黄皮肤、白皮肤、黑皮肤,还是红皮肤或棕色皮肤。全球各地的兄弟姐妹们,我信赖你们绝大多数人的诚实、勇敢、聪慧、坚韧、善良。……我相信……我们总是在惊险中获得成功,并且一定会成功。"

1988年5月8日,星期天,饱受心脏疾病和肺气肿折磨的海因莱因在家中因心力衰竭与世长辞。大约10天后,维吉妮亚·海因莱因在蒙特雷登上一艘美国军舰,驶入太平洋,将他的骨灰撒进了永恒的大海。

所有人都对他表示了敬意。艾萨克·阿西莫夫说:"直到去世,他作为最伟大的科幻小说作家的地位始终无人撼动。"汤姆·克兰西说:"我们沿着他的思想道路继续前行。"科幻小说作家亚瑟·C.克拉克说:"再见,鲍勃,感谢你对我的生活和事业所产生的影响。还有金妮,谢谢你,感谢你长期以来无微不至地照顾他。"老朋友凯瑟琳·克鲁克·德·坎普说:"我最后一次给罗伯特·海因莱因打电话,大概是在他去世前一个月,当时他在家里,正好是他两次住院的间隙。那天晚上,我们回忆了一起度过的快乐时光,他的声音听起来很洪亮,就跟年轻人一样。他还跟我描述从新家眺望美丽的大海所看到的壮观远景。最后,我和鲍勃都说我们总是深爱着对方,永远不会改变。我们推心置腹,回忆了四46年以来的亲密友谊。最后,我们把话都说完了,我就坐在安静的电话旁边不停地哭泣。"

至今,罗伯特·海因莱因还激励着新一代的年轻人,就像当年他激励他们的父母、祖父母一样。他的书每年还能售出超过10万册;《星际迷航》被改编成了一款畅销光盘游戏。1994年,迪士尼发行了电影《傀儡主人》,后来又发行了由《星船伞兵》改编的电影《星河战队》。几家主要制片厂目前正在考虑将《光荣之路》《严厉的月亮》《天空孤儿》和《异乡异客》改编成电影。无论现在还是将来,罗伯特·海因莱因都是拥护自由的伟大人物。

第八部

对自由的诸威胁

权力导致腐败；绝对的权力导致绝对的腐败。

——阿克顿勋爵（1887）

大多数人都是以政治信条、道德教条、种族主义和宗教教义的名义惨遭屠戮。一些最英明的政治思想家早就预料到了这些罪行，他们应该被更多的人所认识。

1. 中央集权：托克维尔

亚历克西·德·托克维尔是位绅士型学者，后来一跃成为世界上最伟大的预言家之一。150多年前，大多数人都受国王统治，但托克维尔宣称未来会属于民主。他阐明了实现民主需要什么条件以及民主能够保护人类自由的原理。同时，他还警告说，福利国家会诱导臣民走向奴役。他认识到了中央集权肯定导致奴役的原因。

托克维尔把一生都献给了自由事业。他曾写道："我挚爱自由和法律，尊重权利。我既不是革命派也不是保守派。……自由是我最钟爱的东西。"

针对托克维尔的名著《论美国的民主》，历史学家丹尼尔·J. 布尔斯廷评论说："刚听说托克维尔的人会提出一个最有趣的问题：关于美国的游记铺天盖地、五花八门，都没能成为经典，可为什么偏偏这本书成了经典？而且还成了研究美国的标准资料？在托克维尔的时代，还有两本关于美国的畅销书：一是特罗洛普夫人的《美国人的家庭礼仪》（1832）；二是查尔斯·狄更斯的《美国纪行》（1842）。比起托克维尔，这两个作者的文笔更娴熟，观察更犀利，但这两部作品现在只出现在学术脚注中。他们给我们讲述了那些让人好奇的早期美国人的故事，而托克维尔讲述的却是我们自己。他每天都在对我们讲话。"

托克维尔善于聆听，记忆敏锐。他的头脑非同寻常，能够辨别他的同时代人大都忽视的发展趋势，善于从经验中总结深刻的教训。他预见到了政府干预会造成潜在而长远的后果。

诚然，托克维尔属于拥有土地的乡绅阶层，主要经济来源是收取佃农的租金，因此同样表现出了贵族惯有的对工商业的偏见。对于让数百万人免遭饥饿之苦的工业革命，他几乎只字不提。

托克维尔患有偏头痛、神经痛、胃痉挛，每次发病都会持续一周，但是为了写书，他不顾病痛的折磨，总是长时间工作。毫无疑问，这些病痛是他脾气暴躁的原因。在书中，托克维尔看起来像现实主义者，然而在书信中，他又是浪漫主义者，梦想着伟大的冒险，忍受抑郁的一次次袭击。19岁时，他在给朋友的一封信中说，他希望"四处流浪，度过余生"。年近而立之年时，《论美国的民主》出版后轰动一时，他却悲叹道："噢！我多么希望上帝能赐予我机会成就一番事业……然而，空有雄心壮志，却无处施展抱负。"41岁时，他又说："也许我们采取辉煌行动的时刻即将到来。"

据历史学家乔治·威尔逊·皮尔森说，托克维尔"是位身材矮小、腼腆害羞的绅士。他容貌清秀，举止庄重，寡言少语，拘谨克制。骄傲、困惑的黑眼睛引人注目，时不时地令他苍白、严肃的脸庞微微一亮。坚挺的鹰钩鼻下面是一张灵敏的嘴和微微凹陷的下巴，显示出他的良好教养和非凡坚毅。他发型很好看，黑色的长发一绺绺垂到肩头，这是当时的一种高贵发式。在会客或与人交谈时，他会优雅地挥着细长的双手。……他身体瘦小虚弱，但是一开口，就会发出洪亮动听的声音，让听者倍感惊讶，忘掉一切，只能记得他坚定的信念和与生俱来的真诚"。

亚历克西－夏尔－亨利·克勒雷尔·德·托克维尔于1805年7月29出生于巴黎，他是家里3个男孩中最小的。他的父亲全名埃尔韦－路易－弗朗索瓦－让·博纳旺蒂尔·克勒雷尔，是诺曼底主贵族后裔。他的母亲名叫路易丝－玛德琳·勒·佩尔捷·罗桑波。父母二人都曾在法国大革命时期受到监禁，但在拿破仑一世统治时期一直保持着跟保皇党人的联系。1815年，波旁王朝复辟后，埃尔韦曾担任地方政府行政官员。托克维尔的家庭教师是阿贝·勒叙厄牧师，他教育托克维尔要忠于天主教和法国王室。

16岁时，托克维尔开始研读父亲的藏书，其中包括法国启蒙运动时期具有煽动性的作家孟德斯鸠和伏尔泰的作品。他回忆说："我当时充满强烈的好奇心，只有大量阅读才能得到满足。我的脑子里堆满了各种混乱的思想和观念，这些东西都是更成熟的年纪才应该有的。在那之前，我的人生都被包裹在一种信念之中，它甚至不允许怀疑渗透进我的灵魂。此后，怀疑便进入我的世界，或者说是带着一种难以置信的暴力闯了进来，这种怀疑不是针对某件事，而是针对万事万物。突然之间，我体会到了经历过地震的人们所谈论的那种感受。"

托克维尔没有效仿两个哥哥去军队当军官。他更喜欢贵族从事的法律职业。从1823年到1826年，他学习法律，之后和哥哥爱德华去意大利游历。在那里，他目睹了战争和专制对国家的破坏，禁不住开始思考曾经强大的文明是怎么消亡的。

1827年，托克维尔在父亲的帮助下获得任命，成为凡尔赛的法官，效力于波旁王室，但是他并不自在。他后来写道："我的青春的最好年华是在一个重获自由的同时也重新获得了繁荣和辉煌的社会中度过的。我曾经设想过一种规范有序的自由，它受制于宗教信仰、道德观念和法律；这种自由带来的快乐让我深受触动，成了我毕生的激情所在。"

1830年7月25日，人们起来反抗波旁国王查理十世，将其驱逐流放。新国王是来自奥尔良家族的路易·菲利普。托克维尔认为有国王总比社会混乱好，所以像其他许多法官那样，进行了新的效忠宣誓，结果激怒了他的亲朋好友。但是，国王并不信赖留任官员，托克维尔遭到贬职，连俸禄都拿不到。与托克维尔一起在凡尔赛担任法官的古斯塔夫·德·博蒙是个热情随和的人，他的处境跟托克维尔极其相似。下议院提出要改革刑法，托克维尔和博蒙便争取到了官方许可，前往美国学习监狱制度，费用由家人承担。两个人向亲戚朋友打听在美国可能会需要的联系人。他们阅读美国文学、一些欧洲人写的关于美国的游记。托克维尔花40法郎买了一个皮革旅行箱，里面装了两双靴子、一顶大礼帽、紧身裤和其他时尚服饰，还有信纸和法国放任主义经济学家让-巴蒂斯特·赛写的

《政治经济学教程》。[1]

1831 年 4 月 2 日，托克维尔和博蒙登上了前往美国的"勒阿弗尔"号轮船，船上有 163 名乘客，装满了来自里昂的丝绸。在经历了 4 天的晕船之后，他们制定了一个作息表，在整个行程中都一直沿用：5 半点左右起床，工作到 9 点吃早饭，然后从 11 点工作到下午 3 点，吃完午餐后继续工作到就寝时间。他们不与其他乘客一起吃晚饭。38 天后，他们到达纽约。

在接下来的 9 个月里，他们考察了很多监狱，游览了许多城市：纽约、奥尔巴尼、波士顿、费城、华盛顿、蒙特利尔和魁北克城。他们穿越了布法罗、辛辛那提、底特律、诺克斯维尔、路易斯维尔、莫比尔、蒙哥马利、纳什维尔、孟菲斯、新奥尔良和匹兹堡。他们冒险去了内陆，向西一直到密歇根湖，并乘小船游览了密西西比河。他们还去了尼亚加拉大瀑布，沿着哈德逊河河谷一路旅行，看到了莫霍克河谷，那里是詹姆斯·费尼莫尔·库珀的畅销小说《最后一个莫西干人》故事发生的地方。他们见到了很多美国名人，其中包括一神论者威廉·埃勒里·钱宁、历史学家杰瑞德·斯帕克斯、参议员丹尼尔·韦伯斯特、前总统约翰·昆西·亚当斯[2]、得克萨斯州的冒险家萨姆·休斯顿、即将成为最高法院大法官的律师萨蒙·蔡斯以及《独立宣言》唯一在世的签署者查尔斯·卡洛。

1832 年 2 月 20 日，两人离开美国。不久，他们开始按照承诺撰写有关美国刑罚制度的书，其中大部分由博蒙执笔。这本《论美国的刑事制度及其在法国的应用》于 1833 年 1 月出版。他们在书中阐明了自己的看法，虽然很多犯人都可以通过隔离和劳动改过自新，但囚禁的根本目的一定是惩罚，他们坚决捍卫这一观点。这部作品大获成功，获得了法兰西学术院的蒙蒂雍奖。

虽然两人又商量着要合著一本关于美国的书，但他们趣味并不相投。博蒙非常关心奴隶制，写了小说《玛丽，或美国的奴隶制》，托克维尔则迷恋美国的社会政治生活，这是因为法国在建立有利于自由的制度的

---

[1] 大概与前文提到的《论政治经济学》是同一本书，见 P298。
[2] 指美国第六任总统，他是第二任总统约翰·亚当斯的儿子。

过程中困难重重。托克维尔把法国的政治问题归因于中央集权政府——"在法国反对中央集权的人中,大多数并不是真的希望废除它;一些人反对它,是因为他们掌握着权力;另一些人反对它,是因为他们希望掌握权力。"托克维尔还认为自由能带来和平的社会秩序。他在给一个朋友的信中写道:"想象一下,一个社会包含了世界上所有不同的民族——英国人、法国人、德国人,人们彼此之间语言不通、信仰不同、观念不同,总之,这个社会没有底蕴,没有记忆,没有偏见,没有惯例,没有共同观念,也没有民族特征,然而他们比我们幸福一百倍。……他们是如何融合成一个民族的呢?答曰:通过共同利益。这就是其中的奥秘!"

托克维尔决定去一趟英格兰,这样才能写出有关自由和民主的著作。1833年,他在结束旅行后写道,这是"一个非集权化的国家。英格兰有中央政府,但不是集中管理。每个郡、每个镇、每个区都只关心自己的利益。工业任其发展。……中央政府应该有能力监管一个大国的需求这种说法不符合事物的本质。非集权化是英格兰物质文明进步的主要原因"。

托克维尔的父母在巴黎韦尔纳伊街49号有一处住宅,他在上面的阁楼里度过了将近一年时间,写出了《论美国的民主》前两卷。1833年9月中旬,他致信博蒙:"一到这里,我就一门心思狂热地写美国。这种狂热有时似乎在减弱,但从不间断。我认为,工作比健康让我获益更多,不过这种极端用脑的方式对健康有些伤害,因为只要我写起来,就几乎什么都不想了。……从早上到晚饭时间,我完全活在精神世界里;到晚上,我就去看看玛丽。"托克维尔提到的玛丽·莫特利是他在凡尔赛当法官时认识的一个英国平民姑娘。1835年10月26日,他们喜结连理。玛丽让托克维尔变得冷静,但无法追随他的兴趣爱好。托克维尔曾告诉一位朋友说:"我们在情感方面是理解彼此的,但在精神上却做不到。我们的性格差别很大。她体验事物的方式是缓慢的、渐进的,跟我完全不合。"

据说,出版商戈瑟兰因为没有读这套书的手稿,只同意发行500册。该书于1835年1月23日出版,时年29岁的托克维尔便通过报纸广告进行宣传,一位持不同观点者在报纸上撰文对其进行抨击,结果吸引了读者的注意。于是,这本书意外走红,又一次为他赢得了蒙蒂雍奖,并带来1.2万法郎的奖金。在前两卷重印8次后，三、四卷才于1840年4月出版。虽然没有前两卷卖得好，但评论家认为后两卷意义更大，进一步提高了托克维尔的声誉。

22岁的亨利·里夫是深具影响力的杂志《爱丁堡评论》的编辑，他开始着手将这套书翻译成英语，其修订版时至今日仍然是最受欢迎的英译本。1835年10月，思想家约翰·斯图亚特·密尔在《伦敦和威斯敏斯特评论报》上称《论美国的民主》是"本世纪最杰出的创作之一"。1840年10月，密尔在《爱丁堡评论》上给予三、四卷极高的评价："正如它在现代社会所显示的，这是第一本关于民主的哲学著作；对于这本书的基本原则，将来人们可能会对其进行修改，但是不可能将其颠覆。"密尔请求托克维尔为《伦敦和威斯敏斯特评论报》写一篇文章，让讲英语的世界进一步了解他。这套书还被翻译成了丹麦语、德语、意大利语、俄语、塞尔维亚语和西班牙语。

托克维尔这套书产生了持久的影响，因为他带来的是一种广阔的视野，而不是会过时的新闻纪事。他对民主的内在机制颇感兴趣，通过他对美国——这个试验民主的最大国家——的观察阐明了一般原则。他关注的是对于法国和世界其他国家的自由而言，美国具有什么借鉴意义。

正是托克维尔发现了美国的个人主义。尽管他曾用消极的笔触描述过个人主义，但他十分赞赏自助，这是美国的个人主义的标志性特征。比如："美国公民从小就被灌输，要依靠自身的努力对抗生活中的邪恶和困难；他不信任美国的社会权威，并为其感到不安；因此，不到万不得已，他绝不会去寻求社会权威的帮助。"

托克维尔这样阐释美国梦："每个人都有理由期望过上幸福美满的生活，因为大家都知道，只要热爱工作，他的未来就是有把握的。……没有人会满足于眼前的财产，每个人都在通过各种方式努力增加财富。考察处于生命任何阶段的任何美国人，都会发现他正在忙于以增加财富为目的的新计划。"

自由企业所带来的和平得到了托克维尔的肯定。他说："据我所知，商业倾向与革命倾向势不两立。商业天生会抑制所有暴力激情。商业喜欢迎合，乐于妥协，有意避免激愤。商业有耐心，喜逢迎，善灵活，除非迫不得已，绝不采取极端手段。商业让人们变得彼此独立，认识到自己的重要性，这会引导人们去做自己的事情，教会他们如何把事情做好。因此，商业能帮助人们享有自由，但是远离革命。"

托克维尔发现，自由和对社会合作的需求激发了人们的美德。"我经常看到美国人为公共福利做出伟大而真诚的牺牲；他们几乎从来都是忠诚地相互支持，这样的例证屡见不鲜。美国国民拥有的自由制度以及被充分利用的政治权利用多种方式让每个公民都感到自己生活在社会中。他们无时无刻不将以下观念铭记于心：做有益于同胞之人不仅符合自身利益，而且也是自己的责任；既然不是同胞的主人或奴隶，便没有特别的理由对他们充满敌意，因此会心怀善意。"

托克维尔谴责美国的奴隶制度，说"人类的法律完全被滥用了"。他预见到了内战的发生，而且预测在奴隶制被废除后黑人与白人的关系会经历一段艰难时期，但是他相信，黑人在真正获得解放后，会表现得非常出色："只要黑人继续做奴隶，他们就可能处于一种近乎野蛮的状态；但是如果获得自由，他们就会不可避免地增长见识，认识到自己的种种不幸并找到补救办法。"

托克维尔警告说不要发动战争和暴力革命："主要是在战争期间，国家才渴望并常常需要扩大中央政府的权力。所有军事天才都喜欢中央集权，因为中央集权能加强他们的实力；所有具有中央集权天赋的人都喜欢战争。……在漫长而血腥的革命结束之时，一个民族会最倾向于扩大中央政府的职能。……此时此刻，对社会稳定的热爱就会变成盲目的激情，社会成员容易对秩序形成一种极其过度的热爱。"

托克维尔高瞻远瞩，预言福利国家将成为灾祸："耸立于这个民族之上的，是一种起监护作用的庞大政权，它以保证自己享乐和监管民众命运为己任。这一权力是绝对的、缜密的、系统的、有远见的、温和的。如果说像家长权威一样，其目的是帮助子女长大成人，那么它就真的像家长的权威；但是，恰恰相反，它的目的是让人们永远处于童年；假如人们只考虑快乐，而且也能够快乐，那么他们就会感到称心如意。政府愿意为他们谋求幸福，但是选择成为他们幸福的唯一代理人和仲裁者；它为他们提供安全保障，预判并为他们提供必需品，帮助他们获得娱乐，处理他们关心的主要问题，引导他们的工业，管理财产的继承，分配他们的遗产。但如此一来，他们还需要动脑思考，生活还会有麻烦吗？"

他继续说："我们同时代的人把中央集权原则与人民主权原则结合在一起；这给了他们缓和的空间：他们为自己选择监护人，受到监护让他们感到心安。"

像托马斯·麦考利等19世纪的其他绅士学者一样，托克维尔也希望能参与公共政策的制定，因此他在下议院和立宪议会担任代表，但沮丧地度过了12年。在此期间，他专注于法国殖民地废除奴隶制等有争议的问题。他还担任了五个月的财政大臣。但是，他对这一时期主宰法国政治的弗朗索瓦·基佐（支持商业）或者路易·阿道夫·梯也尔（温和地反对商业）都没产生多少影响。

1848年革命推翻了国王路易·菲利普的统治，在此期间集权主义开始崭露头角。托克维尔走在自己时代的前列，看到了集权主义为什么必定意味着奴隶制度。他对议员们说："民主扩大个人自由的范围，而集权则限制个人自由的范围。民主赋予每个人所有可能的价值，而集权仅仅让每个人成为代理人、一个数字。民主与集权毫无共通之处，只有一点除外：平等。但是请注意其中的区别：民主追求的是自由的平等，而集权追求的是限制和奴役的平等。"

托克维尔相信应该根据优点来评判一个人，因此他反对《人类种族的不平等》（1855）的作者亚瑟·德·戈宾诺的种族主义理论。托克维尔对博蒙说，戈宾诺"给我寄了一本厚厚的书，这是他研究和才华的结晶，他在书中极力证明世界上发生的一切事情也许可以用种族差异来解释。我丝毫不相信他的言论"。他给戈宾诺回信说："一些较小的民族生活在可怜的野蛮状态或者奴隶制中，他们的种族性质就是如此，要让他们相信他们无法自我改进，无法改变习惯，无法改善状况，能起到什么作用呢？"

托克维尔的最后一部伟大作品是《旧制度与大革命》（1856）。他在书中讲述了点燃了整个欧洲战火的法国大革命。他再次抨击了中央集权政府："法国大革命的目的，不仅要改变古老的政府形式，还要废除一种古老的社会形态。……清除废墟，你会看到一个庞大的中央权力，它把各种权威和势力都吸纳、融为一体，而之前这些权威和势力还分散在许多次要的机构、等级、阶层、职业、家庭和个人当中，遍布整个社会结构。"

托克维尔的身体一直很虚弱，在 1850 年 3 月患上肺结核后，状况更是急转直下。有所好转几年后再次恶化，他只能低声说话。有人建议他到阳光明媚的地方生活，他便和玛丽于 1859 年 1 月去了戛纳。他的英国朋友布鲁厄姆勋爵当时正住在那里，便让托克维尔使用他的豪华图书馆，以此缓解疾病带来的无聊。但是，他的胃和膀胱疼痛难忍，1859 年 3 月 4 日他致信博蒙："我觉得从来没有什么事情比我要跟你说的更让我感到痛苦……来吧，来吧，用你的最快速度……我从灵魂深处拥抱你。"博蒙急忙去见托克维尔，但是托克维尔已经不省人事，于 4 月 16 日与世长辞。人们把他安葬在他家人的出生地——诺曼底的托克维尔。第二年，交往了 30 多年的朋友博蒙出版了托克维尔的其他作品和信函。

托克维尔在 19 世纪末期淡出了人们的视线，可能是因为德国似乎抓住了未来的潮流，而不是美国。德国总理奥托·冯·俾斯麦拥护集权主义，建立了第一个现代福利国家，全世界人民都视德国为领头羊。但是，中央集权导致了法西斯主义和其他残酷的暴政。福利国家用税收和规章束缚了数亿民众。二战后，美国成为世界新的希望之星。托克维尔的预言全部成真了。现在，他被誉为预言家。近几十年出版了他最全面的传记（1988）和新版的全集——最新的版本始于 1991 年。今天，任何人都可以目睹托克维尔的神奇——他透过时间的道道迷雾提醒人们警惕集权主义的恐怖，并大胆宣称唯有通过自由才可获得救赎。

2. 权力腐败：阿克顿勋爵

20世纪，人们想方设法让政府做好事。公民的选举权扩大了，因此政府能够更好地反映大多数人的意志。在许多地方，每个民族都有自己的政府。各个政党都会寻找具有足够同情心和正义感的"合适的"统治者。官僚机构充满了训练有素的专业人员，让政府能够更好地规划未来，他们还控制着大量资源。然而，很多地方的结果却令人毛骨悚然：主流政党压迫其他政党；理应正直的政治家却跟被他们取代的恶棍一样残忍；一个民族攻打另一个民族；赋税扶摇直上。

几乎没有人像阿克顿勋爵一样清楚地认识到政治权力的危险。他明白统治者把自身利益凌驾于万物之上，为了掌控权力，就会不惜一切代价。他们习惯性地撒谎，诋毁竞争者，夺取私人资产，破坏财产，有时还会暗中杀人，甚至策划大屠杀。阿克顿在文章和演讲中宣称，政治权力是罪恶之源，而非救赎。他认为集权主义是"自由遇到的最大敌人"。

当阿克顿断言个人自由是判断政府的道德标准时，有时会雄辩滔滔，令人起敬。他认为"自由会控制最终的顶点。……虽然不可太绝对，但自由几乎就是人类前进或跃升的象征、奖赏和动机。……反对私人财产制度的民族不具备自由的第一要素。……自由不是实现更高政治目的的手段；自由本身就是最高政治目的"。

尽管阿克顿日益傲然孤立，但他仍因渊博的历史知识而备受尊重。

研究历史要尽可能凭借原始资料，做到精确，这一点是19世纪的德国学者开创的先河，阿克顿把这种精神传播到了英语世界。他位于戛纳（法国）的庄园存有3000多册书和手稿；位于巴伐利亚泰根湖的庄园大约存有4000册书和手稿；位于英格兰什罗普郡奥登汉姆的住所差不多存有6万册书和手稿。他把自己认为重要的成千上万个段落都做了标记。慕尼黑大学授予他荣誉哲学博士学位（1873），剑桥大学授予他荣誉法学博士学位（1889），牛津大学授予他荣誉民法博士学位（1890），然而，他一生中从未获得过任何学位，甚至连高中文凭都没有。

诚然，阿克顿也有一些明显的盲点。例如，他对科学不感兴趣。尽管他也对穷人表示关心，却蔑视关心提高生活水平的曼彻斯特自由主义者，认为他们把金钱看得太重要。此外，他对讲述普通人如何生活的经济史也知之甚少。

从公开的照片大致可以看出，阿克顿留着长胡须，蓝色的眼睛十分犀利，额头很高。"他中等身材，随着年龄的增长，开始发福。"传记作家大卫·马修补充说，"他以健谈著称，但说话却是德国人的派头，喜欢摆事实，引经据典。……他喜欢步行，经常在巴伐利亚的低缓山坡上穿行，或者在阿尔卑斯山脉靠近大海的地方漫步。"

阿克顿焕发出了无限的激情。"他的声音具有一种魔力。"一名听过他在剑桥演讲的学生回忆道，"阿克顿勋爵说的每句话都透露出一种坚定的信念，这种信念在以前的任何一个年轻人身上都未曾出现过。这种信念支配着他的整个人，似乎用燃烧的火焰包围着他。至少对于现场的听众而言，火焰的能量是无法估量的。或许正是这种信念赋予了阿克顿勋爵的演讲惊人的力量和活力。他讲的每句话都让人感同身受，仿佛都经过了巧妙的权衡和慎重的考虑。他强烈感染着听众，他们坐在那里，听得如醉如痴。"

约翰·埃默里奇·爱德华·达尔贝格-阿克顿于1834年1月10日出生在那不勒斯。他的母亲玛丽·佩林·德·达尔贝格来自巴伐利亚的一个天主教家庭，祖上是法国贵族。阿克顿的父亲斐迪南德·理查德·爱德华·阿克顿是英国贵族。阿克顿3岁时,父亲去世;6岁时,母亲改嫁莱韦森勋爵,后者曾在威廉·尤尔特·格莱斯顿首相的自由党内阁中担任外交大臣。

作为天主教徒,阿克顿主要在圣·尼古拉(法国)、圣·玛丽、奥斯克特(英格兰)接受教育。后来,又在爱丁堡大学(苏格兰)学习了两年。因为信仰天主教,他遭到剑桥和牛津拒绝,便去了慕尼黑大学(巴伐利亚)。

阿克顿于1850年6月到达慕尼黑,不久便开始接受学徒训练,目标是成为历史学家。"我8点吃早饭,"他在给继父的信中写道,"然后学习两个小时德语,一小时是普鲁塔克,另一个小时是塔西佗。这种安排来自教授的建议。下午2点前我们吃午饭,然后是一天中第一次见到教授。德国指导老师会在3点出现。4点到7点,我会出去,读一小时现代历史,晚饭前读一小时古代历史。晚上8点喝茶。10点之前,学习英国文学和写作,然后便拉上窗帘就寝。"

约翰·伊格纳茨·冯·多林格是欧洲最著名的历史学家之一,是阿克顿最重要的老师。两人游历了奥地利、英格兰、德国、意大利和瑞士,参观了图书馆和书店,还对手稿进行分析,会晤诗人、历史学家、科学家和政治家。与多林格在一起的时候,阿克顿还参加了伟大的德国历史学家利奥波德·冯·兰克[1]的演讲。利奥波德强调说,历史学家的角色就是解释过去,而不是评判过去。

阿克顿发表了抨击暴政的言论,熟悉这些著名言论的人会对他早期的保守倾向感到震惊。与理查德·科布登和约翰·布莱特等曼彻斯特自由主义者截然不同,阿克顿和大多数英国人一样,在美国内战期间支持南方。他在《美国革命的政治原因》(1861)一文中写道:"就像无法以政治理由赞同废奴主义者的观点一样,也无法以宗教理由赞同彻底禁止奴隶制。"5年后,在一次关于美国内战的演讲中,阿克顿评论说,奴隶制度"不仅是制造邪恶的万能工具,还给神安排的世界秩序带

---

[1] 兰克(1795—1886)是德国实证主义史学的创立者,被尊为"近代史学之父",其治学方法至今仍有较大影响。

来了一个好处……因为它一方面唤醒了牺牲精神，另一方面也唤醒了仁慈精神"。

在《新教迫害理论》（1862）一文中，他拒绝全面谴责迫害。他似乎为声称迫害是保证社会团结的唯一途径的天主教统治者进行过辩护。他认为约翰·加尔文等新教徒（比天主教徒）更恶劣，因为他们仅仅因为观点不同就迫害他人。私下里，阿克顿更坦率，他说："对于我而言，宗教迫害是错误的这种说法似乎明显不符合事实。"

不过，多林格和阿克顿也曾直言不讳地批判过天主教缺乏宽容。他们当时的目标是极力压制思想自由的教皇绝对权力主义者。多林格和阿克顿对罗马教廷的政策提出异议，尤其是在教皇庇护九世颁布了臭名昭著的《谬论举要》（1864）之后。《谬论举要》谴责所谓的异端邪说，其中包括这样一种令人震惊的观点："罗马教皇能够而且应该接受和支持进步、个人自由和最近的文明。"

阿克顿为一系列旨在帮助教会放宽限制的天主教杂志撰写文章，这些杂志包括双月刊《漫谈者》（1858—1862）、季刊《国内外评论》（1862—1864）和周刊《纪事报》（1867—1868）。但是，阿克顿的这些努力于1870年被挫败，因为梵蒂冈会议宣布教皇是教会教义绝对正确的权威。多林格是牧师，他因拒不服从而被逐出了教会；阿克顿是一般信徒，不需要正式承认梵蒂冈会议教令，因此他仍保有教籍。正是在这一时期，阿克顿创作了自己最具预言性的文章之一《民族性》（1862）。这篇文章发出警告："自由的实现，需要对公共权威进行限制，因为自由是能给所有人带来好处而且不会引起真正反对的唯一目标。"

1865年，阿克顿31岁，娶了远房表妹玛丽·安娜·鲁多米拉·欧佛洛绪涅·阿尔科-瓦莱女伯爵为妻。玛丽24岁，父亲是约翰·马克西米利安·阿尔科-瓦莱伯爵。正是约翰把多林格引荐给了阿克顿，因此早在阿克顿在巴伐利亚学习时他们就认识了。她在宗教和历史方面似乎与阿克顿趣味相投。他们生育了6个孩子，但只有4个长大成人。吃饭时，阿克顿对妻子说德语，对岳母说意大利语，对玛丽的姐妹说法语，对孩子们说英语，跟拜访者大概说的是另一种欧洲语言。

宗教一直是阿克顿思考的主题，跟雄辩的历史学家托马斯·巴宾顿·麦考利一样，他也同意历史学家必须揭露邪恶这一观点。1879年2月，阿克顿与多林格分道扬镳，因为多林格教授认为历史学家应该对可怕的罪行保持沉默。"教皇策划谋杀，屠杀的规模之大亘古未见，凶残无比，毫无人性。"阿克顿在这里说的是宗教裁判所。"他们不仅是一大群杀手，而且竟然把刺杀原则定为基督教会的法则和救赎条件。"作为虔诚的天主教徒，阿克顿甚至说，即使是无宗教信仰者反对基督教会"骇人听闻的狭隘、暴政和残忍"，他们也值得称道。

19世纪70年代，阿克顿不仅面临思想冲击，生活也很艰难。他的主要生活来源是继承的农田，但是农场收入持续减少。1883年，他卖掉了一些地产，把阿登汉姆的庄园租了出去。他还谋到了一份体面的带薪工作。

多亏了继父，阿克顿才在议会中担任了6年议员。正是在这里，他结识了后来成为首相的格莱斯顿。1869年，在一次改选落败之后，格莱斯顿授予了他男爵头衔。他在上议院中获得了一席之地，但是在议会的那些年里，他从未参加过辩论。他暗暗地支持格莱斯顿，认为格莱斯顿是伟大的道德领袖。与格莱斯顿在一起时，他会热情洋溢地讨论历史和宗教。

英国国教牧师曼德尔·克雷顿是《宗教改革时期的教皇史》一书的作者。阿克顿在评论中批评他没有谴责成立宗教裁判所的中世纪罗马教皇。不过，阿克顿与克雷顿也有过一次真诚的书信往来，于1887年4月5日写下了最让人难忘的语句："我们（通常认为）评判教皇和国王应异于他人，应做出他们没有犯错的有利推定。恕我无法接受这一标准。如果进行推定，情况往往对掌权者恰恰相反，权力越大，犯错的可能性就越大。历史责任必须弥补法律责任的缺失。权力导致腐败；绝对的权力导致绝对的腐败。"

阿克顿构思了一本又一本书，结果都放弃了，主题包括教皇的历史、天主教会禁书的历史、英国国王詹姆斯二世的历史，以及美国宪法的历史。他考虑写一本通史，以人类自由为主题。于是，他便有了一个梦想，要写一本关于自由的历史的书籍。

作家詹姆斯·布莱斯回忆说，阿克顿"讲起话来好像得到了神灵的启示，仿佛站在耸入云霄的山巅，俯首看到人类进步的曲折历程：从史前黑暗的辛梅里安海岸，进入到现代更加明亮但断断续续的光明。雄辩的口才熠熠发光，但是比雄辩更伟大的是他敏锐的目光，这种目光透过所有事件、所有年代看清了道德力量的作用。这些道德力量，有时在创造，有时在破坏，不断交替变换，塑造、改造着各种制度，赋予人类精神不停变化的能量形式。仿佛整个历史面貌突然被一束阳光照亮"。

为了阐述自己喜欢的主题，阿克顿发表了两次演讲——"古代自由的历史"（1877）和"基督教时期自由的历史"（1877）；同时还针对厄斯金·梅爵士的《欧洲的民主》（1878）撰写了一篇长篇评论。阿克顿认为自由起源于古希伯来的"高级法"教条，这一法律适用于所有人，包括统治者。他解释说，西方不同宗教间相互竞争，阻止了任何一种宗教取得垄断地位，因此使得个人获得了宗教自由。

阿克顿还探索了其他主题，如民主是如何在商业城镇出现的、统治者篡夺非法权力时个人可以反抗的激进学说、反抗暴君的史诗般的斗争。这些文章充满令人印象深刻的观察，例如："（自由）是成熟文明的可口果实……在每个时代，它的进步都会受到各种事物的阻挠，如天敌、无知、迷信、征服的欲望、安逸的享受、强者对权力的欲望和穷人对食物的渴望……自始至终，真诚热爱自由者都非常罕见，普罗米修斯的火种归功于少数派，少数派把与自己目标不同的辅佐者联合起来才取得了胜利；这种联合总是充满危险，有时甚至是灾难性的……我们判断一个国家是否真正自由的最有效方法，便是检验少数派享有的安全程度。"

在解释美国的自由为什么比其他地区更有保障时，阿克顿在给格莱斯顿的女儿玛丽的书信中写道："自由取决于对权力的分割。民主倾向于对权力的统一。……联邦制是对权力集中和中央集权的一种可能的遏制办法。"

然而，不幸的是，阿克顿缺乏对大型研究计划的专注力。他写了大量论文，但是甚至连自由史的纲要都没写成。其实，他压根儿就没想要写。他留下来的只有大约500个黑箱子和笔记本，主要来自对各种作品杂乱无章的摘录——而且大多都是关于抽象的观念，而不是历史事件。后来，历史学家E. L. 伍德沃德评论说，阿克顿关于自由史的书可能是"尚未写出的最伟大的著作"。

1895年，剑桥大学历史学家约翰·西利去世，首相罗斯伯里需要重新任命一位现代史钦定讲座教授。阿克顿之前从没授过课，但是因为他学识渊博，忠诚于自由事业，而且需要工资，所以被推荐给了首相。于是，本科未被剑桥大学录取的阿克顿被直接任命为教授。在著名的就职演讲中，他坚持认为应该像评判普通人一样评判政治家："我劝告大家决不要贬低道德的价值或降低公正的标准，而是要通过支配生活的最终原则去评判他人，不要让任何人和任何事逃脱历史有权对错误施加的永恒惩罚。……历史的确告诉我们，对与错之间存在真正的差别。观点会改变，态度会改变，信条会有兴衰，但道德法则却被刻在永恒之碑上。……真正的政治原则是放大的道德原则；我现在不会，将来也不会承认其他任何原则。"

在剑桥的最后几年中，阿克顿只举行过两个系列的讲座，一个是关于现代历史，另一个是关于法国大革命，同事们都对他心怀敬畏。历史学家乔治·麦考利·特里维廉回忆道："英国自由主义是他哲学中最重要部分，但是他的知识、经历和观点却都是欧洲大陆的。……不同学科背景的人蜂拥而至，都来聆听他的讲座，虽然有时听得费解，但总是令人印象深刻。他有柏拉图一样的容貌、圣人般的举止，但圣人也是这个伟大世界中的一员。他的很多想法也包含了我们自己的许多想法，但是来自其他途径和更广泛的经验。他所说的东西总是很有趣，但有时也很奇怪。例如，我记得他曾经对我说，基于单一种族统一的国家，像现代的意大利和德国，对自由是种危险；当时我没有明白他的意思，但是现在我明白了！"特里维廉继续说道，阿克顿慷慨地分享他的丰富知识，"他坐在办公桌旁，藏在迷宫似的高大书架后面，架上摆放着他的历史书，每卷都有伸出的纸片标记着重要段落。……我还记得我们曾一起散步，在马丁利公路上，他告诉我不要相信别人贬低我外叔祖（托马斯·巴宾顿·麦考利）的事，尽管他犯了错，但是总体而言他是最伟大的历史学家。"

阿克顿意识到自己永远也不会写关于自由的历史的著作了，便同意编辑一系列丛书，邀请许多受人敬仰的权威撰稿。于是，《剑桥现代史》出版了，但这套平凡的丛书耗尽了他最后的能量。

阿克顿患有高血压。1901年4月，编辑完《剑桥现代史》前两卷后，他中风瘫痪了。他回到巴伐利亚泰根湖的家，一年后，1902年6月19日，他在牧师给他做完临终仪式后去世了，享年68岁。他被安葬在附近教堂的墓地。

阿克顿去世后，他在阿登汉姆图书馆的6万卷藏书全被美国钢铁企业家安德鲁·卡内基买走，后者将其赠送给了英国最后的自由意志主义者之一约翰·莫利。这是阿克顿收集的关于自由的书中最主要的部分。后来，莫利把书赠送给了剑桥大学，因此这批书一直完好，从未失散。

在接下来的几年里，剑桥大学讲师约翰·内维尔·菲吉斯和雷金纳德·维尔·劳伦斯收集了阿克顿最重要的作品，汇编成书，这便是《现代历史讲座》（1906）、《自由的历史及其他论文》（1907）、《史论集》（1908）、《法国大革命讲稿》（1910）和《阿克顿一世勋爵通信选》（1917）。

面对20世纪的疯狂杀戮，有些人想起了阿克顿关于政治权力产生罪恶的警告和珍惜人类自由的号召。"看来我们有幸了解了他，但是他的同时代人却从来没有。"历史学家格特鲁德·希梅尔法布说，"与其说他属于自己的时代，倒不如说他属于我们这个时代。他是跟我们同时代的伟人。"

3. 计划导致的混乱：米塞斯

20世纪发生了史无前例的大屠杀，奥地利经济学家路德维希·冯·米塞斯对其进行了深刻抨击和反思。他用德语和英语创作了29部著作，这些作品被翻译成了汉语、捷克语、荷兰语、法语、希腊语、意大利语、日语、韩语、立陶宛语、波兰语、葡萄牙语、俄语、西班牙语和瑞典语。

米塞斯展示了非凡的远见卓识。1927年，他像先知一样发出警告："无论是谁，只要不是故意无视事实，就肯定会看到世界经济即将大难临头的种种迹象……文明即将全面崩溃。"

米塞斯全面描述了对经济自由的看法："生产资料中存在私有财产。市场运行不会因政府干预而受到妨碍。没有贸易壁垒；人们可以根据自己的意愿生活和工作。地图上标有边界，但并不会阻碍人们迁移，也不会妨碍货物运输。与外来者相比，当地人并没有特权。政府和公务人员的工作仅限于保护生命、健康和财产免受欺骗和暴力的侵害。他们不会歧视外国人。法庭是独立的，能有效保护所有人免受官员的侵犯。……教育并不受政府的干预。"

米塞斯坚持不懈地表达这些激进观点，哪怕这意味着他遭到摒弃。他在奥地利是德高望重的经济学家，但是维也纳大学竟然四次拒绝聘他为付薪教授。14年来，他在维也纳举办了久负盛名的研讨会，却从来没有拿到过薪水。他在纽约举办了25年的研讨会，但是大多数的薪水都是由私人支付的。后来的诺贝尔奖得主F. A. 哈耶克对米塞斯说："你立场坚定，思想始终如一，哪怕不受欢迎、遭到孤立。但是，即使独自一人，你也展示出了无所畏惧的勇气。"经济学家默里·N. 罗斯巴德说："路德维希·冯·米塞斯在原则上决不妥协。作为学者，作为经济学家，作为人，他给我们带来了快乐和激励，是我们每个人的榜样。"

米塞斯身高大约5英尺8英寸，一双蓝眼睛炯炯有神。世界研究米塞斯的领军学者贝蒂纳·比恩·格里夫斯回忆说："他身材挺拔，步履稳健，身穿西装，通常是灰色，即使在最炎热的天气，他也坚持穿着外套。头发和小胡子都已灰白，总是梳理得整整齐齐。他为人严肃，无一丝轻浮。有人问他打不打网球，他回答说：'不打，我对球的命运不感兴趣。'他喜欢步行，夏天在奥地利、瑞士和美国时，会徒步翻山越岭。他直到57岁才结婚，此前一直喜欢举办茶会。结婚后，她和妻子玛吉特常常去剧院，即使经济拮据也是如此。他气度非凡，是个极具魅力和修养的人。"

1881年9月29日，路德维希·埃德勒·冯·米塞斯出生于伦贝格。当时伦贝格还是奥匈帝国的一部分，位于维也纳东部约350英里处。（伦贝格即现在乌克兰的利沃夫）米塞斯家里有两个弟弟，母亲阿黛尔·兰道在一所犹太人孤儿院做慈善工作，父亲亚瑟·埃德勒·冯·米塞斯是铁路工程师。

1903年圣诞节前后，米塞斯在维也纳大学读到了卡尔·门格尔的《经济学原理》。这本书激励他成为一名经济学家，引领他走向自由市场。门格尔在维也纳大学担任了30年的经济学教授，根据他的解释，价格反映了顾客在自由市场上愿意支付的款项。门格尔的主观价值理论突破了当时流行的认为劳动力成本决定价格的劳动价值理论。鼎力支持门格尔理论的是欧根·冯·庞-巴维克，他的代表作《资本与利息》出版于1884年。米塞斯一直参加庞-巴维克在维也纳大学举行的研讨会，直到1913年开始任教后才停止。在此期间，他于1906年2月20日获得了维也纳大学颁发的法律和社会科学博士学位。随后，米塞斯开始为维也纳商会工作，该商会针对影响商业的法律问题为政府官员提供建议。

米塞斯开始创作他的第一本著作《货币与信用原理》。这本书出版于1912年，抨击了政府官员可以决定货币价值的观点。米塞斯的观点与这一流行观点恰恰相反，他认为货币的价值是由自由市场上货币的使用者和供应者决定的。米塞斯坚持认为增加货币供应是无用的，因为人们会抬高价格。受益者是那些跟随政府在价格上涨之前使用新货币的人，输家是那些在价格上升后得到新货币的人，因为此时市面上的货币已经贬值。

第一次世界大战后，英国和法国要求战争赔款，德国和奥地利压力大增，不得不增加货币供应。福利支出让情况更加糟糕。德国的通货膨胀在1923年达到顶点，平均物价一个月涨幅超过300%，几百万人饿死。奥地利的通货膨胀倒没有德国这么糟，但也不容乐观——平均物价一个月上涨了近50%。米塞斯似乎说服了奥地利总理伊格纳茨·塞佩尔和奥地利国家银行行长理查德·赖施停止印刷货币。

随着"一战"中政府大规模地扩大官僚机构、颁布征用税、夺取私人企业、固定价格、抑制市场、主宰生产、征召劳工、压制异议，国有化和政府管控第一次开始大范围地付诸实践。许多知识分子声称和平时期的公有制国家将打造一个人间天堂。对此，米塞斯持反对态度。他在《民族、国家与经济》（1919）一书中解释说，国家调控非但不能带来理性秩序，反而会导致混乱。他举出"战争期间轴心国经济政策的种种愚蠢。比如说，有一段时间，因为缺乏饲料便下命令增加屠宰量，以便降低牲畜的数量；后来又颁布屠宰禁令，采取措施增加牲畜数量。……措施与对策相互交叉，直到经济活动的整体结构遭到严重破坏"。

1920年，米塞斯确定了国家调控必然导致混乱的原因，当着经济学会的面宣读了论文《对社会主义国家的经济计算》，展示了他深刻的洞察力。在国家调控情况下，人们通过给物品出价显示自己偏好的市场并不存在，所以中央计划者，即使他们在乎，也不能明确知道消费者需要什么。如果生产要素没有市场价格，就不能计算替代成本，无法组织有效生产。"（那就）只能在黑暗中摸索。"米塞斯写道。

米塞斯决心写一本书，揭示集权的危害。他宣布："如果历史能够证明并教会我们什么东西的话，那就是生产资料私有制对文明和物质幸福来说是必不可少的。迄今为止，所有文明都基于私有财产。只有奉行私有财产原则的国家才能摆脱贫穷，创造出科学、艺术和文学。"

F. A. 哈耶克回忆说："《社会主义》于1922年问世，在当时产生了深远影响。"一战"后年轻的理想主义者们回归大学重拾学业，但是《社会主义》逐渐地、彻底地改变了他们中许多人的看法。我知道，因为我也是其中之一。……我们决心要建设一个更好的世界，正是这种重建社会的愿望引领着我们去学习经济学。公有制理论承诺实现我们构建一个更理性、更公正的世界的愿望。就在这时，这本书问世了。我们的希望破灭了。这本书告诉我们，我们过去在寻求进步，但方向是错误的。"

米塞斯引发了一场辩论，一直持续了很多年。波兰学者奥斯卡·兰格和其他人声称，"市场社会主义"可以在没有实际市场的情况下以某种方法产生与市场相似的价格。虽然他们声称兰格赢得了这场辩论，但兰格的理论模型从未在世界上任何一个地方试验过。

米塞斯明显符合一份教职的要求，却遭到拒绝，这在一定程度上是因为欧洲的大学都归政府所有，只有那些属于受欢迎的政党的人才能成为教授。哈耶克补充说："要是一个犹太人想成为教授，他就必须得到犹太同胞的支持。……但是，任职的犹太人都是公有制支持者，而米塞斯是他们的论敌，所以无法获得同胞的支持。……在20世纪20年代和30年代的维也纳，如果没有犹太人问题，那就是令人费解的。"

米塞斯成了一名无俸讲师，因为可以教学，所以也可以被称为教授，但是拿不到工资。他解释说，从1920年10月到次年6月，"许多年轻人每两个星期就到我那里聚会一次。我在商会的办公室十分宽敞，能容纳20到25个人。我们通常晚上7点见面，10点半结束。聚会时，我们会随意讨论方方面面的重要问题，例如经济学、社会哲学、社会学、逻辑学和人类行为科学认识论。……所有属于这个圈子的人都是出于对知识的渴求而自愿前来"。哈耶克将这个研讨会描述为"维也纳最重要的经济研讨中心"。

《自由主义》（1927）是米塞斯最容易理解、最吸引人的作品之一，这本书阐述了他关于自由与和平的主张。他解释说，自由市场明显提高了生活水平，促进了社会和谐；他还阐明了政府干预会使人们变穷、引发冲突的原因。他反对民族主义，因此写道："人道主义者认为战争也会带来好处，但是自由主义者与他们不同，他们痛恨战争，因为战争只会带来害处。"

世界各地的大萧条都被归因于自由市场，米塞斯写了《经济危机的原因》（1931）予以反驳。他坚持认为政府扩大货币和信贷会导致通货膨胀，而通货膨胀又会导致经济衰退和萧条。当通货膨胀速度减慢或货币量和信贷收缩时，许多受通货膨胀刺激的企业便可能会瓦解。米塞斯认为，除非卖方接受更低的价格，工人接受更低的工资，并反映出买方和雇主能够支付的实际情况，否则失业率必然上升。他警告道，在经济萧条时出台政策人为地稳住工资，会导致经常性的失业。他说得没错：1100多万美国人在1940年失业，这一数字几乎与1933年新政开始时持平。然而，英国经济学家约翰·梅纳德·凯恩斯却很受欢迎，因为他告诉政治家应该干预经济，去花其他人的钱——总之，这是他们想干的事。

威廉·E. 拉帕德邀请米塞斯加盟日内瓦大学国际法研究生院，1934年10月3日，米塞斯动身前往日内瓦。他把许多个人物品都留在维也纳的公寓，包括上千册暂时用不上的书。他从1911年起便同他母亲一起住在这所公寓里。他在日内瓦一直待了6年，每周六上午用法语举办一场研讨会。

大约一年后，米塞斯的母亲去世了。他于1938年7月6日在瑞士举行了婚礼，这让他所有的朋友都大吃一惊。瑞士婚礼仪式要求五位律师签署19份文件。米塞斯的妻子名叫玛吉特·赫茨菲尔德，是名演员，曾演出过约翰·沃尔夫冈·冯·歌德、亨里克·易卜生、弗里德里希·席勒、威廉·莎士比亚和列夫·托尔斯泰等人的戏剧。他们彼此相识已经13年，玛吉特与已故的前夫育有两个孩子，分别叫吉多和吉塔。贝蒂纳·比恩·格里夫斯说，玛吉特出生于1890年7月6日，是"一位富有魅力的女性，身高约5英尺6英寸。她有点儿虚荣，有点儿势利，但对客人总是很亲切。米塞斯曾提醒她说：'我写的书跟钱有关，但我永远都不会赚到很多钱'"。

米塞斯集中精力开始创作，1940年出版了756页的《国民经济学：行为与交换理论》。他从人类行为的基本原则展开论证，综合阐述自由市场主张，抨击对经济的各种政府干预。在极权政体掌权时期，公开出版这样一本书无疑是勇敢之举。该书由版本联盟出版社在日内瓦出版。

法国沦陷后，米塞斯夫妇决定离开欧洲。1940年7月4日，他们乘坐客车前往法国，前往靠近西班牙边界的塞尔贝尔。一路上，他们一直变换路线以躲避纳粹分子。在进入西班牙的过程中，他们被迫折回了三次。最后，他们到达里斯本。在不懈地努力了近两个星期后，玛吉特·冯·米塞斯得到了前往纽约的轮船票。他们于1940年8月2日到达纽约，居住在西区大道777号的一栋小公寓中，此后，他们的余生都将在这里度过。

米塞斯竭力对抗国有化和政府管制，想获得一定程度的经济保障，结果所有努力都化为乌有，这让他沮丧不已。他无望找到一份稳定的工作。他在英国有些积蓄，但由于外汇管制，没有办法把钱转到美国。这时，哈耶克向米塞斯伸出了援助之手，用这些积蓄购买珍本图书（如初版的《国富论》），然后把这些书寄给米塞斯，这样做是合法的。

到美国后不到一个月，米塞斯便给《纽约时报》的金融编辑亨利·黑兹利特打电话。黑兹利特第一次见到米塞斯的名字，是在阅读本杰明·安德森的《货币的价值》（1917）一书时。黑兹利特在《纽约时报》（1938年1月9日）上评价过《社会主义》的英文版，将其称为"目前已问世的、对社会主义最令人震惊的分析"。黑兹利特动用《纽约时报》与一位国务院官员的关系，帮助玛吉特·冯·米塞斯13岁的女儿吉塔逃离了纳粹占领的巴黎。他鼓励米塞斯撰写了9篇有关欧洲局势的文章，都刊登在《纽约时报》上。这些文章帮助他与全国制造商协会（NAM）建立起了联系，这个组织是政府干预经济的主要反对者。通过该协会的资助，出版了两卷本的《自由企业制度的性质和演变》，米塞斯为这套书撰稿并结识了许多优秀的美国工业家。与此同时，1940年12月24日，米塞斯得到通知，洛克菲勒基金会决定为美国国家经济研究局提供赞助，让他创作《全能政府》和《官僚主义》，这是他最早用英语写作的两本书。黑兹利特把这两本书推荐给了耶鲁大学出版社的编辑尤金·戴维森，戴维森同意出版。

《官僚主义》解释说，私营企业比政府官僚主义有活力得多，因为管理者可以发挥想象力，尝试新事物，他们的表现可以轻松地通过利润盈亏进行监控。但是，官僚的表现却无法实现这一点。赋予他们大量的决定权会导致腐败和大权独揽。因此，需要进行严格监管，防止经济在不断变化的世界中逐渐调整适应。

黑兹利特鼓励尤金·戴维森考虑出版米塞斯的《国民经济学》，并将其翻译成英语，改编后供美国读者阅读。米塞斯在给戴维森的回信中写道，他的目标"是提供一种全面的经济行为理论，不仅包括市场经济（自由企业制度）经济学，也包括其他所有能想到的社会合作制度的经济学，这些制度即国家调控、干涉主义、各阶级合作主义，等等。此外，我认为处理所有这些反对意见是必要的，它们从不同的观点——比如说伦理学、心理学、历史学、人类学、人种学、生物学——反对经济推理的可靠性，反对迄今为止各种流派、各种思想的经济学家所运用的方法的正确性"。

《人的行为》于1949年9月出版，许多出版物都恭敬地评价了这本书，其中包括《纽约先驱论坛报》、《美国纽约日报》、《纽约世界电讯报》、《华尔街日报》、《评论》、《星期六文学评论》和《美国经济评论》。在《纽约时报》上，社会主义者约翰·肯尼思·加尔布雷思赞颂米塞斯是"一位有学识的人，一位著名的教师"。拥护自由的朋友们也欣喜若狂。此时，亨利·黑兹利特已经离开了《纽约时报》，开始为《新闻周刊》的"商业潮流"专栏撰稿。他在1949年9月19日那期上写道："《人的行为》……是迄今为止最不妥协、最严格推理的主张资本主义的论断。"《发现自由》的作者罗斯·怀尔德·莱恩称《人的行为》是"我们这个时代人类思想最伟大的产物"。奥地利经济学家默里·N. 罗斯巴德赞美其为"文明人的经济《圣经》"。

《人的行为》将自由市场描述为"一种每一分钱都会带来投票权的民主制度。……在政治民主中，只有投给得到多数票的候选人或者大多数人支持的计划的票才能影响事情的进程。少数人的投票不能直接影响政治。但是在市场上，投出的每一票都是有效的，花费的每一分钱都能影响生产过程。出版商不仅会出版侦探故事去迎合多数人的兴趣，也会为少数人出版抒情诗集和哲学书。面包店不仅会为健康的人烘烤面包，也会为需要特定饮食的病人烘烤面包。……的确，在市场上，不同消费者的投票权不同，富裕的公民比穷困的公民投的票更多，但是这种不平等本身就是之前投票过程的结果。在纯粹的市场经济中，发财致富便是成功满足消费者需求的结果"。

作为每月读书会（美国最大的书商）的备选书目，《人的行为》被翻译成了法语、意大利语、日语和西班牙语。耶鲁大学出版了新版的《社会主义》（1951）、新版的《货币与信用原理》（1953，英文版）和《理论与历史：社会经济演变解读》（1957）。范·诺斯特兰出版社出版了米塞斯的《反资本主义的心态》（1957），讲述了自由市场促使文化繁荣的原因。但是，耶鲁大学出版社于1963年出版的第二版《人的行为》却是出版史上最大的败笔之一：有部分缺页，有的书页用黑体字印刷，有的书页字迹模糊，凡此种种，不胜枚举。位于芝加哥的亨利·勒涅里出版公司很快出版了校正后的第三版，旧金山的出版商福克斯和威尔克斯则出版了平装本。

与此同时，米塞斯每到一个地方都要为自由市场大声疾呼。途中，他结识了洛杉矶商会总经理伦纳德·E.里德。两年后，里德成立了经济教育基金会（FEE），并聘用米塞斯为作家和主讲人，年薪6000美元。米塞斯还接到了F. A.哈耶克的邀请，让他前往朝圣山学社（Mont Pelerin Society），这是一个由自由主义学者于1947年成立的国际性组织。

1945年，米塞斯同意每周一的晚上为纽约大学工商研究生院教授一门有关社会主义的课程，地点是特里尼蒂广场100号。每学期的报酬为1000美元。1948年，米塞斯开始在每周四晚举办有关政府控制的研讨会。在纽约大学宣布不再为米塞斯提供薪水后，位于堪萨斯城的威廉·沃尔克慈善基金会的哈罗德·卢诺承诺每年为米塞斯提供8500美元。1962年，这个慈善基金会解散后，伦纳德·E.里德、亨利·黑兹利特和广告商劳伦斯·费尔蒂希一起筹钱,为米塞斯提供薪水,最初是1.17万美元。周一的研讨会一直举办到1964年,周四的研讨会一直持续到了1969年。从1960年至1964年,周四的研讨会是在华盛顿广场北6号加勒廷庄园的32号房间举办的。

芭芭拉·布兰登是畅销小说家、哲学家安·兰德的传记作者,她说:"从20世纪50年代末起的十多年里,安·兰德发起了一场协作运动,号召人们去阅读、欣赏他(米塞斯)的作品。她发表评论,在文章和公共演讲中引用他的文字,参加他在纽约大学的一些研讨会,把他推荐给欣赏其哲学的人。"

过完90岁寿辰后,米塞斯深受肠梗阻的折磨。1973年9月7日,他住进了位于第十一街和第七大道处的圣文森特医院。10月10日上午8半点左右,米塞斯在医院去世,享年92岁。葬礼仪式于三天后在纽约哈茨代尔的芬克里夫墓园举行,共有29名好友参加。10月16日,追悼会在纽约麦迪逊大街1976号的普世教堂举行。

1991年苏联解体,充分证明了米塞斯的正确性。在《纽约客》上,深具影响力的社会主义作家罗伯特·L. 海尔布罗纳回忆说,米塞斯长期以来坚持认为"没有哪个中央计划委员会可以收集到所需的海量信息,去创造出一个切实可行的经济体制"。海尔布罗纳承认说:"米塞斯说得没错。"

记者兼编辑小卢埃林·H. 罗克韦尔创建了路德维希·冯·米塞斯研究所,促进奥地利自由市场经济学的研究,玛吉特·冯·米塞斯担任主席。默里·N. 罗斯巴德评论说:"玛吉特……发现了米塞斯未出版的手稿,对它们进行了翻译和编辑,并监督出版。她还监管米塞斯作品的再版和翻译事宜。"玛吉特于1993年6月25日在纽约公寓去世,享年102岁。米塞斯研究所出版了壮观的学者版的《人的行为》。

1996年秋,理查德·M. 埃贝林教授与他出生于俄罗斯的妻子安娜找到了米塞斯留在维也纳公寓的大约1万份文件。这些文件曾被德国盖世太保没收,战后又落入苏联人手中,被带到莫斯科,苏联解体后才被解密。埃贝林称"路德维希·冯·米塞斯要比他最虔诚的仰慕者想象的更具影响力、更加重要",他与德国学者圭多·赫尔斯曼各自在撰写一部米塞斯传记。

当卡尔·马克思和约翰·梅纳德·凯恩斯逐渐被人遗忘的时候,路德维希·冯·米塞斯却因讲述了关于政府权力的真相而闻名于世,这种权力曾给20世纪带来严重破坏。他非常清楚地表明,自由市场可以减轻痛苦,解放人类精神,使世界各地的人们都能自由呼吸。

4. 崛起的邪恶：哈耶克

诺贝尔奖获得者米尔顿·弗里德曼说："多年来，我屡次三番地问置身集权主义的知识氛围但信仰自由社会的人，他们是怎么做到丝毫未受集权主义影响的。说到启迪和认识的源泉，人们提到最多的名字莫过于弗里德里希·哈耶克。……与其他人一样，我从他那里得到的太多……他那些强大的思想、条理清晰的阐述，拓展并深化了我对自由社会的意义及其要素的理解。"英国前首相玛格丽特·撒切尔曾这样写道："我在这个时代（20 世纪 40 年代）读过的所有书中，对国家计划和集权主义国家批评最有力度的，便是 F. A. 哈耶克的《通往奴役之路》，我至今还经常回过头来研读。"未来主义者彼得·F. 德鲁克称哈耶克是"我们这个时代杰出的社会哲学家"。普利策奖得主、记者丹尼尔·叶尔金在他与约瑟夫·斯坦尼斯瓦夫合著的《制高点》(1998) 中写道："以往被断然排除在主流之外的概念和观念已经迅速登上中央舞台，正在重塑世界各地的经济。……作为自由市场的狂热支持者，哈耶克的确出类拔萃。"

哈耶克身高 6 英尺 1 英寸或 2 英寸，身材瘦削，气度不凡。他留着灰色小胡子，晚年总是将白发梳得整整齐齐。讲起话来总是慢条斯理、若有所思，带着浓重的奥地利口音。他热爱徒步旅行，夏天会尽可能去阿尔卑斯山。他还收集经济学、哲学和历史学方面的珍本图书，一生中建立了三座庞大的图书馆。

有的学生觉得他的讲座晦涩难懂，有的却听得如痴如醉。比如，20世纪40年代马约里·格莱斯-哈钦森在伦敦经济学院见过哈耶克。她这样描述他的讲课风格："他上课时通常会来回踱步，语气如同交谈，没有重点，也不拘泥于形式。他记忆力出色，人文背景丰富，因此对许多国家和每个时期的哲学家、法学家、政治家和商人的思想都能侃侃而谈，引人入胜。教室里满是学生，但是他却能轻而易举地吸引他们的注意力。"

尽管数十年来哈耶克都在支持尚存争议的观点，但他通常都能与反对者保持友好关系。他与英国经济学家约翰·梅纳德·凯恩斯保持着深厚的友谊，尽管他完全不同意凯恩斯所提倡的政府干预经济的思想。为了表示友好，哈耶克将他最著名的著作《通往奴役之路》（1944）献给"所有党派的社会主义者"。诺贝尔奖得主乔治·J. 施蒂格勒评价说："哈耶克既是学者也是绅士，一直如此。"

1899年5月8日，弗里德里希·奥古斯特·冯·哈耶克出生在欧洲伟大的智慧之都维也纳。家中共3个儿子，他是老大。父亲奥古斯特·冯·哈耶克博士是维也纳大学的植物学教授，母亲名叫费利西塔斯·尤拉舍克。

哈耶克在早年便博览群书。第一次世界大战期间，他在奥地利军队服役。在此期间，他阅读了卡尔·门格尔的《经济学原理》，了解了市场运行方式，并为之着迷。战后的1918年，他进入维也纳大学，获得了法学（1921）和政治科学（1923）学位。

1921年10月，哈耶克结识了维也纳商会的金融顾问路德维希·冯·米塞斯。1912年，米塞斯的著作《货币与信用原理》让他成为备受尊崇的经济学家。他解释了政府滥发纸币和破坏信用是怎样导致恶性通胀的。米塞斯帮哈耶克找了一份工作，起薪每月5000旧克朗。奥地利战后通货膨胀期间，政府为了保持货币的购买力，一个月内让哈耶克的薪水涨了两倍，9个月后成了每月100万旧克朗。

米塞斯对哈耶克的事业影响巨大，他于1922年出版的著作《社会主义》令哈耶克深信，由政府运营的经济一定会一团糟。由于米塞斯的努力，哈耶克获得了洛克菲勒基金会的一笔拨款，该基金会帮助欧洲知识分子访美。1923 年 3 月至 1924 年 6 月，他在纽约大学、哥伦比亚大学和新学院大学学习，这些经历帮助他提高了英语能力。他首次用英语发表的作品是一封关于恶性通胀的信件，发表在 1923 年 8 月 19 日的《纽约时报》上。在纽约公共图书馆，哈耶克读到过有关"一战"的新闻报道，发现这些报道与奥地利政府的战争报告截然不同。这种差异让他对政府产生了强烈质疑。

回到维也纳后，哈耶克开始参加米塞斯的私人研讨会，主题为自由市场经济，为期两个月。他们还会去米塞斯在商会的办公室聚会。1927 年 1 月，哈耶克在米塞斯的帮助下创建了奥地利商业周期研究所。两年后，哈耶克成为维也纳大学的无薪讲师：可以在那儿教书，但没有薪水。

哈耶克爱上了表妹海琳·毕特利希，但他直到启程去美国之时才向她求婚。14 个月后哈耶克回来时，表妹已与别人订婚并嫁给了那人。哈耶克后来遇到伯塔·玛丽娅·冯·弗里奇（也叫赫拉），并于 1926 年夏天与她结婚。他们育有两个孩子：1929 年出生的克里斯蒂娜·玛丽娅·费里茜荻丝和 1934 年出生的劳伦斯·约瑟夫·海因里希。

经济学教授莱昂内尔·罗宾斯钦佩哈耶克对经济萧条成因的研究，遂邀请他到伦敦经济学院做客座演讲。后来哈耶克成了那里的全职教授。他向说英语的经济学家介绍了奥地利的观点：萧条是先前货币信贷通胀的结果。一旦毁灭性的通货膨胀结束，很多企业就会破产，因为它们对一直上涨的价格产生了依赖。之后哈耶克成为英国公民，在伦敦经济学院执教至 1949 年。

哈耶克的研讨会影响广泛。1991 年诺贝尔经济学奖获得者罗纳德·H. 科斯回忆起哈耶克时说，他"激发了我们的思考活力，开阔了我们的眼界"。哈耶克让奥地利籍思想家卡尔·R. 波普尔在研讨会上发言。波普尔把他的讲话扩展成了《开放社会及其敌人》(1945)。这是波普尔最具争议性的书，他在其中怒不可遏地攻击了集体主义者柏拉图及其他集权主义者。哈耶克给波普尔找了家出版商，并说服伦敦经济学院的同事给他提供了一个教学职位。

20 世纪 30 年代，哈耶克的影响远不及有剑桥根基的约翰·梅纳德·凯恩斯。凯恩斯的著作《就业、利息与货币通论》（1936）告诉政治家们通过通货膨胀解决萧条问题。这种方法并无作用，但政客们就想把钱花出去，因此还是采取了这个方法，凯恩斯也被推崇为天才。虽然意见相左，但哈耶克仍与凯恩斯建立了友谊。

哈耶克对中央计划的研究几乎涵盖了全世界知识分子和政客的设想。他发现，虽然德国对中央计划的批评已成定论且早已公开，但英语国家的读者对此却一无所知。因此，他将路德维希·冯·米塞斯、N. G. 皮尔森和格奥尔格·哈尔姆的著作译成了英文并结集成册，编成文集《集体主义经济计划》（1935）。这些文集表明，脱离了自由的市场价格，任何经济体都不能高效运行。

1936 年，哈耶克在伦敦经济俱乐部做了题为"经济学与知识"的讲话。伦敦经济学院院刊《经济学期刊》发表了这次演讲。哈耶克说，要想繁荣，就需要挖掘海量信息，搞清楚民众需要什么，怎样最好地满足民众所需。这些信息散布于人海并且瞬息万变，这也意味着中央计划注定失败。

同时，他说有些知识分子声称纳粹是"对战后（'一战'）初期阶段社会主义趋势的一种资本主义反应"，对此他不能同意。他认为集权和国有化会导致专政，而纳粹主义正是其变种。1940 年 5 月的《经济学期刊》发表了哈耶克的文章《社会主义的心机：竞争性"解决方案"》。他在文中指出，在政府控制的经济体中，"任何经济问题都会成为政治问题，因为解决问题的途径不再是尽量协调所有个体的观点和要求，而是强制推行一整套价值观"。

1940 年 9 月，哈耶克开始将这些理念写进书里。但这本书用了将近四年才完成。德国开始轰炸伦敦后，伦敦经济学院被迫搬到了剑桥。凯恩斯为哈耶克的家人在剑桥的国王学院找了所房子。但那所房子太冷，所以他们就搬到了附近一处经过改建的仓库，他的书也是在那里完成的。

哈耶克的书名为"通往奴役之路"，源于亚历克西·德·托克维尔所说的"通往劳役之路"（the road to servitude）。1944年3月10日，该书在英国出版。哈耶克在书中指出，关于政府的几种职能，大家的确有一些共识，例如实施国家防御和惩罚暴力罪犯，但是在没有形成共识的领域，政府必须实施一致性原则。他认为，中央经济计划意味着更多的高压政治，因为掌权的官员可以规定人们必须做什么工作、生产汽车、钢笔、苹果，等等，而且产品供应给谁也由他们规定。他说，被权力诱惑的人，往往会肆无忌惮地抓人杀人。这就是"邪恶为何崛起"的原因。[1]

《通往奴役之路》颇具争议，第一次印刷的2000册很快就销售一空。后来，哈耶克找到经济学家弗里茨·马克卢普，希望他帮忙找一家美国出版社。弗里茨曾参加过米塞斯在维也纳的研讨会，后来移民美国，在华盛顿特区工作。虽然弗里茨一时没有找到对这本书感兴趣的出版商，但他将书的样稿拿给了米尔顿·弗里德曼的大舅哥阿伦·迪雷克托。显然，后者又把样稿送给了芝加哥大学经济学系的弗兰克·奈特教授。奈特将这本书推荐给了芝加哥大学出版社的编辑威廉·卡奇，出版社同意出版，印刷了2000册。

1944年9月24日，自由意志主义记者亨利·黑兹利特在《纽约时报书评》首页发表了1500字的书评，宣称"弗里德里希·哈耶克写出了我们这个时代最重要的书之一"。芝加哥大学出版社又加印了1万册。有人要求购买德语、西班牙语和荷兰语的翻译版权。《读者文摘》的主编德威特·华莱士在1945年4月号的前20页刊登了《通往奴役之路》的缩简版。当时，《读者文摘》的发行量在800万份左右。另外，美国最大的图书商哈里·谢尔曼的"每月读书会"也销售了约60万册的缩简版。自出版以来，该书在美国已经售出精装本8万册、平装本17.5万册，还有近20种语言的授权版本及若干东欧语言的未授权版本。

这本书也打动了哈耶克的一部分学术对手。凯恩斯在给哈耶克的信中写道："我认为这是一本了不起的书。……我发现自己在道德层面和哲

---

[1] 《通往奴役之路》第十章为"Why the worst end up on top"（邪恶为何崛起），本章题为"The Worst on Top"，是从哈耶克的说法中抽取出来的。

学层面都认同这本书的全部内容；不仅仅是认同，而且深以为然。"曾在小说《动物庄园》和《1984》中抨击极权主义的社会主义者乔治·奥威尔承认哈耶克的论文包含了"许多真理。……集体主义并非天生民主；恰恰相反，它给了少数专制主义者连西班牙的异端审判官都不敢梦想的权力"。

芝加哥大学出版社催促哈耶克进行巡回演讲，这是一种全新的体验。他对一位采访者说："他们到（纽约的）宾馆接待我时……我问道：'你们预计有多少听众？'他们回答说：'大厅只能容纳3000人，但是我们还设了一个分会场。'上帝啊，我都不知道我还能说什么。'你们宣布的是什么题目？''噢，我们称之为"国际事务中的法治"。'我的上帝，我这辈子都没想过这个问题。……我问主席45分钟是否足够。'哦，不行。必须得一小时。……你要开广播了。'"哈耶克就此声名大噪。

1945年议会选举期间，温斯顿·丘吉尔从哈耶克的书中提取了一个竞选主题。6月4日，丘吉尔警告说，工党政府不会允许"公众自由、尖锐、粗暴地表达不满。……他们必然依靠某种形式的盖世太保"。工党党员克莱门特·艾德礼揶揄丘吉尔的演讲是"奥地利教授弗里德里希·奥古斯特·冯·哈耶克的学术观点的二手版本"。

工党在选举中获胜，艾德礼成为下一任首相。1947年秋，他们实行和平时期的强制劳动。经济学家约翰·朱克斯解释说："当时劳工部长有权指导工人更换工作，从事他认为最有利于国家利益的工作。"不幸的是，工党输掉了1950年的竞选。

1947年，哈耶克召集了一次会议，与会者包括学者、记者及其他关注自由问题的人士。哈耶克回忆说："《通往奴役之路》出版后，很多人邀请我做讲座。我在欧洲和美国旅行期间，不管到哪里，几乎都有人告诉我他们完全同意我的观点，但同时又感到自己可能会被孤立，所以没有人可以共同探讨。这些人都生活在巨大的孤独中，这让我产生了一个想法：把这些人集合到一个地方。我很幸运筹集到了资金，并将想法付诸实施。"1947年4月1日到10日，来自10个国家的36名成员齐聚瑞士沃韦市附近的朝圣山。在杜帕克酒店，他们交换意见，成立了朝圣山学社。其中 4 名创始成员后来获得了诺贝尔奖。

1949 年,《芝加哥大学法学评论》发表了哈耶克的论文《知识分子与社会主义》。他写道:"面对社会主义者的成功,真正的自由主义者必须向他们学习一点:他们建立乌托邦的勇气赢得了知识分子的支持,影响了公众舆论。正是这些公众舆论让不久前还看似遥不可及的事情正一天天成为可能。"多年来,这篇论文被传播数千次。哈耶克启发了许多国家去努力影响它们的知识分子,最终影响了关于自由的公共政策。

哈耶克回奥地利探望战后幸存的亲人,得知初恋海琳·毕特利希正在寡居,可以嫁给他。1949 年 12 月,他与妻子赫拉分居,这让朋友们惊愕不已。他们于 1950 年 7 月离婚,不久,哈耶克就与毕特利希结婚,一起度过了余生。

哈耶克不得不离开英国,最好的去处便是美国。凭借《通往奴役之路》,他本可以去芝加哥大学,但是经济学系不想要他。普林斯顿大学和斯坦福大学也拒绝了他。在阿肯色大学执教一年后,芝加哥大学社会思想委员会主席约翰·U. 内夫邀请他去做社会道德科学教授。校方不愿支付哈耶克薪水,但是威廉·沃尔克基金会的哈罗德·W. 卢诺同意为其支付薪水。

哈耶克的办公室在 59 大街社科楼 506 室。他的学生雪莉·罗宾·莱特文回忆说:"每逢周三,吃过晚饭,一大帮人——有阅历丰富的,也有不谙世事的,他们来自不同学科、不同国籍——齐聚在一间仿哥特风格的房间里,大家围着巨大的椭圆形橡木桌讨论哈耶克提出的各种话题……涉及哲学、历史、社会科学等各种知识。……他以一种温和诚实的态度领导着这个非凡的小群体,让研讨会践行自由的美德。……总的主题就是(市场)自由主义。……唯一的责任就是正确理解他人的思想,优雅地接受问题和不同意见。"

鉴于历史观会影响现行政策,哈耶克主编了《资本主义与历史学家》(1954)一书,收录了经济史学家 T. S. 阿什顿、路易斯·海克尔和经济学家 W. H. 赫特、贝特朗·德·茹弗内尔的文章。他们反对广为接受的自由市场会让人们变穷,因此需要政府调控的观点。这本书分析了人们为什么会从贫穷的乡下迁徙到工厂的原因，因为在工厂工作虽然辛苦，但是却能提高生活质量，延长寿命。

1956年，埃及国家银行邀请哈耶克去做讲座。他选择的主题是"法制的政治理想"。他考察了历史上人们依靠法治限制政府权力的努力——这意味着法律平等地适用于所有人，而且具有可预期性，所以人们可以相应地规划生活。哈耶克在《自由宪章》中将这些思想加以完善。像约翰·弥尔顿和约翰·斯图亚特·密尔那样，哈耶克解释说，因为人们永远不能预见未来，所以能够自由地追求真理是至关重要的。他写道："我们应该为自己的决定负全责，主要是因为这会将我们的注意力指向事件的起因，而这些事件又取决于我们的行动。……显而易见，承认财产是界定私人领域且保护我们免受高压统治的第一步。我们很少能够实施一种连贯的行动计划，除非确定能完全控制某些事物。"

哈耶克对拥护自由的法律框架做了归纳。首先，法律应该是规则而非命令，不能明确规定人们必须做什么事。哈耶克说："要让每个个体获得一个已知范围，在此范围内可以决定自己的行为，其基本原则是让他能够充分利用自己的知识。"其次，法律应该具有普遍性，既适用于人民也适用于政府。虽然这样做并不能阻止部分恶法通过，但是如果立法者知道法律对自己也具有完全的效力，他们就会减少伤害。哈耶克指出："今天的法治概念常常与所有政府的行为都具有合法性相混淆。显然，法治以自身的完全合法性为前提还不够，如果法律赋予政府无限权力，让它可以为所欲为，那么这种政府的所有行为都是合法的，但这不是法治。因此，法治不只是立宪，它要求所有法律都符合某些原则。……因此，法治不是法律的规则，而是一种涉及法律应该是什么的规则。"

哈耶克本来对1960年2月9日出版的《自由宪章》寄予厚望，认为这是自己的扛鼎之作。然而事与愿违，虽然支持他的出版机构都发表了书评，比如《华尔街日报》《芝加哥论坛报》《财富》杂志以及亨利·黑兹利特在《新闻周刊》上的专栏，但是总体而言，这本书并没有受到足够的重视，这让哈耶克很沮丧。

1962年4月，威廉·沃尔克基金会解散，哈耶克担心继续在芝加哥大学任教会没有收入来源。于是，他接受了位于德国西南部的弗莱堡大学的邀请。哈耶克不再为《自由宪章》感到失落，但是身体状况却每况愈下，他很少动笔了。1969年，他成为奥地利萨尔茨堡大学的客座教授，因为这里距离他妻子在维也纳的老家更近一些，而且法学院买下了他的图书馆并允许他继续使用。

5年后，诺贝尔奖提名委员会想将奖项颁给瑞典社会主义者冈纳·缪达尔，同时决定让一个持相反意见的人与他分享这一奖项，他们选择了哈耶克。诺贝尔奖振奋了他的精神，正如丹尼尔·叶尔金和约瑟夫·斯坦尼斯瓦夫在《制高点》中所说，他的获奖"证明了经济学界的学术重心开始发生重大转变，逐渐对市场恢复信心，重新认为市场比其他经济组织形式更优越"。

哈耶克完成了搁置已久的三部曲《法律、立法与自由》，包括《规则与秩序》(1973)、《社会正义的幻象》(1976)和《自由人民的政治秩序》(1979)三卷。他在很大程度上将自由的衰退归咎于人们的错误看法，即认为"政府已经进行了民主控制，因此不必采取其他措施防止权力滥用"。他抨击"社会正义"不过是个模糊的概念，它的目标在于为20世纪政府权力的无限扩大辩护。他说，最具灾难性的后果出现在那些采用了议会制政府但缺乏立宪传统的国家，因为它们在一定程度上无法限制自己欺压百姓。

1976年，哈耶克完成了《货币的非国有化》。这是写给（伦敦）经济事务研究所的一份报告，向他所说的"所有货币邪恶的来源和根源，即政府对货币发行和管控的垄断"发起挑战。他证明了私人机构能更好地避免通货膨胀和萧条，因为竞争对手、外币兑换中心和财经媒体都盯着它们。

哈耶克的作品启发了美国的罗纳德·里根和英国的玛格丽特·撒切尔。在东欧和苏联，人们对他崇敬有加。哈耶克的最后一本书是《致命的自负：社会主义的谬误》(1988)，主要由威廉·巴特利三世编辑。哈耶克让他负责为自己写传记，汇编他的作品。巴特利于1990年去世，传记未来得及动笔。但是，巴特利的同事斯蒂芬·克雷斯吉成功出版了哈耶克的作品集。

尽管哈耶克直到临终前还思路清晰，但他在1985年之后就不能写作了。他年老体弱，又得过肺炎，因此很少离开他在三楼的公寓。公寓位于西德弗莱堡的一栋灰泥建筑里，靠近黑森地区。他于1977年才搬回弗莱堡。传记作家艾伦·埃本斯坦说："他的藏书室大概藏有4000册书，涉及许多学科，涵盖经济学、心理学、人类学及政治哲学。家具陈旧，房间内部最近也没有粉刷。……在他桌上放着第二任妻子多年前在维也纳的照片，那时的她既年轻又漂亮。"

1992年3月23日，哈耶克在公寓去世，享年92岁。4月4日，大约100人参加了他的葬礼。葬礼由约翰内斯·沙辛神父主持。他被葬于新施蒂夫特森林公墓，这里俯瞰着维也纳森林。

约翰·卡西迪在2000年2月7日的《纽约客》上写道："今天，有两件事情是大多数人的共识，第一件是自由市场资本主义是组织现代社会切实可行的途径，第二件是经济增长的关键是知识。虽然这两种信念广为人知，但很少有人会去探究它们源于何处，这多少有些让人惊讶。其实这两种说法都主要源于一个人，他就是弗里德里希·奥古斯特·冯·哈耶克。"他的道德勇气和真知灼见表明，思想塑造我们的命运。

5. 管制适得其反：施蒂格勒

直至20世纪60年代，几乎所有人都认为政府管制发挥了应有的作用：保护消费者免遭企业的剥削。后来，身高6英尺的芝加哥大学经济学家乔治·J. 施蒂格勒意识到，根本没有人曾试图检测法律法规的实际效果。他开始检测，但是要么无法发现法规的效果，要么发现其效果恰恰适得其反。施蒂格勒进而做出了一个革命性的论断：利益集团为政府管制进行了游说，其目的是限制竞争、抬高物价以及通过其他手段获得开放市场中不存在的特权地位。

施蒂格勒鼓励全美国的经济学家检测每一项法规，他的分析得到了证实。到了20世纪70年代，经济学界开始有了一种实质性共识，认为很多法规其实是起反作用的，因此反经济管制运动发展迅猛，矛头所向便是经济管制。州际商务委员会和美国民航管理委员会被取缔，去管制化运动在全世界如火如荼。

施蒂格勒创作和编辑了23本书，每一本都与众不同，但是他的主要影响力还是源于在学术期刊上发表的文章，其中最重要的几篇发表于他50岁之后，还有一篇发表于60岁之后。直到离世之日，他都在不断发表引人注目的文章。托马斯·索厄尔是一位多产的作家兼专栏写手，他的博士论文就是施蒂格勒指导的。他回忆说："施蒂格勒真正教会我们的是学风正直、精确分析、尊重证据，同时敢于质疑各种风尚和狂热。"

施蒂格勒是位严肃的学者，但也是快乐之源。他把自己视为知识分子，"因为我是教授，买的书多于高尔夫球杆"。弗里德曼回忆说："有一天，滑过冰之后，乔治来到办公室，小心翼翼地托着自己的胳膊。我仔细检查了他的胳膊肘，郑重地说这是轻微扭伤。后来，乔治拍了 X 光片，得知是骨折。他让我永远铭记这次失误。从那之后，只要一出现医学话题，我就成了'弗里德曼医生'[1]。"在伦敦期间，施蒂格勒抱怨饭菜不合胃口，同时又很高兴自己做几场讲座就可以挣到钱。他是这样说的："在这里，我既能减肥，又能挣钱。"有一位记者曾说，施蒂格勒只写了 100 篇文章，远远少于一个约写了 500 篇的同事。施蒂格勒回答说："可是我的文章篇篇都不同！"还有个学生抱怨自己不应该得个不及格，施蒂格勒表示赞同，随后揶揄地说，但是芝加哥大学不允许有更低的分数了。有一次他参加座谈会，主流经济学家保罗·萨缪尔森先于施蒂格勒发言，他宣称："我知道乔治接下来会讲什么，但是他要讲的都是错的。"施蒂格勒随即起身说："2 + 2 = 4。"然后坐下。

施蒂格勒的儿子斯蒂芬说："他花在朋友、学生和家人身上的时间非常多。他做家具、干跑腿工作、洗碗、刷漆、建码头、为船更换木板、砍树，几乎是无所不能。对于学术界的朋友，他敢于批评，乐于辩论，为他们提供建议和参考，耐心进行引导。因此，他对朋友们可谓忠心耿耿。不论是佛罗里达的高尔夫球赛、加拿大的婚礼，还是加利福尼亚的 90 岁寿宴，他都会毫不犹豫地直奔机场，热情得像团火。"

诺贝尔奖获得者加里·S. 贝克尔写道："在施蒂格勒朋友们眼中，他是一位热心的亲密朋友，从不吝啬自己的时间和金钱。他总能写出与我们的工作息息相关的文章、评论和其他材料。他阅读论文草稿和专著从不拖延，总能提供真知灼见。人们总是能够了解他的真实看法，因为他表述得非常清楚。他会提出很多宝贵建议，说明如何完善分析和表述。我们在芝加哥大学共事 20 年，他对我写的几乎所有东西的评论都让我受益匪浅。"

---

[1] 这是双关语，意为弗里德曼是个不严谨的博士和江湖医生。

米尔顿·弗里德曼说:"乔治经常假装自己无所事事。你不会听到他谈论工作。他总是花大量时间去打高尔夫、打羽毛球、打扑克牌,但是不知通过什么方法,总能写出一系列开拓性的文章。我们以前经常跟他开玩笑,说他肯定熬夜写作,但没有人见过他在黑灯瞎火中工作。当然,在一定程度上是因为他能轻而易举地写东西,而且洋洋洒洒,妙笔生花——这得归功于他思路敏捷,思如泉涌。……约翰·梅纳德·凯恩斯自成一派,是现代经济学家中唯一一位可与乔治相提并论者。我之所以用现代一词,是因为乔治肯定会坚称亚当·斯密才是首屈一指者。……通过交流看法,乔治带给你的收获要超过其他任何人;即使是批评你的文章,也没有人能像他那样眼光敏锐而又富有同情心。"

乔治·约瑟夫·施蒂格勒于 1911 年 1 月 17 日出生在华盛顿的伦顿市。他的父亲约瑟夫是个来自巴伐利亚的移民,娶了来自匈牙利的伊丽莎白·亨格勒。约瑟夫全家都是农民,他却成了酿酒师,颁布禁酒令后,他失业了,改行当码头工人。

约瑟夫一家挣钱谋生的方式是先购买旧房,然后重新装修。施蒂格勒在他的《一个自由主义经济学家的回忆录》中写道:"16 岁时,我已经在西雅图住过 16 个不同的地方。尽管像游牧民族一样,但我们一家人却生活得很快乐。我父亲对西雅图的房地产业可谓了如指掌。"

1931 年,施蒂格勒从华盛顿大学毕业,没能找到工作,却获得西北大学的奖学金,攻读硕士学位。后来,他回忆说:"我的目标是芝加哥大学,但是我不了解情况,就同时申请了几个主要的常春藤大学。我最后之所以选择了芝加哥大学,是因为华盛顿的老师告诉我(后来证明他说得没错)弗兰克·奈特和雅各布·瓦伊纳是优秀的经济学家。" 1933 年,施蒂格勒如愿以偿地进入芝加哥大学。

施蒂格勒把教授与同学等量齐观,他跟同窗米尔顿·弗里德曼和 W. 艾伦·沃利斯是最好的朋友。因为激情洋溢,所以他们三人被称作芝加哥大学的"三剑客"。施蒂格勒、弗里德曼、沃利斯和霍默·琼斯编辑了奈特的论文集,以《竞争伦理学》(1935)为名出版。

正是在芝加哥大学，施蒂格勒结识了人类学专业的研究生玛格丽特·麦克，她姐姐给她起了个绰号叫"奇克"（Chick）。她来自宾夕法尼亚州印第安纳县，父亲是当地的律师。她是后来的好莱坞影星吉米·史都华的朋友，两人长大的地方只隔着一个街区。后来，玛格丽特去了曼荷莲学院。她个性活泼，风趣幽默。1936年12月26日，施蒂格勒与玛格丽特在女方的家乡结婚。婚后两人育有3个儿子：大儿子斯蒂芬（1941）任芝加哥大学统计学教授，二儿子戴维（1943）是律师，三儿子约瑟夫（1946）从事计算机服务行业。

施蒂格勒的博士论文写的是经济思想史，他后来不断回过头来研究这一课题。他最喜欢的经济思想家首推亚当·斯密。他曾这样写道，亚当·斯密提供了"重要论据，支持公共政策中不受限制的个人选择……支持竞争的效率特性——不论是制造商、农民、工人还是航运商，如果想要最大限度地增加自身收入，就得在这一过程中把资源投入到对国家最具成效的地方"。这篇论文后来又附加了一个章节，以《生产与分配理论》（1941）为名出版发行。

1936年，施蒂格勒的事业开始起步，就职于爱荷华州立学院，之后又去了明尼苏达大学。1942年，他休假去了国家经济研究局，同弗里德曼等人一起共事，分析美国的产出、生产率和就业统计数据。他离开后同弗里德曼和沃利斯一起任职于统计研究小组，把统计分析方法用于军事武器系统。战后，他回到明尼苏达大学，还把弗里德曼请来工作了一年。之后，他申请芝加哥大学教授职位，但遭到拒绝（校长认为他太经验主义），弗里德曼却申请成功。施蒂格勒去了布朗大学。1946年，他与弗里德曼合作撰写了一本小册子《屋顶还是天花板？》，认为租金管制会导致住房短缺。第二年，施蒂格勒接受F. A. 哈耶克的提议，同弗里德曼及其他几十位信奉自由的朋友一起创办了后来的朝圣山学社。

1957年，芝加哥大学商学院院长沃利斯邀请施蒂格勒担任查尔斯·R. 沃尔格林美国机构杰出服务教授。施蒂格勒接受了这一邀请，举家搬往芝加哥郊区弗洛斯莫尔的布拉西大道2621号。他的办公室位于哈斯克尔楼119号房间。

多年来，施蒂格勒一直在研究如何限制垄断的盛行。渐渐地，他开始相信哈佛大学经济学教授约瑟夫·熊彼特、米尔顿·弗里德曼的大舅哥阿伦·迪雷克托的观点以及自己的发现，即不需要很多竞争者就能大幅降低物价。正如他所说的，"越来越多的经济学家已经相信，竞争是一株坚韧的野草，而非一朵柔嫩的鲜花"。施蒂格勒最初只支持打破垄断，包括垄断联盟，但是后来意识到这一政策往往也反映了游说议员的那些人的影响，他们通过分裂竞争者获利。他说："反垄断政策经常（甚至频繁）被篡改以实现上述不当目的，结果反而保护而不是挑战了受庇护的低效企业。事实上，反垄断法已成为律师们的狩猎证，成功诉讼的报酬是赔偿金的三倍。"

1962年，施蒂格勒开始着重思考政府管制。他问："记录公共管制的文献浩如烟海，肯定会涵盖一切领域，然而却很少或者只是略有触及有关管制的最基本问题：管制会影响商业行为吗？"他继续说道，"大量管制行为均无法证明自身的有效性，只能证明政府管制的欲望。……管制的影响问题通过列举管制政策是无法解答的。上千条法规禁止我们做一些事情，可即使这些法规被废止，我们仍然做梦都不会去做这些事情：我们不会杀害邻居，不会饿死自己的孩子，不会为了获得保险赔偿金就烧掉自己的房子，也不会在自家后院建屠宰场。法规是否真的对实际行为具有积极影响，只能通过检查不服从法规者的行为才能得到判定。"

施蒂格勒和他的研究助理克莱尔·弗里德兰认为电力行业会是个很好的测试案例。由于电力企业往往由当地的私营垄断者经营，所以人们习惯于认为，除非它们受管制者约束，否则就会剥削消费者，因此不实行管制地区的人们用电的费用会更高。但施蒂格勒和弗里德兰却发现，尽管实行管制的州的电价比不实行管制的州的电价要低，然而在实行管制之前电价就已经普遍较低了！他们无法找到被管制与不被管制的电力企业在电价或电价结构方面有什么太大的不同。也没有证据表明，不实行管制的电力企业投资者比实行管制的电力企业投资者运营得好。他们无法"找到对电力企业实施管制的任何显著效果"。

怎么会这样呢？施蒂格勒和弗里德兰在1962年10月的《法律与经

济学期刊》上解释称:"个体公用系统并不具备长期的垄断力,因为它们在很大程度上不仅面临着其他能源产品的竞争,还面临着其他公用系统的竞争,最终它的行业用户(因此也包括许多国内用户)会转向其他公用系统。"其他研究者的后续研究发现,实行管制的企业收费要高于不实行管制的企业。

经济学家萨姆·佩尔兹曼指出:"施蒂格勒和弗里德兰的文章之所以能对电力行业产生影响,这既要归功于他们惊人的研究结果,也要归功于用明确的统计模式评估管制影响的创新性方法。如果结果仅仅证实了传统观点,那么经济学家们也许就会更加热切地追求管制效果。"

对电力企业做出了突破性分析两年后,施蒂格勒和弗里德兰又开始研究证券交易委员会对证券业的管制。引起他们注意的是1964年4月发表于《芝加哥大学商业期刊》的一篇官方报道。该报道说,由于新公司股票经纪人缺乏经验、滥用权力,因此证券交易委员会(SEC)有必要实施管制。两人建议,调查人员应该分析"客户的体验,这组客户经理是随机选出的,具备不同程度的培训经历和经验,那么,经验或培训的差异是否会影响客户的收益呢"?

证券交易委员会对新股发行影响最大,因为投资者对新股票掌握的信息最少,但对增发股票的信息了解很充分。施蒂格勒提出了一个简单的测试:"在证券交易委员会掌控新股发行注册前后,投资者的收益会怎样?我们以1923—1927年间和1949—1955年间的所有新发行工业股票为例——这两个时期的股票价值分别超过250万美元和500万美元——并估算这些股票(与发行价格相比)在5年后的价值。因为这两个时期投资者的财富存在绝对差,所以赞扬或者责备证券交易委员会都是明显不妥当的,但是如果我们对比平均市价计算股票价格,就能排除影响市场总体状况的大部分因素。"他总结道,"普通股投资者在20世纪50年代的收益并没有比20世纪20年代好多少,甚至可以说,如果他们只持股一两年的话,收益一定好不过20世纪20年代。事实上,这两个时期的平均股价在任何一年内的差异都不是很大。……这些研究表明证券交易委员会的注册要求对卖给公众的新股的质量并无重大影响。……如果再考虑到管制的运营成本，证券交易委员会能否为新股购买者节省哪怕一美元都非常值得怀疑。"

施蒂格勒认为，投资者从高效资本市场获得的收益要远远高于受证券交易委员会管制的市场获得的收益。他说，资本市场存在一个严重障碍：证券交易委员会准许华尔街的公司串通操纵经纪人的佣金。施蒂格勒抨击证券交易委员会支持纽约证券交易所在市场动荡期间暂停交易。他写道："阻止交易不是交易所的职能，任何防护都必须基于避免'不必要的'价格波动这一愿望。……暂停交易意味着当出现大量买入或卖出订单时，交易所官员知道准确的价格变化。我们无须查明他们的这一预知从何而来；我们只需要知道，消除价格图表中不必要的波幅的正确方法是投机，即通过买入或卖出避免不必要的价格波动。"

这些文章发表后，越来越多的经济学家开始检测管制的效果，他们的发现比施蒂格勒和弗里德兰的发现更激进：管制的效果与政策制定者的初衷恰恰相反。作为回应，施蒂格勒写了《经济管制理论》一文，于1971年春发表在《贝尔经济学与管理学期刊》上，产生了很大影响。他在文中说："通常，行业实行管制的主要目的都是为自己盈利。"这一观点使他一跃进入主流经济学家的行列。他解释说，管制的真正目的是为强大的利益集团提供特权，它们想制约竞争、抬高物价，因此，管制损害的是民众的利益。因为利益集团的成员知道自己的身份——他们属于某个行业协会，有能力进行游说和集资。他们的生计面临危机，特别想大量消费。此外，当管制者需要某一行业的专家意见时，他们会求助业内人士，而得到的建议往往正是那个行业的观点。相比之下，遭受管制之苦的消费者往往比较分散，很难取得相互联系，就他们个人而言，管制机构的效应要小于制造商和工会。

许多利益集团进行游说活动，寻求政府补贴。对此，施蒂格勒指出，成功获得补贴会鼓励其他利益集团——包括竞争对手——也去寻求补贴。结果，首选的利益不是补贴，而是限制竞争的管制壁垒。例如，正如施蒂格勒所言，"自1938年创建以来，美国民用航空委员会就从未允许过开设一条新干线。美国联邦存款保险公司一直利用为新银行投保的权力，使商业银行业准入率降低了60%。……在此，我们提出一个一般性假设：每个行业或职业，只要拥有足够的政治权力可以利用政府，它就会寻求控制准入"。

最后，管制过程本身会导致更高的消费成本。施蒂格勒援引了经济学家罗伯特·葛韦格的观点，葛韦格"发现通过州际贸易销售的汽油价格要比州内贸易高5%~6%，这是因为前者加上了联邦动力委员会在审核过程中收取的行政费用（包括延误）"。

1970年8月22日，施蒂格勒的妻子奇克在罗思西因心脏病去世，他悲恸欲绝。20多年来，他们一家一直在这里消夏。他们住的是一栋单层白色小别墅，坐落在多伦多以北约200多公里处的罗素湖畔。奇克的骨灰就撒在了院落里。

1972年，施蒂格勒接受了位于加利福尼亚斯坦福大学的胡佛战争、革命与和平研究所提供的一个职位，并开始在这里过冬。1982年，施蒂格勒获得诺贝尔奖。弗里德曼于1976年获诺贝尔奖，比施蒂格勒早了几年。有人问他有何感受，他风趣地说，这些年奖金数额增加了，晚获奖反而让他更加富有。同年，因年事已高，施蒂格勒从芝加哥大学辞职，但是没过多久，可能是因为获得了诺贝尔奖的原因，他应邀继续在产业组织内举办研讨会并授课，讲授经济思想史。与此同时，他还继续担任自1974年起就受聘的《政治经济学期刊》编辑。

1991年11月初，施蒂格勒因肺炎引发了呼吸道疾病，住进了芝加哥大学医院。本来似乎已在逐渐恢复健康，不料，12月1日他又突发心脏病，猝然离世，享年80岁。3月24日，芝加哥大学与其家人举行了追悼会，校内的洛克菲勒教堂也举行了一场公开追悼会。斯蒂芬·施蒂格勒、米尔顿·弗里德曼、W. 艾伦·沃利斯、加里·贝克尔、企业家J. 欧文·米勒、芝加哥大学校长汉纳·加里以及前校长爱德华·H. 利瓦伊分别致辞。施蒂格勒的骨灰撒在他们家在加拿大的夏季居所。

米尔顿·弗里德曼写道："乔治的去世让我深感痛心，可是每当回想起他，我嘴角就会浮现出笑容。他思维敏捷、才智过人，总是给同伴带来快乐和兴奋。我们每天都能想起他说的那些切中肯綮的名言警句。"

施蒂格勒的朋友依然记得他为孩子们发明的游戏。如果他们能正确回答三个问题，就给他们 100 万美元。问题一：埋在格兰特坟墓里的人是谁？问题二：一美分硬币上的头像是谁？孩子们预想着就要发大财了。但是，当施蒂格勒提出第三个问题时，他们的希望破灭了。第三个问题是："谁是亚当·斯密最好的朋友？"他的答案当然是一位与斯密同时代的人，但是有一次一个男孩回答说："谁是亚当·斯密最好的朋友？嗨，就是你啦，乔治叔叔！"事实也确实如此。

6. 通货膨胀与经济萧条：弗里德曼

人们把20世纪30年代的经济大萧条归咎于自由市场，导致政府开始大规模干预经济。任何赞成削减政府权力的人都不可避免地会面临一个问题："要是再发生大萧条怎么办？"人们感到很庆幸，多亏了那个时代的各种法律，才没有再次出现高失业率、长期垄断和严重的不平等。

为了改变对这些问题的看法，诺贝尔奖获得者米尔顿·弗里德曼做出的努力超过其他任何人。他收集了大量证明材料，阐明了大萧条发生的主要原因是1929—1933年间通货紧缩了三分之一，尽管中央银行（美联储）被授予了预防发生这类灾难的权力。大萧条是政府的失职。另外，弗里德曼还表明，"无论何时何地，通货膨胀都是一种货币现象"。他做了一个大胆论断，说政府"微调"更有可能适得其反：当中央银行家意识到经济日渐衰退或萧条时，他们会增加货币供应，造成的影响在经济复苏后才可能感知到，这会使得之后的通货膨胀进一步恶化。另一种情况是，当中央银行家意识到通货膨胀是一个问题时，他们会减少货币供应，同样，造成的影响在经济放缓后才能感知到，并使得接下来的衰退或萧条进一步恶化。弗里德曼明确表示，政府才是经济中最大的不稳定因素。

总体而言，自由的捍卫者通常会对公共政策的某个领域有很大的影响，而弗里德曼却对很多公共政策都产生了影响。他推动了自由外汇市场时代的到来。他积极活动，呼吁进行选民公投，限制政府开支和税收。他激发了教育选择运动，通过使用学费券，贫困学生也可以选择不上公立学校。他勇敢地公开反对禁毒，并反对克林顿总统想通过政府卫生保健方案夺取美国1/8经济的企图。他最引以为豪的成就是推动终结了美国的征兵制。

弗里德曼学术成就巨大，在芝加哥大学执教30年，为《新闻周刊》专栏撰稿长达18年，出版的畅销书销量超过百万册，在《华尔街日报》《读者文摘》《哈泼斯杂志》《纽约时报杂志》，以及其他出版物上发表过数十篇文章，举办的演讲、参加的辩论和接受的电视采访数不胜数。他由此获得了巨大的影响力。米尔顿与妻子罗斯展示了如何在电视上讲述关于自由的故事，并用10集纪录片《自由选择》影响了世界各地数百万人。

弗里德曼希望能有机会敦促政治家奉行自由市场政策，但是他却无意担任公职。然而，当在芝加哥大学接受过教育的智利经济学家为智利独裁者奥古斯托·皮诺切特出谋划策的消息被披露之后，弗里德曼备受争议。正如其他地方的军事政权都未逃脱恶性通货膨胀之苦一样，皮诺切特的军事政权也延续了马克思主义者萨尔瓦多·阿连德时期的灾难性通货膨胀，因此智利的自由市场经济学家竭力主张实行经济自由，包括削减开支、减税、自由贸易以及私有化。这些政策带来了繁荣，但也带来了政治自由化的压力，进而导致军事政权的覆灭。弗里德曼于1980年和1988年访问中国期间提出了实行自由市场的建议，没有人明确反对。

弗里德曼在整个一生中都展现出了旺盛的精力。1972年，他接受了心内直视手术，在身体恢复后积极开展活动，呼吁加利福尼亚州限制开支。1984年，他心脏病复发，再次接受手术。之后，他不仅重拾网球，还写了两本书。直到80多岁，他还喜欢跟孙子帕特里玩滑板。《花花公子》杂志采访弗里德曼后写道："人们开始重新认真讨论这些曾被视为过时的经济思想，这足以证明米尔顿·弗里德曼孜孜不倦又满怀善意的努力以及强有力的论证。"《纽约时报》赞扬说，"在经济学领域，他肯定是美国最桀骜不驯、最直言不讳、最大胆无畏、最敢于挑衅、最独出心裁的思想家。尽管他身高只有5英尺3英寸，但他比同一领域的所有同事都站得更高"。

弗里德曼的朋友兼同事乔治·施蒂格勒回忆说："他的思路异常清晰。在激烈辩论之际，他思维敏捷、有礼有节，无论是通过文字，还是当面交锋，都是一位极其可怕的辩论家。他是个非凡的实证家，善于辨别出他所认可的问题的主要因素，把分析与经验数据最为巧妙地结合起来。最后一点，他非常善于激怒自己的学术对手，甚至可以让对方反过来投入大量精力、运用知识去宣传他的著作。"

1912年7月31日，米尔顿·弗里德曼出生于纽约布鲁克林巴比街502号。他在家里排行老四，是父母的独子。父亲耶诺·索尔·弗里德曼和母亲萨拉·埃塞尔·兰道均来自卡帕托—卢森尼亚的伯里格沙兹小镇，这里以前属于奥匈帝国，现在属于乌克兰。母亲萨拉在工厂做裁缝。米尔顿13个月大时，全家迁往距离纽约大约20英里的新泽西拉维市，父亲成立了一家服装厂。弗里德曼回忆说："我只知道一点，他从未挣很多钱。"他父亲因心脏病去世，享年49岁。

1928年，弗里德曼进入罗格斯大学。在自传《两个幸运的人》（与妻子合著）中，他解释说："我最初打算攻读数学，听说唯一用数学挣钱的工作是精算，所以便铭记在心，打算将来做个精算师。"因为两位老师的原因，他从数学专业转到了经济学专业。第一位老师是亚瑟·F.伯恩斯，当时正在哥伦比亚大学撰写博士论文。第二位老师是霍默·琼斯，当时正在芝加哥大学撰写博士论文。弗里德曼回忆说："伯恩斯热衷于科学道德，热衷于精确和细心，这种热情对我的科研工作产生了很大影响。"

1932年，弗里德曼从罗格斯大学毕业，获得了300美元的奖学金，琼斯建议他前往芝加哥大学深造。在雅各布·瓦伊纳的价格理论课上，学生按姓名首字母顺序就座，弗里德曼发现自己挨着身材娇小、性格活泼的罗斯·迪雷克托。1911年12月的最后一个星期，罗斯出生在俄国村庄卡特里斯克，那个地方现在属于乌克兰，是家里5个孩子中年龄最小的。她从小生活在一个没水没电的地方。父亲是粮食磨坊主，有几个已移居美国的姐妹和堂兄弟姐妹，于是他也前往美国定居。他先是当摊贩，接着开了个杂货店，挣够钱后便把家人也接到美国，他们与大多数亲戚都住在俄勒冈州的波特兰市。幸运的是，他们是在第一次世界大战爆发之前移民的；如果是战后，可能就不行了。罗斯的哥哥阿伦在耶鲁大学上学，之后在芝加哥大学读研究生。罗斯离家较近，通常乘坐公车去里德学院，但是两年后她转学到了芝加哥大学。

罗斯决定继续攻读经济学博士学位，并担任弗兰克·奈特的助手，米尔顿则担任了另一位经济学教授亨利·舒尔茨的助手。与舒尔茨共事期间，米尔顿发表了自己的第一篇文章，是对《皮古教授通过预算数据测量需求弹性的方法》一文的评论。A. C. 皮古在剑桥大学执教，是当时最受尊敬的经济学家之一，米尔顿就把文章寄到了剑桥大学的《经济学杂志》，但遭到了编辑约翰·梅纳德·凯恩斯的拒绝。后来文章由哈佛大学《经济学季刊》于 1934 年 11 月发表。弗里德曼时年 22 岁。

芝加哥大学的另一位经济学家亨利·西蒙斯也对弗里德曼产生了很大影响。1934 年，西蒙斯编写了一本小册子《自由放任的实证纲领》，由芝加哥大学出版社发行。在这本小册子中，西蒙斯强调人类总体上怀有相同的目标，例如促进繁荣，但观点的不同主要在于如何最有效地实现这些目标。弗里德曼赞同这种观点，用实例证明在竞争性的市场中，个人要比官僚更擅长解决问题，因此赢得了数百万人的支持。西蒙斯提醒说："政治自由只有在有效的竞争性经济体制中才能幸存。"这后来成为弗里德曼研究的一个重要主题。西蒙斯认为，货币紧缩是导致大萧条的主要原因，弗里德曼用文献证明了这一论点。然而，西蒙斯却支持铁路国有化、累进制个人所得税和弗里德曼反对的其他政策。

鉴于哥伦比亚大学提供的奖学金（包括学费和生活费）高于芝加哥大学，弗里德曼决定去哥伦比亚大学攻读博士学位。

1937 年 9 月，后来的诺贝尔奖获得者西蒙·库兹涅茨邀请弗里德曼到国家经济研究局任职，研究独立职业，譬如律师、会计、工程师、牙医和医生（的经济行为）。研究结果为他的博士论文和第一本书《独立职业活动收入》打下了基础，该书的另一位作者就是库兹涅茨。书稿在 1941 年便已完成，但推迟了 4 年才出版，因为人们对书中的观点"政府设置障碍限制医疗职业准入,人为提高了医生的收入"存在争议。

与此同时,1938年6月25日,米尔顿与罗斯在纽约结婚,并打算在这里定居。1943年,两人的女儿珍妮特出生,两年后儿子戴维出生。

从1941年到1943年,弗里德曼在财政部税务研究司工作,当时正值二战,因此政府开支剧增。在此之前,人们计算应缴税款,次年按季度分期支付。弗里德曼分析了雇主从薪水中预扣税款的提案,这种制度于1943年开始实行。令他感到遗憾的是,原本从薪水中预扣税款只是战时的"临时"措施之一,不曾想却成了永久措施。

1946年9月,弗里德曼开始在芝加哥大学执教,并在这里一干就是30年。1953年,他发表了被广泛引用的文章《实证经济学的方法论》。文章认为,当我们论述现象时,论述应该通过某种观察得到核实。经济分析的初步检测便是预测的正确性。

弗里德曼在《消费函数理论》(1957)中解释说,人们根据自身预期收入而非政府开支数额来决定花费多少或节省多少。弗里德曼的研究加上西蒙·库兹涅茨和其他经济学家开发的数据推翻了凯恩斯的一个重要论断,即政府开支对实现繁荣至关重要。关于经济学,他最重要的一部作品便是与安娜·雅各布森·施瓦茨合著的《美国货币史,1867—1960》(1963)。两人收集了大量证据,表明货币供应的变化清楚地解释了经济繁荣与萧条的周期。需要特别指出的是,人们普遍认为1929年股市崩盘引起了大萧条,但是他们却向世人证明,之所以发生大萧条,是因为美国联邦储备系统未能在1929—1933年间将货币的供应量减缩三分之一。

30年后,诺贝尔奖获得者罗伯特·卢卡斯在《货币经济学杂志》上回顾该书时写道:"该书不但非常连贯地讲述了重要事件,而且讲述得非常好。……出色的货币供给时间序列及其组成部分可以追溯到1867年,记录得非常仔细,展示得明白易懂。……他带给这一行业的这份礼物具有永恒的生命力,甚至是不朽。"针对货币波动可以解释重大经济事件这一主要论点,卢卡斯补充说:"我要说我发现《美国货币史》的论证完全令人信服。……他们对1929—1933年间经济衰退的分析很具说服力,其他严肃分析的确无法与之相提并论,我对他们能够正确地解释这四年中发生的重大事件印象非常深刻。"

  F. A. 哈耶克于 1944 年出版的《通往奴役之路》激发了弗里德曼通过影响公众舆论拥护自由的强烈愿望。他关于公共政策的第一本广受欢迎的作品是与乔治·施蒂格勒合著的《屋顶还是天花板？》。这本小册子于 1944 年由经济教育基金会出版，抨击了租金管制。弗里德曼是朝圣山学社的创始成员，该学社由哈耶克于 1947 年 4 月发起。弗里德曼回忆称："在这里，我是个年轻、天真的美国乡巴佬，结识了来自世界各地的人们，他们同我们一样致力于宣扬自由主义原则；尽管他们都在自己的国家饱受批评，然而其中不乏学有建树者，有些已扬名国际，另外一些也肯定会成为世界名人；广交朋友丰富了我们的生活，参与建立社团的工作在维护和加强我们的自由理念方面发挥了重要作用。"

  1956 年，威廉·沃尔克慈善基金会安排弗里德曼做一系列讲座，涉及一般原则和主要公共政策问题，例如失业、垄断、种族歧视、社会保障以及国际贸易。罗斯·弗里德曼把这些讲座编辑成为《资本主义与自由》一书，于 1962 年由芝加哥大学出版社出版。弗里德曼建议废除农业补贴、关税、进口配额制、租金管制、最低工资法、住房补贴、执业注册、社会保障、美国邮政垄断、征兵制以及其他许多管制机构。这本书的销量高达 50 万册左右。弗里德曼夫妇描述说："我们听说这本书被人走私到了苏联，在此基础上出版了一个地下版本。我们知道 20 世纪 80 年代早期波兰也出版了一个地下版本。自柏林墙被推倒以来，这本书已经被翻译成了塞尔维亚—克罗地亚语、中文、波兰语以及爱沙尼亚语，当然其他翻译版本也会陆续出现。"

  1962 年和 1963 年，弗里德曼夫妇环游世界，共去了 21 个国家。他在《哈泼斯杂志》上说："无论在哪里，只要我们在那里发现个人自由比较多，普通人的平凡生活存在美好之处，可支配的物质享受取得了真正进步，并对未来的进步充满希望，那么我们就会发现自由市场是这里组织经济活动的主要手段。无论在哪里，只要自由市场受到大力压制，政府具体控制市民的经济活动，那么那里的普通人就会遭受政治束缚，生活水平较低，在很大程度上丧失掌控自己命运的观念。"

弗里德曼夫妇决定在佛蒙特州避暑，并在 1965 年购置了约 120 英亩的土地，那里可以俯瞰费尔利湖。在地块中央，他们建造了一栋带壁炉的六角房，设计灵感来自科罗拉多州科罗拉多斯普林斯的罗伯特·勒费弗尔自由学校，弗里德曼几年前曾在这里执教过。他们根据《资本主义与自由》的书名给房子取名"资本主义与自由之屋"（Capitaf），希望该书的版税可以支付房屋费。弗里德曼在这里做了很多工作，直到 1980 年才到加利福尼亚定居。

1966 年，《新闻周刊》的编辑决定舍弃由自由意志主义者亨利·黑兹利特撰写了 20 多年的"商业潮流"专栏。他们决定尝试轮流使用三位经济学家撰稿，即弗里德曼、"自由主义者"保罗·萨缪尔森以及主流派亨利·瓦里茨。专栏空间有限，弗里德曼在表达观点时必须比以前更简洁明了。他深思熟虑地说："不仅我的专栏写作风格改善了，而且写的其他东西都有所进步，同时我在表达观点时的连贯性也得到了提高。"后来他在《新闻周刊》上撰写的专栏被结集整理成了三本书：《一个经济学家的抗议》（1972）、《世上没有免费的午餐》（1975）和《光明的承诺，暗淡的履行》（1983）。在《新闻周刊》之后，弗里德曼又陆续发表了多篇广受欢迎的文章，向《华尔街日报》《纽约时报》《华盛顿邮报》《旧金山纪事报》，以及其他出版机构的编辑共寄出专栏文章和书信 82 篇。

1976 年，弗里德曼获得诺贝尔经济学奖，事业达至巅峰，但根据罗斯·弗里德曼所说，"我们生活中最刺激的冒险"当属宾夕法尼亚州伊利市公共电视台睿智访谈（WQLN）频道总裁罗伯特·J. 奇特斯特的提议。奇特斯特是一位"自由"民主党人士，曾收到过一本《资本主义与自由》，发现这本书很有说服力。于是，他提议弗里德曼考虑就某些话题做系列讲座，然后拍成纪录片，并编写一本配套书。1977 年 7 月 26 日，弗里德曼同意做这个项目。

奇特斯特筹集了大约 280 万美元的资金，用于 10 集纪录片的制作和推广。这笔筹款可谓相当了不起，因为公司主管普遍不愿赞助涉及政治问题——即使是经济自由——的节目。另外，他还得向潜在的赞助商保证，如果节目制作出来，就一定会播放。尽管美国公共广播公司的高管和制片人公开反对弗里德曼的观点,却因之前播出了社会主义者约翰·肯尼思·加尔布雷思的纪录片《不确定的时代》而受到批评。于是,他们决定播出由他人推荐的弗里德曼的纪录片平衡一下。

这部纪录片技术质量最高的部分是在英国制作的,伦敦经济事务研究所所长拉尔夫·哈里斯推荐了安东尼·杰伊,他已经脱离了英国广播公司,成为电视制作公司影像艺术的合作伙伴。杰伊提议每个节目都应包括30分钟的纪录片和30分钟的讨论,因为这比到全世界各处拍摄素材、制作一小时的纪录片更省钱。《谁在保护消费者?》是试播节目,目的是解决制片前期问题,为募集资金提供范例。该节目的拍摄地包括旧金山、萨克拉门托和华盛顿特区,弗里德曼不用脚本,自由发言。有人建议试播节目的标题采用"自由选择",弗里德曼也认为这个标题非常合适。

纪录片中有一个镜头令人难忘,弗里德曼一边走在一堆堆按时间顺序摞好的《联邦公报》(用于列举联邦新法规)后面,一边讲着话。20世纪30年代,每年的公报只有一卷或者两卷,因此观众能够看到弗里德曼的整个身体。20世纪40年代,随着法规的日益增多,每年的书卷堆起来差不多能挡住他的腿。20世纪60年代,法规激增,书卷堆得更高,都看不到他整个人了。

1980年1月,超过196家美国公共广播公司电视台(占全美公共广播公司电视台总量的72%)播出了《自由选择》第一集。据报道,其收视率比该广播公司的另一档最受欢迎的节目《经典剧场》还要高。随后,该系列纪录片在十多个国家带字幕或者不带字幕播出。据报道,《自由选择》甚至还被走私到社会主义国家苏联。《大英百科全书》发行了该系列纪录片的16毫米电影拷贝,每套售价3000美元。1987年,弗里德曼以2.5万美元的价格购买了版权,以110美元的价格销售录像。

他回忆说:"《自由选择》这本书是为视频配套写的,是……(我们)唯一一本几乎完全基于口语而非书面语写的书。在一定程度上,这也是《自由选择》在我们所写的所有书中销量最大的原因。"1979年12月,该书在书店上架,并一举成为1980年最畅销的非小说类书籍。其精装本销量超过 40 万册，加上平装本总销量超过了 100 万册。该书被翻译成了 17 种语言。

多年来，弗里德曼多次极力推动争取自由的运动。1969 年，曾长期支持征兵制的尼克松总统任命他在由 15 人组成的志愿武装部队咨询委员会任职。委员会一致推荐实行自愿兵役制，弗里德曼在其中发挥了最重要的推动作用。征兵制于 1973 年 1 月 27 日终结。

1971 年，美国政府决定不再操控货币汇率，弗里德曼告知芝加哥商业交易所主席利奥·马拉米德：自由汇率时代已经来临。1972 年 6 月，芝加哥商业交易所开放了国际货币市场，大大增加了全球货币交易。

弗里德曼发起了教育选择运动。早在 1955 年，他就写过《政府在教育中的作用》一文，后来经过加工成为《资本主义与自由》一书的第六章。他说："只有那些能够支付两笔学费——私立学习学费外加学校税——的家长才有真正的选择权利。"他建议"那些选择把孩子送到私立学校的家长，应该得到一笔在公立学校教育孩子的估算成本的等额款项"。他们成立了米尔顿和罗斯·D.弗里德曼基金会，推动公立学校私有化。

弗里德曼在美国经济协会的主席演说（1967）以及其他场合的演说中，公开质疑凯恩斯关于通货膨胀能解决失业问题的说法。20 世纪 70 年代，许多国家遭遇滞涨，即高通胀伴随着高失业率，证明了弗里德曼的观点是正确的。他对政府施压，要求停止增加货币供应量，那些采纳其建议的政府为实现无通胀的繁荣昌盛打好了基础。

自 1973 年开始，弗里德曼跟随加利福尼亚州州长罗纳德·里根进行巡回演讲，为限制政府开支和税收，他开始推广公民表决提案。他帮助里根的助手刘易斯·K.尤勒成立了国家税收限制委员会，发起修宪运动，限制政府开支。近几年，公民表决提案已被证明是限制政府权力的最有效策略。

弗里德曼是 20 世纪最伟大的自由捍卫者。50 多年来，他工作过的媒体、探讨过的问题都多于其他人。他的影响力遍及全世界。他永远不会忘记犹太人及其他受迫害的少数民族正是在自由市场中才找到庇护所的。

他很感激父母和妻子全家都迁往了美国。他之所以心存感激，是因为在那里有相当安全的私有财产，一所独立的大学可以聘用像他这样持非正统观点的人，而且他享有言论自由和写作自由。他激励着千千万万的人高举自由的火把继续前进。

7. 强制收容：托马斯·萨斯

在美国，政府对精神病患者的直接控制要超过曾经对美洲印第安人和黑奴的直接控制。精神病患者拥有的一点独立性，都被药物、电休克、胰岛素休克、脑叶切断术及其他所谓的治疗毁掉了。据称，这些人患有"精神疾病"，这成为丈夫把讨厌的妻子投进精神病院、家人抛弃令自己尴尬的亲人、社区关押社会异端分子的正当理由。在过去40年里，美国精神病院收容的人数有所减少，但是在由政府和保险公司出资的其他机构中，人数却有所增加。这些机构包括老兵管理医院、综合性医院、养老院、酒精和毒品戒除中心、法医精神病鉴定所、政府住房工程、单人房间旅馆、公寓、收容所以及监狱和拘留所。所有这些地方的人数加起来估计达100万左右。

近几十年，精神病学家托马斯·S.萨斯比任何人都更强烈地反对强制收容，他的作品引发了恢复病人公民自由的运动。他宣称："在自由社会，我认为任何人都不应该被剥夺自由，除非是遭到控告、接受审讯或者有刑事犯罪……美国的精神病患者……其宪法权利遭到了广泛而严重的侵犯。我认为，现今我们社会的主要替罪羊就是这些人，而不是那些特殊种族或宗教团体。"他补充道，"公立医院因为疏于照顾，甚至虐待精神病患者，早已臭名昭著。有证据表明，被关在精神病院可能比被关在监狱对人的个性危害更大。"

有种精神病学理论认为："大脑是通过某种分泌方式决定的，就像糖尿病人的肾脏会分泌糖分一样。"萨斯强烈谴责这种决定论理论："这种理论不成立。这些是自然产生的。我相信自由意志。我相信人的所作所为不能成为某种基于决定论的调查的适当主题。人能够做出选择，应该能以不同的方式为自己在生活中的所作所为承担责任。"

当公立精神病院开始让被收容者出院——突然释放大量精神病患者时，萨斯遭到了广泛谴责。雷尔·吉恩、艾萨克和弗吉尼亚·C.阿马特在《街上的疯狂：精神病学和法律是如何抛弃精神病患者的》（1990）中声称："萨斯的思想观念才真正没有人性。"哈佛大学法学院教授艾伦·德肖维茨说："你们不能相信萨斯的观点。"《纽约时报》记者皮特·哈米尔声称萨斯是"疯子"。但是，事实是精神病院释放病人早在1955年左右就已经开始了，8年之后，萨斯才首次大规模抨击强制收容。精神病院之所以释放被收容者，主要原因在于收容给国家预算带来了巨大的财政压力。许多被释放的病人生活困苦，因为长期被剥夺了自由、远离家人、脱离工作、遭受了可怕的精神病"治疗"，他们的独立精神已被摧垮。

萨斯为每一位因无伤大雅的异常行为而遭到迫害的人辩护。这类行为包括看禁书、发生非传统性关系以及吸食违禁品。他坚称："既然个体具有区别于他人的特点，那么对待这些差异的真正自由和人性的态度就只能是接受。"

萨斯的作品享誉全世界，已经被翻译成了捷克语、荷兰语、法语、德语、希腊语、匈牙利语、意大利语、日语、塞尔维亚-克罗地亚语和瑞典语。他在哈佛大学、耶鲁大学、普林斯顿大学、哥伦比亚大学、密歇根大学、加利福尼亚大学（分别在伯克利、洛杉矶、萨克拉门托分校）以及美国的其他大学做过演讲。另外，还在十多个国家发表过演讲。他获得过很多奖项，其中包括门肯奖和病人权利倡导者奖。旧金山独立思想中心还专门设立了每年一次的托马斯·S.萨斯公民自由事业贡献奖。

罗格斯大学社会学和政治学汉娜·阿伦特杰出讲席教授欧文·路易斯·霍罗维茨评论称："归根结底，萨斯的成就是创建一门学科的独特能力，这门学科，至少从表面上来看，已经开始为（反抗传统精神病学）漠视道德要求而感到自豪，确切地说这种道德要求是一种道德观念——一种责任伦理。……从大街上的推销员到大学校长，当人人都宣称处于受害状态时，消失在精神病学烟雾背后的恰恰就是这种道德责任感。"

萨斯身材瘦长结实，身高 5 英尺 8 英寸，喜欢穿衣打扮。他几乎天天都徒步行走、打网球或者游泳，生活充满了活力。《费城询问报》的一位记者对萨斯的"炽烈情感和学术活力"印象深刻。《时尚》杂志称萨斯是"一位机智感人的演说家，独到的观点和非凡的遣词造句吸引了大批听众"。

唐纳德·奥肯曾是位于纽约锡拉丘兹的北部医疗中心的精神病学系主任，他告诉《纽约时报》说："当人们听说我是托马斯·萨斯所在系的系主任时，就迫不及待地想听我讲些疯狂奇妙的故事。其实只有了解了萨斯本人，才会意识到这种想法有多么可笑。他只是在作品中看起来喜欢争辩，现实中并非如此。他平素温和而不失风度——绝对不喜欢炫耀自己。他每天穿着一身暗黑色法兰绒西装上班。他基本上算是个很保守的人。"

历史学家拉尔夫·雷克写道："逆文化潮流而行，萨斯使人类世界恢复了目的与选择、是非与对错。对于拥护自由的朋友们而言，他是当今健在的最重要的知识分子之一。"

1920 年 4 月 15 日，托马斯·斯蒂芬·萨斯出生在布达佩斯。母亲莉莉·韦利施，是个粮商的女儿。父亲尤利乌斯·萨斯，是个律师，在布达佩斯拥有几处房产。他是无神论者，但是护照显示为犹太人（匈牙利护照需标明护照持有者的宗教信仰或血统）。托马斯还有个哥哥乔治。

犹太人与非犹太人之间存在合作伙伴关系，正如哥伦比亚大学历史学家伊什特万·迪克所说："自 19 世纪 40 年代到第一次世界大战，匈牙利的绅士与犹太教社会精英们就悄无声息地共同推动了匈牙利的现代化。犹太人负责发展经济，贵族和绅士们负责治理国家。"但犹太人仍需保持警惕。米克洛斯·霍尔蒂是匈牙利的统治者，他倡导"基督教民族主义"，意思就是反犹太主义。非犹太人的中产阶级反对犹太人，并开始为针对犹太人的特惠待遇进行游说，于是霍尔蒂的立法机构实施定额，有效抑制了上大学的犹太人数量。

萨斯上过的学校都是好学校，学习了8年的拉丁语、法语、德语、数学、物理、历史和匈牙利文学。上德语课时，他喜欢阅读拥护自由的德国伟大剧作家弗里德里希·席勒的作品。他还读过俄国作家列夫·托尔斯泰的作品，他的作品表达了个人主义精神。他补充说："马克·吐温对我的影响非常大，我喜欢他的《汤姆·索亚历险记》和《哈克贝利·费恩历险记》。我曾想过当作家。"

萨斯的叔叔奥托是理论数学家，移居德国法兰克福，在当地教授大学课程。1933年希特勒掌权后，犹太教授全被解雇，于是奥托·萨斯移居美国，成为辛辛那提大学的研究教授。他一年回布达佩斯看望家人一次，总是谈论美国，显而易见美国是他的最佳选择。1938年，全家终于准备离开匈牙利。因为政府严格限制人员流动，所以他们只能一步步进行。尤利乌斯·萨斯在法国有亲戚，因此获得了法国签证。一到巴黎，他便取得了荷兰签证，并在荷兰申请到了美国签证。那时，美国根据个人出生地来分配移民配额。尤利乌斯来自捷克斯洛伐克布拉迪斯拉法市北部的一个镇。美国分配给捷克斯洛伐克的移民配额很小，但是因为申请美国签证的人非常少，所以他成功取得了签证。到达美国后，他为妻子和孩子们申请了优先签证。之后，托马斯和哥哥乔治也走了相同的路线。母亲来得相对较晚，因为她要处理完在布达佩斯的事情。

1938年10月25日，托马斯和乔治到达美国，但是不会说一句英文。他们的姨妈前去迎接他们，带他们前往辛辛那提看望奥托。奥托租的是单人间，托马斯和乔治不能和他住一起，但是奥托安排了托马斯在辛辛那提大学参加旁听课，这样他就可以学习英文。托马斯当过司机，干过很多其他零工。

托马斯先是在奥托的安排下就读于辛辛那提大学，后来又去了大学的医学院。他以全班第一名的成绩毕业，成为美国公民。在此期间，托马斯读的唯一一本有关自由的书是约翰·斯图亚特·密尔的《论自由》。

他在波士顿市立医院实习了一年，后来成为芝加哥大学诊所的住院医师，在极负盛名的芝加哥精神分析研究所接受精神分析培训。

正是在这里，托马斯遇见并爱上了罗西纳·洛什卡吉安，她是黎巴嫩籍亚美尼亚人，在芝加哥当社会工作者。两人于1951年12月19日结婚，育有两个女儿。大女儿玛戈特出生于1953年，后来成为梅奥诊所的皮肤科医生。小女儿苏珊出生于1955年，成年后成为康奈尔大学的一位图书管理员。托马斯与罗西纳的婚姻维持了19年，于1970年宣告结束。

1947年9月，萨斯发表了第一篇学术期刊文章（探讨充血性心力衰竭），多年来，他向《内科医学档案》《美国精神病学期刊》等权威医学杂志投稿。1956年，他被任命为纽约州立大学健康科学中心（位于锡拉丘兹）的精神病学教授，后来就一直在此工作。这一年，他开始撰写文章，预示了以后的研究主题。萨斯的第一本书《痛苦与快乐》（1957）对精神病学（医学）中一切疼痛都有某种物理基础，因此应当进行药物治疗的观点提出了委婉批评。被授予终身职位一年后，萨斯出版了第一本力作《精神疾病的神话》（1961）。他把此书视为《痛苦与快乐》的自然延伸，该书震惊了整个精神病学界。他在书中提出，被精神病学家们归为精神病的某些行为并非由病毒或细菌引起。萨斯解释说，这些行为能引起脑部疾病，但不是"精神疾病"。

"精神疾病"学说造成了严重后果。首先，把行为定义为精神病意味着不再追究施事者的责任。例如，凶犯在精神病学家宣告其"患有精神病"后，通过借口精神错乱可免于被定罪。其次，精神病学家有权把人强制关进精神病院。他们根本不是帮助病人治疗身体疾病的代理人，而（经常）是国家的代理人。

《精神疾病的神话》出版后，萨斯为纽约州奥农达加县的约翰·乔门托斯基作证辩护。一位房地产开发商想在约定日期前收回房产，便派"暴徒"前往约翰家，结果约翰对他们鸣枪警告。于是，警察逮捕了他，政府精神病学家宣称他有精神障碍，把他关进了马蒂万州立犯罪精神病人医院。精神病医生罗纳德·利弗回忆说："萨斯在一次人身保护令听证会上作证，乔门托斯基提出了解除监禁的诉求。我参加的这次审讯是当时精神病学界高度期待的一件大事，因为这是萨斯首次在公开场合对抗传统精神病学家。……他认为精神病院就是监狱；事实上，乔门托斯基先生在没有被定罪的情况下就被强行监禁。他把马蒂万州立医院精神病学家的心理呓语证词翻译成了极具毁灭性效果的普通语言。"

县精神健康专员亚伯拉罕·哈尔彭向纽约州精神卫生专员保罗·霍克提出抗议，于是后者命令萨斯停止在锡拉丘兹精神病院执教。《精神病学季刊》还发表了《为呆子辩护的萨斯》一文发起攻击。萨斯奋起反击，由于他本来就拥有终身教席，所以保住了教职，但他的两个同事被解雇。

萨斯在《法律、自由与精神病学》（1963）一书中进一步攻击了精神疾病："精神疾病的概念主要源于大脑梅毒或者包括中毒在内的精神错乱等现象，在这种情况下人会表现出一些思维和行为混乱。然而，确切地讲，这些现象属于大脑疾病，而非精神病。有一派思想认为，所有这些所谓的精神疾病都属于大脑疾病。可以设想，人们将会发现某种神经缺陷——可能是微小缺陷——可以解释所有思维和行为混乱。当代许多精神病学家、内科医生和其他科学家都持有这一观点，这意味着人的麻烦不可能是由冲突的个人需求、观点、社会抱负、价值观等引起的。这些困难——我认为我们可以简单地将其称为生活中的问题——都是由生理化学过程引起的，医学研究将来会发现这些过程（无疑也会纠正这些过程）……（但是）一个人的信仰——不论是信奉基督教、共产主义，还是认为自己的内部器官正在腐烂、肉体已死，都不能以神经系统缺陷或疾病来解释。"

萨斯指出，强制收容比蹲监狱更糟糕，因为犯人即使不被提前释放，服完刑后也会出狱，而精神病院里的人却注定要无限期地待在里面，出院与否完全取决于精神病学家。萨斯写道："不论是内科医生、产科医生还是外科医生，都不能开办专门用于强制收容病人的机构，也不能通过法律授权强迫病人接受治疗。精神病患者入院有两种方式：自愿和非自愿。必须强调的是，无论哪种方式，病人都与医院没有真正的合同关系。不论通过哪种方式进来，病人都会发现自己处于被收容状态。……对于自愿入院而且明白可以随时出院的病人而言，精神病医生可能会拒绝释放他。……自愿入院其实就是自愿被收容。或者换句话说，自愿入院的精神病患者的角色介于医学病人与犯人之间。"

如何看待一个对自身或者社会构成威胁的人就是应该被收容这一观点呢？萨斯写道："在我看来，一个人是否危险并非真正的问题。真正的问题是，他是谁，他以何种方式构成危胁。可以允许有些人对他人构成威胁而不受惩罚。而且，我们大多数人也可以在某些方面构成危险，但是在其他方面则不允许。比如，醉驾司机不仅威胁自身，也威胁他人，他们比患有迫害妄想症的人伤害和致死的人还要多。然而，被贴上妄想症标签的人立刻就会被收容，而醉驾司机却不会。一些危险行为甚至可以得到奖赏，比如赛车手、空中杂技飞人和宇航员，他们可以获得赞美和掌声。……因此，危胁本身通常并不是问题，而是构成危胁的方式。"

针对精神病院能让病人有所改善的说法，萨斯反对说："慢性病患者很少试图逃跑这一事实最有力地证明了精神病院对病人个性的有害影响。病人在精神病院被关到一定时间后，就会丧失在外面生存的所有社会技能。"

精神病学家不仅违背病人意愿对其强制收容，还通过证明刑事被告人精神失常来免除个人责任。精神病的依据既模糊又容易被放大，这意味着各种各样的人都可能犯过可怕的罪行，只是没有被追责而已。

《法律、自由与精神病学》让萨斯饱受争议，他开始为《纽约时报杂志》《纽约时报书评》《波士顿周日先驱报》《大西洋月刊》《哈泼斯杂志》《国家评论》《新共和党》《科学文摘》等大众读物撰稿，这可把精神病学家们激怒了。依靠在刑事案件中作证挣钱的精神病学家曼弗雷德·古特马切咆哮道："一个自我拆台的人肯定会招致批评。"

对氯丙嗪和其他镇静剂的解禁又助了精神病学家们一臂之力。之后还出现了抗精神病药和抗抑郁药。罗纳德·利弗说："随着一代又一代新药的开发，通过药物治疗精神病似乎更省钱、更普遍。精神病学家因药物而更加自信，于是开始清算萨斯。萨斯发表在精神病学期刊上的文章也不再受欢迎。任何赞同萨斯有关'精神疾病'观点的人想要获得一份指导精神病住院医师的全职学术工作几乎是不可能的。"

然而，精神病学家却无法证明每一种人类行为都有其病因，也无法验证这类病因可通过药物进行有效的治疗。《纽约时报》的科学作家纳塔利·安吉尔报道说："每当他们认为自己发现了一个真正的可分析基因，并可用于解释躁郁症或酒精中毒之类的精神病时，最后都会被证明经不起深入推敲，甚至让人质疑。"蒙特利尔大学社会工作学院副教授戴维·科恩说："经过对精神安定剂（抗精神病药）的四十年临床使用，从收集到的任何当代精神病学文献都可以发现以下事实：临床医生对如何合理使用这些药物存在分歧；所有精神安定剂的最佳剂量至今都是个未知数；有一半病人在服药后症状并没有得到缓解，甚至还进一步恶化；药物效果与精神病症状混淆；缺乏长期疗效或毒性效应的相关数据……使用精神安定剂治疗精神病在理论和实践层面都处于混乱状态。"

在一片争议声中，萨斯写了15本书。最著名的包括《疯狂的制造：宗教裁判所与精神卫生运动的比较研究》（1970）、《疯狂的时代：精神病院强制收容史节选》（1973）和《治疗状态：当前事件所反映的精神病学》（1984）。

萨斯谴责禁毒，反对传统观点，因此引来了更多争议。在1974年出版的《仪式化学》中，萨斯探讨了人类七千年的历史，说明毒品自古就有，历史上"瘾君子"不计其数；只有当吸毒伤害到了他人，这种行为（和其他有害行为）才应该受到约束。

萨斯指出，禁毒已经揭示出政府干涉与私人生活之间存在尖锐矛盾。虽然非法毒品中的杂质会让人丧生，但是如果让毒品合法化，由毒品制造商承担责任，这种事情就几乎不会发生。毒品经销商之间的冲突会造成人员伤亡，因为他们从事的是非法活动，因此无法提起诉讼进行索赔。吸毒者为了满足自己的嗜好，必然会铤而走险，想法筹集毒资，（但若开放）毒品公共市场，价格就会比私下购买便宜，这样就能避免无辜的人们惨遭盗窃、抢劫和杀害。（但这些行为与精神疾病无关。）

有种观点认为，若个人不可救药地沉迷于毒品，要戒除毒瘾就有必要削弱个人为自己行为承担的责任。萨斯对此明确反对。他指出，虽然人们难以摆脱个人习惯，但是他们拥有自由意志，具有改变自己的能力。

他还警告说，其实所有人都迷恋政府比有些人沉迷毒品危害更大。他在《吸毒的权利》（1992）一书中进一步阐述了自己的观点。

在其一生中，托马斯·萨斯都展示了特立独行的非凡勇气。他挑衅强大的精神病学界，被有影响力的期刊拒之门外，政府高官竭尽全力想毁掉他的事业。但是，他为弱势群体仗义执言。有些人因为"与众不同"而被关进了精神病院或者在监狱里苦苦煎熬，失去了发言权，萨斯便挺身而出捍卫他们的平等权利。他是自由的坚定捍卫者。

第九部

保护自由

一部好宪法远远胜过一位最好的独裁者。
——托马斯·巴宾顿·麦考利（1825）

纵观历史，重要的深刻见解很多来自英国、法国和美国的思想家。他们的观点和斗争是对自由的最重要的保护。

1. 司法独立：爱德华·科克

公民自由之所以首先在英国得到确立，一个主要原因就在于普通法原则的形成和独立于统治者的判例。就此而言，爱德华·科克（实际发音为"库克"）的功劳最大。思想史学家默里·N. 罗斯巴德称他为"17世纪早期伟大的自由主义者"。温斯顿·S. 丘吉尔评论说："他对普通法的了解独一无二。"历史学家乔治·麦考利·特里维廉认为他是"我们自由事业最重要的捍卫者之一"。诺贝尔奖得主 F. A. 哈耶克称他为"辉格党原则的伟大源泉"。

科克在表达观点方面极具天赋，令人印象深刻。他写道："普通法是臣民与生俱来的最好、最普遍的权利，不仅可以保护他的财产、土地、收入，还可以保护他的妻儿、身体、名声和生命。……不论信教与否，任何人内心的秘密想法都不容许受到审查。……对于英国人而言，房子就如同他的城堡。"

特里维廉称赞科克"具有强大的自信力，凭借的是对法律的学习、记忆力和智力。……在宪法斗争的危险时期，是他首先重新提出了下列理论：法律并非王权的工具，而是王权的界限；法官并非弗朗西斯·培根所称的'王座下的狮子'，而是国王与臣民之间的仲裁员"。

作为律师和法官，科克使用基于判例的论据，可能有人会认为，这意味着如果他不引用判例，就会没有论据。然而，事实上他最善于发现支持自由的判例。有时候,即使判例能追溯到更早时期——事实也证明的确如此——他也几乎总是能在基本原则方面正确无误。

他撰写的《报告》和《英国法总论》帮助英国人拥有了一部连贯的宪法。甚至连培根也承认:"如果不是因为爱德华·科克爵士的《报告》……我们的法律就会像一艘没有压舱物的船只;因为现代判例都源于过去的审判和裁决。"

尽管科克拥护传统宗教信仰,但他也极力推崇宗教宽容。作为普通法法庭的首席法官,他竭力阻止许多案件由宗教法庭审理,因为宗教法庭会判处宗教异端分子酷刑,比如监禁甚至火刑。他聘请清教徒牧师在他的教堂任职。他聘用了思想独立的罗杰·威廉斯担任秘书,后来罗杰把罗德岛打造成了宗教宽容的避难所。

科克不仅是位法学家,还为代议制政府的建立立下了汗马功劳。伊丽莎白一世统治时期,议会对于君主而言形同虚设。议员们没有思想视野,没有实际经验,无法有效地反对或领导。1621年、1624年、1625年和1628年,议会要求政府大臣为自己的行为负责。议会系统地阐述了宪法原则,积极制定政策。科克确定了讨论议题,并在多个委员会任职,他所做的报告和演讲超过任何人。历史学家斯蒂芬·D.怀特说:"总体而言,科克之所以在下议院和议会中影响巨大,原因很容易理解。他在议会内外拥有广泛的执政经验,在法律领域也声名显赫,这自然会令其他议员肃然起敬。他在中央政府和地方政府担任过许多要职。……自1589年以来,议会的每次会议他都从未缺席;1593年,他担任下议院议长,是议会判例和程序专家。著作等身和多年担任法官和国王律政官员的经历为他赢得了那个时代最杰出法律权威的美誉。"

科克在美国也有巨大的声誉。宪法史学家伯纳德·施瓦茨说:"在美国独立战争时期,人们就已经受到科克作品的熏陶。在他们眼中,科克就是当时的法律巨人。"科克对美国的主要贡献是他提出的司法独立以及法官可以推翻违宪法规的原则。

传记作家凯瑟琳·德林克·鲍恩说:"科克出类拔萃,非常帅气,引人注目。他身材高挑,骨架很大,略显清瘦。他的脸呈椭圆形,稍微有点儿长；上唇有髭，胡须又尖又短，下嘴唇厚实红润。头发乌黑，理得与耳朵齐平，没有一丝灰发，但是太阳穴处的发际线开始后移，这让额头显得更高。眉毛浓厚柔顺，肤色略黑，脸上几乎没有皱纹。眼睛又大又黑，炯炯有神，透露出雄心勃勃但又不失稳重的机警。"

毫无疑问，科克常常难以对付。历史学家托马斯·巴宾顿·麦考利写道："在法庭上，他对自己的晚辈非常粗鲁，对待接受审判可能被判死刑者也极其残酷。但是，他敢于反对国王及其宠臣。在那个年代，在反对下级而且自己错误时，没有人会像他那样词穷理尽还顽固不化。但是，另一方面也必须承认，在那个年代，在反对上级而且碰巧自己正确时，也没有人会像他那样大放异彩。"

1552年2月1日，爱德华·科克出生于英格兰诺福克郡米尔汉姆的一个法律世家。父亲罗伯特·科克是律师，在伦敦和诺福克郡从业。母亲温妮弗雷德·奈特利是律师的女儿。

科克毕业于剑桥大学三一学院。他这一生注定要从事法律行业，1571年他开始在克利福德律师公会学习，次年转到内殿律师学院。这些学院为年轻人提供机会学习普通法知识，以便将来从事法律工作。普通法是适用于所有人的法律。它包含撒克逊法律惯例、解决争端的商业标准惯例、议会法令、司法裁决和一些皇家法令。另外，还包括一些可以追溯到几百年前由受人尊敬的法官们编写的著作。司法裁决有时候也不完全基于判例，因为很难确定什么是判例。英国宪法学者查尔斯·M.格雷说："已裁决案子的论据，尽管很常见也具有说服力，但不能主导法庭对话。尽管法官可能宣称不赞成先前的裁决，但可能也会遵从这些裁决。不过，有时这些先前的裁决也会因为理性而遭遇拒绝或者被直接忽略。"普通法诉状是用"法律法语"（Law French）写的，而中世纪的法庭庭审记录是用拉丁文写的，所以过去研究普通法的人必须认真学习这两门语言。

1578年，科克开始从事法律工作。他在考文垂、埃塞克斯、诺威奇和伦敦生活过很久，总是带着笔记本，随时记下他对法庭诉讼的见解。他做笔记的习惯一直坚持了40多年，后来他就是根据这些见解写出奠定了他不朽声誉的著作的。

科克30岁时，娶了17岁的布里奇特·帕斯顿为妻。布里奇特出生于萨福克的一个富裕家庭，出嫁时带来了丰厚的嫁妆。科克结交了伊丽莎白女王的顾问伯利勋爵，通过后者的关系出任过多个官职。1592年，女王任命他为副检察长，次年任命他为下议院议长。后来，女王放弃了弗朗西斯·培根，选择科克担任首席检察官。

这两人后来成为对手，对抗了近30年。培根比科克小9岁，父亲是伊丽莎白的朝臣，任掌玺大臣。根据传记作家鲍恩的描述，培根"这个人结实灵敏，中等身高，身材匀称。……眼睛呈淡褐色，既非绿色，也非棕色，疾如闪电。……没有人能否定他的卓越才华"。培根学习过法律，通过私人关系进入议会。他有一位秘书叫托马斯·霍布斯，后来成为杰出的专制主义政治理论家。通过简单易懂的《论说文集》（1597年第一版），培根表达了对马基雅维利政治作品的钦佩之情，表明了自己对议会的不信任和对政府权力的信任。

1603年3月24日，伊丽莎白女王去世，来自苏格兰的37岁的詹姆斯六世继承王位，成为英国的詹姆斯一世。按照惯例，君主应该用世袭的收入维持宫廷开支及支付朝臣的费用，议会承担国防及战争费用，然而詹姆斯一世却要求议会——纳税人——帮忙解决王室的家庭花销问题。历史学家小莫里斯·李说道："詹姆斯和安妮都喜欢佩戴珠宝，所以衣服更华贵、更奢侈。……一次宫廷宴席就要雇用100位厨师烹饪八天，制作1600个菜。"历史学家保罗·约翰逊写道："詹姆斯是个粗俗野蛮之人。狩猎时，他喜欢把自己的罗圈腿插进牡鹿的肠子。……热衷于把年轻的宫女灌醉，然后看着她们一个个在他脚前呕吐。"

詹姆斯一世决心维护自己的权力。他主张："君主制国家在地球上至高无上。因为国王不仅是上帝在地球上的助手，而且就坐在上帝的王位上，所以即使上帝本人也称国王为上帝。"特里维廉写道，"他对英国特有的法律和自由一无所知。……他的君权神授主张源于现在欧洲君主政体非常青睐的新国家理论。"

首席检察官科克在处理了一些轰动一时的案件后，成了一个可怕的人物，不久便开始挑战国王的权威。财政法庭规定，关税政策由国王管辖，而非议会。但是，科克坚持认为，关税政策应征得议会的批准，因为征收关税是为了增加国家收入。传记作家黑斯廷斯·莱昂和赫尔曼·布洛克记录了科克的深刻见解：如果詹姆斯一世继续控制更多的国家收入，他"将拥有一个几近完善的超议会税收体系，议会很快就会形同虚设，国家最终会因为腐败而走向暴政"。的确，法国和西班牙就是因为国王独掌公共财政，代议制已经命悬一线。

1606年6月，科克被任命为民事诉讼法庭的首席法官，该法庭主要处理市民之间的私人诉讼。詹姆斯一世颁布诏书，命令英格兰港口的人装备舰队。科克抗议说，诏书违背了自由的原则，即他所称的"英格兰臣民与生俱来的权利和继承权"。詹姆斯警告说："质疑国王所做之事就是煽动臣民暴乱。"

与此同时，科克不遗余力地分享自己的普通法知识。1600年，他开始发布有关案件的年度报告，一直持续到1616年。传记作家鲍恩写道："在威斯敏斯特、伦敦市政厅或郡巡回法庭收集到的所有案例，他都以特有的方式记下来，并添加评论、旁注和比较。迄今为止，任何法律报告都没有像他的报告这样全面；不论是居家、散步、坐着还是谈话，科克肯定都是手中握着笔记本。正如布莱克斯通在1765年所说，科克的著作迅速在法院内部成为权威。"

科克提出，如果被告和辩护律师均无法出庭展开反询问，那么国王的人就不能极力对法官施加影响。这在埃德蒙·皮查姆一案中成了问题。埃德蒙·皮查姆是清教徒牧师，因批评主教而被传唤至高等宗教事务法庭。培根向国王汇报说："在受刑前、受刑中、受刑间隙及受刑后，皮查姆都接受过审讯……但是依然固执且不可原谅地拒不认罪，并坚持以前的回答。"后来，皮查姆死于狱中。

在"博纳姆案件"（1610）中，科克裁定普通法高于议会。托马斯·博纳姆医生因未持有英国皇家医师学会证书行医而被捕入狱。科克裁定："如果议会法案违背普遍权利和理性、令人反感或者无法实施，那么普通法将有权判决该法案无效。"这是科克最具争议性的一项裁决。

1610年9月，科克现身枢密院——枢密院有责任就行政、司法和财政事宜向国王建言献策。但是，他大胆宣称国王的声明不具有法律效力，枢密院对此表示赞同。

科克颁布禁令，目的是限制教会法庭的权力，他尤其针对高等宗教事务法庭，该法庭监禁宣扬非国教教义的人。科克的禁令中其中一项规定，教会法庭不得受理可能属于普通法法庭的案件。

国王詹姆斯一世需要钱，所以他在1610年召集了议会，但是不情愿的议员们起草了请愿书，表达不满。科克宣称："我必须借助《大宪章》，恳求陛下做出解释。《大宪章》之所以被称为……'自由宪章'，是因为它造就自由人。如果国王声称我们无权拥有种种自由，那么自由宪章就从根本上推翻了他的言论。"詹姆斯一世对议会满腔怒火，怒斥道："我的祖先竟然会设立这一机构，这真是太让人惊讶了。"

1613年，培根说服詹姆斯一世任命科克为处理刑事和民事诉讼的王座法庭的首席法官，并承诺让他在由12人组成的枢密院中占有一个席位，试图借此驯服科克。培根向詹姆斯一世保证说："这样科克就会乖乖听话。"詹姆斯一世把收益型房产授予了考文垂主教，两个人站出来表示抗议，说房产归他们所有，国王无权将其赠送他人。在这起"薪俸代领权案"中，科克不顾国王反对，坚持认为原告有权举行听证会。结果，科克被免职。

历史学家乔治·麦考利·特里维廉说："科克的努力并非徒劳。他引发了普通法研究者的职业骄傲，而与普通法相对立的则是星室法庭的王权、海事法庭和教会法庭特别推崇的法律体系。他改变了律师学院对他心怀敬畏的年轻先生们的思想，促使他们思考一种新观念，这种观念涉及他们职业的宪法职能和政治亲和力。"

科克迫切希望恢复高官职位，于是迫使14岁的女儿弗兰西丝嫁给了约翰·维利尔斯，约翰是詹姆斯一世最具影响力的顾问乔治·维利尔斯（后成为白金汉公爵）患有阳痿的哥哥。此时，科克的事业遭遇了低谷。他没能够重新成为法官，但是再次进入了枢密院。

1621年1月13日，詹姆斯一世七年来第一次召集议会。他需要钱，但是议员们决心惩治腐败,尤其是惩治培根。培根曾被任命为大法官,这是皇室之外的最高职位。3月17日,担任首席检察官的科克使用了"贿赂"这个致命的词汇,并警告说"法官腐败是痛中之痛"。培根贪污的赃物包括一枚钻石戒指、一些黄金纽扣、家具、酒和现金。培根遭到弹劾,被罢免了大法官一职,缴纳罚款后被关押在伦敦塔,禁止进入伦敦和法院。历史学家阿克顿勋爵说:"由英国最著名的律师科克领导的下议院扳倒了培根,罢免了斯图亚特王朝最有能力的法律顾问。大臣的弹劾权和责任得以保留。"

12月18日,詹姆斯一世解散议会,把自己的眼中钉送进了监狱,这才解了心头之恨。囚禁科克的伦敦塔单人牢房潮湿寒冷,满地都是尿液。因为读不到书,他便用煤块写拉丁文诗。7个月后,官员承认无法找到科克的任何违法证据,便把他释放了。

科克带头抨击政府授权对羊毛、造砖、玻璃制造、捕鲑鱼和转录遗嘱的垄断。他声称:"总地来说,所有垄断都违反了《大宪章》,因为垄断侵犯了臣民的自主和自由,违反了国家法律。"

1625年3月27日,詹姆斯一世去世。他在位期间,英国长治久安,一派繁荣,但他却欠下了巨额债务。他24岁的儿子继任国王,即查理一世。他很快便开始毫无节制地花钱。他借了6万英镑,为父王举办了英国历史上最为壮观的葬礼。为结成对抗西班牙的同盟,他迎娶了15岁的信奉天主教的法国公主亨丽埃塔·玛丽亚。尽管玛丽亚陪送的嫁妆很丰厚,但这桩婚事还是耗费了查理大量财富。

1625年5月,查理一世召集议会,希望能够筹集资金进行军事冒险。结果议会不愿满足他的要求,他便解散了议会,推行征兵制。政府召集在港口诸镇附近所能找到的所有强壮男丁,并强迫个人为士兵提供食宿。这一举动引发了骚乱,导致了军事管制。查理一世不得不再次召集议会,目标仍然是索要资金,但是下议院开始弹劾国王手下推动军事冒险的顾问。1627年6月12日,查理一世再次解散议会。

温斯顿·丘吉尔解释说:"各种议会运动背后都隐藏着深刻的恐惧。在欧洲各地,他们看到君主制更加独裁。法国议会自1614年在巴黎开过一次后，便再也没有召开过；事实上，直到1789年爆发冲突后才再次召开。接受过火器训练和有火炮支持的常备军的崛起，使得贵族和平民再也无法进行独力抵抗。"

未经议会同意，查理一世便命令把关税收入纳入皇家金库。他采取强制性借款，结果76人拒绝服从命令。他们未经审判便被直接投入监狱。但是，查理一世想要更多的钱，于是他在1628年3月27日第三次召集议会。科克提交了一项法案，明确表示未经审判，对任何人的关押期限都不得超过3个月。下议院通过决议指出，除非政府指明指控的罪名，否则不得监禁任何人，不得拒绝人身保护令。当上议院维护国王宣称的特权时，科克提醒说，特权在英国法律中毫无根据。可是，国王继续提出种种要求，于是科克在5月8日提议议会就以下内容通过一份权利请愿书："1. 臣民有个人自由；2. 有私有财产权；3. 解除士兵膳宿提供令；4. 和平时期应解除戒严令。"查理一世继续坚持自己的特权，但科克依然拒绝考虑。6月8日下午，查理一世召集议会两院，他做出了让步，批准《权利请愿书》成为法律。

丘吉尔写道："在一片混乱中，我们就此奠定了英国人的自由传统的重要基础。执政政府以国家原因为由监禁一个人的权力被否定了——不论这个人的地位是高还是低；这一结果是通过痛苦的斗争换来的，在任何时期、任何国度它都是每位自尊者的自由宪章。由地位平等者组成的陪审团审判制度，如果只是针对法律罪名而设立，就能在约束与自由之间产生重要影响。"

退休后，科克住在位于伦敦以西的白金汉郡斯托克波吉斯的斯托克庄园，并在这里完成了自己毕生最重要的作品。科克的庄园非常豪华，窗户呈菱形，带意大利式花园，还有400多公顷的林地。他撰写了对托马斯·利特尔顿的《论土地占有权》的评述，托马斯的这部作品是英国最重要的法律著作之一。

1634年，科克健康恶化，枢密院签发搜查令搜查他的住所，警察查获了两册未出版的《报告》和《英国法总论》的手稿。1634年9月3日，科克在斯托克庄园去世。一个月后，他被安葬在蒂特尔沙尔的教堂墓地，紧挨着他的第一任妻子。该墓地位于诺福克郡法肯汉西南部大约9英里的地方。

查理一世无视《权利请愿书》，长达11年间拒绝再次召集议会，但是科克的原则激励了约翰·李尔本及其他自由斗士。1640年议会召开，安排出版了科克的《英国法总论》，因为该书"包含了臣民自由权利的很多重要里程碑"。1642年，《英国法总论》第二卷面世，评论了《大宪章》及其他近40部宪章和法规。《英国法总论》的第三卷（1644）探讨了更多的法律。第四卷（1644）讨论了议会。

1688年光荣革命爆发，英国人长期以来的积怨得以化解，王位由新教徒继承，出现了高度宗教宽容。人民得到保护，不再遭受肆意搜查和逮捕；不经正式指控认定违反法律，就不能被投入监狱。最重要的是，君主的权力受到了议会的限制，议会地位至高无上。但具有讽刺意味的是，这也意味着法官不能推翻议会法案。他们只能裁定政府逾越法规被授予的权力。

在美国，罗得岛州的创建者罗杰·威廉斯写道："他（科克）的榜样、教导和鼓励鞭策着我，让我此生都不甘平庸，更加勤劳，更有耐心。"托马斯·杰斐逊说："科克对利特尔顿的评述是法律专业学生的通用基础教科书；更传统的辉格党人士从来不著书立说，从来不对正统的英国自由权利学说进行更深入的研究。"帕特里克·亨利、约翰·亚当斯、约翰·昆西·亚当斯、约翰·杰伊、丹尼尔·韦伯斯特和其他许多有影响力的美国人都读过科克的作品。历史学家伯纳德·施瓦茨说："在殖民地与宗主国的冲突发展的所有关键时期，都可以看到科克的影响。"

司法审查已经在英国消失，却在美国保留了下来。施瓦茨写道："最能体现这种思想的机构便是美国最高法院。"虽然新法官可能会倾向于反映任命了自己的政客的观点，但是政客却无权解雇跟自己有分歧的法官。

尽管法官做过许多糟糕的决定，他们有权驳回违宪的法规，他们有时也的确是这样做的。但与法官受到恐吓按统治者的要求行事的时代相比，这已经是巨大进步了。这充分证明了爱德华·科克的远见卓识和巨大勇气。

2. 人民主权：阿尔杰农·西德尼

制约政府权力的最重要手段之一是实行人民主权：人民能够选择自己的统治者，并且有权推翻为非作歹的统治者。

阿尔杰农·西德尼是英国深具影响力的煽动家和思想家，他在君主统治时期就拥护人民主权。多年来，他煽动反对国王查理二世，并因此遭到刺客的猎杀。他公开反对在英属西印度群岛实行奴隶制。他曾两次命悬一线，虽成功脱险，但最终还是未能逃脱被砍头的悲剧。他是英国历史上最著名的为自由献身的烈士。

在被执行死刑15年后，他的主要作品《政府论》于1698年面世。书中详细阐明了争取自由的理由，后来鼓舞了美国人，并风靡全球。比如，他曾写道："任何人都不能拥有绝对权力……在涉及执政官权力的种种争议中，我们不应该查看给他们带来利益或者荣誉的东西，而是查看有益于公众的东西……执政官的权力主要取决于统治者的许可……因此，未经公众赞同制定的法律均非法律……国家的自由来自上帝和大自然，而非国王……根据自然法则，（人类）有权享有自由、土地和财产……"

西德尼深受所有珍惜自由者的尊崇。他认识英国自然权利哲学家约翰·洛克，并与贵格会的威廉·佩恩一起努力，把自由意志主义思想带进了议会。托马斯·杰斐逊认为西德尼是关于自由的最重要思想家之一，认为《政府论》是"共和主义原则的宝贵财富……可能是以任何语言出版过的建立在自然权利基础之上的关于执政原则的最佳启蒙书"。约翰·亚当斯、约翰·迪金森、本杰明·富兰克林、詹姆斯·奥蒂斯以及美国革命时期的其他作家都对西德尼心怀敬意。

历史学家托马斯·G. 韦斯特称西德尼"早熟，精力充沛，值得尊敬"。西德尼又高又瘦，年轻时留着红发。40岁流亡时，有人给他画过一幅肖像。正如历史学家约翰·卡斯维尔所言，在这幅肖像中，"西德尼身着护胸甲，展示了一个斗士和领袖的形象。应该把肖像雕刻成一个致力于光复英格兰共和制的领袖，散发下去用于宣传"。50多岁时，西德尼流亡法国，卡斯维尔这样描述他："尽管很瘦，头发也白了，但是仍然充满活力，喜欢射击、写作、骑马。他一生写过大量信件，对境遇和他人满腹牢骚，但是几乎从未提及身体不适。"

西德尼是个令人难忘的人。历史学家乔纳森·斯科特解释说："西德尼是孤独的，大部分时间都独自一人，流亡他乡。西德尼的家庭是不幸的，一直笼罩在动荡的阴影中，从未组建属于自己的家庭。西德尼曾经'隐退'，隐居于奥格斯堡、内拉克和罗马。西德尼既是学者，又是实干家……（追求）'上帝创造我们时的自由'。"

阿尔杰农·西德尼出生于1623年1月15日前后。具体日期不详，但是那天有位接生婆因为照顾他母亲多萝西而领取了报酬。多萝西出生于有权有势的珀希家族。他的父亲罗伯特·莱尔是莱斯特伯爵爵位以及肯特4000多公顷彭斯赫斯特庄园的继承人。西德尼就出生在这个庄园，是家里幸存下来的第四个孩子，也是家里的次子。

10岁时，西德尼被父亲送往格雷律师学院学习。他似乎接受了父亲的哲学思想。据称，他认为格劳秀斯的《战争与和平法》是最重要的政治哲学著作。

西德尼参加了反对国王查理一世的叛乱。自1629年起，查理一世便在无议会的情况下实行专制统治，直至后来需要钱，才不得不于1640年召集议会。6年后，西德尼入选长期议会。他被任命为专员，负责审判国王。他把1649年的处决称为"英国乃至世界上最公正、最勇敢的一次处决"。

1653年4月20日,奥利弗·克伦威尔解散议会,开始了他的军事独裁,即摄政时期。西德尼去了海牙,似乎在此担任反对克伦威尔的英国立宪派的代理人。

1658年9月3日,奥利弗·克伦威尔去世,他的儿子理查德·克伦威尔开始掌权,西德尼被任命为英国驻丹麦和瑞典大使。之前,丹麦与瑞典就已征战数十年,新的战争一触即发。西德尼推动两国进行了和平谈判,两国于1660年5月27日签订了协议。协议持续了长达300多年的和平,保证了其他国家能够进入波罗的海。

1659年4月,理查德·克伦威尔被军队推翻,议会迎回查理一世的儿子继任国王,称查理二世。查理二世命令处死那些处决了他父亲的罪魁祸首,为慎重起见,西德尼出国避风头。历史学家特里维廉写道:"在查令十字街搭起了断头台,设立了屠宰场。在这里能看见白厅前的那个地方,当年查理一世就是在那里被斩首的。刽子手把杀害国王的人碎尸万段,举着他们的头颅和心脏示众,空气中弥漫着一股浓重的血腥味。围观者大喊大叫,对死者没有任何惋惜和尊重。休·彼得斯几乎无力面对这种可怕的场面,步履蹒跚地走向断头台。但是,库克律师、哈里森以及其他士兵和政治家都没有辜负自己的事业和那个伟大的时刻。哈里·文爵士(1662)死得比任何人都光荣,直到最后一刻还在歌颂自由原则。"

西德尼待在欧洲,想方设法躲避查理二世派去绑架或者刺杀自己政敌的暴徒。他参观了哥本哈根大学,并在留言本上写下了一句爆炸性的话语:"Manus haec inimica tyrannis, Ense petit placidam sub liberate quietem."("这只手,与暴君势不两立,用剑寻求自由之下的安宁。")西德尼的朋友们感到非常震惊,建议撕掉这一页,可他坚持保留。他的话在欧洲和英国引起了轰动,他父亲写信警告他说:"没有人会替你说话。"

人们对西德尼的隐居生活知之甚少,譬如在显然没有资助人的情况下,他的生活和旅行资金来自何处。但毫无疑问,他的资金来源于英国。传记作家卡斯维尔写道:"证据变幻不定,我们不能再从信件中寻找了。尽管他肯定写过许多信件,但是为谨慎起见,收件人未做存留,只有五封保存了下来，不过可以肯定这是接下来的 14 年间写的。关于他的消息，可以在监视他的人撰写的情报报告、官方通信和外交备忘录中找到。"

西德尼一路向南，在汉堡、法兰克福、奥格斯堡和威尼斯都停留过。后来一直住在罗马，直到出现了很多间谍和刺客。他转而去了瑞士的伯尔尼，许多英国流亡者都聚居于此，但是这里也不安全。流亡者约翰·莱尔在去教堂做礼拜的路上遭到暗杀。西德尼又回到奥格斯堡，随后去了布鲁塞尔。在他流亡荷兰期间，有三个流亡者遭到逮捕，被押回英国，后被处以极刑。

贵格会商人本杰明·弗利是坚定地支持荷兰者之一，他帮助威廉·佩恩为争取宗教宽容而斗争，为流亡荷兰的约翰·洛克提供过住处。显然，弗利也曾出力为西德尼募集资金，抄写手稿，并妥善保存。传记作家约翰·卡斯维尔说，弗利"身体微胖，看起来很笨拙。脸又圆又丑，但是聪明过人，一头茂密的黑发……他人缘好，热心肠，善于结交朋友。……多年来，他借钱给朋友们，为他们提供住处，帮助他们打理商务，凭借自己的国际人脉担任他们的银行家。他替他们保守秘密，是他们可信赖的顾问，在动荡不安的时代是他们的坚强后盾"。

在此期间，西德尼撰写了《宫廷仪轨》抨击查理二世，鼓励荷兰人支持反对查理二世的共和斗争。《宫廷仪轨》收录了拥护共和派的尤奥诺米乌斯（Euonomius）与王室朝臣菲勒里息斯（Philalethes）之间的 15 次对话，他们讨论了有关政治专制主义的格言，比如"君主制是最好的统治形式"和"君主制应该是绝对的，而且可以世袭"。西德尼（尤奥诺米乌斯）赞成西塞罗倡导的"高级法"学说。他坚持认为，如果统治者损害了人民的利益，他们就"不应该再被看作慈爱善良的神父或者牧师；相反，他们应该被当成罪大恶极的窃贼、豺狼和暴君"。他还说，"法律的本质就在于其公正性；如果不公正，那就不是法律……可理应保护我们的法律却是个陷阱……任何对社会某些人不利、妨碍公正、违背初衷的法律，都是极不公平、彻底无效的。……对于所有诚实者而言，最重要的现世利益是：保护生命、自由和财产"。

1677 年，对自己权力更加自信的查理二世签署通行证，允许西德尼回国探望身体虚弱的父亲,后者已经80多岁。但是,西德尼的家庭深陷严重的财政危机,他随即因债务问题锒铛入狱。不知何故,西德尼一跃成了英国持不同政见者中的一位重要人物。为了影响英国政治,为自己争取利益,狡猾的(法国国王)路易十四给包括西德尼在内的持不同政见者提供资助,同时也为查理二世提供了一大笔资助。路易十四把提供查理二世资助的消息透露出去后,引起了人们的愤怒。后来,西德尼接受法国资助的消息也不胫而走,人们开始把矛头指向他。

查理二世对权力的胃口越来越大,结果引发了关于政权最基本问题的辩论。律师罗伯特·菲尔默出版了写于42年前的《君权论:为国王反对人民的非自然权力的自然权力辩护》,彼时查理一世正在逐渐失去对王位的控制。菲尔默否认人类拥有天赋人权,坚持认为即使统治者不够英明,也必须服从他,因为他实际上是一家之主。政治专制主义的思想似乎正日益得到支持,一旦成为普遍信条,人们便不能轻易反对君主。

当时的一些最伟大的思想家开始反驳菲尔默。激进的沙夫茨伯里伯爵安东尼·阿什利·库珀的秘书兼医疗顾问约翰·洛克开始用两卷本的《政府论》捍卫天赋人权。洛克为人谨慎,直到1689年斯图亚特王朝被推翻后才发行这两本书——但即便如此,书上也没有署名。洛克的老朋友兼助手詹姆斯·蒂勒尔更为大胆:他撰写了《父权制并非君主制》一书,于1681年出版。

西德尼也开始大规模地一条一条反驳菲尔默。多年前两人做邻居时,他就很可能读过菲尔默的手稿。但不管怎样,为了能理性地抨击君主制,西德尼对自己的想法进行了提炼,并收集了很多资料。传记作家卡斯维尔写道:"他下笔神速,信手拈来,充满激情,几乎不会停笔进行检查或改进。"西德尼的作品显示出了广博的学识。他大量引用英国史、欧洲史、古希腊史、罗马史和《旧约》。但是,西德尼始终没有完稿,而且手稿也丢了。幸运的是,后人找到了一份复本,并于西德尼去世后十五年出版发行,即《政府论》。

西德尼写道:"如果我们能证明各个国家都有权制定自己的法律、任命自己的地方行政长官,而且这些行政官员的行为都对任命他们的人负责，那么暴政的整个结构将被大大削弱。"他警告说，"所有政府都有腐败和衰退的倾向。……如果最高行政长官拥有绝对权力，（菲尔默）就会让他得意扬扬，但是这种权力会带来麻烦，而且极其危险。"

他继续说，国王必须"居于法律之下，不能凌驾于法律之上；他们的信函或命令不应予以重视：在司法行政中，问题不在于什么能讨国王喜欢，不在于国王忙碌还是空闲，愿意还是不愿意，被法律宣称为正确的东西都必须坚决执行。……国王不是国民之父，其道德并未超越他人，所以不能拥有超越法律赋予的权力；也不能拥有耶和华受膏者的任何特权。……拥有凌驾于法律之上的绝对权力，按照自己的意志进行统治，美其名曰维护人民的利益，保护人民的自由——这种说法实在荒谬绝伦：只要存在这种权力，自由就将毫无立足之地"。他还补充说："立法权……不应该交到任何不遵守自己所制定法律的人的手中。"

为了反抗不公正的统治者，西德尼肯定了人们的自然权利："每个人都有权抗拒不应该得到的种种遭遇。……没有人必须忍受国王去做他无权做的事情。……不公正的命令，不必服从；违反法律的东西，不应服从，也不应因此而遭殃。……如果认为任何国民都必须做地方行政官员认为适合但违背自己意愿的事情，那纯属疯狂。"

西德尼参与地下活动，反对查理二世和约克公爵。约克公爵是天主教徒，也是查理二世的继任者。后来，西德尼卷入暗杀查理二世和约克公爵的黑麦屋阴谋（Rye House Plot）。根据计划，当两人路过纽马克特与伦敦之间的赫特福德郡黑麦屋时，就对他们实施暗杀。但是，有人走漏了谋杀细节。策划这次谋杀的沙夫茨伯里伯爵逃亡荷兰，不久约翰·洛克也步其后尘。1683年6月26日，西德尼在伦敦家中吃午饭时被捕。他的个人著述被没收，被指控犯有叛国罪。这是乔治·杰弗里斯法官接手的第一个大案，他希望可以借此飞黄腾达。检控方以"西德尼上校的论文"——在其住所找到的《政府论》手稿——为证据，杰弗里斯谴责西德尼通过该作品"在人民内部操纵权力"。西德尼被认定有罪，并被判处死刑。

在最后一篇短文《临终谢罪》中，西德尼写道："从青年时期起，我就致力于捍卫人类的普遍权利、国家法律和纯正的新教，反对腐朽原则、专制权力和罗马天主教。现在，我愿意为此付出生命。"他的刑期定在1683年12月7日。一位目击者回忆说："他走上断头台，没有发表演讲，只是对大家说他已经与上帝达成和解，来此并非为了讲话，而是为了赴死。他递给治安官一篇文章，又递给一位朋友另一篇文章，简单做了祷告，然后低下头要求刽子手动手。"西德尼享年61岁，遗体被葬在彭斯赫斯特。

查理二世死后，信奉天主教的弟弟加冕，称詹姆斯二世。1688年，人民发动叛乱反对詹姆斯二世，信奉新教的奥兰治亲王成为国王威廉三世。西德尼很快便被昭雪为捍卫自由的烈士。1698年，西德尼的著作《政府论》首次出版，在18世纪至少出版了18个版本。

然而，当他接受法国政府资助的细节浮出水面后，他在英国的声誉却日趋下降。特别是在他受到反叛的美国人追捧后，英国人反而普遍希望与其撇清关系。但是，反对国王乔治三世政策的伟大演说家查尔斯·詹姆斯·福克斯却支持他。《政府论》出版了两个德译本和两个法译本。在法国，西德尼的狂热拥护者包括政治哲学家孟德斯鸠和孔多塞。

在美国，西德尼尤其受到追捧。历史学家阿兰·克雷格·休斯顿说："对于殖民者而言，有关西德尼一生的唯一一个最重要的事实就是他的死亡方式。通过对自由的无私奉献，他为人们设定了一个不断衡量自我的标准；通过英勇就义，他生动地展示了权力不受制约的弊端。殖民地的美国人同样小心谨慎地阅读《政府论》。他们在很多问题上都引用西德尼的观点——从人的堕落到法治，再从政府的代议制性质到革命的权利。"他还说，"西德尼的殉难，是证实他作品中所蕴含真理的最有力证据。正如他的作品所述，他的殉难充分演示了允许一个人实行独裁和掌握无限权力的后果。如果西德尼不是为了真理而就义，那么他的《政府论》就不可能在18世纪的美国受到广泛阅读；另一方面，如果他没有写《政府论》，他的死也不会受到如此广泛的关注。"

在谈到独立战争时期的美国作家时，历史学家伯纳德·贝林指出："最重要的是，他们（美国殖民者）都提到了阿尔杰农·西德尼的学说。"1775 年，马萨诸塞州当局引用了西德尼写在哥本哈根大学留言本上的话（"这只手，与暴君势不两立，用剑寻求自由之下的安宁。"），并将其作为座右铭。

独立战争后有一段时间，美国人觉得不太需要西德尼的学说了，但是在废奴运动中，西德尼的学说被再次发现。威廉·劳埃德·加里森称西德尼为"现代废奴主义之父"和"奴隶制毫不妥协的敌人"。加里森称赞《政府论》是"自由思想的无穷无尽的宝库"。最伟大的废奴演说家温德尔·菲利普斯认为《政府论》是"不朽之作"。《1850 年妥协案》的出台使得抓捕逃亡奴隶更加容易，参议员威廉·H. 苏厄德在反对这一法案时引用了西德尼的话："一个人的自由不能被他人限制或减少，没有人能剥夺他人的权利。"1866 年，激进的共和党参议员查尔斯·萨姆纳在演讲中肯定被解放的奴隶拥有政治权利时，也引用了西德尼和洛克的话。

尽管如此，但正如历史学家托马斯·G. 韦斯特所言，"19 世纪，西德尼的学说已经不再流行。受教育者开始支持克伦威尔和拿破仑等政治家，他们为了造福人类大展宏图，乐于行使无限的权力"。

然而，现在西德尼的再次复兴似乎令人振奋。1988 年，乔纳森·斯科特出版了一个世纪以来的第一部新传记——《阿尔杰农·西德尼与英格兰共和国：1623—1677》，之后又出版了《阿尔杰农·西德尼与王政复辟危机：1677—1683》（1991）。约翰·卡斯维尔写了《豪猪：阿尔杰农·西德尼的一生》（1989）。1990 年，自由基金会出版了 185 年以来西德尼《政府论》的第一个当代新版本。之后，普林斯顿大学出版社出版了阿兰·克雷格·休斯顿的《阿尔杰农·西德尼及其留给英国和美国的共和遗产》。1996 年，剑桥大学出版社发行了西德尼未出版的《宫廷仪轨》，该书的遗失手稿于 20 世纪 70 年代在华威城堡被发现。斯人已去，但其大胆的思想见解将千古流芳。

3. 三权分立：孟德斯鸠

事实证明，分散政治权力对保护人民免受暴政至关重要。这一领域的先驱思想家是18世纪的法国人夏尔－路易·塞孔达，即孟德斯鸠男爵。作为政治哲学家，他超越了同时代的人，包括伏尔泰以及法国其他著名启蒙哲学家，这些人支持集中政治权力，希望通过"开明专制"实行改革。

孟德斯鸠鼓舞了法国一些追求自由的最伟大的思想家。邦雅曼·贡斯当在著作中涉及中央集权的危害时经常援引孟德斯鸠的话。《论美国的民主》的作者亚历克西·德·托克维尔承认，"我每天都花些时间"阅读孟德斯鸠的书。詹姆斯·麦迪逊说，孟德斯鸠"揭开了长期以来束缚人们观点的错误的面纱，指明了通往自己仅仅略知一二的光明真理的道路"。麦迪逊认为，关于三权分立问题，孟德斯鸠是"一直被人研究和引用的圣人"。

历史学家早就认识到了孟德斯鸠在美国的重要性。1897年，法律史学家亨利·梅因写道："可以肯定的是，在（孟德斯鸠的主要作品）《论法的精神》出版之前，无论是最高法院这一机构，还是美国宪法的整体框架，都根本不可能出现在任何人的头脑中。"

1898年，英国观察家詹姆斯·布莱斯写道："孟德斯鸠把英国人的公共自由和个人自由与欧洲大陆的专制主义进行了比较，把英国宪法作为自己的样板体系，把其优点归功于自己从中发现的立法、行政、司法职能的分离以及借以维持均衡的制约与平衡机制。三种职能的分离对保障自由至关重要，这一原则对美国的立宪人员和政治家影响很大。它已成为几个州的宪法基础。它总是反复出现在他们的作品中，贯穿于他们思想的始终。"

哈佛大学历史学家伯纳德·贝林说，孟德斯鸠是"殖民地到处被思想开明者引用的思想家之一。……这种引用非常普遍，有时实在令人震惊"。他被广泛引用的两个主题是"英国的自由特性以及获得自由的制度要求"。

历史学家威尔·杜兰特和阿里尔·杜兰特夫妇认为，孟德斯鸠的主要作品《论法的精神》是"当代最伟大的知识产物"。历史学家彼得·盖伊称孟德斯鸠是"18世纪最具影响力的作家"。他补充说："我是经过慎重考虑潜在对手的主张后才做出这个论断的。"

孟德斯鸠对自由有很多敏锐的见解。例如："商业能治疗破坏性的偏见。哪里有温和的道德，哪里就有商业；哪里有商业，哪里就有温和的道德。这几乎是一条普遍规律。……（奴隶制）从本质上讲是不好的。它对奴隶主和奴隶都没有益处；对奴隶无益，是因为他不能通过美德做任何事情；对奴隶主无益，是因为他从奴隶身上沾染了各种恶习，会不自觉地习惯于各种美德的缺失，因此他会变得傲慢无礼、严厉易怒、淫荡残酷。"

传记作家朱迪思·N. 什克拉尔评论说："我们对孟德斯鸠的个人生活知之甚少。他幸存的信件尚未完全披露。……他是最不热衷写自传的作家。他有两次试着写自传，但是一开始便宣称写自传是愚蠢之举。"不过，关于孟德斯鸠的为人，我们仍然有迹可循。传记作家罗伯特·沙克尔顿说："有许多故事都提到他和蔼可亲、平易近人、慷慨大方、简单朴素，当然还有他的心不在焉。"

沙克尔顿继续说道："他又矮又瘦，皮肤白皙。"1749年前后，"他刚刚50岁，虽然特别显老，但看上去仍然温和高贵。下巴尖尖的，脸显得有点儿长。下颌很结实。眼睛是蓝色的。即使不从侧面看，也可以发现他的鼻子十分突出，左眼右侧有一处隆起。这是一幅正式肖像，所有缺陷都表露无遗。画中凸显的是一个议会长官身着正装的形象，而非孟德斯鸠的个性。"瑞士纪念章设计者雅克-安托万·达西耶为孟德斯鸠设计了最有名的形象，正如沙克尔顿所说，这枚纪念章"展示的是孟德斯鸠的左侧轮廓。他脖子细，下巴坚挺，鼻子长但很灵敏，头发浓密凌乱，透露着无所畏惧的气概。这是一个标准的罗马人头像。……最后一点，他的眼睛给他制造了麻烦。尽管他勇敢地面对和适应失明的威胁……但是眼疾严重妨碍了他的研究和社交。……孟德斯鸠早年就因此而显得心不在焉。到老年时由于视力退化，就更是如此，这也成为他在世及去世后人们津津乐道的话题"。

孟德斯鸠是位孜孜以求的学者。他说："对于我而言，学习是对抗生活中各种失意的灵丹妙药。没有什么麻烦是一个小时的阅读不能解决的。"

1689年1月19日，夏尔-路易·塞孔达出生于波尔多西南部的布雷德城堡。该城堡是由他的母亲玛丽-弗朗索瓦丝·德·佩泰继承来的。他7岁时，母亲死于难产，他成了布雷德男爵。他父亲雅克·德·塞孔达是个军人。

夏尔-路易3岁之前由当地一名磨坊工人照顾。11岁之前，都是在家里接受教育，后来去往瑞伊的一所学校。传记作家沙克尔顿说："他接受的教育很全面。主要学习拉丁语和法语，希腊语一直处于次要地位。尽管人们认为讲一口流利的拉丁语很有必要，但实际教学语言是法语。开设的课程包括地理、历史和数学，还有绘画、音乐、骑马、剑术和舞蹈。"

夏尔-路易进入波尔多大学攻读法律，1708年获得法律学士学位，之后前往巴黎继续学习法律。他似乎结识了一些数学家和科学家。1713年，他父亲去世，享年58岁，作为家中长子，夏尔-路易继承了家产。伯父去世后，他继承了伯父在波尔多最高法院的大法庭庭长职位（有9位官员拥有该头衔）。该法庭是一个世袭机构。

快25岁时，孟德斯鸠决定结婚，并于1715年3月11日与让娜·德·拉蒂克缔结婚约。两个人的婚姻似乎没有多少爱情，他们从1717年到1727年间共生育了一子两女。

与此同时，他开始创作小说《波斯人信札》。小说中的两个波斯人郁斯贝克和黎伽在1711年到1720年间去法国参观，并写信给朋友、爱人和对方，讲述自己的所见所闻。1721年，小说在阿姆斯特丹匿名出版，随后被走私到了法国。这部作品使孟德斯鸠在法国文坛名噪一时，并被选入享有盛名的法兰西学术院。其中的一封信（第85封）拥护宗教宽容："人们注意到，被宽容的教派信徒通常比占主导地位的教派信徒对国家的贡献更大，那是因为他们与惯常的荣誉无缘，只能通过劳动获得财富让自己扬名，而且他们从事的往往是最辛苦的职业。"在第122封信中，孟德斯鸠评论了自由与富足之间的关系："没有什么比自由和随之而来的财富更能吸引外国人。自由本身就吸引着人去追求，我们的需求则指引着我们前往能找到财富的国家。"第83封信似乎在回忆对"高级法"的憧憬："正义是永恒的，独立于人类传统。……正义是两个事物之间实际存在的恰当关系。无论在谁看来——不管是上帝、天使还是人类，这种关系始终如一。"

18世纪20年代，孟德斯鸠前往奥地利、德国、荷兰、匈牙利和意大利旅行，还在英国度过了大开眼界的18个月。他参与议会的辩论，研究议会领袖的日志，目的是以便更好地理解英国的宪法体系，这一体系带来的自由堪称欧洲之最。在内阁制度的鼻祖罗伯特·沃波尔如日中天时，孟德斯鸠也身处英国。历史学家乔治·麦考利·特里维廉解释说，内阁"由一群大臣组成，他们依赖下议院的支持，并且在议会中拥有席位。他们在政策上必须达成一致，为彼此的行为和整个国家政府负责。《革命稳固法》（1689）并没有认真考虑首相和内阁之事。……罗伯特·沃波尔爵士从1721年到1742年担任辉格党首相，他对确立内阁共同承担责任的原则以及首相在内阁和下议院的地位至高无上的原则居功至伟"。

在观察英国宪法体系时，孟德斯鸠构想出了三权分立原则，但是英国人并未深入拓展这一原则。历史学家彼得·盖伊写道："下议院的行政权与立法权交叉混合；上议院议员既有立法权又有司法权；还有其他一些本该独立却相互重叠的地方。结果影响了孟德斯鸠模式的条理性。"

伏尔泰的经历表明,作家必须小心行事。赞扬艾萨克·牛顿、威廉·莎士比亚和英国的其他东西是违反法国法律的,大约有70位监察官在执行这些禁令。彼得·盖伊说:"并不是所有监察官都松懈或者腐败,也有一些恪尽职守、严厉镇压违禁行为之人。失之过严,要好过失之过松:人们永远不知道什么话语可能会冒犯主教、牧师或者王室情妇。因此,监察官们经常扣留手稿数月,跟出版商进行冗长而乏味的谈判。"1733年,政府下令焚烧了伏尔泰傲慢无礼的《哲学通信》,该书表达了伏尔泰对英国的热爱,取笑了法国王室的专制政体。他并没有过多地讲述英国的政治制度,只是写道,跟法国截然不同,英国的贵族需要缴纳赋税,数额由议会确定。他羡慕英国的低税收,还讨论了上议院与下议院的分权。

但伏尔泰还有很多内容尚未涉及,因此孟德斯鸠决定亲自动手。1729年前后他大约40岁时,开始撰写《论法的精神》。他坚持不懈,共耗时15年,研究过程中几近失明。接近尾声时,他开始依靠秘书和抄写员。由于担心法国政府可能要审查,他便安排日内瓦出版商巴里洛特匿名出版。1748年10月,著作一经面世就引起轰动。不到一年,便出现了22个版本。1751年11月29日,教会官员把该书列为天主教会禁书。

身心俱疲的孟德斯鸠跟一位朋友讲述了自己的这部作品:"可以说,这本书耗尽了我的一生。大学毕业时,我得到过一些法律书籍;我努力寻求书中蕴含的精神,可是一无所获。20年前,我发现了我的原则,它们非常简单,任何一个与我同样努力的人都会做得比我更好。但是,我发誓这本书差点儿要了我的命;现在我要休息了,不能再工作了。"

这本书是个大杂烩,有些章节只有几行字。但是,书里却不乏重要观点。例如,孟德斯鸠提出权力容易滋生腐败。他写道:"如果君主把一切都交给自己,把国家事务集中于首都,把首都事务集中于朝廷,把朝廷事务集中于自身,那么君主制就会被毁掉。"

孟德斯鸠主张,为了保障自由,行政、立法、司法三权就必须分立。他写道:"这样,人们就无法滥用权力,必须实行权力的相互制约。宪法不能强迫人做法律没有要求其做的事情,也不能阻止人做法律允许其做的事情。……人们必须把权力结合起来,调节权力,削弱权力,行使权力;换句话说,人们必须赋予一种权力(以对应的)镇重物,使它可以与这种权力相抗衡;这是立法的杰作,凭借偶然极少能产生,借助谨慎也极少能成就。"

他肯定了法治的至关重要性,认为量刑必须与罪行相匹配。他写道:"如果刑法能根据犯罪的特定性质进行惩罚,这就是胜利。一切武断终止;刑罚不再由立法者随性而定,而是由事情的性质决定,人们也不再暴力相向。"孟德斯鸠描述了公正赔偿原则,后来成为美国宪法第五条修正案的部分内容:"如果政治官员想要兴建公共建筑物、新的道路,就必须支付赔偿;在这一点上,公众就像一个跟另一个人打交道的个人。"他公开反对宗教狭隘。他写道:"在宗教问题上,必须避免刑法。历史深刻告诫我们,刑法只有破坏作用,不会起到其他作用。"

孟德斯鸠认识到了商业的教化作用。他写道:"商业把不同国家的风俗传播到了各地;比较这些风俗,让人们吸取了一些好的东西。商业精神使人对真正的公正产生了一种感情,这种公正一方面与强盗行为格格不入;另一方面又与一些品行美德背道而驰。这些美德要求人们不要总是谈论自己的利益,而是为了他人的利益而忽视自己的利益。"

曾多次抨击《论法的精神》的伏尔泰这样称赞孟德斯鸠:"他……在反对奴隶制狂热分子和推动者时几乎总是对的。欧洲人对他永远心怀感激。……人类已经失去了对(自由)的所有权凭证,而孟德斯鸠重新找回了它。"

1755年,一种热病席卷巴黎,孟德斯鸠也不幸感染。医生给他放血,结果病情反而恶化。他希望能够安详离世,于是想请一位教区牧师,一个名叫伯纳尔·鲁思的耶稣会教士在盘问了他对教会教义的看法后要求拿走他的文稿,但被他的朋友艾吉永公爵夫人阻止。鲁思后来授权一位牧师给他做了临终圣礼。1755年2月10日,孟德斯鸠去世。第二天,他被安葬在附属于圣叙尔皮斯教堂的圣吉纳维芙小教堂。

孟德斯鸠产生了巨大影响,尤其是在法国之外。精明的英国观察家霍勒斯·沃波尔说，《论法的精神》是"史上最棒的一本书，至少我从中学到的东西要远远超过以前所有的阅读"。编写《罗马帝国衰亡史》的历史学家爱德华·吉本写道："在《论法的精神》出版后的四十年中，它拥有的读者和得到的评价超过任何一本书，它所激发的探索精神让我们对作者心怀感激。"

在历史学家彼得·盖伊看来，"在苏格兰启蒙运动时期，人们就认真研究了《论法的精神》，并获益匪浅。维也纳人偷偷摸摸地阅读这本书，而意大利人则公开地阅读，杰诺维西、贝卡里亚、菲兰杰里以及其他先知先觉者都承认自己是'不朽的孟德斯鸠'的信徒。在德国，当政治思想家们正在吸收孟德斯鸠关于英国宪法的观点时，莱辛和哥廷根历史学派却已经开始崇拜并仿效孟德斯鸠的文化相对论。……俄国女沙皇卡特琳娜虽然对孟德斯鸠的种种开明思想不为所动，现在却借用他的声望，宣称自己是孟德斯鸠的忠实信徒，她的态度变化让人倍受启发。……《论法的精神》是学术讨论的共同话题"。

美国到处宣传孟德斯鸠的书，图书馆公司、流动图书馆以及哈佛大学、普林斯顿大学、布朗大学等学校的图书馆都有他的书。殖民时期美国的图书馆馆藏目录保存下来的并不多，但是据说孟德斯鸠的作品却被约翰·亚当斯、本杰明·富兰克林、托马斯·杰斐逊、詹姆斯·麦迪逊、詹姆斯·威尔逊、约翰·马歇尔等私人收藏。

因为孟德斯鸠热衷于君主制，尤其是英国君主制，所以杰斐逊不太喜欢他，但他也承认孟德斯鸠的作品"总体上值得推荐"。塞缪尔·亚当斯研究过孟德斯鸠。约翰·亚当斯和提出"无代表不纳税"口号的詹姆斯·奥蒂斯都喜欢孟德斯鸠。理查德·亨利·李把孟德斯鸠列为"最伟大的天才之一"。乔治·梅森经常在自己的作品中援引他的观点。詹姆斯·麦迪逊能背诵《论法的精神》中的大部分内容，他在《联邦党人文集》第47篇中写道："关于（三权分立）这一主题，总是被查阅和引用的哲人是大名鼎鼎的孟德斯鸠。即使首次在政治科学中提出这一宝贵思想的不是他，至少也是他最有效地推广了这一思想，并引起了世人的广泛关注。"

美国报纸对孟德斯鸠进行了大量宣传。历史学家保罗·梅里尔·斯普林说:"尽管没有列表统计,但在仔细阅读过几百份报纸后,笔者产生了明确印象。回顾1760年,仅仅对报刊进行统计,笔者就几乎可以毫不犹豫地肯定,孟德斯鸠被逐行逐句引用的次数要超过其他任何法国作家。这一结论基于作者在引用材料时对孟德斯鸠表达的致谢。同时,还必须承认,有人在引用他时并未致谢。与英国作家相比,人们不会想到他的名字会像洛克或布莱克斯通那样在报刊中被频频提及。然而,笔者经研究后得出的印象是,就注明来源的实际引用数量而言,孟德斯鸠要超过洛克和布莱克斯通。"

因为不存在三权分立,所以法国大革命失控,最后演变为恐怖统治,孟德斯鸠的思想也随之渐渐淡出了人们的视线。马克西米利安·罗伯斯庇尔控制了公共安全委员会,随意处决他人。

政治思想家邦雅曼·贡斯当对法国大革命时期和拿破仑时代的极权进行过反思,他写道:"法国的所有宪法都保障个人自由,然而在每种宪法之下,个人自由还是不断遭到侵犯。因为仅仅一个声明还不够,还需要积极的保护。"他把目光投向孟德斯鸠,因为孟德斯鸠曾经探讨过有助于保护自由的制度。贡斯当在主要作品《论征服精神》(1814)中引用过孟德斯鸠的观点。

20年后,亚历克西·德·托克维尔思考了自由在法国的未来,从孟德斯鸠那里获得了启发。托克维尔的不朽著作《论美国的民主》(1835,1840)描述了有助于保护自由的制度。托克维尔的一位朋友称他为"孟德斯鸠的直接继承人"。

到19世纪末,孟德斯鸠已遭世人遗忘。随后的几十年是人类历史上最血腥的时期,因为世界各地的政权都积聚了可怕的政治权力,屠杀了数千万人。孟德斯鸠说得对:除非实行三权分立,否则自由几乎无法得到保护。

4. 成文宪法：詹姆斯·麦迪逊

詹姆斯·麦迪逊并没有提出限制政府权力的制衡理念，但他却是推动这一理念的最大功臣。以前的政治思想家援引英国经验，在保留君主制的前提下谈论权力制衡，而麦迪逊却把这一原则用于了共和政体。与（坚持君主制的）孟德斯鸠男爵等受人尊重的思想家相反，麦迪逊坚持认为，制衡机制有助于在一个大共和国内保护自由。

如果必须容忍一个中央政府，那么想要改善美国宪法中规定的制衡机制似乎就困难重重。这部宪法反映了麦迪逊所付出的诸多努力。坚定的共和党人托马斯·杰斐逊非常支持宪法，他对最好的朋友麦迪逊说："我很赞成你的总体构想，如果政府能够独立平稳地运转，就不需要时常求助于州立法机关。我赞成政府实行立法、司法和行政三权分立。我赞成赋予立法机关征税的权力；因此，我赞成众议院由人民直接选举产生……维护由人民自己直接选出的代表征税的基本原则不受侵犯。我被这种妥协方法深深吸引。当大州和小州提出相反要求时，小州可以诉诸平等，大州则可以根据代表的比例获得影响力……我赞成两院中任何一院只要有三分之一议员反对，行政当局的提议就无效。"

麦迪逊对自由的看法不如杰斐逊那么高瞻远瞩，但是对于该如何保护自由却有着深刻又务实的见解。威廉·皮尔斯是制宪会议佐治亚州的代表，他回忆说，麦迪逊"既是渊博的政治家，又是学者。在制宪会议上，在处理每个重要问题时，他显然都发挥了领导作用，尽管他称不上雄辩家，但也是一位讨人喜欢、极具口才和说服力的演说家。他是一个天生就勤奋专注的人，辩论时对任何事情总是比他人见多识广……是一位谦逊有加、性情特别温和的绅士"。

跟来自弗吉尼亚州的同乡（杰斐逊）一样，麦迪逊的履历也因奴隶制而受到了影响，成为他永远洗刷不掉的污点。他曾尝试开办过几个企业，目标是在不雇用奴隶的情况下创造可观的收入，但均未成功。最终，他跟乔治·华盛顿一样，直到去世也没有解放自己的奴隶。

共和国缔造者麦迪逊生性腼腆，可能实在算不上仪表堂堂。他身高不足5英尺6英寸，尖鼻子，发际线后移。他患有多种慢性病，包括发烧、痢疾和癫痫。他在21岁时写道："我迟钝虚弱到了极点，无法关注世界上那些非同寻常的事情，过去的几个月让我感觉自己不会健康长寿。"后来麦迪逊回忆说，最令人伤神的疾病"莫过于身体动辄突发症状，有点儿类似于癫痫，妨碍了我的智力功能"。

43岁那年，麦迪逊遇到了多利·佩恩·托德，顿时精神焕发。托德是个寡妇，26岁，黑头发，蓝眼睛。她的一位朋友说："夜里，他时常梦到你，为释放自己的热情，他在睡梦中呼唤你。他似火一样炽烈燃烧，即将化为灰烬。"两人于1794年9月15日结婚，在接下来的40年里成了共和党政坛的"第一夫妇"，继续践行杰斐逊的思想主张。

1751年3月16日，詹姆斯·麦迪逊出生于继祖父位于弗吉尼亚州乔治王县拉帕汉诺克河岸的种植园。他是家中长子，母亲内尔·康韦是烟草商的女儿，父亲老詹姆斯·麦迪逊是烟草农场主。

传记作家拉尔夫·凯彻姆这样描述麦迪逊："这个年轻人头发呈浅黄色，眼睛很亮，喜欢搞恶作剧。"麦迪逊聘有私人家教，教授他拉丁文、算术、代数学、几何、历史和文学。尽管大部分弗吉尼亚人上大学时都会选择威廉玛丽学院，但是这个学校素有"酗酒学校"之称。因此，1769年麦迪逊背井离乡，去了新泽西学院（后来的普林斯顿大学）。学校图书馆藏书丰富，诸如亚当·斯密和亚当·弗格森等苏格兰启蒙运动时期作家的著作、约翰·洛克关于自然权利的深具影响力的著作以及约翰·特伦查德与托马斯·戈登合著的《加图信札》，均有收藏。麦迪逊热衷时政，如饥似渴地看报，阅读有关自由的书籍，如乔舒亚·塔克的《政治与商业话题四篇》、菲利普·弗尔诺的《论宽容》、约瑟夫·普利斯特利的《政府的首要原则》和托马斯·潘恩的《常识》。麦迪逊于1771年9月毕业。

1776年4月25日，25岁的麦迪逊当选立法委员，帮助起草弗吉尼亚州州宪法。他对自由的首次贡献是提出了一项措施，肯定"任何人都有权依照良心的指示享有宗教自由，不受地方法官的惩罚和约束，除非他对平等自由以及州的存在构成了明显威胁"。

麦迪逊与托马斯·杰斐逊一起共事，杰斐逊也对宗教自由充满热情。在杰斐逊当选弗吉尼亚州州长后，他们开始频繁会面。两人都热爱书籍、思想和自由，做了半个世纪的至交。

1784年，麦迪逊说服弗吉尼亚州立法机构通过了杰斐逊起草的《宗教自由法案》。他否决了帕特里克·亨利关于各州应补贴英国国教的提案。麦迪逊说：基督教"兴盛，不仅没有受到人类法律的支持，而且遭受各方的反对"。在关于宗教自由的辩论中，麦迪逊得出了保护个人权利的重要观点："自由缘于美国教派的多样性，在任何社会中，这种宗教多样性都是宗教自由的最佳和唯一保障。"

与此同时，1779年12月，麦迪逊被选派参加大陆会议。会议定在费城，在美国独立战争时期发挥了立法、行政和司法功能。政府破产，大量发行纸币——大陆币——为战争提供经费，结果造成了毁灭性的通货膨胀。麦迪逊成为同法国结盟的最有力倡导者，他还支持本杰明·富兰克林游说法国国王路易十六对美国提供帮助。

根据1781年3月1日通过的《邦联条例》，麦迪逊进入国会任职。《邦联条例》规定建立州际同盟，国会依靠自愿捐款，而非税收。如果某个州的人不赞成国会的所作所为，他们可以不用捐款。尽管各州之间会发生争吵，但是它们在世界政治中无足轻重，不得卷入对外战争。由于人们遵守的基本规则无法被轻易推翻，所以修正《邦联条例》需取得一致同意。事实证明，自愿合作效果显著，他们打败了世界头号海上强国英国，通过谈判达成了大面积的领土割让协议。

然而，麦迪逊认为各州对自己的行为不负责，因此感到沮丧。他反对各州之间的贸易战和持续的通货膨胀，后者是美国独立战争的代价之一。狡诈的新英格兰人妄图垄断销往西班牙的鳕鱼，以换取美国放弃对密西西比河的权利，这可能会毁掉肯塔基州领地的居民。麦迪逊相信如果国会能起到中央政府的作用，情况将大为改观。《邦联条例》通过后仅12天，他便想出了默示权力这一模糊主张：如果政府机构被赋予了一项特别职责，它就可以获得为履行这一职责所应具备的必要权力，即使该权力在宪法中无明文规定。

1787年2月21日，麦迪逊与亚历山大·汉密尔顿说服国会提名修正《邦联条例》的代表。汉密尔顿以前是乔治·华盛顿的副官，极力主张建立一个强有力的中央政府。麦迪逊说服乔治·华盛顿参加制宪会议，并担任会议主席。这意味着有重要事项需要讨论，市民也觉得应该参加。此外，本杰明·富兰克林也将出席，这将提高这次会议的国际声望。

1787年5月3日，作为来自12个州（罗得岛州拒绝派代表参会）的五十五位代表之一，麦迪逊抵达费城。代表包括律师、商人、医生和种植园主。其中39位代表曾在大陆会议任职，他们想要争取多于《邦联条例》许可的权力。

5月25日，7个州的法定人数出席了大会，大会在宾夕法尼亚州州议会大厦一楼开幕。在接下来的四个月里，代表们每周碰头六天，从中午时分一直到傍晚。当时，会议的细节都严格保密。麦迪逊回忆说："我选了会议主持人对面的一个位置，左右两边也有代表。我的位置很好，听得很清楚……一天都没有缺席过，甚至每天临时离开也不会超过一个小时，所以不可能错过任何演讲，除非演讲的时间特别短。"在整个会议期间，麦迪逊发挥了重要影响，起立发言达161次。

麦迪逊没有理会修正《邦联条例》的明确指示，而是通过帮助起草《弗吉尼亚方案》发起了辩论。这一方案要求制定一部新宪法，建立由两个分支机构组成的国家立法机构，众议院由人民直接选举产生，参议院由众议院选举产生，席位按人口比例分配。建立国家行政机构和司法机构，两个机构都由立法机构选出。麦迪逊坚持主张，提议中的国家政府权力至高无上，可以"否决"州立法机构。大州支持这一方案，但小州都集体支持《新泽西方案》，该方案旨在修正《邦联条例》，规定建立单一制的立法机构，各州拥有同等的代表权。《新泽西方案》接受国会通过的法案"是各州最高法"的原则。于是，出现了"伟大的妥协"：各州在参议院中拥有同等的代表权，众议院的席位则按人口比例分配，财政法案由众议院制定。

在制宪会议召开之前，麦迪逊还没有想好关于行政长官的问题。细节委员会建议设立"总统"这一行政长官职位，由立法机构选举产生，任期七年，并兼任武装力量总司令。在代表们决定各州拥有同等数量的参议员后，麦迪逊便相信行政长官应由立法机构独立选举产生，并帮助起草了最终提案——总统应该由"总统选举团"选出，而"总统选举团"则由人民选举产生。

在制宪会议中，麦迪逊的搭档亚历山大·汉密尔顿最直言不讳地批评民主。他的提案是"让立法机构中的一个部门实行议员终身制，至少在他们表现良好期间如此。行政长官也实行终身制"。

奴隶制是个爆炸性议题。如果即将诞生的美国宪法禁止奴隶制，那么南方各州肯定不会支持这次会议。于是麦迪逊敦促通过了一个条款，提出20年（1808年截止）内终止奴隶贸易，他把对奴隶制的直接支持排除在了宪法之外。宪法规定，人口普查时应视奴隶（"他者"）为五分之三个人，由此减少了南方各州在众议院中的席位。

1787年9月17日，38位代表签署了约5000个单词篇幅的美国宪法最终稿（16位代表提前退出大会或拒绝签署）。宪法最终稿被递交到国会，国会再转交各州由选出的代表开会批准。宪法经九个州批准便可正式通过。

宪法通过取消各州关税，创建了一个大型自由贸易区——后来成为世界自由贸易区之最，推动美国实现了和平时期的异常繁荣。企业家可以自由通行，没有困扰欧洲工商企业的各种通行费、关税和其他阻碍。

麦迪逊设想了一种有限政府。他解释说:"提议中的美国宪法所赋予联邦政府的权力是有限的、明确的。那些权力……主要用于外交领域,如战争、和平、谈判和对外贸易。"宪法的确试图通过分权来限制中央政府的权力:制定法律、执行法律和解释法律的部门应该在根本上相互独立,能够相互限制权力。国会两院相互制约。总统拥有立法否决权,但是两院中各有三分之二多数票即可推翻他的否决。法官可以驳回被认为是违宪的法律。提议的宪法修正案只需三分之二国会议员以及四分之三州立法委员的同意即可成为宪法的一部分。

宪法确立了美国政府史无前例的权力。宪法授权征收从未有过的联邦税,并授予联邦政府掌控与人民更为亲近的当选州官和地方官的权力。领土的进一步扩大增加了美国总统卷入对外战争的诱惑,这又进一步扩大了联邦政府的权力。(具有讽刺意味的是,很多人之所以支持宪法,是因为他们对高通货膨胀、高税收以及由独立战争所造成的其他经济后果不满。)

麦迪逊接受亚历山大·汉密尔顿的邀请,推动宪法在纽约州得到了批准。1787年10月至1788年3月期间,麦迪逊写了29篇文章。这些文章连同汉密尔顿和律师约翰·杰伊写的56篇文章都发表在纽约的报纸上。这些文章后来被汇编成书,即《联邦党人文集》,他们全都署名"普布利乌斯"(Publius),这个名字来自极力捍卫罗马共和国的罗马立法者普布利乌斯·瓦列里乌斯·普布利库拉。1788年7月,这些文章分两卷结集出版。(在这本书中)麦迪逊似乎已经意识到,建立中央政府会使宪法与自由理想冲突。直到1788年8月,他才最终告诉杰斐逊自己与他人有过合作:"卡林顿上校告诉我,他已经给你送去了《联邦党人文集》的第一卷,现在再送去第二卷。我相信我从来没有跟你提到过这本书。"

因为宪法提议扩大政府权力,结果遭到了所谓的反联邦主义者的强烈反对。这些反对者包括纽约州州长乔治·克林顿、美国独立战争的组织者塞缪尔·亚当斯、弗吉尼亚人乔治·梅森和帕特里克·亨利。受人尊敬的历史学家塞缪尔·艾略特·莫里森、亨利·斯蒂尔·康马杰和威廉·E. 洛依希滕贝格支持宪法,他们承认:"反联邦主义者肯定会赢得盖洛普民意测验（Gallup poll），这几乎毫无疑问。"

反联邦主义者表达了对宪法的各种看法。他们觉得，最重要的是宪法缺少一部《人权法案》。然而，麦迪逊认为人权法案只是"羊皮纸屏障而已"，大多数人都不会重视。他相信自由在一个有许多利益相互竞争的大共和国内能得到最好的保护，在此政体内，一方利益很难压倒其他利益方的利益。

就人权法案而言，杰斐逊同反联邦主义者意见一致。1787年12月20日，他告诉麦迪逊，他反对"遗漏人权法案，人权法案不应借助诡辩，而应对宗教自由、出版自由、保护常备军、限制垄断、人身保护法的永久不间断效力以及陪审团审判做出明确规定"。他还补充说：人权法案"是人民有权拥有的法案，用以针对地球上的每一个政府，无论是普通政府还是特定政府；任何公正的政府都不应该拒绝它，或使之停留在推理层面"。

宪法先后在特拉华州（1787年12月7日）、宾夕法尼亚州（12月12日）、新泽西州（12月18日）、佐治亚州（1788年1月2日）、康涅狄格州（1月9日）、马萨诸塞州（2月7日）、马里兰州（4月28日）、南卡罗莱纳州（5月23日）、新罕布什尔州（6月21日）、弗吉尼亚州（6月25日）和纽约州（7月26日）批准通过，但是反联邦主义者威胁要再次发起制宪会议运动，这是麦迪逊所不愿看到的。他意识到要想获得必要的支持，就必须给宪法加进一部《人权法案》。入选众议院后，为使国会通过人权法案，麦迪逊付出的努力超过任何人。1789年9月24日，众议院为后来的《人权法案》进行投票，次日参议院进行投票。1791年12月15日，州立法机构正式通过了《人权法案》。

以华盛顿总统的财政部长亚历山大·汉密尔顿为首的联邦党人快速扩大了中央政府的权力，这超越了麦迪逊所设定的限制，令他倍感震惊。早在1789年11月，他就反对汉密尔顿的建议，即通过发行债券，积欠大量国债，把富有投资者的个人利益同中央政府捆绑起来。汉密尔顿说服华盛顿总统赞成设立一个中央银行，为政府提供便利，麦迪逊对此表示反对，因为设立银行意味着超越宪法规定的权力。事实上，制宪会议也曾明确驳斥过联邦政府应设立诸如银行等公司的提案。麦迪逊反对默示权力的主张，他之前在筹建中央政府的活动中曾提倡默示权力。他意识到默示权力将会破坏宪法对政府权力的限制。

与杰斐逊一样，麦迪逊也成了自由论者。两人都称赞托马斯·潘恩的《人权论》（1791），该书吹响了自由的号角，让联邦党人感到焦虑不安。汉密尔顿在费城的报纸上对杰斐逊发起了恶意攻击，对此，麦迪逊和詹姆斯·门罗撰文回击。麦迪逊抨击汉密尔顿的观点，即为了实施外交政策，总统应该拥有巨大的自由裁量权。1793年，麦迪逊大胆抗议联邦党人鼓吹的扩充军队论。三年后，联邦党人想镇压赞同法国大革命的民间社团，但麦迪逊坚持认为他们在被证明有罪之前是无辜的。联邦党人警告说外国人已经对国家构成严重威胁，而麦迪逊却提出了一项法案，让外国人更容易成为美国公民。麦迪逊反对联邦党人增加税收的要求，谴责赋予政府压制甚至驱逐批评者权力的《客籍法和惩治叛乱法》（1798）。他在联邦党人攻击自由时期发出了决断而勇敢的声音。

杰斐逊赢得了1800年总统大选，驱逐了联邦党人，麦迪逊担任了两届国务卿。之后，麦迪逊本人也两次赢得总统选举。但在任期间，他倍感受挫，因为他无法阻止交战的英法两国扣押美国商船。他无意中卷入了1812年战争，英国纵火烧了华盛顿特区。[1] 为了支付战争经费，麦迪逊被迫提出增加税收，提议设立他之前曾极力反对的中央银行。但是麦迪逊有一点被证明是正确的：他依靠志愿兵而非应征入伍的士兵（维护了领土完整）——正是美国的武装民船攻破了英军的海防线，迫使英国政府进行了和谈。伦敦商人在英国与爱尔兰之间甚至都无法获得海洋运输的安全保障。

麦迪逊比其他美国缔造者寿命都长。在他们去世后，他继续表达共和自由的理想。1826年2月17日，杰斐逊在最感人的一封信中写道："在长达半个世纪的友谊中，我们有着共同的政治原则和一致的政治追求，

---

[1] 也称美国第二次独立战争（1812—1815），是美国历史上唯一一次首都被外国军队占领的战争。事实证明，美国无法侵吞英国在加拿大的殖民地，英国也无法改写美国已经独立的既成事实。双方均未在战争中获利。

这是我永恒快乐的源泉。……我们的目标是把自治政府的真正福祉留给后代，相信你正致力于向他们证明我们的这一努力的方向是正确的，这对我也是极大的安慰。……对于我而言，你是我一生的支柱。在我死后，请把我的后事料理好；毋庸置疑，我将对你永远心怀感激。"

1836年年初，麦迪逊患上了慢性发热，感到疲乏无力、呼吸急促。6月27日，他写下临终遗言，谈到了与杰斐逊的友谊。第二天吃早餐期间，麦迪逊猝然倒地，撒手人寰。他的遗体被葬在住宅以南半英里处的家族墓地里。

尽管存在种种弊端，但是宪法的制衡机制却是为制约政府设计出的最有效手段，这都要归功于詹姆斯·麦迪逊的远见、勤奋和奉献。

5. 税收限制、开支限制和任期限制：布坎南

半个世纪以来，尤其是自西方世界取得民主胜利以来，人们越来越倾向于把政府视为一个谋求公共利益的慈善机构。选举似乎成了制约政府权力的唯一必要手段。要改革，就要战胜糟糕的政客，选出优秀的政治家。然而，好人一旦成为政治家后往往会变成恶棍。经济学家詹姆斯·布坎南说这是一种普遍规律，因为政府人员也会像个人一样谋求私利。在获得政治权力之后，他们并没有神奇地跃升为无私之人。他们会追求更多的权力、更大的预算和更强的官僚主义，而且竭尽所能巩固自身权力。

20世纪40年代末，布坎南开始了自己的职业生涯。当时，对于经济学家而言，比较现实市场与理想政府，呼吁政府干预纠正"市场失灵"仍很流行。布坎南坚持主张比较现实政府与现实市场。他认为，选民对政府权力最大化的行为影响甚微。无论政治家在竞选运动中如何承诺，他们任职后都会着手扩大权力、增加预算、强化官僚。主要党派政治家都有与人民对立的共同利益。布坎南主张，宪法是政治家赖以施政的普遍规则，是限制政府权力的唯一途径。他为限制开支、税收和官员任期的公民选票提案提供了灵感。他是现代宪法问题方面最著名的思想家，于1986年获得诺贝尔奖。

乔治梅森大学的经济学家戴维·M.利维是布坎南近20年的朋友。他称布坎南是"我见过的在学识方面最诚实的人。如果你有充分理由认

为他的某个观点错误,他就会仔细检查。如果他确认自己错了,就会改变主意,决不回头。这在学术界很少见"。

布坎南总是异常勤奋。巴尔的摩罗耀拉学院的托马斯·J.迪洛伦佐回忆说:"不知从什么时候起,他就早上7点来到办公室,然后工作一整天。他希望别人也像他一样勤奋,因此对悠然度日的人评价不高。"

布坎南的简历列出了37本书及22本专著,用英语、加泰罗尼亚语、汉语、德语、匈牙利语、意大利语、日语、韩语、葡萄牙语、罗马尼亚语、斯洛伐克语、瑞典语、西班牙语出版。另外,他还为350多部书和专著撰写过文章。他写了250多篇期刊论文和75篇书评,并被翻译成包括法语、土耳其语在内的多种语言。

布坎南是个农村孩子,但是从未忘本。多年来,他和妻子每周都会在位于弗吉尼亚州西南部山区的布莱克斯堡农场待上几天。他照料花园、劈柴,像个乡绅一样处理其他琐碎工作——当然更多的精力还是投入到了写书和文章上。

查尔斯·戈茨在布坎南的指导下取得了弗吉尼亚大学的博士学位,后来成为该校的法学教授。他说:"比詹姆斯·布坎南更优秀的课堂表演者,我想我认识的没有好几百也有一百个了。但是,在许多场合,我都承认布坎南是我见过的最好的老师。……每周他都会给学生布置一道题,用4~5页打印纸回答。答案通常都不是很难;搞清楚问题的实质才是困难所在。"

布坎南身材挺拔,身高约5英尺11英寸。头发后梳,胡须细长。迪洛伦佐回忆说:"上他的课,我不禁会想起爵士乐队的贝斯手。他在课堂上穿着宽松的黑色西装,善于启发学生,备课充分,讲话带有南方人的轻柔拖腔,很有条理,回答问题相当得体。"

1919年10月3日,小詹姆斯·麦吉尔·布坎南出生于田纳西州中部默夫里斯伯勒附近的一个农场。布坎南记得父亲"是个万金油——农夫、木匠、兽医、绝缘工和设备操作员"。母亲叫莱拉·斯科特,她的家族出了多名县副治安官和长老会牧师。

布坎南的父母靠经营一个破败的农场勉强度日。他在自传《好过耕作》（1992）中写道："小时候，没有室内供水管道、电、收音机、电视、航空旅行。……大房子后面门廊附近有一个带房顶的井楼，水就是从这里取的。……冬天，上厕所必须得快，厕所在距离房子约50码的地方。……供暖设备是个敞开的壁炉。……我睡觉的卧室距离壁炉很远，很冷。而且，田纳西州的冬天特别冷。……照明用的是煤油灯。"

母亲教他读写、做算术题。他阅读了很多西部小说、凶杀悬疑小说和民粹主义小册子。他说："读这些杂七杂八的故事达到了一个通过阅读经典名著可能都无法达到的目的。我学会了享受阅读，因此，我很早就成了'书呆子'。……在我最早的回忆中，书籍比玩具更重要。"

1940年，布坎南毕业于中田纳西州州立师范学院。他面临三个选择：教书，月薪65美元；在纳什维尔的一家银行工作，月薪75美元；去田纳西大学深造，每月奖学金50美元。最后，他去了田纳西大学，并于次年获得文学硕士学位。

随着战争的临近，布坎南加入海军，成为美国太平洋舰队总司令切斯特·W.尼米兹上将的手下。他回忆说："看到非常普通的人做出关乎很多人生命的重要决定，我意识到自己从未失去过的东西是非常重要的，我必须好好珍惜。"1943年10月5日，他与在欧胡岛上效力于陆航部队的安·巴克结婚。

卡尔顿·C.西姆斯是田纳西大学教授，在芝加哥大学取得经济学博士学位。他告诉布坎南，芝加哥大学的学术气氛令人振奋。1945年，布坎南进入芝加哥大学。布坎南师从经济史学家厄尔·J.汉密尔顿，"他对我事业的最大影响始于1948年后，那时他正担任《政治经济学期刊》主编。首先，他送给我法语、德语和意大利语书籍，迫使我像他建议的那样提高语言技能。其次，他对我早期提交的文章都采取宽容、理解和鼓励的态度，而不是吹毛求疵、残忍地退回，否则可能会彻底打击我进一步努力的信心"。芝加哥学派最著名的成员是米尔顿·弗里德曼。布坎南回忆说："佛罗里达大学的塞西尔·G.菲普斯是一位相对默默无闻的学者，他发现并指出了弗里德曼一篇论文中的一个逻辑错误，弗里德曼大方地承认了这个错误。直至今天，我都没有告诉弗里德曼这个简单事件对提振我的自信心有多么重要。"

1948年，布坎南在田纳西大学开始了自己的执教生涯。两年后，他去了佛罗里达州立大学，1954年被任命为经济学系主任。1955年，他前往罗马，花了11个月时间研究有关公共财政学的意大利古典作品，公共财政学探讨的是臭名昭著的政治腐败和不稳定。布坎南总结说，如果认为政府制定政策总是出于好意，那就是很愚蠢的。他结识了许多意大利思想家，其中包括阿米卡尔雷·普维亚尼。布坎南对普维亚尼解释说："国家是一个机构，一帮掌权者通过这个机构把自己的意志施加于被统治者。这在本质上是一种政治暴力理论，一种'统治阶级'模式。"

1956年，布坎南接受弗吉尼亚大学的邀请，出任经济学系主任。同年，芝加哥大学的哲学博士G.沃伦·纳特被任命为弗吉尼亚大学教授，布坎南帮助他建立了托马斯·杰斐逊政治经济学研究中心。一位同事称纳特"非常时髦，有点儿像演员亨弗莱·鲍嘉"。随后，其他杰出经济学家也加入了布坎南和纳特的行列，包括后来的诺贝尔奖得主罗纳德·科斯，他是一位正统的英国人，20世纪40年代在伦敦经济学院任教，当时哈耶克也在那里。

布坎南是位特立独行的公共财政学学者，传统上这一领域的经济学家都会为政府出谋划策，通过最有效的方法榨取人民更多钱财。他早期的书籍，包括《公共债务的公共原则》（1958）和《公共财政学》（1960），涉及的主题日后都成了他的标志。例如，在《公共财政学》一书中，他维护平衡预算法则，反对英国经济学家约翰·梅纳德·凯恩斯提出的政府赤字主张："尽管是代议制政府，但是立法者即使秉性正直，也不断承受着来自两股对抗势力的压力。……选民希望减税，希望在当地设立联邦经费项目（如退伍军人医院、空军设施、河流流域开发等）。除非存在某种中央控制特点，能够保证这两股对抗势力大致旗鼓相当，否则立法决议中看似存在的有限理性就会进一步减少。"

布坎南开始与戈登·塔洛克进行一次伟大的合作。塔洛克是个躁动的天才，在芝加哥大学获得法学学位（1947），从事过律师工作，1949

年前后在中国为美国国务院工作,涉足过进出口业务,最后进入学术界。他在芝加哥大学只选过一门经济学课程(亨利·西蒙斯教授主讲),未获得经济学博士学位,但是后来却成为著名的经济学家。布坎南回忆说:"我第一次见到戈登·塔洛克是在1958年,那时他到弗吉尼亚大学做博士后研究。他拥有丰富的想象力和创造力,我批评广为接受的有关公共债务的观点,他能轻易分辨出我批评的要点,给我留下了深刻印象。塔洛克坚持认为,分析不仅要限于个人选择,而且必须把个人塑造为私利的最大化者,这一步我过去有时不愿意迈出,尽管我接触过意大利人。……我们决定合著一本书,考察……为进行政治决策而制定的各种政治规则中的个人选择。"这本书就是《同意的计算:宪法民主的逻辑基础》(1965)。

这本书晦涩难懂,但是见解非常深刻。布坎南和塔洛克旨在弄清楚保护少数派免遭多数派剥削的方法。他们拒绝指责不良政客这一普遍观点。他们指出,不同的宪法规则会影响政治实践和政策的动机;某些利益集团寻求特殊照顾是政府的正常组成部分,并非偏离常规。因此,他们抛弃了执政是对公共利益的高尚和无私追求的浪漫想法。他们主张,修改宪法规则将能影响到政治家的动机,而且政府剥削也能得到限制。

《同意的计算》出版后,布坎南和塔洛克获得了国家科学基金会的资助,把从事类似工作的思想家召集到一起。大约20个人在夏洛茨维尔召开研讨会,成立了非市场决策研究委员会。塔洛克编辑了《非市场决策论文集》。他们开始寻找一个更好的名字以便描述他们正在做的事情,有人建议使用"公共选择"。这个名字也有不足之处,但是深受欢迎。布坎南和塔洛克组建了公共选择协会。塔洛克负责编辑该协会的会刊《公共选择》。

布坎南的《民主过程中的公共财政》(1967)一书探讨了政治制度的本质及其对财政政策的影响。例如,他说选民对政府职能的认识并不完善。他引用有关调查结果说,只有不到一半的人对自己的所有课税负担有合理准确的认识:所得税、社会保障税、财产税、消费税、销售税、电话税以及被涵盖在消费品价格中的各种税。他接着阐述了不同的税收和支出政策对政治进程参与者的动机的影响。

布坎南和塔洛克与在弗吉尼亚大学的同事一起壮大了经济学系。科斯撰写了《社会成本问题》一文，发表于《法律与经济学期刊》（1960年10月），成为全部经济学文献中引用最多的文章。文章探讨了污染等由个人活动造成的不良影响在政府不干预的情况下通过个人协商有效解决的途径。文章催生了一个新的研究项目——法律经济学，主要分析由法律产生的经济后果。

与他们对立的知识分子开始歇斯底里；据说，他们中有些人甚至暗示对方可能是法西斯主义者。1961年前后，负责福特基金会经济学资助项目的克米特·戈登对弗吉尼亚大学校长小埃德加·F. 香农说，布坎南、塔洛克、科斯和纳特的"19世纪极端保守主义"严重影响了福特基金会对该校经济学系的持续支持。于是，经济学系被秘密评估，随后的报告建议"教师队伍应该增加持有不同'现代'观点的全职人员"，"为避免聘用芝加哥学派成员，在任命或更新非终身制人员或者更高职位者时要小心"。因此，香农命令清理有关人员。科斯去了芝加哥大学。弗吉尼亚大学三次拒绝任命塔洛克为正教授，于是塔洛克于1967年接受了休斯敦的莱斯大学教授职位。次年，布坎南去了洛杉矶的加州大学。纳特也离职，成了助理国防部长，负责处理国际事务。慕名而来的许多学生也去了其他学校。就这样，弗吉尼亚大学把未来的两位诺贝尔奖得主和更多人才赶出了校门。

1969年，布坎南与塔洛克在布莱克斯堡的弗吉尼亚理工大学重聚。他们同布坎南的博士生查尔斯·戈茨和该校对他们持支持态度的管理层建立了公共选择中心。山上有一栋俯瞰校园的两层小楼，中心便设在这里。由于20世纪60年代曾发生学生暴乱，于是这座小楼不久便遭遗弃，他们去了更安全的处所。多位来自世界各地的著名经济学家曾来这里担任客座讲师，他们都主张自由市场的观点。

20世纪70年代，联邦长期预算赤字，高通货膨胀与高失业率并存，经济增长缓慢，完全出乎凯恩斯主义主要经济学家的预料。舆论普遍把这一切归咎于越南战争和水门事件，但布坎南对此持怀疑态度。约翰·梅纳德·凯恩斯的理论呼吁政府干预经济，认为政府的权力会如他所愿。但事实上，凯恩斯从未考虑过真实的政府会如何对待他的理论。

于是，布坎南与同事理查德·E.瓦格纳合著了《赤字中的民主：凯恩斯勋爵的政治遗产》（1977）一书。他们解释了为什么政治家远不如私营部门中的个人负责任的原因："市场竞争是持续的；每次购买，买家都能在相互竞争的不同卖家间进行选择。而政治竞争却是间歇性的；一个决定只对一个固定时期具有约束力，通常是2年、4年或者6年。市场竞争允许几个竞争者同时生存；即使一个卖家占有绝大部分市场，也无法阻止少数买家有能力选择他们更喜欢的卖家。而相比之下，政治竞争却具有全部或全不的特点，就像占有大部分市场会使得整个市场落入单个供应商手中一样。在市场竞争中，买家能够明确确定自己通过购买行为会得到什么。而政治竞争则不同，因为在某种意义上，买家就在那里，他购买的是代理人的服务，但是他不能用具体的承诺约束该代理人，也不能根据自己的自由进行自由裁决。政治家并不像私人卖家那样要为自己的承诺和保证负责。"

在与杰弗里·布伦南合著的《征税权：财政宪法的分析基础》（1980）一书中，布坎南陈述了改革宪法的强烈愿望。该书把政府描绘为一个海怪，通过尽可能多地攫取纳税人的钱来追求自己的私利。征税跟直接盗窃财产没有太大区别，因此布坎南和布伦南坚持认为税收必须受到约束。他们写道："可能在某个历史时期，依靠立法机关少数服从多数的原则约束政府的财政活动看似合理。然而，面对拥有现代视野的公共部门和明显拥有不同于特定立法机关权力的官僚，由政府财政约束的民主限制模式正变得越来越幼稚。"

许多知识分子都把精力集中在程序改革上，但是布坎南和布伦南指出，程序改革无法避免不良后果的产生。例如，一项没收不得人心的少数派财产的（恶法）法案，只要获得了多数立法者的支持，并且经过首脑签署，获得了法官的认可，那么它就是符合程序的。相比之下，宪法约束的意思是，如果某项特定政策对人民造成的影响是非法的，那么不管批准的人是谁，它都是非法的、不符合程序的。布坎南和布伦南讨论了各种宪法措施，包括开支限制、税收限制、借款限制、贷款限制以及对货币当局自由裁量权的限制。

1983年，由于与经济学系的新任主任存在分歧，布坎南、塔洛克和同事接受了弗吉尼亚州费尔法克斯县乔治梅森大学的工作，并把公共选择研究中心搬了过去。

自从与布坎南进行有影响力的合作以来，塔洛克为推动公共选择研究做出了很大贡献。他在乔治梅森大学工作了5年，之后又到亚利桑那大学担任讲席教授。1999年中期，他重返乔治梅森大学，再次与布坎南共事。塔洛克的著作包括《官僚体制的政治》（1965）、《法律的逻辑》（1971）、《收入再分配经济学》（1985）、《财富与贫穷经济学》（1986）以及《特权与寻租经济学》（1989）。

在完成了《征税权》后，布坎南与布伦南又马不停蹄地写了《法则的理由：宪政经济学》（1985）一书。在其中，他们说明了为什么短期思维的动机在政府中要比在自由市场中更为强烈。这也是为什么税收和通货膨胀的增加已经对经济体造成了长期破坏，但它们仍然会继续增加的原因。布坎南和布伦南解释说，为了确保公共政策的长远发展，包括开支限制和税收限制在内的宪法约束是很有必要的。

布坎南于1986年获得诺贝尔奖，但是引发了争议。例如，莱曼学院的社会主义者罗伯特·莱卡赫曼教授就对他获奖不以为然，认为这个奖"与其说是向布坎南先生不大不小的成就致敬，倒不如说是对保守政治在美国和其他国家广受欢迎的证明"。但是，苏联的解体以及其他政治剧变证实了布坎南关于政府问题的看法。

尽管已年近八旬，但布坎南仍然在赫赫有名的詹姆斯·M.布坎南政治经济学中心工作。该中心位于乔治梅森大学校园附近一个经过翻新的农舍内。他主持有关宪政经济学和哲学课题的研讨会，在美国和世界各地做讲座。在这个富有远见卓识的人身上，仍然有许多东西值得世人学习。

6. 私有化：玛格丽特·撒切尔

20世纪，在全世界范围内都发生了国有化运动，政府将私有企业国有化，直接从事生产或提供服务。这样做的理由是他们认为官僚会比贪婪的私营企业家更有效率、更加公正。人们误以为，官僚无所不知，关爱万物，有能力做好一切事情。而事实是，各地的政府企业一片萧条。例如，在英国，艾伦·N.米勒就在《哥伦比亚世界商业杂志》上说："国有企业的表现逊于私营企业。……（国有）企业的资本总回报率接近于零。……消费者对国有企业的服务和产品的满意度通常很低。……大型国有企业中的人均雇佣成本比全国人均成本增加更快，而生产率并未得到同等程度的提高。……国有企业的特点是高成本、高价格、低效率和低资源利用率。"

1979年，玛格丽特·撒切尔当选英国首相，开始出售国有企业。在当时，这一举动是难以想象的。但是，后来被称作私有化的这一过程引起了巨大轰动。此后有一百多个国家出售了总价值超5000亿美元的国有企业。撒切尔强烈信奉个人自由，把私有化视为扩大个人自由的手段，她所面对的是一直拥护私有化政策却陷入财政困难的政府，因为它们实行私有化的主要目的是为了钱。这些政府意识到，通过出售企业可以筹集资金，把企业损失一笔勾销，而且私有化后的企业往往会盈利，它们不仅不再需要补贴，最后还能缴税。

尽管撒切尔不是实行国有企业私有化的第一人，但她却使私有化成了一种战斗口号。她希望尽可能多的人能成为股东，这样在捍卫自由社会时便会有更大的利益关切。她解释说，她的目标是"改变英国，把一个依赖型社会转变为自给自足的社会；把一个伸手索要的国家变为自己动手的国家；把一个坐着等待的英国变为积极进取的英国。……一个人自由工作的权利，消费自己收入的权利，拥有财产的权利，让国家成为仆人而非主人的权利——这些都是英国的遗产。……我正在竭尽全力创造这样一个国家，人人都有财产，或者有机会拥有财产。……这就是资本主义：一种把财富带给多数人而非少数人的制度"。

撒切尔把私有化变成了一个庞大而复杂的项目。她手下的部长和职员创新了多种私有化方法。撒切尔的经历证明：障碍是可以消除的，私有化可以帮助千千万万的人。哈维·B.费根鲍姆和杰弗里·R.赫尼格在《国际事务杂志》上评论说："如果要问什么经济政策最受欢迎，那就必须说非私有化莫属。"

然而，私有化还是引起了强烈反对，考验了撒切尔的意志。私有化意味着抹杀工党最辉煌的成就：没收私有财产。经营国有企业的官僚害怕丢掉美差，便抗议说私有化行不通，许多工人也害怕遭到解雇。每完成一次私有化，撒切尔都会受到指责，说她把股份的价格定得太低，或者用私人垄断代替了政府垄断。

先苦后甜，此言不虚。随着一些国有大型企业实行私有化，出现了大量裁员，但这只是意味着隐性失业的终结。这些人没有多少贡献，却拿着让人羡慕的工资。从生产率角度看，他们早就失业了。整顿企业，让不干活的人另谋高就，这个拖延很久的过程一旦开始，裁员就开始了。私有化后的企业日益繁荣，创造了新的工作岗位——为数百万人创造了真正的工作岗位。

丹尼尔·叶尔金和约瑟夫·斯坦尼斯瓦夫在合著的《制高点》（1998）一书中写道："撒切尔重塑了对待国家和市场的态度，使政府远离商界，削弱了人们对政府全知论的信心。撒切尔主义把重点从政府责任转移到个人责任上来，力求把首创、鼓励和创富创造放在首要位置，不再强调再分配和平等。撒切尔主义崇尚企业家精神，使私有化成为常态。"约90%的英国雇员在自己工作的私有化公司购买股份；近一半股东在一个以上公司持有股份，约20%的股东在四个以上公司持有股份。工党也顺应时势，抛弃了经济国有化的主张。而且，工党领袖托尼·布莱尔在1997年当选首相时，也主张实行私有化。

很多人发现撒切尔很专横［有时人们嘲笑她为"阿提拉母鸡"（Attila the Hen）］，但是即使批评她的人也承认她成就非凡，而且其成就并不仅限于私有化。例如，《新共和》发文称："她把所得税的最高税率从83%降到了40%。……基本税率从33%降到了25%，解除了数百万低收入工人的所得税负担，同时还实现了政府预算盈余。她使得英国的股东数量增加了三倍，生产率提高了一倍，使三分之二的国有企业实现了私有化。……英国的失业率从欧洲最高变为最低。20世纪80年代，英国的经济增长率几乎是西德的两倍。……她赋予英国中产阶级以权力，对抗精英阶层的诟上欺下和旧工会的粗暴行径，这是一次彻底的自由主义改革。真是不可思议，毕竟她是个女人。在性别歧视如此严重的社会，她不仅直达权力顶峰，还能大获成功。（顺便提一下，她赞成堕胎，还改革了英国税法，减少了女性在经济上对丈夫的依赖。）"

撒切尔是英国历史上的首位女首相。她比20世纪的其他首相任职时间都要长，长达11年半，而且赢得了史无前例的三连任。尽管遭到强烈反对，但她依然大获全胜，因为她对自由敢于革故鼎新，具有把见解付诸行动的勇气和毅力。

撒切尔素以忠诚著称。她曾对罗纳德·里根总统说："你需要朋友时，我们会提供支持。"——关键时刻，她多次兑现了诺言。传记作家克里斯·奥格登写道："在他们所结交的盟友中，没有人比撒切尔更忠诚。有同事被指控盗窃和同性恋，她曾挺身而出。有朋友身处困境，她也经常伸出援手。"

1925年10月13日，玛格丽特·希尔达·罗伯茨出生于英格兰林肯郡的格兰瑟姆。父亲阿尔弗雷德在旧北帕雷迪路开了家杂货店，玛格丽特就出生在杂货店上面的公寓内。她是家中的二女儿。母亲比阿特丽斯·斯蒂芬森是裁缝。

阿尔弗雷德决心让自己的女儿接受良好的教育，尤其是学习成绩较好的玛格丽特。他们经常去当地的图书馆，玛格丽特去凯斯蒂文和格兰瑟姆女子学校上学。人们认为位于镇子另一端的这所学校要好于附近的学校。1943年，玛格丽特进入牛津大学萨默维尔学院。牛津大学是通往权力的途径；大约半数英国首相都在牛津或剑桥接受过教育。玛格丽特读的是化学，早上6点半就起床，然后在实验室学习或工作到深夜。大多数学生辩论活动都在牛津辩论社举办，但是不让女生参与，于是玛格丽特便加入了牛津大学保守党协会，她趁机挨个认识了到学校参观的有影响力的保守党人士。

毕业后，玛格丽特在两个公司做了3年化学研究，第一个是生产眼镜框塑料的公司，第二个是检查冰淇淋和蛋糕夹心质量的公司。之后，她三次参加议会竞选，但都以失败而告终。于是，她决定去法律教育委员会学习，希望政治之路能走得更顺些，并于1953年12月通过了律师资格考试。在接下来的5年里，她一边活跃于保守党的政治舞台上，一边从事律师工作。

加入青年保守党后，玛格丽特认识了丹尼斯·撒切尔。丹尼斯是阿特拉斯防腐剂公司的总裁，这个公司是他祖父创办的，主要生产油漆和除草剂。丹尼斯比玛格丽特年长10岁。1951年12月13日，两人在伦敦结婚。两年后，他们的龙凤胎马克和卡萝尔出生。后来，他们卖掉了家族企业，赚了一大笔钱，丹尼斯成为妻子政治生涯中最大的支持者。

1958年，32岁的撒切尔从威斯敏斯特附近的芬奇利区入选议会。她在保守党政府中任职，努力处理各种事务。20世纪70年代，工党中的社会主义者和保守党在应对日益严重的通货膨胀及工会暴力中双双失利。撒切尔果断提出了进行自由市场改革的方案，并于1975年2月4日当选保守党领袖。

1978年到1979年冬天，英国出现了自1926年大罢工后最为严重的罢工和暴力冲突。包括教师、医生、护士、救护车驾驶员、掘墓人、垃圾清运工和铁路工人在内的公职人员筹划了一系列造成严重后果的罢工。工厂关闭，物资短缺，部分学校关门，据报道有50万儿童被迫待在家中。未回收的垃圾堆积成山，鼠患猖獗，冷藏设备充斥着老鼠尸体。各工会要求薪水必须在工党政府所定标准的基础上增加五倍。罢工期间，工党首相詹姆斯·卡拉汉却在阳光明媚的瓜德罗普岛休闲放松。

在1979年5月3日的大选中，保守党在议会的全部625个席位中，以多出45个席位的优势赢得大选，撒切尔成为首相。她开始剔除冗余官僚（约73.2万人），这些人的庞大开支和碌碌无为对辛勤劳动的纳税人构成了沉重负担。她在首次预算中就削减了政府开支100亿美元（数额巨大），减少了公司福利5亿美元，降低了所得税税率（最高税率从83%降至60%）。不过，隐含在消费品中的附加税也从8%上升到了15%。她还计划推动了共24亿美元资产的企业实现私有化。

撒切尔开始改革不公正的法律，这些法律让工会领袖肆意威胁雇员和雇主。议会废止了对只雇用工会会员企业的员工（被迫成为工会会员）的法律支持，宣布政治罢工为非法；工会会员只能针对雇主进行罢工。工会选举必须实行不记名投票制。

撒切尔结束了破坏资本流通的外汇管制，停止随意增加货币供给。消费品价格从1980年的18%下降到了1986年的3%。摆脱通货膨胀引起的经济失衡需要时间，有权势的利益集团要求撒切尔提高税收和开支。她逗趣地说："这位夫人是绝对不会妥协的。"阿根廷总统利奥波多·福图纳托·加尔蒂埃里将军派遣军队进入南大西洋的马尔维纳斯群岛，可能是为了转移阿根廷人对本国130%的通胀的不满。结果撒切尔打败了阿根廷，威望进一步提高。马尔维纳斯群岛上仅有1800名居民、75万只羊和几百万只企鹅，但是这场冲突展示了撒切尔的果敢性格。在1983年6月10日的选举中，工党遭遇了65年以来的最大惨败。

撒切尔批准了削减英国钢铁工业7万个非生产性岗位的计划。之后，她又批准了削减国有煤矿2万个非生产性岗位的计划，因为国有煤矿的损失一年就花掉了超过10亿美元的纳税。全国矿工工会主席亚瑟·斯卡吉尔命令罢工，发生了许多暴力事件。生产损失超20亿美元，财政赤字激增，英镑面临下行压力。大约51周后，1985年3月，工会成员回去工作，罢工瓦解。邮局、铁路和官僚机构的政府工会也在考虑罢工，但最终放弃了计划。显而易见，撒切尔是不可能被吓倒的，最后工会主席基本上全都放弃了尝试。私营企业的经理们勇敢地面对工会领袖；公司开始精简人员，提高生产率，在国际市场上重新赢回竞争力。

在打破了工会领袖的垄断权后，加快私有化成为可能，这在一定程度上是因为国有企业经济损失严重，增加了纳税人的负担。国有工厂、飞机及其他设施破旧不堪，服务糟糕。私有化旨在帮助政府摆脱损失，利用私人投资资金重建基础设施，改善服务。尽管会不可避免地发生减员（因为机构人员臃肿），但是能激发私有企业提高效率，扩大经营，创造更多就业机会。最终，股东人数也会逐渐增加，因为未来受国有化损失的人数也会增加。私有化是防止国有化回归的重要战略。

正如撒切尔所做的其他所有事情一样，她在推行私有化过程中也遭到了反对。前首相哈罗德·麦克米伦（来自保守党阵营）抱怨称，私有化意味着售卖"家中珠宝"。国有企业的官僚们害怕被扫地出门，便千方百计地阻止私有化。另外，工党分子一想到政府会减少对人民生活的控制便感到心惊胆战。

早期最重要的私有化措施涉及公有住房，即"地方当局建造的简易房"。当初修建这些住房的目的是控制租金，以便私人开发商建造的公寓无利可图。《经济学人》报道称，公有住房其实是"在规划糟糕的大片城市用地上兴建的设计低劣的大楼公寓"。撒切尔通过大幅折扣把这些公寓卖给居民。两年内，大约有35万套公寓转到了私人手中。截至1990年，私人所持公寓总数上升至125万多套，约占公有住房的四分之一。

产业私有化开始于基思·约瑟夫。他是能源部部长，曾经聘用戴维·扬作为私有化的主要顾问。撒切尔夫人手下的第一任财政大臣尼格尔·劳森担负了私有化的重要职责，其继任者诺曼·拉蒙特也是如此。最初几年，他们的努力很低调，只是把政府所持股份卖给公司员工、管理层或者私营产业投标人。这些交易没有召集普通民众参与，因为没有人知道会发生什么后果。

更大规模的转让几乎肯定意味着公开募股。有时，政府持有的股份一经上市就被抢购一空。有时，他们会聘任新经理尝试简化运作，先提高企业的吸引力，然后再上市。至于私有企业对股份的需求量到底是多少，大家心里都没底；因此，他们采取了分阶段募股的方法，从而降低了市场供应过剩的风险，这不失为一种明智之举。很多国有企业正陷入这种困境，只好免费赠送，帮助政府避免损失。

1979年11月，第一次私有化出售了英国石油公司5%的股份，政府所持份额降到了50%以下，由此引发了一些争议。接下来，在1983年和1987年又相继发行股票。从1979年12月开始，英国政府逐渐出售了国家企业局的主要部门。企业局是由撒切尔的工党前任成立的，目的是接管和帮助亏损企业。1981年2月，英国宇航公司出售了51%的股份。政府出售了大东电报局49%的股份，阿莫仙国际公司100%的股份，英国联合港口公司51.5%的股份。撒切尔的手下出售了英国铁路公司的旅馆和英国航空公司的国际航空无线电台，削弱了一些最大的国有企业。在这些公司及其他公司私有化的过程中，员工拿到了优惠股票，他们的退休金也添加了一些股份。

对英国石油公司进行的首次私有化募股超过5亿英镑（占公司股份的51%），它暴露出了一些问题。政府在早期私有化过程中把股票价格定得很低，所以他们对出售抱有信心。但是，这一举措也招致了批评，有人认为这是在赠送资产。对于国家石油公司，政府要求潜在的投标人进行投标报价。随后，石油输出国家组织（OPEC cartel）降低了石油价格，这也降低了英国国家石油公司的价值，如果该公司想继续销售石油，那么就可能会被迫降低其石油的价格。许多投资人退出了竞标，政府没有售完股票。另一次针对安特普莱斯石油公司（Enterprise Oil，一个获得英国天然气公司石油利益的新实体公司）的投标报价也未达到预期目标，因为在交易达成之前，石油价格和股票价格便已双双下跌。

1984年，英国电信公司的募股引起了人们对私有化的注意。丹尼尔·叶尔金和约瑟夫·斯坦尼斯瓦夫写道："真正关注石油和天然气私有化的人相对较少，但几乎所有人都知道电话业会发生重大变化。在基思·约瑟夫把电话系统从邮政剥离出来之前，电话系统就已经把国营企业的种种弊端暴露无遗。政府的官僚管控压制了创新。他们根本不把顾客当回事儿。要想获得一部新电话，需要等好几个月。人们只有两种选择——要么接受现有的设计，要么什么都不要。如果想在合理的时间内修好电话，唯一的办法就是暗中支付维修工一笔费用，让他下班后特地给你维修。"

撒切尔希望尽可能多的人成为股东。股票可以通过邮局购买，也可以通过电话账单购买，人们还可以分期付款。人们申请购买的股票量超过现有股票的四倍。两百多万人购买了股票，其中半数是首次投资。这次募股所筹资金达 39 亿英镑，成为所有股种中最大的一支，占公司的 51%，并且比第二大私有化募股多出七倍。两年之后，这次募股才被英国天然气公司（1986）和英国石油公司（1987）的私有化募股所超越。

到 1986 年，政府已售出它持有的英国宇航公司、英国石油公司、大东电报局、英国造船公司军舰码头以及英国直升机航空公司的所有股份。那一年，政府出售了国家公交公司，解除了对公交行业的管制。1987 年，英国航空公司、劳斯莱斯公司和英国机场管理局都实行了私有化，政府出售了其在英国石油公司所持的剩余股份。1988 年，英国钢铁公司实行私有化。即使是水电这样的传统由政府垄断的行业也遭到了肢解和出售。

随着时间的推移，许多项目发展缓慢，但撒切尔的私有化项目却势头很旺。在她的第一个任期（1979—1983），有 12 个国有企业部分或全部实现了私有化，获利 16.25 亿英镑。在第二个任期（1983—1987），有 24 个国有企业部分或全部实现了私有化，获利 109.83 亿英镑。在第三个任期（1987—1990），有 40 个国有企业部分或全部实现了私有化，获利 225.14 亿英镑。

1987 年 6 月 11 日，撒切尔宣布继续参选，并以 101 个席位中的多数票赢得了第三个任期，所获票数是很多观察员预计票数的两倍。二战后，之前唯一一次超过这个数字的成绩也是由撒切尔夫人获得的，那是她在 1983 年的参选纪录。人们并非必然爱戴她，但是肯定敬重她在扭转国家局面过程中所展现出的刚毅性格。

撒切尔竭力阻止地方政府议会的无节制开支，这些议会向一部分人征税，而让另一部分人获益。她认为，如果每个人都与地方政府议会的所作所为息息相关，那么就会形成自律，因此她提议通过平等纳税实现这一目标，即每人每年缴纳约300美元的"人头税"，穷人可以享受折扣。但地方政府议会的回应却是，增加开支，提高人头税（高出预期的300美元）。选民没有谴责地方议会，而是把矛头指向撒切尔。1990年11月22日，撒切尔宣布辞职。

撒切尔的财政大臣约翰·梅杰继任首相，并于1991年3月放弃了人头税。他重新采用了以财产为基础的税率，辅以更高的（隐藏）增值税。他不仅对英国电信公司中政府所持的最后21%的股份实行私有化，还对英国铁路公司、英国煤矿公司和几个港口设施实行了私有化。梅杰实施的私有化所带来的纯收入超过210亿英镑。

撒切尔成就斐然，完全有资格为此感到无比自豪。丹尼尔·叶尔金和约瑟夫·斯坦尼斯瓦夫在《制高点》（1998）一书中说道："大约三分之二的国有企业已经完成私有化。共计46个大型企业已完成私有化，涵盖90万名员工，政府所得远远超过300亿美元。这些企业曾对国库构成巨大负担，现在却成为财政收入的主要来源。……私有化的最重要结果是，除了改革了工会，还改变了自1945年起界定英国的基本制度关系，这一制度关系曾让英国在1979年停滞不前。当年，平均每1000名工人就因罢工而损失了1274个工作日。截至1990年，该数字已经降至108，还不到之前的10%。英国的政治及经济环境实现了永久的变革。"

与此同时，私有化也在世界各地迅速发展。在东欧及苏联人民争取一个更加自由的社会的过程中，私有化发挥了关键作用。阿根廷在马尔维纳斯群岛一战中丢尽了脸面，但是它也拥护撒切尔式的私有化。私有化还渗透到了最遥远的文明国度，其中就包括蒙古国——这一切都源于撒切尔这位杂货店老板的女儿决定践行关于自由的伟大思想。

7. 教育民众：里德、费希尔与克兰

公有制和国有化曾席卷世界，并不是因为它是正确的或者不可避免。在19世纪晚期，一些意志坚定者制定了在西方国家推广这套方案的战略。他们致力于转变知识分子的信仰，然后通过这些知识分子再让政治家接受自己的观点。

（与上述情形相反）自二战以来，一些足智多谋的人发起了自由运动，其中有三位表现突出，他们分别是美国密歇根州哈巴斯顿的伦纳德·E.里德、英国伦敦的安东尼·费希尔和美国加利福尼亚州洛杉矶市的爱德华·H.克兰。他们最初都不是有钱人，其中两位早年丧父，一位没上过大学。但是，他们都因在全世界推动自由事业而产生了巨大影响力。

里德是经济教育基金会的创始人，身高6英尺1英寸，打扮得干净利索，为人毫无戒心，很容易结交朋友。他懂得如何形象地阐释抽象原则，如何用简明的语言表达思想。他在演讲和筹集资金方面能力超群。

里德几乎跟现代自由主义运动中的所有重要人物都有过合作。小说家兼哲学家安·兰德无法在美国找到出版商出版她的《颂歌》（1937），他便安排出版了该书。两年后，他安排重印了罗斯·怀尔德·莱恩发表在《周六晚间邮报》上的一篇鼓舞人心的文章《信条》，即广受欢迎的小

册子《给我自由》。1946年，他出版了米尔顿·弗里德曼和乔治·斯蒂格勒合著的《屋顶还是天花板？》。这是第一本广受欢迎的关于公共政策的作品，后来两人获得了诺贝尔奖。他为伟大的奥地利自由市场经济学家路德维希·冯·米塞斯提供了资金支持。1947年，他成为朝圣山学社的创始人之一，该学社把世界上拥护自由的教授、记者及企业家招至麾下。7年后，他买下了《自由人》杂志，用于发表自由意志主义主要思想家的文章。

1898年9月26日，伦纳德·爱德华·里德出生于美国密歇根州哈巴斯顿镇外一个80英亩的农场内。父亲名叫奥维尔·贝克·里德，母亲名叫埃达·斯特吉斯·里德。里德上五年级时，父亲死于败血症。他母亲卖掉了农场，在镇上买了一栋房子，将其改造成寄宿公寓。

1917年，里德毕业于密歇根州大瀑布城的费里斯学院，这是一所大学预备学校，招生对象是勤工俭学的穷孩子。此时，美国已经卷入"一战"，里德在法国帮助组装战斗机。后来，他遇到了格拉迪斯·"阿姬"·科布，格拉迪斯的母亲是里德住在密歇根州安娜堡市寄宿公寓时的房东。两人于1920年7月15日结婚，育有两子，分别是小伦纳德（1921）和詹姆斯（1924）。两人厮守54年，直至格拉迪斯去世。

里德把全家都搬到了加利福尼亚，并帮助旧金山附近陷入资金困境的伯林盖姆商会扭转了局面。他过去一直支持富兰克林·罗斯福总统的新政，直到1933年南加州爱迪生电力公司执行副总裁威廉·马伦多尔解释说，政府并不能创造繁荣，因为它把来自纳税人的钱送其他一些人，这会导致纳税人越发贫穷。

1946年，百路驰公司董事长戴维·古德里奇鼓励当时的洛杉矶商会总经理里德建立一个推广经济自由的研究所。3月16日，经济教育基金会成立。里德募集了4万美元，在纽约哈德逊河畔欧文敦购买了一处占地6.88英亩的宅邸。这栋宅邸建于1899年，带有百叶窗。1946年7月5日，经济教育基金会搬迁至此，直到今天一直未作变更。

里德为伟大的奥地利经济学家路德维希·冯·米塞斯提供了一个发言的论坛。经济教育基金会还销售米塞斯的书籍。在纽约大学不愿支付米塞斯的教学工资后，里德出面说服威廉·沃尔克基金会为他支付工资。20世纪60年代沃尔克基金会解散后，里德继续为米塞斯筹集资金。

亨利·黑兹利特是经济教育基金会的重要托管人。他幼年丧父，也没钱上大学，但是通过自学精通了写作。他曾在《华尔街日报》和《纽约邮报》工作，并为《纽约时报》撰写过经济学社论。他在《纽约时报》首页发表了对哈耶克的《通往奴役之路》（1944）的书评，推动该书进入了最畅销图书榜单。他还为米塞斯的《全能政府》（1944）、《官僚主义》（1944）和《人的行为》（1949）寻找出版商。黑兹利特的第一部重要作品《一课经济学》（1946）成为畅销书。从1946年到1966年，他担任《新闻周刊》的专栏作家，成为美国自由意志主义观点最著名的捍卫者。他总共撰写了18本书，发表了约1万篇社论、文章。

1951年，经济教育基金会意识到大部分政治家在高中阶段都参加过辩论赛，便设立了一个项目帮助教育高中辩手。指导该项目20多年的贝蒂娜·比恩·格里夫斯创作了《自由市场经济学：教学大纲》（1975）和《米塞斯：参考文献注释》（1993），她还编辑过6本书。

经济教育基金会出版了一些畅销书籍。编辑迪恩·拉塞尔翻译了法国著名自由放任原则拥护者弗雷德里克·巴斯夏于1850年写的《论法律》一书，据报道经济教育基金会共售出了约50万册。当罗斯·怀尔德·莱恩的《发现自由》（1943）绝版后，她拒绝授权新版本，因为没有时间进行修订，但是通用汽车公司的顾客研究员亨利·格雷迪·韦弗却征得莱恩的许可，把这部鼓舞人心的故事改编成了《人类进步的主要动力》（1947，1953），经济教育基金会发行超过40万册。1959年，经济教育基金会重印了康奈尔大学创办人之一安德鲁·迪克森·怀特的《法国法定货币通胀》（1876）。这本书对通货膨胀如何失控以及如何摧毁人类进行了简明扼要的介绍，销量达几十万册。

在里德的所有著作中，最受欢迎的是《一切和平的东西》（1964），其中包括著名的故事《我，铅笔》。他解释说，即使制造铅笔这种看似简单的东西，世界上也没有谁能凭一己之力完成一道道工序，这证明了自愿合作的神奇之处。他讨论了制作过程中所需要的种种设备：有砍树的，有运输木材的，有加工木材的，有开采石墨的，有制造油漆的，有制作金属套圈的，还有制造铅笔所需橡皮的。这些铅笔组件来自许多国家，人们彼此合作，不需要政府发号施令。米尔顿·弗里德曼在1980年的电视纪录片和《自由选择》一书中对这个故事进行了改编。

1955年，里德买下半月刊《自由人》，该杂志于1950年由亨利·黑兹利特、《财富》杂志作家约翰·张伯伦、《分析》编辑弗兰克·乔多洛夫和苏珊娜·拉福莱特创刊发行。苏珊娜曾与美国个人主义作家艾尔伯特·杰伊·诺克在《自由人》共事过（1920—1924）。在里德的管理下，《自由人》开始在几十个国家发行。

1959年，经济教育基金会开始召开有关自由的研讨会。密苏里企业家埃塞尔美·汉弗莱斯回忆了里德在那些年做过的无数次最精彩的演讲："他会关掉头顶的灯光，然后在讲台上打开电蜡烛。电蜡烛本身就引人注目，因为你盯着它就无法把视线移开。他会说，所有黑暗都无法吞噬一根电蜡烛所发的光。他说，蜡烛可以方便你读书——或许也可以写书。之后，他又说如果能更好地理解自由，将有助于发展自己的'影响圈'，然后他增加蜡烛的亮度，直至把整个房间都照亮。"

1983年5月14日，里德在经济教育基金会总部附近的家里睡觉时去世，享年84岁。三天后，一百多人参加了在欧文敦长老会教堂为其举办的追悼会。他的骨灰被撒在住所后面林木茂密的斜坡上。

诺贝尔奖获得者F. A. 哈耶克写道，里德"是一位见解独到而深邃的思想家，善于把深奥的结论寓于普通的日常用语中。我们中有些人，曾经一度而且也许有点儿傲慢地认为他主要是个普及者，结果却发现他有很多东西都值得我们学习"。

当伦纳德·里德正在思考自己能在美国做些什么的时候，安东尼·费希尔也在英国寻找施展拳脚的机会。他身材高挑修长，相貌英俊，通过大胆的新战略推动自由，全身心地投入事业中，与全世界的人分享专业知识。

他的女儿琳达·惠茨斯通回忆说："他非常有魅力，总是衣着整洁。

他有强烈的幽默感，内心非常平静。当然，他对人类的自由事业总是忠心耿耿。无论在什么场合，他与旁人谈话总是会涉及自由。"与费希尔共事很久的同事拉尔夫·哈里斯回忆称："费希尔是我认识的最简单、最诚实、最正直的人。也许他最让人喜欢的一点就是谦逊。……这要归功于他对基督教科学派的忠诚、对上帝创世的敬畏、对自由的简单而本能的信仰。"

1915年6月28日，安东尼·乔治·安森·费希尔出生于伦敦，父亲名叫乔治·费希尔，母亲名叫珍妮特·安森·费希尔。安东尼26个月大时，参加第一次世界大战的父亲在盖利博卢半岛被土耳其狙击手杀死。当时，他母亲正怀着他的弟弟巴兹尔。她母亲是在新西兰长大的，性格坚强，尽管患有多种硬化症，但还是把两个儿子抚养成人。

费希尔在剑桥大学三一学院学习工程学。1936年，他开创了英国的租车业务。三年后，他娶伊夫·莉莲·内勒为妻，并育有四个孩子：马克（1941）、琳达（1942）、迈克尔（1945）和露西（1948）。

"二战"时期，安东尼·费希尔和弟弟在飓风行动111中队当飞行员。1940年8月15日，他看到弟弟巴兹尔在英格兰东南部海岸的塞尔西上空被击落，感到万分震惊，便决心帮助更多的飞行员幸存下来。他发明了一种设备，这种设备能告诉飞行员在用机枪射击时如何预测敌机所在位置。后来，他被授予空军十字勋章。

"二战"后，工党掌权，首相克莱门特·艾德礼的政府开始攫取私有财产，实行强制劳动。那时，费希尔正在伦敦一家银行工作，他读了1945年4月发行的《读者文摘》，杂志摘录了F. A. 哈耶克的《通往奴役之路》（1944）中的20页。哈耶克提醒说，尽管纳粹被打败了，但是如果集权趋势继续在西方获得势头，那么自由就会毁灭。费希尔在伦敦经济学院拜访了哈耶克。他回忆说："我主要是想让他给我一些建议，告诉我怎么把讨论和政策带回正轨。……哈耶克提醒我首先不要从政，免得浪费时间，因为那时我有从政的想法。之后，他又解释了自己的看法：'二手观点商人'在观点与政策之争中拥有决定性的影响力。他建议我跟其他人成立一个学术研究组织，为大学、学院和从事新闻广播的知识分子提供市场经济理论及其在实务中所能用到的权威性研究成果。"

费希尔的小册子《自由的理由》(1948)批判了政府对经济的干预。远在美国的亨利·黑兹利特和伦纳德·爱德华·里德接触到了该书，便邀请费希尔加入朝圣山学社，学社由他们三人、哈耶克和另外约30位拥护自由的思想家于1947年4月建立。

在此期间，费希尔在奶牛场饲养短角牛，他的牛不幸染上口蹄疫，必须全部屠宰并销毁。这个奶牛场是他在苏塞克斯的弗拉姆菲尔德购买的。1952年，费希尔前往美国，寻求养牛办法。同时，他还想弄清楚美国是否可以为英国人提供榜样的关于自由主义的研究机构，于是便去了里德的经济教育基金会。

在基金会，他跟经济学家F. A. 哈珀进行了交流。哈珀曾在康乃尔大学执教，后因向学生发放《通往奴役之路》而遭驱逐。正是通过哈珀，费希尔见识了鸡的工厂化养殖。他把自己的奶牛场改造成了巴克斯泰德养鸡公司，很快便雇用了约200人，每周出厂80多万只鸡，把鸡肉的价格拉低了约85%。为了让每个家庭都能吃上鸡肉，他比任何政治家的贡献都大。

费希尔利用自己养鸡的部分利润为经济事务研究所（Institute of Economic Affairs, IEA）提供资金。1955年11月，费希尔、自由意志主义活动家奥利弗·斯梅德利及其朋友J. S. 哈丁签订了经济事务研究所委托书。每位受托人出资100美元。几年后，费希尔把资金提高到了250美元；在20世纪60年代，更是把出资额提高到了每年1.2万美元。1957年1月1日，经济事务研究所在斯梅德利位于伦敦证券交易所附近的套房中的一个房间正式成立。由于斯梅德利太忙，分身乏术，费希尔便找到了六年前给他留下了深刻印象的记者拉尔夫·哈里斯。于是，哈里斯成为经济事务研究所的首位所长。

有位朋友推荐亚瑟·塞尔登负责该项目。塞尔登是个鞋匠的孤儿，在伦敦东区长大。他曾在伦敦经济学院学习（1934—1937）。在学校里，哈耶克让他明白了经济自由的重要性。对他影响最大的是哈耶克撰写的《集体主义经济计划》(1935)，该书揭露了政府管制的致命缺陷。二战期间，塞尔登目睹了由政府计划所造成的混乱局面。

历史学家理查德·科克特是《想所不能想：智囊团与知识分子的反革命》一书的作者。他曾说道："经济事务研究所内的主要合作关系是哈里斯与塞尔登之间的合作关系。……他俩最初都是工人，跟知识分子的信条——集体主义进行斗争，而有种观点却认为，集体主义在改善工人生活状况中贡献最大。傲慢的中产阶级捍卫凯恩斯的理论，宣称他们的行动代表的是社会上的欠富裕群体；在跟他们辩论时，哈里斯和塞尔登都能借助自己的亲身经历。……他们两人的合作关系卓有成效，因为他们迥然不同，但是又能完美互补。哈里斯擅长交际，诙谐幽默，性格外向，是经济事务研究所的'头面人物'。……相比之下，塞尔登却更像学者、更有思想，不像哈里斯那样亲和、有说服力、天生善于演讲。他集中精力维持经济事务研究所的学术声誉，而且作为主编，他要事无巨细地做好出版工作。……塞尔登认为他们'就像吉尔伯特与沙利文那样密切合作，是自由资本主义的阐释者和推动者'。"

经济事务研究所的基本策略是记录政府干涉经济所造成的问题，为市场选择提供依据。研究所出版平装报告，报告长度恰到好处，既可以涵盖大量内容，又便于低价出版，分发给教授、记者和广播员。经济事务研究所不参与党派政治。

20世纪60年代末，费希尔遭遇了几次挫折。妻子伊芙对他的商业冒险和自由主义运动从不感兴趣，最后选择离婚。费希尔和合伙人于1969年8月出售了巴克斯泰德养鸡公司，他把大笔收益都用于开曼群岛的开发项目，养殖绿海龟，因为绿海龟胆固醇含量低，且身体的每一部分几乎都有用。但是，1973年，美国禁止进口绿海龟，无论是养殖的还是野生的。结果公司倒闭，费希尔支付了60万美元的债务。此时，他已经60岁，这个年纪很少有人能东山再起。

然而，非常明确的是，费希尔在经济事务研究所从事的这一副业开始让英国人的观念逐渐摆脱了集体主义。研究所迎来了很多有影响力的访客，其中包括议会议员基思·约瑟夫、杰弗里·豪和玛格丽特·撒切尔。1975年，费希尔应邀帮助新成立的弗雷泽研究所（位于加拿大温哥华）获得像经济事务研究所那样的影响力。他长期待在弗雷泽研究所，直到招到第一位合格的加拿大人。经济学家迈克尔·沃克是弗雷泽研究所获得成功的关键人物。1977年，费希尔协助创办了国际经济政策研究中心（位于纽约），该研究中心后来更名为曼哈顿研究所，是纽约的主要智囊团。

1975年9月，朝圣山学社在希尔斯代尔学院召开地区会议，费希尔见到了多里安·克罗克，生活得到了意想不到的提升。多里安的丈夫是已故的乔治·N.克罗克，他曾是律师和《旧金山检查者报》的专栏作家。1977年10月8日，费希尔与多里安在加利福尼亚的蒙特雷结婚。他们搬进了多里安位于旧金山泰勒街1750号的公寓。公寓面积达3600平方英尺[1]，坐落在俄罗斯山顶，后来他们的朋友米尔顿·弗里德曼和罗斯·弗里德曼夫妇也住过这里。琳达·惠茨斯通回忆说："父亲做的所有事情，多里安都很喜欢，并参与其中。"

费希尔不再像过去那么有钱，但是他有一个很好的想法：如果有更多人发声，那么自由意志主义的观点就更加可信。于是，人们给他提供资金，在全世界范围内创办支持自由事业的研究机构。在美国，他帮助建立了曼哈顿研究所、太平洋研究所（位于旧金山）和国家政策分析中心（位于达拉斯）。他帮助过英国的亚当·斯密研究所，还帮助澳大利亚、巴西、智利、香港、冰岛、意大利、墨西哥、秘鲁、委内瑞拉等国家和地区建立了二十多个支持自由的研究所。他和多里安穿梭于各大洲，提供建议，分配资金——总数可能超过200万美元。1981年，费希尔成立了阿特拉斯经济研究基金会，委托经济事务研究所的约翰·布伦德尔负责该基金会的工作。

1987年年末，费希尔得知自己罹患骨癌，而且癌细胞已经发生转移。拉尔夫·哈里斯回忆称："在遭受病痛折磨的最后一年，费希尔坚强地忍受着。看到越来越多的人赞扬自己所珍视的经济事务研究所获得成功，他感到十分欣喜。册封爵士的喜讯及时传来，这既是一份惊喜，也是对

---

[1] 1平方英尺 ≈ 0.0929平方米。

他过去工作的应有回报。"1988年7月9日，费希尔因心脏病在旧金山圣弗朗西斯纪念医院去世，享年73岁。就在几天前，他才刚刚转到那里。

10天后，大约6位家庭成员和朋友登上60英尺长的"那伊阿得"号游艇驶入太平洋，一位基督教科学派的牧师主持了祷告，人们把费希尔的骨灰伴着鲜花撒向大洋。伦敦市政厅圣劳伦斯犹太会堂也为其举行了追悼会。伦敦《泰晤士报》评价说："对于一个不搞学术且并非名满天下的人而言，他对学术气氛的间接影响是巨大的。"

与此同时，有个美国人也正在采取有力措施，让自由意志主义思想获得直接影响力。这位带头的知识分子企业家名叫爱德华·克兰，他身高6英尺2英寸，体型健硕，爱说俏皮话，是华盛顿加图研究所的共同创办人。加图研究所是目前世界上最大的支持自由的研究所。每年大约有3万人参加研究所推出的项目，涉及所有公共政策问题，其中主要是联邦政策问题。根据世界主要自由意志主义思想家提供的分析，加图研究所会支持一些具体的方案，如社会保障私有化、任期限制、税制改革、学校选择、医疗储蓄账户、自由贸易、解除管制和毒品合法化等。加图研究所不支持对外战争，这意味着它反对乔治·布什在1991年发动的海湾战争和比尔·克林顿在1999年发动的巴尔干战争。

克兰想法大胆，诙谐机智，销售能力和组织能力都很强，一举成为自由意志主义运动史上最伟大的资金筹集人。加图研究所的资金差不多三分之二都来自个人捐助，其余的来自公司和基金会。他把全球重量级人物都招进研究所的董事会，如投资银行家西奥多·福斯特曼、传媒大亨鲁伯特·默多克、有线电视亿万富翁约翰·马龙、联邦快递创始人兼董事长弗雷德·史密斯等。他表明，自由意志主义人士可以在一个更大的舞台上一展身手。

《华盛顿邮报》称加图研究所为"热门政策工厂"。《波士顿环球报》把加图研究所评为"华盛顿最炙手可热的智囊团"。《大西洋月刊》称"加图研究所是市场思维的先驱"。《新闻周刊》说："加图研究所帮助我们改变了辩论的形式。"《华尔街日报》写道："加图研究所的知识分子的枪声正响彻整个首都。"

1944 年 8 月 15 日，爱德华·哈里森·克兰三世出生于洛杉矶。家里有三个孩子，克兰排行老二。母亲名叫玛丽·芭芭拉·格林·克兰，父亲叫小爱德华·哈里森·克兰，是位眼科医生。

在加州大学伯克利分校上学时，克兰竞选学生评议会，承诺废除学生管制。结果被贝蒂娜·阿普特克彻底击败。他讥讽地回应道："她打出了共产主义牌，不赢才怪。"

他在南加州大学取得了工商管理硕士学位，接着进入斯库德—史蒂文斯—克拉克投资公司，很快便开始负责公司的客户工作。25 岁时，克兰掌管的资金已超过 2.5 亿美元。后来，联合资产管理公司把他挖走，安排他在旧金山分公司工作。

1972 年，自由党第一次参加大选，克兰帮助过副总统候选人托尼·内森。托尼是俄勒冈州广播电视制片人，以前是民主党人。1976 年，他辞掉工作，为自由党全职工作。他的经历证明了他是一位优秀的组织者，在 1976 年和 1980 年的总统竞选中均获得了较高票数。自由党提供了很多宣传自由意志主义思想的大好机会，但法律对第三党不利。

罗杰·麦克布赖德是 1976 年自由党的总统候选人，也是《发现自由》的作者罗斯·怀尔德·莱恩的律师兼朋友。通过他，克兰认识了查尔斯·科赫，科赫讲话温和，是总部位于威奇塔的科赫工业集团的董事长兼总裁。科赫的父亲弗雷德曾经是得克萨斯州的一名穷苦孩子，毕业于麻省理工学院，参与研发了一种更好的炼油工艺，这让他在 40 岁之前就成了百万富翁。1967 年，弗雷德去世，从麻省理工学院毕业的查尔斯·科赫接管了科赫工业集团，把公司打造成了美国第二大私人公司。

科赫认为，通过政治行动推广自由前景并不乐观，因此赞成克兰建立一个旨在改变政策辩论形式的研究所。克兰成立了加图研究所，这个名字来自《加图信札》，这是一本自由主义的激进小册子，对美国独立战争产生过影响。克兰回忆说："我们正在等待科伊特塔附近海湾大街 550 号第一个真正的家建成，加图研究所于 1977 年 1 月的第一个工作日在旧金山卡尼街上的小办公室内正式开业。"克兰请来了出生于肯塔基州的编辑戴维·博阿兹负责出版事务，博阿兹又聘请了几百名自由主义学者对现行法律和法律草案进行思考分析。1997年，博阿兹的《自由意志主义》和《自由意志主义读本》问世。

由于加图研究所主要关注国家政策问题，因此它于1982年搬往华盛顿特区。克兰聘请了总统的前经济顾问委员会成员威廉·尼斯卡宁担任加图研究所所长。大学经济学教师吉姆·多恩加盟，负责学术期刊《加图杂志》的编辑工作。在芝加哥大学受过培训的法律学者罗杰·皮隆负责收集最高法院有关自由主义的裁决。记者道格·班多成为美国最多产的报纸专栏作家之一。

克兰继续帮助自由党，也因此认识了克里斯蒂娜·克纳尔·赫伯特。两人在中国完婚，当时加图研究所正在中国召开会议。他们生育了三个子女，分别是杰弗里（1986）、凯瑟琳（1989）和玛丽（1991）。

克兰说服哈佛大学博士何塞·皮涅拉帮助指导加图研究所于1985年8月14日发起的社会保障私有化项目。皮涅拉之前曾领导智利政府养老金制度的私有化工作，并取得了巨大成功。设立社会保障私有化项目，目的是保证退休金账户成为个人私有财产，官员不能剥夺。人们可以选择谨慎投资，并且在任何时候都可以看到自己有多少钱。皮涅拉成立了国际养老金改革中心，帮助全世界陷入困境的政府养老金制度实现私有化。加图研究所建立了网站www.socialsecurity.org，网站设有计算器，人们可以看到自己私人退休金账户里的平均收益与社会保障的对比。

如果说加图研究所曾经有过决定性的时刻，那么这个时刻便是1991年。当时，乔治·布什总统发动战争，准备打击伊拉克独裁统治者萨达姆·侯赛因，以外交政策专家特德·盖伦·卡彭特为首的加图研究所高级政策专员多次在媒体上露面，对官方所说的美国的重大利益正遭受威胁的说法予以驳斥。即使一些富有的赞助人撤回了资金支持，但加图研究所仍然坚持了自己的立场。

加图研究所曾经出手阻止克林顿总统夺取美国的医疗保健业。研究所出版了约翰·古德曼与杰拉尔德·马斯格雷夫合著的《病人的权力》。该书共671页，介绍了医疗储蓄账户的概念，这是用市场手段解决医疗保健危机的方案。后来，加图研究所把《病人的权力》压缩到 134 页，共发行了 30 万册。

加图研究所正在一个更大的舞台上大展身手，位于华盛顿特区马萨诸塞大道 1000 号的价值 1400 万美元的总部价格还在不断飙升。研究所于 1993 年 5 月开业，仅用五年半时间就还清了所有债务，这之后年度预算几乎是之前的三倍，达到 1200 万美元。《华盛顿邮报》的一位记者写道，加图研究所赢得了尊重，"因为即使妨碍了权术政治，它也没有妥协自己的核心信念"。

就这样，伦纳德·E. 里德、安东尼·费希尔、爱德华·克兰赢得了朋友，他们聘用人才，筹措资金，制定策略，建立组织，把思想转化成了一场正在影响世界的政治运动。

第十部

自由的勇气

我们不能奢望轻轻松松地就从专制过渡到自由。

——托马斯·杰斐逊（1790）

争取自由的斗争常常需要坚持不懈。美国公民权利运动持续了近10年，全国才就平等权利达成一致。英国自由贸易运动经过25年努力才势头越来越猛，并最终获得成功。美国废奴运动持续了30年，奴隶才获得解放。1920年，美国全体妇女获得投票权——这时距离美国国会第一次提出妇女参政修正案已经过了42年，距离第一次提出妇女投票权也已经过了72年。

1. 革命的星火：塞缪尔·亚当斯

在传播激发美国革命的思想方面，塞缪尔·亚当斯比任何人都卓有成效。他深知长期以来自由所面临的威胁："对凌驾于法律之上的权力的欲望和野心……在大多数人的胸中涌动……在每个国家都是如此……这种欲望和野心，让心中最可怕的激情与头脑中最醒醒的阴谋结为同盟，破坏人类的自由。"他宣称，政治权力"在本质上是令人陶醉的……因为太令人陶醉，因而也太容易被滥用"。

历史学家托马斯·弗莱明说道："如果没有波士顿的塞缪尔·亚当斯，就可能永远没有美国革命。他擅长鼓动和宣传，让英国人一直处于防御状态。他成立了多个联络委员会联系各个殖民地，是波士顿倾茶事件的主要组织者。"马萨诸塞州的英国总督弗朗西斯·伯纳德咆哮道："发诸他笔端的每个词都像长角的蛇一样刺人。"由英国任命的首席大法官托马斯·哈钦森厉声叱道："在英王的领地上没有谁比他更善于煽风点火，也没有谁内心会隐藏那么大的仇恨，为达目的不择手段、肆无忌惮、无法无天！"

但是，亚当斯却深受美国殖民者的尊重。托马斯·杰斐逊称他为"我亲爱的老朋友"。约翰·亚当斯认为他的二堂兄塞缪尔"冷静、节制、圆滑、高雅。……当内心深处的情感被触动时，他就会挺直腰板，可能是天性使然，丝毫不见造作，举手投足间正气凛然，尽显高贵；他的声音和谐悦耳，令人印象深刻……因其风格的纯粹、得体和优雅而难以磨灭"。

历史学家塞缪尔·埃利奥特·莫里森承认："他并非雄辩家——他说话时声音颤抖，手也会发抖；所以他让约瑟夫·沃伦、煽动者（詹姆斯·）奥蒂斯等其他自由之子做演讲，而他自己则为报纸撰写充满鼓动性的文章，并施加政治影响。"传记作家卡斯·坎菲尔德补充道："尽管塞缪尔写了很多作品，但他并非出色的作家。他的风格明显建立在经典作品之上，但是有时强烈的信念反而让他变得狭隘。他扮演的……是一个管理者的角色；世界上很少有人能像他那样用自己的方法主宰一场会议。他对时机的把握——何时倡导一次有争议的行动——超乎寻常。尽管亚当斯本性多愁善感、富有激情，但他知道什么时候必须安抚，而不是去施压。"

1765年，塞缪尔·亚当斯成功领导了反印花税法案运动。坎菲尔德记载说，他"人到中年，身体瘫痪，身上的衣服穿了好多年，已经褪色。……（他）生活节俭，以贫穷为傲"。历史学家佩吉·史密斯描述说："他性情温和，恬静谨慎，举止奇特而优雅，讲话温婉而有说服力，能准确把握他人的脾气和秉性。"

1722年9月16日，塞缪尔·亚当斯出生于波士顿港口对面购物街的家里。据说，他母亲玛丽·法菲尔德笃信宗教。他父亲老塞缪尔·亚当斯是公理教会执事，也是商人，专门经营用大麦酿造的啤酒。

从波士顿的拉丁文学校毕业后，年轻的塞缪尔在哈佛大学研究自然法哲学家约翰·洛克和塞缪尔·普芬多夫的理论。在一次辩论中，针对"如果英联邦无法通过其他方式得到保留，那么反抗最高法官是否合法"这一问题，他就肯定的观点进行了辩护。因为投资失败，他父亲失去了积蓄，塞缪尔·亚当斯只得在哈佛大学当餐厅服务员，支付自己的花销。毕业（1740）后，他开始在父亲的酿酒厂工作。

1749年10月17日，塞缪尔·亚当斯跟24岁的伊丽莎白·切克雷结婚，她是牧师的女儿。婚后7年，她怀过五次孕，然后撒手人寰，留下了儿子塞缪尔和女儿汉娜。1764年12月6日，塞缪尔·亚当斯再婚，娶了 24 岁的伊丽莎白·韦尔斯为妻。她不富有，丈夫也收入微薄，但是她节俭持家、精打细算，同时还给了丈夫精神支持。

后来，他尝试涉足政治，1756 年当选税务员。卡斯·坎菲尔德说："他态度随和，很受纳税人欢迎。每当纳税人请求延缓时，他总是满怀同情地倾听，但是到期的税款却收不上来。……镇上的居民都很喜欢他，他们热心地再次选他为收税员。"

同时，英国结束了与法国的一系列战争，最后一场战争即七年战争（1756—1763），北美殖民地称这场战争为法国—印度战争。英国获得了胜利，但是负债累累，耗尽了国家税款。根据现代估算，英国当时的人均税款是全球最高的。英国政治家强烈要求北美殖民地负担部分战争花销，因此，开始对从北美殖民地进口的布匹、咖啡、靛蓝和各类酒品征收新的关税或者提高关税。只能从西印度群岛由英国控制的岛屿进口朗姆酒，只能出口到英国的殖民地产品清单上增加了兽皮和草碱。塞缪尔·亚当斯、詹姆斯·奥蒂斯等人纷纷起来抗议新税收。接着，英国又出台了《印花税法案》(1765)，对所有报纸、小册子、年鉴、大学毕业证书、许可证、债券、纸牌和骰子强行征税。

亚当斯成立了一个抵制税收组织，名叫"自由之子"。据传记作家约翰·C. 米勒记载，他们"在蔡斯和斯皮克曼酿酒厂二楼的会计室碰头。酿酒厂坐落在汉诺威广场上，靠近自由之树——必须指出，这是一棵大橡树，种植于 1646 年，比（英国国王）查理一世被处死还早了三年"。

亚当斯成了最令人兴奋的自由宣传者。传记作家米勒说，亚当斯的"新闻非常吸引人，《波士顿公报》几乎成了唯——份外地人也喜欢阅读的报纸。尽管文中充斥着煽动性的言论和诋毁，但王室官员束手无策。哈钦森试图劝说萨福克郡大陪审团起诉一个专门'亵渎谩骂国王政府'的人，但是塞缪尔·亚当斯给陪审团施加了很大压力，结果起诉立即被撤销了"。亚当斯当选为马萨诸塞殖民地众议院议员，帮助通过了《马萨诸塞反对印花税法案决议》。

8 月 14 日，亚当斯带领自由之子在自由之树上把马萨诸塞湾印花税税务官安德鲁·奥利弗的雕像挂了起来。波士顿大概三分之一的民众（约

5000 人）拉倒雕像，朝着奥利弗在希尔山的住宅前进，在"自由、财产、不要印花税"的歌唱声中砍下了雕像的头。他们还焚烧了一栋用于征收印花税的新建筑。多亏了亚当斯的努力，印花税法案终被搁置，进口到波士顿的货物按之前惯例免税，英国议会废除了《印花税法案》。

亚当斯积极寻找新人加盟，与北波士顿的船厂工人和工匠谈话，参观商店、酒馆、旅舍、志愿消防队。史学家 A. J. 兰古思解释说："他可以放下架子，与一个大字不识的文盲水手大谈政治学。"他还寻找那些有影响力的人，比如 31 岁的约翰·汉考克，他是波士顿的一个走私犯，雇用了本市 1000 号人。大家集会时，他免费提供朗姆酒，还出资制作条幅和出版物，凭借着财力和社会关系，汉考克成为美国革命事业的领军人物。他把自己的走私船命名为"自由"号。

塞缪尔鼓励约翰·亚当斯加入这场政治斗争。传记作家佩吉·斯密斯说："从堂兄塞缪尔身上，约翰学会了通过未来的可靠性评判一个人，学会了审视一个人的正统观念，判断一个人是否坚定不移。这个人可以发挥什么作用？他忠诚于什么，有什么才华，有什么爱好，有什么虚荣，有什么缺点？反抗当权者不能依靠孩子和暴徒。"

最大的恶棍是乔治三世，他是欧洲权势最大的君主，掌管着英格兰、威尔士、苏格兰、爱尔兰、印度、汉诺威公国（德国）以及非洲、西印度群岛和北美的殖民地。当时，英格兰拥有世界最大规模的海军。尽管乔治三世在 1760 年继位时议会还控制着政府，但是他却通过精明的政治手段和大肆贿赂反过来掌控了议会。

1767 年议会颁布了《汤森德法案》，企图再次从殖民地榨取税款，这次是对进口的玻璃、铅、油漆、纸张和茶叶征税，殖民地的决心再次受到考验。亚当斯出面说服马萨诸塞殖民地众议院议员通过了一封谴责《汤森德法案》的通函。

1768 年 10 月，在法尼尔厅的一次集会上，塞缪尔·亚当斯宣称英国士兵必须离开。约翰·亚当斯对当时的情况记忆犹新："经过自我反思，塞缪尔·亚当斯表现得非常沉着、克制、镇定，令在场的每个人都肃然起敬。他威风凛凛、气宇轩昂，有时候他的确能做到这一点。只见他站起身，张开因为麻痹甚至还在颤抖的手臂，声音悦耳但语气果断地说：'既然副州长或者达里姆普尔上校，或者他们两个，有权撤走一个团，那么他们就有权力撤走两个。只有撤走镇上所有军队才能使民众满意，才能维护这里的和平。'寥寥数语，让每位听众都感到激动，引起共鸣，产生了极大反响。经过短暂的尴尬犹豫之后，大家一致同意士兵必须从镇上撤离。……这些军队被人们讽刺地称为'塞缪尔·亚当斯兵团'。"

1770年3月5日，大约60人在殖民地议会大厦前聚集，结果一些英国士兵朝这些怀有敌意的人群开枪射击，导致五位平民丧生。塞缪尔·亚当斯义愤填膺地说："只要出现爱国的星火，我们就会让它熊熊燃烧。"1770年8月到1772年12月，他给《波士顿公报》写了40多篇文章，其中多篇被纽约和费城的报纸转载，有的甚至还在英国刊登，给反对政府实施强硬殖民政策的议员提供了依据。

塞缪尔·亚当斯成立了波士顿联络委员会，在各个殖民地之间建立起了联系网络。1772年11月3日，联络委员会召开第一次会议，共有21人参会。他们草拟了一份殖民地权利宣言，列举了对英国的种种不满，还写了一封信鼓励其他城镇建立同样的组织，方便各个城镇相互联络。一位英国官员点名指责亚当斯，说他是"从暴乱之蛋中孵出的最邪恶、最狡猾、最恶毒的蛇"。

与此同时，英国政府已经着手垄断美洲市场，旨在帮助英属东印度公司摆脱财务困境，这更激怒了殖民地人民。殖民地人民开始抵制东印度公司的茶叶，用鼠尾草、黑醋栗或者大蕉叶制作味道欠佳的"自由茶"用于自饮。1773年秋天，英属东印度公司的船只驶向殖民地几个最大的港口——波士顿、纽约、费城和查尔斯顿。在纽约和查尔斯顿，公众的压力迫使茶叶代理商驶离港口。

然而，波士顿的茶叶代理商却坚持要求卸下到港的"达特茅斯"号、"埃莉诺"号和"海狸"号上的茶叶。亚当斯在老南教堂召集大会，约8000人到场。他怒吼道："同胞们，我们必须寸步不让！如果现在让步，那么之前所做的一切都将付诸东流！"150个人打扮成莫霍克族印第安人的样子，涌向格林芬码头，登上运茶船只，把342箱茶叶全部倒进了波士顿港。英方勃然大怒，波士顿倾茶事件引起了轩然大波。英国首相诺思勋爵对马萨诸塞州采取了一系列严厉举措。

纽约的"自由之子"支持亚当斯在《波士顿公报》上发出的倡议："北美各州必须尽快召开大会；起草《权利法案》，并向世人公布；选派一名大使常驻英国宫廷，维护美洲殖民地的利益。"弗吉尼亚州下议院也支持这一倡议。波士顿大会选举塞缪尔·亚当斯、约翰·亚当斯、詹姆斯·鲍登、托马斯·库欣、罗伯特·特里特·潘恩为第一届大陆会议代表，由他们表达对英国人的不满。这次会议，从1774年9月5日到10月26日在费城的卡彭特大厅召开，除佐治亚州外各殖民地的代表都参加了会议。他们同意成立大陆联合会抵制英国货物。

1775年4月19日，英国总督托马斯·盖奇将军派遣了几百名士兵前往21英里外的康科德，计划掳获殖民者的弹药，逮捕亚当斯和汉考克。恰逢亚当斯外出，由约瑟夫·沃伦医生暂时负责波士顿的殖民地抵抗运动，他让银匠保罗·里维尔向尽可能多的人发出警报。保罗及时赶到莱克星敦，亚当斯和汉考克才得以逃脱。

16岁的威廉·戴蒙德敲起战鼓，约翰·帕克上尉在康科德村公用地集合起了大约60名民兵严阵以待，迎战来袭的英国士兵，美国革命战争就此打响。这次小规模冲突共造成8名民兵死亡、10名民兵受伤，但是英军只有一人受伤。数百名殖民地人民受到激励，投入战斗，在康科德附近的后续交火中，民兵采用游击战术，从石头和大树后面射击行动中的英国士兵。英军抱头鼠窜，逃回了波士顿。

第二届大陆会议于1775年5月10日召开，商讨下一步的方案，亚当斯也出席了会议。传记作家坎菲尔德写道，亚当斯"平时都穿脏兮兮的破衣服。这次，他的朋友们出资把他打扮得非常得体。他身穿崭新的西服，戴着假发和三角帽，手持金头手杖，看上去神采奕奕"。他断定英军的首要计划就是切断新英格兰与其他殖民地的联系，他们很可能会派遣一支军队到达尚普兰湖，然后再沿着哈德逊河到达纽约。因此，两艘小船载着83名民兵猛攻提康德罗加要塞，一举拿下了这个英方的战斗根据地。

第二届大陆会议授权成立殖民地军队。约翰·亚当斯说服了他的同胞，任命43岁的乔治·华盛顿上校为军队总司令。华盛顿领导过弗吉尼亚民兵组织，因此可以赢得南部殖民地对革命的支持。塞缪尔·亚当斯支持提名，并得到批准。

更多的美国人民意识到仅仅反抗英国是不够的。滥用权力问题清楚地表明，急需建立一种新型政府——一种可以更好地控制政治权力的政府。1776年8月2日《独立宣言》签署，塞缪尔·亚当斯是签署人之一。

历史学家波林·迈尔评论说："1776年塞缪尔54岁……比乔治·华盛顿大10岁，比约翰·亚当斯大13岁，比托马斯·杰斐逊大20岁，比詹姆斯·麦迪逊大29岁，比亚历山大·汉密尔顿大33岁。但是，自大陆会议委员会成立以来，他任劳任怨，努力奉献，一直到1781年。在这一时期，几个勤勉工作的代表承担起了这个新生国家的立法和行政重任。"

塞缪尔·亚当斯成了一代传奇人物。1778年，约翰·亚当斯作为美国代表前往法国，人们纷纷问他"是不是那个大名鼎鼎的亚当斯"——他们指的是塞缪尔。他在日记里写道："无论我怎么说怎么做，他们都认为我就是那个出了名的亚当斯。"最终，法国人接受了他不是那个亚当斯的事实，约翰哀叹道，自己一下子成了一个"无名小卒"。

塞缪尔·亚当斯还参与起草了《邦联条例》，这是建立有限政府的一次伟大试验，但由于革命战争时期债务和通货膨胀引发重重危机，有限政府瓦解。1788年针对《宪法》进行辩论时，亚当斯作为反联邦主义者发言，要求颁布权利法案。他是马萨诸塞州批准宪法会议的代表。1789年他当选为马萨诸塞州副州长，州长约翰·汉考克去世后，他被推选为州长，并担任了三个任期。

到了晚年，塞缪尔时而保守时而激进。他在谴责谢斯起义反抗不公正税收时似乎是保守的。但是，他又捍卫法国大革命的理想，批评那些主张通过镇压遏制革命热情的联邦党人。不过，他的影响力日渐衰微。已成为坚定的联邦党人的约翰·亚当斯在1796年当选总统，塞缪尔曾试图阻止，但没有成功。亚当斯总统签署了《客籍法和惩治叛乱法》（1798），塞缪尔只能无奈地看着。这部法律的一项内容旨在授权联邦政府镇压异议，打败杰斐逊的共和党。

塞缪尔目睹了杰斐逊赢得1800年的总统大选，阻止了联邦党人进一步破坏公民自由。杰斐逊回顾了喧嚣的竞选和他们的友谊，于1801年3月给他写信道："再没有人比我的内心深处对您更忠诚、更尊敬的了，我永远对您怀有最真诚的崇敬和尊重。"亚当斯回信说："暴风雨已经结束，我们已经进入港湾。……愿上天赐予我们自由和美德、真理和正义的原则，愿这些原则遍布人间。"

1803年，塞缪尔·亚当斯自感时日无多，他连走几步路都感到困难，意识也开始游离。1803年10月2日，在波士顿那栋与妻子长期生活的简陋房子里，他悄然离世，享年81岁。教堂的钟声持续了半个小时。据传记作家威廉·V. 韦尔斯记载，4天后，他的朋友以及很多地位显赫的人组成了一支送葬队伍，他们"上了冬日大街，一路向西穿过华盛顿，绕过老州议会厅，再走过法庭街和特里蒙特街，一直到达谷仓墓地，把他的遗体安葬在了家族墓穴里"。

约翰·亚当斯像其他人一样努力维护塞缪尔的声誉。他对一个批评者说："你说塞缪尔·亚当斯先生'太过严厉，虔诚得太过偏执'。遇到他这种情况，处在他这种位置，必须非常严厉，否则很快就被毁灭了。"

此后，塞缪尔·亚当斯长期受到忽视，接着竟遭到越来越多的诽谤。直到1865年才出现关于他的第一部重要传记。这套传记的作者是他的后人威廉·V. 韦尔斯，分为三大卷。20年后，詹姆斯·K. 霍斯默撰写的《塞缪尔·亚当斯》虽然依然把亚当斯当作英雄，但也不无遗憾地写道，他"有时也会屈尊做出不择手段的事"；作者为亚伯拉罕·林肯辩护，因为林肯认为叛乱是非法的，这一观点在"进步"时代得到了进一步的巩固。拉尔夫·沃尔尼·哈洛所著的《塞缪尔·亚当斯：美国革命的推动者》（1923）认为亚当斯的叛乱是非理性的，英国的任何法律都可以证明他是非正义的，是亚当斯"让人讨厌的心理问题"引发了革命。同样，约翰·C. 米勒也在《塞缪尔·亚当斯：宣传的先锋》（1936）中对美国革命是为自由而战这一观点不以为然，他认为亚当斯是玩弄权术的人。最严重的情况是，克利福德·希普顿在《西布利的哈佛毕业生》(1958)中竟用了45页篇幅对亚当斯肆意谩骂；希普顿说亚当斯"鼓吹仇恨，无人能敌"。

在斯图亚特·比奇的传记《塞缪尔·亚当斯：决定命运的岁月，1764—1776》(1965)中，亚当斯的境遇开始好转。在《孕育于自由，向革命前进：1760—1775》(1976)中，默里·N.罗斯巴德赞扬亚当斯是"深受马萨诸塞州自由主义者拥戴的伟大领袖……（他的反抗）都是基于宪法和自由原则"。历史学家托马斯·弗莱明的《自由！》(1997)一书销量达15万册，是为备受欢迎的电视纪录片制作的精美配书。书中肯定了美国革命是为了自由而斗争的战斗，塞缪尔·亚当斯在其中发挥了重要作用。现在，但愿他可以安息了。

2. 勇敢的声音：查尔斯·詹姆斯·福克斯

战争为自由的捍卫者带来了最为严峻的考验。战争时期，各地政府都会审查、监禁甚至处决反叛者。查尔斯·詹姆斯·福克斯在两次重大战争期间成为捍卫自由的传奇人物。在英国的伟大政治人物中，他可谓独一无二。在38年的议会生涯中，他几乎一直身处反对党的阵营。国王乔治三世认为福克斯可能是他最危险的对手，说他"既卑鄙又可恶"。连文学巨匠塞缪尔·约翰逊都感到疑惑："这个国家到底应该是由乔治三世的王权统治，还是由福克斯的舌头统治？"

福克斯的一位知识继承者约翰·拉塞尔说，福克斯的使命就是"维护自由事业和人类的利益，尽管只取得了部分成功，却展示出了卓越的能力。他反对诺思勋爵对美国持续不断的疯狂镇压。他反对皮特先生对法国发动的战争，认为这场战争没有必要，也是非正义的。他证明了自己一直是宗教自由的支持者，竭力避免新教徒和罗马天主教徒因宗教信仰而遭受种种限制。他谴责奴隶贸易。他一贯支持下议院进行改革"。

托马斯·巴宾顿·麦考利是英国的自由历程的最富激情的记录者。他认为，福克斯是"一代伟人，他对和平、真理和自由事业的不懈努力让他的名字永垂青史"。麦考利坦诚地称福克斯为"议会中对公民自由和宗教自由的最伟大的捍卫者"。

福克斯之所以能获得影响力，部分得益于他很容易交到朋友。他快乐开朗，感情真挚，慷慨善良。托利党才子乔治·塞尔温写道："我与他一起度过了两个晚上。从来没有人像他这样令人愉悦，特别是他毫不矫情的品性更是讨人喜欢。"著名古罗马衰亡史专家爱德华·吉本评论说："也许没有人跟他一样，心中丝毫没有怨恨、虚荣或虚伪。"

比起同时代的大多数男人，福克斯对待女性更宽宏大量。传记作家乔治·奥托·特里维廉解释道："他认为真正的勇敢是把女性看作跟自己站在同一知识水准的人；向她们传递自己最好的想法和知识，展现自己最好的幽默和口才；在困难时期倾听权衡她们的建议；如果她们要独立做出自己的判断或良知不赞成的事，不应带着半轻蔑的戏谑避开她们，而是应该用明晰的语言和严肃的规劝说服她们。……很少有福克斯这样好的丈夫了，也许没有谁比他更令人愉悦了；因为从来没有人像他这样竭尽全力把讨好妻子作为唯一目标。"

如果不是因为放荡不羁，福克斯或许会执掌国家的某个部门，对政事产生更多的直接影响，而不是多年来一直处于反对党阵营。福克斯年轻时嗜酒如命，据说曾把金表典当换一瓶啤酒。尽管如此，他在赌博时还能保持足够清醒。他在赛马场上非常善于预测赛马结果。但是，问题是他在牌桌上会输掉更多的钱，而且只能从朋友和放债者那里借钱。他的损失超过了14万英镑，这是个相当庞大的数字，债主一度把他的家具都搬走了。

福克斯是当时英国最著名的人物之一，经常被漫画讽刺。一位评论者回忆说："如果不能瞬间察觉他的天才标志，就不可能去注视他脸上的轮廓线。他脸部黝黑、粗糙、忧郁……两簇浓密杂乱的眉毛为他平添了一股威严之气，眉毛有时隐藏了——但更多时候揭示了——他头脑的活动。然而，即便这些面部特征，也不会轻易表达他的愤怒或者敌意。通常，他的面部表情会放松，流露出自然的微笑，显示出他内心深处的仁慈和满足，因此这种微笑便充满了魅力。他身体宽胖，有些臃肿，似乎缺乏优雅或风度，但是头脑却散发着智慧。当他讲话时，这种智慧会让他周身放射出最充满激情的活力。"

福克斯的很多演讲后人都听不到了，但是这些演讲在当时却赢得了大量赞美。比如，参观过英国议会的德国牧师赫尔·莫里茨回忆说："我无法用语言描述他讲话是多么富有激情和说服力，他戴着假发在椅子上讲话，表情严肃，不停地点头表示认可；有无数个声音不停地大喊：听他讲！听他讲！只要他稍微流露出打算结束的迹象，听众们就会大喊大叫：继续讲！于是，他就这样继续讲了近两个小时。"

虽然我们不能全信人们对福克斯的种种盛赞之辞，但是这些赞美却说明他有打动人心的非凡能力。加入过福克斯反对奴隶制运动的亨利·布鲁厄姆认为，福克斯"即使算不上最伟大的演说家，那也一定是世界上从古至今在公共事务讲堂上出现过的最成功的辩论家"。麦考利夸张地称福克斯为"迄今出现过的最优秀、最强大的辩论家"。

1749年1月24日，查尔斯·詹姆斯·福克斯出生在伦敦威斯敏斯特的康迪街9号。他是亨利·福克斯的第三个儿子，父亲一方面有胆识，另一方面却贪污腐败。老福克斯担任财政部主计长，这是一个称得上英国政府里最有油水的职位，因此家中非常富裕。福克斯的母亲是贵族，名叫乔治亚娜·卡罗琳·伦诺克斯。

福克斯于1764年10月进入牛津大学赫特福德学院学习。在牛津的两年，他热衷于阅读经典文学；甚至直到弥留之际，阅读都会让他在精神上得到慰藉。离开牛津后，福克斯在欧洲大陆游历了两年。返回途中，他在日内瓦小住，拜访了伏尔泰，伏尔泰给他推荐了一些书。

儿子漫无目的地游荡，这让亨利·福克斯深感忧虑，于是他想安排儿子竞选中赫斯特选区的议员，中赫斯特是由少数贵族操控的几个口袋选区之一（由558名议员组成的议会在当时更像一个为保护自己特权而设立的排外性俱乐部）。1768年11月，福克斯如愿当选。

1774年7月，他的父母相继去世；同年11月，他的兄长斯蒂芬也去世了。查尔斯只剩下年收入和一笔继承的遗产，但是很快就在赌桌上输了个精光。

福克斯既对抗乔治三世，也在议会对抗由赞助人操纵的辉格党，因此他拥护自由主义的观点。这使他站到了改革家查尔斯·温特沃思和罗金厄姆勋爵一边。而且，福克斯受到过埃德蒙·伯克的激励。埃德蒙·伯克出生于都柏林，比福克斯大20岁，身材魁梧，操着爱尔兰口音，是罗金厄姆的私人秘书。埃德蒙·伯克的父亲是新教徒律师，母亲信仰天主教，他最好的老师则是贵格会教徒。伯克不善言辞，有时他的演说会长达3个小时，结果议会大厅里早已空空如也。但是，他熟稔历史知识，看问题的视角很有价值，文笔也充满激情。他强烈要求给予爱尔兰天主教徒宗教宽容，支持更加自由的贸易，希望公开议会的议事程序；在得知一伙暴徒杀死了两名被指控为同性恋的男子后，他义愤填膺；他还为中塞克斯选区的选民维权，他们曾四次选举持不同意见的印刷工约翰·威尔克斯为议会代表。

随后，英国就如何偿还七年战争（1756—1763）产生的债务发生了一场大规模辩论。这场战争的本来目的是保护美洲殖民地不受法国的侵略，但是殖民者——当时大约200万人——却把税赋看作是向大英帝国进贡；当时大英帝国的重商主义更加明显，英国商人把殖民地看作自己的专属领地。比如，如果罗德岛有人想从弗吉尼亚买帽子，那么他就必须通过英国商人去买（而不能直接从弗吉尼亚人手中购得）。这种限制的结果便是随处可见的走私活动。此外，每个殖民地都有自己选出的议会，反对英国议会横加干涉他们的事务。

埃德蒙·伯克反对向北美殖民地征税的计划，他觉得这些税都是不公正的，不但没有多少收益，反而会引发叛乱。征税计划公布后，伯克便呼吁废除。英国财政大臣乔治·格伦维尔的印花税（1765）——对报纸和法律文件征收的约50种税——就引发了一场抗议风暴，结果一年内就被废除了。1767年，财政大臣查尔斯·汤森德开始对茶叶和其他物品征税，结果引发了波士顿倾茶事件，英国不得不封锁了波士顿。对此，伯克强烈反对。

经过不懈努力，福克斯成了下议院中最具影响力的演说家和辩论家。为了提高演讲技能，他每天至少演讲一次。他拒绝传统的演说方式，更愿意使用花哨的比喻，大量引经据典，并穿插古希腊和古罗马的典故。这是威廉·皮特使用的风格，他曾是颇具影响力的议会议员，独领风骚三十年。福克斯的演讲是发自肺腑的，直截了当、充满激情。他屡次三番地抨击诺思勋爵领导的政府部门。1775 年，他谴责暂停人身保护令，因为这是保护公民自由的一道屏障。1777 年 2 月 2 日，他发出警告说英国将会战败，如果派出更多军队，法国可能会乘虚而入。英国军队在约克镇投降后，福克斯坚持认为必须无条件承认美国独立，不能以和平为代价。

福克斯常常身穿蓝色长礼服和黄色马甲，后来这两种颜色被辉格党及其杂志《爱丁堡评论》采用。他积极拥护 18 世纪 80 年代的自由主义改革。例如，他提倡彻底的宗教宽容，这意味着必须扩展《宽容法案》（1689）。该法案提出，要成为合法的牧师或宗教异议者，就必须承认基督的神性——这是检验信徒是否是一神论者的尺度。福克斯还赞成废除宗教测试，它的目标是阻止异教徒担任政府职务。

福克斯看似支持英国国教，但是他反对使用高压手段推行国教。他在 1787 年说道："宗教必须作为国家的工具或者辅助得到支持，而不是根据细读经文所发现的教义和宗教在教化人的思想的过程中所产生的道德影响，这种观点既无礼也不虔诚。"

福克斯支持议员威廉·威尔柏福斯发起的废除奴隶贩卖运动，反对由政府监管继续推进的方案。1789 年 5 月的一次议会辩论概要记载："他从未听说过抢劫或者谋杀监管之类的事情。立法机关要么废除奴隶交易，要么承认自己的罪行，没有中间路线。"

福克斯的主要对手是小威廉·皮特，他从 1784 年到 1802 年间担任英国首相。皮特又瘦又高，常常一脸愁容，晚年时几乎满头白发。他对国王忠心耿耿，比大多数政客都要正直，拒绝因公肥私、聚敛财富的大好机会。他是个自律之人，工作总是兢兢业业，恪守规矩，临危不乱。他很少能放得下过去的恩怨，其中就包括与福克斯的分歧。在下议院辩论时，他们的表现截然相反。传记作家爱德华·拉塞尔斯说："福克斯声音刺耳，令人兴奋，语速很快，总是迫不及待地把论点一股脑儿地说出来；而皮特陈述观点则准确无误，沉着冷静。"据一位观察者回忆说："皮特先生会先斟酌字句，然后才说出来。而福克斯先生则总是在中间插话，只有万能的上帝才能阻止他。"

与此同时，福克斯坠入了爱河。他爱上的这个女人比他小两岁，身材高挑，举止优雅，自称"阿米斯特德太太"，但是似乎从来就不存在一个阿米斯特德先生。据说，她跟伦敦一个"臭名昭著的当权人物"有关联，后来成了一位公爵的情妇。18世纪70年代初，她与福克斯安顿下来享受惬意的家庭生活，并于1795年9月28日秘密成婚。他们住在伦敦附近圣安妮山上的庄园里，庄园占地30英亩，属于阿米斯特德太太。

1789年7月14日，愤怒的民众攻占了巴士底狱，引发了法国大革命，政治焦点开始发生转移。1790年1月，伯克在下议院第一次火炮齐射："这种民主荒诞至极，毫无原则，只是一味地禁止、查抄和掠夺。它凶残血腥，暴虐残忍。"他谴责《人权和公民权宣言》是"无政府主义的法规"。福克斯小心翼翼地回应着，希望不会与伯克痛苦地决裂。他用肯定的语气说道，他"从自己这位朋友阁下身上学到的东西比从其他任何人身上学到的都要多"，他还强调说，他是"各种专制政府的敌人，不论是君主专制政体、贵族专制政体还是民主专制政体"。

1790年11月，伯克发表了小册子《反思法国大革命》，产生了轰动效应。他宣称革命之前，腐朽的法国政府"拥有近乎理想的宪法元素存在"。伯克呼吁向法国宣战，阻止革命的蔓延。起初，尽管首相皮特正在考虑发动战争，制止俄国在土耳其的扩张，但是几乎没有几个英国人感兴趣。

两人的分歧越来越大。福克斯支持议会改革；伯克却持反对态度。福克斯重新递交提案，呼吁停止要求政治职务候选人必须宣誓效忠英国国教的做法；而伯克却反对该议案（他警告说，很多新教异教徒"喜欢拉帮结伙，奉行危险的准则"）。1791年，福克斯对法国的新宪法表示赞赏，自由的忠诚守护者拉法耶特和孔多塞都参与了该宪法的制定。伯克却抱怨说，福克斯"打乱了他个人和公众生活的整个方向和进程，而且极其粗暴"。伯克竟然会如此贸然、公开地斩断这段持续了25年之久的友谊，让福克斯泪流满面，倍感震惊。他对自己"轻率鲁莽的言辞"感到后悔，表示不再"妨碍朋友阁下"。1797年7月，伯克在床上奄奄一息，福克斯试图与他和解，但伯克还是让妻子把他打发走了。

当伯克在煽动人们歇斯底里时，福克斯却在为自由而斗争。长期以来他一直关心言论自由，尤其是《诽谤法》对人的种种限制。举证责任由被告承担。法官而非陪审团有权决定被告是否犯有诽谤罪，而法官又与政府和国教有关联，因此他们认为对两者的攻击都是诽谤。福克斯认为政府应该承担举证责任，因此他希望增加判定诽谤罪的难度。1791年5月，他提出了《诽谤罪法案》，赋予陪审团权力，不仅让他们裁定诽谤是否已经传播，还让他们裁定诽谤罪是否已经发生。1792年6月1日，福克斯的法案由国王签署并获得通过。政府决心压制持异议者的声音，因此在福克斯的法案通过后的两年间，所立的诽谤案件比整个18世纪还要多。陪审团拯救了许多被告，帮助他们免遭绞刑或者被流放到澳大利亚的命运。

随着大革命的失控，福克斯对法国寄予的厚望轰然破灭。1792年9月，法国中央政府已经被国民公会控制，这个公会缺失有效的制衡机制。公会的雅各宾派领袖发起了一场欧洲战争，使得法国无限制的中央集权越来越严重，最终演变为恐怖统治，约4万人惨遭杀戮。

伯克一次次发出严正警告，但是英国并没有多少革命动荡的迹象，可是战争的狂热却促使皮特对公民自由横加干涉。1794年，议会通过了《终止人身保护令法案》，授予"陛下权力，抓捕或拘留他怀疑蓄谋反对他个人或政府的人"。次年，议会又通过了《叛国和煽动性行为法案》，规定"任何引发或煽动人们仇恨或蔑视陛下、陛下后代、继承人或者政府的言辞或话语"都属违法行为。最后，议会通过了《煽动性集会法案》，有效制止了50人以上"蓄意借口对教会或国家有所不满"而向政府请愿的集会。针对这些政策，福克斯领导的反对派一直强烈反对。他警告说："你们的法案要么终将变成废纸，要么执行之后，举国上下都会不堪其扰。"

英国政府的本意是避免遭到国外势力的压迫，结果却达到了在国内压迫民众的效果。政府查禁出版物，起诉编辑，骚扰不信奉国教的新教传教士，把抗议者关进监狱。福克斯宣称，政府对人们的生活干预太多，恰当的政策应该是尽量少干预。"换了是我,我将立即废除《宣誓及结社法案》,以此消除引起(非国教徒)怨恨的所有根源。如果有人具有共和精神,认为代议制政府在共和政体下会更加完美,我将竭力修改下议院的代表制度,表明下议院虽非全体人民选举产生,但唯求证明是全体人民的代表。如果苏格兰、爱尔兰或其他地方的人因残疾、豁免、受到不公歧视或残酷的限制而感到不满,我将废除刑法,因为这些刑法是我们法典的耻辱。"

1797年5月,皮特的战争政策得到了铺天盖地的支持。福克斯在议会的支持者越来越少,从18世纪80年代的90人到1794年的55人,此刻则骤然降到25人。福克斯不再去议会,大部分时间都待在圣安妮山,读读书,搞搞园艺。然而,他还是自豪地说:"我为曾如此坚定地反对这场战争感到莫大的安慰,因为这场战争可能会带来无尽的苦难。"

多年后,福克斯重返议会,等待他的是无尽的荣耀。威廉·皮特于1806年1月23日去世,福克斯成了当时最主要的政治人物之一,不可能再被排除在内阁之外了。他接受了外务大臣一职。福克斯与威尔柏福斯等人提出了一份法案,该法案规定英国国民打着外国旗号交易奴隶或者在英国港口停靠外国奴隶船只都是违法的。该法案于1806年春天颁布,有望消灭英国四分之三的奴隶贸易。接下来,福克斯希望议会承诺完全废除奴隶交易。1806年6月10日,他提出自己的决议:"议会认为非洲奴隶贸易是与正义原则、人性原则和合理政策背道而驰的,因此议会将尽快采取有效措施废除奴隶贸易。"下议院以114票比15票的结果通过了决议,上议院也于6月25日批准。福克斯说:"在过去近40年中,我为在议会中拥有一席之地倍感荣幸。如果能有幸废除奴隶贸易,哪怕仅仅就这一件事,我想我也做得足够了,可以安心地退出公众生活,并为自己尽到了职责而感到满意。"

下一步就是拟定一份废除奴隶贸易的法案了,但他的健康状况却在1806年夏天开始恶化,不得不让其他人接手。他四肢浮肿,疲惫不堪。他接受建议,让医生给他进行过几次痛苦的"穿刺",可能是为了排出体内过多的液体。连续多日,他都无精打采地躺在躺椅上,妻子大声地为他朗读维吉尔、约翰·德莱顿、乔纳森·斯威夫特等他最喜欢的作家的作品。1806年9月13日，他对妻子说出了几个让人费解的词："这没关系，我最爱的、最爱的利兹。"然后，就在当天下午去世了。10月10日，他被安葬在威斯敏斯特教堂，毗邻威廉·皮特的坟墓。

　　几乎在整个职业生涯中，福克斯都在勇敢地发出反抗的声音，虽然他的梦想没有实现多少，但他一直为自由而奋力搏杀。当政府决心毁灭自由的时候，他让自由的精神得以延续，并且获得了重大胜利。他激励了辉格党和自由党，19世纪之所以是人类历史上最自由、最和平的时期，在很大程度上要归功于他。他断言，人们必须大声疾呼反对压迫才能获得自由。

3. 宽容之心：拉法耶特

自由斗士拉法耶特侯爵改变了历史。他在约克镇帮助美国打败了英军，赢得了美国独立，在法国帮助推翻了两个国王和一个皇帝。18世纪的伟大雕塑家让－安托万·乌东创作了很多伟大英雄的半身塑像，他赞美拉法耶特为"两个世界的自由信徒和守护神"。

康乃尔大学史学家斯坦利·伊泽达评论道："在其漫长一生中，拉法耶特只有一个事业，即人类的自由。年轻时，他就为此在战争和革命中出生入死。中年时，他生活在拿破仑赤裸裸的独裁统治之下，这令他深恶痛绝。他回忆起自己遭受的伤痛、谴责、被判死刑、鄙视、入狱、贫穷、流亡——所有这些痛苦都是为了追求人类的自由。那些日子，拉法耶特贫困无助，看不到任何希望，他自问道：'我有多么热爱自由？我倾注的是宗教的热情、爱情的狂喜、几何的信念：我就是这样一直热爱自由的'。"

拉法耶特是天赋人权的坚持不懈的捍卫者，也是《人权和公民权宣言》的主要作者。他坚持认为："每个社会都存在一些自然权利，这些权利属于个人，不仅某个国家，而且所有国家都没有正当理由予以剥夺。"他认为，这些权利"不受国家条件的限制"，包括"信仰和言论自由、司法保障、来去的自由"。他促进了自由贸易，为宗教宽容和出版自由进行斗争。法国政府骚扰移民，他便让很多移民藏在自己家里。他还斥巨资帮助法国殖民地的奴隶恢复自由。

他最喜欢与世界各地热爱自由的人结交朋友。他与很多美国人都有联系，其中包括托马斯·杰斐逊、托马斯·潘恩、乔治·华盛顿、本杰明·富兰克林、詹姆斯·麦迪逊、詹姆斯·门罗、约翰·昆西·亚当斯、丹尼尔·韦伯斯特、安德鲁·杰克逊以及詹姆斯·费尼莫尔·库珀。他的法国朋友包括皮埃尔－塞缪尔·杜邦·德·内穆尔、热尔曼·德·斯塔尔、邦雅曼·贡斯当和贺拉斯·赛。他还与英国的查尔斯·詹姆斯·福克斯以及南美洲的西蒙·玻利瓦尔通信，后者帮助委内瑞拉、哥伦比亚、厄瓜多尔、秘鲁和玻利维亚取得了独立。拉法耶特鼓舞了意大利的自由主义者、西班牙的立宪主义者以及希腊和波兰的自由斗士。路易·戈特沙尔克是受人敬重的拉法耶特研究专家，他这样写道："在他漫长人生的最后50年，他把大部分时间都用在了为欧洲的自由而奋斗上——为全世界所有人的自由而奋斗。"

拉法耶特在人群中很显眼。他个头很高，瘦骨嶙峋，长着一双绿眼睛。传记作家樊尚·克洛宁补充说："他身材瘦高，面色苍白，一头红发，尖鼻子，前额后缩。与其说他像政府官员，倒不如说像一只涉水鸟。他说话慢条斯理，举止笨拙，根本不像一位光彩夺目的大臣。"

华盛顿盛赞拉法耶特的才能，说他是战略家和指挥官："他拥有非凡的军事才能，判断敏捷准确，不屈不挠，大胆进取，毫不鲁莽，而且性情平和，沉着冷静。他一个人集这些优秀品质于一身是非常罕见的。"杰斐逊对拉法耶特说："从我们国家的观念出发，我们甚至不允许自己讲真话，因为这些真话可能会有恭维之嫌。因此，我就只说一次真话：我爱你和你的妻子、孩子。"

1757年9月6日，马里·约瑟夫·保罗·伊夫·罗什·吉尔伯特·杜莫蒂耶出生于法国中南部奥弗涅省的沙瓦尼亚克城堡。父亲米歇尔·路易·克里斯托弗·罗什·吉尔伯特·杜莫蒂耶即拉法耶特侯爵是法国掷弹兵上校。他是历史悠久的武士贵族的后裔，祖上有人曾与圣女贞德并肩与英军作战。拉法耶特的母亲名叫玛丽–路易丝–朱莉·德·拉里维埃，家境殷实。

拉法耶特两岁时，父亲在七年战争的明登（位于德国汉诺威市以西40英里处）战役中被英军炮弹击中去世，于是他继承了拉法耶特侯爵这个头衔（在法国大革命之前他还按照父亲的封号拼写自己的名字）。他早年崇拜的英雄是维钦托利，他曾为保卫高卢而抵抗尤利乌斯·恺撒的入侵。拉法耶特的母亲于1770年4月去世，不久，外祖父拉里维埃侯爵也去世了，这给拉法耶特带来了一笔遗产，确保了他拥有丰厚的年金。

15岁时，他结识了14岁的玛丽·阿德里安娜·弗朗索瓦丝·德·诺瓦耶（以阿德里安娜而闻名），双双坠入爱河。大约一年后的1774年4月11日，两人喜结连理。传记作家安德烈·莫洛亚称，她有"一双沉思的大眼睛，看上去机灵而且充满智慧"。

听说揭竿而起的美国人正在招募法国士兵，拉法耶特便于1777年4月20日乘船前往美国。7月，他在费城的城市酒馆进餐时遇到了乔治·华盛顿将军。华盛顿当时的军队仅有1.1万人。他们装备简陋，被英军追得东躲西藏。拉法耶特加入时，他们正在躲避英国将军查尔斯·康沃利斯的追击。在宾夕法尼亚州的布兰迪万河，他们被敌军追上，拉法耶特腿部受伤。1777—1778年间，拉法耶特在福吉谷与美军患难与共，他成了华盛顿的情报员。

他决定尝试请法国人帮助美国人，因此于1779年1月乘船从波士顿起航回国。国王路易十六授权让·巴蒂斯特·多纳西安率军出征。多纳西安即罗尚博伯爵，是七年战争中的一名老兵。次年3月11日，拉法耶特搭乘"埃米奥纳"号重返美国，带来了6艘法国战舰和6000名士兵正在赶来的好消息。

华盛顿让拉法耶特率军两千赶往弗吉尼亚，阻挡英军的破坏，并密切注视他们的动向。拉法耶特向巴尔的摩的商人借钱，保证士兵都有鞋子和衣服可穿。后来的事实证明，拉法耶特特别擅长骚扰和躲避英军。

1781年6月，查尔斯·康沃利斯接到命令，要在弗吉尼亚建立一个防御阵地，并派遣部分军队前往纽约。康沃利斯占领了切萨皮克湾对面的约克镇半岛，试图把这里作为攻击费城的集结地，拉法耶特一直在监控他的一举一动。7月31日，驻扎在纽约州西点的华盛顿命令拉法耶特尽快组建军队，将康沃利斯封锁在约克镇。此时，海军上将格拉斯伯爵弗朗索瓦-约瑟夫-保罗正从法属加勒比海领地乘船奔赴约克镇，华盛顿和罗尚博也正在路上。

8月30日，格拉斯上将率领的舰队抵达约克镇——共有6艘护卫舰和28艘战列舰，载有1.5万名水手和3100名海军战士。舰队阻止了康沃利斯从水路逃跑，为更多的美国和法国士兵抵达战场争取了时间。不久，拉法耶特已经拥有5500余名正规军和3000名民兵。华盛顿和罗尚博于9月9日抵达之后，他们的人数已超过了康沃利斯麾下的8800名英军、黑森雇佣军和地方部队。历史学家路易·戈特沙尔克写道："如果康沃利斯此时面临着投降的可能，那么在很大程度上是因为别人可能会放弃，但拉法耶特却在坚持；或者是因为别人经不住诱惑可能会鲁莽行事，而拉法耶特却小心翼翼。"10月6日，约克镇包围战打响，拉法耶特率军攻占英军阵地。1781年10月19日，康沃利斯投降。戈特沙尔克评论道："就围歼英国这支极其精良的部队而言，没有谁（可能格拉斯除外）像这位刚刚离开巴黎'社会'的年轻将军这样做出如此巨大或者如此直接的贡献。"

华盛顿催促拉法耶特"带着拉法耶特夫人一起前来，在我家散散步。……没有人会比我对你更友好、更真诚意了"。1784年8月拉法耶特一共拜访了华盛顿11天。告辞之后，他们就再也没有见过面。

拉法耶特不屈不挠地为自由事业而奋斗。他促进了法国与美国之间的自由贸易，是黑人之友协会的创始人之一，还是纽约奴隶解放会和英国废除奴隶贸易委员会的荣誉会员。1785年，他跟妻子购买了法属圭亚那的两个种植园，解放了在那里工作的48名奴隶，并分给他们土地，让他们能自给自足。他这样做是为了证明解放奴隶是可行的。

奴隶问题很快就被革命盖过了风头。英法七年战争（1756—1763）让法国政府欠下了巨额债务，在为美国抵抗英国提供大量资助后，更是雪上加霜。为了征收新税，路易十六同意召开由牧师、贵族和纳税人组成的三级会议，三级会议已有一个半世纪未召开了。拉法耶特要求召开真正的国民大会，路易十六最后同意了。选出代表后，三级会议于1789年5月在凡尔赛举行。

此前，为了说明政策的目的，拉法耶特已经起草了《人权和公民权宣言》。他受到了《弗吉尼亚权利法案》的启发，起草的法案反映了他的看法，即自由的最大威胁是王权专制。他把草案寄给杰斐逊，杰斐逊大加赞扬，并把一份复本送给了詹姆斯·麦迪逊，开始考虑出台美国的权利法案。7月11日，法国国民大会开始辩论。三天后，大约800名愤怒的民众攻陷了巴士底狱这座中世纪监狱，法国大革命就此拉开序幕。国民大会成员相信，自由的最大威胁是暴徒暴力，因此他们坚持要求修改宣言内容。宣言最终版本中对自由的看法比美国的《独立宣言》更完善。关于具体的宪法安排，拉法耶特认为应该实行分权，但是国民大会以490票对89票的结果否决了他的观点，成立了仅有单个国民议会的立法机构。为了表明自己的共和理想，他把自己的名字由 La Fayette 改成了 Lafayette。

法国各地组建的市民民兵团组成了国民自卫军，由国民大会调遣。拉法耶特被任命为巴黎国民自卫军指挥官，保护人们免遭暴徒谋害。在凡尔赛，他从愤怒的暴徒手里救出了国王和王后，并陪同王室前往巴黎的杜伊勒里宫。1791年6月20日夜里，路易十六秘密"逃往瓦雷纳"，这座小镇靠近比利时边境，他打算在此集结保皇派。拉法耶特叫醒了他的客人——《人权论》的作者托马斯·潘恩，惊呼道："鸟已经飞走了！"因为他向人们保证过国王不会出走，所以感到异常愤怒，便签署了法国历史上第一份对国王的抓捕令，然后把王室带回巴黎。

雅各宾派喜欢血腥，他们的成员数量与日俱增。这一派别是以他们第一次聚集的大厅命名的，这个大厅属于雅各宾修道士，他们都是让－雅克·卢梭平等主义的崇拜者。保罗·马拉、雅克·勒内·埃贝尔、皮埃尔·布里索以及马克西米利安·罗伯斯庇尔等都属于雅各宾派。他们认为拉法耶特应该被当作叛国贼处决，于是拉法耶特去了比利时边境，准备逃往荷兰。他在比利时的罗什福尔被逮捕，这里由奥地利皇帝弗朗茨二世控制。他们认为拉法耶特是个危险的革命分子，便把他打入水牢。

他忍受着成群的蚊子叮咬、未封盖下水道的恶臭和严冬的刺骨寒冷。他的东西都被拿走了，只剩下几本书，其中包括托马斯·潘恩的《常识》。他在给一位朋友的信中写道："自由一直是我在独自沉思时的主题。……一位朋友曾称它为我的'神圣疯狂'。"

1793年和1794年，在恐怖统治高潮期间，罗伯斯庇尔每天都要下令处决约60人，阿德里安娜·拉法耶特的母亲、祖母、妹妹都被送上了断头台，她自己也被关进了巴黎的监狱。她最终获释，这在一定程度上要归功于美国外交官詹姆斯·门罗的斡旋，他之前就曾把托马斯·潘恩从法国监狱里救出来。阿德里安娜遂安排14岁的儿子乔治·华盛顿·拉法耶特去美国避难。儿子把她的信带给了乔治·华盛顿，信上说："我把儿子交给你了。"

后来，弗朗茨二世把阿德里安娜和她的两个女儿阿纳斯泰兹和维尔日妮一起送进了拉法耶特所在的监狱。拉法耶特的后人和研究者勒内·德·尚布伦解释说："在此之前，拉法耶特已经被囚禁近一年，没有跟人说过话，但1795年10月15日这天，狭窄的单人牢房的门突然被打开了。昏暗中进来一个女人和两个孩子。这也许是拉法耶特一生中最五味杂陈的一刻。"

拉法耶特的朋友，如乔治·华盛顿、具有影响力的法国女性热尔曼·德·斯塔尔、英国的查尔斯·詹姆斯·福克斯，都在竭尽全力营救他们。1797年，拿破仑统领大军向东挺进，侵入奥地利领土。他们终获自由，逃到了丹麦的荷尔斯泰因省，躲避迅速蔓延的战火。

拉法耶特的大部分财产都在法国大革命期间被查抄后卖掉了，只剩下废弃的拉格朗日城堡，这座城堡建于15世纪，位于巴黎以东35英里处。他们收拾出了几间能住的房间。由于拉法耶特曾在美国独立战争期间为士兵购买过生活物资，于是托马斯·杰斐逊总统便让美国政府把钱还给他，这样他就可以修缮屋顶了。杰斐逊恳求拉法耶特到美国定居，还承诺从新购得的路易斯安那州给他划拨土地。

1807年10月，阿德里安娜开始发烧，精神恍惚，家人都围在她身旁。圣诞前夕，她把一只手臂搂在拉法耶特的脖子上，低声说道："Je suis toute à vous."（"我完全属于你。"）她紧紧抓住丈夫的手指，然后与世长辞。拉法耶特在写给杰斐逊的信中说："除了你，还有谁能真正理解失去爱妻的痛苦呢？"

勒内·德·尚布伦说，在拉格朗日城堡，拉法耶特每天早上5点钟醒来，"在床上花两个小时给世界各地拥护自由的人们写信，其中有波兰人、匈牙利人、希腊人、西班牙人、葡萄牙人、北美人、南美人……然后一个人跪在那里，手里拿着阿德里安娜的一幅小画像和一缕头发，花一刻钟的时间深深地思念和哀悼"。

尽管拿破仑在1815年的滑铁卢战役中战败，但他依然是欧洲最令人生畏的军事指挥官，不肯放弃手中的权力。此时，拉法耶特已经当选新一届下议院议员，他愤怒地指责拿破仑战争已经造成法国300万人死亡，强烈要求拿破仑退位。拿破仑很快就被放逐了，但是狂热的保皇派依然很猖獗，暗杀了很多持异见者。拉法耶特成立了一个组织——出版自由之友，呼吁宽容。

1823年，拉法耶特接受詹姆斯·门罗总统的邀请，去美国进行告别旅行。他于1824年8月15日到达纽约，大约3万人夹道欢迎。他坐着一辆由四匹白马拉着的马车前往纽约市政厅，沿途约有5万人不断欢呼，向他抛撒鲜花。妈妈带着孩子为他祝福，人们举办舞会欢迎他，参加者多达6万人。他开始了为期13个月的美国24州之旅，一路上不断赞扬美国人所取得的成就："在美国，通过无可指摘的光荣革命，人民又夺回了主权，得到了广泛认可，保障主权不仅要依靠宪法……还要依靠总是符合公众意志的法律程序。人们还通过自由、广泛而频繁的选举行使这一主权。……没有君主制，没有朝廷，没有贵族，没有同业工会，没有不必要和不受欢迎的税赋，没有州警察和保安队，也没有混乱，1000万人获得了人类文明所能想象到的最高程度的自由、安全、繁荣和幸福。……在法国则恰恰相反，不再有任何市政选举、行政选举或其他民众选举，没有出版自由，没有陪审团……没有任何代表人民意愿的代表。"

演说家丹尼尔·韦伯斯特在马萨诸塞州的邦克山上宣称："上天降大任于你，让自由的火花通过你从新世界燃烧到旧世界。"拉法耶特走进费城，身边是四辆大马车，载着约160名独立战争的老兵。在布兰迪万战场，他停了下来——他曾在此受过伤——然后前往当时仍然是一片废墟的约克镇。他所到之处受到大批民众的欢迎：在纽堡（今纽约）有1万人，在巴尔的摩有5万人，在波士顿有7万人。在里士满、哥伦比亚、查尔斯顿、萨凡纳、奥古斯塔、蒙哥马利、莫比亚、新奥尔良、纳齐兹、圣路易斯、纳什维尔、莱克星敦、辛辛那提、匹兹堡、布法罗和奥尔巴尼，拉法耶特都受到了热烈欢迎。他出席了天主教教会、新教教会和共济会的集会，参加了一些对所有人都开放的招待会，公开欢迎前来的所有黑人和印第安人。弗吉尼亚大学也举行了招待会。他还去了位于弗农山庄的乔治·华盛顿墓，进入墓地的地下室。他在马萨诸塞州的昆西见到了约翰·亚当斯，在弗吉尼亚的蒙彼利埃见到了詹姆斯·麦迪逊。

之后，拉法耶特抵达蒙蒂塞洛。传记作家布兰德·惠特洛克这样描述当时的场景：

> 侯爵从四轮大马车上下来，快速朝房子蹒跚着走去。在走廊的两排白色柱子中间出现了一位高挑瘦削的老人，他因年迈而有些驼背，身着燕尾服和长马甲，还穿着一双另一个时代的高筒袜子。他已经剪掉了辫子，太阳穴处有些凹陷，脸颊瘦削，头上稀稀落落几绺白发。他跟跟跄跄地走下台阶，朝拉法耶特走去。
>
> "啊，杰斐逊！"拉法耶特喊道。
>
> 两个老人笨拙地跑了起来。
>
> "啊，拉法耶特！"杰斐逊喊道。
>
> 此时任何辞藻都是多余的。他们老泪纵横，紧紧地拥抱在了一起。

后来，拉法耶特的秘书奥古斯特·勒瓦瑟向人们描述了在夏洛茨维尔发生的动人一幕："在那场爱国宴会上，这位国家的客人坐在了杰斐逊与麦迪逊之间。"9月7日，拉法耶特乘坐"弗农山庄"号汽船沿着波托马克河顺流而下，然后登上"布兰迪万"号护卫舰返回法国。

拉法耶特开始在巴黎过冬，每周二晚上都要举行招待会，吸引了来自美国和欧洲的自由派人士。美国作家詹姆斯·费尼莫尔·库珀说每次聚会都"济济一堂"。邦雅曼·贡斯当、亚历山大·冯·洪堡和下议院一些议员都曾到场。历史学家劳埃德·克雷默评论说："拉法耶特在巴黎举办的晚间招待会，跟他在拉格朗日城堡跟客人们的长谈一样，促进了不同代人之间的联系，还促进了政治家与作家、他的法国朋友和外国朋友之间的交流。"

与此同时，查理十世于1824年成为法国国王，重申了教会和君主的权力。天主教又恢复了对法国学校的控制，任何人在教堂做出亵渎行为都有可能被判处死刑。1830年7月26日，国王颁布命令解散了下议院，限制出版自由和公民的投票权。一场声势浩大的叛乱在巴黎爆发了。"革命吧！"73岁的拉法耶特敦促说，"不革命，除了暴乱我们一无所获。"在罢黜查理十世和挑选路易·菲利普继承王位的过程中，拉法耶特发挥了重要作用。菲利普必须服从宪法，这对个人自由能起到一定的保护作用。

拉法耶特继续捍卫自由。他为因政治罪名而被关进监狱的人辩护，反对死刑，谴责奴隶制，支持比利时的反抗者。他支持波兰的自由事业，公然挑衅法国有关难民的法律，把波兰爱国者安托万·奥斯托夫斯基和约阿基姆·莱勒韦尔等人藏在自己的庄园里。

1834年2月初，拉法耶特感到身体疼痛乏力，可能是因为寒冷的空气。他患上了肺炎。1834年5月20日，子女陪在他身边，拉法耶特吻着装有阿德里安娜画像的圆形徽章悄然离世，享年77岁。葬礼在巴黎的圣母升天堂举行。成千上万人目睹了3000名国民自卫军护送着拉法耶特的灵柩前往简陋的皮克毕公墓，阿德里安娜和众多在法国大革命中命丧断头台的受害者都安葬于此。拉法耶特曾经用"布兰迪万"号汽船从美国运回了一些泥土，死后他便长眠在了这些泥土下面。

拉法耶特被19世纪的人们当作偶像崇拜，尤其是在美国，到处都悬挂着他的肖像。拉法耶特的美国朋友有一千多幅他的历史画像。美国有数十个城镇、县、学校都以他的名字命名。约翰·昆西·亚当斯称赞他说："说他是那个时代最伟大的人'之一'，都是对他的不公正评价。"

拉法耶特的孙子继承了拉格朗日城堡，娶了一位英国姑娘（保守党）为妻。她把拉法耶特的书籍、稿件及其他个人物品都存放在西北塔楼三楼的阁楼里，拉法耶特曾将其称为"自由波兰人的躲藏之所"。但20世纪的大多数历史学家都贬低拉法耶特，说他是虚荣教条的傻瓜。

令人欣慰的是，人们又重新开始欣赏拉法耶特。勒内·德·尚布伦是拉法耶特女儿维尔日妮的后代，1955年获得了拉格朗日城堡，并仔细查看了西北塔楼的阁楼。结果，他和妻子发现了这里的宝藏，庆幸的是阁楼既不潮湿，也没有虫子，因而这些宝藏才得以保存至今。其中包括拉法耶特的3000册图书，还有写给杰斐逊、华盛顿、麦迪逊等人的约2.5万封信件。唯一利用过这些材料的书是尚布伦的朋友安德烈·莫洛亚于1961年写的一本关于阿德里安娜的传记。如今，这些文件被拍摄成了64个缩微卷盘，存放在美国国会图书馆。

康奈尔大学从拉法耶特的出生地沙瓦尼亚克城堡收集了大量信件，历史学家劳埃德·克雷默协助整理这些信件，从中了解了许多真相。他回忆说："不久我就意识到了阅读'第一手资料'的历史价值，明白拉法耶特的一生比带有讽刺意味的历史记载所说的更复杂多样。与合作编辑一起阅读讨论拉法耶特的信件，让我渐渐产生了怀疑：现代史书竟然把他描绘成了一个简单的平庸之辈，但是从18世纪70年代到19世纪30年代，他的同代人在遇到政治、个人、革命危机时都纷纷向他寻求帮助，他怎么可能会是个平庸之辈呢？"

甚至像奥利维耶·贝尼耶这样言辞刻薄的传记作家都承认："不管有什么局限，拉法耶特都一直坚守着自由的信念，这是他的荣耀。没有什么能代替言论自由、思想自由、组织自由、管理自由：这是所有利益之源。拉法耶特虚荣、固执、自满、渴望出名，但是他从来没有忘记这条人人向往的准则。因此，他配得上同时代人的感激，值得世世代代人的敬重。在当今自由缺失的世界，一个从未停止崇拜自由的人足以让许多英雄都黯然失色。"最重要的是，甚至连拉法耶特的批评者们都已经达成一种共识：拉法耶特依然是两个世界最伟大的英雄。

4. 激情澎湃的雄辩家：丹尼尔·奥康奈尔

1695年，英国针对爱尔兰颁布了一系列刑法，禁止爱尔兰人的下列自由：拥有土地、上学、学手艺、携带武器、担任公职、出国旅行或者在不受干涉的情况下从事宗教活动。更有甚者，为了支持英国国教，英国政府竟然对爱尔兰农民征税，这些农民住在只有一个房间、没有窗户的小土房里，睡觉铺的是草，饥寒交迫，只能靠吃土豆、喝水维持生计。由新教地主组成的爱尔兰议会时不时地召集开会，不过英国主要是通过由国王任命的总督统治爱尔兰的。1800年，爱尔兰议会在许诺利益后被收买，投票解散了自身，支持联合王国，这意味着爱尔兰事务将由英国议会在伦敦进行管理。

于是，丹尼尔·奥康奈尔登场了，他成了爱尔兰解放运动的伟大英雄，也是半个世纪中爱尔兰最主要的政治领袖。他宣称："我的政治信条很简明。我认为所有人都应该享有宗教自由和公民自由，这既是正当权利，也是公平正义。……我只是在这一原则的基础上小心地要求上述自由，这条原则将会解放爱尔兰的天主教徒，保护法国和意大利的新教徒，废除西班牙的宗教裁判所和异端审判官。宗教因为人为干预而被贬低亵渎；当然，对神灵的祭拜也由于世俗的野心或人为的介入而遭到玷污。"

奥康奈尔意识到暴力会让每个人都表现出最坏的一面，因此坚持用非暴力方法追求自由，领导了欧洲历史上第一次非暴力群众运动。他高瞻远瞩，明白即使爱尔兰采用暴力手段完成自由目标，也会影响到将来的关系。他最看重的目标是自由与和平。四次出任英国首相的自由党人威廉·尤尔特·格莱斯顿写道："他是一个民族的领袖，这个民族弱小、人少、受轻视，但是他带领着这个民族与另一个民族——也许是欧洲最强大、最骄傲的民族——展开论战。他辩论的结果并非每次都输。"

奥康奈尔展现出了非凡的奉献精神。"在爱尔兰解放前的20多年中，"他回忆说，"这项事业的重担落在了我身上。我必须安排会议，起草决议，回复来信，调查每一个对现实不满的投诉案件，唤醒迟钝者，激起冷漠者，控制暴力者和煽动者，避免法律的潜在危险和违法者，警惕各种背叛，冒着各种风险时时对抗解放事业的众多强敌。……每天，我都要为天主教事业花费一到两个小时，往往会更长，没有收到或索要过任何酬劳，甚至为了推动事业还自掏腰包，我从未要求过补偿。"

除了帮助爱尔兰，奥康奈尔还支持扩大选举权，由此产生了《1832年改革法案》。他公开反对剥夺犹太人的公民权利，支持废除固定利率的高利贷法，反对死刑，支持自由贸易。他公开反对奴隶制，与美国反对奴隶制的演说家弗雷德里克·道格拉斯同台演说。奥康奈尔团结爱尔兰民众的方法还被理查德·科布登和约翰·布莱特采用，他们二人发起了废除贸易限制的伟大运动，争取让饥饿的人们能够购买到廉价的进口食物。

历史学家T. 德斯蒙德·威廉斯写道："是美国革命而不是法国革命决定了奥康奈尔早期的政治立场。他继承了美国革命的诸多信条。"传记作家雷蒙德·莫利评论说，"奥康奈尔与杰斐逊之间有着惊人的相似之处。这位爱尔兰领袖在伦敦和都柏林学习期间读的书居然对早期杰斐逊也产生了很大影响。他们的政治和哲学论断也几乎相同。他们都受到过法国启蒙主义和英国自由主义的启迪，受到过当时反教权主义文学的影响，都接受自然神论——奥康奈尔信奉了几年时间，杰斐逊则信奉终生。"

奥康奈尔令人难以忘怀。据莫利描述，"甚至在被称为解放者之前，他的形象就已经相当伟岸，一头卷发下是一张永不失却魅力的脸。他高大魁梧，姿态如演员般优美，记忆力敏锐，大脑像设计精良的机械装置。……有资料说他身高差一点儿到 6 英尺。肩膀宽阔，胸膛厚实，身材挺拔，威风凛凛。一头黑色卷发。……眼睛炯炯有神，五官精致，用'女性的妩媚'来形容他最合适不过了"。

传记作家查尔斯·切尼维克斯·特伦奇说："奥康奈尔 40 多岁时依然相貌堂堂。他的胸膛厚实得像公牛，胸部以下傲然隆起，对此他非常敏感。……用爱尔兰布料做的衣服让他看上去比实际更高大——天气寒冷时，戴一顶宽边高顶大礼帽或毛皮帽，穿带垫肩的外套，外面披一件长长的拖拽斗篷。他的脸酷似罗马皇帝，而且是强壮的罗马皇帝——方脸，厚实的下巴，阔鼻子，大眼睛，因长期蜗居室内而皮肤显白。他的头发似乎比以前更黑、更密、更卷、更亮，其实他戴了假发。当人们问起他的头发时，他总是借机夸耀说自己为祖国操劳掉光了头发。"

奥康奈尔是最伟大的雄辩家之一。弗雷德里克·道格拉斯回忆说："他如此柔和，如此哀婉，如此大爱天下；另一方面，又如此义愤填膺，谴责起来如此爆裂，如同电闪雷鸣，如此睿智和幽默，国内外也许偶有与之匹敌者，但从未听说有超越他者。"特伦奇说，他的声音"变化多端，可以由愤怒或挑衅的咆哮变为亲密的轻声细语，用某种非凡的方式毫不费力地让人群中最远处的人也能听到"。学者亚瑟·休斯顿也对奥康奈尔的声音赞叹不已："非常洪亮。……铿锵有力，悦耳动听，富有穿透力，可以表达人类感情的种种变化。如果不能驾驭语言，声音便毫无意义；如果缺乏思想，语言也一无是处。可是奥康奈尔却二者兼备，驾轻就熟。无论是诗意的想象还是常见的诙谐，微妙的幽默还是悲怆的情感，狡黠的奉承还是辛辣的讽刺，耐心的劝导还是强烈的谴责——但凡情景需要，他总都能信手拈来，源源不断，结果让喜者入迷，让恨者沮丧。不仅听众会拜倒在他的雄辩魔咒之下，就连法官和陪审团也会受其影响而佩服得五体投地。后来在下议院听过他演说的人都证实了他的这种神奇的口才。"

1775 年 8 月 6 日，丹尼尔·奥康奈尔出生于摩根·奥康奈尔建于卡尔西温附近的卡亨农场。母亲凯瑟琳·奥马伦来自科克郡。奥康奈尔还有个哥哥莫里斯,全家住在一家杂货店上面的石头屋里。丹尼尔曾被寄养在伊万瑞夫山的一个农民家里,在那里生活了四年。

小丹尼尔很少见到父母,因为从那个农民家里被送回来后不久,他就被送到了戴里内恩一个叫猎帽的叔叔家里,一转眼又住了10年。当时,英国刑法镇压爱尔兰学校,企图让爱尔兰人没有文化,但是爱尔兰的"野外"学校秘密地提供地下教育,丹尼尔就是这样接受大部分早期教育的。"校长或老师这样做,不仅超出了法律范围,而且直接违反了法律。"传记作家雷蒙德·莫利写道,"如果家长容留这些教员,他就会在家里住下,在天气允许的情况下到户外教授学生。他会从岩架或山坡的阳面挑选一个偏僻之处,拿石头当桌凳,学生在他面前的地上分散坐下。冬天,这些教员不得不频频更换地方,常常躲在农民的简陋棚屋里。遇到恶劣天气,教员通常会选一处废弃的小屋,小屋常常没有窗户,只能靠学生带来的泥炭取暖。大部分教学都用盖尔语授课,有时候也教英语、希腊语和拉丁语。阅读、写作、算数也包括在内。但是,容留教员的家长可能会受到严厉惩罚。"莫利补充说,所有这一切都表明"即使最没文化的农民都会强烈希望自己的孩子接受教育"。

在法国学校里学习了一段时间后,奥康奈尔决定前往伦敦学习法律去当律师。他进入了林肯律师学院,这是一个供人们学习英国法(与在牛津大学和剑桥大学学习的罗马法迥然不同)的私立机构。奥康奈尔的日记表明,他阅读过爱德华·科克的《评利特尔顿的〈论土地占有权〉》(1644)和威廉·布莱克斯通的《英国法释义》(1765—1769),还研读了很多近期关于自由的作品,包括亚当·斯密的《国富论》(1776)、孔多塞侯爵的《杜尔哥传》(1786)以及玛丽·沃斯通克拉夫特的《为女权辩护》(1792)。托马斯·潘恩的《理性时代》(1794)也让他感触很深。

1800年1月,奥康奈尔发表了第一篇政治演说,抨击爱尔兰与英国组成的联邦。英国人贿赂爱尔兰议员,以爱尔兰人在英国议会中获得少数代表权为代价解散了爱尔兰议会。他们的目的是保证英国能更多地控制爱尔兰。

猎帽叔叔敦促他与一个有希望继承大笔财产的科克郡姑娘结婚,但是奥康奈尔却爱上了远房表妹玛丽·奥康奈尔，他们秘密结婚。于是，猎帽叔叔剥夺了奥康奈尔的继承权。由于奥康奈尔是爱尔兰人，英国政府不允许他接手重要或有利可图的案件，但是小案件也让他成了赫赫有名的大律师。

奥康奈尔恳求议会废除反天主教的法律。1807年在都柏林的一场演说中，奥康奈尔表示要保护宗教自由，不仅要保护爱尔兰天主教徒，还要保护"西班牙和葡萄牙的新教教徒以及君士坦丁堡（信奉伊斯兰教）的基督教教徒"。然而，由于国王乔治三世的反对，首相威廉·皮特拒绝在下议院商谈爱尔兰人民的请愿。议员查尔斯·詹姆斯·福克斯曾在美国独立战争期间反对英国压制美国，也曾主张给予奴隶自由。1806年，他同意提交爱尔兰人民的请愿，但是遭到否决。

1812年，24岁的保守党人罗伯特·皮尔被任命为内阁的爱尔兰大臣。他决心阻止在爱尔兰人中间蔓延的政治煽动，针对《都柏林晚报》编辑约翰·马吉启动诉讼程序，指责他攻击驻爱尔兰的一位英国高官。奥康奈尔同意为马吉辩护，1813年7月20日，该案件由王座法庭审理。原告是反天主教分子，陪审团都是新教徒，奥康奈尔知道他毫无胜算可言。于是，他便把这个案件当成了一次抗议的机会。他抨击原告，说他是"无耻放荡的大骗子"。然后，奥康奈尔宣称："法官不应该指使陪审团，陪审团也不应该受人摆布。"最终，陪审团还是判定马吉有罪，被判交纳罚金，入狱两年，但所有爱尔兰报纸都对奥康奈尔的辩护陈述进行了报道。据说载有相关报道的报纸在爱尔兰卖出了大约10万份，奥康奈尔的陈述被译为法语，还在西班牙广为传播，因为西班牙的自由主义者也在设法限制政府的权力。

1823年年初，48岁的奥康奈尔让32岁的律师理查德·拉多尔·希尔加盟，协助推动这场运动。希尔又矮又胖，看起来并不起眼，但是他对爱尔兰事业忠心耿耿，而且是位很有魅力的演说家。希尔回应道："英国国教的残忍虐待，政治垄断的惊人罪恶，我们国家公民机构整体结构的可怕反常，一小撮人对广大民众的非正常控制——所有这一切，以及其他引发众怒的所谓正义和合法的理由，正在渐渐淡出国家记忆。……

我们坐下来，就像安静划桨的奴隶。"

奥康奈尔设想成立一个能够团结700万爱尔兰民众的组织，以和平的方式追求自由。爱尔兰社会包括农民、牧师和少数商人以及专业人士，奥康奈尔认为这个组织的领袖应该是牧师，因为牧师每周都会跟大家见面。1823年5月12日，奥康奈尔和希尔成立了天主教协会。他们决定尝试每月向协会会员征收一便士，为协会筹措资金，并在全国各地巡游，宣传他们的事业，征募会员。

奥康奈尔说，如果英国继续拒绝解放天主教，就会产生"另一个玻利瓦尔"，玻利瓦尔当然是指那位帮助南美脱离西班牙获得独立的英雄。内政大臣罗伯特·皮尔借机控告奥康奈尔，但是陪审团拒绝起诉他。

奥康奈尔和希尔前往伦敦，去上议院证明爱尔兰人民的不满，一路上民众夹道欢迎。有人建议，如果领袖穿上与众不同的制服，那么运动所产生的影响将会更大。据莫利说，奥康奈尔和希尔穿着"天鹅绒领的蓝色外套、黄色马甲和白色马裤。作为领袖的象征，奥康奈尔肩膀上还钉着一枚金纽扣"。

1828年9月，情况到了紧急关头，奥康奈尔在议会竞选爱尔兰克莱尔郡议员，并以绝对多数票当选。在蒂珀雷里郡，他对一群人说："我们要在祖国的土地上栽种宪法的自由之树，这棵高贵之树将在葱绿肥沃的土地上茁壮成长。它的枝丫将伸展在这座美丽海岛的上空，保护芸芸众生。爱尔兰的所有民众，不管是天主教徒、新教徒、长老教会教徒还是各类异教教徒，都将宁静、和睦地坐在它美丽神圣的树荫之下。商业贸易将一片繁荣；工业将得到回报；心满意足的人民将看到古老的爱尔兰应有的模样——伟大、光荣、自由，是地球上最美丽的花朵，是大海中最闪亮的宝石。"

爱尔兰人群情激愤，暴乱一触即发，议会不得不于1829年4月10日通过了解放法案，三天后国王乔治四世予以批准。保守党甚至援引了一个技术性细节进行报复，迫使奥康奈尔重新竞选议员，他们还继续阻止他成为王室法庭律师，反对他接手大案。雷蒙德·莫利写道："他们因为仇恨这位战胜过他们的男人才使出这些小伎俩，保守党、国王，当然还有皮尔，这些人对解放法案毫无诚信可言。……政府之所以承认屈服，并非因为正义，而是因为害怕和被逼无奈。"

但奥康奈尔依旧是爱尔兰最好的律师。最激动人心的案件是1829年10月那起，因为原告使用了不正当的手段，有些人被判处死刑，奥康奈尔受托前去援救他们。传记作家雷蒙德·莫利写道，奥康奈尔"走的第一段路必须骑马，因为从戴里内恩到科克郡的前20英里根本就不算路。然后，他开始乘坐马车，趁机研究案情。夜里加急赶路，终于在早上赶到科克郡，却发现已经开庭。他来不及休整，在法庭上匆匆吃了一个三明治，喝了一碗牛奶，而这时检察官已经在做总结陈述了。他突然行动起来，通过一场精彩绝伦的当庭质证成功揭穿了证人在作伪证，他的所有委托人都无罪获释。于是，政府否决了对第一批罪犯的死刑判决"。

奥康奈尔反对城市自治体，这些自治体由指定的新教徒管理，它们控制了爱尔兰各地的城镇政府，影响了陪审团的决策，并拒绝缴纳税款。议会通过了一项法案，解散了大部分自治体，剩余的自治体将由选举产生，它们的权力也将受到限制。法案生效后，奥康奈尔当选为都柏林的市长。

奥康奈尔施加压力，反对将爱尔兰并入英国。他协助招募议会候选人，为他们筹集资金，开展宣传，并代表他们讲话。他为议会招募的候选人一度多达30位。他计划成立一个爱尔兰政治组织，结果招来了英国报纸的犀利批评；单单《伦敦时报》就发表了300多篇社论攻击他。

他成立了"取消合并协会"，旨在撤销英国与爱尔兰的合并，但议会中的爱尔兰议员普遍不愿推行注定会失败的政策，因为这会失去既得利益。原本在宗教自由运动中支持奥康奈尔的新教地主也不愿染指取消合并之事。移民美国的爱尔兰人为取消合并协会捐助资金，但在奥康奈尔明确表示坚决反对奴隶制后，这些资助也没有了，因为很多爱尔兰移民已经成为奴隶主。

奥康奈尔开始举行一系列的"怪物会议"（Monster Meetings）。比如，在基尔肯尼，他为大约30万人举行了演说，在马洛也吸引到了几乎同等数量的听众。在都柏林外的塔拉村，据说到场的听众更多。已成为首相的罗伯特·皮尔试图采取措施阻止这位老对手。他部署火炮瞄准会场,命令取消即将在克朗塔夫举行的最大规模的"怪物会议"。奥康奈尔被捕,罪名是阴谋造反,他被判有罪,入狱一年,并处以高额罚款。奥康奈尔的律师提起上诉,在他入狱三个月后,上议院高等法官以3票(辉格党)对2票(托利党)的结果判定奥康奈尔应该被释放,理由是诉讼程序不规范。他爬上一辆高大的战车,在欢呼声中驶过人群。传记作家莫利说:"战车行驶到都柏林学院草坪后被人群挡住,奥康奈尔迅速抓住这个不可多得的时机挺直身躯,默默指向爱尔兰银行,1800年以前这里一直是爱尔兰议会所在地。"在科克郡、都柏林、邓多克、纳文和塔拉,他继续举行怪物会议,吸引的听众多达几十万。

之后,奥康奈尔回到故乡戴里内恩,准备休息一段时间。很可能是在1845年9月,他听说了马铃薯疫病的消息。这种疫病在整个爱尔兰蔓延开来,染病的马铃薯变软发黑,散发出臭味。第二年马铃薯仍然歉收。连续两年种植马铃薯均颗粒无收,这在人们的记忆中还是第一次。绝望的爱尔兰农民当掉了衣服和渔具。很多人交不上房租,因此被驱逐出门,沦为乞丐。一些农民靠吃野菠菜和荨麻等杂草度日,这些食物所含养分太少,提供不了多少热量。很多农民患上了坏血病,他们牙龈肿胀,牙齿脱落,不少人死于坏疽。约有100万人死于这次饥荒,导致棺材短缺,于是市面上出现了底部带铰链的棺材,将遗体滑入墓穴后,棺材还可以重复利用。这次饥荒带来的唯一好处就是1846年6月25日,议会废除了《谷物法》(粮食关税),饥肠辘辘的人们终于可以进口便宜的粮食了。

与此同时,一群自称"青年爱尔兰人"的激进分子成了奥康奈尔的对手。他们要求政治独立,而奥康奈尔仅要求立法独立。奥康奈尔谴责奴隶制,而对他批评最严厉的人之一约翰·米契尔却移民美国,支持奴隶制。"青年爱尔兰人"谈论暴力,奥康奈尔则完全反对暴力。

奥康奈尔原本旺盛的精力被渐渐耗尽了。传记作家查尔斯·切尼维克斯·特伦奇猜测他可能患上了脑瘤。医生建议他出国旅行,这可能对恢复精力有帮助。因此,1847年3月22日,在米莱神父的陪伴下,他从爱尔兰的福克斯通乘船到了法国的布洛涅。他们继续往南旅行,希望天气暖和些。他们一直走到了热那亚,这时奥康奈尔的病情突然恶化。5月17日,他在热那亚与世长辞,享年71岁。按照他的要求,他的心脏被安葬在了罗马的爱尔兰学院,遗体则被安葬在了都柏林的格拉斯内文墓地。

四次出任英国首相的威廉·尤尔特·格莱斯顿非常仰慕奥康奈尔。1889年,他在《19世纪》的一期上发文写道:"人们也许会问:作为律师,这个世纪有没有造就比他更加杰出的人?我认为答案不会让人感到意外。……作为讲台上的雄辩家,他可以挑战整个世界;在这个世界上还有谁能像奥康奈尔那样训练、训导、鼓动、安抚一个民族呢?……(他会精神十足地)做政治领域内任何需要做的事情,去推动人类的幸福和自由。"

20世纪狂暴的民族主义越演越烈,奥康奈尔的声誉每况愈下。都柏林大学学院历史学家多纳尔·麦卡特尼写道:"盖尔语复兴支持者、新芬党人、社会党人和共和党人都倾向于接受这样……一种观点:假如奥康奈尔从未出生,爱尔兰将会更好。盖尔语复兴支持者提出,由于奥康奈尔是政治巨人,所以他在扼杀盖尔语方面所起的负面作用比任何人都大。"

然而,到了20世纪60年代,更支持康奈尔的传记作品开始出现,最重要的有安格斯·麦金太尔的《解放者:丹尼尔·奥康奈尔与1830—1847年间的爱尔兰党》(1965)、劳伦斯·J. 麦卡弗里的《丹尼尔·奥康奈尔在取消合并运动的年月》(1965)、雷蒙德·莫利的《丹尼尔·奥康奈尔:非暴力民族主义》(1974)和查尔斯·特伦奇的《伟大的丹:丹尼尔·奥康奈尔传》(1984)。特伦奇非常客观地将奥康奈尔描写为一位务实的政治领袖,他忍不住发自肺腑地说道:"这位最伟大的爱尔兰人的声誉不在于他可能做了什么,也不在于他没有做成什么,而在于他在1828年取得的卓越成就,让他们国家的人民在世世代代的臣服和认输之后终于能够昂首挺胸。"阿门!

5. 见证者的证词：弗雷德里克·道格拉斯

弗雷德里克·道格拉斯是奴隶制和由偏见带来的种种罪恶的最权威见证人。奴隶主拆散了他的家庭，他不仅经历了骨肉分离之痛，还饱尝鞭笞殴打之苦。在南方，教奴隶读书写字是违法行为，但道格拉斯不仅学会了读写，还偷偷教其他奴隶。在脱离苦海、获得自由之后，长达20多年他都不知疲倦地在整个北方和不列颠群岛奔波，在反奴隶制会议上发表演说。在认识到美国内战远不止是血淋淋的斗争之后，他开始领导人们反对北方的偏见，反对南方诸州破坏黑人刚刚获得的公民自由。

道格拉斯推崇平等的自由这一理念。他支持妇女获得选举权，"我们认为妇女有充分的理由获得男性才享有的所有权利"。他呼吁人们宽容对待受迫害的中国移民，他说："我认为任何种族的权利都不得凌驾于人类的权利之上。"在国外，他同丹尼尔·奥康奈尔一道为爱尔兰争取自由，与理查德·科布登和约翰·布莱特同台演讲，为自由贸易大声疾呼。

道格拉斯认为，私有财产、竞争型企业和自助对人类进步至关重要。他写道："财产将产生让我们获得真正作为人的尊严的唯一条件。……知识、智慧、文化、文雅和礼仪都以工作及其带来的财富为基础。……没有金钱，就没有闲暇；没有闲暇，就没有思想；没有思想，就没有进步。"

批评者认为道格拉斯固执、傲慢，对别人的怠慢极度敏感，但是他却赢得了崇尚自由者的尊重。多年来，他与威廉·劳埃德·加里森、温德尔·菲利普斯一同出现在演讲台上，成为引领反对奴隶制运动的重要人物。《汤姆叔叔的小屋》一书的作者哈丽雅特·比彻·斯托对道格拉斯赞赏有加。随笔作家拉夫尔·沃尔多·爱默生也对他印象深刻，他这样说道："这是个真正的男人；只要是个真正的男人，黑皮肤或白皮肤就无关紧要了。"马克·吐温把道格拉斯当作朋友，并引以为傲。约翰·布莱特捐款，为他赎买自由之身。黑人、自助倡导者布克·T. 华盛顿欢欣鼓舞地说："他见证了一切，经历了一切，克服了一切。"

道格拉斯为反对奴隶制运动付出了高昂的代价。他几乎没有时间在家，也无法陪伴5个孩子长大成人。他的妻子安娜不仅要独自照料孩子，还要赚钱贴补家用，所以心生怨恨。

道格拉斯的德国朋友奥蒂利娅·阿辛是这样描述他的："他是一个黑白混血儿，肤色较浅，块头很大，身材修长，体格强壮。他的五官特征非常明显，额头高耸，鼻子底端凹陷很深。鼻子呈拱形，嘴唇小巧精致，这更多体现了白人的遗传特征，而不是黑人。他头发浓密，黑灰相间，有些卷曲，但并不像羊毛那样。"一位美国评论者回忆道格拉斯演讲时的情形说："他身高超过6英尺，起身演讲时体态庄严，笔直如箭，肌肉发达，动作轻盈，风度翩翩。他两眼囧囧有神，而最引人注目之处当属他的声音，如韦伯斯特般浑厚低沉、抑扬顿挫、深邃洪亮。这一切都使得他成了完美的演说家，令听众难以忘怀。"

在波士顿举行的一场反对奴隶制的会议上，个人主义者兼女权主义者伊丽莎白·卡迪·斯坦顿目睹了"（道格拉斯）运用才智和讽刺，带着满腔义愤，生动地描述了奴隶制的苦难以及屈从于品行和能力不如自己的人的耻辱。……在道格拉斯周围坐着的都是当时最伟大的反奴隶制演说家，他们都热切关注他的雄辩将对如此之多的听众产生什么影响。道格拉斯具有神奇的天赋，感伤与幽默并举，让听众时而哄堂大笑，时而泪流满面，完全沉醉其中。弗雷德里克·道格拉斯的演讲结束后，其他演说家似乎都有些胆怯了。……（他）站在那里，就像一位非洲王子，满腔怒火，威风凛凛"。

弗雷德里克·道格拉斯，原名弗雷德里克·奥古斯塔斯·华盛顿·贝利，1818年2月的某一天（奴隶没有出生记录）出生在马里兰州东海岸一个靠近伊斯顿的种植园。他不知道自己的父亲是谁。母亲哈丽雅特·贝利是奴隶，因此她的孩子也注定是奴隶。他回忆道："我一生中见我母亲绝对不超过四五次，只知道她是我的母亲而已，每次见面的时间都很短，而且都是在夜里。"在他7岁时，母亲去世。

贝利被带到了爱德华·劳埃德的宅邸，劳埃德是马里兰州前州长和国会参议员，是美国南方最富裕的人之一。他名下有多个农场，贝利还记得在他的农场里见过一个叫奥斯汀·戈尔的监工鞭打一个叫登比的奴隶。登比设法跑到了一条小溪中，却被戈尔开枪打死，后者未受惩罚。贝利解释道："在马里兰州塔尔博特县，杀死奴隶或者任何有色人种并不是犯罪。"

1826年11月，贝利被转送给了托马斯·奥尔德，后来奥尔德又把他送给了在巴尔的摩的弟弟休·奥尔德。休的妻子索菲亚给贝利讲《圣经》的时候，贝利发现了书上的字符与她所说的字词之间的联系。索菲亚便开始教他字母表。贝利还记得当时休·奥尔德向她咆哮："你教他怎么读，他就会想知道怎么写。等他会写了，就会逃跑！"

贝利在巴尔的摩的大街上学到的东西更多："每当遇见一个我认识的会写字的小伙子，我就会说我能写得跟他一样好。接下来，对方肯定会说：'我才不信呢，你写给我看看。'这时，我就会一笔一画地写出有幸学过的字母，还叫他跟我比试。就这样，我学会了写很多东西，而这些东西很可能是通过其他方式学不到的。"

12岁时，贝利听到朋友们在朗读学校指定的一本伟大的演讲集。于是，他带着攒下的50美分跑到骑士书店，买了一本属于自己的《哥伦比亚演说家》。这本书由凯莱布·宾厄姆编写，自1797年出版以来多次再版。传记作家威廉·麦克菲利说："弗雷德里克·贝利独自躲在船坞墙体后面大声朗读。起初，他朗读这些演讲的时候艰涩生硬，后来逐渐流畅，音调也开始灵活多变。他一只手拿着《哥伦比亚演说家》，诵读着著名演说家的词句，进行演讲彩排。有朝一日他也会写出自己的演讲，因此对词句的发音及其含义反复斟酌。他面前就是整个世界。他变成了罗马元老院的雄辩家加图、在议会捍卫美国自由的老（威廉·）皮特、为解放天主教而据理力争的理查德·布林斯利·谢里登和向同僚告别的华盛顿。"书中有一篇《奴隶主与奴隶的对话》，奴隶对主人说他想要的不是仁慈而是自由。还有一篇短剧《巴巴里的奴隶》，剧中的统治者阿梅宣称："我们要铭记，再精致的奢侈品都比不上人性的光辉，再尊贵的职位都不如人权捍卫者崇高。"

他回忆道："自由的银色号角已经唤醒了我的灵魂，让我永远保持清醒。现在，自由出现了，永不再消失。……耳之所闻，目之所及，自由无处不在。它时刻存在，折磨着我，让我意识到悲惨的处境。看不到自由，我就视而不见；听不到自由，我就闻而无声；摸不到自由，我就触而无物。它从每颗星俯视，它在每个平静时刻微笑，它在每次风中呼吸，它在每场风暴中灵动。"

1832年3月，托马斯·奥尔德觉得需要贝利，于是贝利就回到了奥尔德在马里兰州圣迈克尔斯的家中。奥尔德发现巴尔的摩的自由体验对贝利产生了"有害"影响，决定必须对他严加管教。于是，1833年1月，贝利被爱德华·科维雇去做农场工人。科维是佃农，绰号"黑人驯服者"。有一次，他残忍地鞭打贝利，但是当他再次鞭打时，贝利用强壮的手臂和顽强的精神成功地保护了自己。贝利后来写道："我过去一无是处，但现在我是真正的男子汉。"

他决心获得自由，竭尽所能培养其他人的自由精神。在一个自由黑人家里，他用《哥伦比亚演说家》和从朋友那里借来的《韦氏拼写字典》教大约40个奴隶学习。他写道："这些可爱的黑人来主日学校并不是为了赶时髦，我教他们学习也并不是为了沽名钓誉。他们在学校随时都可能被抓，挨上39鞭。他们之所以来学校，是因为他们渴望学习。因为奴隶主的残酷对待，他们的思想已经枯竭。……向亲爱的奴隶同胞们教授知识是我最幸福的事，对此，我倍感荣幸。"

1836年4月，贝利策划帮助四个奴隶逃跑，结果被人出卖。他们被拴在马后拖到大约15英里外的伊斯顿监狱。托马斯·奥尔德认为，让贝利继续留在种植园太危险,所以决定把他送回巴尔的摩的弟弟休家里。贝利在加德纳船厂找到了一份敛缝工人的实习工作。1838 年春天,他向休·奥尔德提议让他自由创业。他会自己买工具,自己支付食宿费,并每周上交 3 美元。奥尔德认为,如果拒绝提议,他就可能会逃走,所以就同意了。贝利加入了东巴尔的摩精神进步协会,自由的黑人敛缝工人在此欢聚一堂,讨论问题,学习如何自立。

在此期间,他遇到了安娜·默里。安娜是一位自由的黑人妇女,据说她的父母早在她出生之前就恢复了自由。她大概比贝利大 5 岁,在巴尔的摩做女佣。她没有受过教育,但是可能就是她鼓励了贝利去拉小提琴。后来,拉小提琴成了贝利最喜欢的娱乐,他特别喜欢亨德尔、海顿和莫扎特。

据说,安娜通过额外揽活儿,为贝利募集逃跑的费用。因为贝利一直在巴尔的摩各个码头打工,能够像水手那样说话,因此他决定逃跑时打扮成水手——穿红衬衫,戴平顶水手帽,脖子上系块手帕。1838 年 9 月 3 日,他挤上了一列开往北方的火车。列车员要求他出示"自由文件",证明他不是奴隶,他拿出了一张从一个黑人退休水手那里借来的(美国海员到海外时使用的)海员证明。列车员并没有发现证明文件的主人是其他人。他一路上闪闪躲躲,避开了几个认出他的人,最终与安娜在纽约见面并结为夫妻。随后,他们前往马萨诸塞州的新贝德福德,这里造船业方兴未艾,可以更安全地躲避搜捕奴隶的人,贝利也许可以当个敛缝工人。新贝德福德有 1.2 万人,是黑人聚集地,也是反对奴隶制的贵格会教徒的一个重要基地。

新贝德福德的繁荣景象让贝利叹为观止:"当我还是奴隶时,曾有过很奇怪的想法,认为跟南方奴隶主相比,北方享受不到多少南方的舒适或者生活奢侈品。我很可能是从北方人没有奴隶得出这一结论的。我认为北方人的生活水平应该跟南方没有奴隶的人差不多。我猜想北方人极其贫穷,已经习惯性地把他们的贫穷归结于没有奴隶。不知不觉,我甚至开始认为没有奴隶就没有财富,也不会有多少教养。……"

"在新贝德福德,我发现到处都是富足的景象。无论是躺在码头,还是在河中乘船航行，我都能看到样式最新、保养最佳、吨位最大的轮船。我的左右两侧都是高大的花岗岩仓库，里面装满各种生活必需品和舒适用品。此外，似乎每个人都在忙着工作，但与我熟悉的巴尔的摩不同，这里非常安静，毫无嘈杂之声。……我听不到对工人的恶毒诅咒和可怕谩骂。看不到鞭打，似乎一切都井然有序。似乎每个人都知道自己要做什么，对待工作严肃认真、充满快乐，体现了对工作的浓厚兴趣和做人的尊严。在我看来，这里的一切都非常陌生。从我闲逛的码头到小镇，一路上可见壮观的教堂、漂亮的住房和经过悉心照料的花园，我感到既惊奇又羡慕；它们彰显着财富、舒适、品味和高雅，我从未在蓄奴的马里兰州看到过这番景象。"

贝利夫妇在找到自己的住处之前，一直住在从事餐饮服务的黑人夫妇玛丽·约翰逊和内森·约翰逊家里。贝利说内森阅读的"报纸比马里兰州塔尔博特县90%的奴隶主都要多，他对道德、宗教和国家政治人物的了解也比他们更好。但是，约翰逊先生干的是苦力，辛勤劳作使他的双手变得僵硬，约翰逊夫人也是如此。我发现黑人比我想象的更为勇敢。我知道他们下定决心要不惜一切代价保护彼此不受残忍的绑架者的伤害"。内森建议贝利换一个与众不同的名字——比如道格拉斯，这是沃尔特·司各特《湖上夫人》中苏格兰勋爵的名字。贝利听从了建议，还在名字后面多加了一个字母s彰显其个性。

他在一家贵格会教徒办的鲸油提炼厂找到了一份稳定的工作。他和安娜加入了非洲卫理公会锡安教派。托马斯·詹姆斯牧师在反对奴隶制运动中表现活跃，还是每月出版两次的《人权》杂志编辑。1839年3月12日，道格拉斯在教堂集会上起身发表演讲，谴责将黑人运回非洲的提案。他想留在美国。他的发言震撼人心，甚至《解放者》也有所提及。《解放者》是一份激进的反奴隶制报纸，自1831年1月由威廉·劳埃德·加里森创办以来每周出版一期。他应邀去马萨诸塞州反对协会于8月10日在楠塔基特岛举行的集会上演讲。加里森及其同胞温德尔·菲利普斯都将出席。

加里森回忆说，在楠塔基特岛，道格拉斯"带着犹豫和局促来到演讲台。他首先为自己的无知向众人致歉,提醒大家奴隶制不利于人类智慧和情感的发展,然后开始讲述自己作为奴隶的经历。演讲期间,他阐发了许多崇高的思想,分享了许多令人兴奋的思考。他刚回到自己的座位,我就满怀希冀和敬仰地站起来说,帕特里克·亨利在革命斗争中久负盛名,但是他在为自由事业奋斗的过程中,也从未做过一次如此有说服力的演讲"。

道格拉斯应邀成了马萨诸塞州反对奴隶制协会的带薪演说家。他加入了加里森、菲利普斯、史蒂芬·S.福斯特和查尔斯·雷诺克斯·雷蒙德的队伍,只要能凑够二三十个人就开始演讲。一年之内,道格拉斯在马萨诸塞、新罕布什尔和罗德岛共演讲了一百多场。他还成了《解放者》的重要投稿人。在此过程中,他多次遭到诘问和殴打。

他的第一部自传《弗雷德里克·道格拉斯生平自述》(1845年6月)帮助他奠定了名声。这是一本反对奴隶制的小册子,为了保护他人,他省略了逃跑细节。小册子由波士顿的反对奴隶制办公室出版,附有菲利普斯写的一封信和加里森写的前言。此书共有3个欧洲版本,据说仅仅五天就销售了3万册。

道格拉斯似乎天生就会让欧洲反对南方,并在国际社会孤立南方。1845年秋天,他与加里森一起在苏格兰、英格兰和威尔士发表演讲。他们生动地讲述了美国奴隶制的罪恶,抨击了支持奴隶制的牧师,呼吁人们与蓄奴的美国南方断绝往来,并请求人们发起捐助。在爱尔兰,道格拉斯被眼前的极度贫穷震惊了,这种贫穷是他从未经历过的。在一个约两万人的集会上,他与身高6英尺、一头红发的丹尼尔·奥康奈尔同台演讲。这个爱尔兰人称他为"美国的黑奥康奈尔",让他深受触动。爱尔兰马铃薯歉收,饥荒蔓延到全国各地,道格拉斯和理查德·科布登及其同伴约翰·布莱特站到了一起。科布登体形瘦削,一头黑发,头脑冷静,主张自由贸易;布莱特则身材矮壮,是富有激情的演说家。他们三人走过一座座城镇,呼吁立即撤销《谷物法》(粮食关税),只有这样挨饿的人才能买到廉价的粮食。在伦敦的自由贸易俱乐部,道格拉斯受到了热烈欢迎,他很珍惜那段美妙时光,"在布莱特先生位于洛奇代尔的家中做客,他很受欢迎……与他的兄弟姐妹们情同手足"。

在此期间,他听说休·奥尔德决心在他返回美国后派人抓他。考虑到他已经成为废奴运动的关键人物,所以他的朋友们认为最好还是花钱为他赎身为妙。1845年12月12日,道格拉斯终于获得了法律认可的自由。1847年4月4日,他乘船返回美国。

道格拉斯在"地下铁路"中发挥了作用。据说,一个奴隶不用48小时就能从边境州逃到加拿大。许多逃跑的奴隶纷纷来到道格拉斯位于纽约州罗切斯特的三层楼家中,他的家人对奴隶们悉心照料,直到他们可以前进7英里到达夏洛特,然后乘坐轮船横跨安大略湖前往加拿大。奴隶大都选择在冬天逃跑,因为种植园在冬天监管较松。道格拉斯不辞辛劳地筹集资金,给逃跑后穷困潦倒的奴隶提供衣食。

道格拉斯非常珍惜自己的独立。他支持用一切和平手段反对奴隶制,包括政治行动,但加里森却反对政治行动。道格拉斯创办了自己的反奴隶制报纸,加里森的支持者们纷纷表示反对,因为他们注意到《解放者》已经发生亏损。1847年12月3日,道格拉斯用巡回演讲募集的4000美元发行了第一期《北极星》。后来,报纸一办就是17年。

1848年7月19日到20日,道格拉斯在塞内卡福尔斯会议上发表演讲,这次会议是家庭主妇伊丽莎白·卡迪·斯坦顿为推动妇女权利而组织的。道格拉斯是唯一一位支持斯坦顿提出的妇女投票权的男性。他赞成家庭妇女应该自己挣钱,赞成寡妇应该同鳏夫一样成为孩子的法定监护人,赞成女性应该同男性一样能够拥有财产、继承财产和管理地产。

1857年3月6日,最高法院首席大法官罗杰·B.托尼对臭名昭著的德雷德·斯科特案做出裁定:奴隶、曾经当过奴隶或者奴隶的后代都不能成为美国公民。道格拉斯火冒三丈,急切盼望有人能提出任何有助于打压奴隶制的想法。1858年,废奴主义者约翰·布朗来到道格拉斯位于罗切斯特的家中,酝酿发动一场奴隶暴动,在阿巴拉契亚山区建立一个黑人州。1859年10月16日,布朗突袭了位于弗吉尼亚州哈珀斯渡口的联邦军火库,随后道格拉斯遭到警方追捕,被迫逃到英格兰躲避了数月。

1861年4月,萨姆特堡打响了美国内战的第一枪。林肯清楚地表明,这场战争是为了维护联邦统一，而不是废除奴隶制。林肯实行的政策是逃跑的奴隶必须遣返主人家中。然而，道格拉斯却要求"美国的每一个奴隶都应该获得不受任何限制的彻底自由，无论其主人是否忠诚于联邦"。1863 年 1 月 1 日，林肯签发了《解放宣言》，宣布叛变州的奴隶获得解放，但是他显然无法掌控叛乱各州。虽然宣言未能解放北方的奴隶，但是废除奴隶制已经成为战争的一个目标。尽管道格拉斯对林肯钦佩万分，但他还是注意到林肯在想方设法对奴隶制妥协。

奴隶制被废除后，道格拉斯开始着手为黑人争取投票权，让他们获得政治影响力（康涅狄格、新泽西、宾夕法尼亚和其他几个西部州禁止黑人参与投票），但从政治上来看，同时推进黑人和妇女的投票权是不可能的。1870 年 3 月 30 日通过了美国宪法《第十五条修正案》，给予黑人投票权。随即，道格拉斯转向支持妇女选举权运动。

在道格拉斯漫长的职业生涯晚期，他一直与共和党保持紧密联系，然而政治上的联系并没有给他带来什么好处。白脸党（Pale Faces）、白山茶花骑士团和三 K 党等恐怖组织屠杀黑人，烧毁黑人住房、学校、教堂，然而不管是州政府还是联邦政府对此都置若罔闻。

道格拉斯鼓励黑人自助，他鼓励身为父母的黑人说："好好教育你们的子女，送他们去上学。……无论将来遭遇什么不幸、身在何方，只要身怀一技之长，就会对同胞有用，就能得到别人的尊重。"

1881 年，他出版了《弗雷德里克·道格拉斯的生活和时代》，书中对他当奴隶的经历提供了更多细节，（第一次）透露了他的逃跑细节，对后续斗争也进行了讨论。11 年后，出版了增订版。

道格拉斯的妻子安娜于 1882 年 8 月 4 日去世。后来，他娶了白人废奴主义者海伦·皮茨，让黑人和白人都感到十分震惊。纵火犯们把他在罗切斯特的那个心爱的家付之一炬，夫妻俩只好搬家。新家是一栋白色的木板房，占地 23 英亩，共有 20 个房间，隔着阿纳卡斯蒂亚河与华盛顿特区相望。这里曾经是罗伯特·E. 李将军的家。这个名叫"雪松山庄"的地方，设有一个书房和一个供道格拉斯拉小提琴的音乐室。

1895 年 2 月 20 日，道格拉斯出席在华盛顿特区举行的一场妇女权利集会。那天晚饭后，他从椅子上站起来，结果突然倒地，猝然离世。家人为他举办了一场私人葬礼，随后将棺材移送至大都会非洲裔卫理圣公会教堂，前来吊唁的人络绎不绝。接着，在罗切斯特中央大教堂举行了第二次葬礼，最后遗体被葬在希望山公墓，与他的第一任妻子和女儿咫尺相伴。

与其他人相比，道格拉斯让人们对美国奴隶制更为了解。他让大家相信必须废除奴隶制，勇敢地反对对公民权利的任何破坏，对所有受压迫者深表同情。他劝导人们进行自助，完成自己的人生使命。他渴望有朝一日，无论男人还是女人、黑人还是白人，大家都能和睦相处。

6. 坚定的奉献：伊丽莎白·卡迪·斯坦顿

据说，在约翰·亚当斯签署《独立宣言》之前，妻子阿比盖尔·亚当斯就提醒他说："如果不特别关注和关心女士们，我们就一定会造反，我们将不受任何不支持我们的发言权和代表权的法律的约束。"但数十年来，却几乎什么都没有发生。

后来，伊丽莎白·卡迪·斯坦顿发起了女权运动，协助成立了4个组织推动女权运动。她制定了议程，帮助女性获得了如下权利：平等财产权，包括制定和终止契约的权利；持有财产的权利，继承财产的权利；分享孩子监护权的权利；妇女选举权。

斯坦顿的决心给贵格会的废奴主义者柳克丽霞·莫特留下了深刻印象，她对斯坦顿说："你对这项事业如此执着，你必须成为推进这一事业的先锋。"废奴主义编辑威廉·劳埃德·加里森宣称："斯坦顿太太是个无所畏惧的女人，她全心全意为妇女的权利而奋斗。"废奴主义演讲家弗雷德里克·道格拉斯回忆说，斯坦顿"按照自己擅长的逻辑，成功地让我相信当时妇女权利这一新信仰所蕴含的智慧和真理"。

苏珊·B.安东尼受斯坦顿的影响，已经投身于妇女权利事业。她写道："总觉得必须先听听斯坦顿太太对事情的看法，这样我才能知道自己的立场。"斯坦顿与安东尼并肩工作了半个多世纪，这是争取自由的历史上最伟大的伙伴关系之一。安东尼成了妇女权利运动的主要组织者，而斯坦顿则表述了妇女权利的思想体系，还制定了策略，为安东尼撰写了许多演讲稿、公告和颂词。一次又一次，安东尼向斯坦顿索要讲稿："斯坦顿太太……我请求你……赶紧开始工作吧。……不要拒绝，一分钟也不要拖延；因为我必须准备好，差不多都要记住。……现在你给我的枪装上弹药，让我扣动扳机，射出子弹，好吗？"

最伟大的废奴主义演讲家温德尔·菲利普斯也从斯坦顿充满激情的笔下获益颇多。他给斯坦顿写信说："如果你不计前嫌，请我去吃早餐、晚餐或喝茶，我会向观众打个响指，像以前那样对你的好东西狼吞虎咽，那些不能吃的好东西我会尽量偷走用于演讲。"

斯坦顿向许多最伟大的自由思想家借鉴学习。她读过第一个将天赋人权法则运用到妇女身上的玛丽·沃斯通克拉夫特的作品；结识了支持自由贸易、和平和更大范围选举权的约翰·布莱特，以及最著名的废奴主义运动诗人约翰·格林里夫·惠蒂埃。她赞扬自由放任主义拥护者赫伯特·斯宾塞的"伟大人生哲学"。她读过道德家列夫·托尔斯泰的著作，欣赏个人主义者马克·吐温，"他的趣味只有他的道德可以媲美"。她给《妇女的屈从地位》的作者哲学家约翰·斯图亚特·密尔写信说："放下这本书时，我感受到了从未有过的平和和快乐。"

19世纪70年代，斯坦顿是广受欢迎的演讲家。传记作家伊丽莎白·格里菲思这样描述她："斯坦顿太太擅长取悦听众，她的演讲风格很吸引人，声音低沉舒缓，举止优雅，富有女性魅力。有个评论者回忆说她的演讲'令人动容，令人振奋'，她天生机智过人，常常使观众开怀大笑。尽管她演讲的主题很严肃，但《旧金山纪事报》却发现她简直'令人乐不可支'。另一位观众说她'像鹧鸪一样丰满'。她肤色红润，一头'活泼的'白发，体形圆润。一位男性仰慕者写道：'无论去什么地方，她都会被当成州长或总统的母亲。'人们开始将斯坦顿的外貌与维多利亚女王或者乔治·华盛顿的母亲相比。人们认为她如同一位慈母，既高贵又可敬。"

学者艾伦·卡罗尔·杜波依斯对斯坦顿惊叹不已，"无论身体还是精神，她都拥有近乎完美的健康。她才华横溢，博学多识，非常性感。她为自己的体重（1860 年 175 磅，老年超过 240 磅）辩护，为她经常午睡的癖好辩护，为所有女性的性欲辩护。而在当时，所有这些都被认为是不体面的。她智慧过人，运用它打败敌人，让朋友们崇敬不已。最重要的是，她还致力于揭示和理解妇女长期受压迫的历史，领导女性反抗压迫。她性格刚毅，智慧超常，精力充沛，对女性受压迫义愤填膺，即使现在看来……她的经历仍然令人鼓舞，肯定丝毫不亚于她的鼎盛时期"。

1815 年 11 月 12 日，伊丽莎白·卡迪出生于纽约的约翰斯敦。她是玛格丽特·利文斯顿的第七个孩子，也是她的第二个女儿。玛格丽特共生育了 11 个子女。伊丽莎白的父亲丹尼尔·卡迪是个白手起家的人，他当过鞋匠学徒，后来又从事法律事务。他渴望有个儿子，因为 5 个男孩和一个女儿的死让他的心情极其沮丧。他对伊丽莎白说："我真希望你是个男孩！"这句话让伊丽莎白心里万分难过。

她进入由埃玛·威拉德经营的纽约特洛伊女子神学院。威拉德拥护天赋人权观念，认为教育一定有助于形成良好的性格，这对女性的进步至关重要。威拉德教授古典文学、科学和哲学。

1839 年 10 月，伊丽莎白遇见了亨利·斯坦顿，他正在为美国反奴隶制协会招募成员、募集资金。传记作家格里菲思说："他英俊迷人，聪明善辩，举足轻重，阳刚十足，要求很高，充满魅力，擅长跳舞。……他要么没有意识到伊丽莎白的长处，要么就是对此习以为常。"1840 年 5 月 1 日，伊丽莎白与斯坦顿在约翰斯敦结为夫妻。

斯坦顿夫妇乘船前往伦敦参加世界反奴隶制大会。他们遇见了几个来自费城的妇女，尤其是贵格会教徒柳克丽霞·莫特。她于 1833 年成立了费城女性反奴隶制协会，4 年后又发起了美国妇女反奴隶制大会。斯坦顿回忆道："对于我来说，莫特太太为我开启了一个全新的女性世界。我寻找每个能与她相处的机会，不断向她提出问题。……她给我讲……玛丽·沃斯通克拉夫特、她的社会理论以及为妇女争取平等的诉求。"

1840 年 6 月 12 日，在女王大街的共济会大厅里，伦敦大会在一片争议声中拉开序幕。一些牧师认为妇女不应该出席会议。后来达成了妥协：妇女可以参加，但是必须坐在旁听席。《解放者》的编辑威廉·劳埃德·加里森加入妇女行列，斯坦顿和莫特决心在返回美国后要有所行动。于是，女权运动诞生了。

斯坦顿深受丹尼尔·奥康奈尔的鼓舞。她回忆道："他不遗余力地歌颂女性。人们几乎可以从他的表情特征、美妙的手势以及整个身体的姿势判断出他说了什么话。"这位爱尔兰的解放者告诉斯坦顿，要追求妇女权利，就必须志存高远，后来她确实是这么做的。

1847年6月，斯坦顿夫妇搬到了纽约塞内卡福尔斯华盛顿大街32号的一栋房子里。第二年，伊丽莎白·卡迪·斯坦顿应邀去塞内卡福尔斯以北约6英里处的滑铁卢拜访柳克丽霞·莫特和三个贵格会朋友。她们决心在1848年7月19日和20日召开一次关于妇女权利的会议。

他们需要某种声明来集中力量。斯坦顿起草了《权利和感伤宣言》，拥护《独立宣言》的天赋人权信条。其中，她这样写道："决议认为，一切阻止妇女在社会中获得良心渴望的地位或者置女性地位于男性之下的法律，都违背大自然的伟大法则，因而不具备任何效力或权威。"她增加了一个选举权条款，"决议认为，确保妇女拥有神圣的选举权是本国妇女的职责。"她宣称："权利是我们自己的。我们必须拥有它。我们必须使用它。"弗雷德里克·道格拉斯坚信"选择统治者和制定法律的权力是所有其他权利得到保障的前提"。7月19日，58名妇女和32位男性共同签署了《权利和感伤宣言》。

1851年3月，斯坦顿认识了正与阿米莉亚·布卢默（设计了宽松的裤子，妇女穿上它工作比穿圈环裙容易多了）在一起的苏珊·布朗奈尔·安东尼。斯坦顿后来写道："那一天的情景我至今记忆犹新！她站在那里，真诚的面庞带着亲切的笑容，穿着灰色细布衣服，戴着灰色帽子，全身一样的颜色，系着浅蓝色丝带，看上去既整洁又严肃。我非常喜欢她。"

安东尼出生于1820年2月15日，她父亲名叫丹尼尔·安东尼，是马萨诸塞州亚当斯镇的一家贵格会棉纺厂的企业家和废奴主义者。他与浸礼会教友露西·里德结婚，让贵格会教友大为震惊。1837年大恐慌期间,他生意破产,便开始在罗切斯特附近种田。苏珊成了一个学校的老师。农场是当地废奴主义活动的中心,弗雷德里克·道格拉斯就是许多来访者中的一员。苏珊在"禁酒女儿会"组织中非常活跃,1852年离开该组织后又协助成立了纽约州禁酒协会。禁酒是个大问题,当时酗酒现象非常普遍。丈夫以自己的名义持有妻子的财产,如果他挥霍掉一切,妻子将没有追索权。劝说女性减少饮酒量似乎是帮助她们的一个好办法。安东尼当时单身一人,有足够的时间帮助组织妇女运动。

两人逐渐形成了一种合作关系。在餐桌上,斯坦顿研究策略,撰写演讲稿,给安东尼出点子,帮助她提高演讲能力,应付诘问者。传记作家里塔·蔡尔德·多尔说:"苏珊提供可靠的事实论据,令人眼花缭乱,头脑大受刺激,但是有时候只用情感来听的人却难以理解。"安东尼发表斯坦顿撰写的演讲稿,收集请愿书签名,安排会议,还募集资金。

斯坦顿不只是撰写演讲稿。1854年2月,她在纽约州参议院发表演讲,宣称应该像对待其他任何契约一样对待婚姻契约,应有相互的特权和义务。她坚持认为,妇女应该能够拥有财产,因为许多男人不但会失去自己的财产,还会失去妻子的财产。威廉·劳埃德·加里森让她在一次美国反奴隶制大会上发言,她还为霍勒斯·格里利的《纽约论坛报》撰写文章。

内战给妇女运动带来了危机。斯坦顿对粉碎奴隶制的前景表示欢迎,同意在战争期间把妇女问题暂时搁置一边,但是在战争结束后,许多主要废奴主义者开始担心,要求妇女选举权将会削弱以前为奴隶争取基本权利的努力。学者艾伦·卡罗尔·杜波依斯说:"女权主义者曾怀疑选举权是妇女法律地位的关键所在,而现在黑人选举权帮助她们打消了心中存留的一切疑虑。"

斯坦顿与丈夫日渐疏远,她在女权运动中更为活跃。她当选为美国平等权利协会第一任副会长。斯坦顿和安东尼在堪萨斯州发起了两次投票倡议活动。她回忆道:"我们在小木屋、仓库、未建成的校舍、教堂、旅馆、谷仓和露天场所演讲。"斯坦顿开始编辑周刊《革命》,但是亏了钱,安东尼替她还清了债务。斯坦顿还成立了美国妇女选举权协会。

1869年5月，斯坦顿被推选为全国妇女选举权协会会长，该协会负责处理各种各样的妇女问题。露西·斯通成立了北美妇女选举权协会与之竞争，招徕了新英格兰的妇女，她们原先是废奴主义者，后来成为女权主义者。斯通是个令人尊敬的新英格兰人，认为西部尚未开化。斯坦顿却喜欢到西部开展活动，那里的不少人都认为妇女是独立的个体。

不久，斯坦顿就厌倦了组织之间的竞争，转而成为职业演讲家。19世纪70年代的大约10年间，她是广受欢迎的演讲家和名人。每年从1月开始，她都会进行为期5个月的巡回演讲。她与孩子们一起度过夏天，一旦他们回到学校，她就开始另外3个月的巡回演讲。

1872年11月5日，包括安东尼在内的16位罗切斯特妇女冒着会被处以大笔罚款和三年监禁的风险进行了投票。她劝说官员根据据说会保护投票权的《第十四条修正案》（于1868年获批）和《第十五条修正案》（于1870年获批）对她进行登记。官员们随后裁定她的投票非法，安东尼于11月18日在家中被捕。她拒绝支付罚款，为了避免引起更多争议，法官只好宣布结案，并未监禁她。

因为妇女的权利在法庭上未能取得进展，所以北美妇女选举权协会便把精力集中在了州立法机关上。全国妇女选举权协会则发起了一场要求妇女选举权宪法修正案的运动。1878年，加利福尼亚州参议员 A. A. 萨金特提出："美国公民的选举权不得因性别而被美国或任何州否定或剥夺。"在接下来的40年中，以上提案被反复提交多次，后来被称为"安东尼修正案"。

深受1880年11月去世的柳克丽霞·莫特的鼓舞，伊丽莎白·卡迪·斯坦顿开始撰写妇女选举权史。她与安东尼和《革命》周刊的撰稿人玛蒂尔达·乔斯林·盖奇一起收集文献。斯坦顿主要负责撰写任务，安东尼主要负责研究工作以及作品出版事宜。此书在1881年到1886年间共出版了三卷，免费提供给图书馆，但是包括哈佛大学在内的许多机构都拒绝接受。

1890年，主要的妇女参政论者决定弥补运动中的分裂状态，全国妇女选举权协会与北美妇女选举权协会合并，组建新的"全美妇女选举权协会"。斯坦顿被推举为第一任会长。1892年,她从这个位置退休,标志着她组织领导生涯的结束。

在1892年大会上,斯坦顿在告别演说"自我的孤独"中提出了自力更生的标准。她说:"最能提高人的判断力、最能激发人的良知的,莫过于个人的责任。最能让人格拥有尊严的,莫过于承认个人自主权……要依靠个人价值获得地位,而不是凭借继承、财富、家庭和地位等因素人为地获得。既然男女肩负同样的生活责任,拥有同样的命运,那么他们都需要为目前和永久做同样的准备……每个人都必须依靠自己。"她在众议院司法委员会和参议院妇女选举权委员会面前再次发表了这一演讲。发出去的演讲稿大约有一万份。

由于体重严重超标,身体虚弱,斯坦顿不得不更多地与女儿玛格丽特、儿子罗伯特共同待在纽约那栋有八个房间的屋顶公寓里,继续为安东尼撰写演讲稿、信件、决议和颂词。

斯坦顿的80岁生日庆典是在纽约大都会歌剧院举行的。她的名字由康乃馨拼成,她坐在一把椅子上,四周簇拥着玫瑰。她太虚弱了,只能对"我所代表的伟大思想——妇女的解放"表示肯定。

斯坦顿领导了一个由7位学者组成的委员会,致力于《妇女圣经》的撰写。她解释说:"19世纪早期,妇女开始抗议她们在社会和政治方面的退步,有人让她们转向《圣经》寻求答案。当她们抗议在教会中的不公平地位时,有人让她们查询《圣经》寻求解决途径。"《妇女圣经》于1895年问世,6个月内被重印了七次,还有几个翻译版本。《妇女圣经》引发了极大的愤怒,全美妇女选举权协会讨论提案,准备谴责她们的第一任会长,但是安东尼坚定不移地为她做了辩护。

斯坦顿出版了她的自传《八十年及其他》(1898),肯定了她作为一个睿智、亲切、自立的女权捍卫者的声誉。虽然她生活的一些细节与早期的记录冲突,但这是一部卓越的作品。安·D.戈登说,这部自传"让我们认识了一个非常强大的人,她对自己的力量和领导能力的认识绝少动摇。传记屡次提醒读者作者尚未获得自由,在等待平等的到来,它暗示在缺乏自由的情况下,妇女是受害者。……它描述了妇女带来的巨大变化"。

在此期间，妇女运动已经暂时停滞。怀俄明州是美国第一块拥有妇女选举权的领土，它在1890年3月28日成为第一个拥有妇女选举权的州。其他支持妇女选举权的州仅有科罗拉多州（1893）、爱达荷州（1896）和犹他州（1896）。东部地区的州对此没有任何兴趣。自1893年开始，美国参议院和众议院都不再提出选举权修正案。

1902年6月，安东尼拜访了健康每况愈下的斯坦顿。安东尼拥抱着她，哭着问："我还能再见到你吗？"斯坦顿回答说："哦，能。如果今生不能再见，那就只能等来世了——如果有来世的话；如果没有来世，那就不知何时了。"安东尼给斯坦顿写了最后一封，也是最深情的信，回忆说"就像在其他方面追随你一样，我的年龄也跟着你一天天变老。自从我们初次见面已经过去51年了，我们每年都过得忙忙碌碌，唤醒世人去认识妇女的权利。……刚开始这场竞争时，我们满怀青春的希望和快乐，感到非常乐观，因此连做梦都没想到，半个世纪后，我们不得不把结束这场战斗的任务交给下一代妇女。但是，我们内心非常快乐，因为我们知道她们在接受这个任务时，都受过大学教育，拥有商业经验，拥有得到充分认可的公开发言权——而在50年前，这一切都是妇女享受不到的。她们实际上只有一点还要争取——选举权；而我们过去一切都要争取。这些强大、勇敢、能干的年轻妇女将取代我们，完成我们的工作。我们过去势单力薄，她们现在人多势众。旧时的偏见减少了，公众的态度开放了，妇女充分展示了她们的能力，毫无疑问她们将会推动我们的事业走向胜利"。

伊丽莎白·卡迪·斯坦顿于1902年10月26日去世，享年86岁，她的6个子女当时都陪伴在她身边。人们在她纽约的公寓举行了私人追悼会。她用来撰写《权利和感伤宣言》的桌子摆放在她棺材旁边，上面放着一套《妇女参政史》。为《妇女圣经》做出过贡献的菲比·哈纳福德在伍德劳恩公墓主持了安葬仪式。

安东尼又继续活了三年多。1906年1月，她得了一场感冒，后来发展成肺炎。当时，全美妇女选举权协会的会长安娜·H. 肖陪伴在她身边，她回忆道："在她生命中的最后那个下午，她静静地躺了几个小时，突然开始念叨曾与她工作过的妇女的名字，就像在进行最后的点名。"1906年3月13日，星期二，安东尼在罗切斯特麦迪逊街17号的家中去世，享年86岁。她戴着一个宝石别针，别针上是带有四颗钻石星的美国国旗，钻石星代表仅有的几个有妇女选举权的州。大约一万人到罗切斯特的中央长老会教堂表达敬意。她把她的所有资产都留给了全美妇女选举权协会。

1910年，妇女参政主义者在请愿书上收集了40.4万个签名，华盛顿州批准了妇女选举权，妇女运动重新获得动力。第二年，加利福尼亚州授予妇女选举权。1918年1月10日，众议院支持选举权修正案，并于1919年6月4日由参议院批准通过。1920年8月26日，田纳西州成为第36个批准妇女选举权的州；选举权修正案成了《第十九条修正案》，2600万美国妇女获得投票权。1922年2月，最高法院认可了《第十九条修正案》。

这是一段令人惊叹的旅程。卡丽·查普曼·卡特回忆道，52年来，妇女参政主义者们进行了"56次针对男性选民的投票运动；480次敦促立法机关针对选民提交选举权修正案的运动；47次敦促州宪法会议将妇女选举权写入宪法的运动；277次敦促州政党会议将妇女选举权纳入党纲的运动；30次敦促总统政党大会将妇女选举权纲领纳入党纲的运动；连续19届国会的19次竞选"。

安东尼被认为是妇女选举权运动中最伟大的英雄，关于她的多部传记已经问世。1979年美国铸币厂发行了一种新硬币，单独向安东尼致敬。但是自此之后，历史学家们开始重新审视斯坦顿。利特尔&布朗出版社出版了洛伊斯·班纳撰写的《伊丽莎白·卡迪·斯坦顿：女权运动激进分子》（1980）。1984年，牛津大学出版社出版了伊丽莎白·格里菲思的《自强不息：伊丽莎白·卡迪·斯坦顿传》。艾伦·卡罗尔·杜波依斯在《伊丽莎白·卡迪·斯坦顿与苏珊·B.安东尼·里德读本》（1981）中强调了两人伟大的合作关系。在美国罗格斯大学，学者们开始寻找关于斯坦顿和安东尼的材料，包括档案、报纸、私人收藏物等。安·D.戈登说："人们在美国、加拿大、新西兰、英格兰、荷兰、法国和德国的两百家图书馆和档案馆，从近七百种不同的报纸和期刊里查找和复制文件。"1997年，他们出版了第一卷研究成果。

伊丽莎白·卡迪·斯坦顿始终关注着终极问题——人类自由，而不只是投票权，她这样做是正确的。她坚持认为《独立宣言》中表述的天赋人权原则是解放全人类的关键，充分体现了她的远见卓识。她明白自我所有权、私人财产、契约自由及迁徙自由是生命的根本所在。她全心全意地投身于女权运动，没有人比她写的文稿更能言善辩。她是一个令人敬畏的斗士。

7. 巨大的勇气：瓦伦贝格

一个人单枪匹马怎么能够对抗暴政？面对强劲的对手，怎么才能获得自由呢？如拉乌尔·瓦伦贝格那样激动人心的故事委实不多见，他藐视阿道夫·希特勒和约瑟夫·斯大林。他拯救了近10万人的生命，要同时对抗种族主义者、拷打者、暗杀者，甚至还有希特勒的首席刽子手阿道夫·艾希曼。更令人吃惊的是，因为无处可逃，他救人都是在敌占区。他的武器只有一把手枪，但他从未使用过。

在纳粹控制的匈牙利工作时，瓦伦贝格从车厢里解救了成千上万名正被运往毒气室的犹太人。他把犹太人从死亡之路上拉了回来，让他们免遭枪杀，免于被投入多瑙河。他独自一人挫败了纳粹企图屠杀布达佩斯中央犹太区7万犹太人的计划。在苏联红军占领布达佩斯之后，瓦伦贝格被斯大林内务部的秘密警察带走了。很显然，他们对他进行了严刑拷打，想让他当苏联间谍，但他坚决不从。

瓦伦贝格是20世纪最伟大的自由主义英雄，后来在苏联古拉格集中营中无声无息地消失了。对于全世界的人而言，他就是救援天使，仅仅提到他的名字就会让人泪涌双眼。

瓦伦贝格看上去完全不像英雄的样子。他中等身高，棕色眼睛，大鼻子，小下巴，棕色卷发的发际线后移。瓦伦贝格的同事蒂伯·巴兰斯基描述他是"一个瘦削、害羞的男子，但实际上却无所畏惧。他着装优雅，胡子总是刮得干干净净"。他看起来就像美国邮政局在1998年发行的纪念邮票上的普通人一样。

比约恩·伯尔克哈特曾经在南非遇到过瓦伦贝格,他这样描述他的习惯:"拉乌尔做事情不按常规方式。他的思维曲折复杂,但是他的智慧却令每个人都印象深刻。他比任何人都能说。也许他的最大财富就是魅力,这种魅力为他赢得了尊敬。"瑞典外交官佩尔·安格尔回忆说,瓦伦贝格"不属于超人类型。1944年,他到布达佩斯执行任务前几年,我们在斯德哥尔摩相遇,成了非常好的朋友。……他讲话声音轻柔,有时看起来像在做梦。在内心深处,他无疑是个伟大的理想主义者,是个热情的人。然而,你很快就会发现他的内在力量非同凡响,拥有一种战斗精神。而且,他是一个聪明的谈判代表和组织者,不遵循传统,极具创造力。我相信没有人比拉乌尔更能胜任布达佩斯的任务"。

1912年8月4日,拉乌尔·古斯塔夫·瓦伦贝格在斯德哥尔摩附近的卡帕特斯塔岛上外祖父的度假别墅里出生。他的祖上有许多路德教企业家,他们成立银行和工厂,建造轮船和铁路,共涉及大约50个行业。他父亲老拉乌尔·瓦伦贝格是海军军官,在他出生前3个月死于腹部肿瘤,年仅23岁。他的母亲玛伊·维辛是个德国犹太珠宝商的曾孙女。拉乌尔的祖父古斯塔夫·瓦伦贝格是瑞典驻土耳其大使,是他的良师益友。古斯塔夫是个人主义者、企业家、自由贸易者,相信人们应该通过和平的商业关系建立联系,而不是通过军事联盟。

拉乌尔11岁时,古斯塔夫安排他在法国和德国度假,以便开阔视野,他学会了英语、法语和德语。为深入了解美国,他进入密歇根大学学习(避开了顶尖名校),1935年获得建筑学学位。他在巴勒斯坦海法市的一家荷兰企业做实习生,在这里听到了欧洲难民讲述的可怕的纳粹暴行。

瓦伦贝格获悉卡尔曼·劳尔可以提供一份工作,卡尔曼是个矮小结实的匈牙利犹太人,在斯德哥尔摩经营着中欧贸易公司,主要从匈牙利向瑞典运输粮食、鸡和鹅肝酱。因为匈牙利已经在1941年与希特勒结盟,所以卡尔曼无法安全地在欧洲出行;他需要一个非犹太人,既能流利地讲欧洲主要语言，又擅长谈判。瓦伦贝格得到了这份工作。他跟纳粹打交道日渐得心应手，也慢慢熟悉了布达佩斯的犹太社区。

1942年1月20日，在柏林小镇万塞的一栋别墅里，希特勒会晤了纳粹党卫军的高级官员，这些人是他的高级秘密警察。出席会晤的有莱因哈德·海德里希将军和党卫军中尉阿道夫·艾希曼。他们认为通过移民出境的方式把犹太人从欧洲驱逐出去是不切实际的；必须把犹太人驱逐到东部，然后消灭掉。在会议记录里，艾希曼将此计划称为"最终解决方案"。用来杀人的药剂是齐克隆B（Zyklon B），这是一种由氢与氰化物合成的灭鼠药。他们建造了巨大的毒气室。

及至1944年，欧洲最后的犹太人社区就在匈牙利，这个轴心国在一定程度上还独立于德国。随着德国在东部战线上的失败，匈牙利外交官开始试探同盟国是否愿意停战。这将会使德国失去它的轴心国盟友罗马尼亚和保加利亚，也会失去重要的石油供应，所以希特勒命令部队于3月19日占领匈牙利。其中，艾希曼带着一队一英里长的特种部队到来了。他尖鼻子，薄嘴唇，歪嘴巴，黑色党卫军制服上有一个死人头肩章。艾希曼掌管盖世太保Ⅳ处B科4组（犹太人事务），专门负责组织灭绝德国、奥地利和捷克斯洛伐克的犹太人。因为纳粹内讧，所以他才没有消灭波兰的犹太人。他逐渐制定了四步杀人法：在外套上缝上黄色的大卫之星补丁，标记出犹太人；把犹太人从分散的住宅区聚集起来（这一步通常在半夜执行）；把他们关进犹太人区；最终将他们驱逐到死亡集中营。

但艾希曼尚未做好准备，他不希望引发犹太人恐慌，那会打乱他的计划，因此他命令布达佩斯犹太社区的主要人物组建"犹太人理事会"。他对他们说："我不久就要去参观你们的博物馆了，我对犹太文化事务很感兴趣。你们可以信任我，对我畅所欲言——你们都看到了，我对你们非常坦诚。如果犹太人不惹是生非，努力工作，就能保住你们的社区机构。"

5月15日，死亡列车开始驶往奥斯维辛，每天多达五辆，每辆都拉着大约一万犹太人。到6月13日，147辆火车已经拉走了43.7万犹太人。艾希曼吹嘘说："真是不费吹灰之力。"

最后，同盟国开始行动了。美国空军和英国皇家空军轰炸了布达佩斯，但是没起到什么作用。于是，美国决定在匈牙利采取行动拯救犹太人，行动经费由战争难民委员会提供，该委员会在瑞典的代表是艾弗·奥尔森。他受命去中立国物色一个人，这个人必须是非犹太人，精通欧洲语言，能跟纳粹轻松打交道，具备超乎寻常的勇气。美国外交办公室位于海滨大道的一栋八层大楼里，就是在这里，奥尔森在电梯里听人提到了时年31岁的瓦伦贝格。他是从卡尔曼·劳尔那里听说的，卡尔曼进出口公司的办公室也在同一栋大楼里。随后，奥尔森与瓦伦贝格在祖父古斯塔夫建的避暑胜地萨尔茨耶巴登共进了晚餐。

瓦伦贝格列出了自己的条件。他必须拥有外交官身份，因此他被任命为瑞典公使馆二等秘书，能通过外交信使传递信息。如果美国战争难民委员会和美犹联合救济委员会提供的资金不够，他还可以通过其他方式筹集资金。他可以与任何人联系，包括国家领导和反纳粹地下组织。他能够使用任何必要的方法，包括贿赂。他会利用瑞典文件为受迫害者提供庇护。

1944年7月6日，瓦伦贝格从斯德哥尔摩飞往柏林，两天后坐火车去了布达佩斯。他的火车可能与一列29节车厢的火车擦肩而过，而那辆火车正拉着最后一批匈牙利乡下犹太人驶往奥斯维辛。艾希曼吹嘘说："这次对犹太人的驱逐出境在规模上超过以往任何一次。"

纳粹的统计数据显示，大约23万名犹太人留在布达佩斯。艾希曼本打算在几天之内就将他们全部运走，但是75岁的匈牙利摄政王米格拉斯·霍尔蒂仍在形式上对德国保持独立，他推迟了对犹太人的驱逐。毫无疑问，他是反对犹人的（他已经批准了迫害犹太人的法律），但是他害怕正在东部推进的苏联人或已经登陆诺曼底的美国人和英国人会将他以战争罪的名义处决。

瓦伦贝格于7月9日到达布达佩斯。这里有来自5个中立国的代表——分别是葡萄牙、西班牙、瑞士、土耳其和瑞典，还有一些来自国际红十字会和罗马教廷。其中一些代表已经付出了有限的努力来拯救犹太人。瓦伦贝格花了几个星期的时间招募成员，成立组织。布达佩斯的犹太人情绪极其低落，而瓦伦贝格看上去则毫无经验，一身干净整洁的深蓝色西装似乎很不适合这项工作，所以他在劝说人们展开自救的过程中遇到了重重困难。

瓦伦贝格发现可以通过几种途径去呼吁当权者。首先，霍尔蒂的傀儡政权的确渴望国际认可的合法性。其次，瑞典代表在几个国家处理匈牙利和德国的事务。再次，傀儡政权中的很多人都害怕战后被同盟国处决。最后，还有其他很多人可以通过食物或现金贿赂进行合作。

瓦伦贝格立即采取措施，让自己的任务引人注目。他设计了一个"保护护照"，上面印有瑞典皇家政府的三重冠，看起来具有官方权威性。他把它印成了代表瑞典国家的颜色——黄色和蓝色，并用印记、图章和签名加以装饰。这些护照表明持有人与瑞典具有某种联系，计划离开匈牙利，前往瑞典。在离开之前，持有人受瑞典皇家公使馆的保护。虽然这些护照在国际法中没有地位，但瓦伦贝格还是印制了数千份，并且的确起到了作用。瓦伦贝格的一位司机说，他"明白德国人的心理。他知道德国人会对文件的正式性及权威性做出反应"。但只要这些护照影响的只是一小部分犹太人，纳粹就可能会持宽容态度。纳粹认为，只要他们愿意，随时都可以无视这些通行证，对此，瓦伦贝格的策略就是拖延。随着同盟国在战争中节节获胜，他相信这些人处在瑞典的保护之下时间越长，幸存机会就越大。

但是，犹太人无法离开布达佩斯，他们的处境令人绝望。瓦伦贝格储备了大量食物、衣服和药物。他组织起了大约400人的队伍，轮流换班夜以继日地工作，建起了托儿所、食品分发点和医院，能同时为200个病人提供服务。他尽一切可能让更多的犹太人得到国际保护。他需要房屋，这就意味着要跟艾希曼打交道，因为他控制着从犹太人手上没收的房产。晚上，艾希曼喜欢去布达佩斯的亚利桑那夜总会消遣，瓦伦贝格就在那里密切观察他。他两次贿赂服务生领班，安排自己坐在靠近艾希曼的桌子边，提出想认识他，跟他聊聊。瓦伦贝格解释说，他的活动大约需要40栋建筑，表示愿意提供相当于20万美元的瑞典克朗。艾希曼很乐意谈判，因为他认为不管犹太人住在哪里，他都会抓住他们。瓦伦贝格在布达佩斯租了32栋建筑，每处都挂上瑞典国旗。它们成了"国际犹太人区"的中心，最终接纳了大约5万犹太人。犹太人通常都是在夜色的掩护下搬进来的，因此不易受到攻击，而且政府也不知道里面到底藏有多少犹太人。

瓦伦贝格后来突然想出了一个更大胆的策略，从死亡列车上拯救了越来越多的犹太人。他的一位司机说："拉乌尔通常会拿出一本写着护照持有者名字的花名册。有时候，花名册上全是空白页。他来到火车旁边，编造犹太人的名字，开始叫喊。通常只有三四个人持有保护护照。对那些没有护照的，我拿着另外50张或更多没有填写的护照站在拉乌尔身后，只需花10秒钟就能填好他们的名字。我们镇定地把护照递过去，说道：'哦，很遗憾，你们没能去公使馆取护照。我们给你们送来了。'持有护照的人向党卫军出示后，就被释放了。"

10月15日，霍尔蒂宣布他的政府正与苏联人进行停战谈判，这一消息引发了一次纳粹政变。霍尔蒂下台了，狂热的"箭十字党"（匈牙利法西斯党）首领奥托·斯科尔兹内执掌大权。他下令恢复对犹太人的驱逐出境，这让瓦伦贝格的整个运动都受到了威胁。

费伦茨·弗里德曼回忆说："我被迫从瑞典人的藏身房里出来，被带到一个砖厂的院子里"，"仅仅过了几分钟，我们就登上了死亡列车。突然之间，两辆汽车开过来了。瓦伦贝格乘坐的是第一辆，匈牙利官员和德国军官乘坐的是第二辆。他跳下车，大喊着说所有持有瑞典安全护照的人都在他的保护之下。那天获救的有150人，我就是其中之一。其他人没有一个回来"。

瓦伦贝格的司机桑德尔·奥尔道伊对传记作家哈维·罗森菲尔德说："我们来到一个车站，一辆满载着犹太人的火车正要开往德国，奔赴死亡集中营。警卫队的军官不想让我们进去。拉乌尔·瓦伦贝格爬上火车车顶，往窗户里递送保护护照。箭十字党的人砰砰开枪，大喊着让他走开。但是，他继续镇静地把护照发到那些向他伸来的手中。我相信那些拿枪的人肯定都被他的勇气感动了，所以才故意朝他头顶上方开枪。随后，他成功地把所有拿着护照的人从火车里救了出去。"

11月初，箭十字党暴徒在多汉尼犹太人教堂扣留了几百个犹太人。约瑟夫·科瓦奇回忆道："11月4日，瓦伦贝格冲进神殿，站在祭坛前面大声宣布：'所有持有瑞典保护护照的人都站起来。'当天夜里，几百名犹太人被释放，回到受匈牙利警察保护的房子。"

科瓦奇继续说："人们经常问我，'为什么拉乌尔·瓦伦贝格会取得成功？'在我看来，拉乌尔·瓦伦贝格很果断，很坚决。自己该说什么，该做什么，从不犹豫。"

瓦伦贝格的助手乔尼·莫泽说："我记得，有一次我们获悉……800个犹太人将被运走。遭驱逐的犹太人已经启程，徒步前往毛特豪森。瓦伦贝格在边界地带追上了他们。他大喊道：'你们当中谁有瑞典保护护照？举起手来！'与此同时，我在队伍中间跑着，告诉人们举起手，不管有没有护照。接着，他就接管了所有举起手的人。他态度非常坚定，没有警卫反对，因为他的态度太有说服力了。"

瓦伦贝格的另一个助手蒂博尔·韦达回忆道："每天早上我们六七个人与瓦伦贝格会面，然后就去帮助那些在党卫军或箭十字党手里遇到麻烦的犹太人。11月末的一天，我与一个同事在早上5点就出发了。我们前往约卡伊街的一个事发点。瓦伦贝格告诉我们他会在早上8点之前到达那里。我们等了又等，他还是没有出现。大约300人正在排队，他们即将被驱逐到约瑟夫城。我们要准备离开了。老实说，我们也害怕遇到麻烦。这时，突然出现一辆黑色轿车，瓦伦贝格就在里面，仅差一分钟到8点。"

但是艾希曼面临着严重的困难。由于苏联红军正从东部和南部推进，通往波兰死亡集中营的道路被堵塞了。再加上德国军队需要启动所有可以利用的铁路运输战争物资，所以离开匈牙利的唯一途径便是去奥地利，因此艾希曼决定让犹太人步行。于是，向海吉什豪洛姆进发的死亡行军开始了，那个地方位于125英里之外的奥地利边界。从11月中旬到12月中旬，大约4万犹太人被迫在严寒天气中行进，结果四分之一的人不幸丧命。

艾希曼通常也在海吉什豪洛姆。佩尔·安格尔说："对于受迫害的犹太人而言，唯一的希望就是瓦伦贝格。他就像救命天使，经常在最后一刻出现。驱逐即将开始时（事实上一些人是通过火车运送的），他常常拿着一个或真或假的书面许可证来到车站，隔开并释放所有持有瑞典保护护照的犹太人。如果受他保护的人已经被带到城外，他会急匆匆地追赶他们，用仓促采购的卡车尽可能多地往回拉。他的官邸可以随时迁移，制作出各种各样的身份证明和保护文件。向维也纳行进的那些犹太人本已放弃了一切希望，但是瓦伦贝格的'飞行中队'会突然送来一份瑞典保护文件，就像他们的祖先在长途跋涉中突然收到天赐之物而获救一样。通过这种方式获救的犹太人不计其数。"

苏珊·泰伯回忆道："我和我母亲、丈夫两夜都没吃东西了。接着，我们听到了说话声，人说话的声音，仿佛是穿过漫长的岁月第一次听到。来的是拉乌尔·瓦伦贝格。他让我们感觉到自己仍然是人，这也是我们所渴望的。我们与几千人一起，被带到了布达佩斯城外的一个造砖厂。没有食物，没有水，没有卫生设备。瓦伦贝格告诉我们，他会尽力拿着安全护照赶回来。他还说他会尽力带来医疗救护和卫生设备。他没有食言，不久，一些医生和护士就从犹太医院赶了过来。但最让我们感动的是，拉乌尔·瓦伦贝格亲自来了。他跟我们讲话，最重要的是，他让我们明白还有一个人在关心我们。"

瓦伦贝格甚至想感化艾希曼。圣诞节前不久，他邀请纳粹吃饭。瓦伦贝格对艾希曼说："战争快结束了，你为什么不趁着还来得及赶紧离开，让活着的人活下来呢？"艾希曼回答说："我有我的工作要做。"瑞典外交官拉斯·贝格说："瓦伦贝格勇敢地把纳粹教义撕得粉碎，并预言纳粹主义及其领导人很快就会彻底毁灭。我必须说，这句非同寻常、非常尖刻的话竟然出自一位瑞典人之口，要知道，当时的他远离祖国，完全处在强大的德国对手艾希曼及其党羽的摆布之下。"

瓦伦贝格大胆出击，令艾希曼目瞪口呆。据说，艾希曼是这样回答的："瓦伦贝格先生，我承认你是正确的。我本身从未真正相信过纳粹主义，但是它给了我权力和财富。我知道这种快活的生活很快就要结束了。我的飞机再也不会从巴黎给我带来女人和美酒，再也不会带来东方的山珍海味。我的马、狗和在布达佩斯的宫殿也会很快就被苏联人夺走，还有我自己，我是党卫军军官，也会被当场枪毙。但是对于我来说，一切都无法挽回了。如果我服从来自柏林的命令，在布达佩斯残酷地行使我的权力，兴许还能拖延一些日子。"艾希曼还接着补充说，"我警告你，公使馆秘书阁下。我会竭尽所能打败你。你有瑞典外交护照也没用。……即使中立国的外交官也会遇到意外。"几天后，一辆德国大卡车撞上了瓦伦贝格的小汽车，所幸瓦伦贝格不在车上。艾希曼发誓说："我还会再试一次的。"

12月8日，苏联红军开始围攻布达佩斯。那天，瓦伦贝格给母亲写了最后一封信："我真的想过陪您过圣诞节的。……我希望期盼已久的和平不再遥远。"

被瓦伦贝格保护的人越来越危险了。蒂博尔·韦达回忆说："300多个男女待在我们的办公室，这栋位于于罗依大街4号的房子也处在瑞典的保护之下。箭十字党人闯进来大喊道：'瓦伦贝格不在这里，每个人都滚出去。瑞典的保护毫无用处。保护护照毫无用处。'人们想带行李，箭十字党人却冷笑着说：'你们不需要行李，因为很快就要死了。'大约中午的时候，我们被赶到党卫军总部。我们猜想肯定会被枪毙，然后扔进多瑙河。不知道消息怎么传到了瓦伦贝格耳朵里——我直到现在也不清楚。下午两点钟，他的汽车呼啸着穿过院子。300个人一个也没少。他直截了当地跟党卫军突击队说：'你们放过这些人，苏联赢得战争后，我会保证你们的安全。'"

艾希曼于12月23日逃离了布达佩斯，但是犹太人的危机更严重了。瓦伦贝格搬到了多瑙河东岸的佩斯[1]，这里的7万犹太人没有外交保护，被迫住在犹太人中心区。圣诞节那天，箭十字党暴徒从医院里抓走了瓦伦贝格的几个职员。斯蒂芬·I.拉扎罗维奇医生曾在10月28日也遇到过类似情况，是瓦伦贝格救了他。他这样描述佩斯的情况："他们计划把我们带到多瑙河，那里已经处死了成千上万人。我们有个人与瓦伦贝格取得

---

[1] 布达佩斯分左右两城，左边是布达，右边是佩斯，中间隔着多瑙河。

了联系，不到 10 分钟他就带着助手和大使馆的花名册赶来了。他沉着坚定地与箭十字党的人讲道理，向他们出示官方文件。最终，纳粹离开了。瓦伦贝格拯救了我父母的生命，这次是他第二次救了我！"

在瑞典庇护所里避难的保拉·奥尔说："苏联人到达布达佩斯城门时，纳粹分子闯进一些瑞典避难所，像疯狂的野兽一样射击看到的所有犹太人。接着，他们把尸体扔进多瑙河。不知为什么纳粹没有搜捕到我，于是我将消息带给了瑞典公使馆。瓦伦贝格和助手及时赶到，阻止了对剩余 160 名犹太人的屠杀。"

随着苏联炮火对布达佩斯的轰击，纳粹对犹太人的残暴日益升级。箭十字党把许多儿童从国际红十字会的儿童之家和犹太孤儿院拉出来枪毙。布达佩斯的法医学研究所报告说："箭十字党暴徒对受害者采取速战速决的方式。少数人被直接枪杀，但大多数人遭受了残酷的折磨。……朝眼睛开枪、剥皮、打断骨头、用刀捅腹部，这些都是他们的拿手好戏。"

瓦伦贝格发起了拯救犹太儿童的新运动。他与国际红十字会和瑞典红十字会一起合作，为大约 7000 名儿童提供了食物、庇护所和医疗服务。

最后，就在苏联进入布达佩斯的前几天，瓦伦贝格获悉大约 500 名党卫军和箭十字党士兵正准备谋害犹太人中心区的全部 7 万人。德国警察部队长官说："这是希特勒和希姆莱的特别愿望。"瓦伦贝格与党卫军司令奥古斯特·施密特胡伯将军取得联系，要求他停止计划中的大屠杀，并警告说如果发生大屠杀，他定会被作为战争罪犯处以绞刑。很明显，施密特胡伯害怕了，于是命令同谋停止行动。这是瓦伦贝格至高无上的成就，一次谈判就拯救了 7 万人。

匈牙利作家耶诺·莱瓦伊写道："纳粹和箭十字党的人不能肆无忌惮地破坏，这是最重要的——他们无奈地看到，每走一步都会被这位年轻的瑞典外交官密切注视和跟踪。他们的任何秘密都瞒不过瓦伦贝格。箭十字党无法欺骗他。他们无法自由采取行动。……瓦伦贝格有一双'洞悉世界之眼'，不断地质问和斥责罪犯。"

瓦伦贝格期盼着纳粹战败后日子会好起来。他对司机桑德尔·奥尔道伊说："现在噩梦很快就要结束了。我们不久就能安然入睡了。"

1945年1月13日，瓦伦贝格正在本丘尔大街的地下公寓睡觉，这时响起了苏联士兵砰砰的敲门声。瓦伦贝格出示了文件，并要求见师部指挥官；他希望与他们讨论解救犹太人的方案。他们问他为什么待在佩斯，而不去外交官聚集的布达，瓦伦贝格回答说他想离犹太人区近一些。苏联人困惑不解，便开车把他送到了伊丽莎白女王大街上的苏联营区。他们说要带他去见罗季昂·马利诺夫斯基将军。瓦伦贝格色盲，可能没有注意到新押送者肩上的红章，没有辨认出他们是苏联秘密警察内务部的军官。他们的任务是把匈牙利变成苏联的傀儡政权，压制任何潜在的异议者或独立领袖。瓦伦贝格值得他们重视，因为在布达佩斯流传的数千份文件都有他的签名。他来自一个著名的企业家族，在美国接受过教育，所以苏联人认为他是资本主义敌人，相信他肯定是间谍。据说，下达命令将他直接逮捕的就是未来的苏联领袖列昂尼德·勃列日涅夫。

1945年1月17日，瓦伦贝格被带到了布达佩斯铁路东站，上了一辆开往莫斯科的火车。接着，他被带到了卢比扬卡广场，这里有一个被改造成了内务部总部的五层酒店，它设有关押政治犯的地牢。他被带到了123号囚室。内务部对瓦伦贝格进行了严刑拷打和审问。1945年4月，他被转到勒福尔托夫监狱。

苏联官员拒绝回答有关瓦伦贝格下落的询问。瑞典政府外交部长奥斯滕·温登说如果瓦伦贝格没有做错事，苏联不应该囚禁他。苏联外交部长安德烈·维辛斯基曾在斯大林大肃反"审判"期间担任检察官。1947年8月，他告诉联合国："拉乌尔·瓦伦贝格不在苏联的监狱。"但是先前被关押在苏联的许多政治犯都说曾接触过瓦伦贝格，1957年2月6日，苏联外交部副部长安德烈·葛罗米柯承认瓦伦贝格曾被关押在卢比扬卡监狱，但是声称他在1947年7月死于心脏病，终年35岁。没有人提供过证人、尸体证明或是死亡证明。

20世纪70年代，有报道说瓦伦贝格可能还活着。受此鼓舞，世界各地成立了瓦伦贝格委员会。拉乌尔·瓦伦贝格美国委员会组织了一次全国巡回展览。一些学校、医院、公园和街道都以他的名字命名。苏联持不同政见者安德烈·萨哈罗夫要求政府把关于瓦伦贝格的文件交给独立调查者。罗纳德·里根总统敦促苏联人做出答复，强烈要求国会通过法案，授予瓦伦贝格美国荣誉公民头衔，并于 1981 年 10 月 5 日经签署成为法律。以色列雕塑家米里·马戈林建造了瓦伦贝格半身像，安置于美国国会大厦。1984 年，瓦伦贝格成为第一个被以色列授予荣誉公民称号的人。第二年，美国国家广播公司播放了一部两集四小时的电视连续剧《瓦伦贝格：一个英雄的故事》，由理查德·张伯伦主演。

瓦伦贝格同母异父的弟弟盖伊·冯·达代尔及他同母异父的妹妹妮娜·拉格尔格伦在 1989 年 10 月前往苏联，虽然他们拿到了瓦伦贝格的外交护照、日记、地址簿、香烟盒及一些外币，却没有收获任何新信息。1989 年 12 月，米哈伊尔·戈尔巴乔夫出访美国，里根总统与他谈到了瓦伦贝格的问题，但依旧没有新的收获。苏联解体后也没有瓦伦贝格的任何新消息。《纽约时报》的前编辑亚伯·罗森塔尔等观察员认为苏联谋杀了瓦伦贝格，要坦白的话就太尴尬了，因为"他们都与此事有关"。盖伊·冯·达代尔说人权活动家仍在仔细钻研档案，寻求答案。

拉乌尔·瓦伦贝格在很久以前就已经加入了永垂不朽者的行列。他拯救了那么多人，让他们躲过了可怕的灾难，他的英雄气概将继续鼓舞后来者。不管这个受人敬爱的人现在身处何方，他都永远是伟大的救护天使，为人类和自由重新带来了希望。

8. 激进非暴力：马丁·路德·金

在消除美国政府强制实行的种族隔离方面，小马丁·路德·金博士起到了至关重要的道德引领作用。受美国个人主义者亨利·戴维·梭罗及印度非暴力改革家莫罕达斯·甘地的启发，金把激进非暴力政治行动作为对抗种族隔离法律的主要策略。这需要相当大的勇气，因为在被暗杀之前，他曾14次入狱，受到过无数次死亡威胁，被石头砸伤过，被刀捅伤过；他的住所还遭到猎枪射击、炸弹破坏，他入住的汽车旅馆房间也遭遇过炸弹袭击。

金博士揭露了南方的县行政长官、市长和州长的可耻腐败。他们批准警察用赶牛棒攻击和平示威者、释放凶猛的警犬、用高压水管瞄准儿童。当三K党痛打公交车上的黑人乘客时，他们置之不理，让南方种族主义者行凶后逍遥法外。

金博士最基本的原则可以追溯到自然法传统：法律之所以合法，并非仅仅因为政府官员这么说，而是存在判断法律合法性的道德标准。他解释道："由人制定的与道德法则或上帝之法相符合的法规就是公正的法律。反之，由人制定的与道德法则格格不入的法规就是不公正的法律。……我们不要忘记，在600万死者的记忆中，阿道夫·希特勒在德国所做的一切都是'合法的'，匈牙利的自由战士所做的一切都是'非法的'。"

金没有像自然法哲学家那样极力宣传自己的思想，但是他说："不公正的法律是一种由多数人强加给少数人，但对其自身并无约束力的法规。……我们还要说明的一点是，不公正的法律是多数人强加给少数人，但少数人不能参与制定或创建的法规，因为这部分少数人没有投票权。……我们的良知告诉我们，这种法律是错误的，我们必须抵抗，虽然我们有道德义务接受处罚。……没有压力，就不会有收获，我希望这种压力总是道德的、合法的、和平的。"

金博士说，法院判决可能像法律一样糟糕："虽然《第一条修正案》中的权利保证任何公民或公民群体都可以参加和平集会，但是南方已经通过调用禁令阻止我们的直接民权示威行动。你要是想进行非暴力游行示威，城市就会利用禁令制止。南方法院以'处理'这类案件而著称；可能会拖上两年或三年。……在伯明翰，我们感到必须表明立场，反抗法院对游行示威的禁令，了解后果并做好应对准备——否则不公正的法律就会破坏我们的运动。"

在整个动荡的公共生涯中，金不断引发争议。保守分子反对他挑战"州的权利"。一些所谓的自由主义者，像约翰·F.肯尼迪担心他会引起混乱，司法部长罗伯特·F.肯尼迪同意联邦调查局在金的住所、办公室和他在全国住宿的旅馆房间内安装窃听器。联邦调查局局长J.埃德加·胡佛警告说金结交共产党。

联邦调查局的窃听器没有提供任何证据表明金与共产党有关联，却揭露他沉迷女色。这使得民权领袖们极为尴尬。更令人吃惊的是，调查发现他的《迈向自由》（1958）中的一些短语、句子和段落竟然截取自保罗·拉姆齐的《基督教基本伦理》和安德斯·虞格仁的《圣爱与情爱》。似乎像其他许多人一样，金也有缺点。而且，他还有一些糊涂的认识。他对州政府和地方政府的不妥协态度感到愤怒，居然恳求联邦政府干预，确保平等权利，很显然他最终相信了联邦政府的权力可以治愈贫困。有位传记作家称他是不公开的社会主义者。

然而，他对很多法律都持有异议。一些法律规定黑人不得享有政府服务，但黑人却被迫为这些服务纳税。部分联邦和地方法律批准私营部门实行种族隔离。城市公交是受政府保护的垄断部门，企业家经营竞争性、非种族隔离的公交属于非法行为。金帮助领导了一次抵制公交车运动，参加抵制的人受到了反抵制法规的惩罚。人们组织参加抵制的人拼车上班，结果他们因违反法律而遭到起诉，因为根据法律，参与拼车的车辆应该获得出租车许可，乘车者应支付政府规定的最低票价。金博士与警察及税务员争论。他还认为服兵役是奴隶制的一种形式。

金博士于1964年被授予诺贝尔和平奖，他一直都坚持非暴力："要伸张正义，就只能把爱当作武器，行动时一定要保持尊严、遵守纪律。……永远避免暴力。如果在斗争中你禁不住使用了暴力，那么你未出生的后代就将承受漫长、凄凉的痛苦之夜，你留给未来的主要遗产将会是毫无意义、一片混乱的无穷无尽的统治。……在追求正义的斗争中，要让你的压迫者明白你并不希望打败他或羞辱他……你只是在为自己，也在为他追求正义。"

小马丁·路德·金于1929年1月15日出生于亚特兰大，是老马丁·路德·金和艾伯塔·威廉斯的第二个孩子。老马丁·路德·金是埃比尼泽浸礼会教堂的牧师，艾伯塔是牧师的女儿。小马丁的外祖母威廉斯"嬷嬷"与他们一家人住在一起，把他们姐弟三人抚养成人。

12岁时，他参加了由黑人埃尔克斯赞助的演讲比赛。他没带演讲稿或笔记，发表的演讲题为"黑人与宪法"。跟他父亲一样，马丁也进入了莫尔豪斯学院学习，这是一所很受黑人中产阶级欢迎的高等学府。大约19岁时，他决定做神职人员，因此进入位于宾夕法尼亚州切斯特市的克罗泽神学院开始了为期三年的学习。哈佛大学校长莫迪凯·约翰逊的一次讲话激起了他对莫罕达斯·K.甘地采用的非暴力方法的兴趣。从克罗泽神学院以优异的成绩毕业后，他前往波士顿大学神学院攻读博士学位。在此，他接受了人格主义，这是一种宗教形式的个人主义。传记作家戴维·J.加罗说，这意味着"人的个性，即所有个体，都是世界的终极内在价值。这种哲学思想之所以对金具有强大的吸引力，一定程度上是因为它的一个主要推论：如果所有人的个性尊严和价值都是世界的终极价值，那么种族隔离和歧视就属于终极罪恶"。

在波士顿时，有人把他介绍给了出生于亚拉巴马的科蕾塔·斯科特，科蕾塔毕业于俄亥俄的安提亚克学院，还在新英格兰音乐学院学习过。她回忆道："这个小男人长得这么矮，我看着他就心想道：'他看起来不怎么样。'"1953年6月，在亚拉巴马州科蕾塔的父母位于佩里县的家里，金爸爸为他们主持了婚礼。随后，夫妻两人回到波士顿，金于1955年6月拿到博士学位。

金爸爸希望儿子与他一起成为亚特兰大埃比尼泽浸礼会教堂的牧师，但是金喜欢独立，接受了亚拉巴马州蒙哥马利县德克斯特大街浸礼会教堂的一个职位。1955年8月，他在全国有色人种协进会的一次会议上发言，随后应邀在其执行委员会任职。

与此同时，政府强制实行的种族隔离带来了麻烦。尽管私营企业曾经提出反对意见，认为这种法律会增加成本、疏远顾客，但它还是在20世纪初被通过了。就像胡佛研究所的学者托马斯·索厄尔所说的那样，"要将种族偏见转化为普遍性的歧视，就必须有相关法律，因为市场的力量朝着相反的方向运行。偏见是自由的，但歧视是有代价的"。

历史学家斯蒂芬·特恩斯托姆和曼哈顿研究所的研究员阿比盖尔·特恩斯托姆在《黑白美国》（1997）一书中这样描述南方："在有轨电车、公共汽车和火车上，在学校里，在等候室、饭店、旅馆、寄宿处、剧院、墓地、公园、法庭、公共厕所、饮水喷头和其他每一处公共场所，不同种族都按照法律严格分开。种族隔离越演越烈，俄克拉荷马州甚至要求两个种族使用各自的电话亭。……佐治亚州梅肯县为一项提案进行了严肃的辩论，这项提案建议梅肯县设置两套相互独立的公路系统，一个种族使用一套。最终，梅肯县仅仅是因为高昂的成本才放弃了这一想法，实在是荒谬至极。"

蒙哥马利的一项法令规定，当白人需要座位时，黑人必须让座。在很多情况下，黑人，尤其是黑人妇女，被要求在公交车前门支付车费，然后下车再从后门上车，结果往往却发现汽车已经开走了。

42岁的罗莎·帕克斯是一名助理裁缝，并在全国有色人种协进会青年理事会帮忙。1955 年 12 月 1 日，她在蒙哥马利法院广场坐上了一辆公交车。司机 J. F. 布莱克命令黑人到汽车后面，但是帕克斯拒绝了。她很疲惫。布莱克停下车找电话报了警，警察把帕克斯送进了监狱。车上的一位妇女通知了全国有色人种协进会的 E. D. 尼克松，他在白人律师克利福德·多尔的陪同下签订了担保文件，将帕克斯保释了出来。

尼克松得到黑人牧师的支持。他们成立了蒙哥马利改进协会，推举金为第一任会长，因为他的教育背景及发表公共演讲的能力既能吸引见多识广的黑人，也能吸引到普通人。金解释说："我们并非提倡暴力。……美国民主的伟大成就就在于为争取权利而抗争的权利。"他提出的要求出奇地温和："我们并没有要求结束种族隔离。这是立法机关和法院的事。……我们所要求的只是乘坐公交车时的正义和公平对待。"

蒙哥马利的市长 W. A. 盖尔把这次联合抵制行动归咎于"黑人激进分子"，坚决不做任何让步。蒙哥马利改进协会成立了志愿拼车组织，帮助参加抵制的人上班。城市官员威胁说，如果司机对抵制公交车的人收取的车费低于政府规定的最低车费 45 美分，就会逮捕他们。州法官尤金·W. 卡特发布禁令，禁止蒙哥马利改进协会的拼车行动，因为它侵犯了政府授予的公交车垄断特权，于是足智多谋的蒙哥马利改进协会组织了一次搭车运动。大陪审团指控蒙哥马利改进协会的 90 多名成员违反了本州的反抵制法。第一个受审的抵制者是金，他被要求赔偿 1000 美元。在金一家居住的牧师住宅前，一颗炸弹发生爆炸，炸碎了窗户，现场浓烟滚滚。在每周一次的公众集会上，金都会提到甘地的长期非暴力策略。

1956 年 6 月，联邦法院以 2∶1 的投票结果取消了蒙哥马利的公交车种族隔离条例，同年晚些时候美国最高法院维持了这一裁决。1956 年 12 月 21 日早晨 5 点 55 分，当天的第一辆公交车停在了金的住所附近。他第一个上车，一同上车的还有拉尔夫·阿伯内西、E. D. 尼克松、罗莎·帕克斯以及来自得克萨斯州的白人支持者格伦·斯迈利。事情似乎进展得很顺利，但是在 12 月 23 日，有人突然用霰弹枪扫射金家前门。5 天后，狙击手朝三辆取消了种族隔离的公交车开枪，打伤了一名黑人乘客。1957 年 1 月 27 日，在金家门廊发现了 12 管被导火线烧坏的炸药。8

个月后，金在哈莱姆区布卢姆斯坦的百货商店里为他的《迈向自由》一书做宣传，该书讲述了蒙哥马利的公交车抵制行动。这时，一个精神错乱的黑人妇女拿出一把开信刀插进了他的胸膛，差点儿捅伤他的心脏。

为了推进更广泛的民权运动，金协助组织了5月17日的"华盛顿朝圣"，活动顶峰时期大约有1.5万人聚集在林肯纪念堂。《乌木》杂志称金为"黑人领袖第一人"。他协助成立了南方基督教领袖会议（SCLC），这是一个位于亚特兰大的组织，主要任务是登记黑人选民。1957年劳动节，金与阿伯内西一起去了田纳西州的高地平民学校，聆听班卓琴手皮特·西格演唱《我们一定会胜利》，这首歌后来成了民权运动的圣歌。

民权运动的第二个阶段开始于1960年2月，当时北卡罗莱纳州农工学院的四个黑人学生想在格林斯博罗市F. W. 伍尔沃斯白人餐馆吃午餐。被拒之后，他们拒绝离开。随后有几十个学生也参与进来，这家餐馆被迫关闭。不久，整个北卡罗莱纳州都开始了静坐抗议活动。接着，静坐活动又传到了南卡罗莱纳、弗吉尼亚、佛罗里达和田纳西几个州。静坐成了学生非暴力协调委员会（SNCC）的特别活动。此时，金已经从德克斯特大街浸信会教堂辞职，与父亲一起成为埃比尼泽浸礼会教堂的牧师。他在北卡罗莱纳的达勒姆为聚集的静坐示威者讲话。

两名治安官逮捕了他，并将他引渡到阿拉巴马州，届时他将面临作伪证和在阿拉巴马州虚报纳税的重罪指控。税务员称，金在1956年和1958年申报的是约5000美元的牧师工资收入，以及约4100美元的演讲收入，而他的实际收入却超过2.7万美元。如果罪名成立，他的声誉将毁于一旦。五位律师认为金的前景非常黯淡，但是在对他的财务记录进行分析之后，却发现他只比上报数额多赚了368美元。5月28日，由12位白人组成的陪审团裁决他无罪。很多评论员都认为金是因为骚扰闹事而被挑出来的。

1960年10月12日，金参加了在亚特兰大里奇百货商店举行的静坐活动，因违反了反非法侵入法而被逮捕。罪名是曾驾驶过一辆借来的牌照过期的汽车，并且未能在来到佐治亚州后90天之内获得当地牌照（他仍持有阿拉巴马州牌照）。他被判处在佐治亚州监狱坐牢4个月。

1962年9月，金博士在伯明翰举行的南方基督教领袖会议上演讲时，一名男子一拳打在他的脸上。金依旧站在讲台上，那名男子一次又一次地打他。金没有转身离开，而是平静地跟他讲话。原来他是罗伊·詹姆斯，24岁的美国纳粹党成员。警察赶到后，金博士拒绝起诉他。传记作家戴维·J.加罗说，事发时"金博士面对直接人身暴力，丝毫没有畏惧，让大多数旁观者都为之震惊，印象深刻"。

接着，金又将注意力集中到了种族隔离最严重的城市之一——伯明翰。这些年来，黑人的住所被炸毁，但警察从来都没有破案。更有甚者，一个黑人社区还被称为"炸药山"。虽然注册的黑人选民不多，不足以产生影响，但是黑人顾客对当地商业机构非常重要。金在伯明翰的主要目标是：废除商店内盥洗室、更衣室等设施的种族隔离做法；在政府和上述商店实行无种族歧视雇佣制度；重新开放由纳税人出资的娱乐设施。

该州最高法院法官小威廉·A.詹金斯发布了游行禁令，金在领导耶稣受难日游行队伍前往市政厅时被抓捕入狱。与金一起工作的牧师怀亚特·沃克招募了几百名黑人高中生朝市政厅方向游行，结果他们全被抓捕。公共安全专员"公牛"康纳（"Bull" Connor）用高压水管对付游行者和旁观者。他们利用警犬发起攻击，警察拿着棍棒追赶游行示威者。最终达成协议后，金称赞了与他谈判的白人商人，并宣布在伯明翰开始选民登记运动。在他发表演讲的那个晚上，三K党也在伯明翰附近召开会议，金居住的加斯顿旅馆房间下面一枚炸弹发生爆炸。

南方政府做了许多破坏公民自由的事情，因此金一心想限制南方政府的权力。为此，他想方设法获得支持，想促使国会通过一项公民权利法案。于是，就发生了1963年8月28日的华盛顿大游行，这次运动由金、威尔金斯、种族平等大会的詹姆斯·法默、学生非暴力协调委员会（SNCC）的约翰·刘易斯、南方基督教领袖会议的安德鲁·扬以及美国卧车列车员兄弟会的A.菲利普·伦道夫发起。贝亚德·拉斯廷是主要组织者。

金对听众说："我有一个梦想，有一天，这个国家将会奋起，真正实现其信条的真谛——我们认为这些真理不言而喻：人人生而平等。我有一个梦想,有一天,在佐治亚州的红色山岗上,昔日奴隶的儿子们与昔日奴隶主的儿子们能够同桌共席,亲如兄弟。……我有一个梦想,有一天,我的4个孩子将生活在一个不以肤色,而是以品格优劣来评判的国度。……当我们让自由之声响起……我们就会加速这一天的到来。到那时,上帝的所有儿女——黑人和白人,犹太人和非犹太人,新教徒和天主教徒——都将手拉手,合唱一首古老的黑人灵歌:'终于自由啦,终于自由啦;感谢万能的上帝,我们终于自由啦'。"

在约翰·F. 肯尼迪遭暗杀后,林登·约翰逊继任美国总统。他签署了《民权法案》,并使之成为法律。该法案推翻了维护强制性种族隔离的法律。不仅如此,政府还根据该法案成立了平等就业机会委员会,该委员会有权禁止任何被认为存在歧视行为的志愿组织。考虑到南方州政府和市政府的野蛮行径,金寻求联邦解决方案就可以理解了,但是扩大政府权力对于少数群体来说总是充满危险,因为他们人数较少,不能指望控制政府权力,就像之前发生在南方的情况那样。

金继续帮助黑人获得投票权,这样他们就能受到更好的保护,免受政客和官僚的伤害。司法部副部长尼古拉斯·卡岑巴赫说:"南方的主要问题是识字测试及如何实施测试。黑人博士可能不能通过识字测试,而勉强会写自己名字的白人却可以轻易注册投票。"

这个问题在亚拉巴马州的塞尔马市达到了顶峰。塞尔马大约有2.9万人,但到达投票年龄的黑人只有约2%注册投票。1965年2月和3月,金领导了争取投票权的示威游行。司法长官吉姆·克拉克的手下用拳头和警棍击打示威者,用电牛棒戳他们。4000多人被逮捕,金也被抓进监狱。他写了《马丁·路德·金从亚拉巴马州塞尔马监狱发出的一封信》,作为广告刊登在《纽约时报》上,引起了全国关注。超过2.5万人参加了从塞尔马到蒙哥马利的游行。他们不顾克拉克下属的攻击和狙击手的狙击,最终到达蒙哥马利。金对聚集在国会大厦前的群众发表了演讲。1965年8月6日,《投票权法案》被签署并成为法律。

金勇敢地反对越南战争。他谴责征兵是"强制劳役",表达了对政治权力的失望。他哀叹道:"没有哪个总统真正为美国黑人付出过多少,过去两任总统在帮助我们方面取得了一些不应有的荣誉。林登·约翰逊和约翰·肯尼迪之所以赢得荣誉，只是因为他们恰巧在执政期间遇到了黑人为自己斗争。"

然而，金错误地认为发表更多演讲、进行更多游行、签署更多法律就能摆脱贫困。他前往芝加哥，要求当地官员"消除贫民窟"、结束住房歧视以及高层住宅项目，但是毫无结果。他似乎没有意识到，驱动政府计划的是当权者的私利，而非计划的目标群体的利益。他试图在孟菲斯发起一场"穷人运动"，但是却演变成了一场暴乱。

1868 年 4 月 4 日下午 6 点 1 分左右，在洛林汽车旅馆 306 房间，金博士来到了阳台。一声枪响。一颗子弹从他的下巴处打掉了拳头大小的一块组织，接着打断了脊髓，射穿了他的胸膛，停在背部。他跌倒在阳台地板上。一辆救护车把他送到圣·约瑟夫医院。普外科、神经外科、胸外科医生、肺部专家和肾病专家采取了各种急救措施，但他的心脏还是停止了跳动。死亡时间为晚上 7 点 11 分。

葬礼在埃比尼泽浸礼会教堂举行，那里挤满了前来悼念的人。金爸爸站在儿子的灵柩前布道。之后，人们把灵柩放在一辆平板农用马车上，由两头骡子拉着，从亚特兰大大街行驶 3.5 英里到达莫尔豪斯学院，前来凭吊的人共计 5 万左右。在莫尔豪斯学院举行了一场为时两小时的追悼会。人们把金博士安葬在南景公墓，他的大理石墓碑上刻着："终于自由啦，终于自由啦，感谢万能的上帝，我终于自由啦。"

联邦调查局发动了美国历史上最彻底的搜捕——大约 1500 名联邦调查局特工参与了侦查，大约 3000 人从不同方面展开工作。侦查员确认主要嫌疑人是逃犯詹姆斯·厄尔·雷，并跟踪他到了伦敦。他在前往主张白人至上的罗得西亚[1]途中被捕。他承认了罪行，被判在田纳西州监狱服刑 99 年。

从那时开始，后来的"民权领袖们"就抛弃了平等权利的梦想，表现得像其他利益集团那样，寻求特殊待遇。他们推动黑人的平权行动，

---

1 现津巴布韦，在殖民地时期属于南非。

这些黑人身为奴隶时从未损害过白人、西班牙裔人、亚洲人和其他从未拥有奴隶者的利益，但是却引发了不满和冲突。托马斯·索厄尔说："有一项常被引用的统计数据表明，在《1964年民权法案》通过后的几年，从事专业性职业及其他高级职业的黑人数量显著增多，但是有一个事实几乎被完全忽略，即从事此类职业的黑人数量在《1964年民权法案》通过之前增长得更快。"黑人迁往北方，自力更生，早期成效更显著。难怪越来越多的人又重新开始关注金最初的平等权利设想。

马丁·路德·金带着勇气和善意重申了"高级法"的设想，即政府法律必须通过道德标准来评判，而这一自由的基本准则可以追溯到两千多年前。

9. 新千年的自由

前文的故事清楚地表明，自由始于一种信念：自由乃天赋人权，人人生而有之。它不能被法令、法律或法规剥夺。这种观点产生于西方，震撼了全世界。

评论家贬低自由，认为自由这种想法只青睐富人。那么，诸多自由的捍卫者都是穷人，这又如何解释呢？例如，德西迪里厄斯·伊拉斯谟、胡果·格劳秀斯、罗杰·威廉斯、约翰·李尔本、约翰·洛克、塞缪尔·亚当斯、托马斯·潘恩、玛丽·沃斯通克拉夫特、弗里德里希·席勒、弗雷德里克·道格拉斯、莱桑德·斯普纳、伊丽莎白·卡迪·斯坦顿、苏珊·B. 安东尼、艾伯特·杰伊·诺克、路德维希·冯·米塞斯和默里·罗斯巴德，他们从来都没有成为富人。其他一些人，包括威廉·格雷厄姆·萨姆纳、F. A. 哈耶克、乔治·斯蒂格勒、米尔顿·弗里德曼和詹姆斯·M. 布坎南，他们只是依靠当教授的工资维持生计。在主要人物中，只有阿尔杰农·西德尼、托马斯·杰斐逊、詹姆斯·麦迪逊和拉法耶特等少数几个称得上是贵族，但是他们都有经济困难。一些作家，比如托马斯·巴宾顿·麦考利、威廉·S. 吉尔伯特、维克多·雨果、路易斯·拉穆尔、罗伯特·海因莱因和安·兰德，虽然后来都从工作中发了大财，但都是经历了一生的奋斗。尽管马克·吐温的作品很受欢迎，但他还是破产了。在本书的英雄中，本杰明·富兰克林和安东尼·费希尔是仅有的成功商人，但是他们为自由花费了大量钱财。自由的确能让社会更加繁荣富足，但是这些人之所以珍视自由，很明显是因为自由意味着人们可以有机会追求梦想，和平地生活。

人们为自由而奋斗，便获得了自由。亿万万人默默忍受着专制，这也证明了叛乱的可怕风险。本书提到的十几位英雄都曾遭到流放，他们是马库斯·图留斯·西塞罗、德西迪里厄斯·伊拉斯谟、弗朗索瓦·拉伯雷、罗杰·威廉斯、阿尔杰农·西德尼、约翰·洛克、威廉·佩恩、弗朗西斯科·戈雅、安·兰德、F. A. 哈耶克、路德维希·冯·米塞斯和托马斯·萨斯；十几位被拘留或监禁，包括爱德华·科克、胡果·格劳秀斯、约翰·李尔本、阿尔杰农·西德尼、威廉·佩恩、托马斯·潘恩、拉法耶特、丹尼尔·奥康奈尔、威廉·劳埃德·加里森、亨利·戴维·梭罗、约翰·斯图亚特·密尔、拉乌尔·瓦伦贝格和小马丁·路德·金；阿尔杰农·西德尼被砍头，金则被枪杀。

历史上曾发生过多次叛乱，但是大多数叛乱的目标都是推翻一个人，为另一个人夺取权力。普通人的日子比以前并没有什么改善。只是在西方，拥护自由的人们才成功建立了自由社会的基本制度：私有财产、自由市场、法治、权力分立、司法独立和包括权利法案在内的成文宪法。

安全的私有财产是自由社会的最基本制度，正因为如此，人们才可以不受任何人干扰地经营自己的生意。安全的私有财产意味着人们可以自愿地相互合作，相互做生意，共同建立社区。人们保留的劳动成果越多，就越自由。税法妨碍了人们选择职业的自由、法律限制了人们花钱的自由、法规限制了人们迁徙的自由，于是人们的自由也就相应减少。只有人们拥有安全的敬神场所，宗教自由才能成为可能。保护竞争和贸易的自由是减少垄断的最有效方法。总之，私人手中的财产越多且越分散，对政府权力的限制就越有效。

法治意味着法律平等地运用于每个人。如果政治家知道他们通过的任何法律都会适用于自己，那么他们就不太可能通过真正的压制性法律。在运用法律时减少自由裁量权，就会减少腐败的可能。

权力分立旨在阻止一个人或几个人垄断政府权力。未能实现权力分立导致法国大革命期间的恐怖统治。在俄国革命期间，政治垄断甚至更甚。20世纪，残酷的政治垄断困扰着欧洲、亚洲、非洲和美洲。

最成功的宪法设想体现在美国宪法中。它给政府列举了几种具体的权力并加以限制，建立了权力分立，给个人和州保留了重要权利。根据宪法设置了一个独立的司法机构，在历史的发展中，它被赋予推翻违反宪法的法律的权力。尽管法官总是由政治家任命，而且许多法官有破坏自由的行为，但是政治家不能解雇法官，这意味着他们能维持自由，而且他们也经常这样做。最后，宪法通过修正过程完成了可能的和平变革。

对自由的最大威胁依旧是政府权力。政府权力被推崇为解决社会弊病的手段，却被证明极具破坏性，而且难以驾驭。正如调查记者詹姆斯·博瓦德所指出的，近些年来，由美国环境法规所造成的财产价值破坏要远远大于纵火。美国政府查封的资产损失要远远大于银行抢劫。即使在像美国这样的国家，将腐败的政客赶下台也已困难重重，因为法律限制了挑战者筹集资金、获得选票和知名度的能力。

幸运的是，本书的故事表明，在很多情况下，个人或少数人仍能对自由产生极大的影响。回想一下书商阿提库斯是如何在西塞罗流亡期间为其支付费用的。荷兰贵格会商人本杰明·弗利在威廉·佩恩、约翰·洛克和阿尔杰农·西德尼遇到困难时对他们伸出了援助之手。伟大的自由主义思想传播者拉法耶特与拥护自由的希腊人、匈牙利人、波兰人、葡萄牙人、西班牙人及美国的南方人通信联络。亚瑟·塔潘与其他贵格会商人为废奴主义运动提供了很多资金。埃伦·温莎、丽贝卡·温莎·埃文斯和埃德蒙·C. 埃文斯帮助过艾尔伯特·杰伊·诺克克服困难，写出了他最重要的作品。H. L. 门肯曾帮助过埃玛·戈德曼支付医疗费。哈罗德·卢诺为纽约大学的路德维希·冯·米塞斯和芝加哥大学的 F. A. 哈耶克支付薪水，保证了这些伟大的思想家还可以继续任教。当然，如果亚当·斯密、托马斯·杰斐逊等人没有将伟大的才华贡献给这项事业的话，自由社会所取得的成就就不会有现在这么多。如果还有人想知道个人可以为自由做些什么，只需想想拉乌尔·瓦伦贝格的惊人成就即可。

争取自由的斗争永远都不会结束。未来它无疑还会面对更多来自政治家、恐怖分子和征服者的威胁。但是我相信，在新的千年会出现新的英雄，捍卫我们宝贵的自由遗产。

参考文献

写一本厚书是我的夙愿，但是大家都告诉我能阅读厚书的人是有限的。因此，我只能用尽可能多的篇幅去写故事，而这就意味着没有脚注，参考文献只能精选一部分，不能详尽列举。

以下所列的图书和文章是本书的主要资料来源。为了方便读者阅读，我偏爱那些最容易找到、最权威的英文版本。然而，很多次搜寻的结果都令人吃惊，最好的参考资料竟然绝版了。读者要想看到这些资料，要么借助大型学术图书馆，要么进行广泛的图书搜索。我现在拥有大约5万册关于自由的图书，在收集这些图书的过程中，我与美国最大的绝版图书销售商、专业寻书人（比如从欧洲获得资料者）和Bibliofind、mxbf等互联网绝版书资料库一起合作过。毫无疑问，最令人兴奋的事情就是能够简单、快速地在网上获得绝版资料。

在很多情况下，尤其是一些关于20世纪的主题，出版的传记或者信件、日记等证明材料少之又少。采访、原始文件和文章是书中故事的主要来源。我在文中已经说明了这些来源的叙述风格。

典型的传记都是以一个人的死亡而告终，所以我主要通过采访专门学者、查阅期刊文章来记录一个人名誉的起起落落。再次强调一点，我已经在书中标出了主要文献来源。

阿克顿勋爵（1834—1902）

Fears, J. Rufus, ed. *Essays in ihe History of Libery* (Indianapolis: LibertyClassics, 1985).
———. *Essays in the Study and Writing of History* (Indianapolis: LibertyClassics, 1985).
———. *Essays in Religion, Politics, and Morality* (Indianapolis: LibertyClassics, 1988).
Figgis, John Neville, and Reginald Vere Laurence, eds. *Lectures on Modern History*, by John Emerich Edward Dalberg-Acton (London: Macmillan, 1950).
———. *Lectures on the French Revolution*, by John Emerich Edward Dalberg-Acton (New York: Noonday Press, 1959).
Himmelfarb, Gertrude. *Lord Acton: A Study in Conscience and Politics* (Chicago: University of Chicago Press, 1952).
Mathew, David. *Lord Acton and His Times* (Tuscaloosa: University of Alabama Press, 1968).
Paul, Herbert, ed., *Letters of Lord Acton to Mary Gladstone* (New York: Macmillan, 1904).
Schuettinger, Robert. *Lord Acton: Historian on Liberty* (Lasalle, Ill.: Open Court, 1976).
Tulloch, Hugh. *Acton* (New York: St. Martin's Press, 1988).

塞缪尔·亚当斯（1722—1803）

Beach, Stewart. *Samuel Adams: The Fateful Years, 1764—1776* (New York: Dodd, Mead, 1965).
Canfield, Cass. *Sam Adams' Revolution* (New York: Harper & Row, 1976).
Cushing, Harry Alonzo, ed. *The Writings of Samuel Adams* (New York: Octagon Books, 1968). 4 vols.
Lewis, Paul. *The Grand Incendiary: A Biography of Samuel Adams* (New York: Dial Press 1973).
Miller, John C. *Sam Adams: Pioneer in Propaganda* (Boston: Littie, Brown, 1936).
Wells, William V. *The Life and Public Services of Samuel Adams* (Boston: Little, Brown, 1865). 3 vols.

弗雷德里克·巴斯夏（1801—1850）

Goddard, Arthur, ed. *Economic Sophisms*, by Frédéric Bastiat (Princeton, N.J.: D. Van Nostrand, 1964).
de Huszar, George B., ed. *Economic Harmonies*, by Frédéric Bastiat (Princeton, N.J.: D. Van Nostrand, 1964).
———. *Selected Essays on Political Economy*, by Frédéric Bastiat (Princeton, N.J.: D. Van Nostrand, 1964).
Palmer, R. R. *J-B Say: An Economist in Troubled Times* (Princeton, N.J.: Princeton University Press, 1997).
Roche. George. *Free Markets Free Men: Frédéric Bastiat, 1801—1850* (Hillsdale, Mich.: Hillsdale College Press, 1993).
Russell, Dean. *Government and Legal Plunder: Bastiat Brought Up to Date* (Irving-ton-on-Hudson, N.Y.: Foundation for Economic Education, 1985).
Teilhac, Ernest. *L'Oeuvre Economique de Jean-Baptiste Say* (Paris: Librairie Felix Alcan, 1927).

路德维希·范·贝多芬（1770—1827）

Burton, Humphrey. *Leonard Bernstein* (New York: Doubleday, 1994).
Eaglefield-Hull, A., ed. *Beethoven's Letters* (New York: Dover, 1972).
Kinderman, William. *Beethoven* (Berkeley: University of California Press, 1995).
Kolodin, Irving. *The Interior Beethoven: A Biography of the Music* (New York: Knopf, 1975).
Robbins Landon, H. C. *Beethoven: His Life, Work and World* (New York: Thames and Hudson,

1993).

Solomon, Maynard. *Beethoven* (New York: Schirmer Books, 1998).

Thayer, Alexander Wheelock. *The Life of Ludwig van Beethoven* (London: Centaur Press, 1960). 3 vols.

詹姆斯·M. 布坎南（1919—2013）

Brennan, Geoffrey, and James M. Buchanan. *The Power to Tax: Analytical Foundations of a Fiscal Constitution* (Cambridge: Cambridge University Press, 1980).

——. *Reason of Rules—Constitutional Political Economy* (Cambridge: Cambridge University Press, 1985).

Buchanan, James M. *Better Than Plowing and Other Personal Essays* (Chicago: University of Chicago Press, 1992).

——. *Public Finance in Democratic Process: Fiscal Institutions and Individual Choice* (Chapel Hill: University of North Carolina Press, 1987).

——. *The Public Finances: An Introductory Textbook* (Homewood, Ill.: Richard D. Irwin, 1960).

Buchanan, James M., and Gordon Tullock. *The Calculus of Consent: Logical Foundations of Constitutional Democracy* (Ann Arbor: University of Michigan Press, 1965).

Buchanan, James M., and Robert D. Tollison, eds. *The Theory of Public Choice II* (Ann Arbor: University of Michigan, 1984).

Buchanan, James M., and Richard E. Wagner. *Democracy in Deficit: The Political Legacy of Lord Keynes* (New York: Academic Press, 1977).

马库斯·图留斯·西塞罗（公元前106—前43）

Bailey, D. R. Shackleton. *Cicero: Classical Life and Letters* (New York: Charles Scribner's Sons, 1971).

Cicero. *Letters to Atticus* (Cambridge: Harvard University Press, 1953). 3 vols.

——. *The Letters to His Friends* (Cambridge: Harvard University Press, 1958), 3 vols.

——. *De Officiis* (Cambridge: Harvard University Press, 1990).

——. *De Re Publica, De Legibus* (Cambridge: Harvard University Press, 1959).

——. *The Speeches, In Catilinam I-IV, Pro Murena, Pro Sulla, Pro Flacco* (Cambridge: Harvard University Press, 1959).

Cowell, F. R. *Cicero and the Roman Republic* (London: Isaac Pitman & Sons, 1948).

Grant, Michael, ed. *Cicero on Government* (London: Penguin, 1993).

Rawson, Elizabeth. *Cicero: A Portrait* (Ithaca, N.Y.: Cornell University Press, 1975).

理查德·科布登（1804—1865）

Bright, John, and J. E. Thorold Rogers, eds. *Richard Cobden: Speeches on Questions of Public Policy* (New York: Kraus Reprint, 1970). 2 vols.

Cobden, Richard. *Political Writings* (New York: Kraus Reprint, 1969). 2 vols.

——. *Speeches on Peace, Financial Reform, Colonial Reform and Other Subjects* (New York: Kraus Reprint, 1970).

Edsall, Nicholas C. *Richard Cobden, Independent Radical* (Cambridge: Harvard University Press, 1986).

Hinde, Wendy. *Richard Cobden* (New Haven: Yale University Press, 1987).

Hobson, J. A. *Richard Cobden, the International Man* (New York: Henry Holt, 1919).

Morley, John. *The Life of Richard Cobden* (London: T. Fisher Unwin, 1906).

Trevelyan, George Macauley. *The Life of John Bright* (London: Constable and Co., 1913).
Walling, R. A. J. ed. *John Bright, Diaries* (New York: Morrow, 1930).

爱德华·科克（1552—1634）

Bowen, Catherine Drinker. *The Lion and the Throne: The Life and Times of Sir Edward Coke* (Boston: Little, Brown, 1957).
Coke, Edward. *The First Part of the Institutes of the Laws of England* (Birmingham, Al.: Legal Classics Library, 1985).
——. *The Second Part of the Institutes of the Laws of England* (London: W. Clark & Sons, 1817). 2 vols.
Lyon, Hastings, and Herman Block. *Edward Coke: Oracle of the Law* (Boston: Houghton Mifflin, 1929).
White, Stephen D. *Sir Edward Coke and the Grievances of the Commonwealth* (Manchester, England: Manchester University Press, 1979).

邦雅曼·贡斯当（1767—1830）

Cruickshank, John. *Benjamin Constant* (New York: Twayne, 1974).
Dodge, Guy H. *Benjamin Constant's Philosophy of Liberalism: A Study in Politics and Religion* (Chapel Hill: University of North Carolina Press, 1980).
Fontana, Biancamaria. *Benjamin Constant and the Post-Revolutionary Mind* (New Haven: Yale University Press, 1991).
——, ed. *Benjamin Constant, Political Writings* (Cambridge: Cambridge University Press, 1988).
Herold, J. Christopher. *Mistress to an Age: A Life of Madame de Staël* (Indianapolis: Bobbs-Merrill, 1958).
Nicholson, Harold. *Benjamin Constant* (Garden City, N.Y: Doubleday, 1949).
Schermerhorn, Elizabeth W. *Benjamin Constant: His Private Life and His Contribution to the Cause of Liberal Government in France, 1767—1830* (Boston: Houghton Mifflin, 1924).
Wood, Dennis. *Benjamin Constant: A Biography* (New York: Routledge, 1993).

弗雷德里克·道格拉斯（1818—1895）

Foner, Philip S. *Frederick Douglass: A Biography* (Boston: Beacon Press, 1964).
——. *The Life and Writings of Frederick Douglass* (New York: International Publishers, 1950—1955). 4 vols.
Gates, Jr., Heniy Louis. *Frederick Douglass Autobiographies* (New York: Library of America, 1994).
McFeely William S. *Frederick Douglass* (New York: Norton, 1991).
Oberholtzer, Ellis Paxson, ed. *Frederick Douglass*, by Booker T. Washington (New York: Argosy-Antiquarian, 1969).
Quarles, Benjamin. *Frederick Douglass* (New York: Da Capo Press, 1997).

德西迪里厄斯·伊拉斯谟（1469?—1536）

Augustijn, Cornelis. *Erasmus: His Life, Works, and Influence* (Toronto: University of Toronto Press, 1993).
Collected Works of Erasmus (Toronto: University Toronto Press, 1974—).
Erasmus, Desiderius. *Praise of Folly* (New York: Penguin, 1971).

Faludy, George. *Erasmus of Rotterdam* (London: Eyre & Spottiswoode, 1970).
McConica, James. *Erasmus* (New York: Oxford University Press, 1991).
Rummel, Erika, ed. *The Erasmus Reader* (Toronto: University of Toronto Press, 1996).
Smith, Preserved. *Erasmus: A Study of His Life, Ideals, and Place in History* (New York: Frederick Ungar Publishing, 1962).

查尔斯·詹姆斯·福克斯（1749—1806）

Derry, John W. *Charles James Fox* (New York: St. Martin's Press, 1972).
Lascelles, Edward. *The Life of Charles James Fox* (New York: Octagon, 1970).
Rude, George. *Wilkes and Liberty* (London: Oxford University Press, 1962).
Schweitzer, David. *Charles James Fox, 1749—1806: A Bibliography* (Westport, Conn.: Greenwood Press, 1991).
Trevelyan, George Otto. *George the Third and Charles Fox* (London: Longmans, Green, 1912). 2 vols.

本杰明·富兰克林（1706—1790）

Clark, Ronald W. *Benjamin Franklin: A Biography* (New York: Random House, 1983).
Fleming, Thomas. *The Man Who Dared Lightning: A New Look at Benjamin Franklin* (New York: Morrow, 1971).
Hawke, David Freeman. *Franklin* (New York: Harper & Row, 1976).
Huang, Nian-sheng. *Benjamin Franklin in American Thought and Culture, 1790—1990* (Philadelphia: American Philosophical Society, 1994).
Labaree, Leonard W., Ralph L. Ketcham, Helen C. Boatfield, and Helene H. Fineman, eds. *The Autobiography of Benjamin Franklin* (New Haven: Yale University Press, 1964).
Labaree, Leonard W., et al., eds., *The Papers of Benjamin Franklin* (New Haven: Yale University Press, 1959—1970). 14 vols.
Lemay J. A. Leo, ed. *Benjamin Franklin Writings* (New York: Library of America, 1987).
Van Doren, Carl. *Benjamin Franklin* (New York: Viking Press, 1938).

米尔顿·弗里德曼（1912—2006）

Friedman, Milton. *Capitalism and Freedom: A Leading Economist's View of the Proper Role of Competitive Capitalism* (Chicago: University of Chicago Press, 1962).
——. *Essays in Positive Economics* (Chicago: University of Chicago Press, 1953).
——. *There's No Such Thing as a Free Lunch: Essays on Public Policy* (La Salle, Ill.: Open Court, 1975).
Friedman, Milton, and Rose Friedman. *Free to Choose: A Personal Statement* (New York: Harcourt, Brace, 1980).
——. *Two Lucky People: Memoirs* (Chicago: University of Chicago Press, 1998).
——. *Tyranny of the Status Quo* (New York: Harcourt Brace Jovanovich, 1984).
Friedman, Milton, and Ann Jacobson Schwartz. *A Monetary History of the United States, 1867—1960* (Princeton, N.J.: Princeton University Press, 1963).
Jordan, Jerry L, Allan H. Meltzer, Anna J. Schwartz, and Thomas J. Sargent. "Milton, Money and Mischief: Symposium and Articles in Honor of Milton Friedman's 80th Birthday." *Economic Inquiry* (April 1993): 197—212.
Lucas, Jr., Robert E., "Review of Milton Friedman and Anna J. Schwartz's 'A Monetary History of the United States, 1867—1960.' " *Journal of Monetary Economics* 34 (1994): 5—16.

威廉·劳埃德·加里森（1805—1879）

Cain, William E., ed., *William Lloyd Garrison and the Fight Against Slavery: Selections from The Liberator* (Boston: Bedford Books, 1995).

Grimke, Archibald H. *William Lloyd Garrison: The Abolitionist* (New York: AMS Press, 1974).

Korngold, Ralph. *Two Friends of Man: The Story of William Lloyd Garrison and Wendell Phillips* (Boston; Little, Brown, 1950).

Kraditor, Aileen S. *Means and Ends in American Abolitionism: Garrison and His Critics on Strategy and Tactics, 1834—1850* (New York: Vintage, 1969).

Merrill, Walter M. *Against Wind and Tide: A Biography of William Lloyd Garrison* (Cambridge: Harvard University Press, 1963).

——.et al., eds., *The Letters of William Lloyd Garrison, 1822—1879* (Cambridge: Harvard University Press, 1971—1981). 6 vols.

Nelson Truman, ed., *Documents of Upheaval, Selections from William Llord Garrison's The Liberator, 1831—1865* (New York: Hill and Wang, 1966).

Stewart, James Brewer. *William Lloyd Garrison and the Challenge of Emancipation* (Arlington Heights, Ill.: Harlan Davidson, 1992).

Thomas, John. *The Liberator, William Lloyd Garrison, A Biography* (Boston: Little, Brown, 1963).

威廉·S.吉尔伯特（1836—1911）

Baily, Leslie. *Gilbert & Sullivan: Their and Times* (New York: Viking Press, 1973).

Benford, Harry. *The Gilbert & Sullivan Lexicon* (Ann Arbor, Mich.: Sarah Jennings Press, 1991).

Bradley Ian, ed. *The Complete Annotated Gilbert & Sullivan* (New York: Oxford University Press, 1996).

Jacobs, Arthur. *Arthur Sullivan: A Victorian Musician* (New York: Oxford University Press, 1984).

Ellis, James, ed. *The Bab Ballads*, by W. S. Gilbert (Cambridge: Harvard University Press, 1970).

Pearson, Hesketh. *W. S. Gilbert: His Life and Strife* (New York: Harper, 1957).

Stedman, Jane. *W. S. Gilbert: A Classic Victorian and His Theatre* (New York: Oxford University Press, 1996).

Young, Percy M. *Sir Arthur Sullivan* (New York: Norton, 1971).

威廉·尤尔特·格莱斯顿（1809—1898）

Foot, M. R. D., and H. C. G. Matthew. *The Gladstone Diaries* (Oxford: Clarendon Press, 1968—1974). 4 vols.

Jenkins, Roy. *Gladstone* (New York: Random House, 1997).

Magnus, Philip. *Gladstone* (New York: Dutton, 1954).

Matthew, H. C. G. *Gladstone, 1800—1874* (Oxford: Clarendon Press, 1986).

——. *Gladstone, 1875—1898* (Oxford: Clarendon Press, 1995).

Morley, John. *The Life of William Ewart Gladstone* (New York: Macmillan, 1903). 3 vols.

Shannon, Richard. *Gladstone, 1809—1865* (Chapel Hill: University of North Carolina Press, 1984).

——. *Gladstone, 1865—1898* (Chapel Hill: University of North Carolina Press, 1999).

Stansky, Peter. *Gladstone: A Progress in Politics* (Boston: Little, Brown, 1979).

弗朗西斯科·戈雅（1746—1828）

Gassier, Pierre, and Juliet Wilson. *The Life and Complete Work of Francisco Goya* (New York: Reynal & Co., 1971).

Glendinning, Nigel. *Goya and His Critics* (New Haven: Yale University Press, 1977).

Hull, Anthony. *Goya: A Man Among Kings* (New York: Hamilton Press, 1987).

Licht, Fred. *Goya: The Origins of the Modern Temper in Art* (New York: Universe Books, 1979).

Lopez-Rey, José. *A Cycle of Goya's Drawings: The Expression of Truth and Liberty* (London: Faber and Faber).

Muller, Priscilla E. *Goya's "Black Paintings": Truth and Reason in Light and Liberty* (New York: Hispanic Society of America, 1984).

Vallentin, Antonina. *This I Saw: The Life and Times of Goya* (New York: Random House, 1949).

胡果·格劳秀斯（1583—1645）

Campbell, A. C., ed. *The Rights of War and Peace, including the Law of Nature and of Nations*, trans, from the original Latin of Grotius (London: B. Boothroyd, 1814). 3 vols.

Dumbauld, Edward. *The Life and Writings of Hugo Grotius* (Norman, University of Oklahoma Press, 1969).

Edwards, Charles S. *Hugo Grotius, the Miracle of Holland, A Study in Political and Legal Thought* (Chicago: Nelson-Hall, 1981).

van Someren, Liesje. *Umpire to the Nations, Hugo Grotius* (London: Dennis Dobson, 1965).

Vreeland, Hamilton. *Hugo Grotius, the Father of the Modern Science of International Law* (New York: Oxford University Press, 1917).

F. A. 哈耶克（1899—1992）

Ebenstein, Alan. *Friedrich Hayek and the Revival of Liberty* (New York: St. Martin's Press, 2000).

The Collected Works of F. A. Hayek, vol. 1, W. W. Bartley III, ed., *The Fatal Conceit: The Errors of Socialism* (Chicago: University of Chicago Press, 1988).

Hayek, F. A. *Individualism and Economic Order* (Chicago: University of Chicago Press, 1958).

——. *The Constitution of Liberty* (Chicago: University of Chicago Press, 1960).

——. *Law, Legislation and Liberty: A New Statement of the Liberal Principles of Justice and Political Economy* (London: Routledge, Kegan Paul, 1982).

——. *The Road to Serfdom* (Chicago: University of Chicago Press, 1944).

——, ed. *Capitalism and the Historians* (Chicago: University of Chicago Press, 1960).

——. *Collectivist Economic Planning* (London: Routledge, Kegan Paul, 1963).

Kresge, Stephen, and Leif Wenar, eds. *F. A. Hayek: Hayek on Hayek* (Chicago: University of Chicago Press, 1994).

Machlup, Fritz, ed. *Essays on Hayek* (New York: New York University Press, 1976).

Raybould, John, ed. *Hayek: A Commemorative Album* (London: Adam Smith Institute, 1998).

罗伯特·A. 海因莱因（1907—1988）

Heinlein, Robert A. *Citizen of the Galaxy* (New York: Ballantine, 1957).

——. *The Moon Is a Harsh Mistress* (New York: Tom Doherty Associates, 1996).

——. *The Past Through Tomorrow* (New York: Putnam's, 1967).

——. *The Puppet Masters* (New York: Ballantine, 1951).

——. *Stranger in a Strange Land* (Ace/Putnam, 1991).

Heinlein, Virginia, ed. *Robert A. Heinlein: Grumbles from the Grave* (New York: Ballantine, 1989).

Kondo, Yoji, ed. *Requiem: New Collected Works by Robert A. Heinlein* (New York: Tom Doherty Associates, 1992).

Panshin, Alexei. *Heinlein in Dimension* (Chicago: Advent Publishers, 1968).

Stover, Leon. *Robert A. Heinlein* (Boston: Twayne, 1987).

维克多·雨果（1802—1885）

Edwards, Samuel. *Victor Hugo: A Tumultuous Life* (New York: David McKay, 1971).

Hugo, Victor. *The Last Day of a Condemned Man* (New York: Oxford University Press, 1992).

——. *Les Misérables* (New York: Modern Library, 1992).

——. *The Man Who Laughs* (New York: H. M. Caldwell).

——. *Ninety-Three* (New York: Carroll & Graf, 1988).

Josephson, Matthew. *Victor Hugo: A Realistic Biography of the Great Romantic* (Garden City, N.Y.: Doubleday, Doran, 1942).

Juin, Hubert. *Victor Hugo* (Paris: Flammarion, 1980—1986). 3 vols.

Maurois, André. *Victor Hugo* (London: Jonathan Cape, 1956).

Robb, Graham. *Victor Hugo* (New York: Norton, 1997).

托马斯·杰斐逊（1743—1826）

Boyd, Julian O., et al., eds. *The Papers of Thomas Jefferson* (Princeton, N.J.: Princeton University Press, 1950—).

Cappon, Lester J. *The Adams-Jefferson Letters: The Complete Correspondence Between Thomas Jefferson and Abigail and John Adams* (Chapel Hill: University of North Carolina Press, 1959). 2 vols.

Cunningham, Noble E. *In Pursuit of Reason: The Life of Thomas Jefferson* (Baton Rouge: Louisiana State University Press, 1987).

Maier, Pauline. *American Scripture: Making the Declaration of Independence* (New York, 1997).

Malone, Dumas. *Jefferson the Virginian* (Boston: Little, Brown, 1948).

——. *Jefferson and the Rights Man* (Boston: Little, Brown, 1951).

——. *Jefferson and the Ordeal of Liberty* (Boston: Little, Brown, 1962).

——. *Jefferson the President, First Term, 1801—1805* (Boston: Little, Brown, 1970).

——. *Jefferson the President, Second Term, 1805—1809* (Boston: Little, Brown, 1974).

——. *The Sage of Monticello* (Boston: Little, Brown, 1981).

Mayer, David N. *The Constitutional Thought of Thomas Jefferson* (Charlottesville: University Press of Virginia, 1994).

Peterson, Merrill D. *The Jefferson Image in the American Mind* (New York: Oxford University Press, 1960).

——, ed. *Thomas Jefferson Writings* (New York: Library of America, 1984).

Smith, James Morton, ed., *The Republic of Letters: The Correspondence Between Thomas Jefferson and James Madison, 1776—1826* (New York: Norton, 1995). 3 vols.

小马丁·路德·金（1929—1968）

Branch Taylor. *Parting the Waters: America in the King Years, 1954—63* (New York: Simon & Schuster, 1988).

——. *Pillar of Fire, America in the King Years, 1963—65* (New York: Simon & Schuster, 1998).

Carson, Clayborne, ed. *The Autobiography of Martin Luther King, Jr.* (New York: Warner Books, 1998).

Frank, Gerold. *An American Death: The True Story of the Assassination of Dr. Martin Luther King, Jr., and the Greatest Manhunt of Our Time* (Garden City, N.Y.: Doubleday, 1972).

Garrow, David J. *Bearing the Cross, Martin Luther King, Jr. and the Southern Christian Leadership Conference* (New York: William Morrow, 1986).

King, Coretta Scott. *My Life with Martin Luther King, Jr.* (New York: Holt, Rinehart & Winston, 1969).

Washington, James M., ed. *A Testament of Hope: The Essential Writings and Speeches of Martin Luther King, Jr.* (San Francisco: HarperSanFrancisco, 1991).

拉法耶特（1757—1834）

Chinard, Gilbert, ed. *The Letters of Lafayette and Jefferson* (Baltimore: Johns Hopkins Press, 1929).

Gottschalk, Louis. *Lafayette in America* (Arveyres, France: L'Esprit de Lafayette Society, 1975). 3 vols.

——, ed. *The Letters of Lafayette to Washington, 1777—1799* (Philadelphia: American Philosophical Society, 1976).

Gottschalk, Louis, and Margaret Maddox, *Lafayette in the French Revolution* (Chicago: University of Chicago Press, 1969).

——. *Lafayette in the French Revolution: From the October Days Through the Federation* (Chicago: University of Chicago Press, 1973).

Idzerda, Stanley J., ed. *Lafayette in the Age of the American Revolution: Selected Letters and Papers, 1776—1790* (Ithaca: Cornell University Press, 1977). 5 vols.

Kramer, Lloyd. *Lafayette in Two Worlds: Public Cultures and Personal Identities in an Age of Revolutions* (Chapel Hill: University of North Carolina Press, 1996).

Maurois, André. *Adrienne, the Life of the Marquise de La Fayette* (New York: McGraw-Hill, 1961).

Whitlock, Brand. *La Fayette* (New York: D. Appleton, 1929). 2 vols.

路易斯·拉穆尔（1908—1988）

Elton, J. C. *Louis L'Amour: The Long Trail: An Unauthorized Biography* (Mattituck, N.Y.: Amereon House, 1989).

Gale, Robert L. *Louis L'Amour* (Boston: Twayne, 1985).

L'Amour, Angelique, ed. *A Trail of Memories: The Quotations of Louis L'Amour* (New York: Bantam, 1988).

——. *Bendigo Shafter* (New York: Bantam, 1993).

——. *Education of a Wandering Man* (New York: Bantam, 1989).

——. *Flint* (New York: Bantam, 1997).

——. *Hondo* (New York: Fawcett, 1953).

——. *Jubal Sackett* (New York: Bantam, 1985).

——. *The Walking Drum* (New York: Bantam, 1985).

Weinberg, Robert, ed. *The Louis L'Amour Companion* (New York: Bantam, 1994).

罗斯·怀尔德·莱恩（1887—1968）

Holtz, William. *The Ghost in the Little House: A Life of Rose Wilder Lane* (Columbia: University of Missouri Press, 1993).

——, *Dorothy Thompson and Rose Wilder Lane: Forty Years of Friendship, Letters, 1921—1960* (Columbia: University of Missouri, 1991).

Lane, Rose Wilder. *Woman's Day Book of American Needlework* (New York: Simon & Schuster, 1963).

——. *The Discovery of Freedom* (New York: Arno Press, 1972).

——. *Give Me Liberty* (Mansfield, Mo.: Laura Ingalls Wilder—Rose Wilder Lane Home Association, 1977).

——. *Old Home Town* (Lincoln: University of Nebraska, 1963).

——, and MacBride, Roger Lea. *Rose Wilder Lane* (New York: Stein & Day, 1977).

MacBride, Roger Lea, ed. *The Lady and the Tycoon, The Best of Letters Between Rose Wilder Lane and Jasper Crane* (Caldwell, Ida.: Caxton Printers, 1972).

约翰·李尔本（1614?—1657）

Christopher Hill, ed. *H. N. Brailsford, The Levellers and the English Revolution* (Nottingham, England: Spokesman, 1983).

Frank, Joseph. *The Levellers: A History of the Writing of Three Seventeenth Century Social Democrats: John Lilburne, Richard Overton, William Walwyn* (Cambridge: Harvard University Press, 1955).

Gibb, M. A. *John Lilburne, the Leveller: A Christian Democrat* (London: Lindsay Drummond, 1947).

Gregg, Pauline. *Free-Born John: A Biography of John Lilburne* (London: J. M. Dent 1986).

Haller, William, ed. *Tracts on Liberty in the Puritan Revolution, 1638—1647* (New York: Columbia University Press, 1938). 3 vols.

Pease, Theodore Calvin. *The Leveller Movement: A Study in the History and Political Theory of the English Great Civil War* (Gloucester, Mass.: Peter Smith, 1965).

Wolfe, Don M., ed. *Leveller Manifestoes of the Puritan Revolution* (New York: Humanities Press, 1967).

Woodhouse, A. S. P., ed. *Puritanism and Liberty: Being the Army Debates (1647—9)* (Chicago: University of Chicago Press, 1951).

约翰·洛克（1632—1704）

Cranston, Maurice. *John Locke, a Biography* (London: Longmans, 1957).

Huyler, Jerome. *Locke in America, The Moral Philosophy of the Founding Era* (Lawrence: University Press of Kansas, 1995).

Laslett, Peter, ed. *Locke's Two Treatises: A Critical Edition* (Cambridge: Cambridge University Press, 1963).

Locke, John. *An Essay Concerning Human Understanding* (Amherst, N.Y.: Prometheus, 1995).

Ramsay, I. T., ed. *John Locke, The Reasonableness of Christianity with A Discourse of Miracles and Part of A Third Letter Concerning Toleration* (Stanford, Calif.: Stanford University Press, 1989).

Tarcov, Nathan. *Locke's Education for Liberty* (Chicago: University of Chicago Press, 1984).

Tully, James H., ed. *John Locke: A Letter Concerning Toleration* (Indianapolis: Hackett Publishing, 1983).

Wootton, David, ed. *Political Writings of John Locke* (New York: Mentor, 1993).

托马斯·巴宾顿·麦考利（1800—1859）

Beatty Richmond Croom. *Lord Macaulay, Victorian Liberal* (Norman: University of Oklahoma Press, 1938).
Clive, John. *Macaulay: The Shaping of an Historian* (New York: Knopf, 1973).
Edwards, Owen Dudley. *Macaulay* (New York: St. Martin's, Press, 1988).
Firth, Charles. *A Commentary on Macaulay's History of England* (New York: Barnes & Noble, 1964).
The Life and Works of Lord Macaulay (New York: Longmans, Green, 1896). 10 vols. (Includes a biography by George Otto Trevelyan.)
Millgate, Jane. *Macaulay* (London: Routledge, Kegan Paul, 1973).
Pinney, Thomas, ed. *The Letters of Thomas Babington Macaulay* (Cambridge: Cambridge University Press, 1974—1981). 5 vols.

詹姆斯·麦迪逊（1751—1836）

Bailyn, Bernard, ed. *The Debate on the Constitution: Federalist and Antifederalist Speeches, Articles, and Letters During the Struggle over Ratification* (New York: Library of America, 1993). 2 vols.
Banning, Lance. *The Sacred Fire of Liberty: James Madison and the Founding of the Federal Republic* (Ithaca, N.Y.: Cornell University Press, 1995).
Elliot, Jonathan, ed. *The Debates in the Several State Conventions on the Adoption of the Federal Constitution as Recommended by the General Convention at Philadelphia in 1787, Together with the Journal of the Federal Convention, Luther Martin's Letter, Yates's Minutes, Congressional Opinions, Virginia and Kentucky Resolutions of '98—'99 and Other Illustrations of the Constitution* (New York: Burt Franklin Reprints, 1974). 5 vols.
Hutchinson, William T., et al., eds. *The Papers of James Madison* (Chicago and Charlottesville: University of Chicago Press and University of Virginia Press, 1962—).
Ketcham, Ralph. *James Madison: A Biography* (New York: Macmillan, 1971).
Kramnick, Isaac, ed. *The Federalist Papers*, by Alexander Hamilton, James Madison, and John Jay (New York: Penguin, 1987).
Madison, James. *Notes of Debates in the Federal Convention of 1787* (Athens: Ohio University Press, 1965).
Mathews, Richard K. *If Men Were Angels: James Madison and the Heartless Empire of Reason* (Lawrence: University Press of Kansas, 1995).
Rutland, Robert A. *The Birth of the Bill of Rights, 1776—1791* (New York: Collier, 1962).
Storing, Herbert J., ed. *The Complete Anti-Federalist* (Chicago: University of Chicago Press, 1981). 7 vols.

H. L. 门肯（1880—1956）

DuBasky, Mayo, ed. *The Gist of Mencken: Quotations from America's Critic* (Metuchen, N.J.: Scarecrow Press, 1990).
Fitzpatrick, Vincent. *H. L. Mencken* (New York: Continuum, 1989).
Manchester, William. *Disturber of the Peace, the Life of H. L. Mencken* (New York: Harper & Brothers, 1951).
Mencken, H. L. *The American Language* (New York: Knopf, 1962).
——. *The American Language, Supplement I* (New York: Knopf, 1962).
——. *The American Language, Supplement II* (New York: Knopf, 1962).

——. *A Mencken Chrestomathy* (New York: Knopf, 1949).
——. *Happy Days, 1880—1892* (New York: Knopf, 1940).
——. *Newspaper Days, 1899—1906* (New York: Knopf, 1941).
——. *Heathen Days, 1890—1936* (New York: Knopf, 1963).
Rodgers, Marion Elizabeth. *The Impossible Mencken: A Selection of His Best Newspaper Stories* (New York: Doubleday, 1991).
Teachout Teny, ed. *H. L. Mencken: A Second Mencken Chrestomathy* (New York: Knopf, 1995).

约翰·斯图亚特·密尔（1806—1873）

Hayek, F. A. *John Stuart Mill and Harriet Taylor: Their Friendship and Subsequent Marriage* (Chicago: University of Chicago Press, 1951).
Mill, John Stuart. *Autobiography* (New York: Columbia University Press, 1944).
——. *Dissertations and Discussions Political, Philosophical and Historical* (London: Longmans, Green, Reader & Dyer, 1875), 4 vols.
——. *Principles of Political Economy* (New York: Augustus M. Kelley, 1987). (Reprint of 1848 edition.)
——. *The Subjection of Women* (Cambridge: MIT Press, 1970).
——. *Utilitarianism, Liberty, and Representative Government* (New York: Dutton, 1951).
Packe, Michael St. John. *The Life of John Stuart Mill* (New York: Macmillan, 1954).
Spitz, David, ed., *On Liberty*, by John Stuart Mill. (New York: Norton, 1975). Annotated text.
Wood, John Cunningham, ed., *John Stuart Mill: Critical Assessments* (London: Croom Helm, 1987). 4 vols.

路德维希·冯·米塞斯（1881—1973）

Greaves, Bettina Bien, ed. *MISES: An Annotated Bibliography, 1982—1993 Update* (Irvington-on-Hudson, N.Y.: Foundation for Economic Education, 1995).
——, and Robert W. McGee, eds. *MISES: An Annotated Bibliography: A Comprehensive Listing of Books and Articles by and About Ludwig von Mises* (Irvington-on-Hudson, N.Y.: Foundation for Economic Education, 1993).
Mises, Ludwig von Mises. *Human Action: The Scholar's Edition* (Auburn, Ala.: Ludwig von Mises Institute, 1998). A new introduction by Jeffrey M. Herbener, Hans-Hermann Hoppe, and Joseph T. Salerno.
——. *Liberalism in the Classical Tradition* (Irvington-on-Hudson, N.Y.: Foundation for Economic Education, 1985).
——. *Notes and Reflections* (South Holland, Ill.: Libertarian Press, 1978).
——. *Socialism* (Indianapolis: LibertyClassics, 1981).
——, *The Theory of Money and Credit* (New Haven; Yale University Press, 1953).
Mises, Margit von. *My Years with Ludwig von Mises* (New Rochelle, N.Y.: Arlington House, 1976).
Rothbard, Murray N. *Ludwig von Mises: Scholar, Creator, Hero* (Auburng Ala.: Ludwig von Mises Institute, 1988).
Sennholz, Mary, ed. *On Freedom and Free Enterprise: Essays in Honor of Ludwig von Mises on the 50th Anniversary of His Doctorate* (Princeton, N.J.: D. Van Nostrand, 1956).

孟德斯鸠男爵（1689—1755）

Conroy, Peter V., Jr. *Montesquieu Revisited* (New York: Twayne, 1992).

Hulliung, Mark. *Montesquieu and the Old Regime* (Berkeley: University of California Press, 1976).
Loy J. Robert. *Montesquieu* (New York: Twayne, 1968).
Montesquieu. *The Persian Letters* (Indianapolis: Bobbs-Merrill, 1964).
——. *The Spirit of the Laws* (Cambridge: Cambridge University Press, 1995).
Pangle, Thomas L. *Montesquieu's Philosophy of Liberalism: A Commentary on "The Spirit of the Laws"* (Chicago: University of Chicago Press, 1973).
Shackleton, Robert. *Montesquieu: A Critical Biography* (Oxford: Oxford University Press, 1961).
Shklar, Judith N. *Montesquieu* (New York: Oxford University Press, 1987).
Spurlin, Paul Merrill. *Montesquieu in America, 1760—1801* (New York: Octagon Books, 1969).

玛利亚·蒙台梭利（1870—1952）

Boehlein, Mary Maher, ed., *The NAMTA* [North American Montessori Teachers Association] *Montessori Bibliography, NAMTA. Quarterly* (Summer 1985).
Kramer, Rita. *Maria Montessori* (New York: Putnam, 1976).
Montessori, Maria. *The Absorbent Mind* (New York: Delta, 1967).
——. *The Advanced Montessori Method* (New York: Schocken Books, 1965), 2 vols.
——. *The Montessori Method* (New York: Schocken Books, 1964).
——. *The Secret of Childhood* (Notre Dame, Ind.: Fides Publishers, 1966).
Standing, E. M. *Maria Montessori: Her Life and Work* (New York: Plume, 1984).

艾尔伯特·杰伊·诺克（1870—1945）

Chodorov, Frank. *Out of Step: The Autobiography of an Individualist* (New York: Devin-Adair, 1962).
Crunden, Robert M. *The Mind and Art of Albert Jay Nock* (Chicago: Henry Regnery, 1964).
Hamilton, Charles H. *The State of the Union, Essays in Social Criticism by Albert Jay Nock* (Indianapolis: Liberty Press, 1991).
Hubesch, B. W, ed., *The Freeman Book* (New York: B. W. Huebsch, 1924).
Letters from Albert Jay Nock, 1924—1945. (Caldwell, Idaho: Caxton Printers, 1949).
Nock, Albert Jay. *Jefferson* (New York: Harcourt, Brace, 1926).
——. *Memoirs of a Superfluous Man* (Chicago: Henry Regnery, 1964).
——. *Our Enemy, The State* (Caldwell, Idaho: Caxton Printers).
Nock, Francis Jay, ed. *Selected Letters of Albert Jay Nock* (Caldwell, Idaho: Caxton Printers, 1962).
Turner, Susan J. *A History of The Freeman: Literary Landmark of the Early Twenties* (New York: Columbia University Press, 1963).
Wreszin, Michael. *The Superfluous Anarchist: Albert Jay Nock* (Providence: Brown University Press, 1971).

丹尼尔·奥康奈尔（1775—1847）

Edwards, R. Dudley. Edwards, *Daniel O'Connell and His World* (New York: Thames and Hudson, 1975).
Gwynn, Denis. *Daniel O'Connell, the Irish Liberator* (New York: Frederick A. Stokes Publishing).
Macintyre, Angus. *The Liberator: Daniel O'Connell and the Irish Party, 1830—1847* (New

York: Macmillan, 1965).
Moley, Raymond. *Daniel O'Connell: Nationalism Without Violence* (New York: Fordham University Press, 1974).
Nowlan, Kevin B, and Maurice R. O'Connell, eds. *Daniel O'Connell: Portrait of a Radical* (New York: Fordham University Press, 1985).
O'Ferrall, Fergus. *Catholic Emancipation: Daniel O'Connell and the Birth of Irish Democracy* (Dublin: Gill and Macmillan, 1985).
Trench, Charles Chenevix. *The Great Dan: A Biography of Daniel O'Connell* (London: Jonathan Cape, 1994).

托马斯·潘恩（1737—1809）

Aldridge, Alfred Owen. *Man of Reason: The Life of Thomas Paine* (London: Cresset Press, 1960).
Fruchtman, Jack. Jr. *Thomas Paine: Apostle of Freedom* (New York: Four Walls Eight Windows, 1994).
Hawke, David Freeman. *Paine* (New York: Harper & Row, 1974).
Keane, John. *Tom Paine* (Boston: Little, Brown, 1995).
Paine Thomas. *The Writings of Thomas Paine* (New York: Burt Franklin, 1969). 4 vols.

威廉·佩恩（1644—1718）

Dunn; Mary Maples et al. *The Papers of William Penn* (University of Pennsylvania Press, 1981—1986). 5 vols.
Dunn, Richard S., and Dunn, Mary Maples, eds. *The World of William Penn* (Philadelphia: University of Pennsylvania Press, 1986).
Fantel, Hans. *William Penn, Apostle of Dissent* (New York: William Morrow, 1974).
Peare, Catherine Owens. *William Penn* (Philadelphia: Lippincott, 1957).
Wildes, Harry Emerson. *William Penn* (New York: Macmillan, 1974).

弗朗索瓦·拉伯雷（1490前后—1553）

Bakhtin, Mikhail. *Rabelais and His World* (Bloomington: Indiana University Press, 1984).
Frame, Donald. *François Rabelais: A Study* (New York: Harcourt Brace Jovanovich, 1977).
Le Clercq, Jacques. *The Five Books of Gargantua and Pantagruel* (New York: Modern Library, 1936).
D. B. Lewis, Wyndham. *Doctor Rabelais* (New York: Sheed and Ward, 1957).
Nock, Albert Jay. *A Journey into Rabelais's France* (New York: Grosset & Dunlap, 1934).
Nock, Albert Jay and Wilson, C. R. *François Rabelais: The Man and His Work* (New York: Harper & Brothers, 1929).
——, eds. *The Works of François Rabelais* (New York: Harcourt, Brace & Co., 1931). 2 vols.
Plattard, Jean. *The Life of François Rabelais* (New York: Humanities Press, 1968).
Zegura, Elizabeth Chesney, and Tetel Marcel. *Rabelais Revisited* (New York: Twayne, 1993).

安·兰德（1905—1982）

Berliner, Michael S, ed. *Letters of Ayn Rand* (New York: Dutton, 1995).
Binswanger, Hany. ed. *The Ayn Rand Lexicon: Objectivism from A to Z* (New York: Meridian, 1988).
Branden, Barbaba. *The Passion of Ayn Rand: A Biography* (Garden City, N.Y.: Doubleday, 1988).

Branden, Nathaniel. *Judgment Day, My Years with Ayn Rand* (Boston: Houghton Mifflin, 1989).
Harriman, David, ed., *Journals of Ayn Rand* (New York: Dutton, 1997).
Peikoff, Leonard. *Objectivism: The Philosophy of Ayn Rand* (New York: Meridian, 1991).
Rand, Ayn *Anthem*. With a new introduction and appendix by Leonard Peikoff (New York: Dutton, 1995).
——. *Atlas Shrugged*. With a new introduction by Leonard Peikoff (New York: Dutton, 1992).
——, ed. *Capitalism: The Unknown Ideal* (New York: New American Library, 1962).
——. *The Fountainhead* (New York: Macmillan, 1986).
——. *We the Living* (New York: Random House, 1959).
Sciabarra, Chris Matthew. *Ayn Rand, the Russian Radical* (University Park, Pa.: Pennsylvania State University Press, 1995).

伦纳德·E. 里德（1898—1983）、安东尼·费希尔（1915—1988）及爱德华·H. 克兰（1944— ）

Boaz, David, and Edward H. Crane, eds. *Market Liberalism: A Paradigm for the 21st Century* (Washington, D.C.: Cato Institute, 1993).
Cockett, Richard. *Think Tanks and the Economic Counter-Revolution, 1931—1983* (London: HarperCollins, 1995).
Fisher, Antony. *Must History Repeat Itself?* (London: Churchill Press, 1974). Issued in the United States as *Fisher's Concise History of Economic Bungling* (Ottawa, Ill.: Caroline House Books, 1978).
Kelley John L. *Bringing the Market Back In: The Political Revitalization of Market Liberalism* (New York: New York University Press, 1997).
Read, Leonard E. *Anything That's Peaceful* (Irvington-on-Hudson, N.Y.: Foundation for Economic Education, 1992).
Sennholz, Mary. *Leonard E. Read, Philosopher of Freedom* (Irvington-on-Hudson, N.Y.: Foundation for Economic Education, 1993).
Towns, Barnaby. *Time Line of Sir Antony George Anson Fisher, AFC, 1915—1988.* November 7, 1998. Unpublished.

罗纳德·里根（1911—2004）

Anderson, Martin. *Revolution* (New York: Harcourt Brace Jovanovich, 1988).
D'Souza, Dinesh. *Ronald Reagan: How an Ordinary Man Became an Extraordinary Leader* (New York: Free Press, 1997).
Hannaford, Peter. *Recollections of Reagan: A Portrait of Ronald Reagan* (New York: William Morrow, 1997).
Morris, Edmund. *Dutch: A Memoir of Ronald Reagan* (New York: Random House, 1999).
Reagan, Ronald. *An American Life: The Autobiography* (New York: Simon & Schuster; 1990).
——. *Speaking My Mind: Selected Speeches* (New York: Simon & Schuster, 1989).
Schweitzer, Peter. *Victory: The Reagan Administration's Secret Strategy That Hastened the Collapse of the Soviet Union* (New York: Atlantic Monthly Press, 1994).
Shultz, George P. *Turmoil and Triumph* (New York: Charles Scribner's Sons, 1993).
Stockman, David A. *The Triumph of Politics: Why the Reagan Revolution Failed* (New York: Harper & Row, 1986).

默里·N. 罗斯巴德（1926—1995）

Block, Walter, and Llewellyn H. Rockwell, Jr. eds. *Man, Economy, and Liberty: Essays in Honor of Murray N. Rothbard* (Auburn, Ala.: Ludwig von Mises Institute, 1988).

Rockwell, Llewellyn H., Jr. ed. *Murray N. Rothbard: In Memoriam* (Auburn Ala.: Ludwig von Mises Institute, 1995).

Rothbard, Murray N. *America's Great Depression* (Auburn, Ala.: Ludwig von Mises Institute, 1999).

———. *An Austrian Perspective on the History of Economic Thought* (Hants, England: Edward Elgar, 1995). 2 vols.

———. *Conceived in Liberty* (New Rochelle, N.Y.: Arlington House Publishers, 1975—1979). 4 vols.

———. *The Ethics of Liberty* (New York: New York University Press, 1998).

———. *For a New Liberty* (New York: Macmillan, 1973).

———. *Man, Economy and State* (Princeton, N.J.: D. Van Nostrand, 1962). 2 vols.

———. *Power and Market* (Menlo Park, Calif.: Institute for Humane Studies, 1970).

———. *Making Economic Sense* (Auburn, Ala.: Ludwig von Mises Institute, 1995).

弗里德里希·席勒（1759—1805）

Biermann, Berthold. *Goethe's World as seen in Letters and Memoirs* (New York: New Directions, 1949).

Friedenthal, Richard. *Goethe: His Life and Times* (Cleveland: World Publishing, 1963).

Garland, H. B. *Schiller* (New York: Medill McBride, 1950).

von Heiseler, Bernt. *Schiller* (London: Eyre & Spottiswoode).

Mann, Thomas. *Last Essays* (New York: Knopf, 1956).

Sammons, Jeffrey L. "Friedrich Schiller 1759—1984: Quasi-Heretical Assertions on His 225th Birthday." *Yale University Library Gazette* (April 1985).

———. "Friedrich von Schiller (1759—1805)." In Jacques Barzun, ed., *European Writers, the Romantic Century* (New York: Scribner's, 1985).

———. "The Schiller Centennial: 1859, Some Themes and Motifs." *University of Dayton Review* (Fall 1990).

Schiller, Friedrich. *Don Carlos and Mary Stuart* (New York: Oxford University Press, 1996).

———. *Intrigue and Love, Don Carlos* (New York: Continuum, 1983).

———. *The Robbers and Wallenstein* (New York: Penguin, 1979).

———. *Wilhelm Tell* (Indianapolis: Bobbs-Merrill, 1964).

Sweet, Paul R. *Wilhelm von Humboldt: A Biography* (Columbus: Ohio State University Press, 1978). 2 vols.

Waldeck, Marie-Luise. *The Theme of Freedom in Schiller's Plays* (Stuttgart: Verlag Hans-Dieter Heinz, Akademischer Verlag, 1986).

阿尔杰农·西德尼（1622—1683）

Blom, John, Eco Haitsma Mulie, and Ronald Janse. *Court Maxims*, by Algernon Sidney (Cambridge: Cambridge University Press, 1996).

Carswell, John. *The Porcupine: The Life of Algernon Sidney* (London: John Murray, 1939).

Houston, Alan Craig. *Algernon Sidney and the Republican Heritage in England and America* (Princeton, NJ.: Princeton University Press, 1991).

Scott, Jonathan. *Algernon Sidney and the English Republic, 1623—1677* (Cambridge: Cambridge University Press, 1988).

———. *Algernon Sidney and the Restoration Crisis, 1677—1683* (Cambridge: Cambridge University Press, 1991).

West, Thomas G., ed. *Discourses Concerning Government*, by Algernon Sidney (Indianapolis: LibertyClassics, 1990).

塞缪尔·斯迈尔斯（1812—1904）

Briggs, Asa. *Victorian People* (Chicago: University of Chicago Press, 1954).
Jarvis, Adrian. *Samuel Smiles and the Construction of Victorian Values* (Phoenix Mill, England: Sutton Publishing, 1997).
Mackay; Thomas, ed. *The Autobiography of Samuel Smiles* (New York: Dutton, 1905).
Smiles, Aileen. *Samuel Smiles and His Surroundings* (London: Robert Hale Ltd., 1956).
Smiles, Samuel. *Character* (New York: Harper & Brothers, 1878).
——. *Duty* (New York: A. L. Burt).
——. *Life and Labour* (London: John Murray, 1887).
——. *Lives of the Engineers* (New York: Augustus M. Kelley, 1968). 3 vols.
——. *Self-Help* (London: IEA Health and Welfare Unit, 1996).
——. *Thrift* (Chicago: Belford, Clarke & Co., 1883).

亚当·斯密（1723—1790）

Bryce, J. G., ed., *Lectures on Rhetoric and Belles Lettres by Adam Smith* (Indianapolis: LibertyClassics, 1983).
Cannan, Edwin, ed., *An Inquiry into the Nature and Causes of The Wealth of Nations*. With a new preface by George J. Stigler. (Chicago: University of Chicago Press, 1976).
Meck, R. L., Raphael, D. D., and Stein, P. G., ed. *Lectures on Jurisprudence by Adam Smith* (Indianapolis: LibertyClassics, 1978).
Mossner, E. G., and Ross, and I. S., ed. *Correspondence of Adam Smith* (Indianapolis: LibertyPress, 1987).
Rae, John. *Life of Adam Smith* (New York: Augustus M. Kelley, 1965).
Raphael, D. D., and Macfie, A. L., eds. *The Theory of Moral Sentiments*, by Adam Smith (Indianapolis: LibertyClassics, 1976).
Ross, Ian Simpson. *The Life of Adam Smith* (Oxford: Clarendon Press, 1995).
Skinner, Andrew S., and Thomas Wilson. *Essays on Adam Smith* (Oxford: Clarendon Press, 1975).
Wightman, W. P. D., ed., *Essays on Philosophical Subjects*, by Adam Smith (Indianapolis: LibertyClassics, 1980).
West, E. G. *Adam Smith, the Man and His Works* (Indianapolis: LibertyPress, 1976).

赫伯特·斯宾塞（1820—1903）

Duncan, David. *Life and Letters of Herbert Spencer* (New York: D. Appleton, 1904). 2 vols.
Peel, J. D. Y. *Herbert Spencer, the Evolution of a Sociologist* (New York: Basic Books, 1971).
Spencer, Herbert. *An Autobiography* (New York: D. Appleton, 1904). 2 vols.
——. *Education* (New York: D. Appleton, 1896).
——. *The Man Versus the State, with Six Essays on Government, Society, and Freedom* (Indianapolis: LibertyClassics, 1981).
——. *The Principles of Ethics* (Indianapolis: LibertyClassics, 1978). 2 vols.
——. *The Principles of Sociology* (Westport, Conn.: Greenwood Press, 1975). 3 vols.
——. *Social Statics* (New York: Robert Schalkenbach Foundation, 1970).

莱桑德·斯普纳（1808—1887）

Brooks, Frank H. *The Individualist Anarchists: Anthology of Liberty (1881—1908)* (New Brunswick, N.J.: Transaction Publishers, 1994).

Martin, James J. *Men Against the State* (Colorado Springs: Ralph Myles Publisher, 1970).

Smith, George H., ed., *The Lysander Spooner Reader* (San Francisco: Fox & Wilkes, 1992).

The Collected Works of Lysander Spooner (Weston, Mass.: M&S Press, 1971). 6 vols.

伊丽莎白·卡迪·斯坦顿（1815—1902）

Banner, Lois. *Elizabeth Cady Stanton: A Radical for Woman's Rights* (Boston: Little, Brown, 1980).

Barry, Kathleen. *Susan B. Anthony: A Biography of a Singular Feminist* (New York: New York University Press, 1988).

DuBois, Ellen Carol, ed. *The Elizabeth Cady Stanton—Susan B. Anthony Reader: Correspondence, Writings, Speeches* (Boston: Northeastern University Press, 1991).

Gordon, Ann D., ed. *The Selected Papers of Elizabeth Cady Stanton* (New Brunswick, N.J.: Rutgers University Press, 1997).

Griffith, Eleanor. *In Her Own Right: The Life of Elizabeth Cady Stanton* (New York: Oxford University Press, 1984).

History of Woman Suffrage, 1848—1861. Edited by Elizabeth Cady Stanton, Susan B. Anthony, and Matilda Joslyn Gage (Rochester, N.Y.: Susan B. Anthony, 1889).

History of Woman Suffrage, 1861—1876. Edited by Elizabeth Cady Stanton, Susan B. Anthony, and Matilda Joslyn Gage (Rochester, N.Y.: Susan B. Anthony, 1881).

History of Woman Suffrage, 1876—1885. Edited by Elizabeth Cady Stanton and Matilda Joslyn Gage (Rochester, N.Y.: Susan B. Anthony, 1886).

The History of Woman Suffrage, 1883—1900. Edited by Susan B. Anthony and Ida Husted Harper (Rochester, N.Y.: Susan B. Anthony).

Stanton, Elizabeth Cady. *Eighty Years and More: Reminiscences 1815—1897* (Boston: Northeastern University Press, 1993).

——. *The Woman's Bible* (Boston: Northeastern University Press, 1993).

乔治·J. 斯蒂格勒（1911—1991）

Becker, Gary S. "George Joseph Stigler: January 17, 1911—December 1, 1991." *Journal of Political Economy* (October 1993): 761—767.

Leube, Kurt R., and Thomas Gale Moore, eds., *The Essence of Stigler* (Stanford, Calif.: Hoover Institution Press, 1986).

Stigler, George J. *The Citizen and the State: Essays on Regulation* (Chicago: University of Chicago Press, 1975).

——. *The Economist as Preacher and Other Essays* (Chicago: University of Chicago Press, 1982).

——. *Essays in the History of Economics* (Chicago: University of Chicago Press, 1965).

——. *Memoirs of an Unregulated Economist* (New York: Basic Books, 1985).

——. *The Intellectual and the Marketplace and Other Essays* (Glencoe, Ill.: Free Press, 1963).

威廉·格雷厄姆·萨姆纳（1840—1910）

Bannister, Robert C. *On Liberty, Society, and Politics: The Essential Essays of William Graham Sumner* (Indianapolis: Liberty Fund, 1992).

Curtis, Bruce. *William Graham Sumner* (Boston: Twayne, 1981).
Keller, A. G. *Reminiscences (Mainly Personal) of William Graham Sumner* (New Haven: Yale University Press, 1933).
Keller, Albert Galloway, ed. *The Challenge of Facts and Other Essays*, by William Graham Sumner (New Haven: Yale University Press, 1914).
——, ed. *The Forgotten Man and Other Essays*, by William Graham Sumner (New Haven: Yale University Press, 1918).
——, ed., *Earth-Hunger and Other Essays*, by William Graham Sumner (New Haven: Yale University Press, 1913).
——, ed. *War and Other Essays*, by William Graham Sumner (New Haven: Yale University Press, 1914).
Starr, Harris E. *William Graham Sumner* (New York: Henry Holt, 1925).
Sumner, William Graham. *Folkways* (Boston: Ginn, 1940).
——. *What Social Classes Owe to Each Other* (Caldwell, Ida.: Caxton Printers, 1963).
——, and Keller, Albert Galloway. *The Science of Society* (New Haven: Yale University Press, 1927). 4 vols.

托马斯·萨斯（1920—2012）

Szasz, Thomas. *Ceremonial Chemistry* (Garden City, N.Y.: Anchor Press, 1975).
——. *Law, Liberty and Psychiatry* (Syracuse, N.Y.: Syracuse University Press, 1989).
——. *The Manufacture of Madness: A Comparative Study of the Inquisition and the Mental Health Movement* (Syracuse, N.Y.: Syracuse University Press, 1997).
——. *The Myth of Mental Illness: Foundations of a Theory of Personal Conduct* (New York: Harper & Row, 1961).
——. *Our Right to Drugs: The Case for a Free Market* (Westport, Conn.: Praeger, 1992).
——. *The Therapeutic State: Psychiatry in the Mirror of Current Events* (Buffalo, N.Y.: Prometheus, 1984).
Vatz, Richard E., and Lee S. Weinberg. *Thomas Szasz: Primary Values and Major Contentions* (Buffalo, N.Y.: Prometheus, 1983).

玛格丽特·撒切尔（1925—2013）

Harris, Robin, ed. *Margaret Thatcher: The Collected Speeches* (New York: HarperCollins, 1997).
Jenkins, Peter. *Mrs. Thatcher's Revolution: The Ending of the Socialist Era* (Cambridge: Harvard University Press, 1988).
Mikdadi, Faysal. *Margaret Thatcher: A Bibliography* (Westport, Conn.: Greenwood Press, 1993).
Ogden, Chris. *Maggie: An Intimate Portrait of a Woman in Power* (New York: Simon & Schuster, 1990).
Pepper, Gordon. *Inside Thatcher's Monetarist Revolution* (London: Macmillan Press, 1998).
Thatcher, Margaret. *The Downing Street Years* (New York: HarperCollins, 1993).
——. *The Path to Power* (New York: HarperCollins, 1995).
Young, Hugo. *The Iron Lady: A Biography of Margaret Thatcher* (New York: Farrar, Straus, and Giroux, 1989).

亨利·戴维·梭罗（1817—1862）

Atkinson, Brooks, ed. *Walden and Other Writings of Henry David Thoreau* (New York: Modern Library, 1992).

Canby, Henry Seidel. *Thoreau* (Gloucester, Mass.: Peter Smith, 1965).
Harding, walter. *A Thoreau Handbook* (New York: New York University Press, 1976).
———. *The Days of Henry Thoreau: A Biography* (Princeton, N.J.: Princeton University Press, 1982).
Miller, Perry. Afterword, Walden—The Secret Center. In Henry David Thoreau, *Walden* (New York: New American Library, 1960).
Richardson, Robert D., Jr. *Emerson: The Mind on Fire* (Berkeley: University of California Press, 1995).

亚历克西·德·托克维尔（1805—1859）

Boesche, Roger, ed. *Alexis de Tocqueville: Selected Letters on Politics and Society* (Berkeley: University of California, 1985).
Bradley, Phillips, ed. *Democracy in America*, by Alexis de Tocqueville, with a new introduction by Daniel J. Boorstin (New York: Vintage Classics, 1990). 2 vols.
Jardin, André. *Tocqueville, a Biography* (New York: Farrar, Straus, and Giroux, 1988).
Furet, François, and Françoise Melonio, eds. *Alexis de Tocqueville: The Old Regime and the Revolution* (Chicago: University of Chicago Press, 1998).
Lamberti, Jean-Claude, *Tocqueville and the Two Democracies* (Cambridge: Harvard University Press, 1989).
Mayer, J. P. *Alexis de Tocqueville: A Biographical Study in Political Science* (Gloucester, Mass.: Peter Smith, 1966).
———. *The Recollections of Alexis de Tocqueville* (London: Harvill Press, 1948).
Palmer, R. R., ed. *The Two Tocquevilles, Father and Son, Herve and Alexis de Tocqueville: On the Coming of the French Revolution* (Princeton: Princeton University Press, 1987).
Pierson, George Wilson. *Tocqueville in America* (Baltimore: Johns Hopkins University Press, 1936).

雅克·杜尔哥（1727—1781）

Dakin, Douglas. *Turgot and the Ancien Régime in France* (New York: Octagon, 1965).
"Turgot." In John Morley, *Biographical Studies* (London: Macmillan, 1923).
Stephens, W. Walker. *The Life and Writings of Turgot, Controller General of France 1774—6* (New York: Burt Franklin, 1971).
Turgot, Anne Robert Jacques. *Reflections on the Formation and Distribution of Riches* (New York: Augustus M. Kelley, 1971).

马克·吐温（1835—1910）

Branch, Edgar Marquess, et al. *Mark Twain's Letters* (Berkeley: University of California, 1988—).
Geismar, Maxwell. *Mark Twain: An American Prophet* (Boston: Houghton Mifflin, 1970).
Kaplan, Justin. *Mr. Clemens and Mark Twain: A Biography* (New York: Simon & Schuster, 1966).
Lorch Fred W. *The Trouble Begins at Eight: Mark Twain's Lecture Tours* (Ames: Iowa State University Press, 1968).
Neider, Charles, ed., *The Complete Essays of Mark Twain* (Garden City, N.Y.: Doubleday, 1963).
———. *The Complete Travel Books of Mark Twain* (Garden City, N.Y.: Doubleday, 1967). 2 vols.
———. *The Outrageous Mark Twain: His Rare Controversial Writings with 'Reflections on Religion' Appearing in Book Form for the First Time* (New York: Doubleday, 1987).

Zwick, Jim, ed., *Mark Twain's Weapons of Satire: Anti-Imperialist Writings on the Philippine-American War* (Syracuse, N.Y.: Syracuse University Press, 1992).

拉乌尔·瓦伦贝格（1912—？）

Anger, Per. *With Raoul Wallenberg in Budapest: Memories of the War Years in Hungary* (New York: Holocaust Library, 1981).

Bierman, John. *Righteous Gentile, the Story of Raoul Wallenberg, Missing Hero of the Holocaust* (New York: Viking, 1981).

Marton, Kati. *Wallenberg: Missing Hero* (New York: Arcade Publishing, 1995).

Rosenfeld, Harvey. *Raoul Wallenberg, Angel of Rescue* (Buffalo: Prometheus, 1981).

Wallenberg, Raoul. *Letters and Dispatches, 1924—1944* (New York: Arcade Publishing, 1995).

Werbell, Frederick E., and Thurston Clarke. *Lost Hero: The Mystery of Raoul Wallenberg* (New York: McGraw-Hill, 1982).

布克·T. 华盛顿（1856—1915）

Harlan, Louis R. *Booker T. Washington: The Making of a Black Leader, 1856—1901* (New York: Oxford University Press, 1972).

——. *Booker T. Washington: The Wizard of Tuskegee, 1901—1915* (New York: Oxford University Press, 1983).

——, et al., eds. *The Booker T. Washington Papers* (Urbana: University of Illinois Press, 1972—1989). 14 vols.

Hawkins, Hugh, ed. *Booker T. Washington and His Critics: Black Leadership in Crisis* (Lexington, Mass.: Heath, 1974).

Scott, Emmett J., and Stowe, Lyman Beecher. *Booker T. Washington: Builder of a Civilization* (Garden City, N.Y.: Doubleday, Page, 1916).

Washington, Booker T. *Character Building, Being Addresses Delivered on Sunday Evening to the Students of Tuskegee Institute* (New York: Doubleday, Page, 1902).

罗杰·威廉斯（1603—1688）

Chupak, Henry. *Roger Williams* (New York: Twayne, 1969).

Covey, Cyclone. *The Gentle Radical: Roger Williams* (New York: Macmillan, 1966).

Ernst, James E. *The Political Thought of Roger Williams* (Seattle: University of Washington Press, 1929).

Hall, Timothy L. *Separating Church and State: Roger Williams and Religious Liberty* (Urbana: University of Illinois Press, 1998).

LaFantasie, Glenn W., ed. *The Correspondence of Roger Williams* (Providence: Brown University Press, 1988).

Miller, Perry. *Roger Williams: His Contributions to the American Tradition* (Indianapolis: Bobbs-Merrill, 1953).

Morgan, Edmund S. *Roger Williams: The Church and State* (New York: Harcourt, Brace, 1967).

Winslow, Elizabeth. *Master Roger Williams* (New York: Macmillan, 1957).

玛丽·沃斯通克拉夫特（1759—1797）

Brody, Miriam, ed. *A Vindication of the Rights of Woman* (London: Penguin, 1992).

Ferguson, Moira, and Janet Todd. *Mary Wollstonecraft* (Boston: Twayne, 1984).

Flexner, Eleanor. *Mary Wollstonecraft: A Biography* (New York: Coward McCann & Geoghegan, 1972).
Tomalin, Claire. *The Life and Death of Mary Wollstonecraft* (London: Penguin, 1992).
Wardle, Ralph M. *Mary Wollstonecraft: A Critical Biography* (Lincoln: University of Nebraska Press, 1966).
Wollstonecraft, Mary. *A Vindication of the Rights of Men, in a Letter to the Honourable Edmund Burke* (New York: Facsimiles & Reprints, 1959).
——, and William Godwin. *A Short Residence in Sweden and Memoirs of the Author of "The Rights of Woman"* (London: Penguin, 1987).

致　谢

我要感谢丹尼尔·J. 布尔斯廷、查尔斯·M. 格雷、厄尔·J. 汉密尔顿、唐纳德·F. 拉赫、威廉·H. 麦克尼尔、罗纳德·科斯、乔治·J. 斯蒂格勒和弗里德曼。弗里德曼在芝加哥大学让我领略到了高水平的学术研究。布尔斯廷博士的著作《发现者》(*The Discoverers*, 1983)和《创造者》(*The Creators*, 1992)提出了一种组织材料的方法。

我要感谢汉斯·F. 森霍兹，他是 20 世纪 90 年代初经济教育基金会的主席。我当初想通过男女英雄的生平书写自由的历史，是他给了我鼓励。我还要感谢经济教育基金会的贝思·霍夫曼和玛丽-安·墨菲，她们对我在《自由人》上发表的故事进行了精心的编辑。

我为这本书花了 5 年时间，很多人都为我指出错误、提出宝贵建议，特别是波士顿大学法学院的兰迪·巴奈特，经济事务研究所的约翰·布伦德尔，加图研究所的戴维·博阿兹、詹姆斯·博瓦德，纽约证券交易所的埃伦·迪拉德·博耶，乔治梅森大学的詹姆斯·M. 布坎南，阿特拉斯经济研究基金会的亚历杭德罗·查福恩，加图研究所的爱德华·H. 克兰，盖伊·冯·达代尔，艾伦·埃本斯坦，希尔斯代尔学院的理查德·埃贝林，拉法耶特学院斯基尔曼图书馆的达尼埃尔·A. 埃文斯，迈克·费希尔，伊诺克·普拉特图书馆（巴尔的摩）的文森特·菲茨帕特里克，胡佛研究所的米尔顿·弗里德曼，芝加哥大学的查尔斯·M. 格雷，经济教育基金会的贝蒂娜·比恩·格里夫斯，维吉妮亚·海因莱因，加州大学伯克利分校的罗伯特·赫斯特，路德维希·冯·米塞斯研究所的圭多·赫尔斯曼，罗伯特·D. 凯法特，斯蒂芬·克雷斯吉、乔治梅森大学的戴维·M. 利维，卡西·拉穆尔，乔治梅森大学的伦纳德·里焦，芝加哥大学的萨姆·佩尔兹曼，哈佛大学的理查德·派普斯，纽约州立大学布法罗分校的拉尔夫·雷克，格雷格·兰塞姆，路德维希·冯·米塞斯研究所的小卢埃林·H. 罗克韦尔，耶鲁大学的杰弗里·R. 萨蒙斯，多伦多大学出版社的罗恩·舍费尔，马克·斯蒂芬，芝加哥大学的斯蒂芬·M. 斯蒂格勒，纽约州立大学健康中心的托马斯·S. 萨斯，琼·肯尼迪·泰勒，路德维希·冯·米塞斯研究所的杰弗里·塔克、琳达·惠茨斯通，哈佛大学的弗雷德里克·伍德布里奇·威尔逊。

在此，我也向朱利安·巴赫先生表示感谢。他给我担任了15年的文稿代理人，为本书找到了付梓的机会。我很高兴，本书最终由自由出版社的布鲁斯·尼克尔斯和丹·弗里德伯格负责编辑出版。

我需要加班加点时，罗莎琳德·曼利和玛丽萨·弗格森负责照看克里斯汀，向她们表示感谢。我还要感谢"自由主义丛书"的出版人安德里亚·米伦·里奇，他耐心细致，妥善安排，让我拥有更多时间。

在本书进展中的关键时刻，玛德琳·鲍威尔、玛丽萨·曼利和保罗·德罗莎为我提供了经济援助，在此一并致谢。

最后，我要感谢玛丽萨、贾斯廷和克里斯汀，正是因为你们，我为此付出的一切才变得有意义。

译名对照表

主要人物名

A

A. B. 贝勒 A. B. Belle
阿比盖尔·特恩斯托姆 Abigail Thernstrom
A. D. 福维尔 A. D. Fouville
阿道夫·艾希曼 Adolf Eichmann
阿德里安·达特塞拉尔 Adrian Daatselaer
阿尔弗雷德·克诺夫 Alfred Knopf
阿尔弗雷德·诺伊斯 Alfred Noyes
阿尔弗雷德·塞耶·马汉 Alfred Thayer Mahan
阿尔杰农·西德尼 Algernon Sidney
阿尔曼·卡雷尔 Armand Carrel
阿方斯·库尔图瓦 Alphonse Courtois
A. 海特·梅厄 A. Hyatt Mayor
A. J. 兰古思 A. J. Langguth
A. J. P. 泰勒 A. J. P. Taylor
阿兰·鲍伯利 Alain Boublil
阿兰·克雷格·休斯顿 Alan Craig Houston
阿列克谢·潘西金 Alexei Panshin
阿伦·迪雷克托 Aaron Director
阿奇博尔德·威拉德 Archibald Willard

阿萨·布里格斯 Asa Briggs
爱德华·邦杜兰特 Edouard Bondurand
爱德华·H. 克兰 Edward H. Crane
爱德华·吉本 Edward Gibbon
爱德华·科克 Edward Coke
爱德华·拉布莱耶 Edward Laboulaye
爱德华·拉塞尔斯 Edward Lascelles
埃德蒙·比雷 Edmond Bire
埃德蒙·伯克 Edmund Burke
埃德蒙·普里多 Edmund Prideaux
埃德温·迦南 Edwin Canaan
埃德温·S. 高斯泰德 Edwin S. Gaustad
艾尔伯特·盖洛韦·凯勒 Albert Galloway Keller
艾尔伯特·杰伊·诺克 Albert Jay Nock
埃克托·柏辽兹 Hector Berlioz
埃莱杰·范·豪文宁 Eleje van Houwening
埃勒里·塞奇威克 Ellery Sedgwick
埃利·福尔 Elie Faure
艾丽莎·罗森鲍姆 Alissa Rosenbaum
艾琳·S. 克雷迪特 Aileen S. Kraditor
艾伦·埃本斯坦 Alan Ebenstein
艾伦·德肖维茨 Alan Dershowitz

艾伦·卡罗尔·杜波依斯 Ellen Carol DuBois
艾伦·杰弗逊 Alan Jefferson
埃玛·戈德曼 Emma Goldman
艾萨克·阿西莫夫 Isaac Asimov
埃塞尔美·汉弗莱斯 Ethelmae Humphreys
安·兰德 Ayn Rand
安·罗贝尔·雅克·杜尔哥 Anne Robert Jacques Turgot
安德鲁·迪克森·怀特 Andrew Dickson White
安德斯·虞格仁 Anders Nygren
安东尼·阿什利·库珀 Anthony Ashley Cooper
安东尼·贝尼泽特 Anthony Benezet
安东尼·费希尔 Antony Fisher
安东尼·杰伊 Anthony Jay
安东尼娜·瓦朗坦 Antonina Vallentin
安格斯·麦金太尔 Angus Macintyre
安森·麦克唐纳 Anson McDonald
奥蒂利娅·阿辛 Ottilia Assing
奥古斯特·施密特胡伯 August Schmidthuber
奥拉·伊丽莎白·温斯洛 Ola Elizabeth Winslow
奥利弗·克伦威尔 Oliver Cromwell
奥利弗·温德尔·霍姆斯 Oliver Wendell Holmes
奥莉维亚·戴维森 Olivia Davidson
奥利维耶·贝尼耶 Olivier Bernier
奥斯卡·兰格 Oskar Lange

B

芭芭拉·布兰登 Barbara Branden
拜奈代克·科姆亚蒂 Benedek Komjati
邦雅曼·贡斯当 Benjamin Constant
保拉·奥尔 Paula Auer
保罗·A. 萨缪尔森 Paul A. Samuelson
保罗·贝克尔 Paul Bekker
保罗·蒂罗–丹然 Paul Thureau-Dangin
保罗·拉姆齐 Paul Ramsay
保罗·梅里尔·斯普林 Paul Merrill Spurlin
保罗·帕尔默 Paul Palmer
保罗·约翰逊 Paul Johnson
贝蒂纳·比恩·格里夫斯 Bettina Bien Greaves
贝尔托·布莱希特 Bertold Brecht
本杰明·迪斯雷利 Benjamin Disraeli
本杰明·伦迪 Benjamin Lundy
本杰明·塔克 Benjamin Tucker
彼得·F. 德鲁克 Peter F. Drucker
彼得·盖伊 Peter Gay
彼得·拉斯利特 Peter Laslett
彼得·帕利 Peter Parley
比约恩·伯尔克哈特 Björn Burckhardt
波尔·安德森 Poul Anderson
波林·格雷格 Pauline Gregg
波林·迈尔 Pauline Maier
伯纳德·贝林 Bernard Bailyn
伯纳德·曼德维尔 Bernard Mandeville
伯纳德·施瓦茨 Bernard Schwartz
布克·T. 华盛顿 Booker T. Washington
布兰德·惠特洛克 Brand Whitlock

布莱恩·蒂尔尼 Brian Tierney

C

C. H. 布鲁奈尔 C. H. Brunel
C. R. 威尔森 C. R. Wilson
查尔斯·爱德华兹 Charles Edwards
查尔斯·富尔克·格雷维尔 Charles Fulke Greville
查尔斯·戈茨 Charles Goetz
查尔斯·科赫 Charles Koch
查尔斯·M. 格雷 Charles M. Gray
查尔斯·莫尔 Charles More
查尔斯·切尼维克斯·特伦奇 Charles Chenevix Trench
查尔斯·斯图尔特·帕内尔 Charles Stewart Parnell
查尔斯·夏夫利 Charles Shivley
查尔斯·詹姆斯·福克斯 Charles James Fox

D

D. B. 温德姆·刘易斯 D. B. Wyndham Lewis
D. R. 沙克尔顿·贝利 D. R. Shackleton Bailey
达斯科·多德尔 Dusko Doder
大卫·马修 David Matthew
大卫·休谟 David Hume
戴维·J. 加罗 David J. Garrow
戴维·凯利 David Kelley
戴维·科恩 David Cohen
戴维·兰德斯 David Landes
戴维·M. 利维 David M. Levy
丹尼尔·奥康奈尔 Daniel O'Connell
丹尼尔·J. 布尔斯廷 Daniel J. Boorstin
丹尼尔·叶尔金 Daniel Yergin
道格拉斯·诺思 Douglass North
德·布罗伊 de Broglie
德·斯塔尔夫人 Madame de Staël
德尼·狄德罗 Denis Diderot
德尼·伍德 Dennis Wood
德西迪里厄斯·伊拉斯谟 Desiderius Erasmus
迪恩·鲁塞尔 Dean Russell
迪内什·迪索萨 Dinesh D'Souza
杜格尔·斯图尔特 Dugald Stewart
多里安·克罗克 Dorian Crocker
多纳尔·麦卡特尼 Donal McCartney

E

厄斯金·梅 Erskine May

F

F. A. 哈耶克 F. A. Hayek
F. W. 梅特兰 F. W. Maitland
范·德尔·林登 van der Linden
范·威克·布鲁克斯 Van Wyck Brooks
范妮·布拉德 Fanny Blood
樊尚·克洛宁 Vincent Cronin
斐迪南德·里斯 Ferdinand Ries
费尔南德·布罗代尔 Fernand Braudel
菲利普·弗尔诺 Philip Furneaux
费利西泰·罗贝尔·德·拉梅内 Felicité Robert de Lamennais

费伦茨·弗里德曼 Ferenc Friedman
弗兰克·奥康纳 Frank O'Connor
弗兰克·劳埃德·莱特 Frank Lloyd Wright
弗兰克·乔多洛夫 Frank Chodorov
弗兰克·W. 陶西格 Frank W. Taussig
富兰克林·德拉诺·罗斯福 Franklin Delano Roosevelt
弗朗茨·奥本海默 Franz Oppenheimer
弗朗索瓦·魁奈 François Quesnay
弗朗索瓦·拉伯雷 François Rabelais
弗朗西斯·伯纳德 Francis Bernard
弗朗西斯·哈奇森 Francis Hutcheson
弗朗西斯·杰弗里 Francis Jeffrey
弗朗西斯·托伊 Francis Toye
弗朗西斯科·德·恩姆兹娜 Francisco de Enzinas
弗朗西斯科·德安孔尼亚 Francisco d'Anconia
弗朗西斯科·戈雅 Francisco Goya
弗朗西斯科·何塞·德·戈雅·伊·卢西恩特斯 Francisco José de Goya y Lucientes
弗劳·冯·沃尔措根 Frau von Wolzogen
弗雷德·利希特 Fred Licht
弗雷德里克·巴斯夏 Frédéric Bastiat
弗雷德里克·道格拉斯 Frederick Douglass
弗雷德里克·福斯特 Frederic Faust
弗里茨·马克卢普 Fritz Machlup
弗里德里希·席勒 Friedrich Schiller
福里斯特·麦克唐纳 Forrest McDonald

弗洛兰·阿夫达里昂 Florin Aftalion
弗农·L. 帕林顿 Vernon L. Parrington

G

G. 德·努维永 G. de Nouvion
G. L. 克雷克 G. L. Craik
G. P. 古奇 G. P. Gooch
G. 谢尔 G. Schelle
盖乌斯·卡西乌斯 Gaius Cassius
盖伊·H. 道奇 Guy H. Dodge
冈纳·缪达尔 Gunnar Myrdal
戈登·塔洛克 Gordon Tullock
格兰维尔·希克斯 Granville Hicks
格雷厄姆·罗伯 Graham Robb
格涅乌斯·庞贝 Cnaeus Pompeius，即 Pompey
格特鲁德·希梅尔法布 Gertrude Himmelfarb
古斯塔夫·德·莫利纳里 Gustave de Molinari

H

H. B. 加兰 H. B. Garland
H. C. G. 马修 H. C. G. Matthew
H. 格罗斯·霍奇 H. Grose Hodge
H. N. 布雷斯福德 H. N. Brailsford
H. W. 詹森 H. W. Janson
哈利·本福德 Harry Benford
哈里·文 Harry Vane
哈里斯·E. 斯塔尔 Harris E. Starr
哈丽雅特·比彻·斯托 Harriet Beecher Stowe

哈丽雅特·马蒂诺 Harriet Martineau
哈丽雅特·泰勒 Harriet Taylor
哈罗德·卢诺 Harold Luhnow
汉克·里尔登 Hank Rearden
汉密尔顿·弗里兰 Hamilton Vreeland
汉斯·范特尔 Hans Fantel
赫伯特·巴特菲尔德 Herbert Butterfield
赫伯特·斯宾塞 Herbert Spencer
赫尔·莫里茨 Herr Moritz
赫尔曼·布洛克 Herman Block
贺拉斯·格里利 Horace Greeley
何塞·洛佩兹-雷伊 José Lopez-Rey
何塞·皮涅拉 José Pinera
赫斯基思·皮尔森 Hesketh Pearson
赫伊赫·范·赫罗特 Huig van Groot
黑斯廷斯·莱昂 Hastings Lyon
亨德里克·威廉·房龙 Hendrik Willem Van Loon
亨利·戴维·梭罗 Henry David Thoreau
亨利·格雷迪·韦弗 Henry Grady Weaver
亨利·黑兹利特 Henry Hazlitt
亨利·里夫 Henry Reeve
亨利·路易斯·门肯 Henry Louis Mencken
亨利·迈耶 Henry Mayer
亨利·梅因 Henry Maine
亨利·西蒙斯 Henry Simons
亨里特·冯·沃尔措根 Henriette von Wolzogen
胡果·格劳秀斯 Hugo Grotius
惠特克·钱伯斯 Whittaker Chambers
霍默·琼斯 Homer Jones

J

J. A. K. 汤姆森 J. A. K. Thomson
J. 富兰克林·蔡斯 J. Franklin Chase
J. G. A. 波科克 J. G. A. Pocock
J. 克里斯托弗·埃罗尔德 J. Christopher Herold
J. M. 罗伯茨 J. M. Roberts
J. M. 科恩 J. M. Cohen
J. 尼尔·舒尔曼 J. Neil Schulman
吉尔伯特·H. 巴恩斯 Gilbert H. Barnes
吉姆·梅奥 Jim Mayo
吉尼亚·C. 阿马特 Virginia C. Armat
加埃塔诺·菲兰杰里 Gaetano Filangieri
加里·S. 贝克尔 Gary S. Becker
简·W. 斯特曼 Jane W. Stedman
焦阿基诺·罗西尼 Gioacchino Rossini
杰夫·塔克 Jeff Tucker
杰弗里·L. 萨蒙斯 Jeffrey L. Sammons
杰克·威廉森 Jack Williamson
杰拉尔德·马斯格雷夫 Gerald Musgrave
杰里米·边沁 Jeremy Bentham
杰瑞德·斯帕克斯 Jared Sparks

K

卡尔·贝克尔 Carl Becker
卡尔·黑斯 Karl Hess
卡尔·R. 波普尔 Karl R. Popper
卡尔曼·劳尔 Kalman Lauer
卡丽·查普曼·卡特 Carrie Chapman Catt
卡罗琳·昂格尔 Caroline Unger
卡洛斯·贝克 Carlos Baker
卡斯·坎菲尔德 Cass Canfield

凯莱布·宾厄姆 Caleb Bingham
凯瑟琳·德林克·鲍恩 Catherine Drinker Bowen
凯瑟琳·克鲁克·德·坎普 Catherine Crook de Camp
凯瑟琳·罗斯·威尔森 Catherine Rose Wilson
科顿·马瑟 Cotton Mather
克莱尔·托玛琳 Claire Tomalin
克莱门特·斯科特 Clement Scott
克利福德·希普顿 Clifford Shipton
克林顿·罗西特 Clinton Rossiter
克洛德·米歇尔–勋伯格 Claude Michel-Schonberg
科内利斯·奥古斯蒂欣 Cornelis Augustijn

L

L. E. 伯泽尔 L. E. Birdzell
拉尔夫·凯彻姆 Ralph Ketcham
拉尔夫·科恩戈尔德 Ralph Korngold
拉尔夫·腊斯克 Ralph Rusk
拉尔夫·雷克 Ralph Raico
拉夫尔·沃尔多·爱默生 Ralph Waldo Emerson
拉尔夫·沃尔尼·哈洛 Ralph Volney Harlow
拉斯·贝格 Lars Berg
莱安德罗·斐尔南德斯·德·莫兰提 Leandro Fernandez de Moratin
莱昂·赛 Leon Say
莱桑德·斯普纳 Lysander Spooner
莱斯特·瑟罗 Lester Thurow

莱因哈德·海德里希 Reinhard Heydrich
兰迪·E. 巴奈特 Randy E. Barnett
劳埃德·克雷默 Lloyd Kramer
劳拉·英戈尔斯·怀尔德 Laura Ingalls Wilder
劳伦斯·J. 麦卡弗里 Lawrence J. McCaffrey
勒顿·布拉辛格姆 Lurton Blassingame
勒内·德·尚布伦 René de Chambrun
雷尔·吉恩·艾萨克 Rael Jean Isaac
雷金纳德·维尔·劳伦斯 Reginald Vere Lawrence
雷蒙德·莫利 Raymond Moley
李·巴特勒 Lee Butler
理查德·奥弗顿 Richard Overton
理查德·坎蒂隆 Richard Cantillon
理查德·科布登 Richard Cobden
理查德·科克特 Richard Cockett
理查德·拉多尔·希尔 Richard Lalor Sheil
理查德·朗博尔德 Richard Rumbold
理查德·M. 埃贝林 Richard M. Ebeling
理查德·普莱斯 Richard Price
理查德·席克尔 Richard Schickel
理查德·香农 Richard Shannon
里科博尼夫人 Madame Riccoboni
里奇曼·贝蒂 Richmond Beatty
里斯·奥格登 Chris Ogden
利斯杰·范·索梅伦 Liesje van Someren
里塔·蔡尔德·多尔 Rheta Childe Dorr
丽塔·克莱默 Rita Kramer
琳达·惠茨斯通 Linda Whetstone

林登·约翰逊 Lyndon Johnson
柳克丽霞·莫特 Lucretia Mott
刘易斯·芒福德 Lewis Mumford
龙多·卡梅伦 Rondo Cameron
卢·坎农 Lou Cannon
鲁比·普里斯 Ruby Preece
路德维希·冯·米塞斯 Ludwig von Mises
露丝·罗宾逊 Ruth Robinson
卢修斯·瑟吉厄斯·喀提林 Lucius Sergius Catiline
路易·博丹 Louis Baudin
路易·戈特沙尔克 Louis Gottschalk
路易·加布里埃尔·安布鲁瓦兹 Louis Gabriel Ambroise
路易·雷博 Louis Reybaud
路易莎·梅·奥尔科特 Louisa May Alcott
路易丝·布兰森 Louise Branson
路易斯·迪尔伯恩·拉莫尔 Louis Dearborn LaMoore
路易斯·拉穆尔 Louis L'Amour
路易斯·R. 哈兰 Louis R. Harlan
伦·格林斯潘 Alan Greenspan
伦纳德·伯恩斯坦 Leonard Bernstein
伦纳德·里德 Leonard Read
伦纳德·佩卡夫 Leonard Peikoff
伦纳德·W. 利维 Leonard W. Levy
罗伯特·艾肯 Robert Aiken
罗伯特·贝利 Robert Baillie
罗伯特·D. 凯法特 Robert D. Kephart
罗伯特·菲尔默 Robert Filmer
罗伯特·葛韦格 Robert Gerwig
罗伯特·海因莱因 Robert Heinlein
罗伯特·黑森 Robert Hessen
罗伯特·黑文·肖夫勒 Robert Haven Schauffler
罗伯特·L. 盖尔 Robert L. Gale
罗伯特·L. 海尔布罗纳 Robert L. Heilbroner
罗伯特·卢卡斯 Robert Lucas
罗伯特·马尔萨斯 Robert Malthus
罗伯特·皮尔 Robert Peel
罗伯特·R. 帕尔默 Robert R. Palmer
罗伯特·沙克尔顿 Robert Shackleton
罗伯特·托马斯 Robert Thomas
罗伯特·温伯格 Robert Weinberg
罗伯特·西尔弗伯格 Robert Silverberg
罗恩·舍费尔 Ron Schoeffel
罗季昂·马利诺夫斯基 Rodion Malinovsky
罗杰·麦克布赖德 Roger MacBride
罗杰·威廉斯 Roger Williams
罗兰·格雷 Rowland Grey
洛林·普鲁厄特 Lorine Pruette
罗纳德·E. 梅里尔 Ronald E. Merrill
罗纳德·H. 科斯 Ronald H. Coase
罗纳德·哈姆威 Ronald Hamowy
罗纳德·利弗 Ronald Leifer
罗纳德·W. 克拉克 Ronald W. Clark
罗斯·怀尔德·莱恩 Rose Wilder Lane
罗伊·詹金斯 Roy Jenkins
洛伊斯·班纳 Lois Banner

M

M. A. 吉布 M. A. Gibb

马丁·安德森 Martin Anderson
马丁·玛利亚 Martin Malia
马尔库斯·埃米利乌斯·李必达 Marcus Aemilius Lepidus
玛格丽特·富勒 Margaret Fuller
马可·安东尼 Mark Antony
马克斯·布兰德 Max Brand
马克斯·贝内特·思拉舍 Max Bennett Thrasher
马克西米利安·德·罗伯斯庇尔 Maximilien de Robespierre
马库斯·布鲁图 Marcus Brutus
马库斯·克拉苏 Marcus Crassus
马库斯·图留斯·西塞罗 Marcus Tullius Cicero
玛格丽特·希尔达·罗伯茨 Margaret Hilda Roberts
玛丽·沃斯通克拉夫特 Mary Wollstonecraft
马里·约瑟夫·保罗·伊夫·罗什·吉尔伯特·杜莫蒂耶 Marie Joseph Paul Yves Roche Gilbert du Motier
玛利亚·蒙台梭利 Maria Montessori
马约里·格莱斯－哈钦森 Majorie Grice-Hutchinson
迈克尔·格兰特 Michael Grant
迈克尔·伦斯津 Michael Wreszin
迈克尔·帕克斯顿 Michael Paxton
迈伦·吉尔摩 Myron Gilmore
曼德尔·克雷顿 Mandell Creighton
曼纽尔·S. 克劳斯纳 Manuel S. Klausner
梅里尔·D. 彼得森 Merrill D. Peterson

米尔顿·弗里德曼 Milton Friedman
米尔顿·梅尔策 Milton Meltzer
米里·马戈林 Miri Margolin
默里·N. 罗斯巴德 Murray N. Rothbard
莫里斯·克兰斯顿 Maurice Cranston

N

纳撒尼尔·布兰登 Nathaniel Branden
拿骚的莫里斯 Maurice of Nassau
纳塔利·安吉尔 Natalie Angier
南希·麦考密克·兰布什 Nancy McCormick Rambusch
内森·罗森伯格 Nathan Rosenberg
尼科洛·马基雅维利 Niccolò Machiavelli
诺亚·韦伯斯特 Noah Webster

O

欧根·冯·庞－巴维克 Eugen von Bohm-Bawerk
欧文·科洛丁 Irving Kolodin
欧文·路易斯·霍罗维茨 Irving Louis Horowitz

P

帕特里克·亨利 Patrick Henry
佩尔·安格尔 Per Anger
佩吉·史密斯 Page Smith
佩里·米勒 Perry Miller
皮埃尔－保罗·梅西埃·德·拉·利维埃 Pierre-Paul Mercier de la Rivière
皮埃尔·加西亚 Pierre Gassier
皮特·哈米尔 Pete Hammill

普布利乌斯·克洛狄乌斯·普尔喀 Publius Clodius Pulcher

普里西拉·穆勒 Priscilla Muller

Baptiste Louvet de Couvray

让-巴蒂斯特·赛 Jean-Baptiste Say

让·普拉塔尔 Jean Plattard

让-雅克·卢梭 Jean-Jacques Rousseau

Q

乔尔·莫基尔 Joel Mokyr

乔纳森·达尔 Jonathan Dull

乔纳森·斯科特 Jonathan Scott

乔舒亚·塔克 Josiah Tucker

乔舒亚·沃伦 Josiah Warren

乔治·班克罗夫特 George Bancroft

乔治·法鲁迪 George Faludy

乔治·福克斯 George Fox

乔治·H. 史密斯 George H. Smith

乔治·华盛顿·卡弗 George Washington Carver

乔治·罗什 George Roche

乔治·马斯特森 George Masterson

乔治·麦考利·特里维廉 George Macaulay Trevelyan

乔治·梅森 George Mason

乔治·N. 克罗克 George N. Crocker

乔治·塞尔温 George Selwyn

乔治·施蒂格勒 George Stigler

乔治·斯蒂芬森 George Stephenson

乔治·威尔逊·皮尔森 George Wilson Pierson

乔治·伍德科克 George Woodcock

R

R. J. 拉梅尔 R. J. Rummel

让-巴蒂斯特·卢韦·德·库夫雷 Jean-

S

萨姆·佩尔兹曼 Sam Peltzman

塞克隆·科维 Cyclone Covey

塞缪尔·埃利奥特·莫里森 Samuel Eliot Morison

塞缪尔·艾略特·莫里森 Samuel Eliot Morison

塞缪尔·兰霍恩·克莱门斯 Samuel Langhorne Clemens

塞缪尔·理查森 Samuel Richardson

塞缪尔·斯迈尔斯 Samuel Smiles

塞缪尔·亚当斯 Samuel Adams

塞西尔·伍德汉姆-史密斯 Cecil Woodham-Smith

斯蒂芬·A. 道格拉斯 Stephen A. Douglas

斯蒂芬·D. 怀特 Stephen D. White

斯蒂芬·I. 拉扎罗维奇 Stephen I. Lazarovitz

斯蒂芬·考克斯 Stephen Cox

斯蒂芬·特恩斯托姆 Stephan Thernstrom

司各特·A. 卡普 Scott A. Carp

斯坦利·伊泽达 Stanley Idzerda

斯图亚特·比奇 Stuart Beach

圣奥古斯丁 St. Augustine

史蒂芬·金 Stephen King

史蒂文·福德 Steven Forde

苏珊·B. 安东尼 Susan B. Anthony

苏珊·泰伯 Susan Tabor
苏珊娜·拉福莱特 Suzanne La Follette

T

T. 德斯蒙德·威廉斯 T. Desmond Williams
汤姆·克兰西 Tom Clancy
唐纳德·奥肯 Donald Oken
唐纳德·M. 弗雷姆 Donald M. Frame
特克斯·伯恩斯 Tex Burns
提图斯·波尼乌斯·阿提库斯 Titus Pomponius Atticus
托马斯·爱德华兹 Thomas Edwards
托马斯·奥尔德 Thomas Auld
托马斯·巴宾顿·麦考利 Thomas Babington Macaulay
托马斯·弗莱明 Thomas Fleming
托马斯·G. 韦斯特 Thomas G. West
托马斯·J. 迪洛伦佐 Thomas J. Dilorenzo
托马斯·杰斐逊 Thomas Jefferson
托马斯·卡莱尔 Thomas Carlyle
托马斯·克莱奥·里克曼 Thomas Clio Rickman
托马斯·利特尔顿 Thomas Littleton
托马斯·曼 Thomas Mann
托马斯·莫尔 Thomas More
托马斯·帕克·休斯 Thomas Parke Hughes
托马斯·潘恩 Thomas Paine
托马斯·S. 阿什顿 Thomas S. Ashton
托马斯·S. 萨斯 Thomas S. Szasz
托马斯·西德纳姆 Thomas Sydenham

W

W. 艾伦·沃利斯 W. Allen Wallis
W. E. B. 杜波依斯 W. E. B. Du Bois
W. 克里斯蒂安·穆勒 W. Christian Muller
W. S. M. 奈特 W. S. M. Knight
威尔·杜兰特 Will Durant
维吉妮亚·伍尔芙 Virginia Woolf
维克托·尼德霍夫 Victor Niederhoffer
威廉·巴特利三世 William Bartley III
威廉·布拉德福德 William Bradford
威廉·布莱克斯通 William Blackstone
威廉·戴维斯 William Davis
威廉·E. 盖恩 William E. Cain
威廉·F. 巴克利 William F. Buckley
威廉·冯·洪堡 Wilhelm von Humboldt
威廉·戈德温 William Godwin
威廉·格雷厄姆·萨姆纳 William Graham Sumner
威廉·H. 麦克尼尔 William H. McNeill
威廉·哈伯德 William Hubbard
威廉·霍尔茨 William Holtz
威廉·霍姆斯·麦加菲 William Holmes McGuffey
威廉·J. 贝内特 William J. Bennett
威廉·科贝特 William Cobbett
威廉·劳埃德·加里森 William Lloyd Garrison
威廉·劳德 William Laud
威廉·麦克菲利 William McFeely
威廉·曼彻斯特 William Manchester
威廉·梅克皮斯·萨克雷 William Makepeace Thackeray

威廉·米特福德 William Mitford
威廉·诺尔蒂 William Nolte
威廉·佩恩 William Penn
威廉·皮尔斯 William Pierce
威廉·普林 William Prynne
威廉·S. 吉尔伯特 William S. Gilbert
威廉·坦普尔·富兰克林 William Temple Franklin
威廉·廷代尔 William Tyndale
威廉·V. 韦尔斯 William V. Wells
威廉·威尔柏福斯 William Wilberforce
威廉·尤尔特·格莱斯顿 William Ewart Gladstone
温德尔·菲利普斯 Wendell Philips
温迪·欣德 Wendy Hinde
沃尔特·布莱尔 Walter Blair
沃尔特·费尔普斯·霍尔 Walter Phelps Hall
沃尔特·哈丁 Walter Harding
沃尔特·惠特曼 Walt Whitman
乌尔里希·茨温利 Ulrich Zwingli

X

西奥多·罗斯福 Theodore Roosevelt
西奥多·韦尔德 Theodore Weld
西德尼·达克 Sidney Dark
西蒙·库兹涅茨 Simon Kuznets
夏尔–奥古斯汀·圣–伯夫 Charles-Augustin Sainte-Beuve
夏尔·纪德 Charles Gide
夏尔·里斯特 Charles Rist
夏尔–路易·塞孔达 Charles-Louis Secondat
小卢埃林·H. 罗克韦尔 Llewellyn H. Rockwell Jr.
小马丁·路德·金 Martin Luther King, Jr.
小莫里斯·李 Maurice Lee, Jr.
小威廉·皮特 William Pitt the Younger
小亚瑟·M. 施莱辛格 Arthur M. Schlesinger, Jr.
小约翰·D. 洛克菲勒 John D. Rockefeller, Jr
谢尔比·富特 Shelby Foote

Y

亚当·弗格森 Adam Ferguson
雅各布斯·阿明尼乌 Jacobus Arminius
雅克–安托万·达西耶 Jacques-Antoine Dassier
雅克·杜尔哥 Jacques Turgot
雅克·克洛德·马里·樊尚 Jacques Claude Marie Vincent
亚勒戈弗里巴·奈西埃 Alcofribas Nasier
亚历克西·德·托克维尔 Alexis de Tocqueville
亚历山大·汉密尔顿 Alexander Hamilton
亚瑟·C. 克拉克 Arthur C. Clarke
亚瑟·德·戈宾诺 Arthur de Gobineau
亚瑟·沙利文 Arthur Sullivan
亚瑟·塔潘 Arthur Tappan
亚瑟·休斯顿 Arthur Houston
耶诺·莱瓦伊 Jeno Levai
伊迪丝·布朗 Edith Browne
伊恩·布拉德利 Ian Bradley

伊恩·辛普森·罗斯 Ian Simpson Ross
伊丽莎白·杜尔 Elizabeth Dewell
伊丽莎白·格里菲思 Elizabeth Griffith
伊丽莎白·卡迪·斯坦顿 Elizabeth Cady Stanton
伊丽莎白·舍默霍恩 Elizabeth Schermerhorn
伊莎贝尔·埃默里 Isabel Emery
伊莎贝尔·帕特森 Isabel Paterson
伊什特万·迪克 Istvan Deak
尤利乌斯·恺撒 Julius Caesar
约翰·A. 霍布森 John A. Hobson
约翰·埃默里奇·爱德华·达尔贝格－阿克顿 John Emerich Edward Dalberg-Acton
约翰·巴斯特维克 John Bastwick
约翰·保罗·琼斯 John Paul Jones
约翰·贝德纳尔 John Bednall
约翰·布莱特 John Bright
约翰·布朗 John Brown
约翰·C. 米勒 John C. Miller
约翰·迪金森 John Dickinson
约翰·范·奥尔登巴内费尔特 Johan van Oldenbarnevelt
约翰·格林里夫·惠蒂埃 John Greenleaf Whittier
约翰·H. 克拉彭 John H. Clapham
约翰·汉考克 John Hancock
约翰·赫伊津哈 Johann Huizinga
约翰·加尔文 John Calvin
约翰·卡斯维尔 John Carswell
约翰·卡西迪 John Cassidy

约翰·克莱夫 John Clive
约翰·肯尼思·加尔布雷思 John Kenneth Galbraith
约翰·雷 John Rae
约翰·理查德·格林 John Richard Green
约翰·李尔本 John Lilburne
约翰·洛克 John Locke
约翰·梅纳德·凯恩斯 John Maynard Keynes
约翰·弥尔顿 John Milton
约翰·莫利 John Morley
约翰·默里 John Murray
约翰·内维尔·菲吉斯 John Neville Figgis
约翰·普林斯·史密斯 John Prince Smith
约翰·斯图亚特·密尔 John Stuart Mill
约翰·U. 内夫 John U. Nef
约翰·温思罗普 John Winthrop
约翰·沃尔夫冈·冯·歌德 Johann Wolfgang von Goethe
约翰·亚当斯 John Adams
约翰·伊格纳茨·冯·多林格 Johann Ignaz von Dollinger
约翰·张伯伦 John Chamberlain
约翰·朱克斯 John Jewkes
约瑟夫·A. 熊彼特 Joseph A. Schumpeter
约瑟夫·博姆 Joseph Bohm
约瑟夫·德·迈斯特 Joseph de Maistre
约瑟夫·科普利 Joseph Copley
约瑟夫·科瓦奇 Joseph Kovacs
约瑟夫·帕普 Joseph Papp
约瑟夫·普利斯特利 Joseph Priestley

约瑟夫·斯坦尼斯瓦夫 Joseph Stanislaw
约瑟夫·约翰逊 Joseph Johnson

Z

詹姆斯·奥蒂斯 James Otis
詹姆斯·博纳 James Bonar
詹姆斯·博斯维尔 James Boswell
詹姆斯·布莱斯 James Bryce
詹姆斯·蒂勒尔 James Tyrrell
詹姆斯·菲茨詹姆斯·斯蒂芬 James Fitzjames Stephen
詹姆斯·J. 马丁 James J. Martin

詹姆斯·K. 霍斯默 James K. Hosmer
朱利安·L. 西蒙 Julian L. Simon
詹姆斯·M. 布坎南 James M. Buchanan
詹姆斯·麦迪逊 James Madison
詹姆斯·门罗 James Monroe
朱迪思·N. 什克拉尔 Judith N. Shklar
詹姆斯·R. 韦伯 James R. Webb
詹姆斯·塔西 James Tassie
詹姆斯·托马森·卡伦德 James Thomson Callender
朱塞佩·威尔第 Giuseppe Verdi
朱丽叶·威尔逊 Juliet Wilson

主要作品名

A

《阿道尔夫》Adolphe
《阿尔杰农·西德尼及其留给英国和美国的共和遗产》Algernon Sidney and the Republican Heritage in England and America
《阿尔杰农·西德尼与王政复辟危机：1677—1683》Algernon Sidney and Restoration Crisis, 1677—1683
《阿尔杰农·西德尼与英格兰共和国：1623—1677》Algernon Sidney and the English Republic, 1623—1677
《阿克顿一世勋爵通信选》Selections from the Correspondence of the First Lord Acton
《阿特拉斯耸耸肩》Atlas Shrugged
《艾达公主，或坚固的城堡》Princess Ida, or Castle Adamant
《埃尔纳尼》Ernani
《埃格蒙特》Egmont
《爱情迷药》An Elixir of Love
《安魂曲》Requiem
《安·兰德的激情》The Passion of Ayn Rand
《安·兰德的日记》Journals of Ayn Rand
《安·兰德的思想》The Ideas of Ayn Rand
《安·兰德的信》The Ayn Rand Letter
《安·兰德：俄罗斯的激进分子》Ayn Rand: the Russian Radical
《安·兰德书信集》Letters of Ayn Rand
《安·兰德：一种生命意识》Ayn Rand: A Sense of Life
《安·兰德专栏》The Ayn Rand Column

译名对照表 645

《奥地利经济评论》Review of Austrian Economics
《奥地利学派视角下的经济思想史》An Austrian Perspective on the History of Economic Thought
《奥尔良姑娘》The Maid of Orleans

B

《巴巴哥水井的背水一战》Last Stand at Papago Wells
《巴布民谣》Bab Ballads
《巴斯夏与自由贸易》Bastiat et le Libre-Echange
《巴斯夏和反对悲观主义的经济学》Bastiat et la réaction contre le pessimism économique
《八十年及其他》Eighty Years and More
《鲍德里》Bowdrie
《报告》Reports
《保加利亚的恐怖和东方的问题》The Bulgarian Horrors and the Question of the East
《报社年华》Newspaper Days
《邦雅曼·贡斯当的自由主义哲学》Benjamin Constant's Philosophy of Liberalism
《被遗忘的人》The Forgotten Man
《本迪戈·沙夫特》Bendigo Shafter
《本杰明·富兰克林的一生》Life of Benjamin Franklin
《奔跑吧鹿皮兵》Buckskin Run
《奔向月球》Destination Moon

《比纳佛号军舰，或爱上水手的姑娘》H. M. S. Pinafore, or the Lass That Loved a Sailor
《并非叛国第六号：缺乏权威性的宪法》No Treason No. 6, Constitution of No Authority
《病人的权力》Patient Power
《驳斥贝达审判官的错误》Refutations of the Errors of the Inquisitor Beda
《波斯人信札》The Persian Letters
《不抵抗协会的感伤宣言》Declaration of Sentiments of the Non-Resistance Society
《布格-雅加尔》Bug-Jargal
《不合拍》Out of Step
《不合群的人》Misfit
《捕获法》De Jure Praedae
《不确定的时代》Age of Uncertainty
《布鲁图斯》Brutus

C

《财富与贫穷经济学》The Economics of Wealth and Poverty
《草原小镇》Little Town on the Prairie
《常见对话的形式》Familiarium colloquiorum formulae
《常识》Common Sense
《超越地平线》Beyond This Horizon
《超越奴役》Up From Slavery
《惩罚集》Les chatiments
《赤字中的民主：凯恩斯勋爵的政治遗产》Democracy in Deficit: The Political Legacy of Lord Keynes

《穿墙猫》The Cat Who Walks Through Walls
《穿上航天服去旅行》Have Space Suit—Will Travel

D

《大草原上的小房子》Little House on the Prairie
《大公，或法定决斗》The Grand Duke, or the Statutory Duel
《大森林里的小房子》Little House in the Big Woods
《贷款、货币和银行宪法》Constitutional Law Relative to Credit, Currency and Banking
《丹尼尔·奥康奈尔：非暴力民族主义》Daniel O'Connell: Nationalism Without Violence
《丹尼尔·奥康奈尔在取消合并运动的年月》Daniel O'Connell and the Repeal Year
《单身女孩》Bachelor Girl
《道德情操论》The Theory of Moral Sentiments
《道德指南针》The Moral Compass
《悼念古尔奈》Eloge de Gournay
《德米特里乌斯》Demetrius
《帝国逻辑》Logic of Empire
《第六纵队》Sixth Column
《地球上的绿色山丘》Green Hills of Earth
《第一原则》First Principles
《电的实验与观察》Experiments and Observations on Electricity

《动物庄园》Animal Farm
《读本》Readers
《杜尔哥文集》Oeuvres de Turgot
《杜尔哥文集及相关文件》Oeuvres de Turgot et documents le concernant
《杜尔卡马拉！或小鸭子与大庸医》Dulcamara! or The Little Duck and the Great Quack
《镀金时代》The Gilded Age
《独立职业活动收入》Income from Independent Professional Practice
《独行侠》The Lone Ranger
《对非洲殖民的思考》Thoughts on African Colonization
《对荷兰和西弗里斯兰合法政府的辩护》Justification of the Lawful Government of Holland and West Friesland
《对历史的辉格式解读》The Whig Interpretation of History
《对社会主义国家的经济计算》Wirtschaftsrechnung im sozialistischen Gemeinwesen
《对宪法和必要保障的思考》Les Réflexions sur les Constitutions
《多余人的回忆》Memoirs of a Superfluous Man

E

《俄国》Russia
《儿童美德书》The Children's Book of Virtues
《儿童英雄书》The Children's Book of

Heroes

F

《法国大革命》The French Revolution
《法国大革命讲稿》Lectures on the French Revolution
《法国法定货币通胀》Fiat Money Inflation in France
《法律的逻辑》The Logic of the Law
《法律抗辩》Plea in Law
《法律、立法与自由》Law, Legislation and Liberty
《法律、自由与精神病学》Law, Liberty and Psychiatry
《发现自由》Discovery of Freedom
《法学总论》Institutes
《法则的理由：宪政经济学》The Reason of Rules—Constitutional Political Economy
《反对巴黎神学院》Against the Theological Faculty of Paris
《反对奴隶制的冲动》The Anti-Slavery Impulse
《反对奴隶制：争取自由的运动》Antislavery: The Crusade for Freedom
《反对宗教裁判所》Against the Holy Inquisition
《反思法国大革命》Reflections on the Revolution in France
《反资本主义的心态》The Anti-Capitalistic Mentality
《费德里奥》Fidelio
《菲兰杰里作品评论》Commentaire sur l'ouvrage de Filangieri
《非市场决策论文集》Papers on Non-Market Decision Making
《斐耶斯科在热那亚的阴谋》Die Verschwörung des Fiesco zu Genua
《愤世嫉俗者回忆录》Memoirs of a Cynic
《疯狂的时代：精神病院强制收容史节选》The Age of Madness, A History of Involuntary Mental Hospitalization Presented in Selected Text
《疯狂的制造：宗教裁判所与精神卫生运动的比较研究》The Manufacture of Madness, A Comparative Study of the Inquisition and the Mental Health Movement
《弗朗索瓦·拉伯雷文集》The Works of François Rabelais
《弗兰肯斯坦》Frankenstein
《弗雷德里克·巴斯夏》Frédéric Bastiat
《弗雷德里克·巴斯夏：生平、作品和学说》Frédéric Bastiat, Sa Vie, Ses Oeuvres, Ses Doctrines
《弗雷德里克·巴斯夏：思想和影响》Frédéric Bastiat: Ideas and Influence
《弗雷德里克·道格拉斯的生活和时代》The Life and Times of Frederick Douglass
《弗雷德里克·道格拉斯生平自述》Narrative of the Life of Frederick Douglass
《弗林特》Flint
《妇女参政史》The History of Woman Suffrage
《妇女的屈从地位》The Subjection of

Women
《妇女日美国女红书》Woman's Day Book of American Needlework
《妇女圣经》The Woman's Bible
《父权制并非君主制》Patriarcha non Monarchia
《父权制或者国王的自然权力》Patriarcha, or The Natural Power of Kings Asserted
《夫人与大亨：罗斯·怀尔德·莱恩与贾斯珀·克兰最佳书信集》The Lady and the Tycoon: The Best of Letters Between Rose Wilder Lane and Jasper Crane
《抚慰者》Le Conciliateur
《富裕的杠杆》The Lever of Riches

G

《搞懂经济学》Making Economic Sense
《格尔尼卡》Guernica
《格莱斯顿日记，1825—1896》The Gladstone Diaries, 1825—1896
《哥伦比亚演说家》The Columbian Orator
《个人对国家》The Man Versus the State
《格言集》Adagia collectanae
《给巴塞尔元老院的忠告》Advice to the Senate of Basel
《给我自由》Give Me Liberty
《工程师传》Lives of the Engineers
《公共财政学》The Public Finances
《公共债务的公共原则》Public Principles of Public Debt
《公民社会史》History of Civil Society
《公民社会史论》An Essay on the History of Civil Society
《宫廷仪轨》Court Maxims
《工业革命》The Industrial Revolution
《工业传记》Industrial Biography
《孤独的神》The Lonesome Gods
《孤独在山上》Lonely on the Mountain
《挂帽架》Hatrack
《官僚主义》Bureaucracy
《官僚体制的政治》The Politics of Bureaucracy
《关于财富的形成与分配的再思考》Réflexions sur la Formation et la Distribution des Richesses
《关于粮食贸易的信件》Lettres sur le commerce des grains
《关于赎罪券效能的辩论》Disputatio pro declaratione virtutis indulgentiarum
《光明的承诺，暗淡的履行》Bright Promises, Dismal Performance
《光荣之路》Glory Road
《规则与秩序》Rules and Order
《国会立法禁止私营邮政的行为违宪》The Unconstitutionality of the Laws of Congress Prohibiting Private Mails
《国家的财富与贫穷》The Wealth and Poverty of Nations
《国家与教会的关系》The State in Its Relation with the Church
《国民经济学：行为与交换理论》Nationaloekonomie, Theorie des Handelns und Wirtschaftens

《国王取乐》Le Roi s'amuse
《滚石家族游太空》The Rolling Stones

H

《哈克贝利·费恩历险记》The Adventures of Huckleberry Finn
《海权对历史的影响，1660—1783》The Influence of Sea Power upon History, 1660—1783
《海上劳工》Les Travailleurs de la mer
《海洋自由论》Mare Liberum
《好过耕作》Better Than Plowing
《豪猪：阿尔杰农·西德尼的一生》The Porcupine: The Life of Algernon Sidney
《荷兰法理学导论》Introduction to the Jurisprudence of Holland
《荷兰脱离西班牙统治的独立史》Die Geschichte des Abfalls der vereinigten Niederlande von der spanischen Regierung
《和平之控诉》Querela pacis
《黑白美国》America in Black and White
《黑人的灵魂》The Souls of Blacks Folk
《黑人的社交能力和工业能力》Social and Industrial Capacities of Negroes
《亨利·戴维·梭罗：塑造了圣雄思想的人》Henry David Thoreau: The Man Who Moulded the Mahatma's Mind
《洪多》Hondo
《红色十年》The Red Decade
《红色星球》Red Planet
《胡格诺派：他们在英格兰和爱尔兰的定居地、教堂和产业》The Huguenots: Their Settlements, Churches and Industries in England and Ireland
《湖上夫人》The Lady of the Lake
《华伦斯坦》Wallenstein
《华伦斯坦的阵营》Wallensteins Lager
《华伦斯坦之死》Wallensteins Tod
《欢乐颂》An die Freude
《黄色的孤峰》Yellow Butte
《货币的非国有化》The Denationalization of Money
《货币的价值》The Value of Money
《货币与信用原理》Theorie des Geldes und der Umlaufsmittel
《婚礼进行曲》The Wedding March

J

《基督教的真理》The Truth of the Christian Religion
《基督教基本伦理》Basic Christian Ethics
《基督教君主的教育》Institutio principis Christiani
《基督教史》A History of Christianity
《基督教战士手册》Enchirdion militis christiani
《吉尔伯特和沙利文词汇词典》Gilbert and Sullivan Lexicon
《基金》Foundations
《机器之神》The God of the Machine
《集体主义经济计划》Collectivist Economic Planning
《伽利略号火箭飞船》Rocket Ship Galileo
《加图信札》Cato's Letters

《简明世界经济史》A Concise Economic History of the World
《剑桥现代史》Cambridge Modern History
《交易会与市场》Foires et marchés
《教育漫话》Some Thoughts Concerning Education
《教育：自由与强制》Education: Free and Compulsory
《解放者：丹尼尔·奥康奈尔与1830—1847年间的爱尔兰党》The Liberator: Daniel O'Connell and the Irish Party 1830—1847
《杰斐逊传》Mr. Jefferson
《劫后英雄传》Ivanhoe
《节俭》Thrift
《街上的疯狂：精神病学和法律是如何抛弃精神病患者的》Madness in the Streets: How Psychiatry and the Law Abandoned the Mentally Ill
《经济表》Tableaux économique
《经济管制理论》The Theory of Economic Regulation
《经济和谐论》Les Harmonies économiques
《经济学》Economics
《经济学诡辩》Sophismes économiques
《经济学说史》History of Economic Doctrines
《经济学原理》Grundsatze der Volkswirtschaftslehre
《经济学杂志》Journal des Economistes
《经济危机的原因》Die Ursachen der Wirtschaftskrise: Ein Vortrag
《精神疾病的神话》The Myth of Mental Illness
《竞争伦理学》The Ethics of Competition
《九三年》Quatrevingt-treize
《就业、利息与货币通论》The General Theory of Employment, Interest and Money
《久远》Ages Ago
《旧账》An Old Score
《旧制度与大革命》L'Ancien Régime et la Révolution
《巨人传》Gargantua et Pantagruel
《君权论：为国王反对人民的非自然权力的自然权力辩护》Patriarcha: A Defense of the Natural Power of Kings Against the Unnatural Power of the People
《君主论》The Prince

K

《开放社会及其敌人》The Open Society and Its Enemies
《开启美洲的语言钥匙》A Key into the Language of America
《看得见和看不见的》What Is Seen and What Is Not Seen
《康斯塔克矿》Comstock Lode
《考克斯与博克斯》Cox and Box
《考文垂》Coventry
《科布登与联盟》Cobden et la Ligue
《科德角》Cape Cod
《客观主义：安·兰德的哲学》Objectivism: The Philosophy of Ayn Rand

《客观主义者》The Objectivist
《客观主义者通讯》The Objectivist Newsletter
《克努特·罗克尼》Knute Rockne-All-American
《控告克伦威尔犯有叛国罪》An Impeachment of High Treason Against Oliver Cromwel
《苦行记》Roughing It
《快乐的金色年代》These Happy Golden Years
《宽容所有宗教》Tolerating of all Sorts of Religion
《狂想曲》Caprichos
《傀儡主人》The Puppet Masters

L

《拉迪戈，或巫婆的诅咒》Ruddygore, or the Witch's Curse
《莱奥诺拉，或夫妇之爱》Leonore, or l'Amour conjugal
《莱桑·斯普纳读本》The Lysander Spooner Reader
《兰多》Lando
《浪漫宣言》The Romantic Manifesto
《历代传说》La Legende des siècles
《立法的科学》La scienza della legislazione
《理论与历史：社会经济演变解读》Theory and History: An Interpretation of Social and Economic Evolution
《理性的声音：客观主义思想文集》The Voice of Reason: Essays in Objectivist Thought
《理性时代》Age of Reason
《理性、宗教和人性对反对战争的呼吁》The Plea of Reason, Religion and Humanity Against War
《联邦党人文集》The Federalist Papers
《连祷》Letany
《两个幸运的人》Two Lucky People
《临终谢罪》Apology in the Day of His Death
《领土扩张的谬误》The Fallacy of Territorial Expansion
《领土扩张的野心，或攫取土地的哲学》Earth Hunger, or the Philosophy of Land Grabbing
《露易莎·米勒》Luisa Miller
《路易斯·拉穆尔的同伴》The Louis L'Amour Companion
《论出版自由》Areopagitica
《论德国人》De l'Allemagne
《伦敦年轻学徒的大声疾呼》An Outcry of the Young Apprentices of London
《论法的精神》Esprit des Lois
《论法律》The Law
《论法律》De Legibus
《论公民的不服从》Civil Disobedience
《论国家》Der Staat
《论国家的作用》Ideen zu einem Versuch die Grenzen der Wirkamkeit des zu bestimmen
《论教会的和谐》On the Sweet Concord of

the Church
《论宽容》Letter Concerning Toleration
《论宽容》Essay on Toleration
《论美国的民主》Democracy in America
《论美国的刑事制度及其在法国的应用》Du système pénitentiaire aux Etats-Unis et de son application en France
《论朴素的诗和感伤的诗》Über naive und sentimentalisch Dichtung
《论人类的美学教育》Briefe über die asthetische Erziehung des Menschen
《论人类思想的不断进步》On the Successive Advances of the Human Mind
《论社会主义》Chapters on Socialism
《论说文集》Essays
《论铁的标记》Sur la marque des fers
《论土地占有权》Treatise on Tenures
《论意志的束缚》On the Bondage of the Will
《论优雅和尊严》Uber Anmut und Wurde
《论友谊》De Amicitia
《论责任》De Officiis
《论政府的适当范围》On the Proper Sphere of Government
《论征服精神》De l'esprit de conquête et de l'usurpation
《论政治经济学》Traite d'Economie Politique
《论自然》Nature
《论自由》On Liberty
《论自由意志》Discussion of Free Will
《论宗教问题中的冷漠》Essai sur l'indifférence en matière de religion
《罗斯·怀尔德·莱恩生平》Rose Wilder Lane, Her Story
《旅人之书》The Book of Journeyman

M

《马克·吐温与哈克·费恩》Mark Twain and Huck Finn
《玛丽，或美国的奴隶制》Marie, ou l'esclavage aux Etats-Unis
《马里翁·德·洛美》Marion de Lorme
《玛士撒拉之子》Methuselah's Children
《迈向自由》Stride Toward Freedom
《漫长的冬季》The Long Winter
《漫长的旅行：瑞典、挪威和丹麦短居书简》Letters Written During a Short Residence in Sweden, Norway and Denmark
《贸易保护主义：浪费创造财富的主义》Protectionism—the Ism That Waste Makes Wealth
《美德书》The Book of Virtues
《美国大萧条》America's Great Depression
《美国货币史，1867—1960》A Monetary History of the United States, 1867—1960
《美国纪行》American Notes
《美国人的家庭礼仪》Domestic Manners of the Americans
《美国人的历史》A History of American People
《美国的危机》American Crisis

《美国革命的政治原因》The Political Causes of the American Revolution
《美国语言》American Language
《美丽新世界》Brave New World
《梅溪岸边》On the Banks of Plum Creek
《没有十字架，就没有王冠》No Cross, No Crown
《门肯读本》A Mencken Chrestomathy
《蒙台梭利教学法》The Montessori Method
《蜜蜂的寓言：私人的恶德，公众的利益》The Fable of the Bees: or Private Vices, Public Benefits
《米塞斯：参考文献注释》Mises: An Annotated Bibliography
《缅因森林》The Maine Woods
《民俗论》Folkways
《民主过程中的公共财政》Public Finances in Democratic Process
《民族、国家与经济》Nation, Staat und Wirtschaft
《民族性》Nationality
《谬论举要》Syllabus of Errors
《摩登时代》Modern Times
《魔法师》The Sorcerer

N

《闹鬼的平顶山》The Haunted Mesa
《年轻的先驱者》Young Pioneers
《弄臣》Rigoletto
《奴隶制的违宪》The Unconstitutionality of Slavery

《奴隶制：一部世界史》Slavery, a World History
《女教论》Thoughts on the Education of Daughters

O

《欧那尼》Hernani
《欧扎克山区的小农场》Little Farm in the Ozarks
《欧扎克山区小镇》Little Town in the Ozarks
《欧洲的民主》Democracy in Europe

P

《帕梅拉》Pamela
《旁注》Marginalia
《佩里绍莱》La Périchole
《陪审团审判》Trial by Jury
《陪审团的审判》Trial by Jury
《佩兴斯，或邦索恩的新娘》Patience, or Bunthorne's Bride
《彭赞斯的海盗》The Pirates of Penzance
《劈波斩浪：非裔美国人反对殖民运动的斗争》Against Wind and Tide
《皮克洛米尼》Die Piccolomini
《品格的力量》Character
《贫穷的非法起因与合法解决方法》Poverty: Its Illegal Causes, and Legal Cure
《评利特尔顿的〈论土地占有权〉》Commentary on Littleon's Treatise on Land Tenures
《破晓者》The Daybreakers

Q

《乞丐的歌剧》The Beggar's Opera
《76年精神》Spirit of '76
《器乐终曲》Finale instromentale
《强盗》Die Rauber
《强盗》I Masnadieri
《强者生存》The Strong Shall Live
《请愿书》A Petition
《穷查理年鉴》Poor Richard's Almanack
《囚犯呼吁人身保护权》The Prisoners Plea for a Habeas Corpus
《全集》Oeuvres complète
《权力与市场》Power and Market
《全能政府》Omnipotent Government

R

《让飓风呼啸》Let the Hurricane Roar
《人的行为》Human Action
《人、经济与国家：论经济原则》Man, the Economy and the State: A Treatise on Economic Principles
《人类进步的主要动力》The Mainspring of Human Progress
《人类理解论》An Essay Concerning Human Understanding
《人类种族的不平等》The Inequality of Human Races
《人民的特权》The People's Prerogative
《人权论》Rights of Man
《人生的职责》Duty
《日本天皇，或秩父市》The Mikado, or the Town of Titipu
《如果这样下去》If This Goes On

S

《萨基特的土地》Sackett's Land
《塞缪尔·亚当斯：决定命运的岁月，1764—1776》Samuel Adams: The Fateful Years, 1764—1776
《塞缪尔·亚当斯：美国革命的推动者》Samuel Adams: Promoter of the American Revolution
《塞缪尔·亚当斯：宣传的先锋》Samuel Adams: Pioneer in Propaganda
《三十年战争史》Die Geschichte des dreissigjahrigen Krieges
《骚塞的谈论》Southey's Colloquies
《沙漠法则》Law of the Desert
《傻子出国记》Innocents Abroad
《商业性质概论》Essai sur la nature du Commerce en général
《烧掉一切》All on Fire
《社会成本问题》The Problem of Social Cost
《社会的科学》Science of Society
《社会的兴衰》The Rise and Fall of Society
《社会阶级间的负债》What Social Classes Owe to Each Other
《社会静态论》Social Statics
《社会学研究》The Study of Sociology
《社会学原理》Principles of Sociology
《社会正义的幻象》The Mirage of Social Justice
《社会主义》Socialism

《社会主义的心机：竞争性"解决方案"》Socialist Calculation: The Competitive "Solution"

《射向所有暴君和暴政的箭：从纽盖特监狱射进武断专制、享有特权的上议院的内脏》(An Arrow Against All Tyrants and Tyranny, Shot from the Prison of Newgate into the Prerogative Bowels of the Arbitrary House of Lords

《身处逆境，渴求知识》Pursuit of Knowledge under Difficulties

《审判日》Judgment Day

《圣爱与情爱》Agape and Eros

《生产与分配理论》Production and Distribution Theories

《生活的艺术》The Importance of Living

《生活与劳动》Life and Labour

《生命线》Life-Line

《圣女贞德》Giovanna d'Arco

《时间足够你爱》Time Enough for Love

《世上没有免费的午餐》There's No Such Thing as a Free Lunch

《史论集》Historical Essays and Studies

《驶向落日之外》To Sail Beyond the Sunset

《收入所得税：万恶之源》The Income Tax: Root of All Evil

《收入再分配经济学》Economics of Income Redistribution

《受压迫民众的呐喊》The Out-cryes of Oppressed Commons

《受压迫者强烈而悲切地请求上法庭》The Oppressed Mans Importunate and Mournfull Cryes to be Brought to the Barre of Justice

《书信全集》Opus Epistolarum

《双星》Double Star

《税收回忆录》Mémoire sur l'impôt

《谁需要哲学》Philosophy: Who Needs It

《颂歌》Anthem

《颂歌集》Odes et poésies diverses

《苏联的悲剧》The Soviet Tragedy

《随笔集》Essays

《随心所欲》Do What You Will

T

《太空军官候补生》Space Cadet

《泰斯庇斯，或天神变老了》Thespis, or the Gods Grown Old

《探索拉伯雷笔下的法国》A Journey into Rabelais's France

《探星时代》Time for the Stars

《唐·卡洛》Don Carlo

《唐·卡洛斯》Don Carlos

《汤姆叔叔的小屋》Uncle Tom's Cabin

《特权与寻租经济学》The Economics of Special Privilege and Rent-Seeking

《天上农夫》Farmer in the Sky

《挑战暴君》A Defiance to Tyrants

《痛苦与快乐》Pain and Pleasure

《通往奴役之路》The Road to Serfdom

《同意的计算：宪法民主的逻辑基础》The Calculus of Consent: Logical Foundations of Constitutional Democracy

《屠宰场里的圣女贞德》St. Joan of the

Stockyard
《拓荒女孩》Pioneer Girl

W

《W. S. 吉尔伯特》W. S. Gilbert
《W. S. 吉尔伯特，生平和书信》W. S. Gilbert, His Life and Letters
《瓦尔登湖》Walden
《瓦伦贝格：一个英雄的故事》Wallenberg: A Hero's Story
《外交官是如何挑起战争的》How Diplomats Make War
《外交家富兰克林》Franklin the Diplomat
《伟大的丹：丹尼尔·奥康奈尔传》The Great Dan: A Biography of Daniel O'Connell
《卫队侍从，或梅里曼与他的女仆》The Yeomen of the Guard, or the Merryman and His Maid
《维护自由民的自由》The Freeman's Freedom Vindicated
《为了新的自由：自由意志主义者宣言》For a New Liberty, the Libertarian Manifesto
《威廉·吉尔伯特，一个典型的维多利亚时期的人及其剧作》W. S. Gilbert, A Classic Victorian and His Theatre
《威廉·退尔》Wilhelm Tell
《为男权辩护》Vindication of the Rights of Men
《威尼斯船夫，或巴拉塔里亚国王》The Gondoliers, or the King of Barataria

《为女权辩护》A Vindication of the Rights of Woman
《文明与资本主义》Civilization and Capitalism
《我不怕邪恶》I Will Fear No Evil
《我的生平和工作》Story of My Life and Work
《我，铅笔》I, Pencil
《我们的敌人：国家》Our Enemy, the State
《我们活着的人》We the Living
《屋顶还是天花板？》Roofs or Ceilings?
《乌托邦》Utopia

X

《西班牙对美国的征服》The Conquest of the United States by Spain
《西部开拓史》How the West Was Won
《西布利的哈佛毕业生》Sibley's Harvard Graduates
《吸毒的权利》Our Right to Drugs
《西方的崛起》The Rise of the West
《西方的胜利》The Triumph of the West
《西方是如何变富的》How the West Grew Rich
《西进潮流》Westward the Tide
《戏剧》Theatre
《希腊史》History of Greece
《锡特卡》Sitka
《西印度群岛》The West Indies
《现代历史讲座》Lectures on Modern History

《现代英国经济史》An Economic History of Modern Britain
《想所不能想：智囊团与知识分子的反革命》Thinking the Unthinkable: Think-Tanks and the Intellectual Counter-Revolution
《小册子和报纸的自由》De la liberté des brochures, des pamphlets et des journaux
《效法基督》The Imitation of Christ
《小房子里的幽灵》The Ghost in the Little House
《消费函数理论》A Theory of the Consumption Function
《笑面人》L'Homme qui rit
《小说的艺术》The Art of Fiction
《新教迫害理论》The Protestant Theory of Persecution
《信条》Credo
《新自由意志主义信条》The New Libertarian Creed
《新左派：反工业革命》The New Left: the Anti-Industrial Revolution
《星船伞兵》Starship Troopers
《行动的逻辑》The Logic of Action
《幸福年华》Happy Days
《星际归途》Between Planets
《星际迷航》Tunnel in the Sky
《星期五》Friday
《星球人琼斯》Starman Jones
《星球野兽》Star Beast
《行为》Conduct
《行走的鼓》The Walking Drum
《学生传记读本》Biography for the Use of Schools

Y

《演讲与小册子》Speeches and Pamphlets
《演讲与写作》Speeches and Writings
《严厉的月亮》The Moon Is a Harsh Mistress
《岩石山脊上的小房子》Little House on Rocky Ridge
《岩石山脊的新黎明》New Dawn on Rocky Ridge
《野兽的数量》The Number of the Beast
《1808年5月2日马德里反对马穆鲁克起义》The Second of May, 1808, in Madrid: The Insurrection against the Mamelukes
《1808年5月3日枪杀马德里抵抗者》The Third of May, 1808, in Madrid: The Shooting on Principe Pio Mountain
《伊厄兰斯，或贵族与仙女》Iolanthe, or the Peer and the Peri
《一封信》A Copy of Letter
《一个加拿大的美国佬，以及反奴隶制和改革文集》Yankee in Canada, with Anti-Slavery and Reform Papers
《一个经济学家的抗议》An Economist's Protest
《一个流浪者的教育》The Education of a Wandering Man
《一个死囚的末日》Le Dernier jour d'un condamné
《一个自由主义经济学家的回忆录》

Memoirs of an Unregulated Economist

《议会议事录》Hansard

《一课经济学》Economics in One Lesson

《伊拉斯谟全集》The Collected Works of Erasmus

《伊丽莎白·卡迪·斯坦顿：女权运动激进分子》Elizabeth Cady Stanton: A Radical for Woman's Rights

《伊丽莎白·卡迪·斯坦顿与苏珊·B. 安东尼·里德读本》Elizabeth Cady Stanton—Susan B. Anthony Reader

《一切和平的东西》Anything That's Peaceful

《一切为了朋友》Anything for a Pal

《异趣年华》Heathen Days

《一人成群》One Is a Crowd

《以赛亚的工作》Isaiah's Job

《仪式化学》Ceremonial Chemistry

《异乡异客》Stranger in a Strang Land

《一月十六日夜》Night of January 16th

《银河系公民》Citizen of the Galaxy

《银湖岸边》By the Shores of Silver Lake

《阴谋与爱情》Kabale und Liebe

《英国、爱尔兰和美国》England, Ireland and America

《英国的天赋权利》England's Birthright Justified Against All Arbitrary Usurpations, Whether Regall or Parliamentary or Under What Vizor Soever

《英国法释义》Commentaries on the Laws of England

《英国法总论》Institutes of the Laws of England

《英国社会史》A Social History of England

《英国史》History of England

《英属美洲权利概观》A Summary View of the Rights of British America

《应用于"儿童之家"的早期科学教育法》Il Metodo della Pedagogia Scientifica applicato all' educazione infantile nelle Case dei Bambini

《尤巴尔·萨基特》Jubal Sackett

《尤利乌斯被拒于天堂之外》Julius exclusus

《尤塔·布莱恩》Utah Blaine

《犹太人史》A History of the Jews

《有限乌托邦，或进步中的花朵》Utopia Limited, or the Flowers of Progress

《愚人颂》The Praise of Folly

《源泉》The Fountainhead

《远足》Excursions

《约伯大梦》Job: A Comedy of Justice

《阅读天地》A Circle of Reading

《孕育于自由，向革命前进：1760—1775》Conceived in Liberty, Advance to Revolution: 1760—1775

Z

《在大红苹果的土地上》In the Land of the Big Red Apple

《在康科德和梅里马克河上的一周》A Week on the Concord and Merrimack Rivers

《在牛轭湖岸上》On the Banks of the

Bayou
《在山的那一边》*The Other Side of the Hill*
《在自由中孕育》*Conceived in Liberty*
《早期安·兰德：未出版小说选集》*The Early Ayn Rand: A Selection from Her Unpublished Fiction*
《战斗小组》*War Party*
《战争》*War*
《战争的灾难》*Los desastres de la guerra*
《战争对于没有亲历者而言是甜蜜的》*Dulce bellum inexpertis*
《战争祈祷》*The War Prayer*
《战争与和平法》*De Jure Belli ac Pacis*
《战争与人类进步》*War and Human Progress*
《哲学通信》*Letters philosophiques*
《政府的首要原则》*First Principles on Government*
《政府的最初框架》*First Frame of Government*
《政府论》*Discourses Concerning Government*
《政府论（第二篇）》*Second Treatise Concerning Civil Government*
《征税权：财政宪法的分析基础》*The Power to Tax: Analytical Foundations of a Fiscal Constitution*
《正义者的辩护》*The Just Man's Justification*
《政治经济阐释》*Illustrations of Political Economy*
《政治经济学教程》*Cours d'économique politique*
《政治经济学原理》*Principles of Political Economy*
《政治社会的自然基本秩序》*L'ordre naturel et essential des sociétiés politiques*
《政治与商业话题四篇》*Tract*
《政治原则》*Principes de politique*
《政治正义论》*Enquiry Concerning Political Justice*
《值得高度关注的质疑》*Queries of Highest Consideration*
《致富之道》*The Way to Wealth*
《制高点》*The Commanding Heights*
《治疗状态：当前事件所反映的精神病学》*The Therapeutic State, Psychiatry in the Mirror of Current Events*
《致命的自负：社会主义的谬误》*The Fatal Conceit: The Errors of Socialism*
《知识分子与社会主义》*The Intellectuals and Socialism*
《致新知识分子》*For a New Intellectual*
《致诸君的书信集》*Letters to Various Persons*
《终极资源》*The Ultimate Resource*
《重农主义》*Physiocratie*
《中午的黑暗》*Darkness at Noon*
《种族的最后一人》*Last of the Breed*
《种族与经济学》*Race and Economics*
《资本与利息》*Kapital und Kapitalzins*
《资本主义：未知的理想》*Capitalism: The Unknown Ideal*

《资本主义与历史学家》Capitalism and the Historians
《资本主义与自由》Capitalism and Freedom
《自强不息：伊丽莎白·卡迪·斯坦顿传》In Her Own Right: The Life of Elizabeth Cady Stanton
《自私的德性》The Virtue of Selfishness
《自由！》Liberty!
《自由的法律基础》The Legal Fundamentall Liberties
《自由的历史及其他论文》The History of Freedom and Other Essays
《自由的理由》The Case for Freedom
《自由的伦理》The Ethics of Liberty
《自由放任的实证纲领》A Positive Program for Laissez Faire
《自由企业制度的性质和演变》The Nature and Evolution of the Free Enterprise System
《自由人民的政治秩序》The Political Order of a Free People
《自由市场经济学：教学大纲》Free Market Economics: A Syllabus
《自由宪章》The Constitution of Liberty
《自由选择》Free to Choose
《自由意志主义》Libertarianism
《自由意志主义读本》The Libertarian Reader
《自由意志主义论坛》Libertarian Forum
《自由引导人民》Liberty Leading the People
《自由主义》Liberalismus
《自助》Self-Help
《宗教改革时期的教皇史》History of the Papacy During the Period of the Reformation
《宗教迫害的血腥信条：为了良知》The Bloudy Tenant of Persecution, for Cause of Conscience
《走私犯》The Contrabandista
《最初四年》First Four Years
《最后一个莫西干人》The Last of the Mohicans
《最近印刷、通过了审查且已经回复的致科顿先生的信》Mr. Cotton's Letter Lately Printed, Examined and Answered
《做出辩护的审查官》The Examiner Defended
《左与右》Left and Right
《做正确之事》On Doing the Right Thing
《做祖父的艺术》L'Art d'être grand-père

出版后记

从西塞罗到马丁·路德·金，这些伟大的自由主义斗士如何解决他们时代的社会和政治问题？他们的思想和行动如何一步步为我们现在的自由生活奠定基础？读者可以在这本书里找到答案。

本书是一部记录人类 2000 年来追求自由进步的群像历史，作者着力于自由思想演进中个人力量起到重大作用的历史溯源。这其中不仅有政治家、思想家、哲学家，也包括文学家、教育家、音乐家，如西塞罗、李尔本、托马斯·杰斐逊、安·兰德、伊拉斯谟、蒙台梭利、拉伯雷、马克·吐温、亚当·斯密、贝多芬、罗伯特·海因莱因、玛格丽特·撒切尔，等等。他们有些人是贵族，但大部分都是平民百姓，在作者的叙述中，他们并非总能实现自己的理想，但他们足以改变历史。

由于书中人名、作品名众多，为不影响阅读体验，同时满足读者参阅的需求，我们整理出一份译名对照表，置于书后。编者能力有限，本书如有纰漏，希望读者批评指正。

后浪出版公司
2023 年 12 月

图书在版编目（CIP）数据

普罗米修斯的火种 /（美）吉姆·鲍威尔
(Jim Powell) 著；岳玉庆译 . -- 北京：光明日报出版社，2024.1
　　书名原文：THE TRIUMPH OF LIBERTY :A 2000-YEAR HISTORY,TOLD THROUGH THE LIVES OF FREEDOM'S GREATEST CHAMPIONS
　　ISBN 978-7-5194-7557-4

Ⅰ. ①普… Ⅱ. ①吉… ②岳… Ⅲ. ①历史人物—列传—世界 Ⅳ. ① K811

中国国家版本馆 CIP 数据核字 (2023) 第 205071 号

Simplified Chinese Translation copyright © 2024
by Ginkgo (Shanghai) Book Co., Ltd.
THE TRIUMPH OF LIBERTY: A 2,000-Year History, Told Through The Lives of Freedom's Greatest Champions
Original English Language edition Copyright © 2000 by Jim Powell
All Rights Reserved.
Published by arrangement with the original publisher, Free Press, a Division of Simon & Schuster, Inc.

版权登记号：01-2022-5368 号

普罗米修斯的火种
PULUOMIXIUSI DE HUOZHONG

著　者：	[美]吉姆·鲍威尔	译　者：	岳玉庆
责任编辑：	舒　心　许黛如	策　划：	银杏树下
封面设计：	墨白空间·陈威伸	责任校对：	曲建文
责任印制：	曹　净		

出版发行：光明日报出版社
地　　址：北京市西城区永安路 106 号，100050
电　　话：010-63169890（咨询），010-63131930（邮购）
传　　真：010-63131930
网　　址：http://book.gmw.cn
E-mail：gmrbcbs@gmw.cn
法律顾问：北京市兰台律师事务所龚柳方律师

印　　刷：嘉业印刷（天津）有限公司
装　　订：嘉业印刷（天津）有限公司
本书如有破损、缺页、装订错误，请与本社联系调换，电话：010-63131930

开　　本：155mm×240mm　　　　　　　印　张：42
字　　数：596 千字
版　　次：2024 年 1 月第 1 版
印　　次：2024 年 1 月第 1 次印刷
书　　号：ISBN 978-7-5194-7557-4
定　　价：118.00 元

版权所有　翻印必究